国家示范性高等职业院校重点建设专业教材

Lunji Zidonghua

轮机自动化

（轮机工程技术专业）

主 编 陈清彬
主 审 李碧桃[福建马尾造船股份有限公司]

人民交通出版社

内容提要

本书是国家示范性高等职业院校重点建设专业教材。全书共包括6个模块，分别是：自动化仪表、船舶自动控制系统、主机遥控系统、机舱监视与报警系统、船舶电站自动化、可编程序控制器认识。每个模块后均附有相应的模拟练习题。

本书既可以作为高职院校轮机工程技术专业学生的教材，也可以作为有关人员的参考读物。

图书在版编目(CIP)数据

轮机自动化/陈清彬主编.—北京：人民交通出版社，2009.8

ISBN 978-7-114-07903-0

I.轮… II.陈… III.轮机-自动化-高等学校：技术学校-教材 IV.U664.1

中国版本图书馆CIP数据核字(2009)第121238号

国家示范性高等职业院校重点建设专业教材

书　　名：轮机自动化
著 作 者：陈清彬
责任编辑：张　森
出版发行：人民交通出版社
地　　址：(100011)北京市朝阳区安定门外外馆斜街3号
网　　址：http://www.ccpress.com.cn
销售电话：(010)59757969，59757973
总 经 销：人民交通出版社发行部
经　　销：各地新华书店
印　　刷：北京盈盛恒通印刷有限公司
开　　本：787×1092　1/16
印　　张：20
插　　页：1
字　　数：496千
版　　次：2009年8月　第1版
印　　次：2011年1月　第2次印刷
书　　号：ISBN 978-7-114-07903-0
定　　价：50.00元

序

2006年是中国高等职业教育的春天。这一年,我国教育部、财政部启动了国家示范性高等职业院校建设计划,高等职业教育首次被定性为中国高等教育发展的一种类型。时代赋予了高等职业教育非常广阔的发展空间。

2006年也是福建交通职业技术学院发展的春天。同年12月,这所有着140多年办学历史的百年老校,被确定为全国首批国家示范性高等职业院校建设单位。这对学校而言,是荣誉更是责任,是挑战更是压力。

国家示范性院校建设的核心是专业建设,而课程和教材又是专业建设的重要内容之一。如何通过课程的建构来推动人才培养模式的改革和创新?教材编写工作又如何与学校人才培养模式和课程体系改革相结合?如何实现课程内容适合高素质技能型人才的培养?这均是我校示范性建设中的重要命题。

难能可贵的是,3年来,在全体教职员工的不懈努力下,我校8个重点建设专业(6个为中央财政支持的重点建设专业)在实验实训条件建设、师资队伍建设、人才培养模式与课程体系改革等方面,都取得了突破性的进展。

更令人欣慰的是,我院教师历经3年的不断探索和实践,为我院的教材建设作出了功不可没的成绩。一系列即将在人民交通出版社出版的国家示范性高等职业院校重点建设专业教材,就是我院部分成果的体现。在这些教材中,既有工学结合的核心课程教材,也有专业基础课程教材。无论是哪种类型的教材,在编写中,我院都强调对教材内容的改革与创新,强调示范性院校专业建设成果在教材中的固化,强调教材为高素质技能型人才培养服务,强调教材的职业适应性。因为新教材的使用,必须根植于教学改革的成果之上,反过来又促进教学改革目标的实现,推进高职教育人才培养模式改革。

培养社会所需要的人,是我院一直不懈的努力方向,而这些教材就是我们努力前行的足迹。

在这些教材的编写过程中,也倾注了相关企业有关专家的大量心血和辛勤劳动,在此谨向他们表示衷心的感谢!

福建交通职业技术学院院长
福州大学博士生导师

前　言

根据国家示范性高职院校建设精神，按照福建交通职业技术学院轮机工程技术专业人才培养和教学模式改革方案的要求，为了培养学生的岗位职业核心能力，我们尝试编写了这本具有校企合作性质的工学结合核心课程教材。

本书编写目的只是起抛砖引玉的作用，根据《中华人民共和国海船船员适任考试大纲》和《STCW78/95 公约》的要求，结合航海类高职院校教学的特点，按照编者组织的思路，简单、系统地对相关内容进行编写。填补了《轮机自动化》课程教材编写的空白，比较适合高职学生使用。

《轮机自动化》课程理论性和实践性要求都很强，本着航海类高职高专技能培养的需要，以"好用、实用、管用"为度，培养学生岗位职业能力，使之具有更强的适任能力。

本教材共有六个知识能力模块及附录部分，其中第一至四、第六知识能力模块及附录部分由福建交通职业技术学院陈清彬副教授编写，第五知识能力模块由福州港务集团高级工程师林金英编写。

全书由福建马尾造船股份有限公司高级工程师李碧桃主审。在编写过程中还得到许多航运公司的朋友们和多位老师的帮助，在此表示衷心的感谢！书中的部分实训项目，参考了大连海事大学林叶锦的《自动控制实验讲义》和武汉理工大学的《轮机模拟器实训指南》。在此也表示衷心的感谢！

由于编者水平有限，书中难免存在不妥之处，恳请各位专家批评指正。

编　者

2009 年 6 月

目 录

模块一　自动化仪表

任务一　认识自动化仪表

一、教学目标

(1)掌握气动仪表的气动元部件及组成原理。

(2)掌握自动化仪表的主要品质指标。

(3)掌握反馈控制系统的基本概念。

(4)掌握单容控制对象特性。

(5)掌握双位及 PID 调节规律。

二、基本概念

1. 自动化仪表

自动化仪表在工业生产中应用极为广泛,用以构成多种过程控制系统。在船舶应用技术中,主要用于自动检测和自动控制。自动化仪表种类很多,按能源分类,有电动、气动和液动仪表三类;按功能分类,有检测、显示、调节和执行等仪表;按结构形式分类,有基地式和单元组合式两类仪表。基地式仪表是将测量,调节和显示等功能单元组合在同一个壳体内,构成不可分离的整体。而单元组合式仪表是把各功能单元分别做成一台独立的仪表,各个单元仪表之间用统一的标准信号相联系(气动仪表为 0.02 ~0.1MPa;电动仪表为0 ~10mA,或 4 ~20mA,现在4 ~20mA 居多)。

因为气动仪表具有可靠性高、稳定性好、防火防爆等特点,所以在船上用得较多。

2. 气动仪表基本元件

气动仪表的种类和结构形式虽然很多,但构成它们的基本元部件数并不多,主要有弹性元件、节流元件、气容、喷嘴挡板和功率放大器等。

1)弹性元件

弹性元件可分为弹性敏感元件和弹性支承元件两类,其中常见的如图 1-1-1 所示。

图中的螺旋弹簧和片簧是属于支承元件,用于支承、平衡或增强敏感元件的刚度。波纹管和膜片及图中未画出的金属膜盒和弹簧管等都属于弹性敏感元件,它们都能将压力转换成位移。

在气动仪表中,弹性元件的变形范围都很小,通常在其弹性变形范围之内。故气动仪表中的弹性元件可视为比例元件。为增加弹性元件的线性范围,可用的措施有:金属膜片制成波纹状;波纹管采取预压缩安装;弹簧管采用多圈式。

2)节流元件

节流元件又称气阻,在气路中,起阻碍气体流动的作用。它可以产生压降和改变气体的流量。按其工作特点,可分为恒节流孔和变节流孔两种类型。

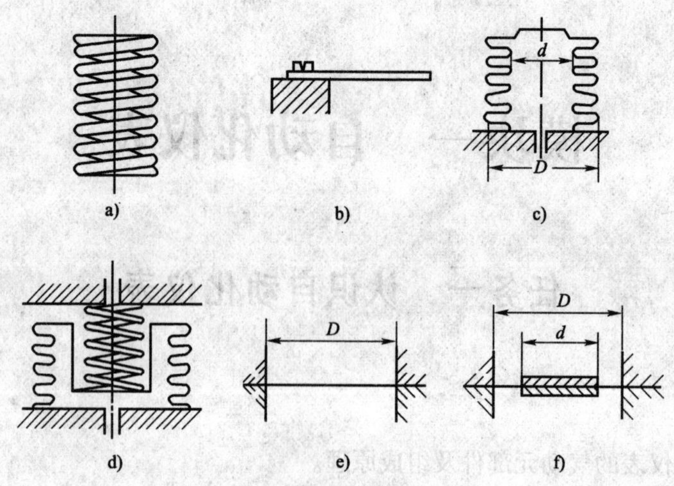

图 1-1-1　弹性元件

a)螺旋弹簧;b)片簧;c)波纹管;d)带弹簧的波纹管;e)金属膜片;f)橡胶膜片

(1)恒节流孔。又称恒气阻,它的流通截面积不能改变,气阻值不能调整。常见的恒节流孔有毛细管式和小孔式两种形式,如图 1-1-2 所示。毛细管的直径为 0.18～0.30mm,小孔的直径有 0.25、0.3、0.5mm 三种规格。

(2)变节流孔。又称可调气阻,它的流通截面积是可以改变的,所以其气阻值可以按需要进行调整。

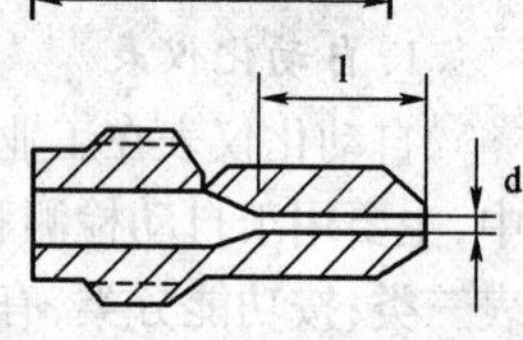

图 1-1-2　恒节流孔

常见的变节流孔分为三种类型:圆锥-圆锥型;圆柱-圆锥型;圆球-圆锥型;如图 1-1-3 所示。变节流孔实际上是可调型节流阀,通常把阀杆和阀芯设计成弹性连接,这样可保证关阀时阀芯与阀座的密封并防止接触表面被压坏。另外在关阀时,具有自动对中的良好特性。

3)气容

气体容室简称气容,它在气动仪表中能储存或放出气体,对气压变化起惯性作用。常用的有固定气容和弹性气容两种类型,如图 1-1-4 所示。

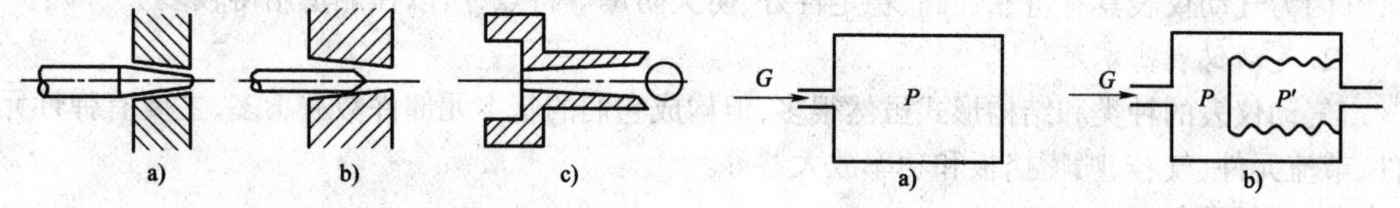

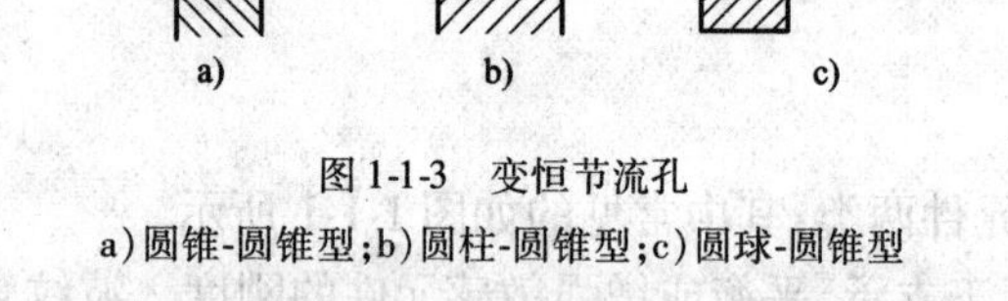

图 1-1-3　变恒节流孔

a)圆锥-圆锥型;b)圆柱-圆锥型;c)圆球-圆锥型

图 1-1-4　气容示意图

a)定容气室;b)弹性气室

固定气容(或称定容气室)是指容积固定不变的气室,而弹性气容(或称弹性气室)则是指容积可以改变的气室。

以上两类气容的特点是,定容气容的容积大小和压力变化无关,因此压力变化不会改变刚性气容的容积;弹性气容的容积不仅和它的气室初始容积有关,而且和压力变化时引起的容积变化有关。

4)喷嘴挡板机构

它是气动仪表中最基本的元件,其功能是把挡板的微小位移量(输入)转换成对应的气压信号输出。

(1)喷嘴挡板机构。喷嘴挡板机构由恒节流孔1,背压室2,喷嘴3和挡板4组成,如图1-1-5所示。喷嘴的孔径应比恒节流孔直径大,通常$D=(4\sim6)d$,以保证在挡板全开时背压室的压力降到接近于大气压力。为了保证喷嘴挡板机构能正常工作,气源中不能有油、水和杂物。喷嘴的轴心线必须与挡板平面垂直,在挡板靠上喷嘴时,有良好的密封性。

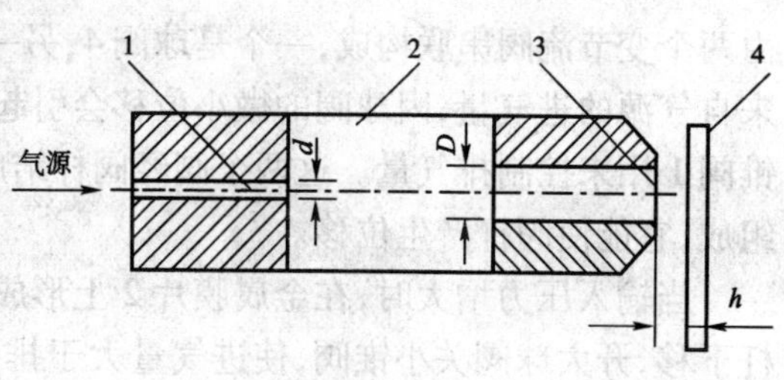

图1-1-5 喷嘴挡板机构

1-恒节流孔;2-背压室;3-喷嘴;4-挡板

(2)喷嘴挡板静特性。将0.14MPa的气源连接到喷嘴挡扳机构的入口,经恒节流孔进入背压室,再由喷嘴与挡板之间的缝隙排入大气。当挡板靠近喷嘴,即挡板开度h减小时,气阻加大,使背压室的压力P_D增大;反之,若挡板开度h加大时,气阻减小,使背压室压力P_D减小。可见,喷嘴挡板起到了变气阻的作用。不同的挡板开度对应不同的背压室压力。在稳定工况下(即恒节流孔的流量与喷嘴的流量相平衡,背压室内压力稳定不变),背压室压力P_D与挡板开度h之间的对应关系称为喷嘴挡板机构的静特性,经实验测得的曲线如图1-1-6所示。

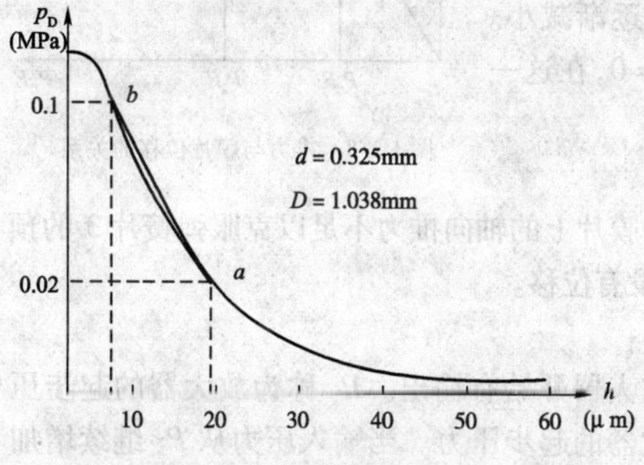

图1-1-6 喷嘴挡板机构的静特性

它有以下三个特点:

①当挡板处于全关状态时(即$h=0$),由于喷嘴挡板的加工与装配精度所限,难免漏气,因此背压P_D只能接近于气源压力。

②当挡板全开时,由于喷嘴的孔径远大于恒节流孔孔径,所以空气的压降主要降在恒节流孔上,使背压P_D接近大气压力(即为零)。

③当挡板从全关移到全开时,背压P_D随挡板开度h增大而迅速下降,当h增大到喷嘴孔径的1/4时,背压P_D不再明显变化。从静特性曲线可见,P_D随h增大而下降的过程是两头慢、中间快。特性曲线上各点的斜率不同。在曲线的中间段ab之间,背压变化较快,若用直线ab代替曲线ab,其误差很小,这样喷嘴背压变化量ΔP_D与挡板开度的变化量Δh呈线性关系,喷嘴挡板机构的实际工作范围ab段,通常称为工作段。由于工作段的线性度较好且斜率大,它比工作在其他范围内的精度和灵敏度要高。在工作段内喷嘴挡板机构可看做是一个比例环节。

5)气动功率放大器

在喷嘴挡板机构中,恒节流孔的孔径很小($d=0.15\sim0.3$mm),工作时输出的空气量较小,不能直接用来推动执行机构,也很难传送较远的距离。因此,几乎所有的气动仪表都在喷嘴挡板机构的输出端串联一个功率放大器,进行流量放大或压力放大,即功率放大,以增强其驱动能力和实现信息的远距离传递。在结构上两者往往是连成一体的,所以又合称为二级功率放大器。

功率放大器种类繁多,结构各异,图1-1-7是一种耗气型气动功率放大器,它能起流量和压力放大作用。

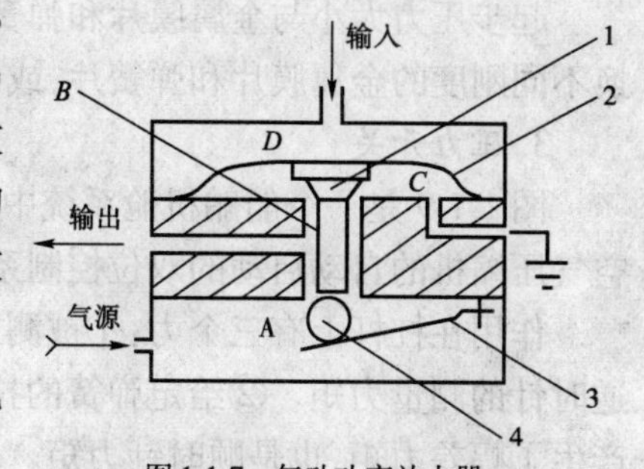

图1-1-7 气动功率放大器

1-锥阀;2-金属膜片;3-弹簧片;4-球阀

功率放大器由放大气路和弹性组件构成。放大气路由两个变节流阀串联构成，一个是球阀 4，另一个是锥阀 1，它们各起不同的作用。球阀 4 控制来自气源的进气量，因球阀的微小位移会引起进气量很大的变化，故能满足流量较大的要求。锥阀 1 用来控制排气量。这两个阀经阀杆结成一个整体。弹性组件由金属膜片 2 和弹簧片 3 组成，它能使阀杆产生位移。

当输入压力增大时，在金属膜片 2 上形成的推力也增大，克服膜片 2 和弹簧的刚度、使阀杆下移，开大球阀关小锥阀，使进气量大于排气量，这时 B 室压力增大，即放大器的输出压力增大。反之，当输入压力减小时，放大器的输出压力就下降。由此可知，阀杆的位移决定了放大器输出压力的大小。设输入压力为 P_D，金属膜片的有效面积为 F，当输入压力从零开始增加时，金属膜片的位移 S 与轴向推力 P_DF 之间的关系如图 1-1-8 所示。

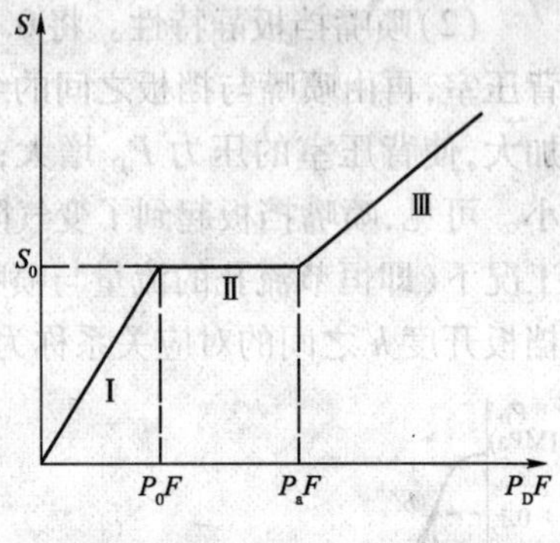

由图 1-1-8 可知，弹性组件的整个工作过程可分为三个阶段。

第Ⅰ阶段（图 1-1-8 中直线段Ⅰ）：

由于装配上的原因，使得膜片与阀件之间存在一个间隙 S_0，当 P_D 从零开始增加时，金属膜片的位移使 S_0 逐渐减小。当输入压力等于 P_0 时，膜片刚好接触阀杆，即 $S_0=0$，在这一阶段中，阀杆没有位移。

图 1-1-8　推力与膜片位移的关系

第Ⅱ阶段（图 1-1-8 中直线段Ⅱ）：

当输入压力从 P_0 继续增加时，由于作用在金属膜片上的轴向推力不足以克服弹簧片 3 的预紧力和气源向上的作用力，所以金属膜片和阀杆都没有位移。

第Ⅲ阶段（图 1-1-8 中直线段Ⅲ）：

当输入压力增加到 P_a 后，阀杆开始有位移，放大器开始有输出。P_a 称为放大器的起步压力，调换不同刚度的金属膜片和弹簧片可调整放大器的起步压力。当输入压力从 P_a 继续增加时，膜片和阀杆的位移增量 ΔS 与输入压力的增量 ΔP_D 成比例变化，因此这一阶段是放大器的工作段。在工作段上，输出压力的增量和输入压力的增量可近似看为比例关系。因此，气动功率放大器是一个比例环节。该放大器不但放大了压力信号，而且因为进气球阀的流通面积远大于喷嘴挡板机构中的恒节流孔，使流量也放大了很多倍，即实现了压力和流量的同时放大。

当功率放大器与喷嘴挡板机构串联使用时，起步压力的大小决定了喷嘴挡板机构的工作区域，合适的起步压力才能使喷嘴挡板机构工作在静特性曲线的线性段，从而保证仪表具有较高的灵敏度和精度。实践证明，放大器的起步压力通常调整在 27～33kPa，可保证仪表工作在喷嘴挡板机构的线性段。

起步压力大小与金属膜片和弹簧片的刚度、膜片与阀杆间隙及弹簧片的预紧力有关。调换不同刚度的金属膜片和弹簧片，或调整弹簧片的预紧力，可以改变放大器的起步压力。

3. 压力开关

图 1-1-9 是一个船舶机舱系统中常用的压力开关的结构原理图，它多用于辅锅炉气压或空气压缩机的自动启动的双位控制系统中。

作用在杠杆上有三个力：①被测压力信号经测量波纹管形成的向上推力，它对支点产生了逆时针的测量力矩。②给定弹簧的拉力，它产生了顺时针的给定力矩。③幅差弹簧的顶力，它产生了幅差力矩，也是顺时针力矩。

当测量力矩大于给定力矩与幅差力矩之和时，杠杆绕支点逆时针旋转。反之，则杠杆绕支

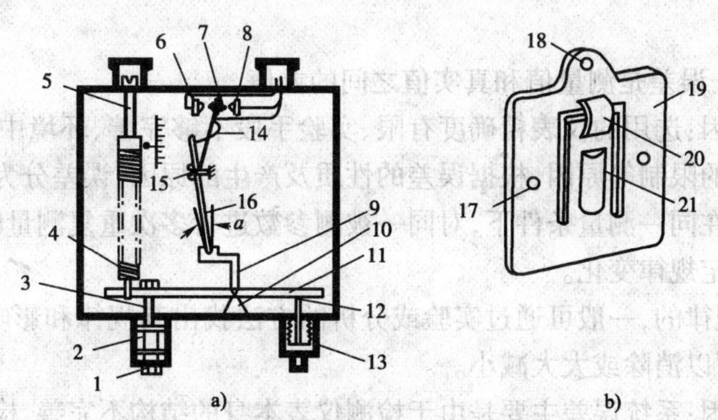

图 1-1-9 压力开关结构图

1-幅差调整旋钮;2-幅差弹簧;3-螺钉;4-给定弹簧;5-给定值调整螺钉;6-静触头;7-动触头;8-静触头;9-拨叉;10-支点;11-杠杆;12-顶杆;13-测量波纹管;14-跳簧;15-螺钉;16-簧片;17-螺钉孔;18-动触头;19-簧片;20-跳簧;21-舌形片

点顺时针旋转。当杠杆旋转时,它会带动拨叉移动,并使簧片和跳簧变形。当被测压力上升到上限或下降到下限时,跳簧的变形达到极限,它会突然动作,使动触头从一个静触头突然跳到另一个。从而使控制电路的接通或断开状态突然改变,即调节器的输出状态突然跳变。而当被测压力在上下限之间时,动触头的位置不变,即调节器的输出状态不变。

被测压力上、下限的值,可通过调整幅差弹簧和给定弹簧的预紧力来实现,而上下限之间的差值称为幅差(或称开关差)。调整给定弹簧的螺钉可设定下限值 $P_{下}$,由给定值指针在标尺上指示出来。调整幅差弹簧的旋钮可设定上限值 $P_{上}$。在旋钮上有 10 个刻度,按幅差值可求出对应的刻度值,转动旋钮使该刻度对准红色的基准标记线即可。例如,某压力开关的幅差可调范围为 0.07 ~0.25MPa,则不同刻度所对应的幅差为

$$\Delta P - 0.07 + (0.25 - 0.07) \cdot X/10$$

式中:X——幅差刻度值。

若已知被测压力的下限值为 0.4MPa,上限为 0.6MPa,则调整步骤为

①调整给定值螺钉,使指针指在 0.4MPa 上。

②计算幅差刻度 X;

其幅差为

$$\Delta P = 0.6 - 0.4 = 0.2\text{MPa}$$

按上式有

$$0.2 = 0.07 + (0.25 - 0.07) \cdot X/10$$

可求得 $X = 7.2$,调整幅差旋钮,使刻度 7.2 对准红色标记即可。

由于机械仪表的误差较大,实际使用中可按如下方法调整上、下限值:

调整给定弹簧螺钉,将给定值标尺调在欲设定的下限值上,调整幅差旋钮在适当的位置上。在输入端送入可调气压信号,并用气压表显示。缓慢调高输入气压,当听到微动开关"喀哒"的动作声时,停止调节,此时压力表指示值即为上限值;然后再逐步调低气压信号,听到微动开关再次的"喀哒"声时,停止调节,此时压力表指示值即为下限值。如上、下限值不符合要求,则调整给定弹簧螺钉和幅差旋钮后,重复上述过程,直至达到设定值。

4. 自动化仪表的主要品质指标

1)检测过程及误差

(1)检测过程。检测过程的实质在于被测参数都要经过能量形式的一次或多次转换,最后得到便于测量的信号形式,然后与相应的测量单位进行比较,由指针位移或数字形式显示

出来。

(2)检测误差。误差是测量值和真实值之间的差值。

误差产生的原因:选用的仪表精确度有限、实验手段不够完善、环境中存在各种干扰因素以及检测技术水平的限制等原因,根据误差的性质及产生的原因,误差分为三类。

①系统误差。在同一测量条件下,对同一被测参数进行多次重复测量时,误差的大小和符号保持不变或按一定规律变化。

特点:有一定规律的,一般可通过实验或分析的方法找出其规律和影响因素,引入相应的校正补偿措施,便可以消除或大大减小。

误差产生的原因:系统误差主要是由于检测仪表本身的结构不完善、检测中使用仪表的方法不正确以及测量者固有的不良习惯等引起的。

②疏忽误差。明显地歪曲测量结果的误差,又称粗差。

特点:无任何规律可循。

误差产生的原因:引起的原因主要是由于操作者的粗心(如读错、算错数据等)、不正确操作、实验条件的突变或实验状况尚未达到预想的要求而匆忙测试等原因所造成的。

③随机误差。在相同条件下多次重复测量同一量时,误差的大小、符号均为无规律变化,又称偶然误差。

特点:变化难以预测,无法修正。

误差产生的原因:随机误差主要是由于测量过程中某种尚未认识的或无法控制的各种随机因素(如空气扰动、噪声扰动、电磁场等)所引起的综合结果。

随机误差在多次测量的总体上服从一定统计规律,可利用概率论和数理统计的方法来估计其影响。

2)检测仪表的基本技术性能指标

(1)精度。检测仪表的精度反映测量值接近真实值的准确程度,一般用一系列误差来衡量。

①绝对误差。指仪表指示值与被测参数真值之间的差值,即

$$\Delta x = x - x_t$$

实际上通常采用多次测量结果的算术平均值或用精度较高的标准表的指示值作为约定真值。则绝对误差可用下式表示

$$\Delta x = x - x_0$$

②相对误差。是测量的绝对误差与被测量(约定)真值之比,乘以100所得的数值,以百分数表示。

③引用误差。是测量的绝对误差与仪表的满量程值之比,称为仪表的引用误差,它常以百分数表示。比较相对误差和引用误差可知,引用误差是相对误差的一种特殊形式,用满量程值L代替真值,在使用上方便多了。然而,实践证明,在仪表测量范围内的每个示值的绝对误差Δ都是不同的,因此引用误差仍与仪表的具体示值有关,使用仍不方便。为此,又引入最大引用误差的概念,它既能克服上述的不足,又更好地说明了误差的测量精度。所以常被用来确定仪表的精度等级。

在规定条件下,当被测量平稳增加或减少时,在仪表全量程内所测得各示值的绝对误差(取绝对值)的最大者与满量程值的比值之百分数,称为仪表的最大引用误差。

最大引用误差是仪表基本误差的主要形式,它能更可靠地表明仪表的测量精确度,是仪表

最主要的质量指标。

$$\delta = \frac{x - x_0}{\text{标尺上限值} - \text{标尺下限值}} \times 100\% = \frac{\Delta x}{M} \times 100\%$$

④精度等级。按仪表工业规定，去掉最大引用误差的“±”号和“%”号，称为仪表的精度等级，目前已系列化。只能从下列数系中选取最接近的合适数值作为精度等级，即 0.005，0.02，0.05，0.1，0.2，0.4，0.5，1.0，1.5，2.5，4.0 等。

例 1-1-1 有两台测温仪表，它们的测温范围分别为 0～100℃和 100～300℃，校验表时得到它们的最大绝对误差均为 2℃，试确定这两台仪表的精度等级。

解：这两台仪表的最大引用误差分别为

$$\delta_1 = \frac{2}{100 - 0} \times 100\% = 2\%$$

$$\delta_2 = \frac{2}{300 - 100} \times 100\% = 1\%$$

去掉最大引用误差的“%”号，其数值分别为 2 和 1，由于国家规定的精度等级中没有 2 级仪表，同时该仪表的误差超过了 1 级仪表所允许的最大误差，所以这台仪表的精度等级为 2.5 级，而另一台仪表的精度等级正好为 1 级。由此可见，两台测量范围不同的仪表，即使它们的绝对误差相等，它们的精度等级也不相同，测量范围大的仪表精度等级比测量范围小的高。

例 1-1-2 某台测温仪表的工作范围为 0～500℃，工艺要求测温时测量误差不超过 ±4℃，试问如何选择仪表的精度等级才能满足要求？

解：根据工艺要求，仪表的最大引用误差为

$$\delta_{max} = \pm \frac{4}{500 - 0} \times 100\% = \pm 0.8\%$$

去掉最大引用误差的“±”号和“%”号，其数值为 0.8，介于 0.5～1.0 之间，若选择精度等级为 1.0 级的仪表，其最大绝对误差为 ±5℃，超过了工艺上允许的数值，故应选择 0.5 级的仪表才能满足要求。

(2) 灵敏度与灵敏限：

①灵敏度。表示仪表对被测参数变化反应的能力，是指仪表达到稳态后输出增量与输入增量之比，即

$$S = \frac{\Delta y}{\Delta x}$$

②灵敏限。是指引起仪表指针发生可见变化的被测参数的最小变化量。一般，仪表的灵敏限数值不大于仪表允许误差绝对值的 1/2。

③回差。在外界条件不变的情况下，当被测参数从小到大（正行程）和从大到小（反行程）时，同一输入的两个相应输出值常常不相等。两者绝对值之差的最大值和仪表量程 M 之比的百分数称为回差，也称变差。

回差产生原因：由于传动机构的间隙、运动件的摩擦、弹性元件的弹性滞后等。回差越小，仪表的重复性和稳定性越好。应当注意，仪表的回差不能超过仪表引用误差，否则应当检修。

三、反馈控制系统

1. 反馈控制系统的组成

在锅炉正常运行中，汽包水位是一个重要的参数，其高低直接影响着蒸汽的品质及锅炉的

安全。水位过低，当负荷很大时，汽化速度很快，汽包内的液体将全部汽化，导致锅炉烧干甚至会引起爆炸；水位过高会影响汽包的汽水分离，产生蒸汽带液现象，降低了蒸汽的质量和产量，严重时会损坏后续设备，见图1-1-10。

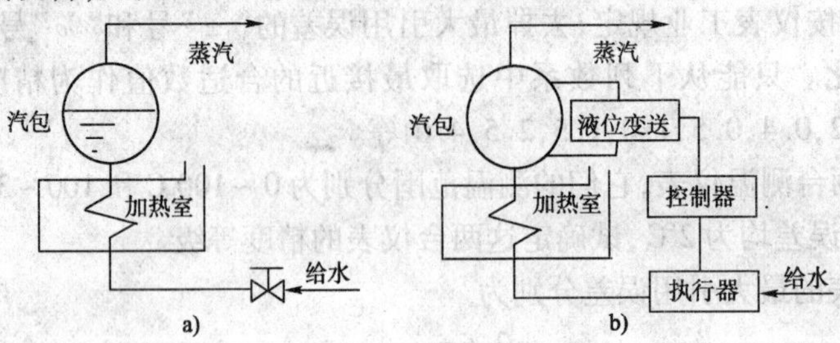

图 1-1-10　锅炉汽包水位控制示意图

1)锅炉水位控制

(1)手动控制水位。人要用眼睛观察水位表，把实际水位值传给大脑，大脑要对实际水位进行分析、判断和计算，然后输出一个控制命令给双手，用手来改变给水阀的开度，改变流入锅炉给水量，使水位逐渐恢复到最佳水位。

(2)自动控制水位。由于不需要人来干预控制过程，因此必须用各种自动化仪表来代替人的感观。比如用测量仪表(本例中的水位发信器和变送器)代替人的眼睛，随时测量水位的实际值并把该值送给调节器，调节器代替人的大脑对水位进行分析、判断和运算，然后输出控制信号给执行机构，执行机构代替人的双手来改变给水阀的开度，改变流入锅炉的给水量，使水位逐渐回到最佳水位上来。

2)组成反馈控制系统的基本单元

(1)控制对象。控制对象是指所要控制的机器、设备或装置。把所要控制的运行参数叫做被控量。例如，在锅炉水位自动控制系统中，锅炉是控制对象，水位是被控量；在锅炉蒸气压力自动控制系统中，锅炉是控制对象，蒸气压力是被控量；在柴油机气缸冷却水温度自动控制系统中，淡水冷却器是控制对象，冷却水温度是被控量；在燃油黏度自动控制系统中，燃油加热器是控制对象，燃油黏度是被控量；在空气压力的自动控制系统中，空气瓶是控制对象，空气压力是被控量；在柴油机转速的控制系统中，柴油机是控制对象，转速是被控量等。

不同对象的结构复杂程度不同，工作过程所遵循的物理学定律不同，因而它们的工作原理也各不相同。但是，从影响被控量变化的基本因素来看，各种控制对象又有共同之处，这就是，所有的控制对象都有存储物质或能量的能力，且当控制系统受到扰动后，会伴随有物质或能量流入或(和)流出；物质或能量在流动过程中会受到阻力；物质或能量在流动过程中或信号在传递过程，会存在时间上的迟延。所以必须了解控制对象的特性，以选择适当的调节规律和参数，达到预期的控制目的。

(2)测量单元。测量单元的作用是检测被控量的实际值，并把它转换成标准的统一信号，该信号叫被控量的测量信号。在气动控制系统中，对应被控量的满量程，其统一的标准气压信号是0.02~0.1MPa；在电动控制系统中，对应被控量的满量程，其统一的标准电流信号是4~20mA。在温度自动控制系统中，测量单元常采用温度传感器和温度变送器；在压力自动控制系统中，测量单元常采用压力传感器和压力变送器；在锅炉水位控制系统中，测量单元常采用电极水位发讯器和差压变送器等。

(3)调节单元。调节单元是指具有各种调节作用规律的调节器。通常把运行参数所希望控制的最佳值叫给定值，用γ表示；被控量的测量值用Z表示。把被控量的测量值离开给定值的数量叫偏差值，用e表示。显然$e=\gamma-Z$。

$e>0$，说明测量值低于给定值，叫正偏差；

$e<0$，说明测量值大于给定值，叫负偏差；

$e=0$，说明测量值等于给定值，为无偏差。

调节器首先接收测量单元送来的被控量的测量信号，并与被控量的给定信号相比较得到偏差信号，再根据偏差信号的大小和方向（正偏差还是负偏差），依据某种调节作用规律输出一个控制信号，对被控量施加控制作用，直到偏差等于零或接近零为止。在实际应用中，调节单元有位式调节器、比例调节器、比例积分调节器、比例微分调节器、比例积分微分调节器五种，根据控制对象的特性不同及对被控量控制精度的要求，其控制系统可选用不同调节作用规律的调节器。

（4）执行机构。执行机构的输入是调节单元输出的控制信号，执行机构的输出作用到控制对象，从而可改变流入控制对象的物质或能量流量，使之能符合控制对象负荷的要求，使被控量逐渐回到给定值或给定值附近，系统将会达到一个新的平衡。在气动控制系统中，执行机构一般是气动薄膜调节阀或气动活塞式调节阀；在电动控制系统中，一般采用可逆转伺服电机或三相交流伺服电机。

以上四个单元在组成反馈控制系统中是缺一不可的。但对一个完整的控制系统来说，一般都设有显示单元，用来指示被控量的给定值和测量值。同时，对气动控制系统来说，应设有气源装置和定值器；对电动控制系统尚需设稳压电源等辅助装置。

2.反馈控制系统传递方程图

为了清楚表明各单元在控制系统中的地位和作用，以及各单元之间的信号传递关系，每个单元都用一个方框来表示，各方框之间用带箭头的信号线连接起来，就构成了反馈控制系统传递方框图。它适用各种运行参数的自动控制系统，具有普遍性。

1）方框图组成

（1）方框：每一个方框表示系统中的一个组成部分（也称为环节），方框内添入表示其自身特性的数学表达式或文字说明。

（2）信号线：信号线是带有箭头的直线段，用来表示环节间的相互关系和信号的流向；作用于方框上的信号为该环节的输入信号，由方框送出的信号称为该环节的输出信号，见图1-1-11a）。

（3）比较点：比较点表示对两个或两个以上信号进行加减运算，“＋”号表示相加，“－”号表示相减，见图1-1-11b）。

（4）引出点：表示信号引出，从同一位置引出的信号在数值和性质方面完全相同，见图1-1-11c）。

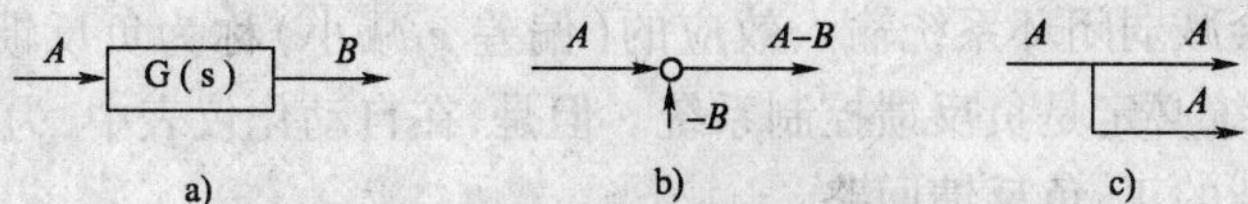

图1-1-11　方框的组成单元示意图

a）带有输入输出信号的方框；b）比较点；c）引出点

系统中的每一个环节用一个方框来表示，四个方框分别表示：被控对象（锅炉汽包）、测量单元、调节单元和执行机构。每个方框都分别标出各自的输入、输出变量。如被控对象环节，给水流量变化会引起汽包水位的变化,因此给水流量(操纵变量)作为输入信号作用于被控对象,而汽包水位(被控量)则作为被控对象的输出信号;引起被控量(汽包水位)偏离设定值的因素还包括蒸汽负荷的变化和给水管压力的变化等扰动量,它们也作为输入信号作用于被控对象(见图 1-1-12)。

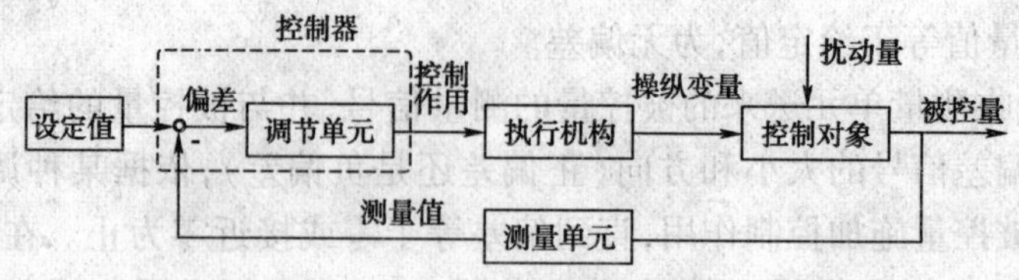

图 1-1-12　控制系统方框图

2)传递方框图要建立以下几个概念

(1)环节。在传递方框图中,代表实际单元的每个小方框称为一个环节。每个环节必定有输入量和输出量,并用带箭头的信号线表示。环节输出量的变化取决于输入量的变化和环节特性,而输出量的变化不会直接影响输入量,这就是信号传递的单向性。

(2)扰动。要把控制对象看做一个环节,它的输出量就是被控量。引起被控量变化的一切因素统称为扰动或扰动量。扰动量的分类:一类是外界用气量的变化,这是管理人员无法控制的,称为外部扰动;另一类是改变给水阀的开度,即改变给定值,这种扰动管理人员是可以控制的,称为基本扰动。

(3)闭环系统。在控制系统传递方框图中,前一环节的输出就是后一环节的输入。这样,控制系统就形成一个闭合回路,称为闭环系统,反馈控制系统必定是闭环系统。如果在某处把回路断开,系统就由闭环系统变为开环系统,开环系统不再是反馈控制系统,也就不能对被控量进行自动控制。

(4)反馈。在传递方框图中,符号"○"是比较环节(它不是一个独立的单元,而是调节器中的一个组成部分,为清楚起见单独画出)。它随时对被控量的给定值 γ 与被控量的测量值 Z 相比较得到偏差值 e。e 是调节器的输入量,调节器的输出量经执行机构推动调节阀,目的是控制被控量。而被控量的变化又经测量单元反送到调节器的输入端,这个过程叫反馈。只有反馈才能随时对被控量的给定值和测量值进行比较,只要存在偏差调节器就会指挥调节阀改变开度,也就是改变流入控制对象物质或能量流量,直到测量值回到给定值偏差 $e=0$ 为止,这时调节器的输出不再变化,调节阀的开度正好适应负荷的要求,控制系统达到一个新的平衡状态。可见对参数的自动控制必须要有反馈过程,这就是把运行参数的自动控制系统称为反馈控制系统的原因。

在反馈中,有正反馈和负反馈之分:

正反馈:经反馈能加强闭环系统输入效应的(偏差 e 增大)称为正反馈;

负反馈:经反馈会减弱闭环系统输入效应的(偏差 e 减小)称为负反馈。显然,按偏差控制运行参数的控制系统必定是负反馈控制系统。但是,在自动化仪表中,为实现某种作用规律和功能,常采用较复杂的正、负反馈回路。

3. 过程控制系统的主要类型

按系统功能分类:有温度控制系统、压力控制系统、位置控制系统、流量控制系统等;

按系统性能分类:有线性系统和非线性系统、连续系统和离散系统、定常系统和时变系统;

按被控变量的数量分类:有单变量控制系统和多变量控制系统;

按采用的控制装置分类：有常规仪表控制系统、计算机控制系统；

按控制系统基本结构形式分类：有闭环控制系统和开环控制系统。

1）闭环控制系统

闭环控制系统是指控制器与被控对象之间既有顺向控制又有反向联系的控制系统。

优点：不管任何扰动引起被控变量偏离设定值，都会产生控制作用去克服被控变量与设定值的偏差。因此闭环控制系统有较高的控制精度和较好的适应能力，其应用范围非常广泛。

缺点：闭环控制系统的控制作用只有在偏差出现后才产生，当系统的惯性滞后和纯滞后较大时，控制作用对扰动的克服不及时，从而使其控制质量大大降低。

在闭环控制系统中，根据设定值的不同形式，又可分为定值控制系统、随动控制系统和程序控制系统。

（1）定值控制系统。系统的给定值是某一确定值，希望系统的被控量也保持定值。船舶主辅机热工参数的自动控制系统大多属于这一类系统。

特点：设定值是固定不变。

作用：保证在扰动作用下使被控变量始终保持在设定值上。

（2）程序控制系统。系统的给定值按某一预先确定的规律变化。例如在船舶主机自动遥控系统的调速系统中，柴油机增减负荷的控制过程是按预先规定的变化规律来改变转速的给定值，以防止柴油机气缸中出现不应有的热应力变化，这便是程序控制系统。

特点：设定值是一个按一定程序变化的函数（可以是时间，也可以是数值）。

作用：保证在各种条件下系统的输出（被控变量）以一定的精度跟随设定值的变化而变化。

（3）随动系统。系统的给定值预先不能确定，它取决于系统外的某一进程。如随动操舵系统，其舵角给定值完全取决于当时的航行情况，其他如参数的自动测量与自动记录系统也属于随动系统。

特点：设定值是一个未知的变化量。

作用：保证在各种条件下系统的输出（被控变量）以一定的精度跟随设定值的变化而变化。

2）开环控制系统

开环控制系统是指控制器与被控对象之间只有顺向控制而没有反向联系的控制系统。操纵变量可以通过控制对象去影响被控变量，但被控变量不会通过控制装置去影响操纵变量。从信号传递关系上看，未构成闭合回路。

4. 过程控制系统的性能指标及要求

1）过程控制系统的过渡过程

（1）系统的静态、动态和过渡过程概念：

①静态：被控变量不随时间而变化的平衡状态。在这种状态下，系统的输入（设定值和扰动量）及输出（被控变量）都保持不变，系统内各组成环节都不改变其原来的状态，其输入、输出信号的变化率为零。而此时系统仍在运行，物料和能量仍然有进有出。因此静态反映的是相对平衡状态。

②动态：被控变量随时间而变化的不平衡状态。当一个原来处于相对平衡状态的系统受到扰动作用的影响后，其平衡状态受到破坏，被控变量偏离设定值，此时控制器会改变原来的状态，产生相应的控制作用，改变操纵变量去克服扰动的影响，力图恢复平衡状态。

③过渡过程：在设定值发生变化或系统受到扰动作用后，系统将从原来的平衡状态经历一

个过程进入另一个新的平衡状态。

一般来说，一个控制系统的好坏在静态时是难以判别的，只有在动态过程中才能充分反映出来。系统在其进行过程中，会不断受到扰动的频繁作用，系统自身通过控制装置不断地施加控制作用去克服扰动的影响，使被控变量保持在工艺生产所规定的技术指标上。因此，对系统研究的重点应放在控制系统的动态过程。

(2)过渡过程的几种形式。在阶跃信号作用下，被控变量随时间的变化有以下几种形式。如图 1-1-13 所示。图中，Y 表示被控变量。

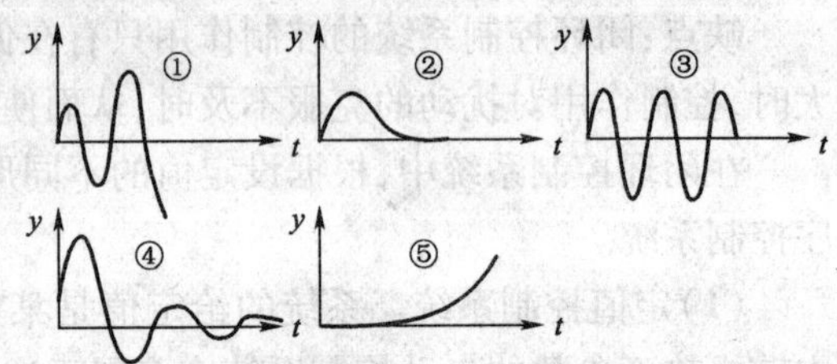

图 1-1-13 过渡过程的基本形式

①发散振荡过程。如图 1-1-13 中曲线①所示，它表明系统受到扰动作用后，被控变量上下波动，且幅度越来越大，即被控变量偏离设定值越来越远，以致超越工艺允许的范围。

②非振荡衰减过程。如图 1-1-13 中曲线②所示。它表明被控变量受到扰动作用后，产生单调变化，经过一段时间最终能稳定下来。

③等幅振荡过程。如图 1-1-13 中曲线③所示。它表明系统受到扰动作用后，被控变量作上下振幅稳定的振荡，即被控变量在设定值的某一范围内来回波动。

④衰减振荡过程。如图 1-1-13 中曲线④所示，它表明系统受到扰动作用后，被控变量上下波动，且波动的幅度逐渐减小，经过一段时间最终能稳定下来。

⑤非振荡发散过程。如图 1-1-13 中曲线⑤所示。它表明系统受到扰动作用后，被控变量单调变化偏离设定值越来越远，以致超出工艺设计的范围。

上面五种过程形式中，非振荡衰减过程和衰减振荡过程是稳定过程，能基本满足控制要求。

(3)常见的典型信号。控制系统在其运行的过程中，不断受到各种扰动的影响，这些扰动不仅形式各异，对被控变量的影响也各不相同。为了便于对系统进行分析、研究，通常选择几种具有确定性的典型信号来代替系统运行过程中受到的大量的无规则随机信号。有：阶跃信号、斜坡信号、脉冲信号、加速度信号和正弦信号等。其中阶跃信号对被控变量的影响最大，且阶跃扰动最为常见，如图 1-1-14 所示。

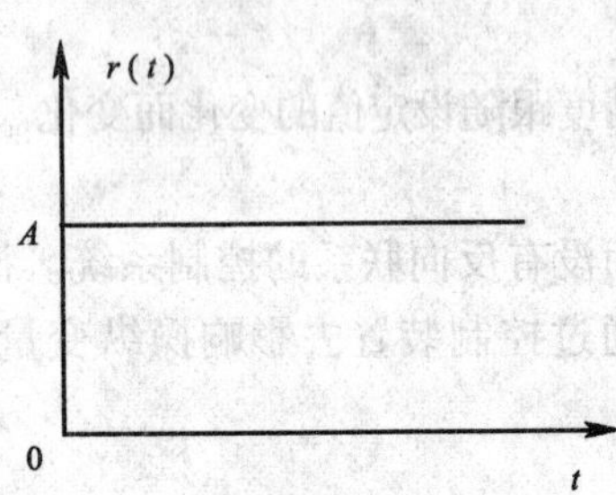

图 1-1-14

当 $A=1$ 时称为单位阶跃信号。

2)过程控制系统的质量指标

在比较不同控制方案时，应首先规定评价控制系统的优劣程度的性能指标，一般情况下，主要采用以阶跃响应曲线形式表示的质量指标。

系统受阶跃扰动后，对被控量过渡过程性能的要求主要集中在稳定性、准确性、快速性三个方面。

对于定值控制系统来说，评定动态过程品质指标包括最大动态偏差 e_{max}、衰减率 φ、过渡过程时间 t_S、振荡次数 N 及静态偏差 ε 等，如图 1-1-15 所示。

最大动态偏差 e_{max}，是指在衰减振荡中第一个波峰的峰值，它是动态精度指标。e_{max} 大，说明动态精度低，要求 e_{max} 小些好。但不是越小越好，因为 e_{max} 大小与调节器比例作用强弱有关，比例作用越强，e_{max} 越小。比例作用太强，虽然 e_{max} 很小，但动态过程的振荡会加剧。

衰减率 φ,是指在衰减振荡中,第一个波峰值 $A\ (=e_{max})$,减去第二个同相波峰值 B 除以第一个波峰值 A,即

$$\varphi = \frac{A-B}{A}$$

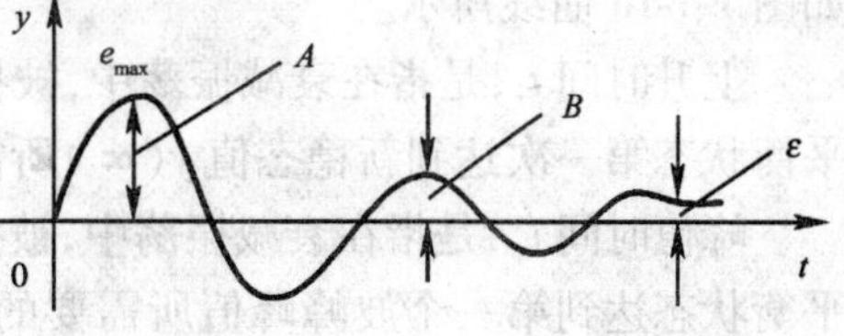

图 1-1-15

式中:φ ——衡量系统稳定性指标。

根据衰减率 φ 的大小可以判定过渡过程的性质:

$\varphi<0$,为发散振荡过程;$\varphi=0$,为等幅振荡过程;

$0<\varphi<1$,为衰减振荡过程;$\varphi=1$,为非周期过程。

最佳衰减率:$\varphi=0.75\sim0.9$。当 $\varphi=0.75$ 时,A 是 B 的 4 倍,称为衰减比 4:1。φ 不能小于 0.75,否则系统动态过程的振荡倾向增加,降低了系统稳定性,过渡过程时间也因振荡不息而加长。特别是当 $\varphi=0$ 时,其动态过程是等幅振荡,系统变成不稳定系统,这是不允许的。φ 也不能太大,否则 e_{max} 会增大,过渡过程时间 t_S 也会拖得很长,当 $\varphi=1$ 时,其动态过程没有振荡,成为非周期过程。这时 e_{max} 很大,t_S 拖得很长,这是不可取的。

过渡过程时间 t_S,是指从控制系统受到扰动开始到被控量重新稳定下来所需的时间。理论上讲,这个时间是无穷大,这是没有意义的。因此,我们这样来定义过渡过程时间 t_S:当 $t\geqslant t_S$ 时,满足

$$\frac{|y(t)-y(\infty)|}{y(\infty)}\leqslant\Delta$$

式中:$y(t)$——系统受到扰动后,在时间为 t 时的被控量值;

$y(\infty)$——被控量的最终稳态值;

Δ——选定的任意小的值,一般取 $\Delta=0.02$,或 $\Delta-0.05$。

上式的物理意义是,当 $t\geqslant t_S$ 的所有时间内,被控量 $y(t)$ 的波动值 $|y(t)-y(\infty)|$ 均小于或等于最终稳态 $y(\infty)$ 的 2% 或 5%,t_S 就是过渡过程时间。

振荡次数 N,是指在衰减振荡中,被控量的振荡次数。一般要求被控量振荡 2 ~ 3 次就应稳定下来。

静态偏差 ε,是指动态过程结束后,被控量新稳态值与给定值之间的差值。ε 越小说明控制系统的静态精度越高。在实际控制系统中,由于所使用不同作用规律调节器,其存在静态偏差的情况也不相同。有的控制系统受到扰动后,在调节器控制作用下,被控量最终不能稳定在给定值上,只能稳定在给定值附近,存在一个数值较小的静态偏差,这是有差调节。有的控制系统受到扰动后,在调节器的控制作用下,被控量能最终稳定在给定值上,$\varepsilon=0$,这是无差调节。

上面对稳定性、准确性和快速性等品质指标分别作了说明,其实这三者是互相制约的,如从稳定性上看,非周期过程最好,但它的快速性与准确性均较差。所以必须根据实际控制系统的要求,在这三个方面作出合理的折中选择。一般在热工参数的控制过程中,首先要求稳定,在满足 $\varphi=0.75\sim0.9$ 的前提下,尽量减少被控量的动态偏差和缩短过渡过程的时间,以达到最佳的控制过程。

在外部扰动不变而改变给定值的控制系统中,评定动态过程品质的一些指标,如过渡过程时间 t_S 振荡次数 N,静态偏差 ε 等与定值控制系统是一样的。只是评定稳定性指标不用衰减率,而是用超调量 σ_p。同时增加了反映控制系统响应速度的两个指标:上升时间、峰值时间,

如图 1-1-16 曲线所示。

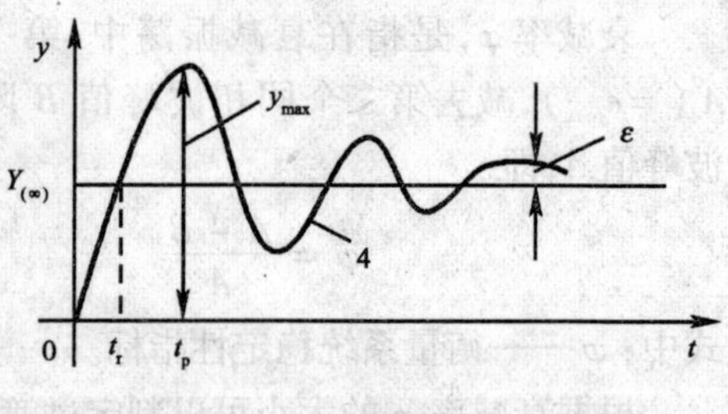

图 1-1-16

上升时间 t_r，是指在衰减振荡中，被控量从初始平衡状态第一次达到新稳态值 $y(\infty)$ 所需时间。

峰值时间 t_p，是指在衰减振荡中，被控量从初始平衡状态达到第一个波峰峰值所需要的时间 t_p。t_r 和 t_p 都是反映动态过程进行快慢的指标。t_r、t_p 越小，说明系统惯性越小，动态过程进行得越快。

超调量 σ_p，是指在衰减振荡中，第一个波峰值 y_{max} 减去新稳态值 $y(\infty)$ 与新稳态值之比的百分数，即

$$\sigma_p = \frac{y_{max} - |y(\infty)|}{|y(\infty)|} \times 100\%$$

超调量是评定控制系统稳定性的指标。超调量越小，控制系统动态过程波动越小，稳定性越好。但若 σ_p 太小，甚至 $\sigma_p = 0$ 时，被控量无波动地逐渐靠近给定值，成为非周期过程，系统稳定性虽然最好，但 t_S 拖得太长，这是不可取的。若 σ_p 太大，控制系统动态过程的振荡明显加剧，使系统稳定性变差。由于振荡不息，t_S 也必定拖得很长。在实际过程中，要求 $\sigma_p < 30\%$。

四、实训环节

实训　压力控制器调整

整定压力控制器的上、下限动作压力值。要求能够进行正确的电路连接，通过设定值旋钮和幅差调整旋钮将控制器的上、下限动作压力值分别调整在 0.04MPa 和 0.12MPa。

压力控制器是船舶机舱常见的测量装置，可用于设备参数的双位控制和参数越限报警。掌握压力控制器的调校方法对控制系统的维护管理，保持控制系统的正常运行具有重要的实际意义。

1. 设备和工具准备

本实训在仪表实训台上进行，所需的其他设备和工具如下：

(1) YWK－50－C 型压力控制器一个，下限值压力范围为 0～0.2MPa，幅差范围为 0.07～0.25MPa。

(2) 快速连接气管一根，螺钉调整工具一个。

2. 气路连接

压力控制器的测量信号由实训台上的气压定值器提供，定值器设定的压力分别由相应的精密压力表和快速接头进行指示和输出。在进行气路连接时，可采用任意一个定值器输出。建议先将设定压力调为零，然后再通过快速连接气管将定值器输出端接到控制器的压力输入端，如图 1-1-17 所示。

3. 上、下限动作压力值调整

下限值 p_L 由给定值旋钮通过给定弹簧设定，幅差 Δp 由幅差调整旋钮通过幅差弹簧设定，压力开关的上限值 p_H 等于下限值 p_L 加上幅差 Δp，即 $p_H = p_L + \Delta p$。因此，压力开关的上限值是通过调整幅差来设定的。

压力控制器的调整步骤如下：

图 1-1-17　压力控制器气路连接图

(1)调整设定值旋钮,将刻度指针调整到希望的压力下限值 p_L。

(2)根据上限压力值 p_H 计算幅差值 Δp:$p_H = p_L + \Delta p$。

(3)根据幅差值 Δp 调整幅差调整旋钮

幅差调整旋钮上标记有 10 个格的刻度挡,对应的幅差范围为 $\Delta p = (0.07 \sim 0.25)$ MPa。幅差调整旋钮所调的格数 X 可根据下列关系进行估算

$$\Delta p = p_H - p_L = 0.07 + (0.25 - 0.07) \times \frac{X}{10}$$

$$X = \frac{(\Delta p - 0.07) \times 10}{0.25 - 0.07}$$

(4)调整定值器输出,观察测量压力上升到上限值和下降到下限值是开关是否动作。如果动作值不对,则根据具体情况进行微调。

在实训过程中,由于刻度精度比较低,不论是下限值 P_L 还是幅差旋钮的调整格数 X 都只是近似值,只能作为粗调参考。精确设定必须根据开关动作时压力表的读数进行微调。

五、调节器作用规律

所谓调节器(或称控制器)的作用规律,是指调节器的输出量随输入量变化的规律,简称调节规律(或称控制规律)。调节规律反映了调节器的特性。当控制对象的特性已知后,就可选择合适的调节器及其参数,使控制系统的各项性能指标均满足给定的要求。下面将介绍几种常见的调节规律。

1. 双位式调节规律

双位调节是指调节器的输出只有两个固定的位置状态。当被控量超过上限或下限时,调节器的输出就从一个状态突然跳变到另一个状态,而当被控量在上、下限之间时,调节器的状态不改变。执行机构也只有简单的通或断两个位置。

双位调节比较简单,也比较便宜,所以应用广泛。上节介绍的压力开关就是双位调节,下面举例说明。

图 1-1-18 是辅锅炉浮子式液位开关双位控制系统的原理图。由图可知,浮子室内的水位与锅炉的水位是一致的,当水位上升到上限时,浮子杆与调节板上的销钉相碰,并带动磁铁 1

向下偏转。由于同极性相斥,使磁铁 2 带动触头绕轴 2 顺时针偏转。这样,动触头和静触头就断开,给水泵电动机的电源被切断,停止供水。同样,当水位下降到下限时,接通给水泵电动机,开始供水。所以仅当水位到达上、下限时,调节器输出状态才会改变。而水位在上、下限之间时,调节器的输出状态不变。这样,锅炉的水位便在上、下限之间波动,如图 1-1-19 所示。

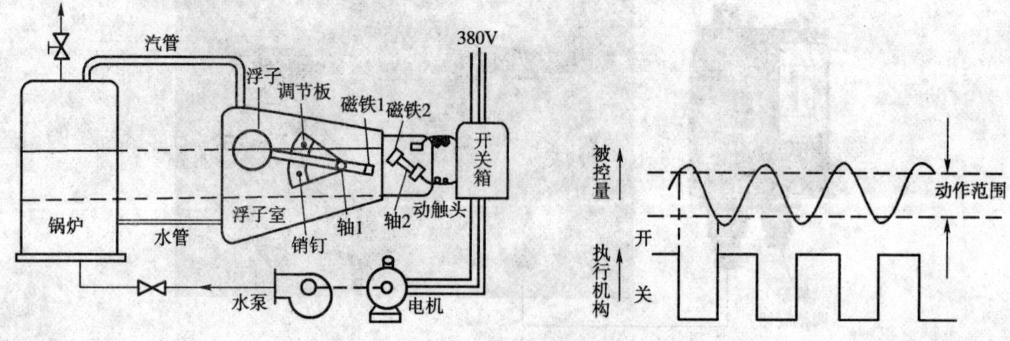

图 1-1-18　浮子式液位控制原理图

图 1-1-19　水位与电动机通断电之间的关系

通过调整上、下销钉的位置,可以改变水位上、下限的值,但若把销钉间的距离调整得过小,虽然水位的波动范围小了,即控制精度高了,但电动机起停频繁,容易出现机械磨损及电火花, 这对系统是不利的。若上、下限的值拉得太开,则虽然减少了执行机构的动作频繁的程度,但水位波动范围太大,控制精度不高。为此要适当调整上、下销钉间的距离。

2. 比例调节规律(P)

比例作用规律是指调节器的输出量 P(调节阀开度的变化量)与输入量 e(被控量的偏差值)成比例变化,其输出与输入之间的函数关系为

$$P(t)=K\cdot e(t)$$

式中:K——比例调节器的放大倍数。

放大倍数 K 大,在输入相同偏差 $e(t)$ 信号时,调节器输出量 $P(t)$ 大,也就是调节器指挥调节阀开度的变化量大,我们就说它的比例作用强;反之,K 小,其比例作用弱。用比例作用规律制成的调节器,称为比例调节器。

这里举一个浮子式水位比例控制系统的例子来说明比例调节的过程,系统如图 1-1-20 所示。

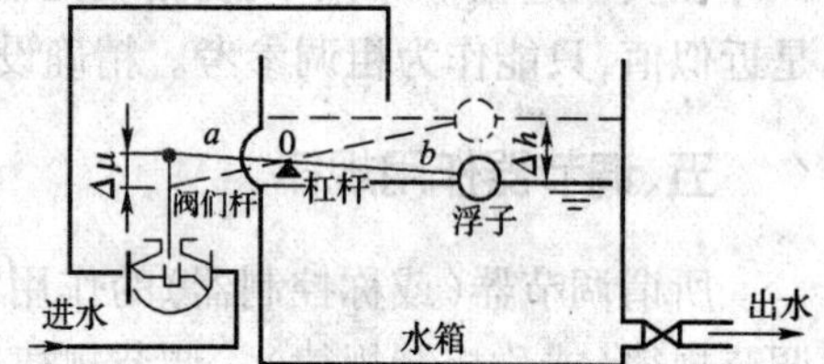

图 1-1-20　浮子式水位比例控制系统示意图

调节器由浮子与杠杆组成。在初始平衡时,进水量等于出水量,水位位于给定的高度上,调节阀阀芯位于中央位置,以利于上、下调节。当出现某种扰动(比如,出水量突然增加)使水位下降时,浮子随着下降,通过杠杆的作用使阀门杆向上移动,把阀门开大,增加进水量,使水位逐渐上升,直到进水量再次等于出水量时,水位就重新稳定在比原来略低的高度上。反之,若出水量减少使水位上升时,则浮子随着上升,杠杆使阀门杆下移,把阀门关小,使进水量减少,最后水位就重新稳定在比原来略高的高度上。

由图可知

$$\frac{\Delta\mu}{\Delta h}=\frac{a}{b}$$

式中:$\Delta\mu$——阀门杆位移变化,表示阀门开度的变化,是调节器的输出量,即 $P(t)=\Delta\mu$;

Δh——水位的变化,是调节器的输入量,即 $e(t)=\Delta h$;

a、b——杠杆的力臂。

所以上式即为该水位调节器的调节规律,其输出为

$$P(t)=K\cdot e(t)$$

式中:K——放大系数,$K=a/b$。

左右移动支点便可改变力臂 a 和 b 的长度,即改变了 K 的值。K 值大,则当水位出现较小的偏差 Δh 时,调节器就能使阀门有较大的开度变化,使进水量的变化大,即克服扰动的能力强。所以 K 值大,则比例作用强。反之,K 值小,则比例作用弱。比例调节器的特性曲线如图 1-1-21 所示。

1)比例调节的特点

(1)调节及时。从比例调节的例子可知,只要调节器的输入量一有变化,其输出量便立即成比例地变化,或者说被控量一有变化,调节阀的开度便立即按比例地变化。这就说明比例调节对被控量变化的控制作用非常及时。

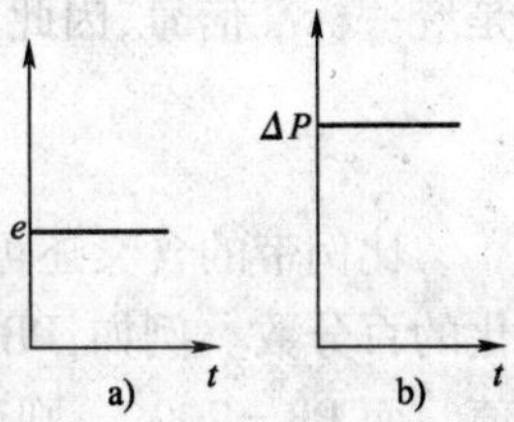

图 1-1-21 比例调节特性

(2)存在静差。当系统重新处于某一平衡状态时,被控量重新稳定在某一确定值上,这就要求阀门有一定的开度变化值,此值又对应于一定的调节器的输出量。而调节器的输出量又是由一定的偏差量决定的,稳态时的偏差称为静差,即稳态时的阀门开度是由静差决定的。所以比例调节必然存在静差。

如上面所述,当出水量增加使水位下降时,经比例调节,阀门开大后,水位重新稳定。而此阀门的开大值正是因为水位下降了一定的值才获得的,所以重新稳定的水位必然比原给定值低,即有静差。反之,当出水量减少、水位上升时,因调节后阀门需关小,所以水位重新稳定时的高度必然比原来略高。

静差的大小一是与扰动量的大小有关,扰动量大则静差也大。例如出水量变化大,则重新稳定时的阀门开度变化也要大才行,而阀门开度变化大就需要水位下降或上升的值大,即静差大。反之,出水量变化小(扰动量小)则阀门开度变化也小,则要求水位变化的值也小,即静差小。二是与调节器的放大系数 K 有关,K 大静差小,K 小则静差大。这是因为若 K 大,则水位很小的变化就能使阀门开度有较大的变化,使进水量重新等于出水量,所以静差小。反之,若 K 小则需要水位有较大的变化才能使阀门的开度符合要求,所以静差大。

2)比例带 PB

前面提到,放大系数 K 是衡量比例作用强弱的参数。但它是具有量纲的,因此无法用 K 来比较不同系统的比例调节器作用的强弱,所以,在实际系统中,通常用比例带来作为衡量比例作用强弱的参数。

比例带的定义是:比例调节器的相对输入量与相对输出量之比的百分数,记为 PB。

其数学表达式为

$$\mathrm{PB}=\frac{e/(X_{max}-X_{min})}{P/(P_{max}-P_{min})}\cdot 100\%$$

式中: e——被控量的变化量(即偏差量);

$(X_{max}-X_{min})$——调节器的量程,即被控量允许变化的最大范围;

P——调节器输出的变化量;

$(P_{max}-P_{min})$——调节器输出的最大变化范围,即仪表的工作范围。

可见 PB 是一个无量纲的参数，为了说明 PB 与 K 的关系，可将上式改写为

$$\mathrm{PB}=\frac{e}{P}\cdot\left(\frac{P_{\max}-P_{\min}}{X_{\max}-X_{\min}}\right)\cdot 100\%$$

式中，$\frac{P_{\max}-P_{\min}}{X_{\max}-X_{\min}}=R$，称为仪表的量程系数，对于一个具体的调节器，其量程和输出的工作范围都已固定，所以 R 是常数。从上式可以看出 PB 与 K 成反比关系，PB 越小，则 K 越大，比例调节作用就越强，反之亦然。

在单元组合仪表中，调节器的输入信号是从变送器来的，而调节器和变送器的输出信号都是统一标准信号，因此系数 $R=1$。这样在单元组合仪表中，K 与 PB 互为倒数关系，即

$$\mathrm{PB}=\frac{1}{K}\times 100\%$$

比例带的含义还可理解为：要使比例调节器的输出量作 100% 的变化时，其输入量需要变化的百分数。例如，PB＝50%，表明调节器的输入为量程的一半时，调节器的输出已达到最大值。而 PB＝200%，则说明输入为满量程时，输出仅占其最大值的 1/2。这也可说明 PB 越小，则在相同的输入（即偏差）时，调节器的输出越大，也即控制作用越强。反之，PB 大则比例作用弱。

在调节器上都装有比例带调整旋钮，用来设定符合要求的比例带 PB 值，可调整的范围通常为 5% ~300%。

3. 积分调节规律（I）

比例调节规律的主要缺点是有静差，若要消除静差，则必须在比例调节的基础上，再加上积分调节作用。

积分作用规律表达式为

$$P(t)=\frac{1}{T_{\mathrm{i}}}\int e(t)\,\mathrm{d}t$$

式中：T_{i}——积分时间，$T_{\mathrm{i}}=k/s_0$。

积分调节规律是指调节器的输出量与输入量的积分成正比关系。常用 I 表示。

图 1-1-22 是水柜的水位积分控制原理图。系统处于初始平衡状态时，水位等于给定值。浮子 1 通过连杆使滑阀 2 正好盖住油缸 7 上的配油口 A 与 B，具有一定压力的工作油无法通过 A 或 B 口进入伺服油缸 6。油缸中伺服活塞 4 上下两个腔室的油液也被封闭，伺服活塞与调节阀 5 均静止不动，调节阀开度正好使进水流量等于出水流量。若某一时刻出水流量突然减小一定值，使水位偏离给定值并上升，滑阀随水位上升，打开配油口 A 和 B。A 和 B 开启的高度均等于水位偏差。于是，伺服油缸下部空间的油经 B 孔泄放到油箱中去，压力油经 A 孔进入伺服油缸上部空间，推动伺服活塞下移，关小调节阀，减小水柜的进水流量。直到流入量与流出量相等，而且水位也回到起始给定值时，调节系统才重新建立平衡。

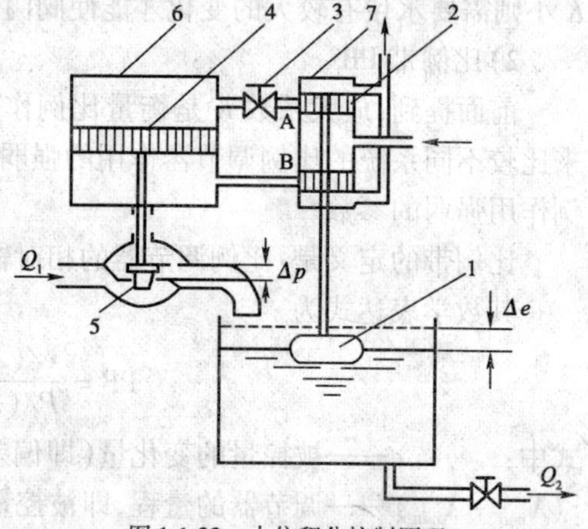

图 1-1-22　水位积分控制原理

1-浮子；2-滑阀；3-节流阀；4-伺服活塞；5-调节阀；6-伺服油缸；7-油缸

从上述工作过程可以看出，此水位控制装置输出信号变化速度（给水调节阀阀芯的移动速度）与输入信号（水位偏差）的大小成正比。即偏差大，A 与 B 口开度大，阀门移动速度也大；反之，偏差小，阀门移动速度也小；而当偏差等于 0 时，阀门才停止移动。这就是积分调节规律。

积分调节规律的特性曲线如图 1-1-23 所示。当输入量有阶跃变化时，输出量以不变的速度直线变化。开始为零，以后将随时间不断增大。直线的斜率越大，积分输出增加的越快，积分作用也越强。

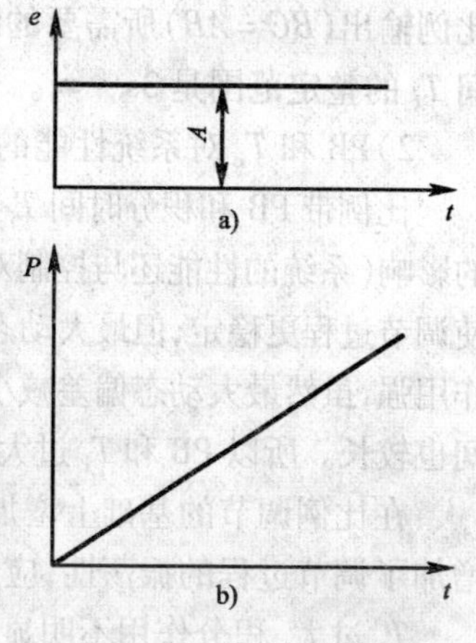

图 1-1-23　积分调节特性

从上面的例子可以看出，积分调节规律的输出大小不仅取决于偏差量的大小，而且主要取决于偏差存在的时间长短。只要有偏差，尽管偏差可能很小，但它存在的时间越长，输出信号就越大。只有当偏差消除时（即 $e=0$），输出信号才不继续变化，执行机构才停止动作。也就是说，积分调节作用在最后达到稳定时，偏差是等于零的，这是它的一个显著特点。

虽然积分调节器能消除静差，但在稳定性、动态偏差和过渡过程时间等方面的调节，效果都不如比例调节器。这是因为当偏差突然增加时，积分调节器不能像比例调节那样及时，它的输出变化需要时间。在偏差（设为正值）出现的瞬间，积分调节器的输出为零，在短时间内也仍然很小，这样就不能及时纠正偏差，使偏差越来越大。随着偏差不断增大及时间的不断增加，积分调节器的输出才越来越大，以致调节阀开度的变化过头。而当偏差开始减小时（但仍然为正值），积分器的输出会使阀门的开度仍然按原方向增加，这就使阀门开过头的情况愈加严重，直到偏差为负值时，积分调节器的输出才反方向作用，这样就会使被控量出现大幅度振荡（过调）。若控制对象还有较大的滞后特性或较大的惯性，则这种积分作用产生的振荡将会更加剧烈。可见，单纯的积分控制器并不适合生产需要，故在生产中很少使用。工业上常把积分调节和比例调节结合起来取长补短，构成比例积分调节规律。

4. 比例积分调节规律（PI）

前面分析了比例调节的优点是及时，但有静差，而积分调节虽能消除静差，但因作用缓慢会使调节过程产生振荡，被控量会大幅度波动。所以为了取长补短，就把比例调节和积分调节结合起来，吸取二者的优点，组成了比例积分调节规律，这是实际工程中广泛使用的一种调节规律，常用 PI 表示。

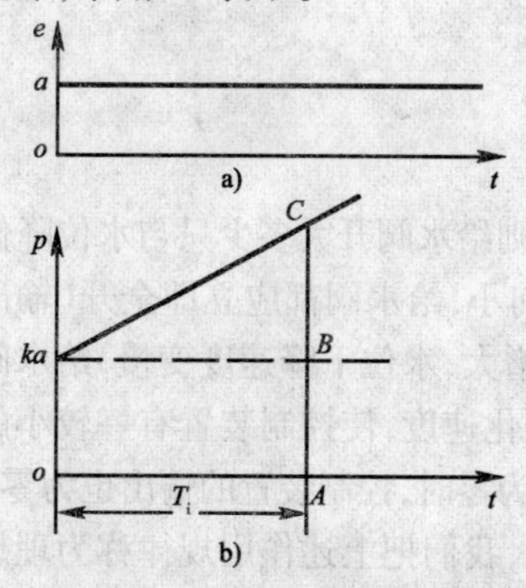

图 1-1-24　比例积分调节的特性

比例积分的作用规律是

$$P(t) = Ke(t) + S_0\int e(t)\mathrm{d}t = K[e(t) + \frac{1}{T_i}\int e(t)\mathrm{d}t]$$

式中：K——比例积分调节器的比例放大倍数。

在实际系统中，仍然是不用 K 而是用 PB 来衡量比例作用的强弱。$T_i = K/S_0$ 是积分时间。这样，衡量比例积分作用强弱的参数就有两个，即比例积分作用的比例带 PB 和积分时间 T_i。

比例积分调节器的阶跃响应曲线如图 1-1-24 所示。

从图可知，当输入为阶跃变化时，比例积分调节器的输出是比例和积分两部分之和，它一开始是一阶跃变化（比例作用），然后随着时间逐渐上升（积分作用）。

1）积分时间 T_i

在 PI 调节中，比例带 PB 是衡量比例作用强弱的参数，积分时间 T_i 是衡量积分作用强弱的参数，它具有“时间”的量纲。

积分时间的物理意义是：在给 PI 调节器输入一个阶跃信号情况下，积分输出增加到等于比例输出（$BC = AB$）所需要的时间。由图 1-1-24 可知，积分时间越短，积分作用越强。积分时间 T_i 的整定范围是 3s ~ ∞。

2）PB 和 T_i 对系统性能的影响

比例带 PB 和积分时间 T_i 是 PI 调节器的两个重要参数，它们对系统的过渡过程性能有显著的影响（系统的性能还与控制对象的特性有关）。一般来说，PB 和 T_i 大都表示调节作用弱，都会使调节过程更稳定，但最大动态偏差将会较大，过渡过程时间也较长；而 PB 和 T_i 小则表示控制作用强，虽然最大动态偏差减小了，但系统的稳定程度降低了，被控量的波动加剧了，过渡过程时间也较长。所以 PB 和 T_i 过大或过小都不好，应根据控制对象的特性来选择合适的 PB 和 T_i。

在比例调节的基础上增加了积分作用，其优点是消除了静差，但也带来了不利的影响，即增加了调节过程的振荡性，应适当增加比例带以维持系统的稳定性。

T_i 过大，积分作用不明显，静差消除很慢；T_i 过小，过渡过程振荡太剧烈，稳定程度降低。若无法准确判断时，则 T_i 值宁大勿小。因为 T_i 偏大，仅使消除静差的时间稍长而已；对其他性能并无不利。

在 PI 调节中，比例调节起主要的调节作用，积分调节起辅助作用——消除静差。

5. 比例微分调节规律（PD）

比例调节的优点是及时，即一有偏差，调节器就立即按偏差大小成比例地起作用。但实际上，当对象突然受到扰动时，被控量的偏差并不是也突然增加的，这是因为控制对象有惯性，偏差是逐渐增加的。这样，在控制对象受到扰动后的短时间内，因为偏差较小，所以比例作用也就较小，不能达到克服扰动的要求，偏差将继续增大。因此，从这个意义上来说，比例调节也不是很及时的。正因为如此，所以对一些滞后和惯性较大的控制对象，仅用比例或比例积分调节会使调节过程不及时而出现振荡。而微分调节规律可以用来弥补比例调节的这一不足之处。

1）微分调节规律（D）

微分调节规律是指控制装置输出信号的大小与输入信号的变化速度成正比。通常用符号 D 表示这一调节规律。

$$P = T_d \frac{\mathrm{d}e}{\mathrm{d}t}$$

式中：T_d——微分时间。

若用微分作用规律来控制水柜水位，在水位降低的情况下，则给水阀开大多少只与水位降低的速度有关。当水位由稳态阶跃下降时，不论检测到的偏差如何小，给水阀都应立即全开（输出为无穷大），以适应极快的输入变化速度。此后，由于进水流量增大，水位下降速度变慢，给水阀相应关小些，但阀门开度仍比原来的大，即对应于较慢的输入变化速度，使控制装置有一较小的输出。当水位停止下降时，阀门立即回到原处，即输入变化速度为零时，控制装置的输出也为零。

实际上，自动控制装置是很难实现上述调节规律的。因此，我们把上述作用规律称为理想微分调节规律，而把实际装置能实现的与此近似的控制动作称为实际微分调节规律，其相应的控制装置就称为微分控制器或微分调节器。

图1-1-25是水柜水位的微分控制原理图。水柜中的浮子1与油缸4连接在一起。油缸中的活塞上下都充满油液,并经节流阀2相互沟通。活塞通过连杆与弹簧5和杠杆7相连,用以控制调节阀8的开度。当出水流量Q_2大于入水流量Q_1,水位下降时,浮子1带动油缸4一起随水面下降。因节流阀2开度较小,故此时活塞上方的油液大多数来不及通过节流阀流走而形成油垫。油缸通过油垫使活塞克服弹簧5的张力后一起下行,带动杠杆7绕支点6顺时针转动,从而开大进水调节阀。在此过程中,进水阀阀门开度大小主要取决于水位的变化速度:水位降得快,活塞上方的油液来不及流向下方,活塞下行量就大,相应的阀门开得也大;水位降得慢,活塞上方的油液随时间有一部分通过节流阀流向下方,活塞下行量就小,相应的阀门开得也小。进水阀阀门开大后,Q_1增加。当Q_1增大到等于Q_2,水位稳定不再下降时,由于活塞上方油液压力大而不断通过节流阀2流向压力较低的活塞下方,故活塞在弹簧的作用下反过来向上运动,通过杠杆的动作使调节阀反过来关小,一直到活塞上下方压力相等,弹簧与调节阀开度恢复原状为止。若水位上升,则控制动作相反。

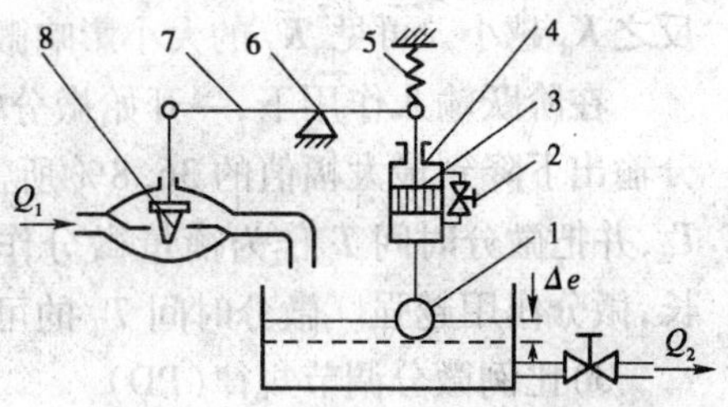

图1-1-25　水位微分控制原理

1-浮子;2-节流阀;3-活塞;4-油缸;5-弹簧;6-支点;7-杠杆;8-调节阀

图1-1-26所示是实际微分调节规律的特性曲线。当输入为阶跃变化时,由于其变化速度很快,因此输出量也突然有一较大的变化。随后输入量不再变化,即变化速度为零,输出变化量也就逐渐衰减,一直衰减到它的起始值为止。微分调节在输入量变化(尽管偏差量不大)时立即有一很大的输出,这种作用称之为超前调节。超前调节能及时地克服扰动,抑制偏差的变化,减小了调节过程的振荡程度。

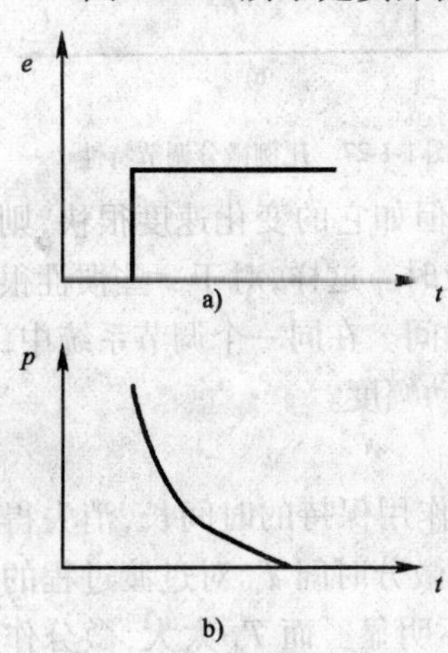

图1-1-26　实际微分作用

尽管微分调节能实现超前控制,但实际上它是不能单独使用的。这是因为它不能保持一定的控制作用输出来抵消扰动的影响。当被控量稳定不变后,控制作用输出就会消失,在扰动依然存在的情况下,被控量又将进一步变化。

如上述水柜水位微分控制,水位经控制停止下降,给水阀则关回到原始位置。这样,原来的扰动又将使水位继续下降。虽然控制装置可再动作,但如此下去,水柜里的水最终还是要全部放空的。

可见,在自动控制中,微分动作并不能单独使用。它必须与比例作用或比例积分用作相结合,构成比例微分作用规律或比例积分微分作用规律(用PD或PID表示,其装置叫做比例微分控制器或比例积分微分控制器)。在这些控制装置的工作中,微分动作起超前调节的作用,它能根据被控量的变化速度产生额外增加的控制作用。这种迅速加强的控制作用总是阻碍被控量的进一步变化,因此它既能减小最大动态偏差,又能进一步减少振荡。这正是改善比例或比例积分控制质量所需要的。

2)微分时间

如图1-1-26所示,当输入量作阶跃变化时,一开始微分输出量变化很大,其幅值与输入量的比值称为微分放大系数K_d,K_d的大小由控制装置的具体结构决定。在图1-1-25中,杠杆7的长度与支点6的位置就决定了K_d的大小。在杠杆长度一定的情况下,支点越靠近右边,K_d越大;

反之 K_d 越小。可见,K_d 的大小影响微分作用的强弱。K_d 大,微分作用强;反之微分作用弱。

在阶跃输入作用下,一开始微分输出很大,然后输出量便按一定规律逐渐减小。我们把微分输出下降到最大幅值的36.8%所需要的时间 T 与微分放大系数 K_d 的乘积称为微分时间 T_d,并把微分时间 T_d作为衡量微分作用强弱的参数。显然,T_d 越大,微分作用持续的时间越长,微分作用越强。微分时间 T_d 的可调范围为0.01~10min。

3)比例微分调节规律(PD)

比例微分调节规律是由比例作用和微分作用两部分相加组成。其中比例调节起主要作用,决定调节阀门的最终开度。微分调节起辅助作用,即超前控制。比例微分调节规律常用PD表示。

PD作用规律输出与输入之间关系为

$$P = K\left(e + T_d \frac{de}{dt}\right)$$

式中:K——比例微分调节器的比例作用放大倍数,在实际系统中,仍然是不用 K 而是用PB来衡量比例作用的强弱;

T_d——微分时间。

图1-1-27是PD调节规律的特性曲线,从图可见,当出现阶跃偏差信号时,调节器立即有一很大的输出,该输出为比例作用和微分作用的输出之和,然后逐渐减小,最终减小到为某一常数(比例作用)。

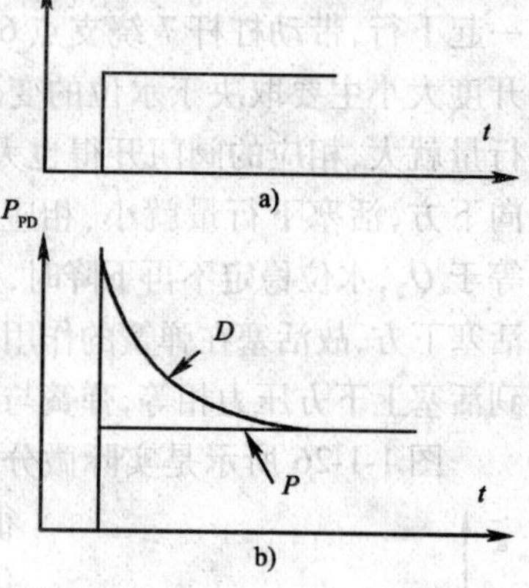

图1-1-27　比例微分调节特性

由于微分作用是按偏差的变化速度来调节的,尽管偏差很小,但如它的变化速度很快,则微分作用就立即有一个较大的输出,它的作用比比例作用更快更及时。这样,对于一些惯性很大的对象可以改善调节质量,减少最大动态偏差和减小过渡过程时间。在同一个调节系统中,增加适当的微分作用后,可以提高系统的稳定性,减少被控量的波动幅度。

4)T_d 对系统性能的影响

T_d 是微分时间,是表示微分作用强弱的参数,T_d 大,表示微分作用保持的时间长,消失得慢,所以微分作用强。反之,T_d 小表示微分作用弱。图1-1-28表示微分时间 T_d 对过渡过程的影响,由图可知,T_d 太小,微分作用太弱,对系统性能的改善效果不明显。而 T_d 太大,微分作用太强,则不仅不能改善稳定性,反而会加剧振荡程度。只有选择合适的 T_d 值,才能起到改善过渡过程性能的作用。

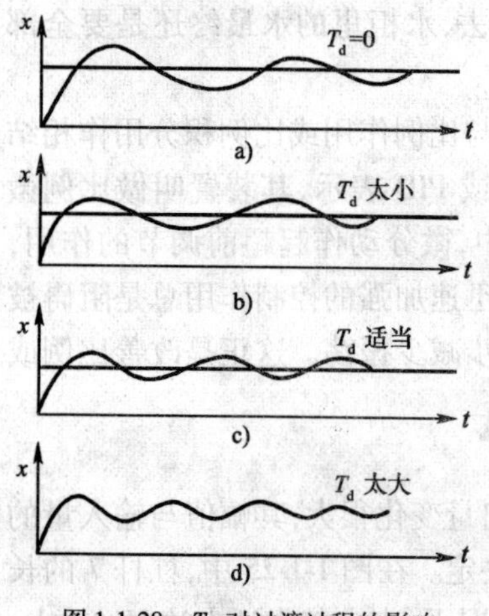

图1-1-28　T_d 对过渡过程的影响

在PD调节器上有两个旋钮,一个用来调整比例带PB,另一个用来调整微分时间 T_d。一般来说,当控制对象的滞后较大和惯性较大时,T_d 可选得大些。反之,对象的滞后和惯性较小时,则 T_d 可选得小些,或者不用微分作用。

PD调节虽不能消除静差,但因为增加微分作用后能使系统的稳定性得到提高,所以在此基础上可以适当地减小比例带(一般减小纯比例作用时的20%左右)。比例带减小后,静差也就减小了,所以,PD调节也有利于减少静差。最后还应指出,PD调节规律的应用也受到一定的限制,主要是它不允许被控量的信号中含有频繁的干扰成分,因为微分作用对于这种干扰的反应是很灵敏的,容易造成调节阀的误动作和振荡。例如对船舶锅炉水位控制时,因船的摇摆会使水面出现周期性的波动,所以在调节器中不宜加入微分作用。

6. 比例积分微分调节规律(PID)

通常对迟延和惯性不太大的控制对象,采用比例积分调节器已能满足各项性能指标的要求。但对于大惯性或大迟延的控制对象,就需要把比例、积分、微分三种调节规律结合起来,才能获得满意的控制效果。把这三种调节规律结合起来的调节器称为比例积分微分调节器,或称 PID 调节器。

PID 作用规律输出与输入之间关系为

$$P = K\left(e + \frac{1}{T_{\mathrm{i}}}\int e\mathrm{d}t + T_{\mathrm{d}}\frac{\mathrm{d}e}{\mathrm{d}t}\right)$$

式中:K——比例积分微分调节器的比例作用放大倍数,在实际系统中,仍然是不用 K 而是用 PB 来衡量比例作用的强弱;

T_{i}——积分时间;

T_{d}——微分时间。

在 PID 调节规律中,比例调节仍起主要的调节作用,积分调节起消除静差的辅助作用,而微分调节则起超前控制的辅助作用。

当有一个阶跃信号输入时,PID 调节器的输出信号等于比例、积分和微分作用三部分输出之和,如图 1-1-29 所示。由图可知,在开始时微分作用变化最大,比例也同时起作用,使输出信号发生突然的大幅度变化,产生一个强烈的调节作用。然后微分作用逐渐消失,积分作用随时间的增加而增大,逐渐起主导作用,直到静差完全消除。其中比例作用一直是最基本的调节作用。

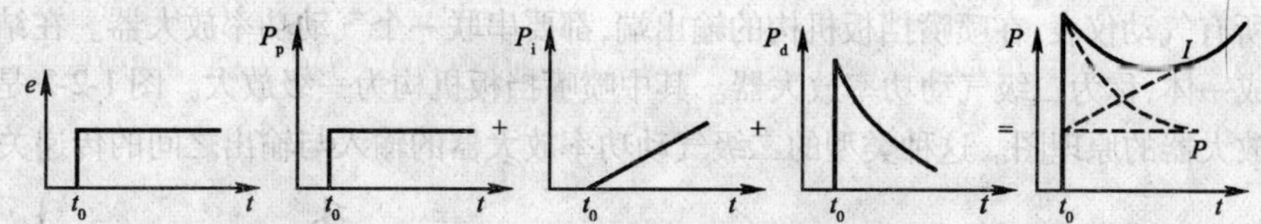

图 1-1-29　阶跃扰动下的 PID 输出

虽然 PID 调节的作用最全面,效果最好,但这并不意味着它就能适用于任何控制对象。这是因为 PID 中含有微分成分,所以若对象的被控量会经常出现干扰信号时,就不宜使用 PID 调节,而应采用 PI 调节。

最后,对比例、积分、微分这三种调节规律作一简单小结:

比例调节:它根据"偏差的大小"来动作。它的输出与输入偏差的大小成比例,调节及时,但有静差。用比例带 PB 来表示其作用的强弱。PB 越小,调节作用越强。比例作用太强时,会引起振荡。

积分调节:它根据"偏差是否存在"来动作。它的输出与偏差的积分成比例,只有当静差完全消失,积分作用才停止,其作用就是消除静差。但它使最大动态偏差增大,过渡过程时间增加。用积分时间 T_{i} 表示其作用的强弱,T_{i} 越小,积分作用越强。积分作用太强时,容易引起振荡。

微分调节:它根据"偏差变化速度"来动作。它的输出与偏差变化的速度成比例,其作用是阻止被控量的一切变化,起超前调节作用。对滞后和惯性大的对象有很好的效果。使最大动态偏差减小,过渡过程时间缩短,静差也可减小。用微分时间 T_{d} 表示其作用的强弱,T_{d} 大,作用强,但 T_{d} 太大,也会引起振荡。

任务二　气动差压变送器的使用与调整

一、教学目标

(1)掌握气动差压变送器的结构、工作原理及特性分析。

(2)掌握差压变送器调零和调量程的方法及在调零与调量程时的注意事项。

(3)掌握变送器的迁移原理,包括负迁移、正迁移、迁移量等概念。

(4)掌握差压变送器的使用保护,常见故障分析及排除。

二、基本概念

气动仪表的构成原理如图1-2-1所示,它由三个基本环节(放大、反馈、比较)构成。其中,放大环节起信号放大作用,要求它具有较高的灵敏性和足够大的功率输出;反馈环节起信号的运算作用,通常是把仪表的输出信号 $P_{出}$ 通过反馈回路,送回到仪表的输入端与输入信号进行综合,如果放大环节放大倍数足够大,仪表的信号传递关系只决定于反馈回路的信号传递关系。这样,可消除放大环节各种非线性因素的影响,提高仪表的精度。同时,在调节器中,采用不同的反馈回路,可实现不同的调节作用规律;比较环节起信号比较作用,使输入信号与反馈信号在此比较,其输出信号等于各信号的代数和。总之,只要掌握了放大、反馈和比较三个基本环节,就能比较容易地分析一台仪表的工作原理及功能。

1. 气动仪表的放大环节

几乎所有气动仪表,在喷嘴挡板机构的输出端,都要串联一个气动功率放大器。在结构上两者往往组成一体,称为二级气动功率放大器。其中喷嘴挡板机构为一级放大。图1-2-2是耗气型二级气动放大器的原理图。这种类型的二级气动功率放大器的输入与输出之间的传递关系为:

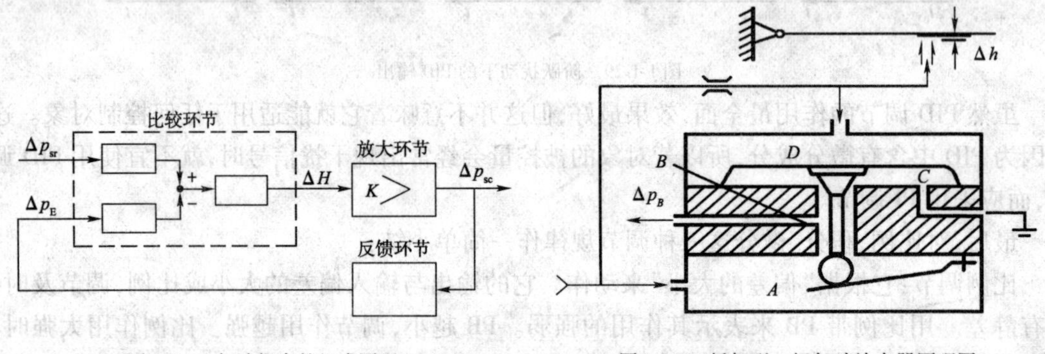

图1-2-1　气动仪表的组成原理　　　图1-2-2　耗气型二级气动放大器原理图

$$\Delta p_B = K \cdot \Delta h$$

式中:K——二级气动放大器的放大倍数,$K = K_1 \cdot K_2$;

K_1——喷嘴挡板机构的放大倍数;

K_2——耗气型气动放大器的放大倍数。

2. 气动仪表的反馈环节

基于反馈控制原理,如果仪表放大环节的放大倍数足够大,则仪表的信号传递关系只决定于反馈回路的信号传递关系。因此,在气动仪表中,总是把输出端的输出信号引回到输入端,构成负反馈气路，但除1∶1的负反馈外，在调节器中引用不同的反馈气路，就可以实现比例、积分和微分的作用规律。下面介绍一些常用的反馈气路。

1）节流分压器

节流分压器又称节流通室，它是由可调气阻 R_F、流通气室 p_1 及恒节流孔 R 串联而成，如图1-2-3所示，两个气阻一般都工作在层流状态。流通气室容积很小，可不考虑对其压力变化的惯性影响。仅分析流通气室压力 p_1（输出量）与控制信号压力 p_0 和 p_2 之间的关系。一般 p_2 是大气压力，根据气体流动的连续性定理，在稳定情况下，通过可调气阻 R_F 的流量 G_1 必定等于通过恒节流孔 R 的气体流量 G_2，如果气体密度在节流孔前后保持不变，则

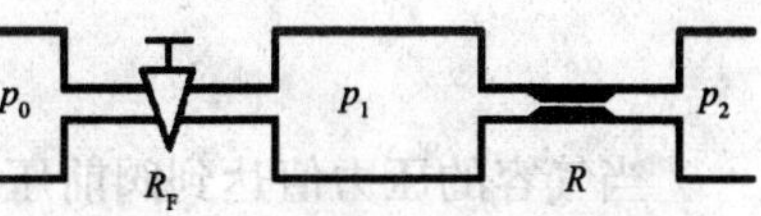

图1-2-3　节流分压器结构示意图

$$G_1 = \frac{p_0 - p_1}{R_F} = G_2 = \frac{p_1 - p_2}{R};\ p_1 = \frac{R}{R_F + R}p_0 + \frac{R_F}{R_F + R}p_2$$

如果 p_2 通大气，即 $p_2 = 0$，则上式可简化为

$$p_1 = \frac{R}{R_F + R}p_0 = Kp_0$$

式中：K——节流分压器的分压系数，$K = R/(R_F + R)$。

K 值的大小取决于变节流阀的开度，当 R_F 一定时，K 是常数，P_1 随 P_0 成比例变化。若 P_0 不变，改变可调气阻 R_F，可改变 P_1 与 P_0 之间的比值，变节流阀全开时，$R_F = 0$，$P_1 = P_0$；当变节流阀全关时，$R_F \to \infty$，$P_1 \approx 0$。因此，改变节流阀的可调气阻，可使 K 在 0 ~ 1 之间变化。在调节器中，利用节流分压器作为反馈环节，可实现比例作用，改变变节流阀的可调气阻可用来调整调节器的比例带。

2）节流盲室

节流盲室由一个节流元件（气阻）串联一个不通大气的气容组成，如图1-2-4所示。假设气阻为 R，气容为 C，阀前压力为 p_i，盲室中压力为 p_0。则阀前后的压降为：$p_i - p_0 = Q \cdot R$，可得

$$p_0 = p_i(1 - e^{-\frac{t}{T}})$$

式中：T——时间常数，$T = RC$。

上式的物理意义为：

（1）如果 $p_i > p_0$，盲室是一个充气过程，容室中的压力 p_0 随着时间的增加而增加，其变化规律是按指数曲线增加，开始增加快，以后明显地慢下来，经过很长一段时间后，则等于阀前压力 p_i。如图1-2-5所示。

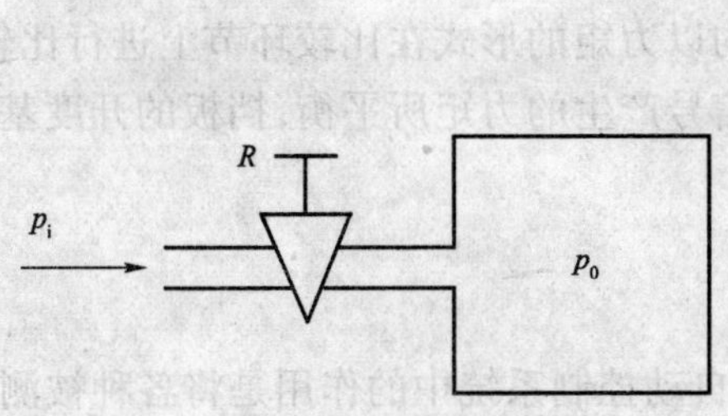

图1-2-4　节流盲室结构示意图

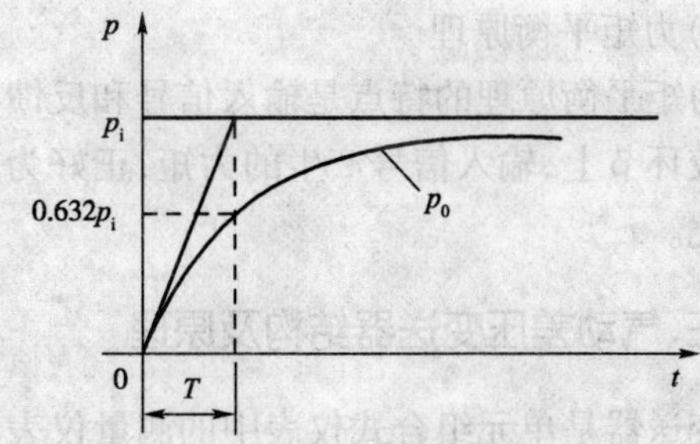

图1-2-5　节流盲室的特性曲线

（2）时间常数 T 是气阻和气容的乘积。又可转化为与结构有关的量，它和气容、气阻成正比；与温度和气体密度成反比。

(3)当 $t = T$ 时,则有

$$p_0 = p_i(1 - e^{-\frac{t}{T}}) = P_i(1 - e^{-1})$$

$$= P_i\left(1 - \frac{1}{2.718}\right) = 0.632p_i$$

当气容的压力值达到阀前压力的63.2%时,这个时间就是时间常数。这就是我们测定时间常数的依据。测定时间常数的方法是:气容压力为零时开始计时,盲室压力增加,当 p_0 压力值达到 p_i 的63.2%时,停止计时,此时间就是节流盲室的时间常数。

如果气容容积大,则充气时间长,如果阀的气阻大,则充气时间也长。

3)比例惯性环节

比例惯性环节是由弹性气室波纹管、气阻及连接管路组成。在调节器中,利用比例惯性环节作为反馈环节,可实现比例微分作用,而此时改变气阻值就可调整微分时间。

3.气动仪表的比较环节

在气动仪表的放大环节和反馈环节,是通过气动比较环节联结起来的,比较环节对两个或两个以上信号进行综合和比较,在比较环节上输入信号和反馈信号所起的作用,是按线性叠加的关系进行综合的,也就是比较环节的输出等于各信号的代数和。只有输入信号与反馈信号始终进行比较,仪表才能有稳定的输出。比如在初始平衡状态下,输入信号突然发生变化,这时仪表的输出信号还未来得及变化,则比较环节将输出一个不平衡信号,使喷嘴挡板机构中的挡板开度变化,于是仪表的输出变化。这个变化经反馈回路送至比较环节,直到反馈信号平衡了输入信号,挡板的开度不再改变(挡板最终开度变化是很小的,可忽略不计),仪表的输出就达到一个新的稳定状态。气动仪表中的比较环节根据平衡原理的不同,可分为如下三种:

1)位移平衡原理

位移平衡原理的特点是输入信号和反馈信号均以位移的形式在比较环节上进行比较,即输入信号使挡板开度的位移量。正好被反馈信号使挡板的位移量所平衡,挡板两次开度变化的综合,基本保持原开度不变(有一微小变化,可忽略不计)。

2)力平衡原理

力平衡原理的特点是输入信号和反馈信号均以力的形式在比较环节上进行比较,即输入信号转换成一个作用力信号,使挡板产生一个位移,这个位移正好为反馈信号所转换成的作用力使挡板产生的位移所平衡,经两次位移,挡板的开度基本没有变化,因此,这种平衡原理是在比较环节上,输入信号与反馈信号作用力的比较。

3)力矩平衡原理

力矩平衡原理的特点是输入信号和反馈信号均以力矩的形式在比较环节上进行比较,即在比较环节上,输入信号产生的力矩,正好为反馈信号产生的力矩所平衡,挡板的开度基本没有变化。

三、气动差压变送器结构及原理

变送器是单元组合式仪表中的测量仪表,它在自动控制系统中的作用是将各种被测参数(如温度、压力、黏度、液位、流量等)变换成标准的气压信号(0.02~0.1MPa),然后把此气压信号送至调节器和显示仪表。根据被测参数的不同,变送器可分为温度变送器、压力变送器、差压变送器等。虽然气动变送器的类型、品种很多,但在结构上不管哪种变送器都是由测量和气动转换两部分组成。不同被测参数的变送器，有着共同的气动转换部分，不同的只是测量部分。考虑到差压变送器在各种气动变送器中具有典型性，所以下面以差压变送器为例，分析它的工作原理、调试和故障排除。

1. 气动差压变送器的结构和工作原理

差压变送器是测量差压的仪表。具体应用时，除了可以直接测量差压外，还可以间接测量液位，流量，黏度等参数。差压变送器的结构形式很多，本节介绍其中的单杠杆差压变送器，其结构如图 1-2-6 所示。

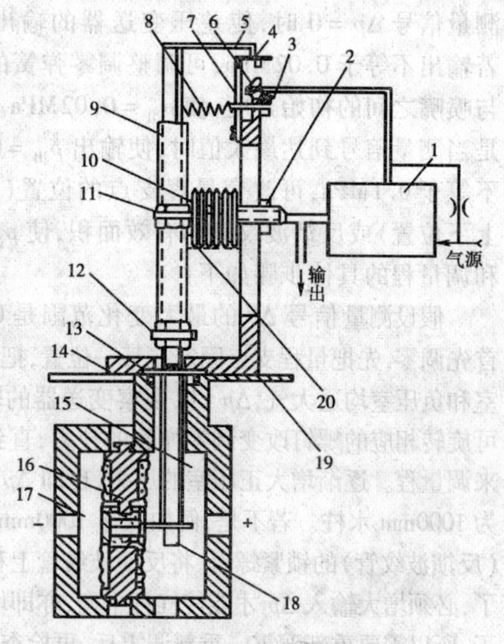

图 1-2-6 QBC 单杠差压变送器结构原理图

1-放大器；2-锁紧螺钉；3-迁移螺钉；4-顶针；5-顶针架；6-喷嘴；7-挡板；8-迁移弹簧；9-主杠杆；10-反馈波纹管；11-锁紧螺母；12-静压误差调节螺母；13-密封簧片；14-支架；15-正压室；16-膜盒；17-负压室；18-锁紧螺；19-底板；20-量程调节支点

差压变送器由测量和气动转换两部分组成。测量部分由正压室、负压室、测量膜盒、主杠杆、密封簧片等组成。它的作用是把被测的差压信号变成挡板的微小位移。气动转换部分由主杠杆、喷嘴挡板机构、功率放大器、反馈波纹管、调零和迁移弹簧等组成。它的作用是把测量部分输出的挡板微小位移转换成 0.02 ~0.1MPa 的气压信号作为差压变送器的输出。

测量膜盒是把金属膜片焊接在硬芯和基座上，制造时膜盒内先抽成真空，然后充注硅油。硅油是一种低凝固点和膨胀系数较小的有机硅化合物，它在膜盒内作为传递压力的介质使膜片的运动受到阻尼，防止膜片以至变送器振荡。单向过载保护圈和硅油可防止膜盒在单向受力时被压坏。在正常工作时，膜盒左右腔内的硅油是彼此相通的，一旦操作错误，就会造成膜盒单方向受力过大，这时由于硅油的阻尼作用，膜片缓慢位移，当硬芯与单向过载保护密封圈接触时，硅油的通路被阻塞不能左右流动，又因硅油是不可压缩的液体，所以膜片不再有位移，过大的单向作用力则由膜片经硅油全部被膜盒基座所承担。这样就防止了膜片位移过大而损坏。密封簧片是测量室的密封装置，同时又是主杠杆转动的弹性支点，所以要求既有良好的密封性和耐腐蚀性，又要有良好的弹性和机械强度。

差压变送器是按力矩平衡原理工作的。当测量膜盒两侧的压力差（$\Delta p = p_1 - p_2$）增大时，在膜盒上产生一个轴向推力，膜片受力向左移动，因膜片和主杠杆是连接的，所以主杠杆就受到一个以密封簧片为支点的顺时针方向的测量力矩。主杠杆绕支点顺时针转动，使挡板有一个微小的位移靠近喷嘴，喷嘴背压升高，经功率放大器放大后作为差压变送器的输出 $p_出$。与此同时，$p_出$ 进入反馈波纹管产生一个反馈力矩，使比较杠杆受到一个以密封簧片为支点的逆时针方向的反馈力矩。当作用在杠杆上的两个力矩平衡时，主杠杆不再转动，稳定在一个新的位置上，喷嘴挡板间的开度不再变化，此时差压变送器的输出压力就稳定在比原来大的值上，变送器又处于新的平衡状态。当压差 Δp 减小时，同样会使输出压力相应的减小。总之，差压变送器的输出压力与其输入压差之间具有一一对应的关系。

在图 1-2-7 单杠杆差压变送器中，差压变送器输出 $p_出$ 为

$$p_{出} = \frac{F_{膜} L_1}{F_{波} L_2} \Delta_p = K_{单}\ \Delta p$$

2. 调零和调量程

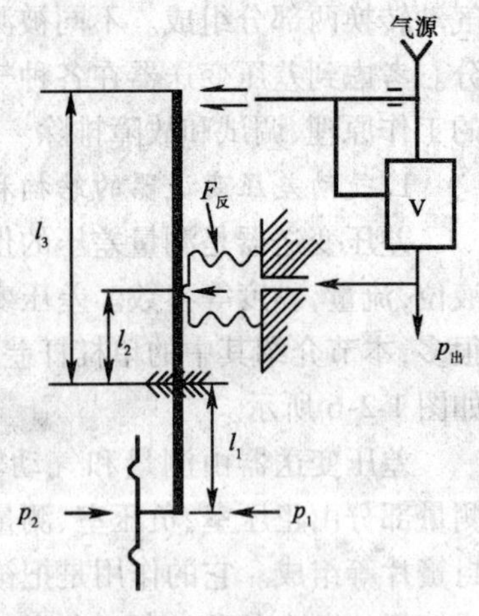

图 1-2-7　单杠杆差压变送器原理图

在差压变送器初次投入工作前,必须先根据测量信号 Δp 的最大变化范围调好零点和量程。所谓调零点,就是当测量信号 $\Delta p=0$ 时,使差压变送器的输出 $p_{出}=0.02\text{MPa}$。若输出不等于 0.02MPa,可调整调零弹簧的拉力,改变挡板与喷嘴之间的初始开度,使 $p_{出}=0.02\text{MPa}$。所谓调量程,就是当测量信号到达最大值时,使输出 $p_{出}=0.1\text{MPa}$。若输出不等于 0.1MPa,可改变量程支点的位置(即反馈波纹管的上下位置)或反馈波纹管的有效面积,使 $p_{出}=0.1\text{MPa}$,调零和调量程的具体步骤如下:

假设测量信号 Δp 的最大变化范围是 0 ~ 1000mm 水柱。首先调零,先把量程支点固定在某一位置,把 0.14MPa 的气源送入变送器,然后让变送器的正压室和负压室均通大气,$\Delta p=0$,观察变送器的输出压力表是否指示在 0.02MPa 上。若零点不对,可旋转相应的螺钉改变调零弹簧的拉力,直到输出压力 $p_{出}=0.02\text{MPa}$ 为止。零点调好后,接下来调量程。逐渐增大正压室的压力,也即 Δp 增大,直到 $p_{出}=0.1\text{MPa}$ 为止,观察正压室压力是否为 1000mm 水柱。若不是,例如低于 1000mm 水柱,则说明量程小了,这时可松开量程调节支点(反馈波纹管)的锁紧螺母,将反馈波纹管上移后再把螺母锁紧。因为支点上移后反馈力矩增大了,必须增大输入 Δp 才能使杠杆平衡,亦即增加了量程。但反馈波纹管移动后,零点也随着变化了,所以需要重新调零。重新调零后,再检查量程是否符合要求,若仍不符合,可再次改变量程支点重复上述操作,直到调好为止。一般需要进行 2 ~ 3 次,每次移动量程支点后都要把螺母锁紧,并重新调整零点。

单杠杆差压变送器的量程是有限的,随着反馈波纹管上移,量程会加大,但反馈波纹管移到最上端时,量程就不能再增加了,为了进一步扩大量程,可采用双杠杆差压变送器,如图 1-2-8、图 1-2-9 所示。

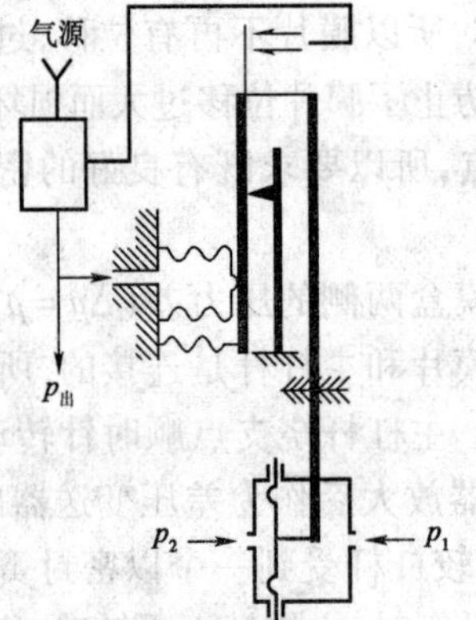

图 1-2-8　双杠杆差压变送器原理图

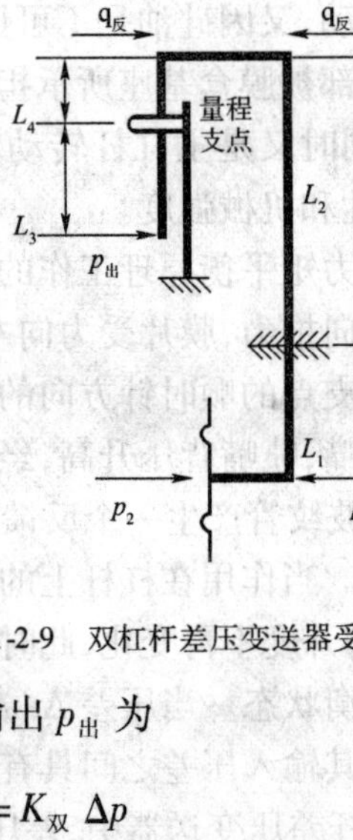

图 1-2-9　双杠杆差压变送器受力分析图

在图 1-2-9 双杠杆差压变送器中,差压变送器输出 $p_{出}$ 为

$$p_{出} = \frac{F_{膜} L_1 L_4}{F_{波} L_2 L_3} \Delta p = K_{双}\ \Delta p$$

当 L_4 小于 L_3 时，双杠杆差压变送器的量程大于单杠杆差压变送器的量程。

3. 迁移原理

所谓迁移，就是根据实际需要将变送器量程的起点从零迁到某一数值。迁移后量程起点和终点均改变了，但量程保持不变。下面以锅炉水位测量为例来说明变送器的迁移原理。

在测量锅炉水位时，通常都采用参考水位罐装置，如图1-2-10所示。

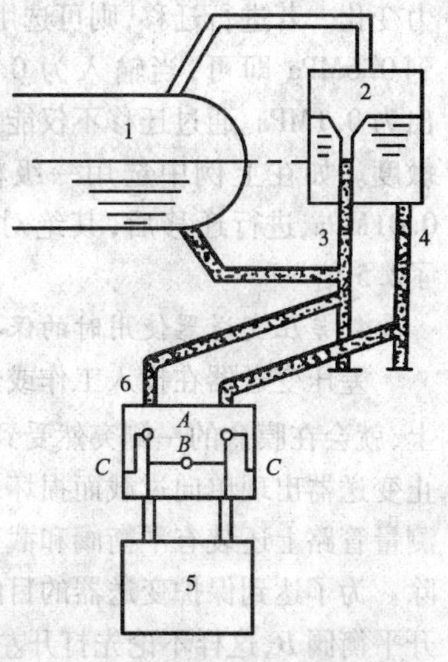

图1-2-10 用参考水位罐检测锅炉水装置

1-锅炉；2-参考水位罐；3-测量管；4-参考水位管；5-差压变送器；6-阀箱；A-截止阀；B-平衡阀；C-泄放阀

参考水位罐上端与锅炉蒸汽空间相通，下端经测量水位管3和参考水位管4分别接在差压变送器的正、负压室上。因测量水位管3还与锅炉的水空间相通，所以测量管3内的水位与锅炉的实际水位是一致的。测量管的管口位置已调整到与锅炉的最高水位相一致。在锅炉工作时，由于参考水位罐内蒸汽的不断冷凝，使罐中的水位不断上升，当水位升至测量管的管口时，蒸汽再冷凝而成的水就会流进测量管而和锅炉的水空间相通。因此，参考水位罐将保持一个与锅炉最高水位相一致的水位，称为参考水位。而测量管中的水位与锅炉的实际水位相一致，称为测量水位。差压变送器正压室的压力为蒸汽压力加上测量水位的水柱高度，负压室的压力为蒸汽压力加上参考水位的水柱高度。很显然，参考水位的高度总是大于或等于实际水位的，按差压变送器的工作原理，参考水位管4应接正压室，而测量水位管3应接负压室。这样虽可保证正压室压力高于负压室压力，即 Δp 为正值，但是随着测量水位（即实际水位）的上升，Δp 减小，变送器的输出信号也随减小。这样，变送器的输出与锅炉实际水位的变化方向相反，显示仪表指示的方向也必然相反，这不符合人们的习惯，容易造成错觉。为了避免出现这种情况，通常把管4的参考水位接到负压室，把管3的测量水位接到正压室，这样，变送器的输出变化方向就与锅炉实际水位的变化方向一致了。但此时的 Δp 是负值，挡板远离喷嘴，这对一般差压变送器来说是不会有输出的。为此可调整迁移弹簧（参见图1-2-6中的8，有的变送器把调零弹簧与迁移弹簧分开，有的是合用一根），进行迁移。例如锅炉水位的最大变化范围为600mm水柱，当锅炉水位处于最低水位时，即 $\Delta p = -600$mm 水柱时，调整迁移弹簧的拉力，使挡板靠近喷嘴，直到挡板与喷嘴间的初始开度减小到使变送器的输出等于0.02MPa为止。以后随着锅炉水位的不断上升，Δp 负值不断减小（即正负压差 Δp 增大），挡板不断靠近喷嘴，变送器的输出也不断增加。当锅炉水位到达最高水位，即 $\Delta p = 0$ 时，变送器的输出为0.1MPa，这就是迁移。

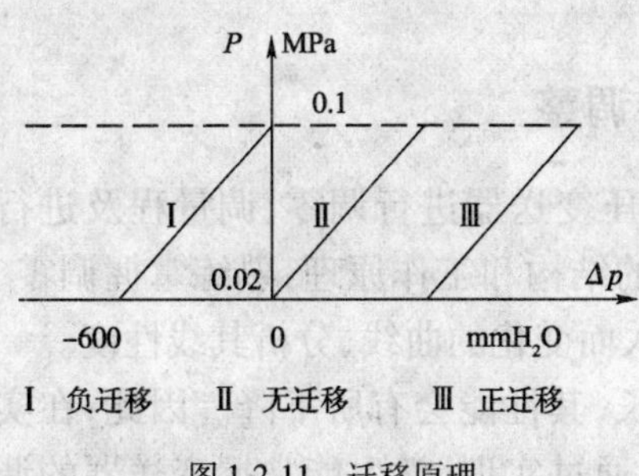

图1-2-11 迁移原理

迁移可分为正迁移和负迁移两种形式，正迁移是将量程的起点从零迁到某个正值，负迁移是将量程的起点由零迁到某个负值。上述的例子，是将变送器的零点从 $\Delta p = 0$ 迁移到 $\Delta p = -600$mm 水柱，所以是负迁移，迁移量为 -600mm 水柱，如图1-2-11所示。由图可知，变送器迁移后，量程的起点和终点都改变了，但量程不变，仍为600mm水柱。

不仅差压变送器可以迁移，其他如温度、压力等变送器均可以迁移。例如锅炉蒸气压力的最大变化范围是

0.6 ~ 1MPa，若不进行迁移，就必须选用量程为 0 ~ 1MPa 的压力变送器，否则无法测出全部压力变化。若进行迁移，则可选用量程为0 ~ 0.4MPa的压力变送器，这时将变送器的零点正迁移到0.6MPa 即可，当输入为 0.6MPa 时，变送器的输出为0.02MPa；当输入为 1MPa 时，输出为0.1MPa。通过迁移不仅能使变送器适应不同测量起点的要求，还可提高仪表的精度和灵敏度。如在上例中选用一级精度变送器，不进行迁移时，其绝对误差为 $(1-0)\times 1\%=0.01\text{MPa}$，进行迁移后，其绝对误差为 $(1-0.6)\times 1\%=0.004\text{MPa}$。可见，仪表精度提高了2.5 倍。

4. 差压变送器使用时的保护

差压变送器在投入工作或退出工作时，如果正压 p_+ 和负压 p_- 不能同时作用在测量膜盒上，就会在膜盒的一侧突然受到一个很大的作用力，有可能使膜盒和挡板等元件损坏。为了防止变送器出现单向过载而损坏，除了在膜盒的结构上采取必要的保护措施外，在差压变送器的测量管路上还装有平衡阀和截止阀，如图 1-2-10 中的 *A*、*B*，以保证 p_+ 和 p_- 同时接入或同时切除。为了达到保护变送器的目的，平衡阀和截止阀必须按以下步骤操作：投入工作前，应先打开平衡阀 *B*，这样不论先打开左边还是右边截止阀 *A*，测量管中的压力经过平衡阀都会使膜盒两侧的压力相等，不会产生单向受力情况。当左右边截止阀 *A* 都打开并使压力稳定后，再慢慢关闭平衡阀 *B*，使 p_+ 和 p_- 同时接入正、负压室，变送开始正常工作。当变送器退出工作时，也须先打开平衡阀 *B*，然后关闭左右边截止阀 *A*，使 p_+ 和 p_- 同时切除。

5. 常见的故障分析及排除

1）变送器有输入，但无输出或输出达不到 0.1MPa

这种故障现象可能是气源管路漏气或堵塞，减压阀过滤器堵塞，恒节流孔堵塞，输出管路漏气，迁移量没调好等原因造成。排除方法：清堵，堵漏，重新调整迁移量。

2）仪表无输入但有输出

这种故障现象可能是喷嘴堵塞，气源压力过大，反馈波纹管漏气，放大器中球阀有污物，膜盒上的弹簧拉片变形等原因造成。排除方法：清堵，调整气源压力，更换波纹管，清洗，更换弹簧拉片。

3）零点漂移

这种故障现象可能是喷嘴挡板沾污，顶针螺钉松动，输出管路或反馈气路漏气，测量膜盒漏油等原因造成。排除方法：清洗，重新上紧，堵漏或换新波纹管，更换膜盒。

4）输出压力波动

这种故障现象可能是输出管路或反馈气路漏气，放大器或喷嘴沾污等原因造成，排除方法：堵漏或换新、清洗。

四、实训环节

实训一　气动差压变送器调整

正确接通差压变送器的气源及输入和输出信号，对差压变送器进行调零、调量程及进行正、负迁移操作。要求学生进一步掌握单杠杆差压变送器的结构和工作原理，熟练掌握调零、调量程及进行迁移的基本操作技术，绘出变送器输出随输入而变化的曲线，分析其线性度。

变送器是反馈控制系统的测量单元，随工作时间的增长，其性能会有所下降。因此，在实际管理中，要经常进行调整以保证控制系统的正确运行。通过实训，学生能掌握变送器的调零、调量程及进行迁移的基本操作。这对学生将来管好用好反馈控制系统使之始终处于良好工作状态都具有十分重要的意义。

1. 设备和工具准备

本实训在气动实训台上进行，所需的其他设备和工具有：

(1)QBC-41B 型气动单杠杆差压变送器一台。

(2)快速连接气管若干，螺钉调节工具一个。

2. 实训前的准备工作

(1)按图 1-2-12 所示线路接通差压变送器气源，并调整减压阀使气源压力稳定在 0.14MPa 上(观察气源压力表)。

(2)变送器输出端接标准压力表，输入端的正、负压室(测量信号)由气源经定值器接入，并分别接标准压力表，以反应正、负压室的气压信号。

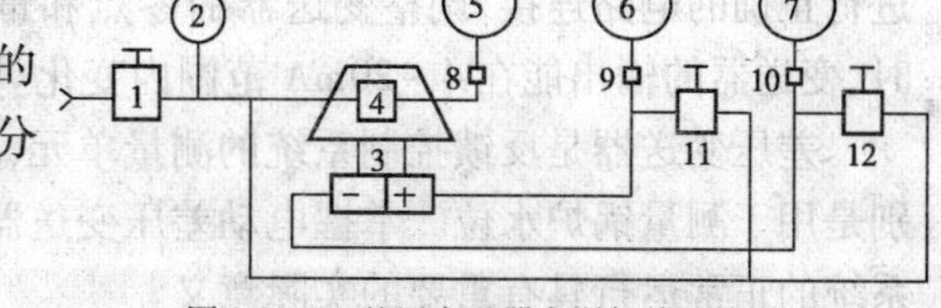

图 1-2-12　差压变送器实训气路连接图

1-减压阀；2-气源压力表；3-差压变送器；4-气动功率放大器；5-输出压力表；6-正压室压力表；7-负压室压力表；8、9、10-气动接头；11、12-压力定值器

3. 实训步骤

1)调零

接通 0.14MPa 气源，调整定值器 11 和 12 使负压室压力等于正压室压力即 Δp 为零。观察输出压力表读数是否是 0.02MPa。如果不是，可扭动调零弹簧，直到输出压力表 5 指针指在 0.02MPa 为止，零点调好。

2)调量程

零点调好后，调整定值器 11 使正压室压力不断增加，观察正压室压力表 6 读数是否是 0.06MPa，如果不是，调压力表 6 指针等于 0.06MPa。松开反馈波纹管锁紧螺母，沿主杠杆上下移动反馈波纹管。输出压力表 5 读数小于 0.1MPa，要上移波纹管；大于 0.1MPa，要下移波纹管。直至输出压力表 5 读数指示 0.1MPa 为止。

3)重新调零和调量程

移动反馈波纹管后，零点会改变，要反复进行调零和调量程，直到两者都符合要求为止。量程调好后，要把反馈波纹管的锁紧螺母锁紧。

4)变送器线性度

变送器零点和量程调好后，调整定值器 11 和 12 使负压室压力等于正压室压力，其变送器输出为 0.02MPa。然后调整定值器 11 使正压室压力每增加 0.01MPa 记录一次输出压力值，直到正压室压力增至 0.06MPa，输出压力达 0.1MPa 为止。

5)负迁移

调整定值器 11 和 12 使正压室压力为零，负压室压力为 0.07MPa，这时输出压力表读数接近为零。然后扭动迁移弹簧直到输出压力表读数为 0.02MPa，再调定值器 12 使负压室压力每减 0.01MPa 记录一次输出压力，直至负压室压力为 0.01MPa 为止。

6)正迁移

调整负压室压力为零，正压室压力为 0.05MPa，扭动迁移弹簧使输出压力为 0.02MPa。然后逐渐增大正压室压力，每增加 0.01MPa 记录一次输出压力值，直到正压室压力为 0.12MPa，输出压力为 0.1MPa 为止。

4. 注意事项

(1)在进行差压变送器实训时，要先接通气源然后再接通正、负压室的信号。实训结束时要先切除正、负压室的输入信号，然后再切除气源。

(2)在调量程时，上、下移动反馈波纹管每次移动量不要太大，动作尽量平缓，移动后要把锁紧螺母扭紧。

(3)保持气源压力为0.14MPa。接通气源后，要打开过滤减压阀的排污阀，放掉积水和赃物，排污后把阀关紧。

实训二　电动差压变送器调整

实训内容为用电动差压变送器测量气动压差信号，整定变送器的零点和量程。要求能够进行正确的电路连接，调整变送器的零点和量程，使得当输入压差在规定的范围内全程变化时，变送器的输出能在4~20mA范围内变化。

差压变送器是反馈控制系统的测量单元，电动差压变送器越来越多地应用于船舶机舱，特别是用于测量锅炉水位。掌握电动差压变送器的调校方法对控制系统的维护管理，保持控制系统的正常运行具有重要的实际意义。

1. 设备和工具准备

本实训在仪表实训台上进行，所需的其他设备和工具如下：

(1)1151DP型差压变送器一台。

(2)快速连接气管、连接导线若干和螺钉调整工具。

2. 实训步骤

1)气路连接

差压变送器的测量信号由实训台上的两个气压定值器提供，定值器设定的压力分别由相应的精密压力表和快速接头进行指示和输出。在进行气路连接时，应先使两个压力表的调定压力相等，即压差为零，然后再通过快速连接气管将高压端接至变送器的正压室 H，低压端接至负压室 L，如图1-2-13所示。

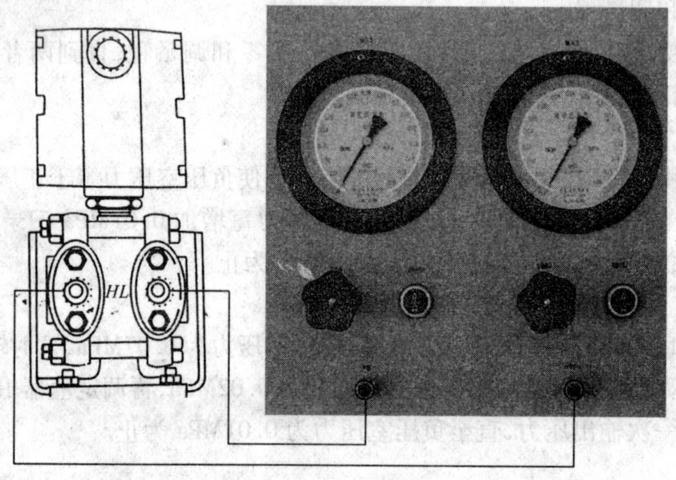

图1-2-13　电动差压变送器实验气路连接

至于哪个输出用做高压端，哪个用做低压端，可由学生自行定义。另外，本实训无须使用阶跃开关，因此，实训过程中要把两个阶跃开关保持在气路接通的状态。

2)电路连接

实训中使用的电动差压变送器，其工作电源为直流电，输出信号为4~20mA交流。在实际使用中，变送器的输出往往带有负载，随着输出负载的不同，变送器的电源电压范围为 12 ~45V 交流，电源电压与负载的关系如图 1-2-14 所示。

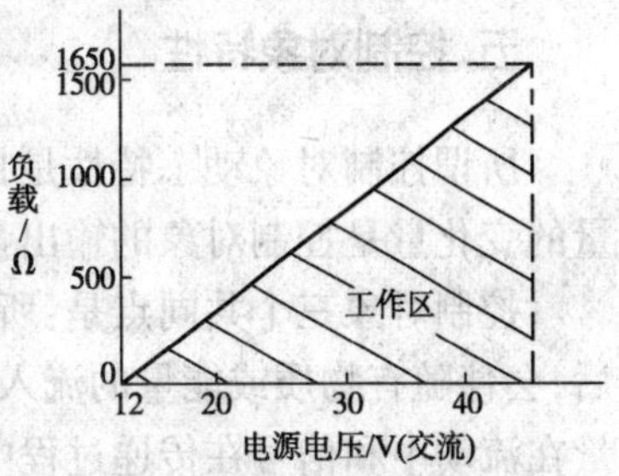

图 1-2-14　电动差压变送器电源与负载的关系

本实训中，电源采用实训台上的数显仪表提供的 24V (DC)馈电输出，因此最大可以驱动 500Ω 的负载。但为简单起见，实训中可以不需要负载电阻，直接在输出回路中串接毫安表，用以测量输出电流的大小。

打开变送器电气壳体的端盖，可以发现上、下两排接线端子，上排标有“Signal”字样，下排标有“Test”字样。接线时，应将电源正极接至“Signal”的“ + ”端，“Signal”的“ - ”端接至毫安表的“ + ”端，毫安表的“ - ”端接到电源负极，构成封闭回路。接线图如图 1-2-15 所示。

“Test”端子是当变送器在工业现场使用时用于输出测试的，可以接内阻小于 8Ω 的电流表，也可不接。本实训中，若将“Signal”的“ - ”端接电源负极，而将毫安表接至“Test”端子，也可以得到同样的实训效果。

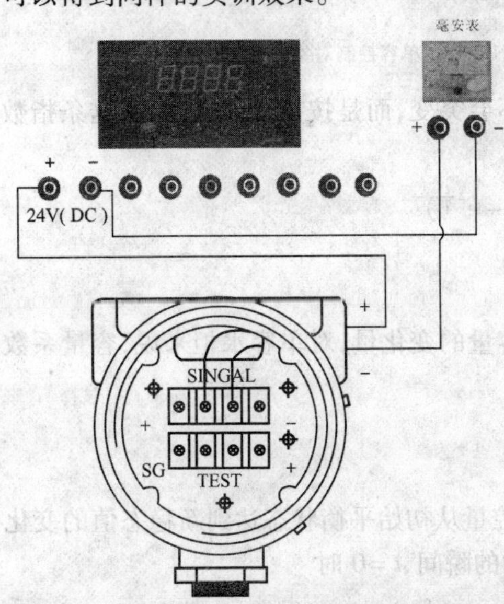

图 1-2-15　电动差压变送器实验电路连接

3)零点和量程的调整方法

在变送器的转换电路中设有两个电位器分别用于调整零点和量程，它们位于电气壳体的铭牌后面，移开铭牌即可调整。调零电位器旁标有“ *Z* ”，量程电位器旁标有“ *R* ”，如图 1-2-16 所示。当输入信号不变时，顺时针转动两个电位器，均使变送器的输出电流增大，逆时针转动则使输出减少。

设量程范围为 0 ~0.1MPa，则零点和量程的调整方法的步骤如下：

(1)调整定值器，并观察两个压力表，使 $\Delta p = 0$ (下限值)，调整调零电位器，直到变送器输出为 4mA。

在操作中，设定压差时，也可以让负压室放大气，调节正压室压力即可。

(2)使 $\Delta p = 0.1$MPa，调整量程电位器，直到变送器输出为 20mA。

(3)重复步骤 1)和 2)，直到 0 ~0.1MPa 测量范围与 4 ~20mA 标准输出相对应。

(4)线性、阻尼调整。除零点和量程调整外，放大器板的焊接面还有一个线性调整电位器和阻尼调整电位器。线性调整电位器已在出厂调到了最佳状态，一般不在现场调整。阻尼调整电位器用来抑制由被测压力的高频变化而引起的输出快速波动。其时间常数在0.2s(正常值)和 1.67s 之间，出厂时，阻尼器调整到逆时针极限的位置上，时间常数为 0.2s。最好选择最短的时间常数，时间常数调节不影响变送器的零点和量程，可在现场进行阻尼调整。

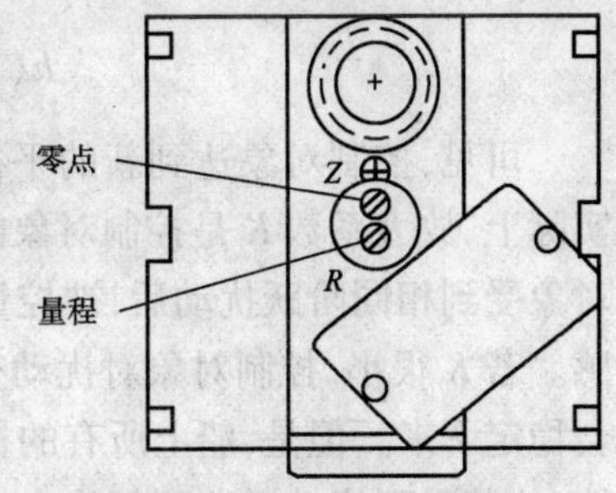

图 1-2-16　零点和量程调整螺钉

五、控制对象特性

所谓控制对象动态特性是指控制对象受到扰动后被控量随时间的变化规律。显然，被控量的变化量是控制对象的输出量，扰动量（基本扰动和外部扰动）是控制对象的输入量。

控制对象三个共同点是：所有控制对象都有储存物质或能量的能力，当控制对象受到扰动后，会伴随有物质或能量的流入或（和）流出；物质或能量在流动过程中会受到阻力；物质或能量在流动中和信号在传递过程中会存在时间上的迟延。

单容控制对象是指只有一个储存物质或能量容积的控制对象。在机舱中，凡是水柜、油柜以及以水位为被控量的锅炉都属于单容控制对象，见图1-2-17、图1-2-18。

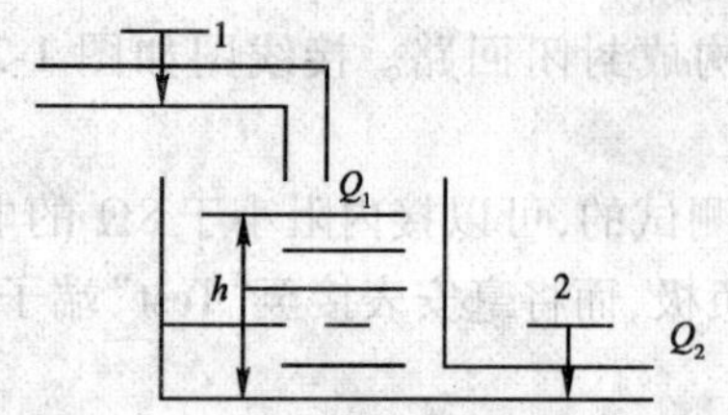

图1-2-17 单容控制对象（液箱）示意图

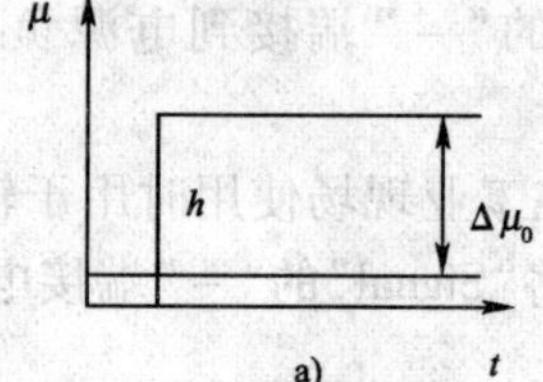

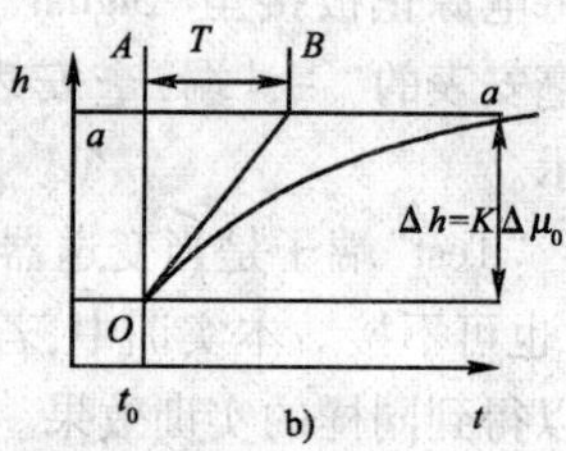

图1-2-18 单容控制对象的过渡过程曲线

给控制对象施加一个阶跃扰动后，被控量水位不会突变，而是按指数曲线变化，这条指数曲线叫做单容控制对象的飞升曲线。飞升曲线方程

$$h(t) = K \cdot \Delta\mu(1 - e^{-\frac{t}{T}})$$

式中：$T = C \cdot R$；

$K = K_u \cdot R$；

C——容量系数，是指被控量变化一个单位其容量的变化量，对单容水柜来说，容量系数就等于水柜的底面积；

R——阻力系数，K_u——流量系数。

1）放大系数 K

放大系数 K，是指控制对象受到阶跃扰动后，被控量从初始平衡状态达到新稳态值的变化量，把扰动量所放大的倍数。在对控制对象施加扰动的瞬间，$t = 0$ 时

$$h(t)/_{t=0} = K \cdot \Delta\mu(1 - e^{-\frac{0}{T}})$$

因 $e^0 = 1$，故 $h(t)/_{t=0} = 0$，即水位没有变化。以后随着时间 t 的增长，$e^{-\frac{t}{T}}$ 不断减小，$h(t)$ 就会不断增大。当 $t \to \infty$ 时，被控量达到一个新的稳态值不再变化。这时，$e^{-\infty} = 0$。故

$$h(\infty) = K \cdot \Delta\mu(1 - e^{-\infty}) = K \cdot \Delta\mu$$

可见，控制对象达到新的平衡状态时，被控量水位 h 的变化量把扰动量 $\Delta\mu$ 放大了 K 倍。实际上，放大系数 K 是控制对象的静态参数，是反映控制对象对扰动的敏感程度的，K 大，控制对象受到相同阶跃扰动后，被控量要变化一个很大范围才能稳定下来，说明控制对象对扰动敏感。若 K 很小，控制对象对扰动很不敏感，即对它施加很大扰动，被控量变化一个很小的值就会稳定下来。但是，船上所有的控制对象放大系数 K 都比较大，因此，都必须组成一个控制系统，使其受到扰动后达到新稳态时，被控量的变化量尽量小，或不变化。

2)时间常数 T

在对控制对象施加扰动的瞬间($t=0$),被控量的变化量等于零。但是,由于此时流量差(Q_1-Q_2)最大,所以被控量的变化速度 $\mathrm{d}h/\mathrm{d}t$ 最大。以后随着水位的升高,Q_2 增大,使流量差(Q_1-Q_2)越来越小,被控量变化速度也越来越小。可见,被控量的变化总是落后于扰动的变化,这就是控制对象的惯性,在相同扰动下,若被控量变化快($\mathrm{d}h/\mathrm{d}t$ 大),则飞升曲线陡,被控量达到新稳态值所需时间短,控制对象惯性小。反之,在相同扰动下,被控量变化慢($\mathrm{d}h/\mathrm{d}t$ 小),则飞升曲线平坦,被控量达到新稳态值所需时间长,控制对象惯性大。时间常数 T 就是反映控制对象惯性大小的一个重要的动态参数。

求时间常数 T 有两种办法:

(1)过坐标原点作飞升曲线的切线,该切线交于新稳态高度的横坐标就是时间常数 T。它的物理意义是,对控制对象施加扰动瞬间开始,被控量以最大的变化速度达到新稳态值所需要的时间就是 T。

(2)看当 $t=T$ 时被控量变化多少。它的物理意义是,控制对象受到扰动后被控量变化到新稳态值的63.2%所需要的时间,如图1-2-19所示。

理论上讲,只有当 $t=\infty$ 时被控量才能达到新稳态值,即 $h(\infty)=K\Delta\mu$。实际上,$t=2T$ 时 $h(2T)=0.86\ K\cdot\Delta\mu$;$t=3T$ 时 $h(3T)=0.95\ K\cdot\Delta\mu$;当 $t=4T$ 时 $h(4T)=0.982\ K\cdot\Delta\mu$,这时就认为被控量的变化基本结束。所以控制对象受到阶跃扰动后被控量变化到新稳态所需时间 $t=4T$。

时间常数的物理意义是:从对控制对象施加阶跃扰动的瞬间开始,被控量以最大的变化速度变化到新稳态值所需时间就是时间常数 T。T 大,控制对象的惯性大,其飞升曲线比较平坦。

容量系数 C 和阻力系数 R 对过渡过程的影响如图1-2-20所示。

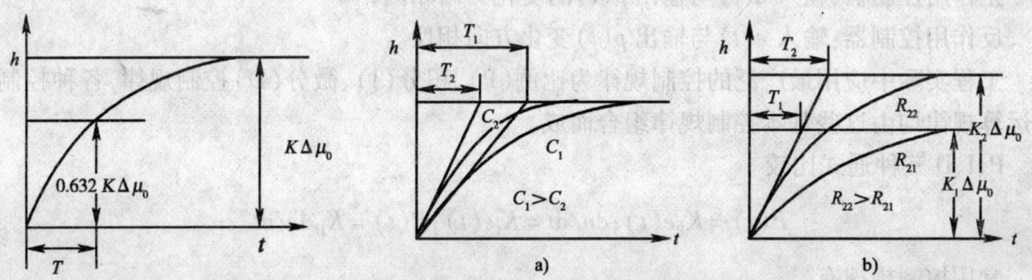

图1-2-19 利用过渡过程曲线求时间常数

图1-2-20 容量系数 C 和阻力系数 R 对过渡过程的影响

对于两个截面积大小不同的水箱,截面积大的水箱时间常数大,因而水位上升就慢。反之亦然。

3)迟延 τ

控制对象迟延包括纯迟延和容积迟延,它是控制对象的极为重要的动态特性参数,对控制系统动态品质具有重大影响。

(1)纯迟延 τ_0。又叫传输迟延。由于执行机构距控制对象有一定的距离,物质或能量经执行机构流到控制对象需要一定的时间 τ_0,把 τ_0 称为控制对象的纯迟延。

控制对象存在迟延(包括纯迟延和容积迟延)对控制系统的工作是很不利的,因为控制对象受到扰动后,被控量将离开给定值出现偏差,调节器根据偏差大小和方向输出控制信号来改变调节阀的开度,也就是改变流入控制对象物质或能量流量,从而可以克服扰动,逐渐消除偏差。但由于控制对象存在迟延，在迟延时间内，调节器无法对被控量加以控制，使偏差越来越大，降低系统的稳定性。

(2)容积迟延 τ_c。是指物质或能量流量达到控制对象起始到被控量开始变化这段时间。单容控制对象不存在容积迟延，只有纯迟延。多容控制对象除存在纯迟延外，还存在容积迟延。

$$\tau = \tau_0 + \tau_c$$

任务三　气动调节器的使用与调整

一、教学目标

(1)掌握 QTM－23J 气动 PID 调节器的结构、工作原理及其调整。

(2)掌握 M58 气动 PID 调节器的结构、工作原理及其调整。

(3)掌握 NAKAKITA 型 PID 调节器的结构、工作原理及其调整。

(4)掌握 PID 调节器参数的工程整定方法。

(5)掌握气动色带指示仪的结构、工作原理及特点。

(6)掌握气动色带指示仪零点和量程的调整方法及其上、下限报警值的调整方法。

(7)掌握气动薄膜调节阀的组成、工作原理及作用形式。

二、基本概念

控制规律是指控制器的输出信号与输入偏差信号随时间变化的规律。

正作用控制器：输入 $e(t)$ 与输出 $p(t)$ 的变化方向相同；

反作用控制器：输入 $e(t)$ 与输出 $p(t)$ 变化方向相反。

工程实际中应用最广泛的控制规律为比例(P)、积分(I)、微分(D)控制规律，各种控制器的运算规律均由这些基本控制规律组合而成。

P、I、D 三种通式比较

$$P(t) = K_P e(t);\mathrm{d}p/\mathrm{d}t = K_I e(t);P(t) = K_D \mathrm{d}e/\mathrm{d}t。$$

常用控制规律有

1. 比例作用(P)

$$P(t) = K \cdot e(t)$$

K 是比例调节器的比例放大倍数，在实际系统中，仍然是不用 K 而是用 PB 来衡量比例作用的强弱。PB 越大，比例控制作用越弱。PB 越小，比例控制作用越强。

比例作用最大的特点：及时、迅速(控制器的输出与输入成正比，只要有偏差存在，控制器输出就会马上与偏差成比例地变化)，但存在静差。

2. 比例积分作用(PI)

$$P = K\left(e + T_d \frac{\mathrm{d}e}{\mathrm{d}t}\right)$$

只要存在偏差，积分控制器的输出就会不断地随时间积分而增大，只有当偏差为零时，控制器才会停止积分,保持在一定的输出值不变。

积分作用的一个重要优点是能够消除静差,但稳定性变差。

积分时间 T_I 的物理意义:

积分时间是指在阶跃信号作用下,控制器积分作用的输出等于比例作用的输出所经历的时间。

积分时间 T_I 是一个常数,它可以用来表示积分速度的大小和积分作用的强弱。

3. 比例微分作用(PD)

$$P = K\left(e + T_d \frac{de}{dt}\right)$$

通常称微分控制为"超前控制"。比例微分输出的大小与偏差变化速度及微分时间 T_D 成正比。

微分作用的强弱用微分时间来衡量。微分时间越长,微分作用越强。

4. 比例积分微分作用(PID)

$$P = K\left(e + \frac{1}{T_i}\int e dt + T_d \frac{de}{dt}\right)$$

PID 控制规律是三种控制规律的线性组合。它吸取了比例控制的快速反应功能、积分控制的消除静差功能和微分控制的预测功能。

三、气动调节器及显示仪表的结构和原理

1. 气动调节器

气动调节器主要由喷嘴挡板机构、气动放大器、波纹管和杠杆等元器件组成,通过不同的反馈形式,可以得到不同作用规律的气动调节器。

1)气动比例积分(PI)调节器

气动比例积分调节器是在气动比例调节器的基础上加上积分作用形成的,图 1-3-1 所示为一种典型的比例积分实现方法。它主要由测量波纹管 C、给定波纹管 G、正反馈波纹管 Z、负反馈波纹管 F、气动放大器、1:1跟随器、比例带调节阀 R_p、积分阀 R_i、积分气容、恒气阻 R、杠杆和喷嘴挡板机构等组成。其中,4 个波纹管的截面积相同,且以杠杆支点为中心布置成左右对称,即$l_1 = l_2, l_3 = l_4$。测量波纹管的输入来自测量仪表送来的被控量测量输出,给定波纹管的输入来自给定值旋钮设定的给定压力。气源分别给放大器、喷嘴挡板机构和 1:1跟随器供气。当调节器处在平衡状态时,4 个波纹管作用到杠杆上的力矩相互平衡,杠杆静止不动,喷嘴和挡板的间距不变,调节器的输出保持不变。

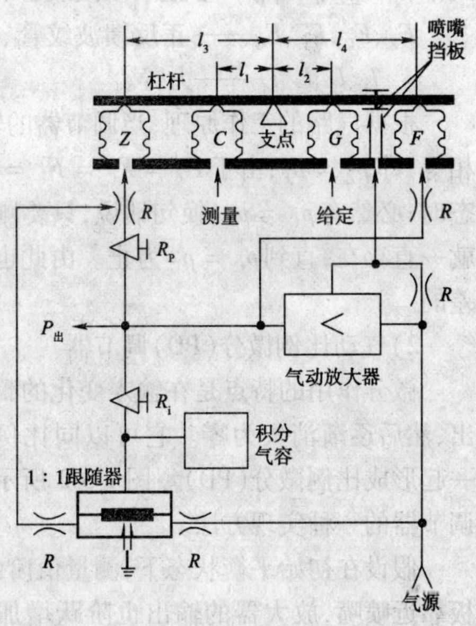

图 1-3-1　气动比例积分调节器原理图

现假设测量压力阶跃增加,则杠杆失去平衡,顺时针偏转,挡板靠近喷嘴,喷嘴背压升高,经放大器放大后,调节器的输出也阶跃增大。由此可见,这是一个正作用式调节器。

增大的输出分为 4 路，第一路作为调节器的输出送至执行机构；第二路通过恒气阻直接送到负反馈波纹管 F；第三路经过比例带调节阀 R_p，再经恒气阻送至正反馈波纹管 Z；第四路经积分阀 R_i 向积分气容充气，再经 1∶1跟随器送至正反馈波纹管 Z，其中 1∶1跟随器的输出总是跟踪输入的变化而变化，在气路中起到抗干扰的作用。

在调节器输出增大的初始时刻，由于积分阀和积分气容组成的惯性环节，第四路产生的正反馈暂时不起作用。此时，由于 R_p 的存在，正反馈和负反馈的强度是不一样的，只要 R_p 不是全开，那么负反馈强度总是大于正反馈强度，因此其综合效果还是负反馈。这一综合负反馈阻止杠杆的顺时针偏转，即阻止挡板继续靠近喷嘴，调节器的输出 $P_{出}$ 也暂时不再增大。显然，测量值增大得越多，即偏差越大，调节器输出的增大也越多，这是一个比例输出的过程。比例带调节阀 R_p 用于调整综合负反馈的强度，即调整比例带的大小。关小 R_p（气阻增大），正反馈减弱，综合负反馈增强，比例作用减弱，比例带 PB 增大；反之，开大 R_p（气阻减小），正反馈增强，综合负反馈减弱，比例作用增强，比例带 PB 减小。

但是调节器的输出不会稳定在比例输出上，因为随着时间的增加，由 R_i 和积分气容组成的惯性环节输出将逐渐增大，通过 1∶1跟随器送至正反馈波纹管，使得正反馈逐渐增强，综合负反馈逐渐减弱，调节器的输出将在比例输出的基础上继续增大，这就是积分输出过程。由此可见，在气路中，调节器的积分作用是通过惯性环节正反馈实现的。积分阀 R_i 用于调整积分时间，关小 R_i（气阻增大），惯性环节的惯性增大，积分时间 T_i 增大，积分作用减弱；反之，开大 R_i（气阻减小），惯性环节的惯性减小，积分时间 T_i 减小，积分作用增强。

当调节器接入闭环系统时，在调节器的控制作用下，被控量的测量值将朝着偏差减小的方向变化，即测量值会不断靠近给定值。当系统达到平衡状态时，调节器的输出不再变化，此时杠杆处于平衡状态，即

$$p_Z F_Z l_3 + p_C F_C l_1 = p_F F_F l_4 + p_G F_G l_2$$

式中：p_Z、p_C、p_F、p_G——正反馈波纹管、测量波纹管、负反馈波纹管和给定波纹管压力；

F_Z、F_C、F_F、F_G——正反馈波纹管、测量波纹管、负反馈波纹管和给定波纹管面积；

l_1、l_2、l_3、l_4——力臂。

根据气路的工作原理，当调节器的输出不再变化时，正、负反馈波纹管的压力将最终达到相等，即 $p_Z = p_F$，由于 $F_Z = F_C = F_F = F_G$，且 $l_1 = l_2$，$l_3 = l_4$，因此在闭环控制系统达到平衡状态时，必然有 $p_C = p_G$。换句话说，只要测量值 p_C 与给定值 p_G 之间存在偏差，调节器的控制作用就一直存在，直到 $p_C = p_G$ 为止。由此也可以说明比例积分调节器在实际中是如何消除静态偏差的。

2）气动比例微分（PD）调节器

微分作用的特点是在输入变化的瞬间会有较大的输出，然后逐渐消失为零。它可以同比例（P）作用结合在一起形成比例微分（PD）。图 1-3-2 所示为气动比例微分调节器的一种实现方法。

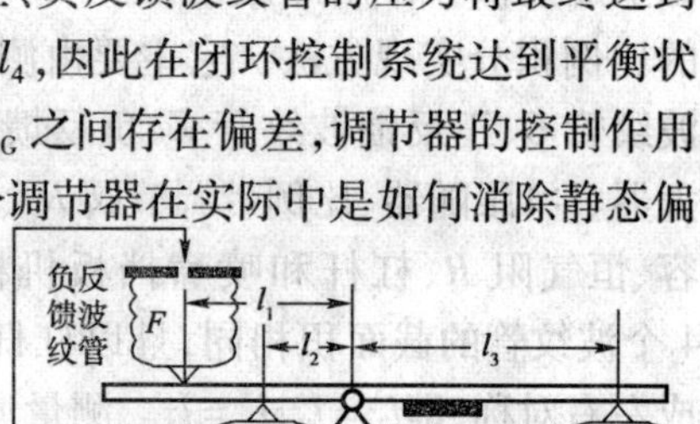

假设在初始平衡状态下，测量值阶跃增加，则由于挡板靠近喷嘴，放大器的输出也阶跃增加。放大器的输出一路作为调节器的输出，另一路经过由微分阀 R_d 和微分气室 C_d 组成的惯性环节送到负反馈波纹管 F。由于惯性环节的滞后效应，初始时刻的负反馈强度较小，因此在

图 1-3-2　气动比例微分调节器原理图

测量值增大的瞬间，调节器的输出较大。随着惯性环节的输出按指数规律逐渐增强，负反馈也逐渐增强，调节器的输出将按指数规律逐渐减弱，最终负反馈波纹管的压力将稳定在与调节器输出相等的压力上，调节器输出也不再变化。

调节器初始的阶跃输出包含比例和微分两部分，输出减小的过程就是微分消失的过程。微分消失的快慢取决于反馈回路中惯性环节的惯性大小，可由微分阀 R_d 进行调整。R_d 开度越大，微分消失得越快，即微分时间 T_d 越短，微分作用越弱；反之亦然。当微分消失后，调节器的输出大小与偏差成比例，比例作用的强弱由负反馈波纹管的位置进行调整，左移负反馈波纹管，l_1 增大，负反馈增强，比例作用减弱，比例带 PB 增大；反之，PB 减小。

3）气动比例积分微分（PID）调节器

将比例（P）、积分（I）和微分（D）作用的实现方法在同一个调节器里进行适当组合便可以实现气动比例积分微分（PID）调节器。其组合形式主要有两类，一是将三种反馈并行地叠加在一起形成调节器内部的综合反馈；二是在 PI 调节器前串联一个微分器来实现。下面以三个气动 PID 调节器实例加以说明。

（1）QTM-23J 气动 PID 调节器。QTM-23J 气动 PID 调节器是在一个 PI 调节器之前串联一个微分器形成的，其结构原理如图 1-3-3 所示。

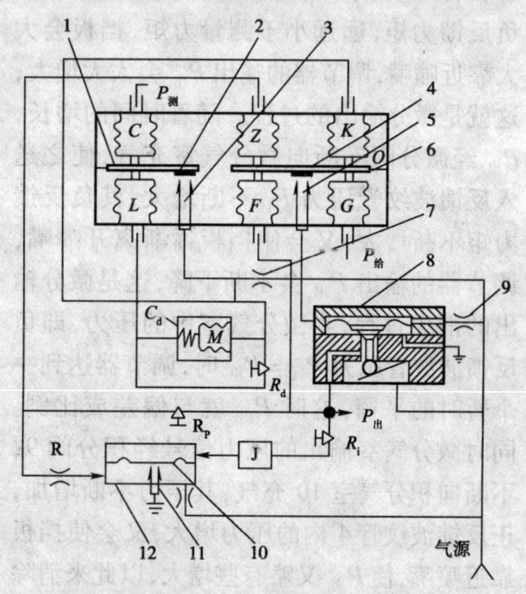

图 1-3-3　QTM-23J 气动 PID 调节器结构原理图

1、6-平衡杠杆；2、4-挡板；3、5-喷嘴；7、9-恒节流孔；8-放大器；10-膜片；11-喷嘴；12-1∶1跟踪器

微分器部分由波纹管 C、波纹管 L、喷嘴 3、挡板 2、具有弹性支点的杠杆 1、恒节流孔 7、微分阀 R_d、微分气容 C_d 和弹性气容 M 等元件组成。反映被控量大小的测量信号先送入波纹管 C，改变喷嘴 3 与挡板 2 的距离，喷嘴的背压输出一方面经过由微分阀 R_d、微分气容 C_d 和弹性气容 M 组成的比例惯性环节送至波纹管 L 进行负反馈；另一方面作为微分器的输出送至 PI 调节器的输入波纹管 K。比例惯性环节和惯性环节的特性相类似，区别在于前者的初始输出值不为零，因此由比例惯性环节进行负反馈同样可以得到微分作用规律。由于波纹管 C 和 L 对杠杆 1 垂直对称布置，当微分消失后，微分器的输出将与测量值相等。因此，微分器的作用实际上是产生一个比例系数为 1 的比例微分输出，并将这一输出送至 PI 调节器的输入波纹管 K，微分作用的强弱由微分阀 R_d 进行调整。

PI 调节器部分与图 1-3-1 所示的 PI 调节器在原理上完全相同。相比之下，只是波纹管的布置上有所差异，即 K 为测量波纹管，G 为给定波纹管，Z 为正反馈波纹管，F 为负反馈波纹管，它们在杠杆 6 上作用与图 1-3-1 所示的 PI 调节器是相同的。其工作过程在此不再赘述。

调节器上有三个调节旋钮，分别对应图 1-3-3 中的 R_p、R_i 和 R_d，用于调整调节器的比例带 PB、积分时间 T_i 和微分时间 T_d。

（2）M58 气动 PID 调节器。M58 型调节器是通用型的比例积分微分调节器，其结构原理如图 1-3-4 所示。在浮动环 3 的下面，对称放着四个波纹管，其中，给定波纹管 5 和测量波纹管 12 为一组，负反馈波纹管 11 和正反馈波纹管 4 为另一组，两组波纹管同时作用在浮动环 3 上。浮动环既作为力矩的比较机构，又作为挡板，浮动环 3 上有一比例带调整杆 13，作为浮动环偏转的支点。比例带调整杆固定在比例带调整杆轴上，可以沿该轴转动以改变支点的位置，调整比例带的大小。同时，在比例带调整杆轴上装有一个圆形板，用它固定比例带调节杆轴、喷嘴及比例带盘。另外调节器下面装有放大器、积分气室和针阀、微分气室和针阀，还有正、反作用切换板等。

如果让微分阀和积分阀均有一定开度，即可实现比例积分微分作用。这时，若测量信号 P_5 增大，浮动环偏转，挡板靠近喷嘴，调节器输出 $P_{出}$ 增大。在 $P_{出}$ 增大的瞬间来不及经微分阀向微分气室充气。而微分气室中的波纹管内压力会突然增大，使其伸长压缩微分气室，其压力略有增大送至负反馈波纹管 11，由于 P_{11} 增加量很小，它所产生的负反馈力矩，远远小于测量力矩，挡板会大大靠近喷嘴，调节器的输出 $P_{出}$ 会大大增大，这就是微分输出的过程。随着时间的增长，$P_{出}$ 经微分阀不断向微分气室充气，使之送入反馈波纹管压力 P_{11} 不断增大，其负反馈力矩不断增大，又会使挡板逐渐离开喷嘴，调节器的输出 $P_{出}$ 会不断下降，这是微分输出的消失过程，当微分气室中的压力，即负反馈波纹管压力 $P_{11}=P_{出}$ 时，调节器达到一个暂时的平衡，这时 $P_{出}$ 就与偏差成比例。同时微分气室输出的压力信号经积分阀 9，不断向积分气室 10 充气，其压力不断增加，正反馈波纹管 4 内的压力增大，又会使挡板靠近喷嘴，使 $P_{出}$ 又略有些增大，以此来消除静态偏差。这一附加的正反馈实现了积分作用。可见，开大积分阀，积分时间 T_i 小，积分作用强，关小积分阀，积分时间 T_i 长，积分作用弱。调整微分作用强弱是通过调整微分阀 7 的开度来实现的。开大微分阀，微分时间 T_d 短，微分作用弱，关小微分阀，微分时间 T_d 长，微分作用强。

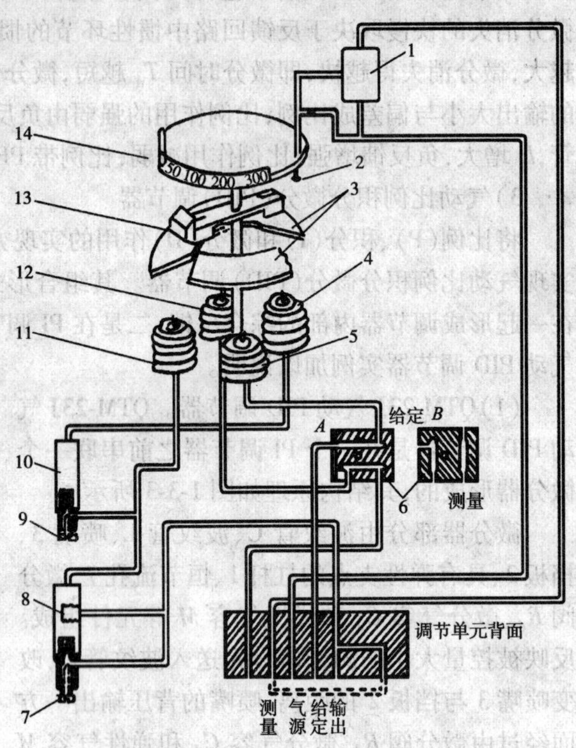

图 1-3-4　M58 型气动调节器结构原理图

1-放大器；2-喷嘴；3-浮动环；4-正反馈波纹管；5-测量波纹管(B)或给定波纹管(A)；6-正、反作用切换板；7-微分阀；8-微分气室；9-积分阀；10-积分气室；11-负反馈波纹管；12-给定波纹管(B)或测量波纹管(A)；13-比例带调整杆；14-比例带盘

正、反作用切换是通过切换板 6 实现的。对于正作用式，波纹管 5 接测量信号，波纹管 12 接调定的给定值。这时，切换板 6 处于 B 位。若把切换板 6 转一个 90°角至 A 位，则波纹管 12 接测量信号，波纹管 5 接调定的给定值，调节器就成为反作用式调节器。

(3)NAKAKITA 气动 PID 调节器。NAKAKITA 气动 PID 调节器在船舶机舱中常用于冷却水温度控制系统和燃油黏度控制系统，其三种作用规律通过内部综合反馈实现，其结构原理如图 1-3-5 所示。

NAKAKITA 气动 PID 调节器中，比较环节是通过位移平衡原理实现的。测量值被送至弹簧管，测量压力的大小决定着弹簧管的张度大小，弹簧管张度的变化通过连接杆件一方面改变测量指针(黑色)的偏转角度，指示当前测量值的大小；另一方面推动比例杆 OO' 绕 O 点左右偏转，通过销钉和拨杆改变挡板和喷嘴之间的距离，引起调节器输出变化。而调节器的输出变化将通过波纹管组合引起 OO' 杆的上下浮动,影响挡板和喷嘴之间的距离,实现位移反馈。这点与前面介绍的气动调节器中基于杠杆的力矩平衡原理不同。

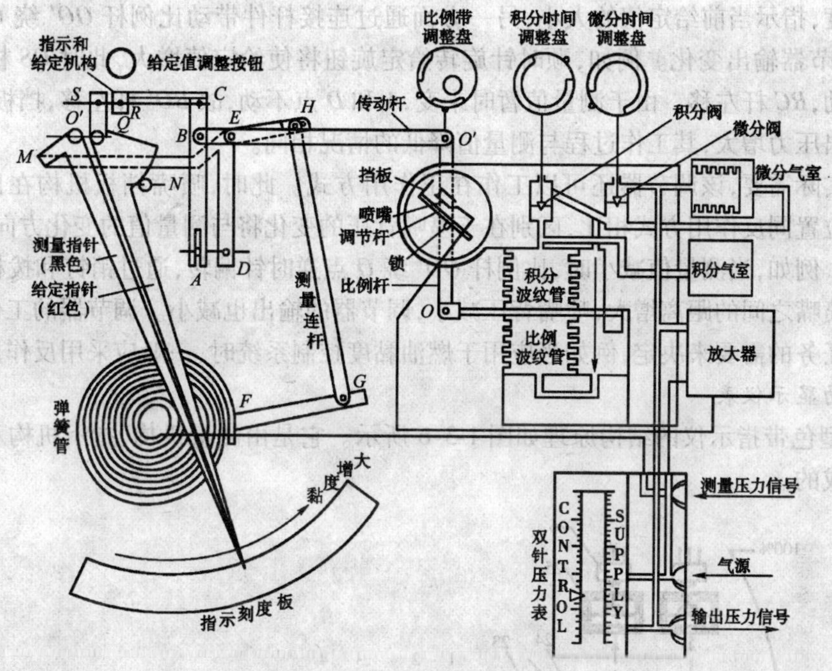

图 1-3-5　NAKAKITA 型黏度调节器结构原理图

在初始平衡状态下,被控量测量值与给定值相等,黑色的测量指针与红色的给定指针重合。喷嘴挡板之间的开度不变,调节器有一个稳定的输出。比例波纹管、积分波纹管、积分气室及微分气室压力都相等,并等于调节器的输出压力。

当系统受到扰动时,测量值会离开给定值出现偏差。假设测量值降低,则弹簧管收缩,*FG* 杆带动 *GH* 下移,*HENM* 杆和 *HED* 杆将绕 *E* 轴顺时针转动。一方面 MN 杆左移使黑色测量指针朝测量值刻度减小的方向转动;另一方面 *D* 点左移使 *AC* 杆绕 *C* 点顺时针转动,传动杆 BO' 左移,挡板靠近喷嘴,其背压增大,经放大器使调节器输出压力增大。可见,这是一个反作用式调节器。调节器输出压力增大的同时,将使微分气室中的弹性波纹管立即伸长,挤压微分气室使其压力略有增大。这一增大的压力分为两路,一路直接送至比例波纹管,另一路经积分阀送至积分气室和积分波纹管。比例波纹管内部压力增大而略有伸长,阻止挡板继续靠近喷嘴,但这一负反馈很弱,挡板会大大靠近喷嘴,调节器的输出会大大增加,这就是调节器的微分输出。由于增大的调节器输出经微分阀不断向微分气室充气,负反馈逐渐增强,输出将逐渐减小,最后微分输出将消失在比例输出上。

随着积分气室的不断充气,积分波纹管压力不断升高。这一附加的正反馈,又将使挡板靠近喷嘴,调节器输出增大,这就是调节器的积分输出过程。测量值增加的情况在原理上完全相同,只是动作过程相反。

在调节器上有三个调整盘,分别用来调整比例带 PB、积分时间 T_i 和微分时间 T_d,改变积分阀和微分阀的开度可分别调整 T_i 和 T_d。开大积分阀,可缩短积分时间,加强积分作用;关小微分阀,可增加微分时间,加强微分作用。反之亦然。比例带调整盘是一个偏心机构,转动比例带调整盘可使喷嘴和挡板一起沿着比例杆上下移动。上移时,传动杆 BO' 左右移动相同的距离,即输入偏差相同的情况下,挡板开度变化要大,比例作用增强,比例带减小;反之,下移时，比例作用减弱，比例带将增大。

给定值由给定旋钮确定，给定旋钮的角度变化通过连接杆件一方面改变给定指针（红色）的偏转角度，指示当前给定值的大小；另一方面通过连接杆件带动比例杆 OO' 绕 O 点左右偏转，引起调节器输出变化。例如，顺时针旋转给定旋钮将使给定值增大，此时 QS 杆将绕 Q 轴逆时针转动，RC 杆左移。由于测量值暂时未变，A 和 D 点不动，故 BO' 杆左移，挡板靠近喷嘴，调节器输出压力增大，其工作过程与测量值降低的情况相同。

根据实际需要，该调节器还可以工作在正作用方式。此时，喷嘴挡板机构在比例杆 OO' 上的相对位置同反作用方式相比，区别在于喷嘴背压的变化将与测量值的变化方向相一致，而不是相反。例如，当测量值减小时，比例杆 OO' 绕 O 点逆时针偏转，通过销钉和拨杆的作用将使挡板和喷嘴之间的距离增大，喷嘴背压减小，调节器的输出也减小。调节器的工作方式应该根据控制任务的需要来决定，例如当应用于燃油黏度控制系统时，一般应采用反作用方式。

2. 气动显示仪表

QXZ 型色带指示仪的结构原理如图 1-3-6 所示。它是由测量机构、指示机构和报警机构三部分组成的。

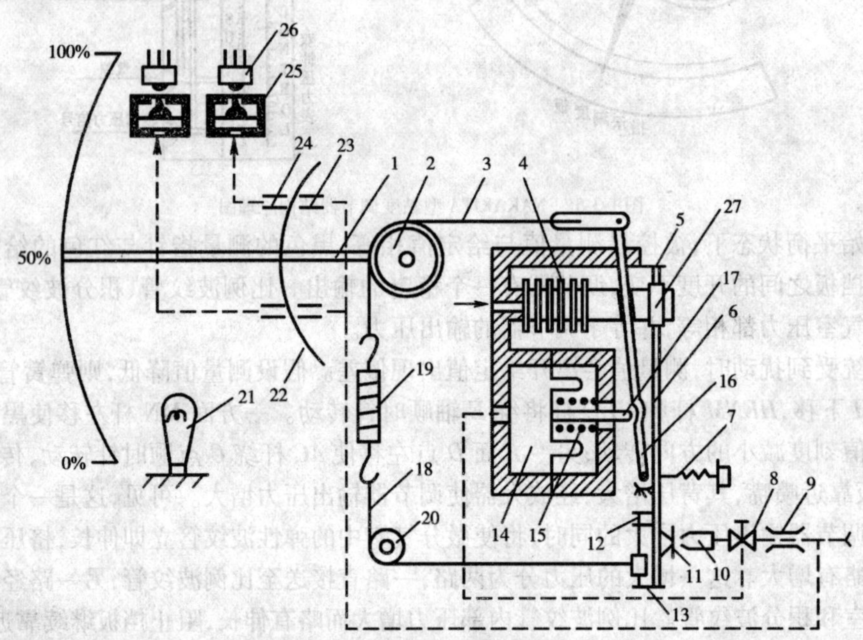

图 1-3-6　QXZ 型色带指示仪结构图

1-遮光板；2-转轮；3、18-传动带；4-测量波纹管；5-支点；6-平衡板；7-调零螺钉；8-阻尼器；9-恒节流孔；10-喷嘴；11-挡板；12-微调螺钉；13-反馈支点；14-反馈气室；15-平衡弹簧；16-转板；17-反馈顶杆；19-平衡弹簧；20-滑轮；21-光源；22-挡板；23-喷管；24-接收管；25-压力接收器；26-微动开关；27-螺钉

QXZ 型色带指示仪是按力矩平衡原理工作的。由变送器送来的 0.02 ~ 0.1 MPa 的气压信号进入测量波纹管 4。若测量信号增大，波纹管 4 伸长，推动平衡板 6 使其绕支点 5 逆时针转动，挡板 11 靠近喷嘴 10，升高的背压经过阻尼器 8 送至反馈气室 14 产生反馈力。增大的反馈力经金属膜片压缩平衡弹簧 15，使反馈顶杆 17 右移，推动转板 16 绕其下端支点顺时针转动，并经过绕在转轮 2 上的传动带 3 使转轮也作顺时针方向转动，使遮光板 1 向指示读数增大的方向转动。同时，传动带拉伸了平衡弹簧 19，经传动带 18、滑轮 20、螺母支点 13 和微调螺钉 12 的传递，给平衡板 6 一个绕支点 5 顺时针方向转动的力矩，限制挡板靠近喷嘴，这是一个负反馈。当测量信号

对平衡板6产生的测量力矩与这个反馈力矩相等时，平衡板6处于平衡状态。喷嘴与挡板之间的开度不变，转轮及遮光板偏转到某一位置不再改变，指示出某一测量值。

反馈气压信号是从喷嘴背压直接取得的，省掉了功率放大器，因而简化了结构。由于仪表的灵敏度比较高，如果直接从背压室引入反馈信号，在稳态时，遮光板可能会上、下振荡，为此，在喷嘴背压室后面的反馈回路中，增设了一个阻尼器8。它是一个针阀，与反馈气室14组成一个惯性环节，改变针阀开度可改变阻尼程度，可消除振荡现象。特别是能消除随着船舶的摇摆，水位左右摆动使遮光板上、下波动的现象，针阀的开度要适当，使之既能起到阻尼作用，又不影响仪表的灵敏度。

1）零点调整

调整零点，就是改变挡板的初始开度。首先要把差压变送器的零点调准，即锅炉水位达下限值时，变送器的输出应为0.02 MPa。在对该仪表调零点时，要在输入端用定值器送入一个0.02 MPa的气压信号，即$P_{入}=0.02$ MPa。观察遮光板是否指在0%上。如果遮光板的指示有偏离这个0刻度，可扭动零位调整螺钉7。若指示值高于0刻度，应逆时针转动螺钉7推动平衡板使挡板离开一点喷嘴；若指示值低于0刻度，应顺时针转动螺钉7，拉伸弹簧使挡板靠近一点喷嘴，直到遮光板指在0%为止。

这里应注意的是，调零调量程要反复进行几次，才能最终把零点和量程调准。

2）量程调整

该仪表的量程可粗调和微调。粗调是改变输入信号$P_{入}$的测量力矩，即改变测量波纹管作用点螺钉27的上下位置，微调是改变反馈力矩，即转动微调螺钉12，改变对支点13的上下位置。这与一般的力矩平衡仪表，从改变反馈力矩来调整量程的方法是有区别的。

调量程的步骤是：首先要把差压变送器的量程调准，即当锅炉水位达到最高水位时，差压变送器应输出0.1MPa气压信号。然后在色带指示仪的输入端用定值器加一个0.1MPa的信号，即$P_{入}=0.1$MPa。观察遮光板（指针）是否指在100%。如果不是在100%，而是在80%，说明量程大了，这时可扭动螺钉27下移测量波纹管，即减小量程，使遮光板指在100%附近。然后，再转动螺钉12进行微调，顺时针旋转时，反馈信号力臂减小，也即上移微调螺钉12的中心线，则也会使量程减小，直到遮光板指在100%上为止。由此可见，向上移测量波纹管则增大量程，逆时针旋转微调螺钉12，使其中心线下移，则量程也会增大。

3）报警值的调整

参数的上下限报警是通过挡片22、喷管23、接收管24动作的。当遮光板转至刻度为100%位置时，下面的挡片从喷管与接收管之间转出，0.14MPa的气源信号通过下面的接收管送至左面的压力接收器，使左面的微动开关26动作，发出上限报警。当遮光板转至刻度为0%位置时，上面的挡片从喷管23与接收管24之间转出，右面的压力接收器接通0.14MPa的气压信号，右面的微动开关动作，发出下限报警。可见上部挡片是控制下限报警，下部挡片是控制上限报警。向外拉长或向里压短挡片的长度，可改变上、下限的报警值。当气源中断时，遮光板指在0%，但不会发出下限报警。如果喷嘴堵塞，则遮光板指在100%，并发出上限报警信号。如果喷射管或接收管堵塞，就不能进行报警，但仍能显示测量值。

3. 气动执行机构

1）气动薄膜调节阀

气动薄膜调节阀的结构其上部为气动执行机构，下部为调节阀。气动调节阀输入为0.02～0.1MPa的气压信号，输出为调节阀的开度，把它可近似地看成是比例环节。

它主要由阀体、填料函、阀芯和阀座等组成。当阀杆移动时,便带动阀芯位移,改变与阀座间的流通面积,从而改变了流入控制对象的物质流量。

气动薄膜调节阀具有结构简单、动作可靠、维修方便、价格低廉,体积小等优点,适用场合比较广泛。但它的阀杆推力较小,在某些场合使用受到一定的限制。为使调节阀动作及时,并能动作准确到位,常需加装一个阀门定位器。

图 1-3-7 中虚线框内部分就是阀门定位器。它的作用是把调节器输出的控制信号进一步放大,以更大的轴向推力作用于调节阀,阀杆移动后,通过反馈作用实现阀芯的精确定位。因此,加装阀门定位器后能加快调节阀的动作速度,减小系统的传递迟延。特别是由于阀门定位器能输出较大的气压信号,足以克服阀杆与填料之间或活塞与气缸之间由于摩擦而发生的卡阻现象,使阀芯正确定位。

2)气动薄膜调节阀的作用形式

(1)气开式和气关式调节阀。气开式调节阀是指没有输入控制信号时,调节阀处于全关状态;当输入的控制信号增大时,调节阀开度增大。气关式调节阀是指没有输入控制信号时,调节阀处于全开状态,当输入的控制信号增大时,调节阀开度减小。

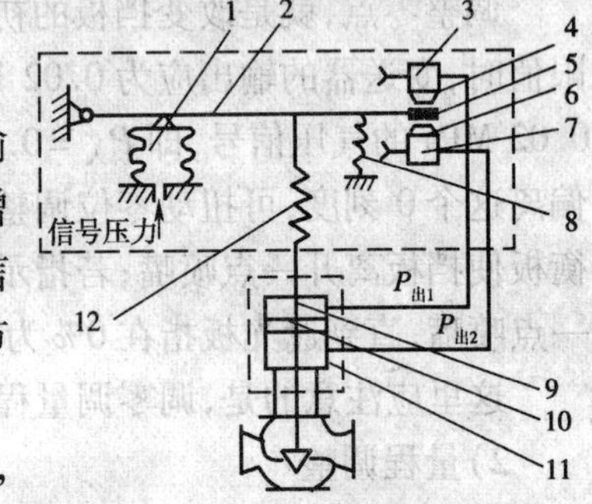

图 1-3-7　阀门定位器

1-波纹管;2-杠杆;3、7-功率放大器;4-上喷嘴;5-挡板;6-下喷嘴;8-调零弹簧;9-推杆;10-活塞;11-气缸;12-反馈弹簧

气开式和气关式的选择主要是从安全的角度来考虑的,当输入的控制信号中断时,应以避免损坏设备和伤害操作人员为原则,若此时调节阀处于打开位置的危害性小,便应选用气关式调节阀,反之则应选用气开式调节阀。

(2)正作用式和反作用式。若输入控制信号是从膜片上部进入,当输入的控制信号增加时阀杆下移,这种动作方式称为正作用式。若输入控制信号是从膜片下部进入,当输入的控制信号增加时阀杆上移,这种方式称为反作用式。

在实际使用中,大口径的调节阀一般都是正作用式,用改变阀芯的安装方向来获得气开或气关形式。小口径的调节阀可用改变输入控制信号的方向来获得气开或气关形式。

四、实训环节

实训　气动 PID 调节器的参数调整

调节器是反馈控制系统的重要组成单元。在控制系统组成后,只能通过整定调节器参数,如 PB、T_i 和 T_d,来改善系统动态过程品质。实训目的在于观察各种调节规律的开环阶跃响应特性,加深对 PB、T_i 和 T_d 物理意义的理解,以及改变这些参数对调节器输出特性的影响。

1. 实训前的准备工作

接通 PID 调节器气源,接通输入和输出,输入一个阶跃的气压信号,观察调节器输出的变化规律。要求通过实训掌握调节器的结构和工作原理,控制点的调整方法,在开环实训中求 PB、T_i 和 T_d 及改变这些参数的操作方法。

本实训在气动实训台上进行,所需的其他设备和工具有:QTM-23J 型 PID 调节器一台快速连接塑料管若干。

另外要熟悉气动仪表实训台和 QTM-23J 型 PID 调节器的功能、结构和操作方法;

准备好充足的压缩空气气源，检查实训台气源压力，如果不是 0. 14MPa，则需要进行调整。

按图 1-3-8 所示方法进行气路连接；将“阶跃开关 1”和“阶跃开关 2”置于截止位置；检查无误后打开实训台气源开关；调整定值器使给定值和测量值为 0，再打开阶跃开关。

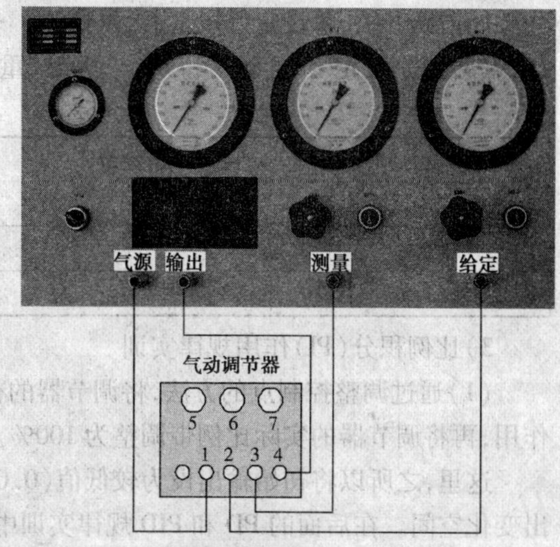

图 1-3-8 调节器作用规律实验气路连接图

1-气源接头；2-给定值接头；3-测量值接头；4-输出接头；5-比例带调节旋钮；6-积分时间调节旋钮；7-微分时间调节旋钮

2. 实训步骤

1）调整控制点

当控制系统处在额度负荷且处于平衡态时，控制系统的测量值和给定值相等，此时调节器的输入偏差为 0，但调节器的输出并不为 0，而是处在一个中间状态，即 0. 06MPa。这样，不论测量值增加还是减少，调节器都有足够的调节空间，使被控量回到给定值。调节器的这一状态称为控制点。

在本实训中，为了能够在给调节器输入正偏差和负偏差时均有足够的输出变化空间，所有实训内容都应在输入偏差为零，但调节器具有一定输出的基础上进行。因此，首要任务就是设置调节器的控制点。

在开环且零偏差输入状态下使调节器的输出稳定在希望的位置，需要用到调节器的积分作用原理，即只要有偏差存在且具有积分作用，调节器的输出变化就会不断增大。方法如下：

（1）切除微分作用，即将微分时间调整旋钮调至最小位置。

（2）比例带设置适当，建议将比例带旋钮置于 100% 位置。

（3）给调节器施加一定的偏差输入值，例如 $P_{给定}=0.04\text{MPa}$，$P_{测量}=0.05\text{MPa}$。

（4）打开积分作用，即使积分时间调整旋钮离开 ∞ 位置。此时，调节器在偏差和积分作用下，其输出将朝增大的方向逐渐变化。变化的速度取决于偏差大小和积分作用的强弱，为了快速达到希望的位置，可将积分时间调至最短。

（5）当调节器输出快达到希望的位置时，逐渐减少偏差，输出变化速度减缓，直至输出指针稳定在希望的位置，例如 0. 06MPa。一旦超过了希望位置，则适当施以反向偏差，使输出减小。

（6）最后切除积分作用，即将积分时间调整旋钮打至 ∞ 位置。

注：在第（5）操作过程中，很可能出现当调节器输出不再变化时，给定值压力表和测量值压力表读数不一致的情况。这是由于仪表制造工艺或者微弱漏气造成的，在实训过程中，可以将此时的状态视为零偏差。建议记录此时的压力表读数，以备后用。

2）比例（P）作用规律实训

（1）通过调整控制点的方法，将调节器的初始输出状态设置为 0. 06MPa，切除积分和微分作用。

（2）设定 PB = 100%，调整测量值信号，使之阶跃增加 0. 01MPa，观察和记录输出压力的变化，计算实际 PB 值，填入表 1-3-1；如果实际 PB 值不等于 100%，调整 PB 旋钮，使输出变化量等于理论计算值，此时的旋钮位置即为 100% 位置。为达到阶跃效果，在调整测量值之前，可先关闭阶跃开关，等设定好了之后，再打开。

(3)分别设定 PB =50% 和 PB =300%，重复上述过程，填入表1-3-1。

表1-3-1

设定 PB	偏差 ΔP	输出变化 $\Delta P_{出}$	实际 PB
100%			
50%			
300%			

3)比例积分(PI)作用规律实训

(1)通过调整控制点的方法，将调节器的初始输出状态设置为0.02MPa，切除积分和微分作用，再将调节器的实际比例带调整为100%。

这里，之所以将初始输出设为较低值(0.02MPa)是考虑到观察积分过程需要有较大的输出变化空间。在后面的PD和PID规律实训中也作同样的考虑。

(2)适当加入积分作用，调整测量值信号，使之阶跃增加0.01MPa(为达到阶跃效果，在调整测量值之前，可先关闭阶跃开关，等设定好了之后，再打开)，观察输出压力的变化规律，画出PI作用规律的开环特性曲线。

(3)积分时间的估算。重复步骤(1)步骤(2)，估算积分输出达到比例输出所需的时间，这一时间即为积分时间。分别设定积分时间为 T_i =0.5min 和 T_i =1.0min，估算积分时间的实际值，填入表1-3-2。

表1-3-2

设定 T_i(min)	0.5	1.0
实际 T_i(min)		

4)比例微分(PD)作用规律实训

(1)通过调整控制点的方法，将调节器的初始输出状态设置为0.02MPa，切除积分作用。再将调节器的实际比例带调整为100%。

(2)设定 T_d =0.5min，调整测量值信号，使之阶跃增加0.01MPa，观察输出压力的变化规律，定性地画出PD作用规律的开环特性曲线。

5)比例积分微分(PID)作用规律实训

(1)通过调整控制点的方法，将调节器的初始输出状态设置为0.02MPa，PB、T_i 和 T_d 分别设置为某一适当值。

(2)调整测量值信号，使之阶跃增加0.01MPa，观察输出压力表的变化，定性地画出PID作用规律的开环特性曲线。

五、调节器参数整定的一般原则

1.不同整定参数对系统动态过程的影响

在自动控制系统方案已经确定，且组成该系统的仪表已经安装并调校好以后，为改善被控参数过渡过程品质，唯一可以改变的只有调节器的整定参数值，即比例带、积分时间和微分时间。因此，在自动控制系统安装好并准备投入工作的时候，或该系统实际运行一段时间，各台仪表性能有所下降的时候，需要对调节器的参数进行整定，以便确定或恢复为获得满意的调节器最佳整定参数值。

2. 常用的工程整定方法

所谓的整定方法就是确定调节器 PB、T_i 和 T_d 值的方法。它可以通过理论计算来确定，但误差较大。目前应用最多的还是工程整定法，如经验法、衰减曲线法、临界比例带法和反应曲线法。

1）经验法（表 1-3-3）

经验法整定参数　　表 1-3-3

系　统	参　数		
	δ(%)	T_i(min)	T_d(min)
温度	20～60	3～10	0.5～3
流量	40～100	0.1～1	
压力	30～70	0.4～3	
液位	20～80		

又叫现场凑试法。即先确定一个调节器的整定参数值 PB 和 T_i，通过改变给定值对控制系统施加一个扰动，现场观察判断控制过程曲线形状。

2）衰减曲线法（表 1-3-4）

衰 减 曲 线 法　　表 1-3-4

控 制 规 律	PB(%)	T_i(min)	T_d(min)
P	PB_s		
PI	$1.2PB_s$	$0.5T_s$	
PID	$0.8PB_s$	$0.3T_s$	$0.1T_s$

衰减曲线法是以 4∶1衰减比作为整定要求的。先切除调节器的积分和微分作用，用凑试法整定纯比例控制作用的 PB（比同时凑试两个或三个参数要简单得多），使之符合 4∶1 衰减比的要求，记下此时的 PB_s 和波动周期 T_s。如果加进积分和微分作用，调节器的参数值可按表 1-3-4 中的经验公式进行计算。

3）临界比例带法（表 1-3-5）

临界比例度法整定调节器参数　　表 1-3-5

调节器参数 / 调节器名称	δ	T_i(S)	T_d(S)
P	$2\delta_k$		
PI	$2.2\delta_k$	$T_S/1.2$	
PID	$1.6\delta_k$	$0.5T_s$	$0.125T_s$

切除调节器的积分和微分作用，让控制系统以较大的比例带在纯比例控制作用下运行，然后逐渐减小 PB 值。每减小一次都要仔细观察过程曲线，直至达到等幅振荡时，记下此时比例带（称为临界比例带）PBk 和波动周期 T_s，然后按表 1-3-6 中给出的经验公式求出调节器的参数值。

4）反应曲线法

前述三种方法都是在预先不知道控制对象动态特性的情况下进行的。如果知道控制对象的特性参数；时间常数、时间迟延和放大倍数，则可按表 1-3-6 中给出的经验公式计算出调节器的参数。利用这种方法整定的结果可达到衰减率 0.75 的要求。

经验计算公式 表 1-3-6

调节器参数 / 调节器名称	$\delta(\%)$	T_i	T_d
P	$\frac{K\tau}{T}\times 100\%$		
PI	$1.1\frac{K\tau}{T}\times 100\%$	3.3τ	
PID	$0.85\frac{K\tau}{T}\times 100\%$	2τ	0.5τ

模拟练习

自动化仪表模块的考证从1~25题，以下提供8套模拟试卷。

(一)

1. 调节器的输入量与输出量分别为(　　)。

A. 给定值，测量值　　B. 给定值，显示值

C. 测量值，调节阀开度　　D. 偏差值，调节阀开度

2. 定值控制系统中，被控量经调节后最理想的情况是(　　)。

A. 始终稳定在给定值　　B. 波动1~2次后稳定在给定值上

C. 波动2~3次后稳定在给定值上　　D. 衰减振荡后稳定在给定值上

3. 在用浮子式锅炉水位双位控制系统中，若给水泵电机启动频繁，应做的工作是(　　)。

A. 把调节板上的上、下销钉一起上移　　B. 把调节板上的上、下销钉一起下移

C. 调节板上的上销钉下移，下销钉上移　　D. 调节板上的上销钉上移，下销钉下移

4. 在采用浮子式锅炉水位控制系统中，水位不可控制的低于最低水位，其可能的原因是(　　)。

①气源中断；②电源中断；③调节板的上面销钉脱落；④调节板的下面销钉脱落；⑤浮球破裂；⑥在上限水位时，枢轴卡阻。

A. ②④⑥　　B. ①③⑤　　C. ①③⑥　　D. ②④⑤

5. 在双位控制系统，用YT-1226压力开关检测压力信号，若压力上限调在0.76MPa，幅差钮调在10格，此时，压力的下限值应是(幅差范围0.07~0.25MPa)(　　)。

A. 0.6MPa　　B. 0.65MPa　　C. 0.7MPa　　D. 0.51MPa

6. 在双位控制系统，用YT-1226压力开关检测压力信号，若压力上限调在0.70MPa，幅差钮调在10格，此时，压力的下限值应是(幅差范围0.07~0.25MPa)(　　)。

A. 0.6MPa　　B. 0.45MPa　　C. 0.7MPa　　D. 0.51MPa

7. 在用比例调节器组成的控制系统中，被控量变化全量程的1/8，调节器使调节阀开度变化全行程的1/2，其调节器比例带PB为(　　)。

A. PB = 100%　　B. PB = 400%　　C. PB = 40%　　D. PB = 25%

8. 有两个均用PI调节器组成的控制系统受到相同扰动后，其动态过程如习图1-1所示，这说明(　　)。

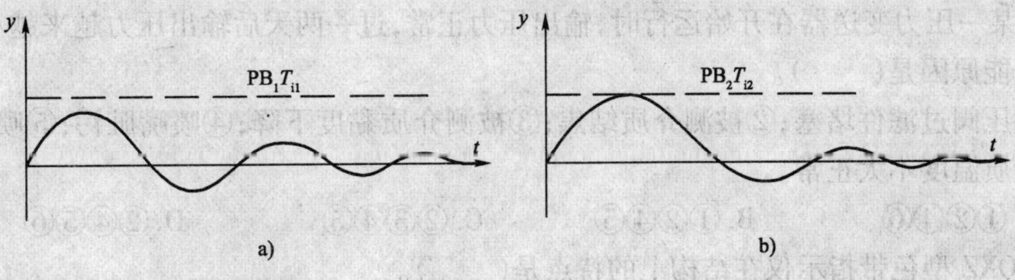

习图　1-1

A. $PB_1 < PB_2, T_{i1} < T_{i2}$　　B. $PB_1 > PB_2, T_{i1} > T_{i2}$
C. $PB_1 < PB_2, T_{i1} > T_{i2}$　　D. $PB_1 > PB_2, T_{i1} < T_{i2}$

9. 被控量是温度的无差调节系统，一般采用(　　)调节。
A. P　　B. PID　　C. PD　　D. 双位

10. 有两台 PID 调节器 R_1 和 R_2，其参数整定为 $PB_1 < PB_2, T_{i1} > T_{i2}, T_{d1} > T_{d2}$，这表示(　　)。
A. R_1 的比例作用比 R_2 强，R_1 的积分和微分作用比 R_2 弱
B. R_1 的比例作用比 R_2 弱，R_1 的积分和微分作用比 R_2 强
C. R_1 的比例、微分作用比 R_2 强，积分作用比 R_2 弱
D. R_1 的比例、微分作用比 R_2 弱，积分作用比 R_2 强

11. 片簧是属于(　　)元件，其作用是(　　)。
A. 弹性支撑元件，用于调整弹性敏感元件的初始位置
B. 弹性支撑元件，用于调整仪表的量程
C. 弹性敏感元件，用于产生与轴向推力成比例的位移
D. 弹性敏感元件，用于对作用力信号产生延时

12. 在节流元件中，小孔式节流孔的特点是(　　)。
A. 内径有几个固定规格的恒节流孔　　B. 内径为 0.18mm 的恒节流孔
C. 内径为 0.3mm 的恒节流孔　　D. 内径可在 0.25 ~ 0.5mm 范围内调整

13. 在喷嘴挡板机构中，喷嘴的孔径约为恒定气阻孔径的(　　)。
A. 4 倍　　B. 1/4 倍　　C. 2 倍　　D. 1/2 倍

14. 在气动仪表中，其正确的说法是(　　)。
①喷嘴挡板机构后面都要并联一个气动功率放大器；②喷嘴挡板机构特性实质是非线性曲线；③气动功率放大器是一个比例环节；④气体容室主要是对气体压力起惯性作用；⑤喷嘴挡板机构在工作段上工作可看成是比例环节；⑥弹性气室的负反馈能实现积分作用。
A. ②③④⑤　　B. ③④⑤⑥　　C. ①②④⑤　　D. ①②③⑤

15. 喷嘴挡板机构在使用中属于(　　)环节。
A. 惯性　　B. 比例　　C. 非周期　　D. 积分

16. 采用迁移的差压变送器的特点是(　　)。
A. 量程的起点不变，终点改变　　B. 量程的起点改变，终点不变
C. 量程的起点和终点都改变，量程不变　　D. 量程的起点和终点都不变，量程改变

17. 在锅炉运行过程中，发现检测水位的气动差压变送器输出为零，可能的原因是(　　)。
A. 喷嘴堵塞　　B. 锅炉满水　　C. 锅炉失水　　D. 平衡阀堵塞

18. 某一压力变送器在开始运行时，输出压力正常，过一两天后输出压力越来越小或越来越大的可能原因是(　　)。
①减压阀过滤件堵塞；②被测介质结焦；③被测介质黏度下降；④喷嘴脏污；⑤喷嘴堵塞；⑥被测介质温度不太正常。
A. ①②④⑥　　B. ①②④⑤　　C. ②③④⑤　　D. ②④⑤⑥

19. QXZ 型色带指示仪在结构上的特点是(　　)。
①用遮光板指示被控量；②由于平衡板位移量大，灵敏度高；③遮光板全量程变化，平衡板

几乎无位移；④采用力矩平衡原理工作；⑤通过改变测量波纹管上、下位置调量程；⑥上面挡片控制上限报警。

A. ③④⑤⑥　　B. ②③⑤⑥　　C. ①②③⑤　　D. ①③④⑤

20. 在用 QXZ 型色带指示仪显示锅炉水位时，若锅炉水位量程是 200 ~ 600mm 水柱，在测试中当水位为 250mmH_2O 时，仪表指示 0，在 550mmH_2O 时，仪表指示 100%，其调整方法是(　　)。

A. 上移测量波纹管，扭紧调零弹簧　　B. 下移测量波纹管，扭紧调零弹簧

C. 下移测量波纹管，扭松调零弹簧　　D. 上移测量波纹管，扭松调零弹簧

21. 在 QTM-23J 型比例调节器中，1∶1跟踪器错误的理解是(　　)。

A. 起信号隔离作用　　B. 提供节流分压器分压通道

C. 输出始终等于输入　　D. 为积分提供负反馈通道

22. 在用 QTM-23J 型气动调节器组成燃油黏度控制系统中，所采用的调节阀应该是(　　)。

A. 正作用式的　　B. 反作用式的　　C. 气关式调节阀　　D. 气开式调节阀

23. 在 M58 型气动调节器中，浮动环上的作用力矩如习图 1-2 所示，其中 4、5、11、12 是对称布置的 4 个波纹管，若调节器为正作用式，则节流盲室输出应接在(　　)。

A. 波纹管 4　　B. 波纹管 5

C. 波纹管 11　　D. 波纹管 12

24. 气动调节器的共同弱点是(　　)。

①不易调整参数；②参数变化对工作效果影响大；③易堵；④易有摩擦阻力；⑤延迟大；⑥易漏。

A. ①②④⑥　　B. ①②③⑤

C. ②④⑤⑥　　D. ②③④⑥

25. 若 NANAKITA 型燃油黏度调节器设为反作用式，并且在进行开环测试时，若突然逆时针转动给定值旋钮，其调节器输出的变化规律为习图 1-3 中的(　　)。

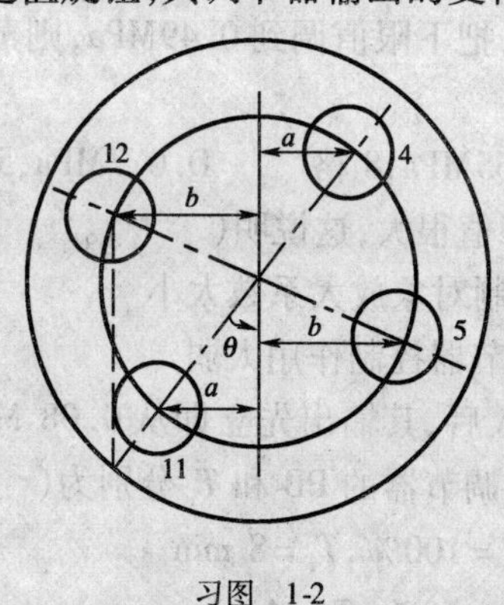

习图 1-2

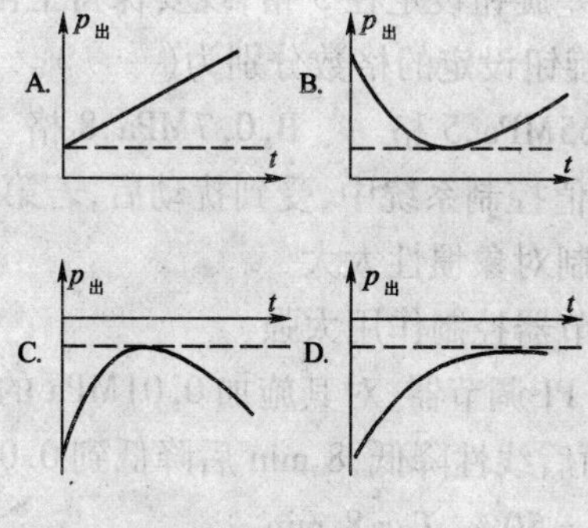

习图 1-3

(二)

1. 与闭环系统相比较，开环系统主要是没有(　　)。

A. 执行机构　　B. 反馈环节　　C. 调节单元　　D. 显示单元

2. 控制系统传递方框图如习图 1-4 所示，其中 G_2 是(　　)。

A. 测量单元　　B. 调节单元　　C. 执行机构　　D. 控制对象

3. 定值控制系统中,阶跃响应曲线如习图 1-5 所示,则其衰减率应是(　　)。

A. 1.2　　B. 0.75　　C. 0.6　　D. 0.5

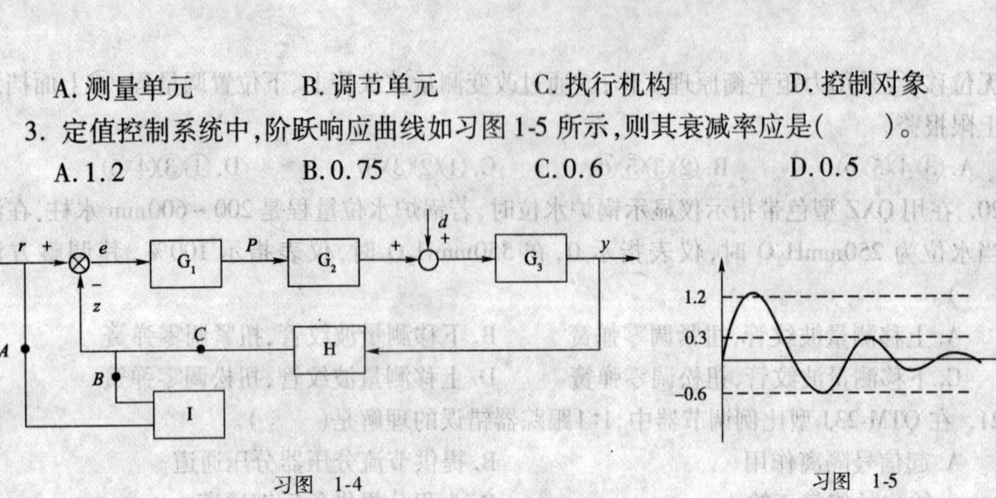

习图 1-4　　习图 1-5

4. 在定值控制系统中,评定动态过程品质的指标有(　　)。

①超调量 σ_p;②衰减率 φ;③最大动态偏 e_{max};④上升时间 t_r;⑤峰值时间 t_p;⑥静态偏差 ε。

A. ①④⑤　　B. ②③⑥　　C. ①③⑤　　D. ②④⑥

5. 一个单容水柜,当出口阀关小时受到基本阶跃扰动后,其飞升曲线与原状态受到同一扰动相比(　　)。

A. 初始时刻被控参数(水位)变化量与变化速度均相同

B. 原态达到稳态所需时间比后者长

C. 初始时刻被控参数变化量相同,变化速度不同

D. 达到稳态时原态变化量比后者变化量大

6. 在浮子式水位控制中,若把上、下销钉之间的距离调整得很小,则会出现(　　)。

A. 水位波动范围增大　　B. 电机启动频繁

C. 电机启动次数减少　　D. 电机每次启动的持续时间加长

7. 在用 YT-1226 型压力调节器对锅炉蒸气压力进行双位控制时,原蒸气压力下限值为 0.54MPa,幅差旋钮设定在 5 格,现要保持上限值不变,把下限值调到 0.49MPa,则蒸气压力上限值及幅差旋钮设定的格数分别为(　　)。

A. 0.65MPa,5 格　　B. 0.7MPa,8 格　　C. 0.65MPa,8 格　　D. 0.7MPa,5 格

8. 在定值控制系统中,受到扰动后,若第一个波峰值很大,这说明(　　)。

A. 控制对象惯性太大　　B. 控制对象放大系数太小

C. 调节器控制作用太强　　D. 调节器控制作用太弱

9. 有一 PI 调节器,对其施加 0.01MPa 的阶跃输入后,其输出先立即从 0.08 MPa 减小到 0.07 MPa,而后线性降低,8 min 后降低到 0.05MPa,则调节器的 PB 和 T_i 分别为(　　)。

A. PB = 50%, T_i = 8 min　　B. PB = 100%, T_i = 8 min

C. PB = 100%, T_i = 4 min　　D. PB = 50%, T_i = 4 min

10. 在用 PD 调节器组成的控制系统中,其正确的说法是(　　)。

①可比纯比例作用比例带小一些;②用于控制对象惯性较大的控制系统;③控制对象惯性越大,其微分时间 T_d 应调整得越小;④微分作用可以消除静态偏差;⑤微分作用强表示微分作用保留的时间短;⑥微分作用具有抵制偏差出现的能力。

A. ③④⑤　　B. ①②⑥　　C. ①③⑤　　D. ②④⑥

11. 置于反馈回路的波纹管,其有效面积越大,则仪表的(　　)。

A. 灵敏度越高　　B. 基本误差越小

C. 仪表的放大系数越大　　D. 仪表的放大系数越小

12. 在气动仪表中,变节流阀的作用是(　　)。

A. 提高仪表工作的稳定性　　B. 整定调节器的比例带

C. 调整仪表的零点　　D. 调整仪表的量程

13. 在耗气型气动功率放大器中,由锥阀和球阀组成放大气路,当输入信号减小时(　　)。

A. 锥阀和球阀同时关小　　B. 锥阀关小,球阀开大

C. 锥阀开大,球阀关小　　D. 锥阀和球阀同时开大

14. 构成仪表的基本环节有(　　)。

①输入环节;②输出环节;③比较环节;④放大环节;⑤反馈环节;⑥比例环节。

A. ①③⑤　　B. ②④⑥　　C. ③④⑤　　D. ④⑤⑥

15. 喷嘴背压随挡板开度增加而下降的过程是(　　)。

A. 先快后慢　　B. 先慢后快

C. 开始快,中间慢,最后又快　　D. 开始慢,中间快,最后又慢

16. 喷嘴挡板机构包括哪几个部分(　　)。

①喷嘴;②挡板;③放大器;④背压室;⑤恒节流孔;⑥滤器。

A. ①③④⑥　　B. ②③④⑤　　C. ①②④⑤　　D. ②④⑤⑥

17. 若气动功率放大器的放大系数 $K=10$,则(　　)。

①输入最大变化量为0.08MPa;②输出的最大变化量为0.08MPa;③输入最大变化量为0.008MPa;④输入为0.002MPa时输出为0.02MPa;⑤输出为0.1MPa时,输入为0.01MPa;⑥输出为0.02MPa是由起步压力决定的。

A. ②③⑥　　B. ①③⑤　　C. ②④⑥　　D. ①④⑤

18. 在气动调节器的负反馈回路中采用一弹性气容构成的比例惯性环节,其作用顺序是(　　)。

A. 先比例作用,后积分作用　　B. 先积分作用,后比例作用

C. 先比例作用,后微分作用　　D. 先微分作用,后比例作用

19. 气动仪表的比较环节是对下列信号求代数和(　　)。

A. 输入信号和反馈信号　　B. 输出信号和反馈信号

C. 放大信号和反馈信号　　D. 设定值和反馈信号

20. 在气动仪表中,不正确的说法是(　　)。

①在比例作用的仪表中,其反馈环节必定是惯性环节;②节流盲室的正反馈能实现积分作用;③弹性气室的正反馈能实现微分作用;④喷嘴挡板机构后面都串联一个节流分压器;⑤只放大气体流量的功率放大器,其输入信号最大变化范围是0.08MPa;⑥测量信号与反馈信号使挡板开度变化方向相反,大小基本相等。

A. ①②③　　B. ①③④　　C. ②③⑤　　D. ②③⑥

21. 单杠杆差压变送器是按(　　)原理工作的。

A. 位移平衡原理　　B. 力平衡原理

C. 力矩平衡原理　　D. 功率平衡原理

22. 有一台单杠杆差压变送器，当输出压力 $P_{出}$ 较小时，其反馈波纹管进气口堵塞，这时，其输出应为(　　)。

A. $P_{出}=0$　　B. $P_{出}=0.02\mathrm{MPa}$　　C. $P_{出}<0.02\mathrm{MPa}$　　D. $P_{出}>0.1\mathrm{MPa}$

23. 在采用M58型气动调节器组成锅炉水位控制系统时，为使系统受到扰动后，被控量最终能稳定在给定值上，必须使(　　)。

A. 全关微分阀　　B. 全开微分阀　　C. 全关积分阀　　D. 全开积分阀

24. 在采用PID调节器组成的控制系统中，加进微分作用后，PI调节器的PB和 T_i 可以(　　)。

A. PB可大一些，T_i 可长一些　　B. PB可小一些，T_i 可短一些

C. PB可大一些，T_i 可短一些　　D. PB可小一些，T_i 可长一些

25. 在用衰减曲线法整定调节器参数时，其操作过程应是(　　)。

A. 切除积分、微分作用，改变PB，使出现等幅振荡，记录此时PB和振带周期 T_s

B. 切除积分、微分作用，改变PB，使动态过程符合4∶1衰减比，记录PB和 T_s

C. 切除比例、微分作用，改变 T_i 使出现等幅振荡，记录 T_i 和 T_s

D. 切除比例、微分作用，改变 T_i 使动态过程符合4∶1衰减比，记录 T_i 和 T_s

(三)

1. 在以下系统中，属于开环系统的是(　　)。

A. 主机气缸平均指示压力的自动检测系统　B. 燃油黏度自动调节系统

C. 主机冷却水温度自动调节系统　　D. 船舶自动舵控制系统

2. 控制系统传递方框图如习图1-6所示，其中若信号线从 B 点断开，则该系统为(　　)。

A. 开环系统　　B. 测量单元不能输出测量信号

C. 显示仪表不能显示测量值　　D. 调节阀开度不能改变

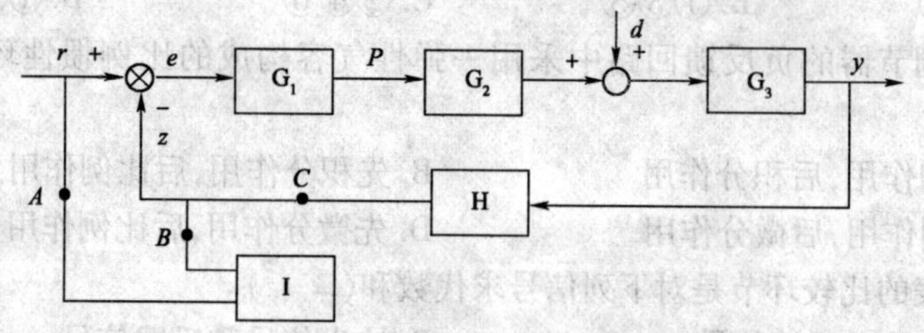

习图 1-6

3. 控制系统传递方框图如上图所示，若 H 单元有故障无信号输出，这时被控量将(　　)。

A. 保持不变　　B. 达到最大值　　C. 已达到最小值　　D. 不能控制

4. 在反馈控制系统中，为了达到消除静态偏差的目的，必须选用(　　)。

A. 正反馈　　B. 负反馈

C. 在偏差大时用正反馈　　D. 在偏差值小时用负反馈

5. 发电机的原动机(柴油机)的速度控制系统是(　　)。

A. 定值控制系统　　B. 随动控制系统

C. 程序控制系统　　D. 开环控制系统

6. 衡量控制系统准确性的指标是(　　)。

A. 衰减率　　B. 振荡次数

C. 最大动态偏差和静态偏差　　D. 过渡过程时间

7. 在定值控制系统中,其动态过程的衰减比为 1∶2,则动态过程为(　　)。

A. 非周期过程　　B. 衰减振荡过程

C. 等幅振荡过程　　D. 发散振荡过程

8. 在用 PI 调节器组成的控制系统中,当给定值阶跃改变 3% 时,调节器输出立即从 0.08MPa减小到 0.068MPa,8min 后调节器输出降至 0.044MPa,则该调节器的 PB 和 T_i 分别是(　　)。

A. PB = 500% , T_i = 8min　　B. PB = 200% , T_i = 4min

C. PB = 20% , T_i = 4min　　D. PB = 20% , T_i = 8min

9. 惯性环节与理想微分环节串联,可得到(　　)。

A. 比例微分作用规律　　B. 比例积分作用规律

C. 实际微分作用规律　　D. 理想微分作用规律

10. 在控制系统所采用的调节器中,加进微分作用可以使(　　)。

A. 静态偏差增大　　B. 最大动态偏差减小

C. 增大被控量的振荡周期　　D. 最大动态偏差增大

11. 有一台测量水位的仪表,水位最大变化范围为 -300 ~ +300mm 水柱,采用 1.5 级精度的仪表,其最大绝对误差为(　　)。

A. 3mm 水柱　　B. 6mm 水柱　　C. 9mm 水柱　　D. 12mm 水柱

12. 弹性元件的滞后表现为(　　)。

A. 对同一作用力(或力矩)变形不一样

B. 对同一作用力(或力矩)变形一样

C. 对同一作用力(或力矩)正形成时变形比反行程大

D. 对同一作用力(或力矩)反行成时变形比正行程大

13. 耗气型气动功率放大器,在下列(　　)工况下工作耗气最多。

A. 输出为 0.02MPa　　B. 输出为 0.1MPa

C. 输出为 0.05MPa　　D. 输出为 0.06MPa

14. 在耗气型气动功率放大器中,其起步压力和工作段分别为(　　)。

A. P_0, Ⅰ　　B. P_0, Ⅱ　　C. P_a, Ⅱ　　D. P_a, Ⅲ

15. 节流分压器结构图中,当变节流阀全开时,其 P_1/P_0 及 P_1 分别为(　　)。

A. 0,0　　B. 1, P_0　　C. ∞ ,0　　D. 1,0

16. 在气动仪表中,节流分压器常置于(　　)中,其作用是(　　)。

A. 输入回路,减弱输入强度　　B. 放大回路,减小放大倍数

C. 反馈回路,调整放大倍数　　D. 输出回路,使输入输出信号匹配

17. 在单杠杆差压变送器的测量膜盒中,为防止单向受力而被压坏,在结构上应采取的措施为(　　)。

A. 金属膜片加装硬芯　　B. 加装密封圈和充注液体

C. 金属膜片滚焊在基座上　　D. 金属膜片刚度要尽量大

18. 不可用来改变气动差压变送器量程的方法是(　　)。

①改变反馈波纹管上、下位置;②改变反馈波纹管的有效面积;③改变功率放大器的放大倍数;④改变喷嘴挡板机构初始位置;⑤改变测量膜盒膜片的有效面积。

A. ③④　　B. ①③⑤　　C. ②④⑤　　D. ②③④

19. 当变送器输出的气压信号为0.06MPa,色带指示应在(　　)处。

A. 40%　　B. 50%　　C. 69%　　D. 80%

20. 在气动PID调节器中,实现积分作用的方法是(　　)。

A. 节流分压器的负反馈　　B. 节流盲室的正反馈

C. 弹性气室的负反馈　　D. 1:1跟踪器的负反馈

21. 在QTM-23J型调节器中,若突然减小给定值,若实际值保持不变,则调节器的输出为(　　)。

A. 先阶跃增大,然后随时间增加

B. 先有一个较大的阶跃增大,再随时间逐渐减小

C. 先阶跃减小,然后随时间减小

D. 先有一个较大的阶跃减小,再随时间逐渐增大

22. 在QTM-23J型气动调节器中,若开大积分阀 R_i,则(　　)。

A. 正反馈作用强,积分作用强 $T_i\downarrow$　　B. 正反馈作用强,积分作用弱 $T_i\uparrow$

C. 正反馈作用弱,积分作用强 $T_i\downarrow$　　D. 正反馈作用弱,积分作用强 $T_i\uparrow$

23. 在用QTM-23J型气动PID调节器组成的控制系统中,调节器的输出 $P_{出}$ 始终大于或等于0.1 MPa,其不可能原因是(　　)。

①喷嘴挡板机构中的喷嘴堵塞;②通负反馈波纹管的恒节流孔堵塞;③喷嘴挡板机构中的恒节流孔堵塞;④通正反馈波纹管的恒节流孔堵塞;⑤给定波纹管破漏;⑥测量波纹管破漏。

A. ①②③⑤　　B. ③④⑤⑥　　C. ②③④⑥　　D. ②③④⑤

24. 在用经验法整定调节器PB和 T_i 参数时,当阶跃改变给定值后,其超调量 $\sigma_P=0$,且被控量需很长时间才能稳定在给定值上,应使(　　)。

A. PB↑, $T_i\uparrow$　　B. PB↑, $T_i\downarrow$　　C. PB↓, $T_i\uparrow$　　D. PB↓, $T_i\downarrow$

25. 气动薄膜调节阀长期使用后,其特性容易改变。其主要原因是它缺少(　　)。

A. 比较机构　　B. 放大装置　　C. 反馈装置　　D. 定值器

(四)

1. 控制系统传递方框图如习图1-7所示,其中若信号线从 C 点断开,则该系统是(　　)。

A. 正反馈控制系统　　B. 负反馈控制系统

C. 开环控制系统　　D. 闭环控制系统

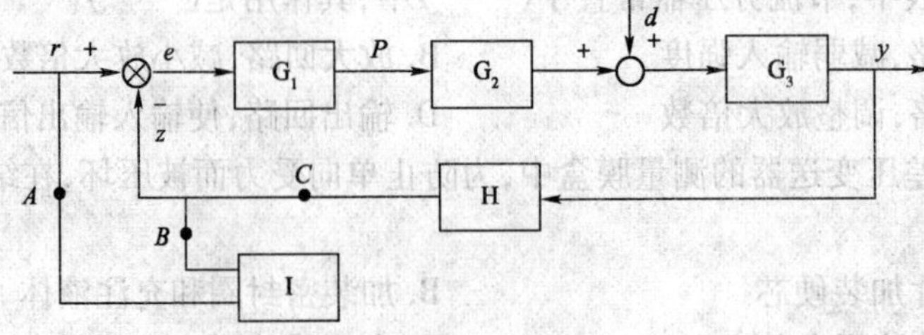

习图　1-7

2. 在大型油船辅锅炉燃烧自动控制系统中,当锅炉负荷变化时,风门控制系统是属于(　　)。

A. 开环控制系统　B. 定值控制系统　C. 程序控制系统　D. 随动控制系统

3. 在定值控制系统中,其动态过程的衰减比为2:1,则动态过程是(　　)。

A. 非周期过程　B. 衰减振荡过程　C. 等幅振荡过程　D. 发散振荡过程

4. 在采用比例调节器的控制系统中,受到扰动后,系统达到新的平衡状态时,调节器的输入(　　)。

A. 0　B. 静差 ε　C. 给定值　D. 测量值

5. 一个比例控制系统调节的结果 $\varphi=1$,这是由于(　　)。

A. 没加积分的原因　B. 没加微分的原因

C. 比例带调得过大　D. 比例带调得过小

6. 在对PI调节器的测试中,若输入突然增大0.008 MPa,其输出立即从0.05 MPa增加到0.066 MPa,3 min后其输出增加到0.074 MPa,该调节器的PB和 T_i 分别为(　　)。

A. PB = 50%, T_i = 6 min　B. PB = 50%, T_i = 3 min

C. PB = 200%, T_i = 3 min　D. PB = 200%, T_i = 1.5 min

7. 有一台PI调节器,对它施加一个阶跃的偏差信号后,其表达式为(　　)。

①$P=K\left(e+\frac{1}{T_i}\int e\cdot dt\right)$;②$P=Ke\left(1+\frac{t}{T_i}\right)$;③$P=Ke\left(1+\frac{1}{T_i}\int e\cdot dt\right)$;④$P=Ke(1+T_it)$;

⑤$P=K\left(e+T_i\int e\cdot dt\right)$;⑥$P=K\left(e+T_d\int e\cdot dt\right)$。

A. ①②　B. ③④　C. ⑤⑥　D. ②⑤

8. 在采用PI调节器组成的气缸冷却水温度控制系统中,温度给定值是74℃,系统受到扰动后达到稳态时温度表指针指在72℃上,其原因是(　　)。

A. 比例带PB调得太小　B. 比例带PB调得过大

C. 积分时间 T_i 整定得太短　D. 积分作用被切除

9. 在采用PI调节器的燃油黏度自动控制系统中,当把调节器 T_i 整定为 $T_i\to\infty$ 时,则(　　)。

A. 稳定性变差　B. 静态精度变差

C. 蒸汽调节阀动作频繁　D. 最大动态偏差明显增大

10. 在用PI调节器组成的控制系统中,为提高控制系统的稳定性,应采取的措施是(　　)。

①增大控制对象的时间常数 T;②增大控制对象的放大系数 K;③减小控制对象的时间迟延 τ;④把比例带PB调大;⑤把积分时间 T_i 调短;⑥把积分时间 T_i 调长。

A. ①⑤　B. ②④　C. ③⑥　D. ④⑥

11. 有一差压变送器量程为0~1.0MPa,标明精度为1级,现输出的显示气压信号为0.06MPa,则真实值为(　　)。

A. 0.49~0.51MPa　B. 0.5~0.51MPa　C. 0.04~0.06MPa　D. 0.495~0.515MPa

12. 在弹性元件中,弹簧管圈数越多,则(　　)。

A. 强度越大　B. 要求输入的气压信号越高

C. 变形量越大　D. 变形量越小

13. 有一前向通道为放大倍数足够大的比例环节，而负反馈通道是一个惯性环节，则可得到(　　)。

A. 积分环节　　B. 比例积分环节　　C. 微分环节　　D. 比例微分环节

14. 构成闭环自动化仪表的三个主要环节是(　　)。

A. 输入、比较和反馈　　B. 比较、执行和反馈

C. 比较、放大和反馈　　D. 比较、指示和反馈

15. 气动差压变送器中与变送器量程有关的因素是(　　)。

①测量膜盒的面积；②反馈波纹管的面积；③反馈波纹管的位置；④气动放大器的放大倍数。

A. ①②③　　B. ①②③④　　C. ②③④　　D. ①②④

16. 某锅炉最高和最低水位相差600mm水柱，参考水位比最高水位高200mm水柱，经迁移后，差压变送器的零点是(　　)。

A. -600mm水柱　　B. -800mm水柱　　C. 0mm水柱　　D. 800mm水柱

17. 在用单杠杆差压变送器检测燃油黏度的控制系统中，燃油黏度未变，但指示仪表已指示到满量程以上，其可能的故障原因是(　　)。

A. 喷嘴堵塞　　B. 恒节流孔堵塞　　C. 调压阀堵塞　　D. 输出管漏泄

18. 单杠杆差压变送器的故障可能有(　　)。

①仪表有输入但无输出或达不到0.1MPa；②仪表无输入但有输出；③零点漂移；④输出压力波动。

A. ①②③　　B. ①③④　　C. ②③④　　D. ①②④

19. QTM-23J型调节器的比例阀，当开度增大时，调节器的负反馈作用和比例带分别(　　)。

A. 增强，增大　　B. 减弱，减小　　C. 减弱，增大　　D. 增强，减小

20. 在QTM-23J型PID调节器中，节流分压得分压系数为(　　)。

A. $R_p/(R_p+R_f)$　　B. $R_f/(R_p+R_f)$

C. $R_f \cdot R/(R_p+R_f)$　　D. $R_p/(R_p \cdot R_f)$

21. M58型气动调节器的工作原理及可调参数为(　　)。

A. 基于位移平衡原理，PB　　B. 基于力平衡原理，PB，T_i

C. 基于力矩平衡原理，PB，T_i，T_d　　D. 基于动平衡原理，T_d，T_i

22. 调节器的参数整定应根据被控对象的特性而定，其选择的一般规律是(　　)。

A. 对象时间常数小，比例带宜小，积分时间宜大，加微分作用

B. 对象时间常数大，比例带宜大，积分时间宜小，不加微分作用

C. 对象时间常数小，比例带宜大，积分时间宜小，不加微分作用

D. 对象时间常数大，比例带宜小，积分时间宜大，不加微分作用

23. 用临界比例带法整定调节器的临界比例带为PB_K，振荡周期为T_K，加进积分作用后，其PB和T_i分别为(　　)。

A. $PB=2PB_S, T_i=0.85T_K$　　B. $PB=2.2PB_S, T_i=0.85T_K$

C. $PB=1.7PB_S, T_i=0.5T_K$　　D. $PB=2.2PB_S, T_i=0.5T_K$

24. 在用反应曲线法整定PI调节器参数时，其PB和T_i，应分别为(　　)。

A. $PB = \frac{K \cdot \tau}{T} \times 100\%, T_i = 2\tau$　　B. $PB = \frac{K \cdot \tau}{T} \times 100\%, T_i = 3.5\tau$

C. $PB = 1.1\frac{K \cdot \tau}{T} \times 100\%, T_i = 3.5\tau$　　D. $PB = 1.1\frac{K \cdot \tau}{T} \times 100\%, T_i = 2\tau$

25. 对无自平衡能力的控制对象组成的控制系统,其调节器参数整定的实际采用的方法包括(　　)。

①理论计算法;②动态过程曲线比较法;③经验法;④临界比例带法;⑤反应曲线法;⑥衰减曲线法。

A. ①②⑤　　B. ④⑤⑥　　C. ①②③　　D. ③④⑥

(五)

1. 控制系统传递方框图如习图 1-8 所示,其中 I 是(　　)。

A. 测量单元　　B. 显示单元　　C. 调节单元　　D. 控制对象

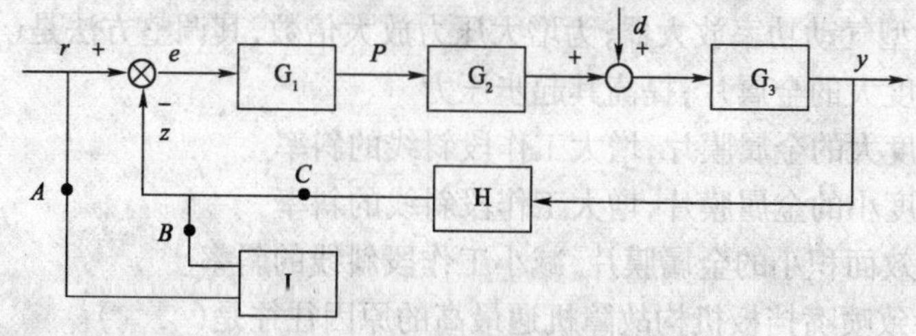

习图　1-8

2. 在运行参数的自动控制系统中,控制对象的输入量包括(　　)。

A. 负荷的变化量　　B. 被控量的变化量

C. 给定值的变化量　　D. A + C

3. 船舶辅锅炉的水位控制系统属于(　　)。

A. 定值控制　　B. 程序控制　　C. 随动控制　　D. 函数控制

4. 在对自动控制系统进行分析时最常采用的扰动形式是(　　)。

A. 阶跃输入　　B. 斜坡输入　　C. 加速度输入　　D. 脉冲输入

5. 比例作用规律中,若 PB 调为 125%,此时比例带的物理意义是(　　)。

A. 被控量变化全程的 62.5%,调节阀开度变化 125%

B. 被控量变化全程的 100%,调节阀开度变化 62.5%

C. 被控量变化全程的 100%,调节阀开度变化 80%

D. 被控量变化全程的 125%,调节阀开度变化 100%

6. 有一控制系统采用正作用式比例调节器,选用 PB = 50%,稳态时调节器输出为 0.06MPa,现将给定值突然增大 10%,则调节器的输出为(　　)。

A. 0.0016MPa　　B. 0.076MPa　　C. 0.044MPa　　D. 0.06MPa

7. 积分调节在实践中极少被单独采用的主要原因是(　　)。

A. 在起始阶段调节太灵敏　　B. 容易引起超调和振荡

C. 积分时间难以调整　　D. 衰减率大,过渡过程时间长

8. 锅炉水位控制系统 PI 调节器,在某一负荷情况下达到平衡,则调节器此时的输入为(　　)。

A. 0　　　　　B. ε　　　　　C. 给定值　　　　　D. 测量值

9. 在 PID 控制系统中，不能克服的变化量为(　　)。

A. 干扰量　　　　B. 输出量　　　　C. 输入量　　　　D. 扰动量

10. 在 PID 温度控制系统中，若系统的衰减率偏小，错误认识是(　　)。

A. 积分时间整定值太小　　　　B. 微分时间整定值太大

C. 比例带整定值太小　　　　D. 比例带整定值太大

11. 有一节流盲室如习图 1-9 所示，其输出量 P_0 的表达式为(　　)。

A. $P_0 = RC\dfrac{dP_i}{dt}$

B. $P_0 = RC \cdot P_i$

C. $P_0 = P_i(1 - e^{-\frac{1}{RC}})$

D. $P_0 = \dfrac{1}{RC}\int P_i dt$

习图 1-9

12. 对于耗气型气动功率放大器，为增大压力放大倍数，其调整方法是(　　)。

A. 调换刚度大的金属片，提高其起步压力

B. 调换刚度大的金属膜片，增大工作段斜线的斜率

C. 调换刚度小的金属膜片，增大工作段斜线的斜率

D. 调换有效面积小的金属膜片，减小工作段斜线的斜率

13. 使用中导致喷嘴挡板机构故障机遇最高的原因往往是(　　)。

A. 恒节流孔赃堵　　　　B. 喷嘴赃堵

C. 喷嘴轴线与挡板平面不垂直　　　　D. 喷嘴端面加工粗糙

14. 在组成仪表的基本环节中，不包括的环节为(　　)。

A. 比较环节　　　　B. 放大环节　　　　C. 反馈环节　　　　D. 给定环节

15. 在单杠杆差压变送器中，测量膜盒的作用是(　　)。

A. 把压差信号转换成轴向推力

B. 把压差信号转换成挡板开度

C. 把压差信号转换成 0.02 ~ 0.1MPa 气压信号

D. 把压差信号转换成主杠杆的转角

16. 在压力变送器调零和调量程时，错误的做法是(　　)。

A. 输入为零时，应使输出为 0.02MPa　　　　B. 先调零点再调量程，并反复多次

C. 扩大量程时应上移波纹管　　　　D. 先调量程再调零点，反复多次

17. QBC 单杠杆差压变送器在使用中发现量程不准，则最佳调节方法为调整(　　)。

A. 调零弹簧　　　　B. 反馈波纹管上下移动

C. 放大器的放大倍数　　　　D. 反复 A、B 步骤

18. 在量程为 0 ~ 1.0 MPa 的压力变送器中，当输入压力为 0 时，其输出 $P_{出} = 0.02$ MPa，当 $P_{出} = 0.1$ MPa 时，输入的压力信号为 0.9 MPa，首先应调整(　　)。

A. 上移反馈波纹管　　　　B. 扭动调零弹簧，使挡板离开喷嘴

C. 下移反馈波纹管　　　　D. 扭动调零弹簧，使挡板靠近喷嘴

19. 用单杠杆差压变送器测量水位时，若锅炉允许的最高和最低水位差是 600 mm 水柱，迁移后当水位达到最高水位时，测量信号 ΔP 及变送器的输出 $P_{出}$ 分别为(　　)。

A. 600mm 水柱,0.1MPa　　B. 0,0.1MPa

C. 0,0.02MPa　　D. 600mm 水柱,0.02MPa

20. 在 QXZ 型色带指示仪中,为把上限报警值从 100% 减小到 90%,其调整方法是(　　)。

A. 拉长下面的挡片　　B. 缩短下面的挡片

C. 拉长上面的挡片　　D. 缩短上面的挡片

21. 把 QTM-23J 型调节器上的积分阀和比例阀都开大,积分时间和比例带的大小会发生下列变化(　　)。

A. T_i 和 PB 都增大　　B. T_i 和 PB 都减小

C. T_i 增大,PB 减小　　D. T_i 减小,PB 增大

22. 在 QTM-23J 型气动调节器中,若负反馈波纹管接头漏气,则调节器将(　　)。

A. 切除比例作用　　B. 比例带 PB 会大大增大

C. 比例带会大大减小　　D. 积分作用会大大加强

23. QTM-23J 调节器设置 1∶1跟踪器的目的是(　　)。

A. 功率放大　　B. 提高 PB 和 T_i 的范围

C. 为节流盲室提供负反馈　　D. 防止调节器产生振荡

24. 在 M58 型气动调节器中,当把比例带调整杆转到与测量和给定波纹管中心线重合时,其 PB 为(　　)。

A. 0%　　B. 10%　　C. 500%　　D. 无穷大

25. 在 NAKAKITA 型燃油黏度调节器中,为实现纯比例的控制作用应(　　)。

A. 全开积分阀,全开微分阀　　B. 全开积分阀,全关微分阀

C. 全关积分阀,全开微分阀　　D. 全关积分阀,全关微分阀

(六)

1. 在改变给定值的控制系统中,若超调量上升,则控制系统(　　)。

A. 稳定性好　　B. 稳定性差　　C. 静态偏差大　　D. 动态精度高

2. 在燃油黏度自动控制系统中,差压变送器是属于(　　)。

A. 测量单元　　B. 显示单元　　C. 调节单元　　D. 执行机构

3. 电动控制系统中,仪表之间的统一标准电流信号是(　　)。

A. 0 ~ 4mA　　B. 0 ~ 10mA　　C. 4 ~ 20mA　　D. B + C

4. 反馈控制系统处于临界状态的衰减率为(　　)。

A. 1　　B. 4　　C. 2　　D. 0

5. 一个单容水柜当出口阀开大时受到一基本扰动后,其飞升曲线与原状态受到同扰动相比(　　)。

A. 被控对象惯性比原态大

B. 两者惯性相同

C. 达到稳态值时变化量比原态小,初始变化速度相同

D. 达到稳态值时变化量比原态小,初始变化速度比原态小

6. 有一控制系统受到扰动后,被控量振荡七八次后稳定在给定值上,这说明(　　)。

A. 扰动太猛烈　　B. 控制对象惯性太大

C. 调节器比例太弱　　　　　　　D. 调节器积分作用太强

7. 在采用 PD 调节器的控制系统中，受到扰动后，达到新平衡态时，静态精度偏低，则应(　　)。

A. 减小 T_d　　　B. 增大 T_i　　　C. 减小 PB　　　D. 增大 PB

8. 在用 PI 调节器组成的控制系统中，通过调整调节器的参数使 PB 增大，T_i 减小，则(　　)。

A. 比例作用强，积分作用强　　　B. 比例作用弱，积分作用强

C. 比例作用强，积分作用弱　　　D. 比例作用弱，积分作用弱

9. 当积分时间为(　　)分时，比例积分调节器就成为比例调节器：

A. 0　　　B. 1　　　C. 100　　　D. ∞

10. 在采用 PID 调节器组成的控制系统中，当把 T_i 和 T_d 均减小时，系统动态过程可能会(　　)。

A. 非周期过程　　　B. 衰减率 φ 增大

C. 最大动态偏差增大　　　D. 静态偏差增大

11. 定容气室的气容是(　　)。

A. 时间的线性函数　　　B. 指数函数

C. 常数　　　D. 阶跃函数

12. 波纹管的有效面积为 F，刚度为 E，输入的气压信号为 P，其位移量为(　　)。

A. $S = EF$　　　B. $S = PE/F$　　　C. $S = PF/E$　　　D. $S = E/PF$

13. 螺旋弹簧是属于(　　)元件，其作用是(　　)。

A. 弹性支撑元件，用于调整弹性敏感元件的初始位置

B. 弹性支撑元件，用于保护弹性敏感元件不被压坏

C. 弹性敏感元件，用于产生与轴向推力成比例的位移

D. 弹性敏感元件，用于调整仪表的量程

14. 在对气动仪表的管理中，经常要进行的工作是(　　)。

A. 清洁喷嘴　　　B. 放掉滤清减压阀的残水、污物

C. 清洁恒节流孔　　　D. 更换密封圈

15. 导致压力变送器单向过载原因的确切说法是(　　)。

A. 作用于膜盒一侧的静压太大　　　B. 差压作用于膜盒正压室一侧

C. 差压作用于膜盒负压室一侧　　　D. 静压操作存在的本身

16. 在量程为 0 ~ 100℃ 的单杠杆变送器中，零点调整后，当输入温度为 100℃ 时，变送器输出为 0.09MPa，为使量程符合要求，必须(　　)。

A. 扭动调零弹簧，使挡板靠近一点喷嘴

B. 上移反馈波纹管

C. 扭动调零弹簧，使挡板离开一点喷嘴

D. 下移反馈波纹管

17. 在用单杠杆差压变送器测量锅炉水位时，若最高和最低水位相差 600 mm 水柱，且参考水位比最高水位高出 100 mm 水柱，在一次测试中得到，$\Delta P = -600$ mm 水柱时，$P_{出} = 0.02$ MPa，$\Delta P = 0$ 时，$P_{出} = 0.1$ MPa，这说明(　　)。

A. 零点高了，量程未变　　　B. 零点高了，量程小了

C. 零点低了，量程大了　　　　　　　　D. 零点低了，量程小了

18. 差压变量器在使用于维护过程中要注意(　　)问题。

①移动或调换波纹管后必须重调量程；②气源压力应保持在 0.14MPa；③测量范围不应超过铭牌的规定；④当差压信号导入测量元件时，应最后关闭平衡阀；⑤应经常注意管路的气密性；⑥差压变送器最大量程必须与使用量程相符。

A. ①③⑤⑥　　B. ②④⑤⑥　　C. ①②③⑤　　D. ②③④⑤

19. 在 QXZ 型色带指示仪的测试中，当输入信号 $P_{入}=0.02\text{MPa}$ 时，遮光板指在 0%，当 $P_{入}=0.085\text{MPa}$ 时，遮光板指示 100%，首先应调整(　　)。

A. 扭紧调零弹簧　　B. 扭紧范围弹簧　　C. 下移测量波纹管　　D. 上移测量波纹管

20. 单杠杆差压变送器的工作过程中，其输出气压信号自行降低，最后输出 $P_{出}=0$，可能原因是(　　)。

A. 喷嘴挡板机构中恒节流孔堵塞　　B. 喷嘴挡板机构中喷嘴堵塞

C. 输入的压差信号 $\Delta P=0$　　D. 反馈波纹管有轻微破漏

21. 在 QTM-23J 型气动调节器中，其比例积分作用实现方法是(　　)。

A. 节流通室的正反馈，节流盲室的正反馈

B. 节流通室的正反馈，节流盲室的负反馈

C. 节流通室的负反馈，节流盲室的负反馈

D. 比例环节的负反馈，节流盲室的正反馈

22. 一个比例调节器，当比例带减小时，其调节阀开度可调范围(　　)。

A. 增大　　B. 减小　　C. 不变　　D. 任意

23. 在 M58 型气动调节器中，若调节器为反作用式，则测量信号和给定信号分别接在(　　)。

A. 波纹管 4，波纹管 11　　B. 波纹管 11，波纹管 4

C. 波纹管 12，波纹管 5　　D. 波纹管 5，波纹管 12

24. 用 PI 调节其组成的控制系统中，多容控制对象比单容控制对象的控制系统其 PB 和 T_i 整定在(　　)。

A. PB↑，T_i↑　　B. PB↓，T_i↓　　C. PB↓，T_i↑　　D. PB↑，T_i↓

25. 气动调节阀应尽量避免安装在旁通阀的(　　)。

A. 侧面　　B. 下方　　C. 上方　　D. 前方

(七)

1. 在柴油机冷却水温度控制系统中，其控制对象是(　　)。

A. 淡水泵　　B. 柴油机　　C. 淡水冷却器　　D. 三通调节阀

2. 在反馈控制系统中，调节器的输入和输出分别是(　　)。

A. 被控量和控制量　B. 偏差和控制量　C. 设定值和测量值　D. 偏差和被控量

3. 对于自动控制系统，最不利的扰动形式是(　　)。

A. 阶跃输入　　B. 速度输入　　C. 加速度输入　　D. 脉冲输入

4. 在改变给定值的控制系统中，超调量 σ_p 由 0 逐渐增大，其动态过程的变化是(　　)。

A. 由非周期过程向振荡变化　　B. 由等幅振荡向发散振荡变化

C. 由振荡向非周期过程变化　　D. 由等幅振荡向衰减振荡变化

5. 控制对象对扰动通道,其特性良好的标志是(　　)。

A. T 大,K 大　　B. T 小,K 大　　C. T 小,K 小　　D. T 大,K 小

6. 锅炉蒸气压力控制系统 YT-1226 型压力调节器,由于年久失修,为保证安全需降压使用为此应(　　)。

A. 降低给定值　　B. 升高给定值　　C. 减小幅差　　D. 增大幅差

7. 有一环节,加阶跃输入信号后,按线性规律输出,这是(　　)。

A. 比例环节　　B. 积分环节　　C. 实际微分环节　　D. 理想微分环节

8. 对控制系统中调节器选型原则的正确认识是(　　)。

A. 无迟延的被控对象应采用比例调节器

B. 迟延不大的被控对象应采用比例微分调节器

C. 具有积分特性的被控对象采用比例微分调节器即可

D. 迟延较大的被控对象应采用比例积分微分调节器

9. 有两台 PD 调节器,对它们施加相同的阶跃输入信号后,其输出规律如习图 1-10 所示,经比较可以看出(　　)。

A. $PB_1 < PB_2, T_{d1} > T_{d2}$

B. $PB_1 < PB_2, T_{d1} < T_{d2}$

C. $PB_1 > PB_2, T_{d1} < T_{d2}$

D. $PB_1 > PB_2, T_{d1} > T_{d2}$

习图　1-10

10. 在用 PID 调节器组成的控制系统中,为实现纯比例控制作用,应(　　)。

A. 全关积分阀和微分阀　　B. 全开积分阀和微分阀

C. 全开积分阀和全关微分阀　　D. 全关积分阀和全开微分阀

11. 在习图 1-11 中,p_i 阶跃增大时,p_0 的变化规律为(　　)。

习图　1-11

12. 在耗气型气动功率放大器中,如锥阀的锥度增大,则放大倍数(　　)。

A. 不变　　B. 变化　　C. 增大　　D. 减小

13. 在喷嘴挡板机构静特性曲线中,a、b、c 各点所对应的气压信号分别为(　　)。

A. 0.1MPa,0.02MPa,0.14MPa　　B. 0.14MPa,0,0.20MPa

C. 0.08MPa,0.02MPa,0.10MPa　　D. 0.1MPa,0.06MPa,0.14MPa

14. 在气动仪表中,输入信号使挡板的位移量与反馈信号使挡板的位移量基本相等的平衡原理是属于:

A. 位移平衡原理　B. 力平衡原理　　C. 力矩平衡原理　　D. 功率平衡原理

15. 在气动仪表中,反馈力矩平衡测量力矩的机构是属于(　　)。

A. 控制环节　B. 反馈环节　　C. 比较环节　　D. 放大环节

16. 在气动仪表的放大环节中,不应包括(　　)。

①喷嘴挡板机构;②气动功率放大器;③节流分压器;④调节单元;⑤节流盲室;⑥测量单元。

A. ③④⑤⑥　　B. ①②④⑤　　C. ①②③⑤　　D. ②④⑤⑥

17. 假定参考水位罐的参考水位与锅炉最高水位相等,而最高、最低水位相差 300 mm 水柱,经迁移后变送器的输出 $P_{出}=0.02$ MPa 时,ΔP 为(　　)。

A. -300mm 水柱　　B. 0　　C. 200mm 水柱　　D. 300mm 水柱

18. 对差压变送器进行迁移调整的正确认识为(　　)。

A. 迁移后零点不变　　B. 迁移后量程终点不变

C. 迁移后量程不变　　D. 迁移后量程起点不变

19. 当差压变送器安装地点的环境温度改变时,在同一输入信号的条件下,其输出压力将(　　)。

A. 变化　　B. 不变　　C. 上升　　D. 下降

20. M58 型气动调节器的工作原理及可调参数为(　　)。

A. 基于位移平衡原理,PB　　B. 基于力平衡原理,PB,T_i

C. 基于力矩平衡原理,PB,T_i,T_d　　D. 基于动平衡原理,T_d,T_i

21. 由比例调节器组成的定值控制系统,在保证正常控制的前提下,PB 越小,其给定值可调范围(　　)。

A. 不受影响　　B. 在量程范围内均可

C. 变大　　D. 变小

22. 在 PID 调节器中,要使其成为 PI,PD 或 P 调节器,则分别应使(　　)。

A. $T_d=0,T_i=\infty,T_d=0,T_i=\infty$　　B. $T_d=0,T_i=\infty,T_d=0,T_i=0$

C. $T_d=0,T_i=0,T_d=0,T_i=\infty$　　D. $T_d=\infty,T_i=\infty,T_d=0,T_i=0$

23. 调节器的参数整定应根据被控对象的特性而定,其选择的一般规律是(　　)。

A. 对象时间常数小,比例带宜小,积分时间宜大,加微分作用

B. 对象时间常数大,比例带宜大,积分时间宜小,不加微分作用

C. 对象时间常数小,比例带宜大,积分时间宜小,不加微分作用

D. 对象时间常数大,比例带宜小,积分时间宜大,不加微分作用

24. 对无自平衡能力的控制对象组成的控制系统,其调节器参数整定的实际采用的方法包括(　　)。

①理论计算法;②动态过程曲线比较法;③经验法;④临界比例带法;⑤反应曲线法;⑥衰减曲线法。

A. ①②⑤　　B. ④⑤⑥　　C. ①②③　　D. ③④⑥

25. 气开式气动薄膜调节阀的输入输出的关系是(　　)。

①输入增加时输出减小;②输入减小时输出减小;③输入增加时输出增加;④输入减小时输出增加。

A. ②③　　B. ①③　　C. ①④　　D. ①②

(八)

1. 在控制系统方框图中,各环节输入量与输出量的关系是(　　)。

A. 前者影响后者　B. 后者影响前者　C. 互相影响　D. 互无影响

2. 在系统过渡过程曲线上，第一个波峰到第二个波峰之间的时间，称为(　　)。

A. 过渡过程时间　B. 振荡周期　C. 上升时间　D. 峰值时间

3. 单容水柜，当输入一阶跃信号(开大 $\Delta\mu$)时，其出口阀流量变化规律为(　　)。

A. 阶跃增加　B. 按指数规律变化最后与输入流量相等

C. 与输入流量变化相同　D. 流量不变

4. 在双位控制系统，用 YT-1226 压力开关检测压力信号，若压力上限调在 0.70MPa，幅差钮调在 5 格，此时，压力的下限值应是(幅差范围 0.07～0.25MPa)(　　)。

A. 0.6MPa　B. 0.45MPa　C. 0.55MPa　D. 0.51MPa

5. 在采用 YT-1226 型压力调节器对锅炉蒸气压力进行双位控制的系统时，因锅炉使用年限较长需降压运行时，应(　　)。

A. 使给定弹簧预紧力减小　B. 使给定弹簧预紧力增大

C. 使幅差弹簧预紧力增大　D. 使幅差弹簧预紧力减小

6. 一个比例调节器其 PB = 100%，当输入的偏差信号变化 10% 时，调节器输出的变化是(　　)。

A. 5%　B. 10%　C. 20%　D. 100%

7. PI 调节的过渡过程振荡较剧烈，但消除静差很困难，很可能是(　　)。

A. PB 太大，T_i 太小　B. PB 太小，T_i 太大

C. PB 和 T_i 都太大　D. PB 和 T_i 都太小

8. 在采用 PI 调节器组成的气缸冷却水温度控制系统中，温度给定值是 74℃，系统受到扰动后达到稳态时温度表指针指在 75℃上，其原因是(　　)。

A. 比例带 PB 调得太小　B. 比例带 PB 调得过大

C. 积分时间 T_i 整定得太短　D. 积分作用被切除

9. 调节器采用微分作用，下列(　　)不是它的优点。

A. 超前的控制能力，及时克服扰动　B. 能抑制动态过程的振荡

C. 过渡过程时间缩短　D. 可以减少振荡次数

10. 在 PID 三作用调节器中，首先起作用的是(　　)。

A. 积分和微分环节　B. 比例和微分环节

C. 比例和积分环节　D. 比例环节

11. 有一量程为 0～1000mm 水柱的差压变送器，稳态时，输入的 ΔP 变化 6mm 水柱，变送器的输出才开始有变化，则该仪表的不灵敏区和灵敏限分别为(　　)。

A. 6mm 水柱，3mm 水柱　B. 3mm 水柱，6mm 水柱

C. 0.6%，0.3%　D. 0.3%，0.6%

12. 有一台量程为 0～100℃的温度变送器，其最大误差是 0.5℃，在 50℃时，绝对误差为 0.2℃，则仪表精度及相对误差为(　　)。

A. 1 级，4%　B. 0.5 级，0.4%　C. 0.5 级，4%　D. 1 级，0.4%

13. 关于气动功率放大器错误的认识是(　　)。

A. 压力或流量放大即可实现功率放大

B. I 型放大器由于仅实现流量放大而输入与输出压力是相等的

C. I 型放大器不存在调整起步压力的问题

D. Ⅱ型放大器可实现气动调节器的二级放大

14. 气阻元件的主要作用是(　　)。

A. 将压力转换成位移　　B. 产生压力降

C. 改变气体流量　　D. B + C

15. 波纹管的有效面积(　　)。

A. 小于端面几何面积　　B. 等于端面几何面积

C. 大于端面几何面积　　D. 是一个固定的常数

16. 气动喷嘴挡板放大机构的优点是(　　)。

①尺寸合适;②结构简单;③没有运动的摩擦零件;④工作可排;⑤牢固耐用;⑥重量轻便。

A. ①②④⑤　　B. ①③⑤⑥　　C. ②④⑤⑥　　D. ②③④⑤

17. 构成气动仪表的基本环节不包括(　　)。

A. 比较环节　　B. 输入环节　　C. 反馈环节　　D. 放大环节

18. 气动功率放大器是一个(　　)环节。

A. 比例　　B. 惯性　　C. 积分　　D. 微分

19. 在气动仪表的比较环节中,其平衡原理包括(　　)。

①动量平衡原理;②动能平衡原理;③力平衡原理;④位移平衡原理;⑤力矩平衡原理;⑥势能平衡原理。

A. ①②④　　B. ①③⑤　　C. ③④⑤　　D. ④⑤⑥

20. 在单杠杆差压变送器中,要尽量增大量程,在结构上采取的措施是(　　)。

A. 反馈波纹管有效面积尽量大　　B. 主杠杆尽量长

C. 弹性支点的刚度尽量小　　D. 测量膜盒的有效面积尽量大

21. 关于 QBC 型气动差压变送器调零的表述中,下列(　　)说法是错误的。

A. 当量程漂移不大时,常用量程的中点调零

B. 借助迁移弹簧可进行粗调

C. 零点变化太大时,使用调零螺钉调零即可

D. A + B

22. 在 QBC 型差压变送器中,如反馈波纹管损坏,差压变送器的输出压力为多少？如要扩大量程,调节什么？如何调整？正确的回答是(　　)。

①最小;②最大;③调放大器弹簧片刚度;④调反馈波纹管的支点;⑤上移反馈波纹管;⑥下移反馈波纹管。

A. ①④⑥　　B. ②③⑤　　C. ①②④　　D. ②④⑤

23. 由比例调节器组成的定值控制系统,在保证正常工作的前提下,PB 越大,其给定值的可调范围(　　)。

A. 不受影响　　B. 在量程范围内均可

C. 变大　　D. 变小

24. 在 M58 型气动调节器中,浮动环上的作用力矩,其比例带 PB 为(　　)。

A. $\sin\theta \times 100\%$　　B. $\cos\theta \times 100\%$　　C. $(a/b) \times 100\%$　　D. $(b/a) \times 100\%$

25. NAKAKITA 型气动调节器用于锅炉水位自控系统中应当(　　)。

A. 关死积分阀　　B. 全开积分阀　　C. 关死微分阀　　D. 全开微分阀

模块二　船舶自动控制系统

任务一　冷却水温度控制系统的操作与管理

一、教学目标

(1)掌握 WALTON 恒温阀结构、组成及对气缸冷却水温度进行控制的原理。

(2)掌握 WALTON 恒温阀管理和维护要点及对常见故障的分析和排除方法。

(3)掌握 TQWQ 型温度三通调节阀控制系统组成、工作原理、调整给定值和整定比例带方法。

(4)掌握 TQWQ 型温度三通调节阀控制系统的管理和维护要点及常见故障的分析和排除方法。

二、柴油机气缸冷却水温度自动控制系统

柴油机的气缸几乎都是采用淡水冷却。把冷却水温度控制在给定值或给定值附近对柴油机安全、可靠、经济地运转十分重要。其控制的方法是把气缸冷却水分成两部分:一部分通过淡水冷却器,经海水冷却使温度降低;另一部分不通过淡水冷却器,直接与通过冷却的淡水混合,然后进入柴油机气缸的冷却空间。若冷却水温度偏高,通过三通阀减少旁通的淡水量,增多通过冷却器的淡水量。反之亦然,以此来控制柴油机气缸冷却水的温度。

冷却水温度自动控制系统由测量单元、调节单元和执行机构和控制对象(冷却器)等基本单元组成,其控制原理如图 2-1-1 所示。图 a)是把测量单元(感温元件)装在柴油机冷却水进口管上,感温元件输出信号与冷却水进口温度成比例变化。感温元件输出信号送入调节器,调节器输出的控制信号传至动作执行机构,即开大或关小旁通阀,把冷却水的进口温度控制在给定值或给定值附近。但冷却水的出口温度会随柴油机负荷的变化而变化,在超负荷运行时,出口温度将会发生过高的现象。图 b)是把感温元件装在柴油机冷却水出口处。这时冷却水出口温度可以控制在给定值或给定值附近。但进口温度会随负荷而变化,特别是在负荷突然增加时,冷却水的进口温度会突然下降。

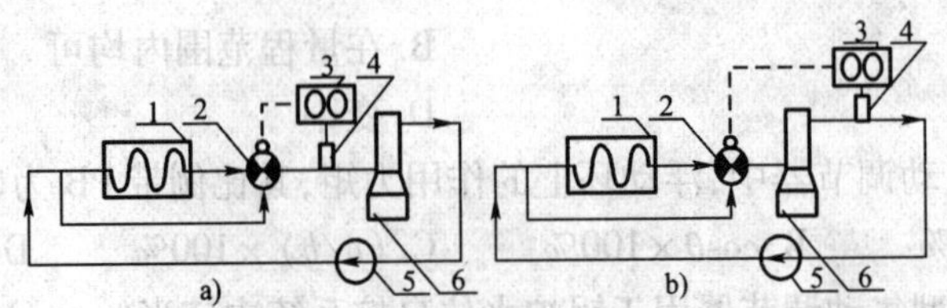

图 2-1-1　气缸冷却水温度控制原理

1-冷却器;2-执行单元;3-调节器;4-测量单元;5-水泵;6-柴油机

上述两种控制方案在原理上都是正确的，在实际应用中均被采用。

1. 直接作用式冷却水温度控制系统

1）控制系统的组成及工作原理

直接作用式温度调节器类型很多，结构各不相同，但它们的基本工作原理是一样的。它们都不用外加能源，而是根据感温元件内充注的工作介质的压力随温度成比例变化的原理实现的。这一压力的变化直接动作三通调节阀来改变经冷却器水的流量和旁通水流量，以控制冷却水温度。

图 2-1-2 示出 WALTON 型恒温阀的结构原理图，WALTON 恒温阀又称石蜡调节阀。它由阀体、传动机构，滑板和感温盒等组成。感温盒内的感温介质是石蜡。其动作原理是利用石蜡的体积随温度发生变化而产生的作用力来推动执行机构，改变滑板的位置来控制冷却水的温度。用石蜡做工做介质的优点是石蜡工作时被加热变成液体，它的膨胀力比低沸点液体的蒸气压力大得多，因此这种阀的开度变化响应较快。

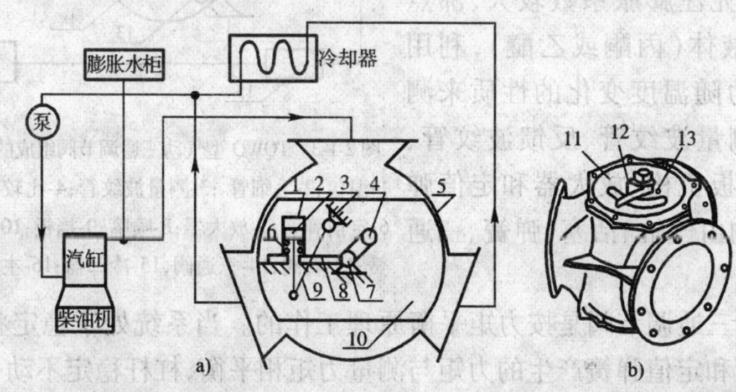

图 2-1-2 WALTON 型恒温阀结构原理图

1-感温盒；2-活塞及活塞杆；3-杠杆支点；4-转轴；5-阀体；6-弹簧；7-轴；8-拖板；9-杠杆；10-滑板；11-前盖；12-指针；13-销

若冷却水温度升高，石蜡体积增大，感温盒 1 内的活塞下移，再经活塞杆、连杆 9 以及连杆 9 与滑板 10 相连接点 3，使滑板 10 绕轴 7 逆时针转一个角度，减少旁通水量，增加经冷却器的水量，从而使冷却水温度降下来。随着感温盒内活塞的下移，弹簧 6 被压缩，当感温盒中石蜡因体积膨胀产生向下的力与弹簧 6 向上的张力相平衡时，滑板 10 停止转动。当冷却水温度降低时，其动作方向正好相反。

直接作用式调节器结构简单，它只能实现比例控制，存在静差。同时它的精度低，误差大，在对被控量精度要求较高的情况下，使用直接作用式调节器是不适宜的。

该调节阀温度给定值的调整，可通过调整滑板 10 的初始位置来实现。在实物中，感温盒 1、拖板 8 和轴 7 是紧固在一起的，转轴 4 伸出前端盖并装一个指针，转动指针可改变滑板 10 初始位置。恒温阀手动控制时，也是通过转动转轴 4 改变滑板位置来实现的。

2）在运行管理中应注意的事项

（1）运行过程中，每隔 3000h 要进行一次内部检查与清洗，防止污物卡住滑板。拆装时，一定要将前盖和整个内部结构一起拉出来，尤其是不能将感温盒和传动机构拆开。装回时，均匀用力上紧螺钉，当上紧前盖螺钉后，一定要通过手操指针来回转动几次，若无异常现象再将指针置于正常运转位置上。

（2）运行过程中，若发现被控温度失控地升高时，首先检查恒温阀，看是否是它出现故障所致。检查的方法是：手动将通往冷却器通道全打开，旁通通道全关闭。等待几分钟后，如温度下降，则说明是恒温阀有故障；若温度仍不下降，则说明不是恒温阀的问题，应另找原因。

2. 气动冷却水温度控制系统

凡是需要外加能源，由气动或电动仪表构成的自动控制系统都是间接作用式的控制系统。气动冷却水温度控制系统可以用单元组合式仪表构成，也可以用基地式仪表构成。下面介绍由 TQWQ 型气动温度三通调节阀组成的气缸冷却水温度控制系统。

1）控制系统的组成及工作原理

该控制系统的组成原理图如图 2-1-3 所示。TQWQ 型气动温度三通调节阀属于基地式仪表。测量单元是温包，它是由不锈钢材料制成的，里面充注膨胀系数较大，沸点较低的易挥发性液体（丙酮或乙醚），利用温包内介质的压力随温度变化的性质来测温。调节部分由测量波纹管、反馈波纹管、比较杠杆、喷嘴挡板机构、放大器和定值弹簧组成。执行机构由气缸、活塞、弹簧、三通阀组成。

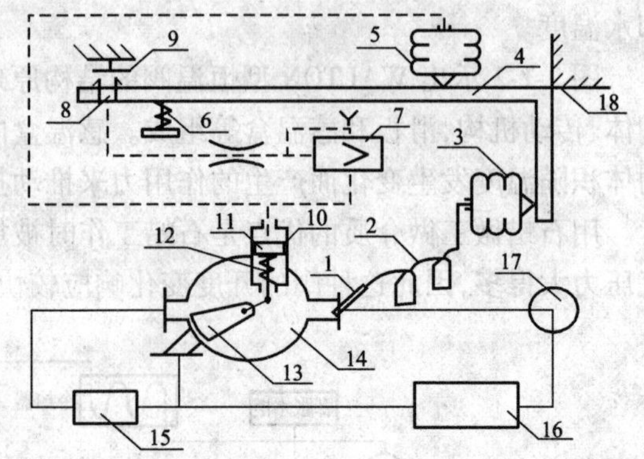

图 2-1-3　TQWQ 型气动三通调节阀组成的冷却水温度控制系统

1-温包；2-毛细管；3-测量波纹管；4-比较杠杆；5-反馈波纹管；6-定值弹簧；7-放大器；8-喷嘴；9-挡板；10-气缸；11-活塞；12-弹簧；13-转阀；14-三通阀，15-冷却器；16-主机；17-泵；18-支点

TQWQ 型温度三通调节阀是按力矩平衡原理工作的。当系统处于稳定状态时，作用于比较杠杆的反馈力矩和定值弹簧产生的力矩与测量力矩相平衡，杠杆稳定不动，放大器输出的气压信号不变，执行器中的转阀停在某一位置上，使进入柴油机气缸的冷却水温度稳定在给定值附近。

当柴油机负荷突然减小时，冷却水温度降低，温包中的介质压力减小，测量波纹管中的压力也随之减小，杠杆在给定弹簧张力的作用下绕支点顺时针偏转。固定在杠杆左端的喷嘴靠近挡板，使喷嘴背压升高，经放大器放大后输出气压信号升高。输出信号一路作用在气缸活塞上，克服弹簧的张力使活塞向下移动，推动转阀顺时针转动，于是旁通水量增大，经冷却器的水量减小，使柴油机气缸冷却水进口温度提高。输出信号另一路去反馈波纹管，使反馈波纹管内压力增大，则反馈力矩增大，推动杠杆逆时针偏转，使喷嘴离开挡板，显然这是一个负反馈过程。当系统重新平衡时，转阀也稳定在某个位置，达到温度控制的目的。

当冷却水温度升高时，其动作过程与上述相反。

2）比例带和给定值的调整

TQWQ 型气动温度三通调节阀只能实现比例控制作用，控制系统存在静差，而静差的大小取决于比例带，若比例带数值小则静差小。比例带 PB 的调整是通过移动反馈波纹管的位置来实现的。反馈波纹管向右移动，反馈作用减弱，这样在同样的温度变化下，产生较大的输出量变化，比例系数 K 增大，即比例带 PB 减小，比例控制作用增强。同理，反馈波纹管左移，比例带增大，比例控制作用减弱。

TQWQ 型气动温度三通调节阀，其给定值的调整是通过转动给定弹簧旋钮改变定值弹簧的预紧力来实现的。例如，想提高给定温度，可增大定值弹簧的预紧力，这样，当系统稳定时，被控温度比原来高。反之，降低给定温度，可放松定值弹簧的预紧力。

三、实训环节

实训 船舶柴油机缸套冷却水温度控制

1. 实训系统的组成原理

实训系统由缸套冷却水温度控制系统模拟面板和控制系统实际设备组成，如图 2-1-4 所示。

1）模拟面板结构组成

模拟面板位于控制柜的正面，包括：冷却水温度控制系统结构流程图，如图 2-1-5 所示；冷却水温度控制器；温度模拟电位器。

2）控制系统实际设备

控制系统实际设备包括：温度传感器；电动三通温度调节阀；温度调节器。

系统中的温度控制器为 OMRON E5EN 型 PID 控制器，调节阀为三通型温度调节阀，传感器采用 Pt100 热电阻温度传感器，均为实船控制系统所采用的设备。

在实船系统中，温度传感器根据缸套水出口温度的实际值高低输出大小不同的电阻值，送给控制器。控制器根据温度设定值和测量值形成偏差，按照 PID 规律输出控制量，送至温度调节阀，改变控制阀旁通口和冷却口的开度。

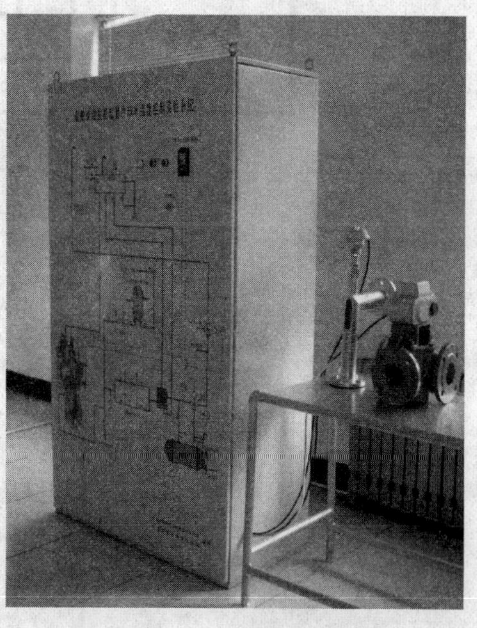

图 2-1-4 缸套冷却水温度控制实验系统

在本实训系统中采用模拟面板上的温度模拟电位器来模拟 Pt100 的阻值，用以模拟测量温度的变化。顺时针旋转电位器，阻值增大，所模拟的温度值也增加；反之，温度值减小。

2. 实训过程

1）实训前的准备工作

（1）设备供电，模拟面板上的电源指示灯亮。

（2）按模拟面板上的绿色按钮，按钮灯亮，使控制器和温度调节阀通电。

2）对照模拟面板和实物，熟悉缸套水温度控制系统的结构组成

一方面要求从冷却水系统的角度熟悉主机缸套冷却水系统的管路流程；另一方面要求从反馈控制系统的角度熟悉缸套冷却水温度控制系统的结构组成。

3）缸套冷却水温度控制模拟实训

（1）控制器的操作。控制器操作面板及各部分名称如图 2-1-6 所示。“显示 1”显示的是过程值（PV），即冷却水实际温度。在实训系统中，调整温度模拟电位器，PV 值将随之改变。顺时针旋转电位器，电阻值增大，所模拟的温度值增加，即 PV 值加；反之，PV 值降低。

“显示 2”显示的是设定值（SV），即设定温度。设定温度可以通过“UP 键”[∧]和“DOWN 键”[∨]调整，按“UP 键”[∧]使设定值增加，按“DOWN 键”[∨]使设定值减少。

控制器上电后的状态为默认的操作菜单，通过[↻]、[○]、[∧]和[∨]等按键可进行菜单切换和参数滚动及修改。

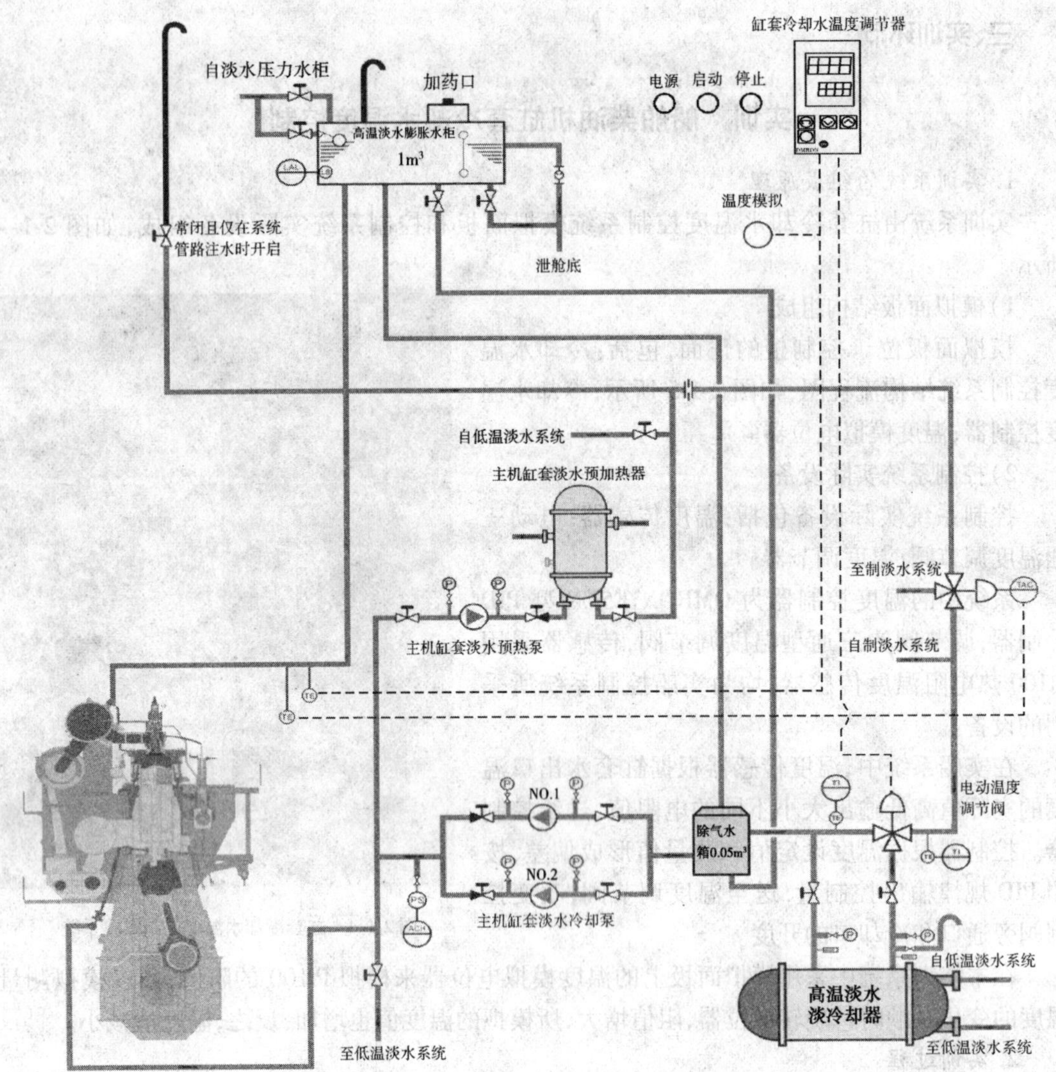

图 2-1-5　缸套冷却水温度控制实验系统面板图

▣键用于窗口滚动，在任一菜单模式下，均可通过操作▣键来滚动显示相应的内容。

▢为菜单键，短按▢键（少于 1 秒）进入参数调整菜单，进入调整菜单后，通过▣键进行滚动显示。例如显示比例带（P）、积分时间（I）和微分时间（d）等，如果认为需要调整，则通过▲键和▼键进行调整。再次短按▢键退出调整菜单。

长按▢键（至少 3 秒）进入初始设定菜单，按住▢键超过 1 秒退出初始设定菜单。同时按住▢和▣至少 3 秒，进入保护菜单，同时按住▢和▣至少 1 秒退出保护菜单。

（2）温度控制模拟实训：

①观察当前实际温度值（PV）、设定温度值（SV）和三通调节阀进出水口的开度。结合反馈控制系统基本理论知识，对当前状态进行合理解释；

②将设定值设置在一个符合实际情况的某一温度值，调整温度模拟电位器，使模拟实际温度向设定值慢慢靠近，并最终使模拟实际温度和设定值相等，观察调节阀动作过程及最终状态。

③改变调节其参数，如改变比例带、积分时间和微分时间，重复上一步，观察调节阀的动

作，比较参数改变前后的差异，并给予正确解释。

四、MR-II 型电动冷却水温度自动控制系统简介

1. 系统的组成和工作过程

该系统的组成和工作过程如图 2-1-7 所示。它是由 MR-II 型调节器 1、开关组 2、限位开关 3、过载保护继电器 4、三相交流伺服电机 M 和由它带动的三通阀等部分组成。其中限位开关、过载保护继电器及三相交流伺服电机属于执行机构，装在冷却水进口管路的三通阀上。MR-II 型调节器是电动基地式仪表，它把测量单元、调节单元及相应的开关组件组装在一个控制箱中并安装在集中控制室。控制箱中电路由六个部分组成，其中印刷电路板 MRB 是输入电路和指示电路；印刷电路板 MRV 是比例微分控制作用电路；印刷电路板 MRD 是脉冲宽度调制电路；MRK 板是继电器和开关装置电路；MRP 是主电源电路；MRS 是稳压电源电路。

自动控制系统的工作过程如下：该系统所用的测温元件是 T 802型热敏电阻（当温度 20℃时，其阻值为 802 欧姆），把它插在冷却水进口管路中（见图 2-1-7）。T 802电阻值与冷却水温度呈线性关系变化，经分压器把冷却水进口温度实际值按比例转换成电压信号。这个测量信号与由电位器整定的给定值相比较得到一个偏差信号 e。偏差信号经比例微分作用输出控制信号送至脉冲宽度调制器。脉冲宽度调制器把连续变化的控制信号调制成脉冲信号。若测量温度高于给定值，脉冲宽度调制器输出的脉冲信号使"减少输出继电器"SW1 断续通电，组合开关 SW1 断续闭合，三相交流伺服电机 M 正向断续转动。再经减速装置带动两个互成 90 度的平板阀，一个控制旁通水量；另一个控制淡水经过冷却器的水量。当电机 M 正转时，关小旁通阀，开大经冷却器的淡水阀使冷却水温度降低。当测量温度低于给定值时，脉冲宽度调制器输出的脉冲信号使"增加输出继电器"SW2 断续通电，组合开关 SW2 断续闭合，电机 M 反向断续转动，开大旁通阀，关小经冷却器的淡水阀使冷却水温度提高。

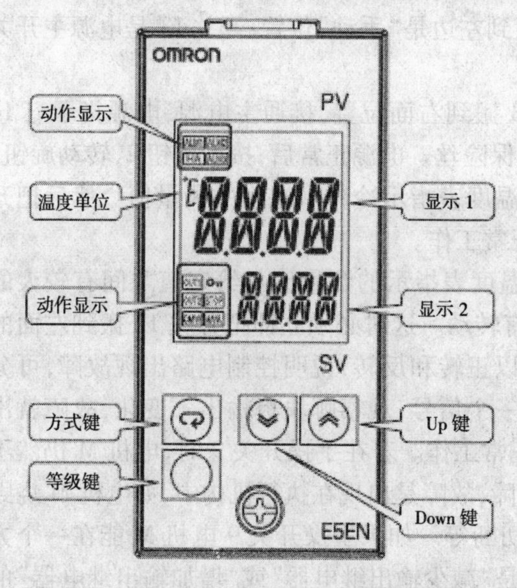

图 2-1-6　温度控制器面板结构图

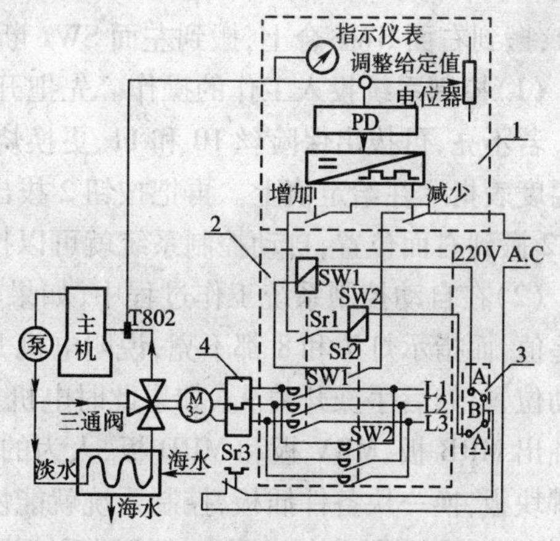

图 2-1-7　MR-II 型电动冷却水温度自动控制系统组成原理图

1-MR-II 型调节器；2-开关组；3-限位开关；4-过载保护继电器

在"减少输出继电器"SW1 和"增加输出继电器"SW2 的通电线路中都串联一个限位开关和一个过载保护继电器控制的开关 Sr3。若某些故障使电机 M 电流过大时，过载保护继电器动作，使开关 Sr3 断开，继电器 SW1 和 SW2 断电，其触头 SW1 和 SW2 断开，切断电机 M 电源，

保护电机不会因过热而烧坏。限位开关在一般情况下是合在 A 上。当电机带动三通阀中的两个平板阀转到接近极端位置时,开关 A 断开,使继电器 SW1 和 SW2 断电,切断电机电源,以防止平板阀卡紧在极端位置,使电机回行时动作不灵敏或因电机负载过大引起过热。

2. 管理要点

MR-II 型调节器正面面板的布置如图 2-1-8 所示。它是由一个温度表 A 和五块插板组成的。

温度表是 MRB 板上的电流表 G,它把电流 0 ~ 1mA 的变化范围按比例地改为 0℃ ~100℃的刻度,以指示冷却水温度的实际值,也可以指示冷却水温度的给定值。

插板 B 是 MRB 板。旋钮 1 是 MRB 板上的电位器 W_1,用来整定给定值。按钮 2 是 MRB 板上的转换开关 SW2,拔出按钮,温度表 A 指示冷却水温度的测量值,按下按钮,温度表可指示冷却水温度的给定值。

插板 C 是 MRV 板,上面有两个旋钮 3 和 4:旋钮 3 是 MRV 板上的电位器 W_2,用来调整微分时间;旋钮 4 是 MRV 板上的电位器 W_1,用来调整比例带。

插板 D 是 MRD 板。旋钮 5 是 MRD 板上的电位器 W_2,用来调整 A_1 和 A_2 的不灵敏区。旋钮 6 是 MRD 板上的电位器 W_1,用来调整脉冲宽度。

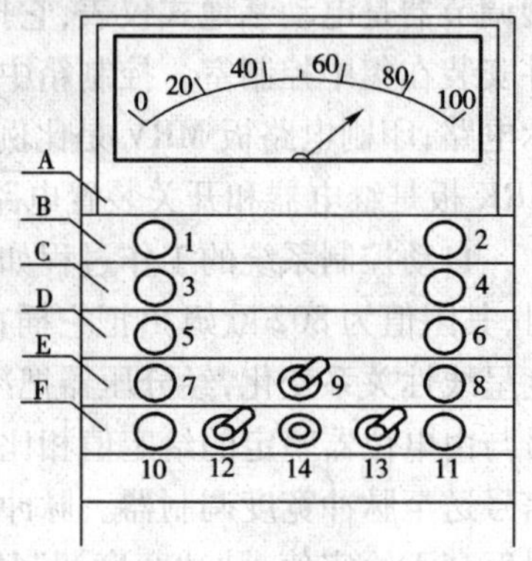

图 2-1-8 MR-II 型调节器正面面板布置图

插板 E 是 MRK 板。7 和 8 是 MRK 板上的指示灯 L1 和 L2,用来指示电机运转方向,开关 9 是 MRK 板上的 SW1。当自动控制系统发生故障时,可用手扳动开关 9 使伺服电机转到希望的位置上。

插板 F 是 MRP 板。10 ~14 都在 MRP 板上。其中 10 和 11 是保险丝 F1 和 F2;14 是发光二极管 D2,指示电源是否正常,如果电源正常,合上电源主开关 D2 是亮的;开关 12 是"手动—自动"转换开关 SW2,搬到右边是"自动"位置,搬到左边是"手动"位置;开关 13 是电源主开关 SW1,搬到右面 SW1 合上,搬到左面 SW1 断开。

(1)控制系统投入工作的操作。先把开关 13 搬到右面位置,接通主电源,电源指示灯 14 亮。若不亮,可拔出保险丝 10 和 11,更换烧坏的保险丝。电源正常后,按下按钮 2,转动旋钮 1 使温度表指示在给定值上。再把按钮 2 拔出,让温度表指示冷却水温度的测量值。然后把开关 12 搬到右面位置,自动控制系统就可以投入正常工作。

(2)在自动控制系统工作过程中,如果发现温度表指示的测量值与给定值之间有较大的偏差值,而指示灯 7 和 8 都不亮,说明电机 M 没有转动。这时必须立即把开关 12 搬到左面的手动位置,然后手操开关 9。如果此时电机 M 可以正转和反转,说明控制电路出现故障,可分别抽出 MRB 板,MRV 板和 MRD 板,人为的输入一个信号,观察哪块板输出不变化,故障就出在哪块板,换一块备件插板,控制系统就能恢复正常工作。若在手操开关 9 时,电机 M 仍然不转(指示 7 和 8 不亮),说明自动控制系统没有故障,故障是出现在执行机构中,如电机 M 烧毁或轴卡死,过载保护继电器动作,电机 M 的电源切断等。如果手操开关 9 电机 M 能在一个方向上转动而在另一个方向上不能转动,原因可能是"减少输出继电器"或"增加输出继电器"的线圈烧断,或者它们的触头因磨损、烧蚀而不能闭合,要及时检查修复。

(3)控制系统安装以后,调节器的比例带、微分时间和脉冲宽度等调整旋钮不要轻易转动。确实发现控制系统动态过程不理想(观察温度表指针向给定值方向恢复很慢,或指针波动较大)可调整一下比例带、微分时间或脉冲宽度,但每一次调整量要小。每调一次都要认真观察温度表指针的变化情况，直到调好为止。

任务二　燃油黏度控制系统的操作与管理

一、教学目标

(1)掌握NAKAKITA燃油黏度控制系统的组成、功能及该系统投入工作前应做的准备工作。

(2)掌握燃油温度程序“升-降”温速度的设定原理和设定方法；“柴油-重油”转换条件、转换原理以及上、下限温度的设定方法。

(3)掌握控制电路的组成、工作过程及黏度定值控制系统投入工作的条件。

(4)掌握控制系统管理维护要点及对常见故障的分析和排除方法。

二、NAKAKITA型燃油黏度自动控制系统

为了降低船舶的营运成本，目前几乎所有的柴油机主机都燃用重油。然而重油在常温下流动性很差，燃油黏度不但受温度影响，而且与压力有关。温度升高黏度下降，压力增加却使黏度有所增加。在这样一个相互关系中，温度对黏度的影响比较敏感而又易于控制。因此从表面来看，黏度控制好像是一个温度控制问题。这对某一固定品种的燃油来说是对的，但对不同品种的燃油在温度相同的情况下，其黏度差异较大。如果采用温度控制系统，为了控制燃油的最佳喷射黏度，对不同品种的燃油必须重新整定燃油温度给定值，其工作甚繁。特别是对于不同品种燃油混合在一起(从世界各港口装载燃油，油舱中的燃油常是不同品种的混合油)更难确定燃油最佳喷射黏度所对应的温度给定值。因此，在燃油进入高压油泵以前，一般不采用温度控制系统，而是直接采用黏度控制系统。它以燃油黏度作为被控参数，根据燃油黏度的偏差值控制加热器蒸汽调节阀的开度，使燃油黏度保持为恒定值。

1.控制系统的组成及功能

1)系统的组成

控制系统的组成原理图如图2-2-1所示。其中由测黏计24、差压变送器20、黏度调节器9和蒸汽调节阀6等组成黏度定值控制系统。由温度变送器25、温度程序调节器8和蒸汽调节阀6等组成温度程序控制系统。“温度－黏度”控制选择阀7的作用是，在油温低于上限值(如130℃，可调)时，它选择温度调节器的输出去控制蒸汽调节阀，对燃油温度进行程序控制。在油温达到上限值时，它选择黏度调节器的输出去控制蒸汽调节阀，对燃油黏度进行定值控制。

2)系统的功能

当燃油温度在下限与上限值之间变化时，黏度控制不起作用，蒸汽调节阀受温度程序调节器的控制；当燃油温度达到上限值时，系统能自动切除温度程序控制而转换为黏度定值控制，蒸汽调节阀受黏度调节器控制。

“柴油-重油”自动转换也是以油温为条件的。在燃油系统投入工作以前，若油温较低并处于下限值(20℃，可调)，虽然已把“柴油-重油”转换开关切换到重油位置，但燃油系统仍然用柴油工作。在温度程序调节器的控制下，油温慢慢升高。当油温达到中间温度值(70℃，可调)时，控制电路动作并通过三通电磁阀2和三通活塞阀1使燃油系统由用柴油转换用重油工

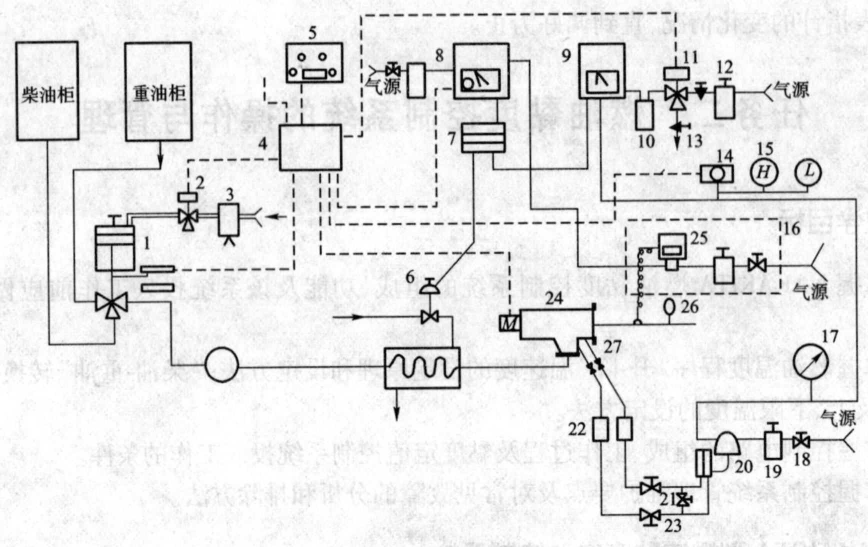

图 2-2-1 NAKAKITA 型燃油黏度控制系统组成原理图

1-三通活塞阀;2、11-三通电磁阀;3-空气过滤器;4-继电器箱;5-选择器;6-蒸汽调节阀;7-控制选择阀;8-温度程序调节器;9-黏度调节器;10-气容;12、19-过滤减压阀;13-针阀;14-黏度记录仪;15-压力开关;16-调整板;17-黏度指示仪;18、23、27-截止阀;20-差压变送器;21-平衡阀;22-油分离器;24-测黏计;25-温度变送器;26-阻尼元件

作。由于此时油温低于上限值(130℃,可调),对重油的加热仍受温度程序调节器的控制,直到油温上升到上限值时转为黏度定值控制。

该控制系统增加了温度程序控制,这就避免了在油温较低的情况下,采用黏度控制会使油温升高过快的现象,从而可改善喷油设备的工作条件。"柴油－重油"自动转换可使在油温较低的情况下,燃油系统使用柴油工作,这既能保证良好的雾化质量,又能用柴油冲洗用过重油的管路,保证控制系统和喷油设备工作的可靠性。

2. 测黏计

测黏计的结构原理如图 2-2-2 所示。主要部件是恒定排量的齿轮泵 1 和毛细管 2。齿轮泵装在加热器出口的燃油管路中,它由电机经减速装置驱动,其转速恒定,这样齿轮泵经毛细管排出的油量是恒定的。由于毛细管的内径很细(2mm),流过毛细管的油流量很小,因此流过毛细管的燃油呈层流状态。这样,毛细管两端的压差 ΔP 就与燃油黏度成正比。图中正、负连接管 3 之间的压差就反映了燃油黏度的实际值。

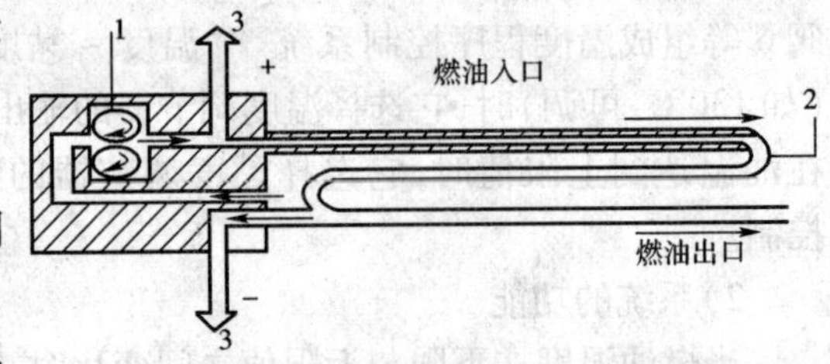

图 2-2-2 测黏计结构原理图

1-恒流量齿轮泵;2-毛细管;3-接差压变送器

3. 差压变送器

差压变送器采用双杠杆差压变送器,黏度调节器采用位移平衡原理工作的气动 PID 调节器,其结构与工作原理不再介绍。下面着重介绍温度程序调节器,三通电磁阀和三通活塞阀的结构和工作原理,以及整个系统的工作过程。

4. 温度程序调节器

温度程序调节器工作原理与前面介绍的调节器基本相同,只是多了一套温度程序设定装置。同时,调节器是采用正作用式的。

温度程序设定装置如图 2-2-3 所示。它是在给定指针上加装一个驱动杆,小齿轮转动扇形齿轮时，驱动杆与给定指针一起转动。驱动杆上装有上、下限开关，两个开关的开关状态由开关杆控制。当驱动杆转动时，开关杆沿着控制板移动。驱动杆上还装有中间温度限位开关，它的开关状态由可调凸轮控制。当中间温度确定（如70℃）后，可调凸轮的位置固定不变。驱动杆和给定指针由小齿轮带动。按下给定值旋钮，离合器脱开，转动给定值设定旋钮，可手动设定温度给定值。拔出给定值设定旋钮，离合器合上，同步电机SM1和SM2的转动通过差动减速齿轮装置和小齿轮带动驱动杆和温度给定指针转动。

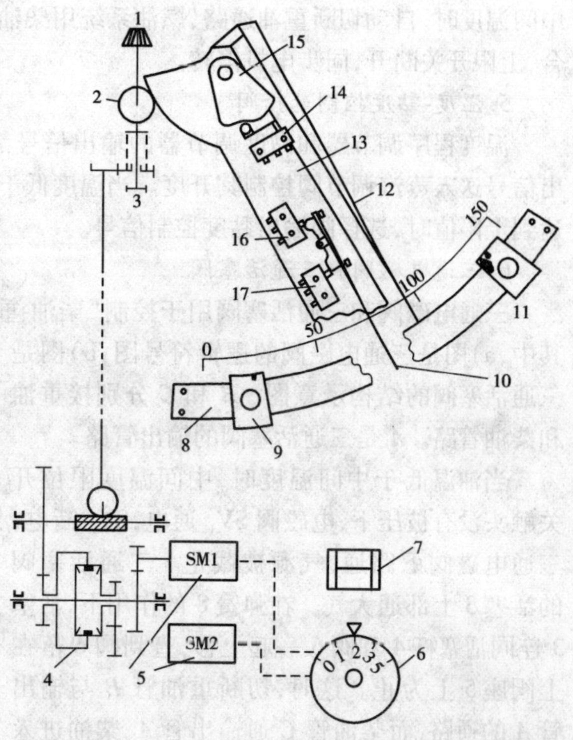

图 2-2-3　温度程序设定装置工作原理图

1-给定按钮；2-小齿轮；3-离合器；4-差动齿轮装置；5-同步电机；6-温度上升-下降速度开关设定；7-温度上升-下降指示灯；8-控制板；9-下限温度设定器；10-开关杆；11-上限温度设定器；12-给定指针；13-驱动杆；14-中间温度限位开关；15-调整凸轮；16-下限开关；17-上限开关

在控制系统没有投入工作时，燃油温度低于下限值，开关杆与下限温度设定器相碰，下限开关闭合，上限开关断开，中间温度限位开关触头没有被可调凸轮压下。在控制系统投入工作时，先把"柴油-重油"转换开关转换到："重油位置"。合上电源开关，同步电机SM1和SM2开始转动，并经差动减速装置和小齿轮带动驱动杆和温度给定指针向指示温度增高的方向转动，经调节器PID的控制作用，燃油温度的测量值将以相同的速度跟踪给定值上升。温度给定值上升的速度靠"上升-下降"设定开关来实现的。它共有5挡，即0、1、2、3、5，分别控制电机SM1和SM2的转动方向。两个电机都经差动减速装置带动小齿轮转动，但它们的减速比不同，SM2的减速比小于SM1。这样，两个电机的转动方向不同，温度给定值的变化速度不同。以增大温度给定值为例，温度"上升-下降"设定开关在不同挡上，电机SM1和SM2的转动方向及相应的温度给定值的上升速度（℃/min）见表2-2-1。

设定开关的作用

表 2-2-1

挡位	SM1 转动方向	SM2 转动方向	温度给定值上升速度（℃/分）
0	停	停	温度定值控制
1	反转	正转	1
2	正转	停	1.5
3	停	正转	2.5
5	正转	正转	4

在燃油温度达到设定的中间温度以前，中间温度限位开关没有被凸轮压下，燃油系统是用柴油工作。当油温升高到设定的中间温度时，中间温度限位开关被可调凸轮压下，使三通电磁阀2和三通活塞阀1（见图2-2-1）动作，自动切断柴油通路，让重油进入燃油系统。当温度上升到上限值时，开关杆与上限温度设定器相碰，下限开关断开，上限开关闭合，同步电机停转，油温给定值不再上升。这时控制系统由温度程序控制自动转换为黏度定值控制。

如果把"柴油-重油"转换开关转换到"柴油"位置，同步电机就以与原来相反的方向转动，温度给定值按原速降低，控制系统由黏度定值控制自动转换为温度程序控制。当油温下降到中间温度时，自动切断重油通路，燃油系统用柴油工作。当油温下降到下限值时，下限开关闭合，上限开关断开，同步电机停转。

5. 温度-黏度控制选择阀

温度程序调节器和黏度调节器的输出信号都送到"温度-黏度"控制选择阀，选择阀的输出信号送入蒸汽调节阀控制其开度。当温度低于上限值时，选择阀输出温度程序信号；当油温达到上限值时，选择阀输出黏度控制信号。

6. 三通电磁阀和三通活塞阀

三通电磁阀和三通活塞阀用于控制"柴油-重油"自动转换，其工作原理如图 2-2-4 所示。其中，a)图是三通电磁阀的逻辑符号图；b)图是三通活塞阀的结构示意图。*B* 和 *C* 分别接重油和柴油管路。*A* 是三通活塞阀的输出管路。

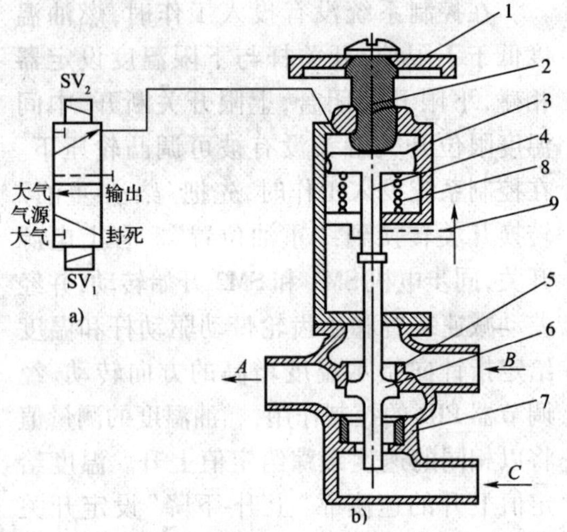

图 2-2-4　三通活塞阀工作原理图

a) 三通电磁阀；b) 三通活塞阀

1-手轮；2-限位螺丝；3-控制活塞；4-活塞杆；5-上阀座；6-控制阀；7-下座阀；8-弹簧；9-限位开关杆

当油温低于中间温度时，中间温度限位开关触头没有被压下，电磁阀 SV_1 通电，SV_2 断电，三通电磁阀下路通，气源被截止。三通活塞阀的活塞 3 上部通大气。在弹簧 8 的作用下，活塞 3 连同活塞杆 4 和阀 6 一起上移，直到阀 6 落在上阀座 5 上为止。这时，切断重油管 *B* 与输出管 *A* 的通路，而柴油管 *C* 通输出管 *A*，柴油进入燃油系统。当燃油温度高于中间温度值时，中间温度限位开关被可调凸轮压下，此时三通电磁阀 SV_1 断电，SV_2 通电，三通电磁阀上路通，气源进入三通活塞阀的活塞 3 的上部空间，使活塞 3 连同活塞杆 4 和阀 6 一起克服弹簧 8 的张力向下移动，直到阀 6 落在下阀座 7 上为止。这时，切断柴油管 *C* 与输出管 *A* 之间的通路。接通重油管 *B* 与输出管 *A* 之间通路，重油进入燃油系统。

三通电磁阀的逻辑功能是 SV_1 和 SV_2 不可能同时通电，它们中一个通电另一个必定断电。SV_2 通电，三通电磁阀上路通，SV_1 通电，三通电磁阀下路通。如果 SV_1 和 SV_2 都断电，三通电磁阀保持原状态。

图中 9 是限位开关杆，用于检测"柴油-重油"转换是否完成。转动手轮可以进行"柴油-重油"的手动转换。

7. 系统工作过程

1) 系统启动

要使系统投入工作，先要合上电源主开关，电源指示灯亮；再把温度"上升-下降"设定开关转到所要设定的位置上，如转到："5"挡。然后把"柴油-重油"转换开关转换到"重油"位置，重油转换灯亮，表示系统已投入工作。这时电机 SM1 正转，电机 SM2 正转，于是油温会以 4℃/分的速度上升；测黏计电机启动，使测黏计和差压变送器投入工作。黏度指示仪表和记录仪表将显示燃油黏度值，但因黏度调节器没有接通气源而没有输出。此时燃油系统用柴油工作。

2)供柴油切换成供重油

油温从下限值开始以4℃/分的速度上升。温度程序调节器的驱动板和给定指针逐渐向温度增高的方向转动。当油温上升到中间温度时,可调凸轮把中间温度限位开关压下,三通电磁阀 SV_2 通电,SV_1 断电。三通电磁阀上路通,三通活塞阀的活塞上部空间通气源,把活塞压到下位,这时燃油系统自动由用柴油转换到用重油。

3)升温控制变换成温度定值控制

当油温达到上限值时,开关杆与上限温度设定器相碰,下限开关断开,上限开关闭合,电机SM1和SM2断电停转,燃油温度不再升高,即由温度程序控制转为温度定值控制。其工作的持续时间由计时器(0~60min范围内调整)所决定。

4)温度控制变换成黏度控制

一旦计时器计时时间一到,黏度调节器接通气源投入工作。把差压变送器送来的与黏度成正比的气压信号同给定值相比较得到偏差信号,经黏度调节器中PID控制作用输出一个控制信号,该信号大于温度程序调节器的输出信号,"温度-黏度"控制选择阀输出黏度控制信号,实现对燃油黏度的定值控制。

5)系统停止

如果要停止控制系统工作,只要把"柴油-重油"转换开关转换到"柴油"位置。燃油黏度定值控制系统的停止工作,这时同步电机出现同升温控制时相反的运转,即电机SM1反转,电机SM2反转。温度程序调节器的给定值按原速降低。当油温下降到中间温度时,中间温度限位开关弹回,三通电磁阀 SV_2 断电,SV_1 通电。三通电磁阀下路通,三通活塞阀的活塞上部空间通大气,活塞由下位转换到上位,燃油系统由用重油转换到用柴油。

当燃油温度下降到下限值时,开关杆与下限温度设定器相碰,下限开关闭合,上限开关断开。电机SM1和SM2断电停转。测黏计和黏度显示仪表停止工作。到此,控制系统又恢复到系统投入工作前的初始状态。拉下电源主开关,切除了控制系统的工作。

8.管理维护

本系统的黏度和温度调节器都是气动仪表,有关的气动仪表的日常管理要求、特点、应注意的事项及其常见故障前面已有叙述,不再赘述。在此要特别指出的是,系统在运行过程中,每隔一段时间要按一下装在横节流孔上的通针,对横节流孔进行一次冲洗,以免被污物堵塞,如果横节流孔旁没有装通针,应把它拆下来用溶剂进行清洗。在装配前,要用压缩空气吹干。

测黏计马达滚珠轴承每年清洁一次,并重新灌注润滑脂。齿轮箱每年要检查和清洗一次,清洗后用压缩空气吹干,添加新齿轮油至正常油位。

另外本系统在运行过程中最常见的故障是,当系统停用一段时间再次启用时,执行机构的调节阀刚开始不动作,势必导致被控参数暂时失控。在这种情况下,最简单的方法是通过大幅度的改变给定值,使调节器的输出增大,一旦调节阀动作后,立即将给定值调回到正常值即可。

三、实训环节

实训　燃油黏度控制模拟实训系统

1.实训系统的组成原理

实训系统由燃油黏度控制系统模拟面板和黏度控制系统实际设备组成,如图2-2-5所示。

1）模拟面板结构组成

模拟面板位于控制柜的正面，包括：燃油黏度控制系统结构流程图，如图2-2-6所示；燃油黏度/温度控制器；黏度模拟调压阀；温度模拟电位器。

2）控制系统实际设备

控制系统实际设备包括：燃油黏度测量装置；温度传感器；燃油黏度调节阀；轻/重油转换阀；蒸汽加热器模型、滤器模型及连接管路。

实际设备的布置和管路连接与模拟面板的流程图一致。燃油黏度/温度控制器接受来自黏度测量装置、温度传感器的测量信号，控制器软件根据设定的工作状态和黏度、温度测量值输出控制信号，控制轻/重油转换阀和黏度调节阀动作。

图2-2-5　燃油黏度控制实训系统

燃油黏度测量装置采用压差式测黏计和电动差压变送器，电动差压变送器将反映黏度大小的压差信号转换为4～20mA电流送给控制器，作为测量信号。实训系统中采用模拟面板上的压缩空气调压阀调定不同的压力来模拟燃油黏度的大小，这一压力信号接至差压变送器的高压端。顺时针旋转调压旋钮，输出压力增大，所模拟的黏度值也增大；反之，黏度值减小。

温度传感器由Pt100热电阻和电流变送器组成，电流变送器将反映温度高低的阻值信号转换为4～20mA的电流送至控制器。实训系统中采用模拟面板上的温度模拟电位器来模拟Pt100的阻值，并用这一信号接入传感器中电流变送器，用以模拟测量温度的变化。顺时针旋转电位器，阻值增大，所模拟的温度值也增加；反之，温度值减小。

2. 实训过程

1）实训前的准备工作

（1）准备好压缩空气气源，使黏度模拟调压阀的阀前压力表（在控制柜内）调至0.1MPa左右。

（2）设备供电，模拟面板上的电源指示灯亮。

（3）检查测黏计截止阀和平衡阀的开关状态。若平衡阀处于开启状态，则打开测黏计高压端截止阀，关闭平衡阀；若平衡阀处于关闭状态，则先开启平衡阀，稍后开启测黏计高压端截止阀，再将平衡阀关闭。

注：测黏计高压端管路上有一红色小阀，此阀应处于常闭状态。

（4）按模拟面板上的绿色按钮，按钮灯亮，使控制器上电，控制器液晶显示器点亮；

（5）控制器上电后，按“复位”键（ALARM RESET），显示器显示当前的黏度和温度值。参见图2-2-7所示的控制器面板结构图。

2）对照模拟面板和实物，熟悉燃油黏度控制系统的结构组成

一方面要求从燃油系统的角度熟悉主机燃油系统的管路流程；另一方面要求从反馈控制系统的角度熟悉燃油黏度控制系统的结构组成。

3）燃油黏度/温度手动控制

燃油黏度和温度的手动控制是通过手动改变蒸汽调节阀，改变雾化加热器的加热强度来实现的。当蒸汽调节阀开大时，燃油温度升高，黏度降低；反之，温度降低，黏度升高。

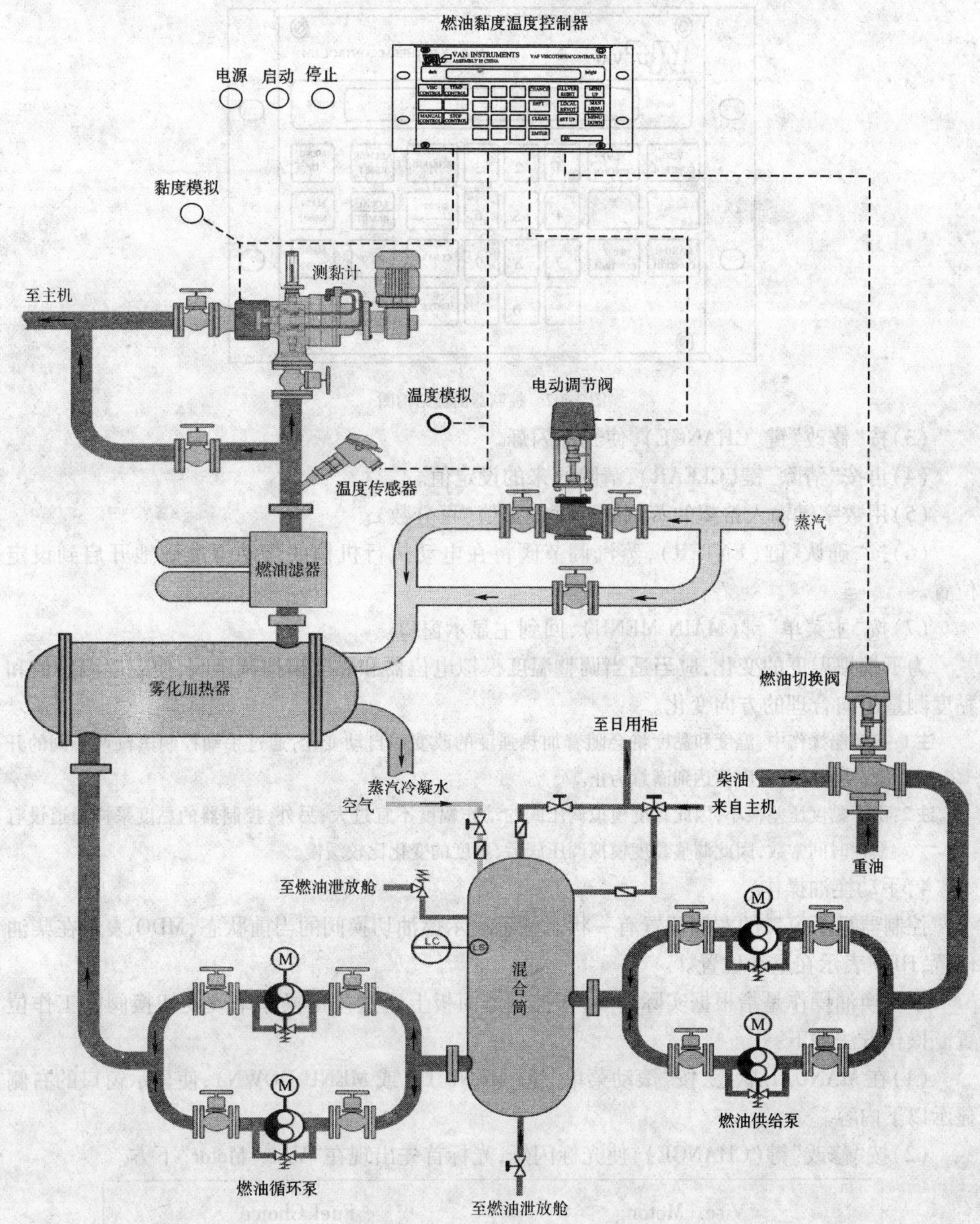

图 2-2-6　燃油黏度实训系统模拟面板

温度和黏度的测量值可通过控制器显示屏的主窗口显示（按 MAIN MENU），Act. Visc. 表示实际黏度，Act. Temp. 表示实际温度；另外，测黏计上安装的温度计也可以指示燃油温度。

黏度/温度控制器提供了手动改变蒸汽调节阀开度的功能，方法如下：

(1)按“手动控制”键（MANUAL CONTROL），在显示窗口左侧显示 MANUAL 状态。

(2)按“滚动菜单”键（MENU UP 或 MENU DOWN），进入阀位设置窗口（SP. Valve）。

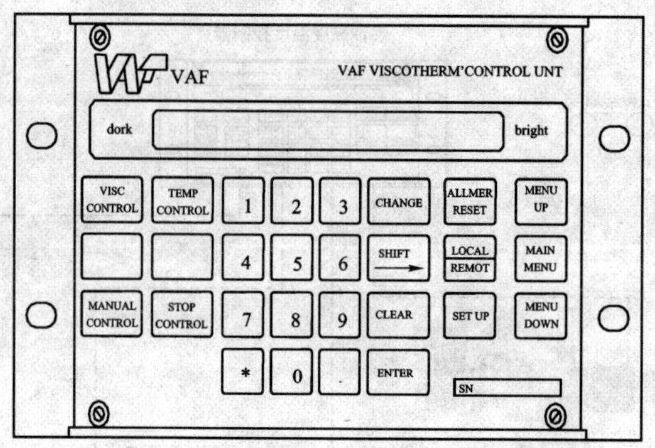

图 2-2-7　控制器面板结构图

(3)按“修改”键(CHANGE),使光标闪烁。

(4)再按“清除”键(CLEAR),清除原来的设定值。

(5)用数字键输入希望的蒸汽阀开度设定值(百分数)。

(6)按“确认”键(ENTER),蒸汽调节阀将在电动执行机构的带动下准确地开启到设定位置。

(7)按“主菜单”键(MAIN MENU),回到主显示窗口。

为了模拟温度的变化,应当适当调整温度模拟电位器和黏度模拟调压阀,使温度测量值和黏度测量值向合理的方向变化。

注1:在实船操作中,温度和黏度将会随着加热强度的改变而自动变化,通过手动控制蒸汽调节阀的开度,使温度或黏度值达到满意为止。

注2:由于黏度压差很小,因此黏度模拟调压阀的动作幅度不宜过大;另外,控制器的黏度采样通道设有惯性时间常数,因此调整黏度模拟调压阀后,黏度的变化比较缓慢。

4)手动换油操作

控制器显示窗口的左侧位置有一状态指示显示燃油切换阀的当前状态,MDO 表示在柴油位置,HFO 表示在重油位置。

手动换油操作是指根据实际需要,在控制器面板上通过按键操作来改变切换阀的工作位置。操作方法如下:

(1)在 MANUAL 状态,按“滚动菜单”键(MENU UP 或 MENU DOWN),使显示窗口的右侧显示以下内容。

(2)按“修改”键(CHANGE),使光标闪烁,光标首先出现在“Visc. Motor”下方。

Visc. Motor	Fuel Choice
ON/OFF	MDO/HFO

(3)按“光标移动”键(SHIFT),使光标移动到“Fuel Choice”下方。

(4)按“修改”键(CHANGE),“Fuel Choice”下方的显示内容将由 MDO 转换为 HFO,或由 HFO 转换 F 为 MDO。

(5)按“确认”键(ENTER),燃油切换阀将按照设定要求动作,动作到位后,显示器左侧的状态指示发生相应变化,燃油切换成功。

(6)按“主菜单”键(MAIN MENU),回到主显示窗口。

注1:“Visc. Motor”下方指示的是测黏计马达的开/关状态,用于在手动控制时,手动开启或关闭测黏计马达。本实训装置中,由于系统中没有真实燃油,测黏计齿轮泵不允许干转,因此测黏计马达电源未接。但在对其进行CHANGE操作时,可以听到继电器的动作声音。

注2:建议将手动换油操作与手动黏/温控制操作结合进行,要求学员明确实船换油的操作程序。

5)黏度/温度自动控制模式

控制器的自动模式分为黏度自动控制和温度自动控制两种模式。两种模式的工作过程分别如图2-2-8和图2-2-9所示。

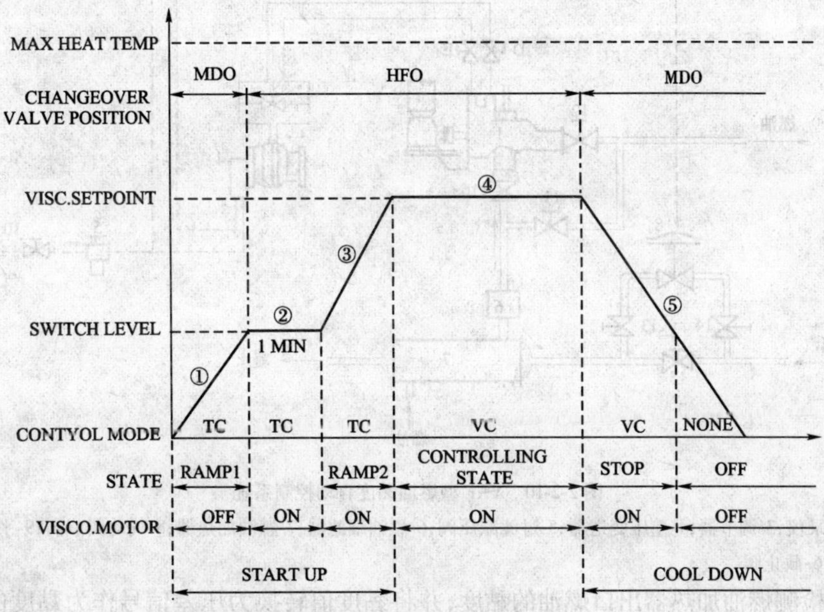

图2-2-8 黏度控制模式

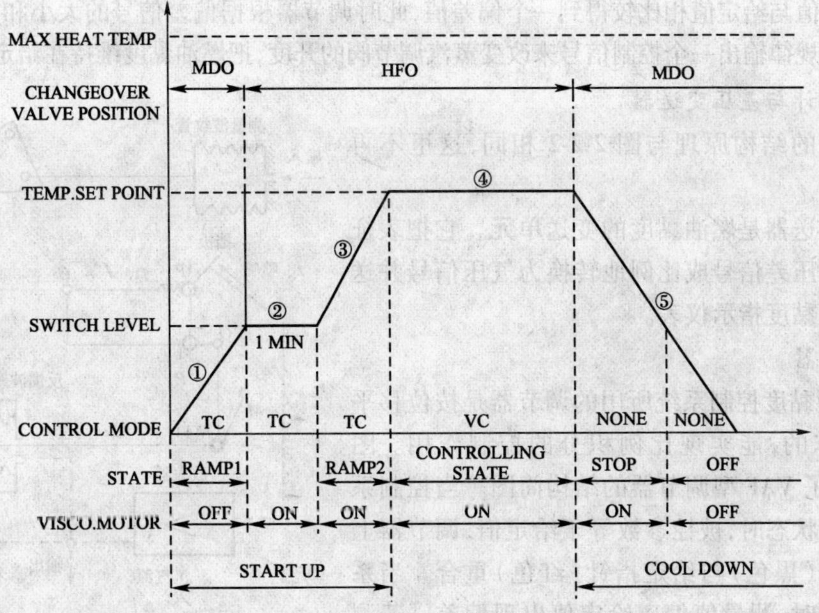

图2-2-9 温度控制模式

四、VAF 燃油黏度自动控制系统简介

1. 控制系统的组成

VAF 燃油黏度自动控制系统如图 2-2-10 所示。它主要由测黏计、差压变送器、气动调节器和调节阀等部分组成。

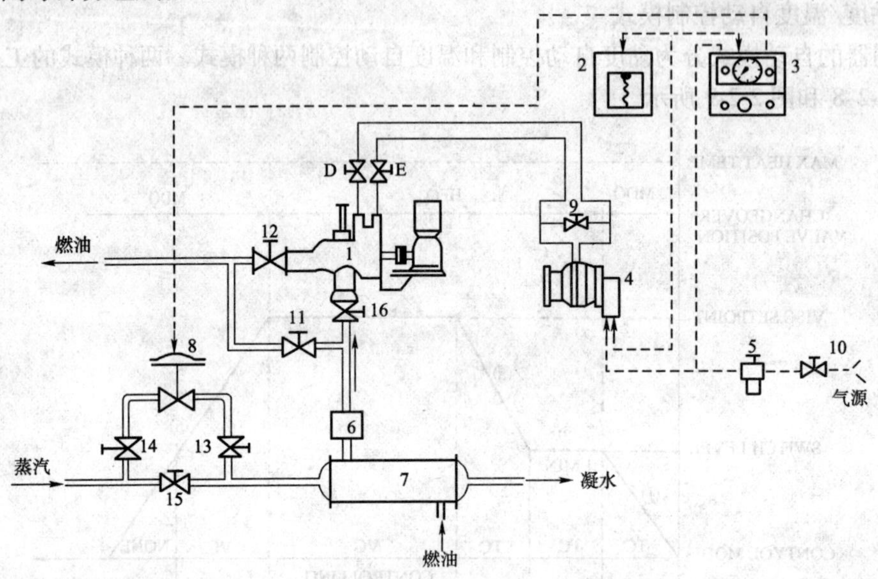

图 2-2-10　VAF 型燃油黏度自动控制系统

1-测黏计;2-记录仪;3-调节器;4-差压变送器;5-过滤减压阀;6-燃油细滤器;7-燃油加热器;8-气动调节阀;9-平衡阀;10、11、12、13、14、15、16-截止阀

测黏计检测燃油加热器出口燃油的黏度,并将黏度值转换为压差信号作为黏度的测量信号送到差压变送器。差压变送器把该压差信号按比例地转换为 0.02 ~ 0.1MPa 的气压信号送到调节器。测量值与给定值相比较得到一个偏差值,此时调节器根据偏差信号的大小和方向按比例积分的作用规律输出一个控制信号来改变蒸汽调节阀的开度,把燃油黏度维持在给定值上。

2. 测黏计与差压变送器

测黏计的结构原理与图 2-2-2 相同,这里不再叙述。

差压变送器是燃油黏度的变送单元。它把表征燃油黏度的压差信号成比例地转换为气压信号并送到调节器和黏度指示仪表。

3. 调节器

VAF 型黏度控制系统所用的调节器是按位移平衡原理工作的,能实现比例积分的控制作用。图 2-2-11示出了 VAF 型调节器的结构简图。当控制系统处于平衡状态时,被控参数等于给定值,调节器上的测量指针(黑色)与给定指针(红色)重合。当系统受到扰动时,测量值偏离给定值出现偏差。若测量值大于给定值,差压变送器输出的气压信号增大,

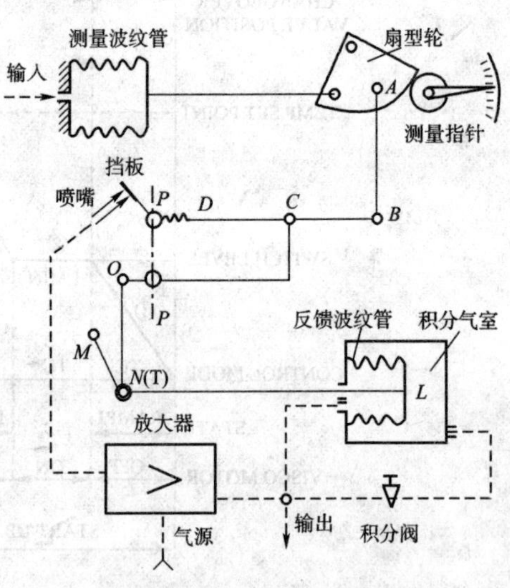

图 2-2-11　VAF 型调节器结构简图

波纹管伸长,前后两个扇形轮均绕固定轴逆时针转动一个角度。它使指示盘上的黑色指针顺时针转动,指示燃油黏度的实际值增大,同时,连杆 *AB* 上移,杠杆 *BD* 以 *C* 为支点逆时针转动,*D* 点下移,通过弹簧的挠性传动,使 *P* 轴顺时针转动。于是装在 *P* 轴上的挡板离开喷嘴,喷嘴背压降低。这个背压经功率放大器,使输出压力下降(调节器是反作用的)。调节器输出的下降压力送到气关式蒸汽调节阀,开大阀门,增加通入加热器的蒸汽量,降低燃油黏度。同时,调节器输出压力送到反馈波纹管,并经积分阀与积分气室相通。但因积分阀的节流作用,在输出压力下降的瞬间,积分气室压力不变,而反馈波纹管中的压力瞬间降低,反馈波纹管和反馈杆 *LN* 左移。比例带调整盘的拨动杆 *MN*、反馈杆 *LN* 和反馈弹簧片 *JO* 的端部铰接在一起,铰接点的运动轨迹是以 *M* 点为圆心,以 *MN* 为半径的圆弧。当反馈杆 *LN* 左移时,*N* 和 *J* 点下移,反馈弹簧片 *JO* 下移,使杆 *OC* 绕 *P* 轴逆时针转动,*C* 点上移,*BD* 杆以 *B* 为支点顺时针转动,*D* 点上移,通过弹簧的挠性传动使 *P* 轴逆时针转动,挡板向靠近喷嘴的方向移动,这就是负反馈。喷嘴挡板的开度靠输入信号使挡板离开喷嘴的位移与反馈信号使挡板靠近喷嘴的位移相平衡而暂时稳定下来。这时挡板开度比原来的开度稍大一点。若偏差越大,挡板的开度变化也越大。显然,负反馈作用使调节器实现比例控制。随着输出压力的降低,积分气室的压力不断降低,波纹管内外压差不断减小,使 *LN* 杆又逐渐右移,反馈弹簧片 *JO* 逐渐上移,使挡板又离开一点喷嘴,调节器输出压力随时间又逐渐降低。这个附加正反馈实现了积分作用,直到燃油黏度的测量值又回到给定值,偏差为零,喷嘴挡板的开度才固定在新的值上,整个控制系统处在新的平衡状态。

若燃油黏度测量值小于给定值,差压变送器输出的信号压力减小,调节器按上述相反的方向动作,输出压力增加,关小蒸汽调节阀,使燃油黏度升高,并逐渐回到给定值。

调节器的调整包括调整比例带,积分时间,给定值及正、负作用切换和“手动-自动”切换等。

调整比例带是通过调整负反馈强度来实现的。改变比例带调整盘上 *M* 点的位置可以调整负反馈强度,参看图 2-2-12。若把 *M* 点向上面的垂直方向移动,在 *LN* 相同位移情况下,*JO* 反馈弹簧片上、下移动的距离小,负反馈弱,比例作用强,比例带减小。反之,*M* 点向下水平方向移动,负反馈强,比例带增大。

调整积分时间是通过调整积分阀的开度实现的,开度大,积分时间短;积分作用强。反之,积分作用弱。

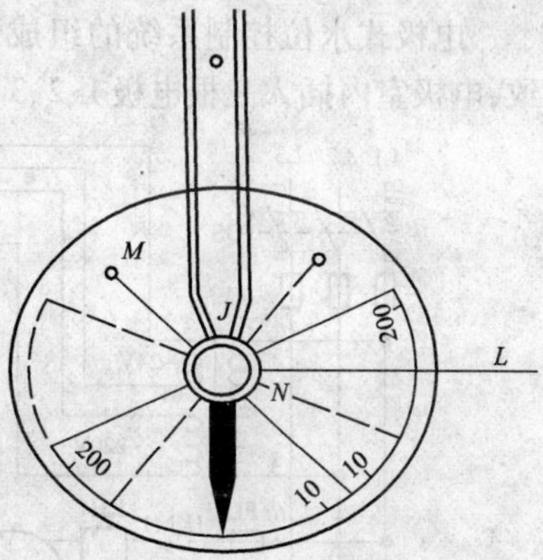

图 2-2-12　比例带调整盘示意图

上面介绍的调节器是反作用的,它与气关式调节阀配套使用。如果采用气开式调节阀,调节器应改为正作用式。这时只需把喷嘴顺时针转动 90°,使它对准下面的挡板,同时把比例带调整盘上的 *M* 点由左上角移到右上角(见图 2-2-12),这样差压送器与调节器输出信号的方向就一致了。

任务三　辅锅炉的自动控制

一、教学目标

(1)掌握柴油机货船辅锅炉水位双位控制的特点,电极式水位控制系统的组成工作原理。

(2)掌握柴油机货船辅锅炉水位双位控制的管理要点及常见故障的分析方法。

(3)掌握柴油机货船辅锅炉蒸气压力控制方式(双位控制及比例控制)、管理要点及常见故障的分析方法。

(4)掌握柴油机货船辅锅炉燃烧时序控制系统的功能以及常用元部件(如火焰感受器、时序控制器)等类型、特点。

(5)掌握燃烧顺序控制系统的管理和维护要点及其常见故障的分析和排除方法。

二、船用辅锅炉自动控制

在柴油机动力装置的货船上,加热燃油、滑油、水及供生活等所需要的蒸汽,都来自小型辅锅炉。

辅锅炉具有蒸发量小(一般小于5t/h),气压低(一般低于1MPa),对蒸汽品质要求不高等特点,所以容易实现自动化。它包括水位和蒸气压力自动控制,燃烧的时序控制及安全保护等。控制系统要求工作可靠,维修简单。造价低,便于管理。

1. 辅锅炉水位控制

辅锅炉水位控制方式:水位自动控制的任务是保证锅炉的给水量适应锅炉蒸发量的变化,使水位的波动不超过一定的范围。辅锅炉水位允许变化范围为60~120mm。一般采用双位控制即可满足要求。

船用辅锅炉所采用的水位双位调节器主要有两种形式,即浮子式和电极式双位调节器。其中浮子式水位控制系统的工作原理,参见模块一中的叙述(图1-1-18),在此从略。

1)电极式水位控制系统组成

电极式水位控制系统的组成如图2-3-1所示。锅炉外面电极室中的水位与锅炉水位一致,电极室内插入三根电极1、2、3分别检测锅炉高水位、低水位和危险低水位。2U、3U是由四

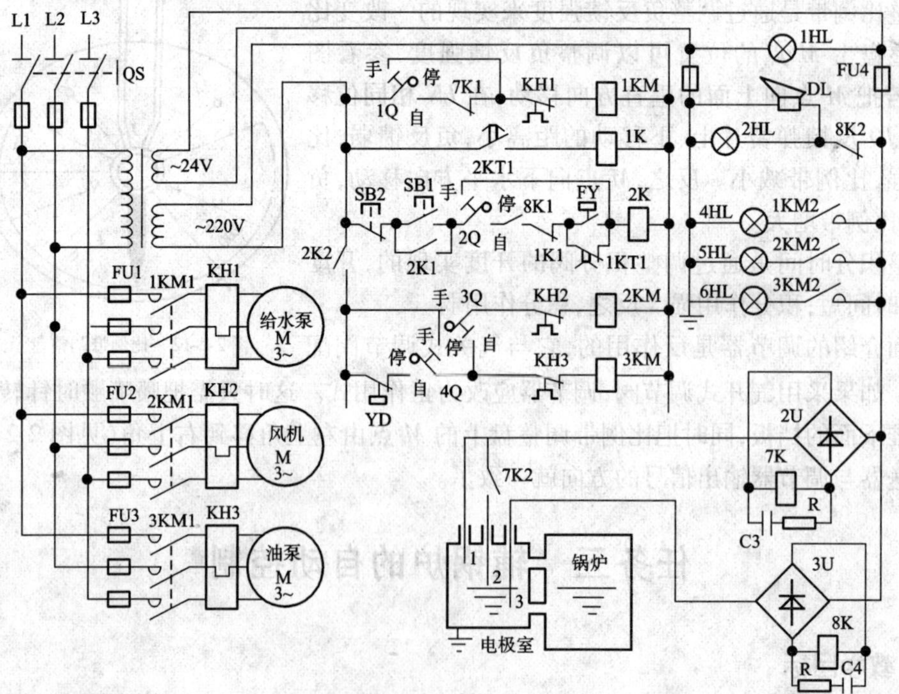

图2-3-1 电极式水位双位控制系统

只二极管组成的桥式整流电路。由于炉水有一定盐分可以导电。所以当炉水与电极接触时，24伏交流电源经二极管桥式整流电路、电极、炉水及电极室壳体接地，构成交流通路。继电器7K和8K接在整流电路的输出端，经阻容滤波以获得比较平稳的直流电压。

2）电极式水位控制系统基本工作原理

当锅炉水位处在高水位时，电极1与炉水接触，整流电路2U构成交流通路。继电器7K通电，常开触头7K2闭合，常闭触头7K1断开，交流接触器1KM断电，其常开触头1KM1断开，给水泵电机断电，停止向锅炉供水。随着锅炉不断供汽，水位会不断降低。当炉水脱离电极1时，由于7K2常开触头已经闭合，整流电路2U会经电极2构成交流通路，继电器7K维持通电，给水泵电机继续断电停止向锅炉供水。当水位下降到电极2脱离水面时，切断整流电路2U的交流通路，继电器7K断电。常开触头7K2断开，常闭触头7K1闭合，交流接触器1KM通电，启动给水泵电机向锅炉供水，水位会不断上升。这时，虽然炉水已与电极2接触；但因继电器7K的常开触头7K2已经断开，保持继电器7K断电，给水泵继续向锅炉供水，直到水位达到高水位时，继电器7K通电，常闭触头7K1断开才停止向锅炉供水。

如果给水泵出故障等原因不能向锅炉供水时，水位会降低到危险低水位以下使电极3脱离水面，整流电路3U交流通路被切断，继电器8K断电，常闭触头8K2闭合发出声光报警，其常开触头8K1断开，继电器2K断电，常开触头2K2断开，交流接触器2KM、3KM均断电，停止油泵和风机，自动停炉以保护锅炉不会因水位太低而烧毁。

2. 辅锅炉燃烧控制

辅锅炉燃烧自动控制的任务是维持锅炉内蒸气压力恒定或在一个允许的范围内变动。辅锅炉燃烧自动控制中，蒸气压力是被控量，通过改变向炉膛的喷油量和送风量，即通过改变炉膛的燃烧强度来调节辅锅炉的蒸气压力。一般对辅锅炉蒸气压力品质要求不高（允许有一定的波动），有的船用辅锅炉燃烧采用双位控制，有的船用辅锅炉燃烧采用比例控制。

1）辅锅炉燃烧的双位控制

在辅锅炉燃烧双位控制系统中，用压力继电器来感受蒸气压力的高低，控制炉膛内的燃烧。在双位控制中有两种形式：

（1）用一只压力继电器。把继电器的动作压力整定在锅炉蒸气压力的上限值和下限值上。比如，蒸气压力上限值是0.65MPa，压力继电器动作，其触头断开，切断锅炉风机和油泵电机电源，停止供油和送风，即自动停炉。这时，由于不断用汽，其压力会逐渐降低。当降低到蒸气压力下限值（如0.45MPa）时，压力继电器动作使触头闭合，启动鼓风机和油泵电机。这时，燃油电磁阀尚未打开不能向炉膛供油，而是对锅炉进行预扫风。在预扫风时间达到以后，再打开燃油电磁阀向炉膛供油，同时点火变压器通电，点火电极打出电火花开始点火燃烧。点火成功后，点火变压器断电停止点火，转入正常燃烧。由于燃烧产生的蒸汽量大于负荷所需要的蒸汽量，蒸气压力会不断升高，当达到上限值时又自动停炉。当蒸气压力下降到下限值时，又自动启动锅炉。这种控制形式的缺点是，锅炉启、停频繁。

（2）用两个压力继电器。两个压力继电器整定的动作值不同。比如，第一个压力继电器在蒸气压力达到上限值（如0.65MPa）动作，其触头断开；在达到下限值（如0.45MPa）时闭合。第二个压力继电器整定的动作压力值在蒸气压力上下限之间某个值（如0.55MPa），其触头断开。当气压下降到下限值（如0.45MPa）时，其触头闭合。两个压力继电器分别控制两个油头的燃油电磁阀。当锅炉蒸气压力处在下限值和中间值之间（如0.45～0.55MPa）时，风门开得最大，两个燃油电磁阀都打开，两个油头同时喷油燃烧，燃烧强度最大，气压上升较快，常称

"高火燃烧"。当气压处在上限值和中间值之间(如0.55~0.65MPa)时,由于第二个压力继电器触头断开,切除第二个油头的工作。此时,风门关得最小,只有一个油头喷油燃烧,常称"低火燃烧"。这时气压的高低视锅炉的负荷而定,在锅炉高负荷运行时,锅炉将进行"高火燃烧",在低负荷运行时,锅炉将进行"低火燃烧"。在低火燃烧时,如果气压仍然不断升高,且达到上限值时,由于两个压力继电器触头都断开,两个燃油电磁阀同时断电停止供油,自动停炉。当气压下降到下限值时,再自动启动锅炉。这种控制方式避免了锅炉启停频繁的缺点,结构比较简单,因此应用较为广泛。但是,锅炉在运行时气压也是波动的,不能稳定在某个值上。

2)气压的比例控制

在某些辅锅炉的气压控制中,采用压力比例调节器和电动比例操作器组成的比例控制系统,它能根据气压变化成比例地改变喷油量和送风量,把气压控制在给定值附近。图2-3-2示出了气压比例控制系统工作原理图。其中图a)是压力比例调节器结构原理图,图b)是电动比例操作器框图。

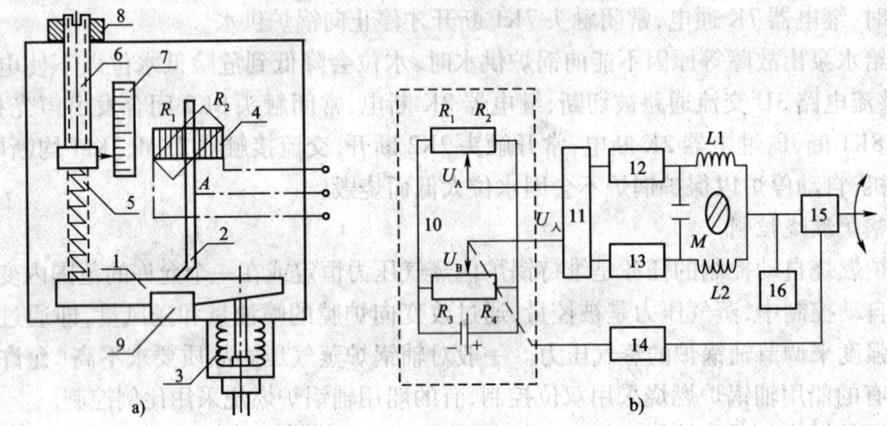

图2-3-2 燃烧比例控制系统工作原理图

a)压力比例调节器;b)电动比例操作器框图

1-平衡杠杆;2-发讯划针;3-波纹管;4-电位器;5-给定弹簧;6-调整螺钉;7-给定值标度;8-锁紧螺母;9-支点;10-平衡电桥;11-差动放大器;12-正转可控硅交流开关;13-反转可控硅交流开关;14-反馈凸轮;15-减速装置;16-制动装置

压力比例调节器的发讯划针2与平衡杠杆1连成一体。在杠杆上作用有两个力:一个是给定弹簧5的拉力,另一个是蒸气压力对波纹管3所产生的测量力,当这两个力对支点9所产生的力矩平衡时,发讯划针2不动。当气压稳定在给定值时,杠杆处于水平位置,划针2处于电位器4的中央位置,这时电阻$R_1=R_2$。A点的电位U_A为某一值。当锅炉负荷变化使气压偏离给定值时,杠杆和划针发生偏转,改变了发讯划针在电位器上的触点位置R_1和R_2的阻值发生变化,相应的U_A也发生变化。因此,调节器的输入是蒸气压力的变化量,输出是电位U_A的变化量,它们之间成比例关系。

调整给定值是通过扭动调整螺钉6改变给定弹簧5的预紧力来实现的。给定值的调整范围为0.5~1.0MPa,一般辅锅炉的气压在0.6~0.7MPa范围。

比例作用的强弱是根据气压在相同数量变化的情况下,U_A变化的大小来定,U_A变化大,比例作用强。反之比例作用弱。发讯划针2从电位器最右边(对应最低气压)移至最左边(对应最高气压)对应蒸气压力的变化范围称为比例范围(有时称为比例带)。因此,改变电位器4的倾斜角度可调整比例带。电位器在水平位置时,比例带最大,比例作用最弱。当把电位器转一个角度斜置时,比例带减小,比例作用增强。

电动比例操作器是气压比例控制系统的执行机构。压力比例调节器的电位器与电动比例操作器的反馈电位器组成一个平衡电桥。当气压稳定在给定值时，发讯划针和反馈划针均处在电位器的中央位置，故 $R_1=R_2, R_3=R_4$，满足电桥平衡条件 $R_1 \cdot R_4=R_2 \cdot R_3$，这时 $U_{入}=0$。放大器2输出为零正、反转可控硅交流开关均未被触发导通，电机 M 断电停转，由它带动的风门挡板和回油阀开度不变，燃烧强度不变。当锅炉负荷减小，气压升高时，发讯划针左移，R_1 减小 R_2 增大。于是 $R_1 \cdot R_4<R_2 \cdot R_3$，破坏了电桥的平衡。由于反馈划针暂时未动，$U_B$ 暂时不变，U_A 降低，电桥就会输出一个下正上负的不平衡电压信号 $U_{入}$，经放大器2放大后触发反转可控硅交流开关4使其导通，电机 M 反转，将回油阀开大，风门关小，减少进入炉膛的喷油量和送风量，使气压降低。同时，电机 M 带动反馈凸轮转动，反馈划针左移，使 R_3 减小 R_4 增大，直到 $R_1 \cdot R_4=R_2 \cdot R_3$，又满足电桥平衡条件时，$U_{入}=0$，电机 M 停止转动，回油阀和风门开度不再改变，锅炉的燃烧控制达到新的平衡状态，使气压回到给定值附近。当锅炉负荷增大气压降低时，划针2右移，电桥输出的不平衡电压信号 $U_{入}$ 的极性是上正下负，经放大器放大后触发正转可控硅交流开关3导通，电机 M 正转，关小回油阀，开大风门，增大进入炉膛的油量和风量，使气压逐渐上升。同时，反馈划针向右移动，直到 $R_1 \cdot R_4=R_2 \cdot R_3$，电桥又处于新的平衡状态，电机停转，气压稳定在给定值附近。

3. 辅锅炉燃烧时序控制

1）时序控制系统的功能

船用辅锅炉虽然类型很多，实现燃烧时序控制的具体电路差异也很大，但其时序控制原理和它所能完成的功能却是基本相同的。图2-3-3示出了燃烧时序控制的框图。

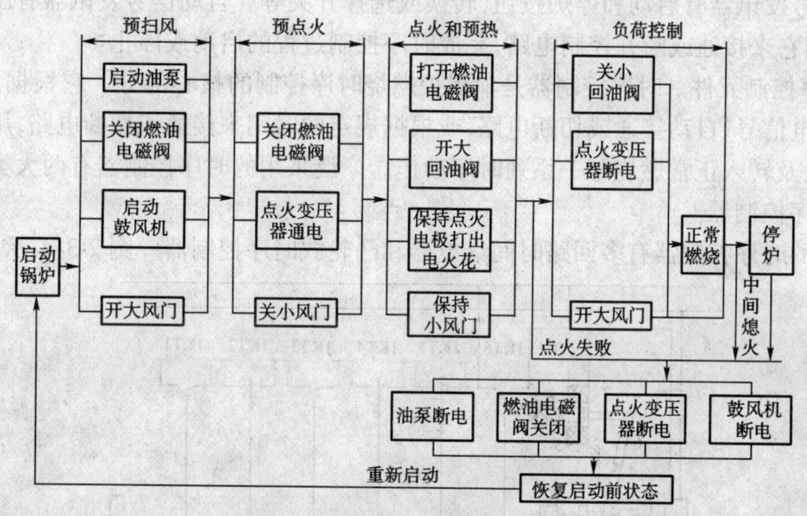

图2-3-3 辅锅炉燃烧的时序控制框图

在启动锅炉以前，轮机员先要做一系列的准备工作。如合上电源总开关；观察锅炉水位是否在危险低水位以下，若是，则要向锅炉补足水，否则锅炉不能启动；让燃油系统的温度、压力自动控制系统投入工作；把“自动—手动”转换开关转到“自动”位置等。做好这些工作以后，就可按锅炉启动按钮，燃烧时序控制系统投入工作。时序控制系统的功能如下：

（1）预扫风。预扫风就是在启动锅炉时先用空气吹除残留在炉膛内的油气，防止炉膛内集油过多而在点火时发生冷爆。预扫风的时间根据锅炉的结构形式不同而异，一般是20～60秒。给锅炉一个启动信号后，控制系统能自动启动油泵和风机。这时，燃油电磁阀是关闭的，不能供油，风门开得最大以大风量进行预扫风。

(2)点火。当整定的预扫风时间达到后，控制系统会自动关小风门以利于点火。点火变压器通电，点火电极产生电火花进行预点火(时间为3秒左右)。然后打开燃油电磁阀进行供油点火。有些锅炉没有预点火，在点火变压器通电的同时打开燃油电磁阀进行供油点火。

在点火时间内要求小风量少喷油。对只有一个油头工作的辅锅炉，要开大回油阀减少供油。对有两个油头的辅锅炉，点火期间只打开一个油头的电磁阀进行点火，不同的时序控制系统其点火时间也不同，一般在几秒到十几秒范围内。点火是否成功由火焰感受器来监视。在调定的点火时间内，如果炉膛内有火焰说明点火成功，时序动作继续进行。如果炉膛内无火焰说明点火失败，自动停炉，待故障修复后再重新启动。

(3)负荷控制。点火成功后维持一段时间低火燃烧对锅炉进行预热，然后开大风门，关小回油阀或打开第二个油头电磁阀，以大风量多喷油来增强炉膛内的燃烧强度，使锅炉进入正常燃烧的负荷控制阶段。负荷控制就是对锅炉蒸气压力进行自动控制。

(4)安全保护。如果发生点火失败、风机失压、中间熄火、水位太低等现象，会自动停炉对锅炉进行安全保护。待故障排除后按复位按钮才能重新启动锅炉。

2)燃烧时序控制系统的主要元件

为了实现辅锅炉燃烧的时序控制，必须要有一些控制元件，其中包括信号发讯器、时序控制元件及火焰感受器等。

(1)信号发讯器。信号发讯器是发出各种控制信号的元件，其中包括手动信号发讯器和自动信号发讯器。

手动信号发讯器有启动和停炉按钮，转换或选择开关等。自动信号发讯器有压力开关、温度开关等，用它来接通或断开控制电路，完成时序控制过程的启动或停止。

(2)时序控制元件。时序控制器是辅锅炉燃烧时序控制的核心部分。它根据启动信号发讯器送来的电信号，自动接通或切断电路，或根据规定的时间来接通或切断电路，用以预扫风、预点火、点火及转入正常燃烧等一系列时序动作。广泛采用的时序控制器有两大类，即有触点和无触点时序控制器。

有触点的时序控制器有多回路时间继电器和凸轮式时序控制器。图2-3-4示出多回路时

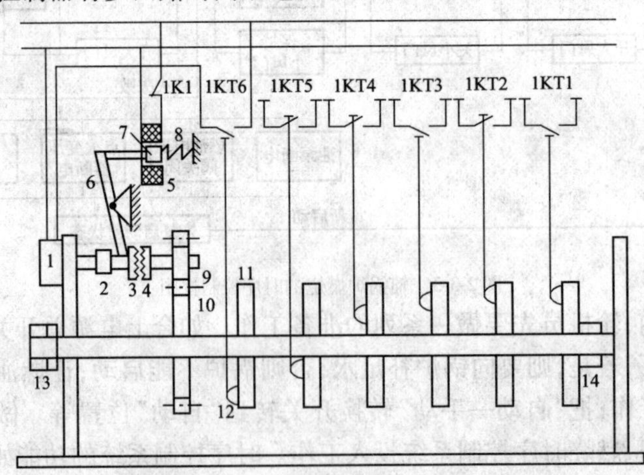

图2-3-4　多回路时间继电器结构原理图

1-同步电机；2-传动轴；3、4-离合器；5-控制线圈；6-杠杆；7-铁芯；8-拉力弹簧；9、10-减速齿轮；11-标度盘；12-爪形块；13-复位弹簧；14-锁紧螺母

间继电器结构原理图。它主要是利用标度盘上的爪形块来控制相应的微动开关,借以控制时序电路。当控制线圈5通电时,离合器啮合,同步电机带动标度盘11转动。标度盘上的爪形块将按预先规定的时间顺序使相应的微动开关闭合或断开,控制有关电路。当标度盘转过360°时,最后一个标度盘的爪形块切断同步电机的电源使其停转。按下停炉按钮或锅炉在运行中出现故障自动停炉时,控制线圈5断电,离合器脱开,在复位弹簧13的作用下标度盘回零。松开锁紧螺母14可单独转动每个标度盘,调整相应的微动开关闭合或断开时间以满足时序动作的要求,调整好后再把螺母锁紧。

凸轮式时序控制器的工作原理与多回路时间继电器类似。同步电机经减速装置带动一根凸轮轴转动,于是固定在凸轮轴上的若干凸轮将依次使微动开关动作。改变凸轮相对凸轮轴的位置可调整相应的微动开关的动作时间。

无触点时序控制器是利用RC延时环节来实现的,通常把RC的充放电回路加在晶体管的基极电路中,利用晶体管的开关特性,使继电器通电动作或断电释放,如图2-3-5所示。

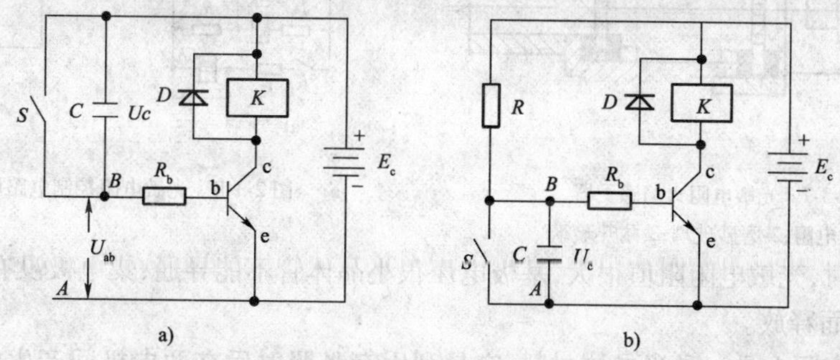

图2-3-5 晶体管延时开关电路

图2-3-5a)为单管延时释放电路。开关S闭合时,电容C被旁路,晶体管立即导通,继电器K通电动作。当S断开时,电源向电容充电,由于电容两端的电压不能突变在一段时间内晶体管保持导通,继电器K保持通电。随着电容的充电,电容两端电压不断升高,电压U_B不断减小,经t秒的延时后晶体管截止,继电器K释放。

图2-3-5b)是继电器延时通电电路。当开关S闭合时,电容C被旁路,晶体管立即截止,继电器立即断电释放。当S断开时,电源向电容充电,开始充电时充电电流较大,晶体管基极电压近似为零。以后随着电容C两端电压的升高,晶体管基极电压不断增大,经t秒延时后,基极电压增大到使晶体管导通,继电器通电动作。

晶体管延时开关电路的延时时间取决于电路的时间常数T及继电器的动作电流。晶体管延时开关电路的延时时间可以从1秒到几十秒进行无级调整。

(3)火焰感受器。火焰感受器用来监视炉膛内有无火焰。当点火失败或在持续燃烧期间熄火时,为避免再向炉内喷油引起事故,要求关闭燃油电磁阀停止供油,并发出声光报警。因此,自动化锅炉都装有火焰感受器来监视炉内的火焰。辅锅炉上常用的火焰感受器有光敏电阻、光电池和紫外线灯管等。

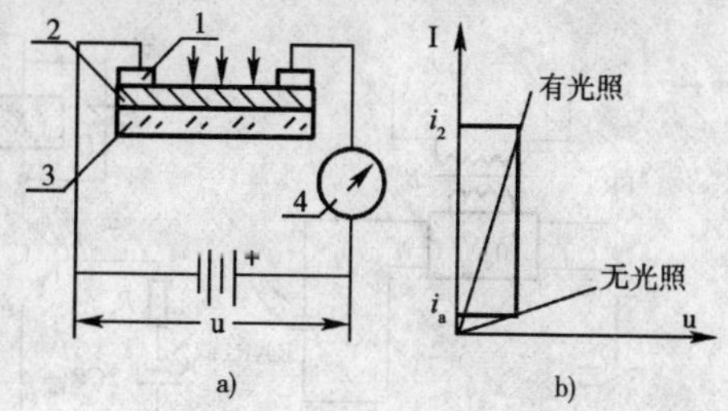

图2-3-6 光敏电阻及其特性

1-金属电极;2-光敏层;3-透明底板;4-电流表

①光敏光阻是由涂在透明底板上的光敏层,经金属电极引出线构成的,如图2-3-6a)所示。光敏层是由铊、镉、铅等硫化物或硒化物制成的。光敏电阻的主要特征是,它接受光照射时其电阻值很小,无光照射时其

电阻值较大。因此，在光敏电阻两端所加电压不变的情况下，有光照射和无光照射时流过光敏电阻的电流相差很大，其伏安特性如图 2-3-6b）所示。用光敏电阻组成的火焰感受器如图 2-3-7 所示。为了防止光敏电阻接受高温炉墙所辐射的可见光和红外线，使光敏电阻动作延迟或误动作，在安装时要避免高温炉墙的辐射线直接照射在光敏电阻上。此外，光敏电阻不能承受高温，否则会影响使用寿命。因此，在光敏电阻的前面装有磨砂玻璃，阻挡红外线的透入。同时利用散热片和空气冷却，保证光敏电阻的温度不超过规定的范围。

光敏电阻控制电路的原理如图 2-3-8 所示。图 a）中，R_g 是光敏电阻，无光照射时，电流很小不能使继电器 $5K$ 动作。当有光照射时，R_g 电阻值减小，电流增大，使继电器 $5K$ 动作。图 b）中，光敏电阻 R_g 被光照射时，晶体管有基极电压，因此集电极电流流过继电器 K 使其吸合。

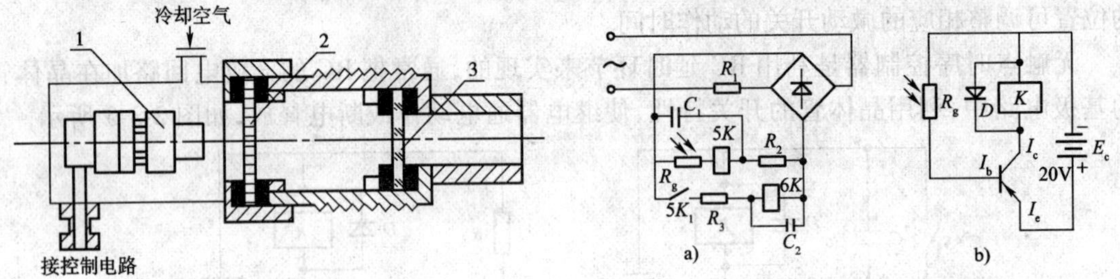

图 2-3-7　光敏电阻火焰感受器

1-光敏电阻；2-磨砂玻璃；3-耐热玻璃

图 2-3-8　光敏电阻控制电路原理图

无光照射时，光敏电阻阻值很大，基极电压很小晶体管不能导通，集电极没有电流流过，继电器 K 因断电而释放。

②光电池实际上是一种半导体材料，它是利用有光照射后在两电极间产生电压的原理工作的，图 2-3-9 示出光电池控制电路图。其中图 a）采用 RAR 型硒光电池作为光敏元件，当它接受光照射时，正负两极之间将会产生小于 1 伏的电压，经磁放大器 MV 放大之后足以激励继电器 FR 动作。图 b）采用 2CR11 型光电池，当它接收光照射时，光电池两极间将产生 0.5V 的电压，经晶体管放大后足以使继电器 K 通电动作。

光电池使用寿命长，而且它的光谱敏感范围仅限于可见光而不包括红外线，这对监视炉膛内火焰是非常合适的，因此近年来使用越来越多。

4. 辅锅炉燃烧系统原理图

图 2-3-10 为辅锅炉燃烧系统原理图，供大家在学习时参考。

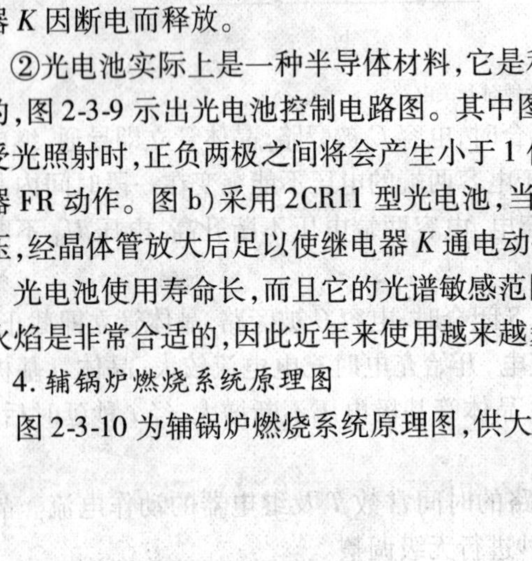

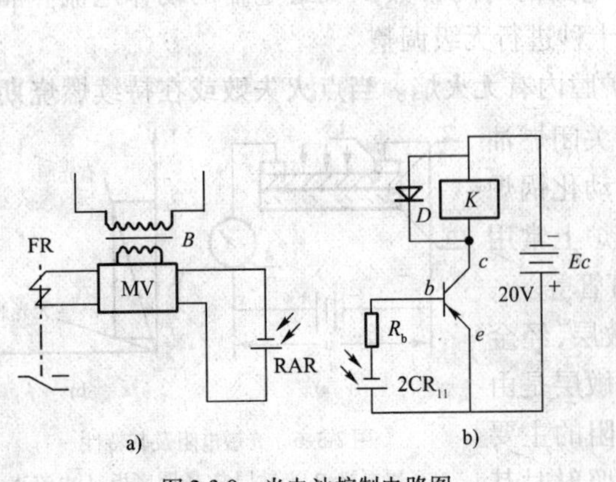

图 2-3-9　光电池控制电路图

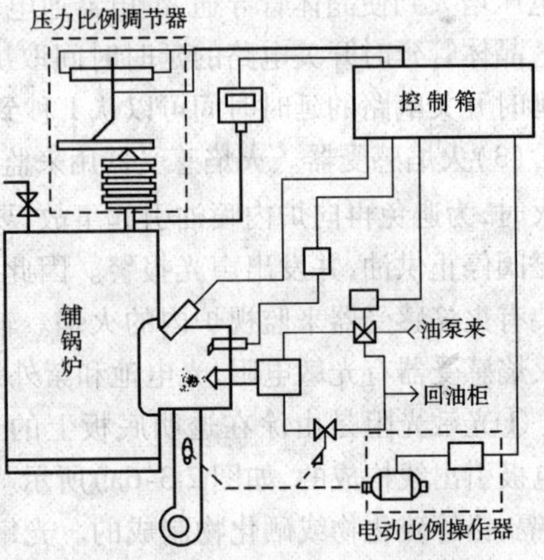

压力比例调节器
控制箱
辅锅炉
油泵来
回油柜
电动比例操作器

图 2-3-10　辅锅炉燃烧系统原理图

三、实训环节

实训　辅锅炉燃烧自动控制系统实例

船用辅锅炉尽管类型很多，但实现燃烧自动控制的基本原理和控制电路则大同小异。下面以国产辅锅炉燃烧自动控制系统为例，介绍燃烧时序控制的基本原理。图 2-3-11 为该锅炉燃烧自动控制电路原理图。

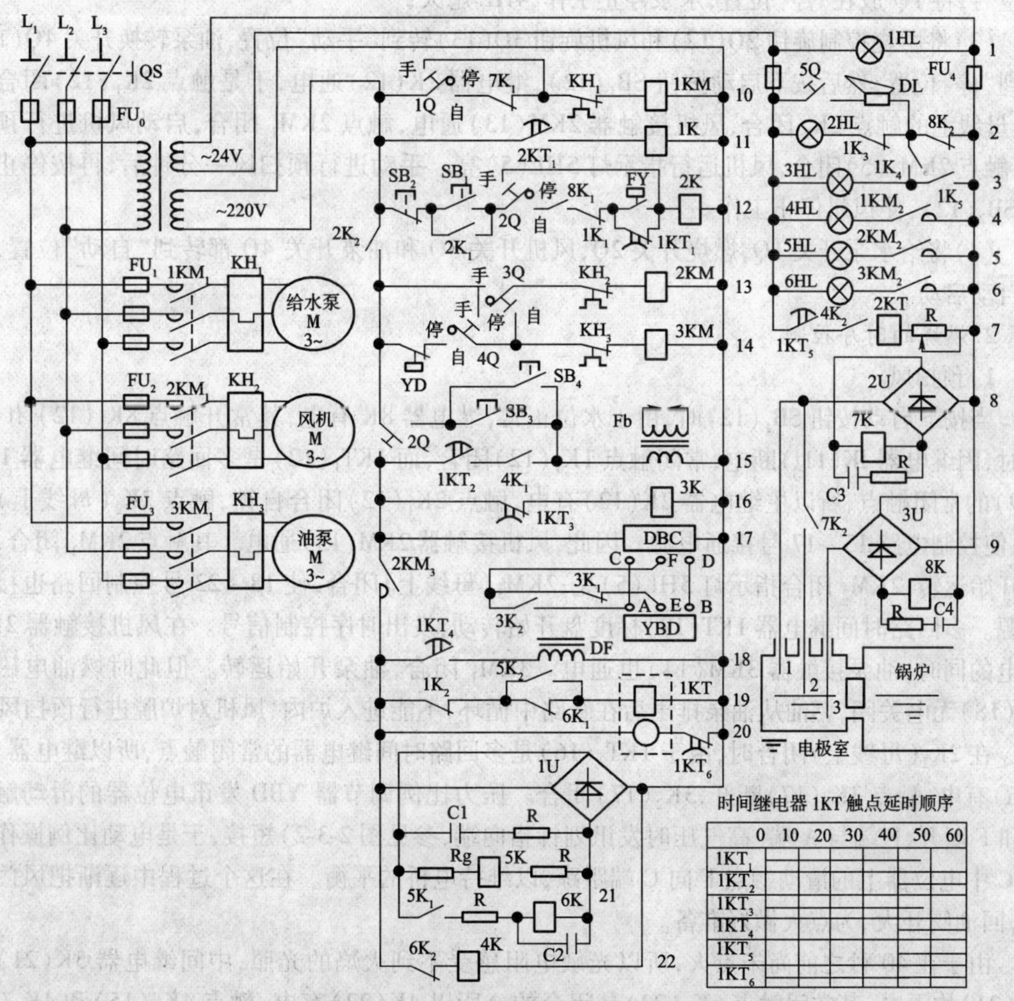

图 2-3-11　辅锅炉燃烧自动控制电路原理图

QS-开关；SB$_1$-启动按钮；SB$_2$-停炉按钮；1Q-给水泵转换旋钮；2Q-燃烧旋钮；3Q-风机转换旋钮；4Q-油泵转换旋钮；5Q-消音开关；SB$_3$、SB$_4$-手动点火按钮；Fb-点火变压器；FY-风压保护继电器；DF-燃油电磁阀；DBC-电动比例操作器；YBD-压力比例调节器；Rg-光敏电阻；1KT-时序控制继电器；2KT-熄火保护继电器；KM-接触器；K-中间继电器；KH-热保护继电器；1HL-电源指示灯；2HL-危险低水位指示灯；3HL-熄火指示灯；4HL、5HL、6HL-给水泵、风机、油泵运行指示灯；DL-蜂鸣器；U-二极管整流器；YD-超压保护继电器

由图可见，锅炉水位是采用电极式双位控制；锅炉气压在低负荷时采用双位控制，正常负荷时采用压力比例调节器—电动比例操作器的比例控制；点火时序控制采用多回路时间继电器；火焰监视器采用光敏电阻作为光敏元件；有危险水位、低风压、超压保护等安全保护装置；

自动控制系统失灵时可转为手动操作。

锅炉的自动控制过程如下：

1. *启动前的准备*

(1)合上总电源开关 QS,电源指示灯 1HL(1)亮,控制电路接通电源；

(2)若炉内水位低于危险低水位,中间继电器 8K(9)断电,常开触点 $8K_1$(12)断开,锅炉无法自动启动。此时应将给水泵旋钮 1Q(10)放在“手动”位置,接触器 1KM(10)通电,触点 $1KM_1$ 闭合启动水泵向炉内供水,$1KM_2$(4)闭合,水泵指示灯 4HL(4)亮。当水位上升到正常水位后,将 1Q 放在“停”位置,水泵停止工作,4HL 熄灭；

(3)将燃烧控制旋钮 2Q(12)和风机旋钮 3Q(13)转到“手动”位置,油泵转换开关 4Q(14)转到“停”位置,然后按下启动按钮 SB_1(12),继电器 2K(12)通电,于是触点 $2K_1$(12)闭合自锁,母线上的触点 $2K_2$ 闭合,风机接触器 2KM(13)通电,触点 $2KM_1$ 闭合,启动风机进行预扫风,触点 $2KM_2$(5)闭合,风机运行指示灯 5HL(5)亮。手动进行预扫风一分钟后,再按停止按钮 SB_2(12),使风机停止工作。

(4)将给水泵开关 1Q,燃烧开关 2Q,风机开关 3Q 和油泵开关 4Q 都转到“自动”位置,准备自动启动。

2. *燃烧的时序控制*

1)预扫风

当按下启动按钮 SB_1(12)时,由于水位正常,继电器 8K 有电,其常开触点 $8K_1$(12)闭合；同时,因继电器 lK(11l)断电,常闭触点 $1K_1$(12)闭合,而 $1KT_1$(12)是多回路时间继电器 1KT(19)的常闭触点,所以主继电器 2K(12)有电,触点 $2K_1$(12)闭合自锁,触点 $2K_2$(母线上)闭合,使控制电路 13 ~17 号接通电源。因此,风机接触器 2KM(13)通电。其触点 $2KM_1$ 闭合,风机开始运转;$2KM_2$ 闭合指示灯 5HL(5)亮;$2KM_3$(母线上)闭合,使 18 ~22 号控制回路也接通电源。多回路时间继电器 1KT(19)标度盘开始转动,发出时序控制信号。在风机接触器 2KM 通电的同时,油泵接触器 3KM(14)也通电。$3KM_1$ 闭合,油泵开始运转。但此时燃油电磁阀 DF(18)无电关闭,燃油从油泵排出后在管路中循环,不能进入炉内,风机对炉膛进行预扫风。

在 $2K_2$(母线上)闭合时,由于 $1KT_3$(16)是多回路时间继电器的常闭触点,所以继电器 3K(16)有电,触点 $3K_1$(17)断开,$3K_2$(17)闭合。压力比例调节器 YBD 发讯电位器的滑动触点 E 和 F 断开,F 端与 A 端(高气压时发讯划针指向端,参见图 2-3-2)短接,于是电动比例操作器 DBC 中电位器上的滑动触点 F 向 C 端跟踪,以维持电桥的平衡。在这个过程中逐渐把风门关小,回油阀开大,为点火做好准备。

由于在 40 秒之前尚未点火,所以光敏电阻感受不到火焰的光照,中间继电器 5K(21)和 6K(21)均无电,其常闭触点 $6K_2$(22)是闭合的。所以 4K(22)有电,触点 $4K_1$(15)和 $4K_2$(7)闭合,为点火变压器 Fb 通电和熄火保护延时继电器 2KT(7)通电做好准备。

2)点火

在预扫风 40 秒后,多回路时间继电器触点 $1KT_4$(18)闭合,燃油电磁阀 DF(18)有电,打开油泵到喷油器的供油管路。但因回油阀已开大,故向炉内喷油量很少。与此同时,触点 $1KT_2$(15)也闭合,使点火变压器 Fb 通电,使点火电极之间产生电火花进行点火;触点 $1KT_5$(7)也闭合,熄火保护延时继电器 2KT(7)通电。但是,它要在通电 7 秒后才能将其触点 $2KT_1$(11)闭合。所以,这时只对点火进行监视,为熄火保护做好准备。

如果在 7 秒内点火成功,炉内有火焰,光敏电阻 Rg(21)受到光照,电阻值减小,回路的电流增大，使继电器5K(21)有电。其触点$5K_2$(19)闭合，维持时间继电器1KT的标度盘继续转动，触点$5K_1$(21)闭合，继电器6K(21)通电，触点$6K_1$(19)断开，因5K2已提前闭合，故1KT的标度盘维持转动。触点$6K_2$(22)断开，4K(22)断电，其触点$4K_1$(15)断开，点火变压器Fb断电，停止点火；$4K_2$(7)断开，使熄火保护延时继电器2KT(7)断电，其触点$2KT_1$(11)因未达到闭合时间继续断开，维持继电器1K(11)为断电状态，$1K_2$(19)始终闭合，1KT标度盘继续转动。

当1KT转到47秒时，触点$1KT_1$(12)断开，风压保护继电器FY(12)已投入工作，使主继电器2K(12)仍有电。直到60秒时，触点$1KT_6$(20)断开，多回路时间继电器的同步电机断电，标度盘停止转动，正常点火时序控制结束。

3)点火失败

如果点火时序控制从40秒时开始点火，延时时间超过7秒，光敏电阻Rg仍未感受到炉膛火焰的照射，则中间继电器5K和6K(21)一直断电，触点6K2(22)一直闭合，继电器4K(22)一直有电，其触点$4K_2$(7)一直闭合，延时继电器2KT(7)一直有电。当2KT(7)达到整定时间7秒后，使触头$2KT_1$(11)闭合，1K(11)有电，其触点$1K_1$(12)断开，主继电器2K(12)断电，其触头$2K_2$(母线上)断开，将高压控制回路电源切断。使风机、油泵停转，电磁阀DF关闭，时间继电器1KT(19)断电(参见图2-3-4)，标度盘自动回零，各延时触点恢复启动前的状态。与此同时，低压控制回路的$1K_3$(2)断开，$1K_4$(3)和$1K_5$(3)闭合，故障熄火指示灯3HL亮，烽鸣器响，发出报警信号。

4)再次启动

在第一次点火失败时，必须在排除故障后进行再次启动。首先将熄火保护延时继电器2KT(7)手动复位，使触点$2KT_2$(11)复位断开。只有在$2KT_1$断开使继电器1K(11)断电，其常闭触点$1K_1$(12)恢复闭合后，才能重新启动。

5)中途熄火

在燃烧过程中，如果中途熄火，光敏电阻失去火焰光照，电阻值增大，继电器5K(21)因电流过小而失去作用，则触点$5K_1$(21)断开。因此继电器6K(21)断电，其常闭触点6K2(22)闭合，继电器4K(22)有电，触点$4K_1$(15)闭合，而$1KT_2$在点火时序控制结束时处于闭合状态，所以点火变压器Fb(15)通电，重新进行点火；同时，$4K_2$(7)也闭合，由于$1KT_5$(7)已闭合，故熄火保护延时继电器2KT(7)通电，对点火时间进行监视。若在7秒内点火成功，即转入正常燃烧；若仍未点燃，则同点火失败情况一样，7秒后触点$2KT_1$(11)闭合，1K有电，$1K_1$(12)断开，主继电器2K(12)断电，使锅炉停止燃烧，并发出熄火声光报警信号。也就是，在中途熄火后，自动点火一次，如不成功，停炉并发出报警。

3.气压的自动控制

在点火时序控制过程中，时间继电器1KT转到45秒后，触头$1KT_3$(16)断开，继电器3K(16)断电，触点$3K_1$(17)闭合，$3K_2$(17)断开，使压力比例调节器YBD的滑动触点E和电动比例操作器DBC的滑动触点F接通，F与A断开。由于此时锅炉是低压启动，所以YBD滑动触点E移到低压端B，电动比例操作器DBC的滑动点F也向低压端D跟踪，使风门开大，回油阀关小(喷油量加大)，锅炉进入工常比例燃烧自动控制。当气压上升到控制气压的下限值时，气压再升高YBD滑动点开始从E点向A方向移动，同时DBC的滑动点F也跟踪向C方向移动，相应的关小风门和减少喷油量，维持正常负荷的气压比例控制。当锅炉的负荷低于30%，风油量已调到最小限度，气压达到控制气压的上限值时，比例控制失去作用，气压转入双位控制。即达到超压保护继电器YD(14)的整定上限值，YD断开，接触器2KM和3KM失电，风机和油泵停止工作，同时 $2KM_3$（母线上）断开，燃油电磁阀 DF（18）关闭，时间继电器 1KT（19）断电回零。此时为正常熄炉，不发出报警信号。当锅炉的气压又降低到控制气压的下限值时，YD 又重新闭合，2KM 和 3KM 通电，风机和油泵重新启动，同时 $2KM_3$ 闭合，18 ~ 22 路有电，开始自动点火时序控制，使锅炉重新燃烧。因此，锅炉在低负荷运行时，气压的比例控制作用不大，燃烧接近双位控制。

4. 安全保护

该系统的安全保护有危险低水位和风压过低自动熄炉保护。

锅炉在运行中，当水位下降到危险低水位时，最低的一根电极脱离水面，继电器 8K（9）断电，其触点 $8K_1$（12）断开，主继电器 2K（12）断电，$2K_2$（母线上）断开，切断整个控制电路，使锅炉自动熄火停炉。$8K_2$（2）闭合，危险水位指示灯 2HL 亮，蜂鸣器响，发出报警信号。

当风压过低时，风压保护继电器 FY（12）触点断开、主继电器 2K 断电，锅炉自动熄火停炉。

5. 停炉

停炉时，可手按停止按钮 SB_2（12），主继电器 2K（12）断电，燃烧系统停止工作。当水位降到低于危险低水位时，应把水泵开关 lQ 放在“手动”位置，向锅炉供水，直到水位达到正常水位时，再把 1Q 放在“停止”位置上。切断总电源开关，并把燃烧开关 2Q 置于“手动” 位置，风机、油泵开关 3Q、4Q 放在“停止”位置上。

6. 手动操作

当锅炉某些自动控制设备出现故障（如多回路时间继电器故障、压力比例调节器或电动比例操作器失灵等），难以立即修复时，可改为手动操作。在手动操作之前，应做好以下准备工作：检查锅炉水、油、电的供给情况是否正常；自动控制箱上的各个转换开关是否处于点火前的准备位置；锅炉水位应高于最低水位；将燃油电磁阀置于常开状态，而手动速关阀置于关闭状态；将燃烧转换开关 2Q 置于手动位置，风机和油泵转换开关 3Q 和 4Q 置于停止位置；将风油配比机构与电动比例操作器 DBC 脱开，把风门和油门调到小火燃烧位置；合上总电源开关 QS。

手动操作具体步骤：

（1）按下启动按钮 SB_1（12），接通控制电路。

（2）将风机转换开关 3Q（13）转到手动位置，风机投入运行，进行预扫风。

（3）预扫风后，把油泵转换开关 4Q（14）转到手动位置，油泵启动，建立起油压。

（4）按下点火按钮 SB_3（15），点火变压器通电，点火电极产生电火花，打开燃油管路上的速关阀，向炉膛内喷油进行点火。

（5）从观火孔看到火焰时，放开按钮 SB_3，终止点火变压器工作。

（6）点火成功后，调整风油配比机构，使炉内燃烧和锅炉负荷相适应。

（7）如果手动点火失败，应立即关闭速关阀，停止向炉膛内喷油，并进行后扫风，待查明原因并排除故障后，再重新点火。

四、PLC 在船用辅锅炉燃烧控制系统中的应用

1. 引言

可编程控制器（PLC）作为传统继电接触控制系统的替代产品已广泛应用于工业控制的各个领域，由于它可通过软件来改变过程，而且具有体积小、组装灵活、编程简单、抗干扰能及可靠性高等特点，非常适合于在恶劣的工业环境下使用，被认为是工业上的无故障产品。PLC 在船用辅锅炉燃烧自动控制系统中的应用，替代传统辅锅炉燃烧自动控制系统是一种必然。

2. 设计要求

设计总体要求:锅炉水位是采用电极式双位控制;锅炉气压在低负荷时采用双位控制,正常负荷时采用压力比例调节器—电动比例操作器的比例控制;火焰监视器采用光电池;有危险水位、低风压、超压保护等安全保护装置;自动控制系统失灵时可转为手动操作。

在启动锅炉以前,轮机员先要做一系列的准备工作。如合上电源总开关;观察锅炉水位是否在危险低水位以下,若是,则要向锅炉补足水,否则锅炉不能启动;让燃油系统的温度、压力自动控制系统投入工作;把"自动 - 手动"转换开关转到"自动"位置等。做好这些工作以后,就可按锅炉启动按钮,燃烧时序控制系统投入工作。时序控制系统的功能有:①预扫风;②点火;③负荷控制;④安全保护。

3. PLC 选型及输入、输出点的设计

1)考虑到以下几方面,选用 FX2N PLC

(1)FX2N 配置灵活,除主机单元外,还可以扩展 I/O 模块,A/D 模块,D/A 模块和其他特殊功能模块。本系统设计需 I/O 40 点(输入 24 点,输出 16 点)。主机采用小型化基本单元 FX2N-40MR。

(2)FX2N 指令功能丰富,有各种指令性 107 条,且指令执行速度快。

(3)FX2N PLC 可用内部辅助继电器 M,状态继电器 S,定时器 T,寄存器 D,计数器 C 的功能和数量满足了系统控制要求的需要。

(4)FX2N PLC 的编程,可用编程器,也可以在 PC 机上使用三菱公司的专用编程软件包 MELSE MEDOC 进行。编程语言可用梯形图或指令表。尤其是可用 PC 机对系统实时进行监控。为调试和维护提供了极大的方便。

2)输入、输出点的设计

输入、输出点的设计如表 2-3-1 所示。

输入、输出点的设计 表 2-3-1

X000	水泵转换旋钮—停止	X023	油泵转换旋钮—停止
X001	水泵转换旋钮—自动	X024	油泵转换旋钮—自动
X002	水泵转换旋钮—手动	X025	油泵转换旋钮—手动
X003	停炉按钮	X026	手动点火按钮
X004	启动按钮	X027	光电池控制触点
X005	燃烧旋钮—停止	Y000	水泵
X006	燃烧旋钮—自动	Y001	风机
X007	燃烧旋钮—手动	Y002	油泵
X010	风压保护	Y003	点火变压器
X011	超压保护	Y004	回油及风量调节
X012	危险低水位	Y005	压力比例调节器
X013	高水位	Y006	燃油电磁阀
X014	低水位	Y007	熄火保护手动复位
X015	水泵热保护	Y010	水泵运行指示灯
X016	风机热保护	Y011	风机运行指示灯
X017	油泵热保护	Y012	油泵运行指示灯
X020	风机转换旋钮—停止	Y013	熄火指示灯
X021	风机转换旋钮—自动	Y014	危险低水位指示灯
X022	风机转换旋钮—手动	Y015	报警器

4.系统梯形图

系统控制梯形图如图 2-3-12 所示。

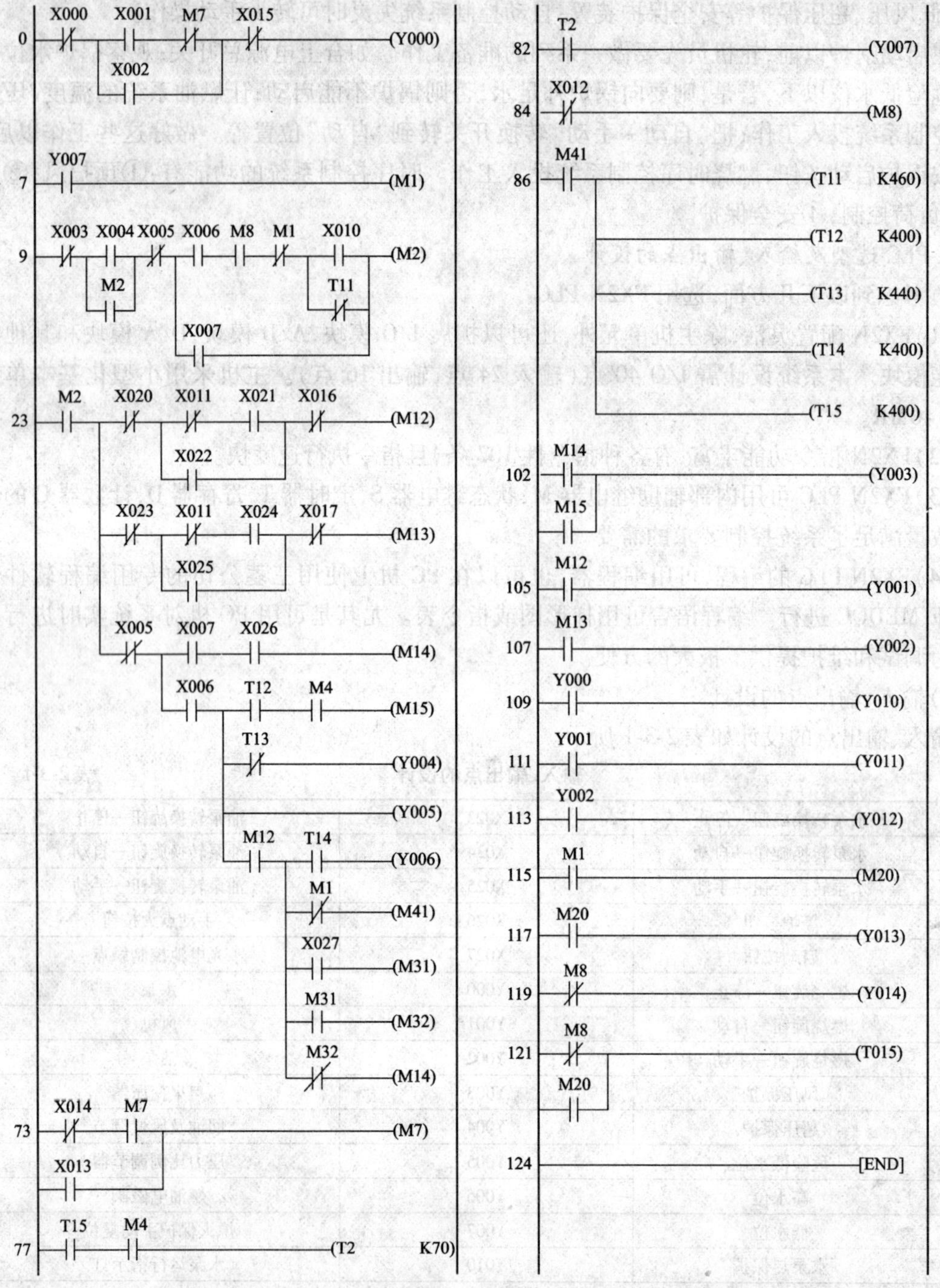

图 2-3-12　系统控制梯形图

5.锅炉的控制过程分析

锅炉的自动控制过程如下：

1)启动前的准备

(1)合上总电源开关,控制电路接通电源;

(2)若炉内水位低于危险低水位,X012 断开,锅炉无法自动启动。此时应将给水泵旋钮放在"手动"位置,X002 闭合,Y000 闭合,启动水泵向炉内供水,当水位上升到正常水位后,水泵旋钮放在"停"位置,水泵停止工作。

(3)将燃烧控制旋钮和风机旋钮转到"手动"位置,油泵转换开关转到"停"位置,然后按下启动按钮 X004,M2 通电,于是 M2 触点闭合自锁,M12 通电,启动风机进行预扫风,手动进行预扫风一分钟后,再按停止按钮 X003,使风机停止工作。

(4)将给水泵开关,燃烧开关,风机开关和油泵开关都转到"自动"位置,准备自动启动。

2)燃烧的时序控制

(1)预扫风。当按下启动按钮 X004 时,由于水位正常,M8 有电,其常开触点闭合;T11 没有电,其常闭触点闭合,M2 有电,Y001 得电,风机开始运转;Y002 得电,油泵开始运转。但此时燃油电磁阀无电关闭,燃油从油泵排出后在管路中循环,不能进入炉内,风机对炉膛进行预扫风。

由于 Y004 得电,压力比例调节器 YBD 发讯电位器的滑动触点动作,逐渐把风门关小,回油阀开大,为点火做好准备。

由于在 40 秒之前尚未点火,所以光电池感受不到火焰的光照,X027 断开,M31 无电,M4 有电,相应的 M4 触点闭合,为点火变压器通电和熄火保护 T2 通电做好准备。

(2)点火。在预扫风 40 秒后,T14 闭合,燃油电磁阀 Y006 有电,打开油泵到喷油器的供油管路。但因回油阀已开大,故向炉内喷油量很少。与此同时,T15 也闭合,使点火变压器 Y003 通电,使点火电极之间产生电火花进行点火;T2 通电。但是,它要在通电 7 秒后才能将其 Y007 闭合。所以,这时只对点火进行监视,为熄火保护做好准备。

如果在 7 秒内点火成功,炉内有火焰,光敏电池受到光照,X027 闭合,M31 的电,M32 失电,使 M4 失电,M4 触点断开,使 T2 断电,其触点因未达到闭合时间继续断开,维持 M1 为断电状态。

到 46 秒时,T11 断开,风压保护 X010 已闭合,使 M2 仍有电。

正常点火时序控制结束。

(3)点火失败。如果点火时序控制从 40 秒时开始点火,延时时间超过 7 秒,光电池仍未感受到炉膛火焰的照射,X027 短开,M31 失电得电,M32 得电,M4 得电,使 M4 触点一直闭合,当 T2 达到设定时间 7 秒后,使触头 T2 闭合,Y007 得电,其常开触点闭合,M1 得电,使 M2 失电,将控制回路电源切断。使风机、油泵停转,电磁阀关闭,发出报警信号。

(4)再次启动。在第一次点火失败时,必须在排除故障后进行再次启动。首先将熄火保护继电器触点 Y007 手动复位,使其断开。只有 M1 断电,其常闭触点恢复闭合后,才能重新启动。

(5)中途熄火。在燃烧过程中,如果中途熄火,光电池失去火焰光照,X027 断开。M31 失电,M32 得电,M4 得电,使 M4 触点闭合,所以点火变压器 Y003 通电,重新进行点火;同时,开始 7 秒计时,对点火时间进行监视。若在 7 秒内点火成功,即转入正常燃烧;若仍未点燃,则同点火失败情况一样,使锅炉停止燃烧,并发出熄火声光报警信号。也就是,在中途熄火后,自动点火一次,如不成功,停炉并发出报警。

3)气压的自动控制

在点火时序控制过程中,到了 44 秒后,Y004 失电,使压力比例调节器 YBD 的滑动触点和电动比例操作器 DBC 的滑动触点动作,由于此时锅炉是低压启动,所以 YBD 滑动触点移到低压端,电动比例操作器 DBC 的滑动点也向低压端跟踪,使风门开大,回油阀关小(喷油量加大),锅炉进入正常比例燃烧自动控制。

当气压上升到控制气压的下限值时,如果气压再升高,则相应地关小风门和减少喷油量,维持正常负荷的气压比例控制。当锅炉的负荷低于 30%,风油量已调到最小限度,气压达到控制气压的上限值时,比例控制失去作用,气压转入双位控制。即达到超压保护继电器的整定上限值,X011 断开,接触器 M2 失电,风机和油泵停止工作,此时为正常熄炉,不发出报警信号。当锅炉的气压又降低到控制气压的下限值时,X011 又重新闭合,M2 通电,风机和油泵重新启动,开始自动点火控制,使锅炉重新燃烧。因此,锅炉在低负荷运行时,气压的比例控制作用不大,燃烧接近双位控制。

4)安全保护

该系统的安全保护有危险低水位和风压过低自动熄炉保护。

锅炉在运行中,当水位下降到危险低水位时,最低的一根电极脱离水面,X012 断开,M8 断电,使 M2 断电,切断整个控制程序,使锅炉自动熄火停炉。

当风压过低时,风压保护继电器触点 X010 断开、主继电器 M2 断电,锅炉自动熄火停炉。

5)停炉

停炉时,可手按停止按钮 X003,M2 断电,燃烧系统停止工作。当水位降到低于危险低水位时,应把水泵开关放在“手动”位置,向锅炉供水,直到水位达到正常水位时,再把水泵开关放在“停止”位置上。切断总电源开关,并把燃烧开关置于“手动” 位置,风机、油泵开关放在“停止”位置上。

6)手动操作

当锅炉某些自动控制设备出现故障(如多回路时间继电器故障、压力比例调节器或电动比例操作器失灵等),难以立即修复时,可改为手动操作。在手动操作之前,应做好以下准备工作:检查锅炉水、油、电的供给情况是否正常;自动控制箱上的各个转换开关是否处于点火前的准备位置;锅炉水位应高于最低水位;将燃油电磁阀置于常开状态,而手动速关阀置于关闭状态;将燃烧转换开关置于手动位置,风机和油泵转换开关置于停止位置;将风油配比机构与电动比例操作器 DBC 脱开,把风门和油门调到小火燃烧位置;合上总电源开关 QS。

手动操作具体步骤:

(1)按下启动按钮 X004 接通控制电路。

(2)将风机转换开关转到手动位置,风机投入运行,进行预扫风。

(3)预扫风后,把油泵转换开关转到手动位置,油泵启动,建立起油压。

(4)按下点火按钮 X026,点火变压器通电,点火电极产生电火花,打开燃油管路上的速关阀,向炉膛内喷油进行点火。

(5)从观火孔看到火焰时,放开按钮 X026,终止点火变压器工作。

(6)点火成功后,调整风油配比机构,使炉内燃烧和锅炉负荷相适应。

(7)如果手动点火失败,应立即关闭速关阀,停止向炉膛内喷油,并进行后扫风,待查明原因并排除故障后,再重新点火。

任务四　自清洗滤器的操作与管理

一、教学目标

(1)掌握自清洗滤器的组成及基本工作原理。

(2)掌握系统控制电路的组成、工作原理、清洗和报警压差调整方法。

(3)掌握 FOPX 型分油机投入运行的操作过程及其控制器面板的有关操作。

二、自清洗滤器结构及控制原理

目前,在自动化船上广泛应用自动清洗式滤器,主要采用两种形式—空气反冲式和油反冲式。下面以空气反冲式滑油自动清洗滤器为例(图 2-4-1),说明其组成和工作原理。

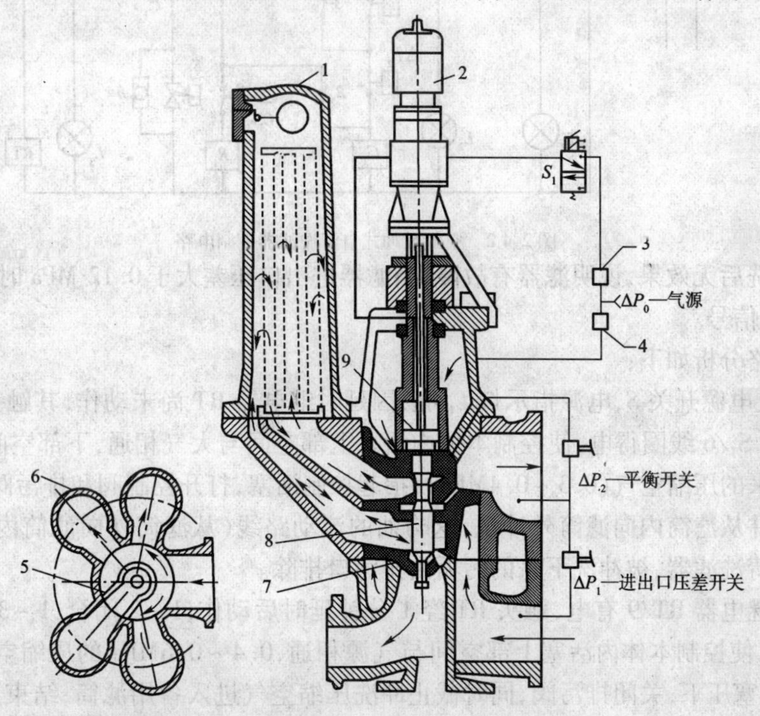

图 2-4-1　空气反冲式自清洗滤器结构示意图

S_1-清洗电磁阀;ΔP_1-进出口压差开关;ΔP_2-平衡开关;P_0-气源;1-滤筒;2-电动机;3、4-空气减压阀;5-旋转本体;6-滤筒;7-排污阀;8-控制阀;9-控制活塞

该滤器由清洗控制本体和四个滤筒所组成。滤筒内装有滤网和浮子式自动放残气装置,控制本体由电动机减速后驱动,可依次分别对准各滤筒。对准者,便进行压缩空气定时的反向冲洗。滤油时,只使用三只滤筒,正在清洗的滤筒被旋转本体切断进油通路(大约冲洗一分钟左右,清洗完毕后作备用)。只有当使用的三只滤筒使滤器进出口压差大于某一规定值,比如大于 0.09MPa 时,自动装置便对滤器进行自动清洗,即对各个滤筒轮流进行清洗,直至滤器进出口压差低于某一规定值,比如低于 0.03MPa 时,自动停止清洗。

自清洗滤器的自动控制电路如图 2-4-2 所示。自动清洗工作原理如下:

合上电源主开关 S,首先对一个滤筒进行清洗。冲洗 1min 左右时间,停止清洗。当滤器进

出口压差 ΔP_1 大于某值时，电机 M 驱动旋转本体开始转动，当电机驱动旋转本体转到对准下一个滤筒时，切断电机 M 电源而停止转动，电磁阀 S_1 通电，对滤筒进行清洗。以后就重复上述动作，直到滤器进出口压差 ΔP_1 小于某一个值时，电机 M 断电停转，停止本次清洗。当滤器进出口压差 ΔP_1 再增大到某个值时，电机 M 先转动带动旋转本体对准下一个滤筒后再进行冲洗。

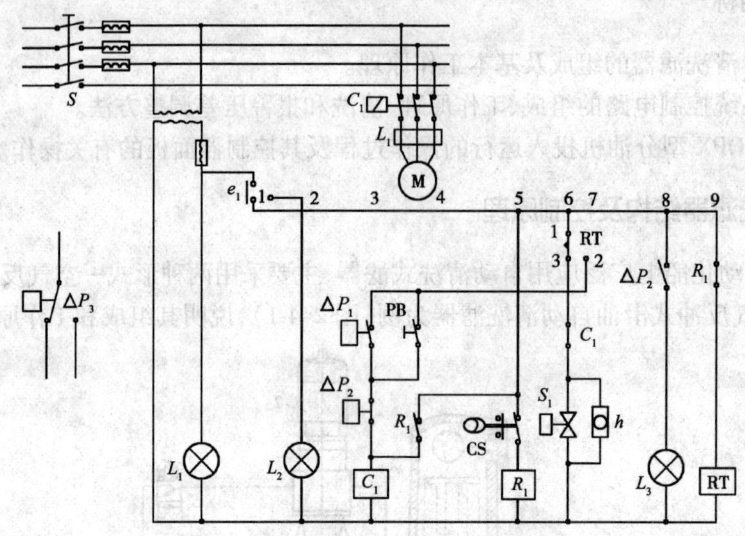

图 2-4-2　空气反冲式自清洗滤器控制电路

如果清洗后无效果，说明滤器有故障，当滤器进出口压差大于 0.12 MPa 时，报警触头 ΔP_3 闭合，发报警信号。

具体电路分析如下：

(1)合上电源开关 S，电源指示灯 L_1 亮，因延时继电器 RT 尚未动作，其触头 RT(1－3)/6 闭合，冲洗阀 S_1/6 线圈得电，使控制本体内活塞上部空间与大气相通，下部空间通气源 P_0，经减压阀 4 送来的压缩空气(0.3～0.4MPa)，抬起控制活塞，打开控制阀和排污阀。压缩空气进入清洗滤筒并从滤筒内向滤筒外冲洗，这与油的流动路线(从滤筒外向滤筒内)正好相反，故称反冲式自清洗滤器，被冲洗下来的污垢由排污口排除。

因延时继电器 RT/9 有电，触头 RT 经 1 分钟延时后动作，1－2 闭合，1－3 断开使冲洗阀 S_1 线圈断电，使控制本体内活塞上部空间与气源相通，0.4～0.6MPa 的压缩空气进入活塞上部空间，将活塞压下，关闭排污阀，同时截止冲洗压缩空气进入备用滤筒，结束冲洗，并为电动机启动作准备。

(2)当正在使用的三只滤筒进出口所产生差压大于 0.9MPa 时，装在滤器进出口上的差压开关动作，触头 ΔP_1/3 闭合。因 ΔP_2/3 是常闭的，所以接触器 C_1/3 有电，主触头 C_1 闭合，电动机转动；常闭副触头 C_1/6 断开。

电动机转动，限位开关 CS/5 闭合，继电器 R_1/5 有电，常开触头 R_1/4 闭合，常闭触头 R_1/9 断开。

常闭触头 R_1/9 断开，延时继电器 RT 断电，触头 RT 动作，1－2 断开，1－3 闭合。由于接触器 C_1 的常闭副触头 C_1/6 是断开的，冲洗阀 S_1 线圈不会有电。由于继电器的常开触头 R_1/4 闭合，电动机不会停转。

当电动机带动控制本体转到对准另一个滤筒时，限位开关 CS/5 正好被一个凸轮顶开，继电器 R_1 断电，常开触头 R_1/4 断开，常闭触头 R_1/9 闭合。

常开触头 $R_1/4$ 断开,接触器 C_1 断电,主触头 C_1 释放,电动机停转,常闭副触头 $C_1/6$ 闭合,冲洗阀 S_1 线圈有电开始对此滤筒冲洗。

常闭触头 $R_1/9$ 闭合,延时继电器 RT 有电,触头 RT 经 1 分钟延时后动作,1－2 闭合,1－3 断开,停止冲洗,使电动机重新转动,再对下一个滤筒进行冲洗。以后重复上述动作,直至滤器进出口差压为 0.03MPa 时,装在滤器进出口上的差压开关动作,使触头 ΔP_1 断开,接触器 $C_1/3$ 断电,主触头 C_1 释放,电动机停转;常闭副触头 $C_1/6$ 闭合,为下次冲洗作准备。

(3)如果对滤器清洗后,压差不消失,反而上升,说明滤器有故障。当压差上升到大于 0.12MPa 时,装在滤器进出口上的差压开关的另一个触头(报警触头)ΔP_3 闭合,接通报警电路,发出声光报警信号,通知值班人员。

(4)当由于某种原因引起运行着的马达过载时,热保护继电器 e_1 动作,触头 e_1 跳开,切断控制电路,电动机停转,故障指示灯 L_2 亮。

(5)ΔP_2 是冲洗状态指示压力开关。在冲洗时,因冲洗腔室内压力高,使压力开关 $\Delta P_2/8$ 闭合,冲洗指示灯 L_3 亮,而触头 $\Delta P_2/3$ 是断开的,当达到冲洗时间时,电磁阀 S_1 断电,冲洗腔室内压力降低,$\Delta P_2/8$ 断开,冲洗指示灯灭,表示某个滤筒冲洗完毕,同时,$\Delta P_2/3$ 闭合,为接触器 C_1 通电做准备。

(6)h 是清洗次数计数装置,它和冲洗阀 S_1 并联,用于提供定期检修滤器时间上的参考依据。PB/4 是手动反冲洗阀,用于手动冲洗。

三、实训环节

实训　滑油系统的管理和自清滤器的使用

掌握滑油系统及自清滤器工作的基本原理和操作要领。通过手动或自动操作能维持滑油系统与自清滤器工作的正常运行。

独立完成训练项目内的全部内容,操作顺序正确,动作准确无误。

独立完成参数变化趋势判断正确,调节恰当,工况正常。

在规定的时间内完成训练项目,不得出现任何警报或因操作引起的故障。

1. 实训初始状态设置

本实训必须在轮机模拟器实训中心进行。

正常启动轮机模拟器,让模拟器处于码头停泊状态。

(1)一台发电机运行,发电机系统在“自动方式”工作。

(2)锅炉在正常运行,燃用“MDO”,蒸气压力为:0.60MPa。

2. 实训步骤

1)滑油系统的组成

滑油系统由供油、驳运及净油三个部分组成。

(1)滑油供油系统:

①主机滑油系统。主机润滑冷却对象主要有以下部分:

A. 增压器:滚动轴承,自供油(自带油泵),又称内部润滑,透平油;

B. 气缸润滑:气缸油柜自动补油,注油器自动供油;

C. 主轴承、曲轴、凸轮轴、活塞:系统油;

D. 主滑油泵二台;

E. 自清滤器两个;

F. 凸轮轴增压泵两台;

G. 填料函滑油回油柜、沉淀柜各一个及为其驳油的泵一台;冷却器及温度调节器等。

报警:主机滑油循环柜低位、失压,气缸油柜高、低位,主机活塞填料函回油柜高位都设有报警打印,可在"CRT"上检查。

②发电机供油系统。发电机预供油泵每台机一台,电源接在应急电网上;滑油泵为机带泵。

(2)滑油驳运系统:

①驳运泵一台;

②滑油沉淀柜和滑油日用油柜各一个。

(3)滑油净油系统:

①滑油分油机两台,各为主、发电机净油,也可通过隔离阀互通;

②加热器等。

2)主机滑油系统净油

(滑油分油机选用 LOPX 系列无比重环部分排渣分油机,控制装置:EPC—400)

(1)运行:对主机滑油循环柜净油。

启动前的准备:

①在集控室配电板馈电屏上:将滑油分油机总电源开启;

②在模拟屏上检查主机滑油循环柜油位,开启净油进出口阀门;

③在模拟屏上锅炉蒸汽分配阀处将主机滑油循环柜加温蒸汽阀打开,对油柜加温到 35℃时关闭;

④模拟屏上检查分油机高置水箱水位并补水,在"CRT"上将出口阀开启;

⑤开启分油机滑油系统上的有关阀门;

启动滑油分油机:在机旁控制箱上进行下列操作:

①接通电源,选择 No1 或 No2 分油机工作;

②将控制方式旋钮转到"P"设定:油温加热值 80℃、排渣间隔时间 p60 10min、排渣间隔时间 p61 20min;

控制箱的上部四个按钮在参数设定时,第一个用于选择参数,第二、三个用于参数增减修改,第四个按钮用于参数修改后确认。

③再将"工作方式"旋钮转到"*R*",设定为机旁"自动"运行方式;

④启动分油机滑油供油泵,此时滑油在分油机外自行循环;

⑤将分油机加热器"加热按钮"按下,对滑油加热;

⑥启动分油机:按下分油机电机"启动按钮",当分油机转速达全速时(正常需要 10 min)将"程序启动/停止"按钮按下,分油机开始程序运行。在"CRT"上观察净油过程及温度数值。

(2)各程序指示灯的含义:

①M15:开盘水电磁阀;

②M16:关盘/补给水电磁阀;

③V1:三通阀电磁阀;

④MV10:置换/调节/封水;

⑤MV10A:排水阀。

(3)报警指示灯的含义(下述各故障发生后,系统均停止向分油机供油而机外循环):

①TT2:加热器故障;

②TT1:高温/低温;

③XS1:紧急停车/震动;

④MT4:水分传感器;

⑤PS41:高压;

⑥PS42:低压。

3)启动主机滑油系统

(1)开启主机滑油泵、滑油自清滤器和凸轮轴增压滑油泵有关阀门。

(2)启动主机滑油泵和凸轮轴滑油泵,在集控台和"CRT"上观察压力值。

4)填料函沉淀柜驳油

(1)开启"填料函沉淀柜"及相应驳运泵的有关阀门。

(2)启动填料函沉淀柜的驳运泵,将填料函沉淀柜滑油驳到主机滑油循环柜。

5)观察自清滤器的压差变化

观察滑油自清滤器压差变化。

6)注意事项

(1)自清滤器的压差由教员设定。

(2)温度调节过程中,环境温度、海水温度、主机热负荷应由教员设置。

四、FOPX 型分油机自动控制系统

1. FOPX 型分油机的工作原理

FOPX 型分油机作为部分排渣型分油机工作时,其特点是待分油连续进分油机,在排渣期间也不切断进油,每次排渣其排渣口仅打开 0.1s,排出量是分离片外边缘与壳体之间容积的 70%。该分油机可净化在 15℃时,密度为 1010kg/m^3 的重质燃油,而在净化不同密度的燃油时,不受低密度的限制,取消了比重环,这给使用和操作者带来较大的方便。该分油机的控制和监视系统采用 WT200 型水分传感器和以单片机 8031 为核心的 EPC—400 装置。

在 FOPX 型分油机中,组成其控制系统的重要设备是 EPC—400 型监控装置。该装置由两块印刷电路板组成:一块是水分传感器信号处理电路板,它接收装在净油出口管路上的 WT200 型水分传感器输出的净油中含水量的信号,经处理后送至主控电路板;另一块是主控电路板,它接收装在分油机进油管路上和净油出口管路上的各种传感器信号,经分析和处理后,由输出端输出各种信息,可对分油机进行操作,同时分油机的运行状态也可通过在主控电路板上的一系列发光二极管及数字显示窗的数字进行指示。FOPX 型分油机自动控制系统的组成原理如图 2-4-3 所示。

在该控制系统中,对 EPC—400 型装置来说,其输入信号和输出信号是比较多的。这些信号能准确地监视分油机的工作状态,同时也能控制分油机的各种操作。

PT_1 是装在燃油加热器出口具有高油温报警的温度传感器。在正常运行期间,它检测燃油温度实际值,当油温达到上限值时,其报警开关闭合,发出高油温报警。PT_2 是低油温报警开关,温度低于下限值时,该开关闭合。可见分油机在正常运行期间,PT_1 和 PT_2 温度报警开关都是断开的,燃油加热系统在 PI 调节器控制下,可保持分油机最佳分离效果所要求的燃油温度值。只有在加热装置及控制系统出现故障时,温度报警开关 PT_1 和 PT_2 才起作用,因此可把 PT_1 和 PT_2 报警开关看做是加热器装置和温度控制系统的故障监视开关。

FS 是低流量开关,它监视供油系统的故障。低到下限值时,低流量开关 FS 闭合,把该信号送至 EPC—400 型装置,发出低流量报警。在净油出口管路上装有流量表 F_{14},随时指示分

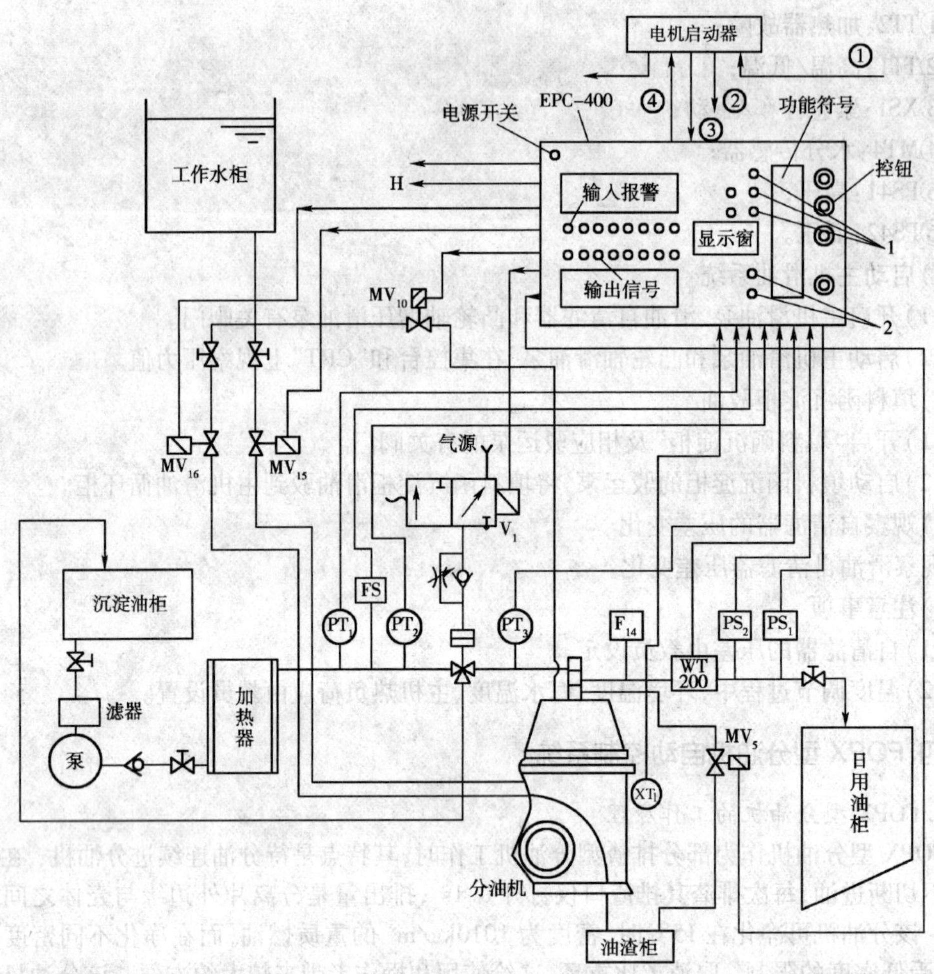

图 2-4-3　FOPX 型分油机自动控制系统的组成原理图

油机净化出燃油的数量。

压力开关 PS_1 是监视净油出口压力的，净油出口压力正常时，PS_1 开关断开；分油机发生跑油等故障现象时，该开关闭合。EPC—400 型装置接收到这个信号后，要发出分油故障报警并停止分油机工作，因此压力开关 PS_1 实际上是监视分油机本身故障的开关。压力开关 PS_2 是排渣口是否打开的反馈信号。如果 EPC—400 型装置发出排渣信号后，没有收到排渣口打开（PS_2 闭合）信号，说明分油机不能排渣。这时 EPC—400 型装置将撤销排渣信号，数秒钟后第二次发出排渣信号。如果仍接收不到排渣口打开信号，EPC—400 型装置最终确定分油机不能排渣，发出不能排渣的报警并停止分油机的工作。EPC—400 型装置发两次排渣信号的作用是防止误动作和误报警。

在净油出口管路上装有 WT200 型水分传感器，它能随时检测净油中的含水量，并根据净油中含水量达到触发值所需时间，由 EPC—400 型装置决定是打开排渣口还是开启排水电磁阀。因此水分传感器是监控系统中很重要的部件。

在控制系统中，EPC—400 型装置输出的信号有：控制对分油机操作的各种电磁阀；显示分油机的控制系统状态的指示灯及由 5 位数码显示器所组成的显示窗。

2. FOPX 分油机基本控制过程

在 EPC—400 型装置中，设定了一个最短的排渣间隔时间 10min，及一个最大的排渣间隔时间 63min(可调)。分油机是以最短的间隔时间打开一次排渣口,还是以最大的间隔时间打开一次排渣口,取决于待分油中含水量的多少。如果待分油中含水量极少,从上次排渣算起,在 63min 内油水分界面仍在分离盘外侧一段距离处,净油中含水量很少,没有达到触发值,这时 EPC—400 型装置就决定排一次渣。在排渣前,要先输出一个控制信号使电磁阀 MV_{10} 通电打开,向分油机内注入置换水,油水分界面会逐渐向里移动。当净油中含水量达到触发值时,EPC—400 型装置再输出控制信号使电磁阀 MV_{15} 和 MV_{16} 同时通电打开,进行一次排渣程序,该过程如图 2-4-4 中曲线 1 所示。如果待分油中含有一定量的水,距上次排渣时间超过 10min,但不到 63min 净油中含水量就增加到触发值,即油水分界面已经内移到接近分离盘外侧的边缘,EPC—400 型装置要发出排渣信号进行一次排渣。由于分离盘外侧有足够的水量,所以排渣前不需进置换水,该过程如图 2-4-4 中曲线 2 所示。

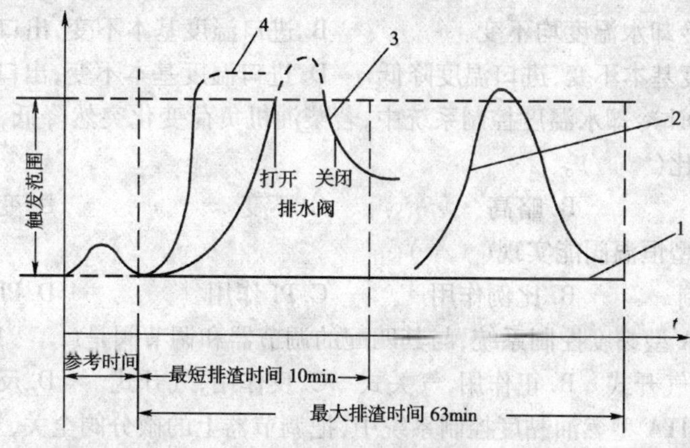

图 2-4-4 待分油中含水量不同的排水和排渣

如果待分油中含水量较多,在上次排渣后的 10min 内,净油中含水量就达到触发值,此时 EPC—400 型装置要输出一个控制信号使排水电磁阀 MV_5 通电打开向外排水。随着排水的进行,油水分界面不断外移,净油中含水量会迅速下降,一般排水电磁阀 MV_5 打开 20s 后关闭,该过程如图 2-4-4 中曲线 3 所示。若排一次水后,距上次排渣仍在 10 min 内,净油中含水量又达到触发值,则要关闭排水阀进行一次排渣。如果待分油含有大量的水,距上次排渣后较短的时间内,净油中含水量就达到触发值,且排水阀打开 120s 净油中含水量未能下降到低于触发值,这时 EPC—400 型装置要关闭排水阀进行一次排渣。排渣后,净油中的含水量又较快地增至触发值,且打开排水阀 120s 后,净油中含水量仍不能下降至触发值以下,则 EPC—400 型装置再一次关闭排水电磁阀进行一次排渣后,停止待分油进分油机,发出声光报警,该过程如图 2-4-4 中曲线 4 所示。

3. FOPX 分油机参数设定

为保证分油机及控制系统的正常运行,必须预先设定一些有关的参数。这些参数是比较多的,如在对分油机进行时序控制时,程序时刻表中所设定的各种时间,最大排渣和最小排渣间隔时间,排水电磁阀和置换水电磁阀一次开启时间,跑油报警压力设定值,待分油进分油机油温高低油温报警设定值,水分传感器、液体传感器报警设定值,等等。但这些参数基本上可分两类:一类是安装参数,这类参数只能测试不能调整;另 类是过程参数,这类参数既能测试也能调整。为了能方便地测试或调整这些参数,把所有的参数都用代码来表示。通过动作面板上的上面两个按钮可在显示窗中显示参数代码,动作下面两个按钮可显示该参数的设定值,如果允许的话,还可进行调整。其详细操作步骤请参看说明书,这里不多述,不过在测试和调整参数之前,必须把方式选择开关转至 P 位,待显示窗右边 3 位显示出“PRO”方可进行。

模拟练习

船舶自动控制系统模块的考证从26～43题。以下提供8套模拟试卷。

(一)

26. 在柴油机气缸冷却水温度控制系统中,若把测温元件插在冷却水进口管路中,随柴油机负荷的增大(　　)。

A. 进出口冷却水温度均不变　　B. 进口温度基本不变,出口温度增高
C. 出口温度基本不变,进口温度降低　　D. 进口温度基本不变,出口温度降低

27. 在WALTON冷却水温度控制系统中,若柴油机负荷变化突然降低,则经调节后,新稳态值与原稳态值相比(　　)。

A. 略低　　B. 略高　　C. 不变　　D. 变化

28. WALTON型恒温阀能实现(　　)。

A. 双位控制　　B. 比例作用　　C. PI作用　　D. PD作用

29. NAKAKITA型黏度控制系统,与其匹配的调节器和调节阀是(　　)。

A. 正作用,气开式　B. 正作用,气关式　C. 反作用,气开式　D. 反作用,气关式

30. 在NAKAKITA型燃油黏度控制系统中,把调节器上的微分阀全关,当柴油机负荷增大时,其调节器上的黑色指针动作过程为(　　)。

A. 绕红色指针等幅振荡　　B. 振荡多次,稳态时读数高于给定值
C. 振荡多次,稳态时读数低于给定值　　D. 无波动地达到稳态,黑、红指针重合

31. 在NAKAKITA型燃油黏度控制系统中,若把温度上升-下降选择开关设定在"5"挡上,在切除系统工作时,电机SM1和SM2转动方向为(　　)。

A. SM1和SM2均正转　　B. SM1和SM2均反转
C. SM1和SM2均停转　　D. SM1停转,SM2反转

32. 在NAKAKITA型燃油黏度控制系统中,时间继电器TL-2通电10～20s其常闭触头断开的作用是(　　)。

A. 柴油到重油的加热时间
B. 切断三通活塞阀气源
C. SV_1、SV_2均断电,为三通活塞阀提供位置转换时间
D. SV_1和SV_2、均断电,保持三通活塞阀在上位

33. 在调节器和蒸汽调节阀的配合中,当气源中断时,为使蒸汽调节阀有足够的开度以保证燃油黏度不会升高,常采用(　　)。

A. 正作用式调节器,配合气开式调节阀　B. 反作用式调节器,配合气关式调节阀
C. 正作用式调节器,配合气关式调节阀　D. 反作用式调节器,配合气开式调节阀

34. 在NAKAKITA型燃油黏度控制系统中,若柴油-重油转换调整凸轮松动,系统投入运行后的状态为(　　)。

A. 在中间温度时对柴油进行定值控制

B. 油温上升至上限并对重油进行温度定值控制

C. 对柴油进行程序加温至上限,然后改为黏度定值控制

D. 对柴油进行程序加温至上限,然后改为温度定值控制

35. 若电极式水位控制系统电极室的接地线在系统运行时突然断线,这时会出现(　　)。

A. 锅炉满水　B. 锅炉断水　C. 水泵一直停转　D. 系统继续正常运行

36. 在电极式锅炉水位控制系统中,如果低水位电极与外壳短路,可能出现的问题是(　　)。

A. 水位在高水位振荡　B. 水位下降到低水位时无法自动补水

C. 水位在低水位振荡　D. 锅炉满水

37. 对采用双位控制的辅锅炉燃烧控制系统,若在低火燃烧时,压力还在继续升高,则(　　)。

A. 达到高压保护值时,发出报警,自动停炉

B. 进行高火燃烧

C. 达到高压保护值时,发出报警,不停炉

D. 立即发出报警,自动停炉

38. 在 PLC 控制的自动锅炉燃烧控制系统中,日常维护检查的注意事项包括(　　)。

A. 检查气压

B. 经常更换电池

C. 经常测量输出电压

D. 检查控制系统外部电气、继电器触头的状况

39. 在 PLC 控制的自动锅炉燃烧控制系统中,锅炉点着火后,但很快又出现火焰故障报警,随后停炉,可能性较大的故障原因是(　　)。

A. PLC 硬件故障　B. 火焰监测器前面的隔热玻璃脏污

C. 锅炉油路故障　D. 锅炉风机损坏

40. 对于采用 EPC—400 控制的 FOPX 型分油机自动控制系统,若要进行机旁控制,则 EPC—400 控制箱上的转换开关应置于(　　)。

A. R 位置　B. L 位置　C. P 位置　D. P 或 R 位置

41. 对于采用 EPC—400 控制的 FOPX 型分油机自动控制系统,若要进行参数设置,则 EPC—400 控制箱上的转换开关应置于(　　)。

A. R 位置　B. L 位置　C. P 位置　D. P 或 R 位置

42. 在空气反冲式自清洗滤器的控制系统中,当滤器进出口的滑油压差超过(　　)时自动进行冲洗工作。

A. 0.12 MPa　B. 0.9 MPa　C. 0.09 MPa　D. 0.05 MPa

43. 在空气反冲式自清洗滤器控制电路图中,时间继电器 RT 在断电期间内,凸轮开关 CS、控制活塞及继电器 C_1 的状态分别为(　　)。

A. 断开,抬起,断电　B. 闭合,压下,通电

C. 断开,压下,通电　D. 闭合,抬起,断电

(二)

26. WALTON 型温度控制系统中不存在(　　)。

A. 比例环节　　B. 反馈环节　　C. 执行机构　　D. 气源

27. 在 TQWQ 型气动冷却水温度自动控制系统中,沿杠杆右移反馈波纹管,则(　　)。

A. 稳定性增强,静态偏差大　　B. 稳定性增强,静态偏差小

C. 稳定性减弱,静态偏差大　　D. 稳定性减弱,静态偏差小

28. 在用 TOWQ 型气动温度三通调节阀组成的气缸冷却水温度控制系统中,被控量向给定值的方向恢复很慢,且静态偏差较大,其原因和消除方法是(　　)。

A. 比例作用太弱,应右移反馈波纹管　　B. 积分时间太长,应开大积分阀

C. 比例作用太弱,应关小比例阀　　D. 测量力矩太小,应下移测量波纹管

29. 在 NAKAKITA 型燃油黏度控制系统中,温度调节器是属于(　　)。

A. PI 调节器,正作用式　　B. PI 调节器,反作用式

C. PID 调节器,正作用式　　D. PID 调节器,反作用式

30. 在 NAKAKITA 型燃油温度程序控制系统中,系统投入工作后,调节器的输出逐渐(　　),调节阀的开度逐渐(　　)。

A. 增大,开大　　B. 增大,关小　　C. 减小,开大　　D. 减小,关小

31. 在 NAKAKITA 型温度程序调节器上,要把温度"上升-下降"速度设定开关设定在"1"挡上,则系统投入工作时,油温上升速度为(　　)。

A. 1℃/min　　B. 1.5℃/min　　C. 2.5℃/min　　D. 4℃/min

32. 在 NAKAKITA 型燃油黏度控制系统中,系统投入运行后,油温到达中间温度之前,用于柴油-重油转换的三通电磁阀工作状态为(　　)。

A. SV_2 通电,上位通,通气源　　B. SV_1 通电,下位通,通大气

C. SV_1、SV_2,均通电,通气源　　D. SV_1、SV_2,均断电,下位通,通大气

33. 采用反作用式 NAKAKITA 型调节器的黏度控制系统中,当给定值增加一个阶跃输入,调节器指针稳定后,实际值指针一直达不到给定值指针,这说明(　　)。

A. 比例带调得过大　　B. 积分气室堵塞

C. 微分气室堵塞　　D. 喷嘴堵塞

34. 在 NAKAKITA 型燃油黏度控制系统中,系统投入运行后,三通活塞阀能转换到位,但位置开关不能动作,则系统的状态为(　　)。

A. 对柴油进行中间温度定值控制　　B. 对柴油进行温度上限值定值控制

C. 对重油进行中间温度定值控制　　D. 对重油进行黏度定值控制

35. 在 NAKAKITA 型燃油黏度控制系统中,为确保系统正常工作,常规的检查包括(　　)。

①气源是否清洁、干燥;②气源压力是否正确;③差压变送器前面的平衡阀是否开启;④输出选择阀的位置是否正确;⑤三通活塞阀是否动作灵活;⑥温度设定开关是否松动;⑦测黏计毛细管是否脏堵。

A. ①②③④　　B. ①②⑤⑥　　C. ②③④⑤　　D. ④⑤⑥⑦

36. 在电极式锅炉水位控制系统中,其执行机构是(　　)。

A. 气动薄膜调节阀　　B. 活塞式调节阀

C. 两相控制电机　　D. 电动机带动给水泵

37. 柴油机货轮辅锅炉燃烧自动控制的方式常采用(　　)。

A. 微分控制　　B. 双位控制　　C. 积分控制　　D. 连续控制

38. 采用压力比例调节器和电动比例操作器的辅锅炉燃烧控制系统中，若把压力比例调节器中定值弹簧扭紧，增大拉力，则(　　)。

A. 提高上限值　　B. 增大给定值　　C. 降低下限值　　D. 减小给定值

39. 采用压力比例调节器和电动比例操作器的辅助锅炉蒸气压力控制系统中，为减小比例作用强度，应调节(　)。

A. 测量电位器向水平方向转一角度　　B. 测量电位器向垂直方向转一角度

C. 反馈电位器向水平方向转一角度　　D. 反馈电位器向垂直方向转一角度

40. 在货船辅锅炉燃烧时序控制系统中，到预扫风时间后的第一个动作是(　)。

A. 关小风门　　B. 点火变压器通电

C. 打开燃油电磁阀　　D. 接通火焰感受器电源

41. 在 PLC 控制的自动锅炉燃烧控制系统中，一般 PLC 使用电池保证在停电时 CPU 模块内存中存储的工作参数等信息不丢失。要求船上(　)。

A. 经常申请备件　　B. 经常测量输出电压

C. 经常更换电池　　D. 始终要存有该电池的备件

42. 在空气反冲式自清洗滤器中，当滤器进出口的油压差低于(　　)时，停止冲洗。

A. 0.3 MPa　　B. 0.03 MPa　　C. 0.9 MPa　　D. 0.09 MPa

43. 空气反冲式自清洗滤器电路图中，在冲洗过程中开关的断开，而一个滤筒冲洗后，ΔP_2 的不能闭合，其故障现象为(　　)。

A. 自动清洗下一个滤筒　　B. 轮番清洗各滤筒不能停止

C. 电机不能转动，不能再清洗　　D. 电机能转动对准下个滤筒，但不能清洗

(三)

26. 在 TQWQ 型气动冷却水温度控制系统中，若气缸活塞组件密封不严，则水温会(　　)。

A. 不断降低　　B. 不断升高　　C. 先升高，后降低　　D. 先降低，后升高

27. WALTON 恒温阀在管理使用中应注意(　　)。

A. 每隔 3000h 拆洗一次　　B. 定期拆下感温盒，充注石蜡混合液

C. 经常手动扳转动扭转轴　　D. 定期把滑板从转轴上拆下，清洗轴承

28. 在 NAKAKITA 型燃油黏度控制系统中，其功能包括(　　)。

①燃油黏度的程序控制；②燃油温度的随动控制；③柴油-重油的自动切换；④燃油温度可按设定速率升降；⑤油温达上限值时可对油温定值控制；⑥油温达上限值时可对黏度定值控制。

A. ③④⑤⑥　　B. ①②③④　　C. ①②④⑥　　D. ②③④⑤

29. 在 NAKAKITA 型燃油黏度控制系统中，燃油黏度定值控制系统包括(　　)。

①差压变送器；②黏度记录仪和指示仪表；③温度变送器；④PI 调节器；⑤PID 正作用调节器；⑥燃油加热器。

A. ②③④　　B. ①②⑥　　C. ③④⑤　　D. ④⑤⑥

30. 在设备允许的情况下，为节约轻油，应把 NAKAKITA 型燃油黏度控制系统中的温度上升-下降设定开关置于(　　)挡，此时温升速度为(　　)。

A. 1，1.5℃/min　　B. 2，2.5℃/min　　C. 3，2.5℃/min　　D. 5，4℃/min

31. 在 NAKAKITA 型黏度控制系统中,若把温度上升-下降选择开关设定在“1”挡上,系统投入运行后,电机 SM1 和 SM2 转动方向为(　　)。

A. SM1 反转,SM2 正转　　B. SM1 正转,SM2 停转

C. SM1 正转,SM2 反转　　D. SM1 和 SM2 均正转

32. 在 NAKAKITA 型温度程序调节器上,要把温度“上升-下降”速度设定开关设定在“5”挡上,系统投入工作时,温度的上升速度为(　　)。

A. 1℃/min　　B. 1.5℃/min　　C. 2.5℃/min　　D. 4℃/min

33. 在电极式锅炉水位控制系统中,给水泵电机启动时刻为(　　)。

A. 水位在上限水位　　B. 水位下降到中间水位

C. 水位下降到下限水位　　D. 水位上升到中间水位

34. 在 NAKAKITA 型燃油温度程序控制系统中,原设定油温上升速度为 1℃/min,现系统投入运行后,实际温度上升速度为 2.5℃/min,其可能原因是(　　)。

A. 限温度设定器位置移位　　B. 温度设定电机 SM1 和 SM2 都损坏

C. 设定温度电机 SM1 或其传动装置故障　　D. 设定温度电机 SM2 或其传动装置故障

35. 在 NAKAKITA 型黏度控制系统中,能引起燃油黏度增加的原因有(　　)。

①测黏计毛细管堵塞;②差压变送器中恒节流孔堵塞;③差压变送器中喷嘴堵塞;④调节器长恒节流孔堵塞;⑤调节器喷嘴堵塞;⑥主机转速增加。

A. ①②⑥　　B. ①③⑤　　C. ②③⑤　　D. ②⑤⑥

36. 在电极式锅炉水位控制系统中,在(　　)情况下,给水泵电机保持断电,停止向锅炉供水。

A. 从下限上升至上、下限之间水位　　B. 从上限下降到上、下限之间水位

C. 只要水位在上、下限水位之间　　D. 水位在下限水位

37. 电极式锅炉水位控制系统中,若控制低水位的电极结垢严重,可能出现的现象是(　　)。

A. 水位在高水位附近波动　　B. 水位在低水位附近波动

C. 锅炉失水　　D. 锅炉满水

38. 对采用两个油头工作的辅锅炉,在进行高火燃烧时(　　)。

A. 打开一个电磁阀,风门开大　　B. 打开两个电磁阀,风门开大

C. 打开一个电磁阀,风门关小　　D. 打开两个电磁阀,风门关小

39. 对采用两个油头工作的辅锅炉,在进行低火燃烧时(　　)。

A. 打开一个电磁阀,风门开大　　B. 打开两个电磁阀,风门开大

C. 打开一个电磁阀,风门关小　　D. 打开两个电磁阀,风门关小

40. 采用压力比例调节器和电动比例操作器的辅锅炉燃烧控制系统中,若反馈划针卡在最左边位置,则(　　)。

A. 执行电机正转,风门关得最小,回油阀开得最大

B. 执行电机正转,风门开得最大,回油阀关得最小

C. 执行电机反转,风门关得最小,回油阀开得最大

D. 执行电机反转,风门开得最大,回油阀关得最小

41. 在多回路时间继电器中,锁紧螺母的作用是(　　)。

A. 防止标度盘在转动中复位　　B. 把微动开关固定在标度盘上

C. 防止标度盘相对转轴滑移　　　　　　D. 限制微动开关的动作幅度

42. 在 PLC 控制的自动锅炉燃烧控制系统中，要换上新印刷电路板或模块时，新印刷电路板或模块上可设置的元件一般包括(　　)。

A. 启动开关　　　B. 拨动开关　　　C. 地线　　　D. 电容

43. 空气反冲式自清洗滤器的控制系统在刚上电时，将会出现(　　)。

A. 等到 ΔP_1 超过设定值时立即进行冲洗

B. 马达转至下一滤筒冲洗

C. 立即进行一次冲洗

D. 等延时时间到再冲洗

(四)

26. WALTON 恒温阀属于(　　)作用式，是采用(　　)平衡原理工作的(　　)。

A. 间接，位移　　　B. 间接，力　　　C. 直接，力　　　D. 直接，位移

27. 在 WALTON 型冷却水温度控制系统中，当温度升高时(　　)。

A. 石蜡体积膨胀，旁通阀开大　　　B. 石蜡体积膨胀，旁通阀关小

C. 石蜡体积缩小，旁通阀开大　　　D. 石蜡体积缩小，旁通阀关小

28. WALTON 恒温阀控制冷却水温度时，若温度失控升高，当全开冷却器通道，全关旁通阀通道后，温度几分钟后也不下降。据此可判断故障不可能在(　　)。

A. 冷却器　　　B. 水泵　　　C. 恒温阀　　　D. 管路

29. 在 TQWQ 型气动冷却水温度控制系统中，若由于柴油机负荷变化使测量值突然高于原来的稳态值，经调节后，新稳态值与原稳态值相比(　　)。

A. 略低　　　B. 略高　　　C. 不变　　　D. 变化

30. 在 TQWQ 型气动冷却水温度控制系统中，要提高冷却水的给定温度，需要(　　)。

A. 扭紧给定弹簧　　　B. 测量波纹管向下移

C. 反馈波纹管向左移　　　D. 扭松给定弹簧使喷嘴离开挡板

31. 在 TQWQ 型冷却水温度控制系统中，因长期使用，导致执行气缸中的弹簧刚度减小，则系统(　　)。

A. 静态偏差减小　　　B. 静态偏差增大

C. 温度不可控地升高　　　D. 温度不可控地降低

32. 若将 NAKAKITA 调节器的积分阀关闭，则当主机负荷增加时，系统过渡过程结束后，黑色指针(　　)。

A. 停在比红针指示值大的值上　　　B. 停在比红针指示值小的值上

C. 和红色指示针重合　　　D. 停在最小值上

33. 对于 NAKAKITA 型燃油黏度控制系统中三通阀的工作特点，其错误的提法是(　　)。

A. SV_2 通电三通阀保持一个状态，SV_1 通电为另一个状态

B. SV_1 和 SV_2 不能同时通电

C. SV_1 和 SV_2 均断电，电磁阀保持断电前状态

D. SV_1 和 SV_2 不能同时断电

34. 在 NAKAKITA 型燃油黏度控制系统中，当切除系统工作，且油温下降到中间温度以下

时,用于柴油-重油切换的三通电磁 SV_1、SV_2 的状态(　　)。

A. SV_1、SV_2 均断电,下位通,通大气

B. SV_1 通电,SV_2 断电,下位通,通大气

C. SV_1 断电,SV_2 通电,上位通,通气源

D. SV_1 通电,SV_2 断电,上位通,通气源

35. 光电池的主要优点是(　　)。

A. 伏安特性好　　B. 体积小

C. 光谱敏感范围小　　D. 反应灵敏

36. 在 NAKAKITA 型燃油温度程序控制系统中,原设定油温上升速度为 4℃/min,切除工作时,温度不能下降,最可能的故障原因是(　　)。

A. 温度设定电机 SM1 损坏　　B. 温度设定电机 SM2 损坏

C. 上限温度设定器位置移位　　D. 控制电路故障

37. 在 NAKAKITA 型燃油黏度控制系统中,若用于柴油-重油转换的三通电磁阀严重漏气,系统投入工作后,可能出现的故障是(　　)。

A. 油温保持下限值不能上升　　B. 只能把柴油加热到中间温度

C. 对重油进行中间温度定值控制　　D. 差压变送器无输出

38. 在 PLC 控制的自动锅炉燃烧控制系统中,一般 PLC 使用电池保证在停电时 CPU 模块内存中存储的工作参数等信息不丢失。要经常注意电池故障灯状况,一旦灯亮,就应在(　　)更换电池。

A. 一天之内　　B. 一周之内　　C. 一月之内　　D. 一小时之内

39. 在货船辅锅炉燃烧时序控制系统中,多回路时间继电器的离合器脱开的时间为(　　)。

A. 在预扫风期间　　B. 在预点火期间

C. 在点火失败期间　　D. 在正常运行期间

40. 常采用电阻元件来监视炉膛内火焰,利用的是该电阻(　　)的特性。

A. 温度升高电阻减小　　B. 温度升高电阻增大

C. 有光照时电阻值减小　　D. 无光照时电阻值减小

41. 辅锅炉控制系统中,光敏电阻型火焰感受器的磨砂玻璃主要用来阻挡(　　)。

A. 热量　　B. 紫外线　　C. 红外线　　D. 可见光

42. 当光照强度大时,光敏电阻的阻值(　　),光电池产生的电流(　　)。

A. 增大,增大　　B. 减小,减小　　C. 减小,增大　　D. 增大,减小

43. 在 PLC 控制的自动锅炉燃烧控制系统中,当拔插印刷电路板或模块时,应注意的是(　　)。

①记住锅炉的型号;②记住 PLC 的型号;③关闭 PLC 电源;④记住模块或印刷电路板的型号;⑤记住插槽的原始位;⑥关闭所有电源

A. ②③④　　B. ①④⑥　　C. ④⑤⑥　　D. ③④⑤

(五)

26. WALTON 型恒温阀在运行管理中的清洗间隔是(　　)。

A. 1000h　　B. 2000h　　C. 3000h　　D. 4000h

27. 在 WALTON 恒温阀中，若感温盒中的石蜡混合液严重泄漏，该阀所控制的冷却水温度会(　　)。

A. 低于给定值不能上升　　B. 高于给定值不能下降

C. 保持给定值不变　　D. 温度绕给定值剧烈振荡

28. TQWQ 型气动冷却水温度控制系统，如果给定弹簧预紧力增加，则调节器输出和旁通阀开度分别将(　　)。

A. 减小，开大　　B. 减小，关小　　C. 增大，开大　　D. 增大，关小

29. 在用 TQWQ 型气动温度三通调节阀组成的气缸冷却水温度控制系统中，若活塞卡牢在小气缸中，则实际水温会(　　)。

A. 随柴油机负荷而变化　　B. 绕给定值激烈振荡

C. 不可控的升高　　D. 不可控的降低

30. 在 TQWQ 型冷却水温度控制系统运行中，如果反馈波纹管破裂，则系统会出现(　　)。

A. 水温上升　　B. 水温不变　　C. 水温下降　　D. 水温不可控

31. TQWQ 型气动冷却水温度控制系统，如果放大器毛细管堵塞，则冷却水温度会(　　)。

A. 维持在给定值不变　　B. 在给定值附近振荡

C. 不可控制地升高　　D. 不可控制地下降

32. 在 NAKAKITA 型燃油黏度控制系统中，定时器 T_1 用于控制黏度调节器的投入工作，该计时器开始通电计时的时刻为(　　)。定时器 T_1 开始通电计时的时刻为(　　)。

A. 柴油到重油转换完成时　　B. 重油程序加温到上限值时

C. 对重油进行黏度定值控制开始时　　D. 系统投入工作时

33. 在 NAKAKITA 型燃油黏度控制系统中，若中间温度开关 MLS 右边触头烧蚀而不能闭合，则系统投入工作后，会出现(　　)。

A. 对重油进行上限温度定值控制　　B. 对柴油进行黏度定值控制

C. 对柴油进行中间温度定值控制　　D. 对柴油进行上限温度定值控制

34. 在 NAKAKITA 型燃油黏度控制系统中，在切除系统工作时，三通活塞阀能转换到位，但位置开关不能闭合[DL(1 - 2)能断开，(3 - 4)不能闭合]，则系统状态为(　　)。

A. 对柴油进行中间温度定值控制　　B. 对柴油程序降温到下限值

C. 系统停止工作指示灯不亮　　D. 重油程序降温到下限值

35. 在 NAKAKITA 燃油黏度控制系统中，如把温度程序调节器的温度上升-下降选择开关设定在“1”挡上，当系统投入工作后，则 SM1 和 SM2 转动方向和温度上升速度为(　　)。

A. SM1 正转 SM2 停转，油温每分钟上升 1.5℃

B. SM1 停转 SM2 正转，油温每分钟上升 2.5℃

C. SM1 反转 SM2 正转，油温每分钟上升 1℃

D. SM1 正转 SM2 停转，油温每分钟上升 4℃

36. 在电极式锅炉水位控制系统中，若给水泵马达启动频繁，则可能原因是(　　)。

A. 高、低水位电极高度差太小　　B. 低水位与危险水位电极的高度差太大

C. 高、低水位电极高度差太大　　D. 低水位与危险水位电极的高度差太小

37. 关于辅锅炉火焰感受器，错误的提法是(　　)。

A. 常用光敏元件有光敏电阻、光电池和紫外线灯泡

B. 光电池有光照射时两极间产生电压

C. 光敏电阻在有光照射时阻值增大

D. 紫外线灯泡可接于直流或交流电路

38. 辅锅炉自动控制系统正常运行中,出现中途熄火,可能的原因是( )。

①锅炉满水;②锅炉失水;③风压过低;④回油电磁阀断电;⑤火焰监视器故障;⑥供油中断。

A. ①②⑤⑥　　B. ①③④⑤　　C. ②③⑤⑥　　D. ②③④⑤

39. 当自清洗滤器正常工作时可对( )个滤筒进行清洗。

A. 1　　B. 2　　C. 3　　D. 4

40. 在 PLC 控制的自动锅炉燃烧控制系统中,日常维护检查的注意事项包括( )。

A. 检查气压　　B. 经常测量输出电压

C. 经常更换电池　　D. 环境温度、湿度以及是否积尘

41. 空气反冲式自清洗滤器控制回路中,手动冲洗按钮 PB 按下即松开,可冲洗滤筒的个数是( )。

A. 1 个　　B. 3 个　　C. 2 个　　D. 0 个

42. 在空气反冲式自清洗滤器控制电路图中,当滑油滤器进出口压差小于 0.03 MPa 时,继电器 C_1、R_1、RT 通断电状态分别为( )。

A. C_1、R_1、RT 都断电　　B. C_1、R_1、RT 都通电

C. C_1 断电,R_1、RT 通电　　D. C_1、R_1 断电,RT 通电

43. 用光敏电阻监视炉膛内火焰是利用其本身所具有的( )原理。

A. 光电效应　　B. 伏安效应　　C. 光敏效应　　D. 光阻效应

(六)

26. 在 NAKAKITA 型燃油黏度控制系统中,若顺时针转动温度程序调节器驱动杆上的凸轮,则( )。

A. 下限油温升高　　B. 上限油温降低

C. 柴油-重油转换温度降低　　D. 中间温度升高

27. 在 NAKAKITA 型温度程序调节器上,要把温度“上升-下降”速度设定开关设定在“3”挡上,系统投入运行时,电机 SM1 和 SM2 转动方向为( )。

A. 正转,正转　　B. 反转,正转　　C. 停转,正转　　D. 正转,停转

28. 在 NAKAKITA 型燃油温度程序调节器中,为提高油温的下限值,降低油温的上限值,其调整方法是( )。

A. 同时右移温度上、下限设定器

B. 右移下限温度设定器,左移上限温度设定器

C. 左移温度下限设定器,右移上限温度设定器

D. 同时左移温度上、下限设定器

29. 要调整 NAKAKITA 型燃油控制系统中的温度控制与黏度控制切换温度,可调整( )。

A. 温度上升-下降设定开关位置　　B. 上限温度设定开关位置

C. 下限温度设定开关位置　　D. 可调凸轮位置

30. 在 NAKAKITA 型燃油黏度控制系统中，柴油-重油转换允许时间，及控制该时间的器件为(　　)。

A. 10～20 s，时间继电器 TL-2　　B. 10～20 s，定时器 T_1

C. 2～3 s，时间继电器 TL-2　　D. 2～3 s，定时器 T_1

31. NAKAKITA 型燃油黏度控制系统中，对重油进行黏度定值控制的时刻为(　　)。

A. 完成柴油转换到重油时　　B. 重油温度达到上限温度时

C. 测黏计投入工作时　　D. 定时器计时时间到时

32. 在 NAKAKITA 型燃油黏度控制系统中，切除系统工作时，重油只能程序降温到中间油温，进行定值控制，其可能的原因是(　　)。

A. 三通活塞阀卡在下位　　B. 三通活塞阀卡在上位

C. 三通电磁阀 MV-10 线圈断路　　D. 定时器 T_1 不能通电计时

33. NAKAKITA 型燃油黏度控制系统中，温度上升-下降速率开关设定在 3 档，系统投入运行后，温度未达到中间温度时，油温不再上升，其原因可能有(　　)。

①中间温度设定太高；②电源保险丝烧断；③电机 SM1 或其传动装置故障；④电机 SM2 或其传动装置故障；⑤把柴油-重油转换开关转到了 D 位；⑥测黏计马达因故障停转。

A. ②④⑤　　B. ①③⑤　　C. ②③④　　D. ④⑤⑥

34. NAKAKITA 型燃油黏度控制系统包括(　　)。

A. 油温的定值控制　　B. 油温的开关控制

C. 燃油黏度的程序控制　　D. 油温的程序控制

35. 辅锅炉自动点火控制系统，在自动点火时已点燃，但很快又发出点火失败信号，可能原因是(　　)。

A. 点火变压器故障　　B. 点火电极结炭严重

C. 火焰监测器故障　　D. 进油电磁阀未打开

36. 在辅锅炉燃烧时序控制系统中，按启动锅炉按钮后，首先进行的动作是(　　)。

A. 预点火　　B. 预扫风　　C. 预热锅炉　　D. 加热燃油

37. 对货船辅锅炉燃烧自动控制系统的基本要求是(　　)。

A. 简单、可靠　　B. 控制品质高

C. 经济性好　　D. 同油船辅锅炉

38. 在采用单油头供油的辅锅炉燃烧系统中，当进行低火燃烧时，其风门和回油阀的状态是(　　)。

A. 风门开大，回油阀关小　　B. 风门开大，回油阀开大

C. 风门关小，回油阀开大　　D. 风门关小，回油阀关小

39. 在采用压力比例调节器和电动比例操作器的辅助锅炉蒸气压力控制系统中，如果在平衡状态下锅炉负荷增加，则在到达新平衡态时(　　)。

A. 气压比原来高　　B. 气压等于给定值

C. 气压比原来低　　D. 不定

40. 在 PLC 控制的自动锅炉燃烧控制系统中，要换上新印刷电路板或模块时，新印刷电路板或模块上可设置的元件一般包括(　　)。

A. 启动开关　　B. 地线　　C. 跳线　　D. 电容

41. 在PLC控制的自动锅炉燃烧控制系统中,进行故障判断前首先要熟悉的内容包括(　　)。

A. PLC制造厂家和编程语言　　B. 程序存储器容量

C. 据存储器容量　　D. 系统运行的条件和结果

42. 自清洗式滤器是根据(　　)决定自动清洗工作的。

A. 滤器进出口间的压差　　B. 油压大小

C. 滤器的使用时间　　D. 油的清洁程度

43. 空气反冲式自清洗滤器控制电路图中,当滑油滤器进出口压差小于0.03 MPa时,电磁阀S_1和控制活塞的状态分别为(　　)。

A. 电磁阀S_1通电,控制活塞被抬起　　B. 电磁阀S_1通电,控制活塞被压下

C. 电磁阀S_1断电,控制活塞被抬起　　D. 电磁阀S_1断电,控制活塞被压下

(七)

26. 在柴油机气缸冷却水温度控制系统中,感温元件可插在(　　)。

A. 冷却水出口管路中　　B. 淡水冷却器中

C. 冷却水进口管路中　　D. A + C

27. WALTON型恒温阀在运行管理中应注意的事项是(　　)。

①注意环境温度;②不可以长期使用;③上紧连接螺栓要用力均匀;④清洗时必须把端盖和阀芯一起拉出来;⑤用全开旁通阀来判断恒温阀是否有问题;⑥每隔3000h左右要进行检查。

A. ②③⑤　　B. ③④⑥　　C. ①③④　　D. ②④⑤

28. 由WALTON型恒温阀组成的冷却水温度控制系统是(　　)系统。

A. 比例控制　　B. 比例积分控制

C. 比例微分控制　　D. 比例积分微分控制

29. 在TQWQ型气动温度三通调节阀中,为提高控制系统动态过程的稳定性,应该(　　)。

A. 上移测量波纹管　　B. 左移反馈波纹管

C. 扭动定值弹簧使挡板离开喷嘴　　D. 扭动定值弹簧使挡板靠近喷嘴

30. 在NAKAKITA型燃油黏度控制系统中,控制选择阀的作用是(　　)。

A. 输出柴油-重油转换信号　　B. 输出温度控制信号

C. 输出黏度控制信号　　D. 输出温度和黏度控制信号中大的信号

31. 在NAKAKITA型燃油温度程序调节器的驱动杆上设有(　　)。

A. 温度设定电机SM1、SM 2　　B. 柴油-重油转换凸轮

C. 温度设定开关　　D. 测量指针

32. 在TQWQ型柴油机气缸冷却水温度控制系统中,要降低冷却水给定温度,需要(　　)。

A. 增加给定弹簧预紧力　　B. 将测量波纹管向下移

C. 将反馈波纹管向左移　　D. 减小给定弹簧预紧力

33. 在NAKAKITA型温度程序控制系统中,在切除系统工作时,油温以2.5℃/min的速度下降,则温度“上升-下降”速度设定挡数及电机SM1和SM2转动方向为(　　)。

A. 3 挡,停转,反转　　B. 3 挡,反转,停转
C. 2 挡,反转,停转　　D. 5 挡,反转,反转

34. 在 NAKAKITA 型燃油温度程序调节器中,其油温的下限和上限值分别为 30℃ 和 130℃,要把温度“上升-下降”速度设定开关设定在“5”挡上,其温度程序时间是(　　),若温度设定电机 SM1 损坏,则所需时间为(　　)。

A. 40min,100min　B. 67min,100min　C. 67min,40min　D. 25min,40min

35. 在 NAKAKITA 燃油黏度控制系统中,当燃油温度下降到下限温度以下时,系统进行(　　)。

A. 自动停止测黏计工作　　B. 黏度控制转换至温度控制
C. 重油切换成柴油　　D. 温度不再下降,发声光报警信号

36. 在 NAKAKITA 型燃油温度程序控制系统中,现要求用 60min 把油温从下限的 30℃ 加热到上限值的 120℃,应把温度“上升-下降”速度设定开关设定在(　　)。

A. 1 挡　B. 2 挡　C. 3 挡　D. 5 挡

37. 在电极式锅炉水位控制系统中,若电极室结满一层水垢,则会出现(　　)。

A. 锅炉失水,发报警,自动停炉　　B. 锅炉满水,发报警,自动停炉
C. 锅炉失水,发报警,不停炉　　D. 锅炉满水,不发报警,不停炉

38. 在电极式锅炉水位控制系统中,电极 1,2,3 分别检测高水位、低水位和危险水位,为提高锅炉允许的危险水位,其调整方法是(　　)。

A. 电极 1、2 不动,升高电极 3　　B. 电极 1、3 不动,降低电极 2
C. 电极 1、3 不动,升高电极 2　　D. 电极 2、3 不动,升高电极 1

39. 辅锅炉自动点火控制系统在自动点火程序过程中,出现点火根本未成功,可能的原因是(　　)。

A. 时序控制器故障　　B. 火焰监视器故障
C. 回油电磁阀未打开　　D. 进油电磁阀打开

40. 在采用压力比例调节器和电动比例操作器的辅锅炉蒸气压力控制系统中,当蒸气压力升高时,电桥输出的不平衡电压信号 $U_{入}$ 的极性及执行电机转动方向为(　　)。

A. 上负下正,朝使蒸气压力降低的方向转动
B. 上负下正,朝使蒸气压力增加的方向转动
C. 上正下负,朝使蒸气压力降低的方向转动
D. 上正下负,朝使蒸气压力增加的方向转动

41. 在 PLC 控制的自动锅炉燃烧控制系统中,一般 PLC 更换电池时是断电更换的,这类 PLC 在更换电池时往往要求在(　　)完成即可。

A. 数十秒内　B. 数十分钟内　C. 数小时内　D. 数天内

42. 在柴油机气缸冷却水温度控制系统中,其执行机构是(　　)。

A. 淡水泵　B. 海水泵　C. 淡水冷却器　D. 三通调节阀

43. 锅炉时序控制的顺序是(　　)。

A. 正常燃烧→喷油点火→预扫风→预点火
B. 预扫风→预点火→喷油点火→正常燃烧
C. 预点火→预扫风→喷油点火→正常燃烧
D. 喷油点火→预扫风→预点火→正常燃烧

(八)

26. 关于 WALTON 型温度调节器,不正确的说法是(　　)。

A. 属于基地式调节器　　B. 调节精度高,没有静差

C. 具有比例作用规律　　D. 属于直接作用式调节阀

27. 关于 WALTON 型恒温调节阀,正确的说法是(　　)。

A. 属于位移平衡原理　　B. 调节精度高,没有静差

C. 具有位式调节规律　　D. 属于直接作用式调节阀

28. 在用 TQWQ 型气动温度三通调节阀组成的冷却水温度控制系统中,若测量波纹管锁紧螺母没有锁紧,由于振动渐渐下滑,则可能出现的现象是(　　)。

A. 水温逐渐升高　　B. 水温逐渐降低

C. 动态过程稳定性提高　　D. 动态过程衰减率减小

29. 在燃油黏度控制系统中,错误地把正、反作用切换装置转换成正作用式,则控制系统将成为(　　),蒸汽调节阀开度为(　　)。

A. 负反馈系统,绕原开度振荡　　B. 正反馈系统,绕原开度振荡

C. 负反馈系统,全开或全关　　D. 正反馈系统,全开或全关

30. 在用 TQWQ 型气动温度三通调节阀组成的气缸冷却水温度控制系统中,其感温元件采用的是(　　)。

A. 金属丝热电阻　　B. 热敏电阻

C. 感温盒　　D. 温包

31. 在 NAKAKITA 燃油黏度控制系统中,蒸汽调节阀采用(　　),黏度调节器采用(　　),温度调节器采用(　　)。

A. 气开式,正作用,反作用　　B. 气开式,反作用,正作用

C. 气关式,正作用,反作用　　D. 气关式,反作用,正作用

32. 在 NAKAKITA 型燃油黏度控制系统中,若三通活塞阀卡在上位,系统会(　　)。

①发声光报警;②系统对燃油进行中间温度定值控制;③继电器 AX－2 通电;④油温保持下限值不变;⑤系统投入工作后立即进行黏度控制;⑥中间温度开关 MLS 合于右面。

A. ①②③⑤　　B. ①②③⑥　　C. ①③⑤⑥　　D. ①②④⑤

33. TQWQ 型气动温度自动控制系统是一个(　　)控制系统。

A. 定值　　B. 开环　　C. 随动　　D. 逻辑

34. 柴油机货船辅锅炉燃烧自动控制的方式常采用(　　)。

A. 微分控制　　B. 双位控制　　C. 积分控制　　D. 连续控制

35. 锅炉水位双位控制系统不具备的功能是(　　)。

A. 危险水位报警　　B. 高水位停止给水

C. 低水位开始给水　　D. 燃烧控制

36. 在 NAKAKITA 燃油黏度控制系统中,若三通活塞阀卡在上位,系统将不会(　　)。

A. 发声光报警　　B. 继电器 AX—2 通电

C. 系统对燃油进行中间温度定值控制　　D. 温度保持下限值不变

37. 在 NAKAKITA 型燃油黏度控制系统中,若测黏计毛细管中间部位破损,则系统的故障现象为(　　)。

A. 对柴油程序加温到上限值　　B. 对重油进行油温上限值的定值控制

C. 重油黏度不断升高　　D. 重油黏度不断降低

38. 锅炉燃烧自动控制系统正常运行过程中，出现中途熄火，不可能的原因是(　　)。

A. 风压过低　　B. 锅炉失水

C. 火焰监视器故障　　D. 锅炉满水

39. 在 WALTON 冷却水温度控制系统中，若柴油机负荷变化突然升高，则经调节后，新稳态值与原稳态值相比(　　)。

A. 略低　　B. 略高　　C. 不变　　D. 变化

40. 在用 WALTON 恒温阀组成的气缸冷却水温度控制系统中，可调参数有(　　)。

A. 比例带　　B. 冷却水温度给定值

C. 积分时间　　D. 微分时间

41. 在 WALTON 型恒温阀中，改变温度给定值的方法是(　　)。

A. 改变弹簧的初始张力　　B. 改变连杆的回转半径

C. 通过转轴改变滑板的初始开度　　D. 改变石蜡混合液的成分

42. 自清洗滤器对每一个滤筒的清洗时间大约是(　　)。

A. 1 min　　B. 2 min　　C. 3 min　　D. 4 min

43. 在空气反冲式自清洗滤器控制电路图中，若继电器 R_1 线圈断路，则可能出现的故障现象是(　　)。

A. 始终对同一个滤筒进行清洗　　B. 对另一个滤筒进行清洗

C. 正常清洗发声光报警　　D. 电机不转，也不进行冲洗

模块三　主机遥控系统

任务一　主机遥控系统的逻辑与控制回路认识

一、教学目标

（1）掌握主机遥控系统的组成及功能，遥控系统的分类。

（2）掌握常用遥控阀件与遥控气源。

（3）掌握遥控车钟及操纵部位的转换。

（4）掌握换向逻辑及其控制功能，换向逻辑回路的功能，换向的鉴别逻辑和换向的逻辑条件。

（5）掌握启动逻辑及其控制。

（6）掌握制动逻辑及其控制。

（7）掌握转速与负荷限制。

（8）掌握主机遥控系统的电/气转换装置及执行机构。

二、主机遥控系统常用的气动阀件认识

在遥控系统中，常用的气动阀件有逻辑元件、时序元件和比例元件三大类。它们的工作气源是由主机遥控系统的气源装置提供的，一般为0.7MPa或0.8MPa。

1. 逻辑元件

逻辑元件实际上就是开关元件，根据某些逻辑条件，其输出端或者通气源压力信号（简称输出为1），或者输出端与大气（简称输出0）。逻辑元件包括两位三通阀、三位四通阀、多路阀、双座止回阀和联动阀等。

1）两位三通阀

图3-1-1a）示出了该阀的结构原理，图3-1-1b）是该阀的逻辑符号。它有两个位置、三个通路。若控制端 *A* 无信号作用，即 *A* 为0，则阀芯7和动阀座5在复位弹簧4的作用下复位，气源1截止，输出端2通大气端3，该阀输出为0，在逻辑符号图上相当于阀工作在下位。若控制端有作用信号A为1，则阀芯连同动阀座一起被压下。通大气端3截止，输出端2与气源1相通，该阀输出为1，在逻辑符号图上相当于阀工作在上位。总之，阀工作在哪个位置取决于 *A* 端有没有控制信号，若 *A* 为1则工作在靠近控制端 *A* 的那一位；反之，则工作在另一位置。

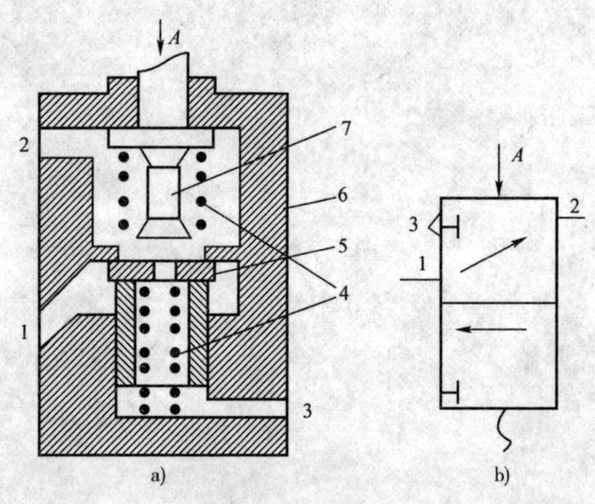

图3-1-1　两位三通阀结构原理及逻辑符号图

1-气源；2-输出端；3-通大气端；4-复位弹簧；5-动阀座；6-阀体；7-阀芯

根据动作阀芯力的性质不同，也就是控制

信号 A 的种类不同,两位三通阀又可分为机械动作、手动、气动、双气路控制及电动等。图 3-1-2 中 a)、b)、c)、d)、e)分别画出了它们的逻辑符号图。

2)三位四通阀

在主机遥控系统中,三位四通阀通常作为双凸轮主机的换向阀,图 3-1-3a)、b)分别示出了该阀的结构原理及逻辑符号。它由阀体、左右滑阀及弹簧组成。A 口和 B 口分别为正车换向和倒车换向输出口,7 口接连锁信号,只要有连锁信号,该阀被锁在中位通。此时,气源口 P 截止,A 口和 B 口均通大气,该位置是不允许进行换向操作的。连锁信号撤销(7 口通大气)后,若 5 端有控制信号,6 端通大气,该阀右位通,B 口输出 1,A 口输出 0,气源经 B 口进入倒车换向油缸进行倒车换向;若 6 端通控制信号,5 端通大气,该阀左路通,A 口输出 1,B 口输出 0,气源经 A 口进入正车换向油缸进行正车换向。换向完成后,7 口通连锁信号,三位四通阀立即被锁在中间位置。

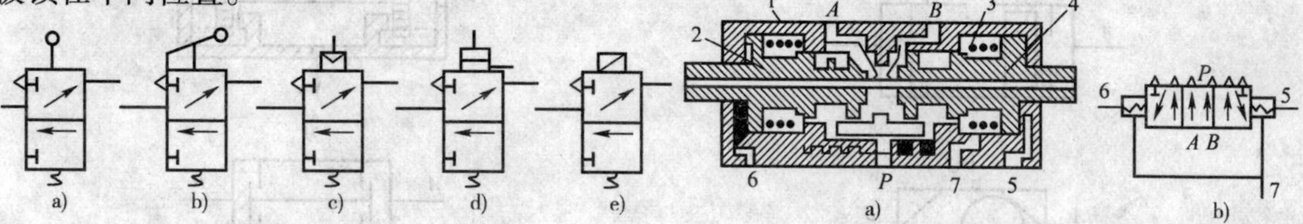

图 3-1-2　各种两位三通阀逻辑符号图

图 3-1-3　三位四通阀结构原理及逻辑符号图

1-阀体;2-左滑阀;3-弹簧;4-右滑阀;5-倒车信号;6-正车信号;7-连锁信号;A-正车换向口;B-倒车换向口;P-气源口

3)多路阀

在遥控系统中,多路阀通常作为双凸轮换向的控制阀,其结构原理及逻辑符号如图 3-1-4 所示。它主要由阀体 8、阀芯 7、活塞 A 及一些气口组成。共有 4 个位置,从左至右分别为Ⅳ、Ⅲ、Ⅰ、Ⅱ位。4 口和 5 口分别接车令发出的倒车和正车指令;2 口和 3 口分别接三位四通阀的 5 端和 6 端;1 口接气源;6 口接启动回路,还有两个口通大气。

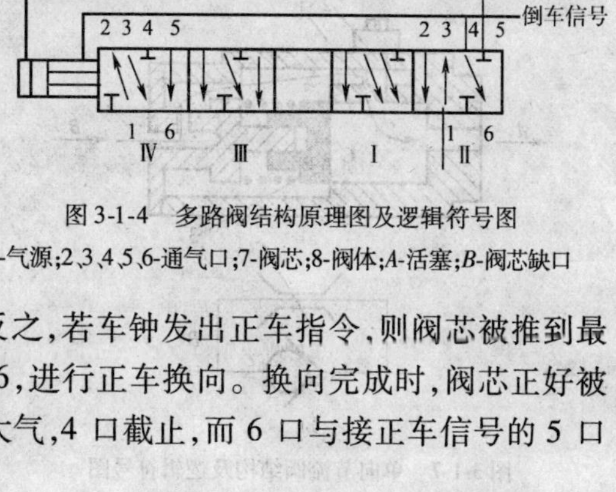

若车钟发出倒车指令,4 口通气源,5 口通大气。4 口的倒车信号通过作用于活塞 A 的右面把阀芯推到最左端的Ⅳ位(图示位置)。此时,2 口通气源 1,3 口通大气,6 口经接正车信号的 5 口通大气。2 口的输出接到换向阀(即三位四通阀)的控制端 5,若三位四通阀的连锁信号被撤销,则其右位通,进行倒车换向,在凸轮轴从正车位置向倒车位置移动的过程中,由机械机构通过多路阀阀芯的缺口 B 向右拨动阀芯。当倒车换向完成时,阀芯正好被反馈到Ⅰ位。这时气源 1 截止,2 口和 3 口均通大气,5 口截止,而 6 口与接倒车信号的 4 口相通,即换向完成后,由 6 口自动输出一个允许启动信号。反之,若车钟发出正车指令,则阀芯被推到最右端的Ⅱ位,3 口通气源 1,接到换向阀的控制端 6,进行正车换向。换向完成时,阀芯正好被反馈到Ⅲ位。这时气源 1 截止,2 口和 3 口均通大气,4 口截止,而 6 口与接正车信号的 5 口相通,自动输出一个允许启动信号。

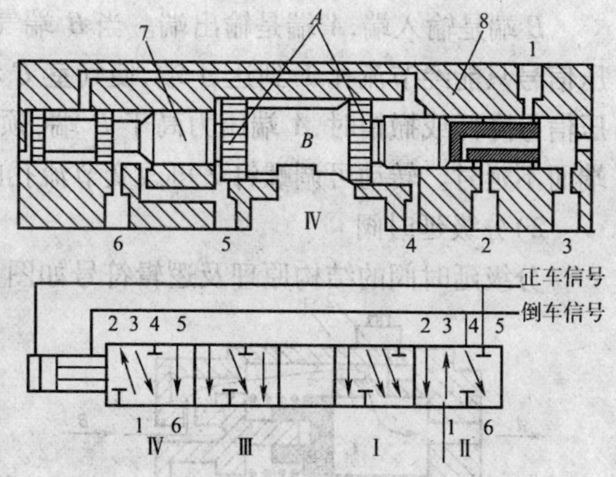

图 3-1-4　多路阀结构原理图及逻辑符号图

1-气源;2、3、4、5、6-通气口;7-阀芯;8-阀体;A-活塞;B-阀芯缺口

由上面的分析可知,一方面,当车令与凸轮轴位置不一致时,6 口输出 0 信号,不允许启动

主机，只能先进行换向。当换向完成时，即车令与凸轮轴位置一致后，6 口才输出 1 信号，允许主机启动。另一方面，只有当车令与凸轮轴位置不一致时，才需要进行换向，若车令与凸轮轴一致，则无须换向，直接送出允许启动信号，直接进行启动。

4）双座止回阀

双座止回阀是或门阀，其逻辑符号如图 3-1-5 所示。它有两个输入端 A 和 B，一个输出端 C，其逻辑功能是 $C=A+B$。

5）联动阀

联动阀是与门阀，其逻辑符号如图 3-1-6 所示。它有两个输入端 A 和 B，一个输出端 C，其逻辑功能是 $C=A\cdot B$。

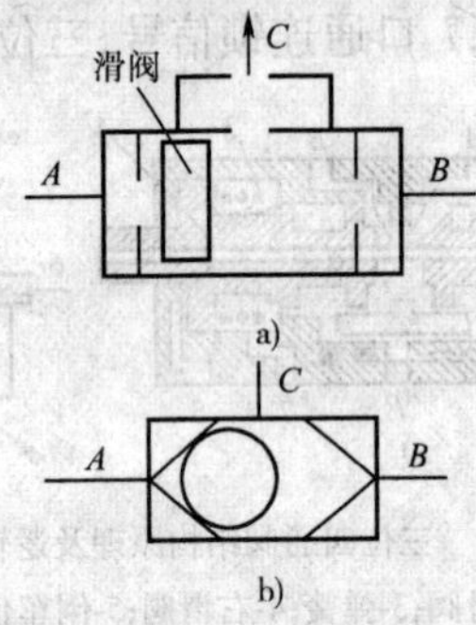

图 3-1-5　双座止回阀逻辑符号图

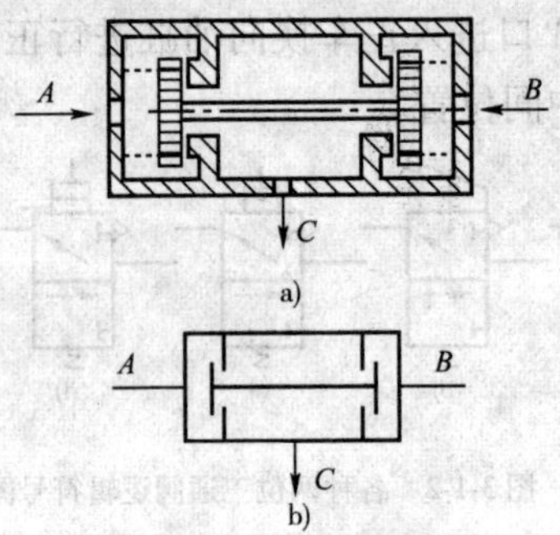

图 3-1-6　联动阀逻辑符号图

2. 时序元件

时序元件在气路中一般对气压信号的变化起延时作用，它包括单向节流阀、分级延时阀及速放阀。

1）单向节流阀

单向节流阀的结构原理与逻辑符号如图 3-1-7 所示。

B 端是输入端，A 端是输出端。当 B 端气压信号高于 A 端时，单向阀 3 紧压在阀座上，气压信号只能经节流孔 1 到达 A 端，使气室 C 和 A 端压力逐渐升高，起到延时作用。当 B 端气压信号降低或撤销时，A 端压力高于 B 端，顶开单向阀使 A 端气压信号不经节流直接到达 B 端而不延时。转动可调螺钉 2 可改变节流孔的开度，从而调整延时时间。

2）分级延时阀

分级延时阀的结构原理及逻辑符号如图 3-1-8 所示。当输入口 1 的气压信号较低时，在

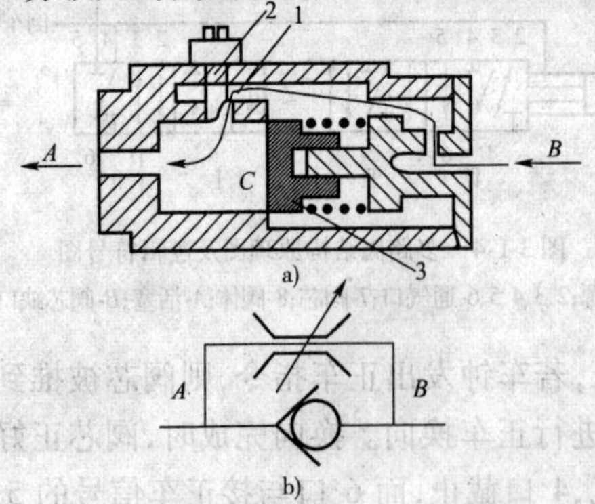

图 3-1-7　单向节流阀结构及逻辑符号图

1-节流孔；2-可调螺钉；3-单向阀；A-输出端；B-输入端；C-气室

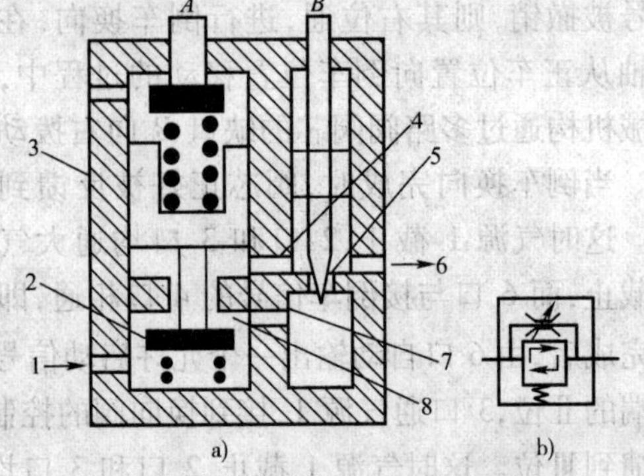

图 3-1-8　分级延时阀结构原理及逻辑符号图

1-输入口；2-阀盘；3-阀体；4、7-连接通道；5-节流孔；6-输出端；8-气室；A-调节螺钉；B-调节螺钉

弹簧的作用下活塞下移，阀盘 2 离开阀座，由 1 口输入的气压信号经 4 口直接达到输出端 6，不进行节流延时。当 1 口输入信号增大到一定值，活塞克服弹簧张力上移到使阀盘 2 压在阀座上时，输入的气压信号必须经 7 口，再经节流孔 5 到达输出端 6，进行节流延时。转动调节螺钉 *A* 可改变弹簧的预紧力，即可调整开始节流延时的输入信号压力值；转动调整螺钉 *B*，可改变节流孔的开度，即可调整延时时间。当输入的气压信号降低或撤销时，在弹簧的作用下，活塞连同阀盘一起下移，输出端 6 经 4 口直接与输入端相通，而不能进行延时。

3）速放阀

速放阀的结构原理及逻辑符号如图 3-1-9 所示。*A* 为输入端，*B* 为输出端。当输入端 *A* 有气压信号时，橡胶膜片 2 被顶起封住通大气口 4，使输出端 *B* 的气压信号立即等于 *A* 端，当输入端 *A* 的气压信号撤销时，膜片 2 下落封住输入端，同时打开通大气口 4，使输出端 *B* 的气压信号就地泄放，而不必经输入端 *A*，再经较长的管路泄放，这就避免了信号泄放延时。

3. 比例元件

比例元件的功能是，使输出的气压信号与输入信号成比例变化。它包括比例阀和转速设定精密调压阀。

1）比例阀

比例阀的结构原理及逻辑符号如图 3-1-10 所示。当输出端 2 的气压信号与输入端 5 相

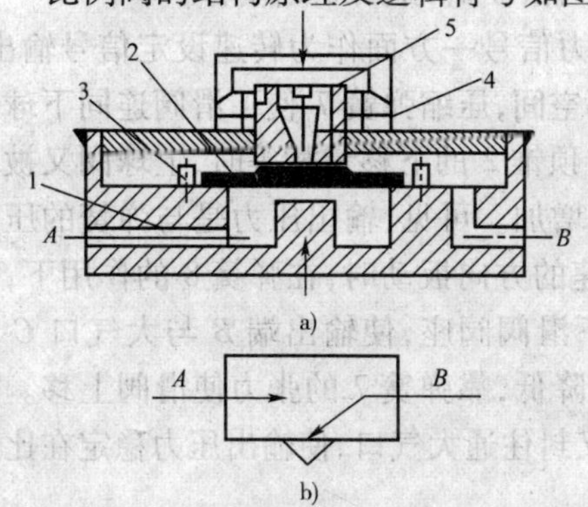

图 3-1-9　速放阀的结构原理及逻辑符号图
1-输入通道；2-橡胶膜片；3-限位座；4-通气口；5-调节螺钉；*A*-输入端；*B*-输出端

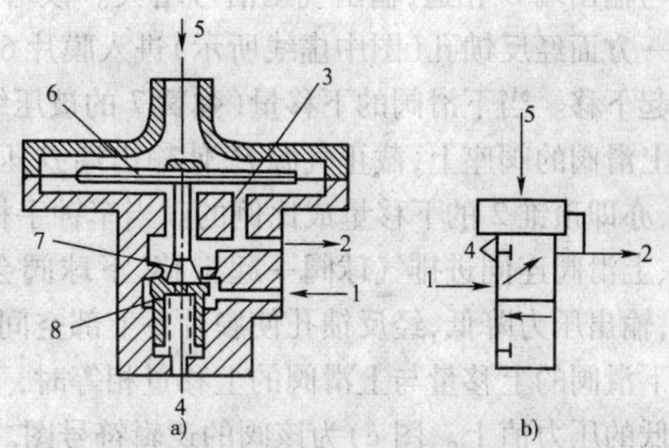

图 3-1-10　比例阀结构原理及逻辑符号图
1-气源；2-输出端；3-反馈口；4-通大气口；5-输入端；6-膜片；7-阀芯；8-动阀座

等时，膜片 6 上下受力相等，处于平衡状态，动阀座 8 截止气源 1，阀芯 7 压在动阀座上封住通大气口 4，输出信号不变。当输入信号增大时，膜片 6 向下弯曲，动阀座 8 下移，气源 1 与输出端 2 相通，输出压力信号增大，该增大的信号经反馈口 3 进入膜片 6 下部空间。当输出的气压信号增加到与输入相等时，膜片 6 又处于平衡状态，气源被截止，输出稳定在比原来高的压力值上。若输入信号降低时，膜片 6 向上弯，阀芯上移，输出端 2 与通大气口 4 相通，输出压力降低，经反馈口 3 使膜片 6 下面空间压力降低，直到输入信号与输出相等时，膜片 6 又恢复到平衡状态，这时输出压力就稳定在比原来低的值上。可见，比例阀在稳态时，其输入与输出是相等的。

2）转速设定精密调压阀

在气动遥控系统中，转速设定精密调压阀用于设定主机的转速，其输入信号是车钟手柄的位置，输出是车钟手柄设定的转速所对应的气压信号。该阀的结构原理如图 3-1-11a）所示。滚轮 1 与车钟手柄下面所带动的凸轮相接触，当车钟手柄向加速方向扳动时，经滚轮使顶锥 2 下移，克服弹簧张力使滑阀下移，进排气球阀 4 中的下球阀仍压在下滑阀 5 的阀座上，封住通大气口，上球阀会离开上滑阀 3 的阀座，如图 3-1-11b）所示。气源 *P* 经上球阀与阀座之间的间

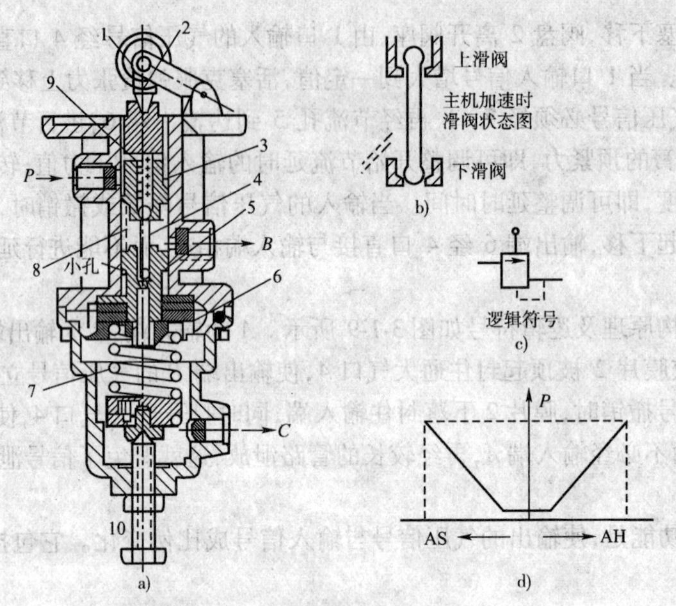

图 3-1-11　转速设定精密调压阀

1-滚轮;2-顶锥;3-上滑阀;4-进排气球阀;5-下滑阀;6-膜片;7、8、9-弹簧;10-调整螺钉

隙与输出端 B 相通,输出气压信号增大。该增大的压力信号一方面作为转速设定信号输出,另一方面经反馈孔(图中虚线所示)进入膜片 6 的上部空间,压缩弹簧 7 使下滑阀连同下球阀一起下移。当下滑阀的下移量(弹簧 7 的被压缩量)与顶锥 2 的下移量相等时,上球阀又被压在上滑阀的阀座上,截止气源 P,使输出端 B 压力不再增加。可见,输出压力是与弹簧的压缩量,亦即顶锥 2 的下移量成比例的。当车钟手柄向减速的方向扳动时,在弹簧 8 的作用下,顶锥、上滑阀连同进排气球阀一起上移,下球阀会离开下滑阀阀座,使输出端 B 与大气口 C 相通,输出压力降低,经反馈孔使膜片 6 上部空间的压力降低,靠弹簧 7 的张力使滑阀上移。直到下滑阀的上移量与上滑阀的上移量相等时,下滑阀又封住通大气口,使输出压力稳定在比原来低的压力值上。图 c)为该阀的逻辑符号图。

图 d)示出了该阀的输出特性曲线。由于车钟手柄下面所带动的凸轮其正、倒车边是对称的,所以正、倒车转速设定的特性是一样的。转动调整螺钉 10 可改变弹簧 7 的预紧力,即可上下平移输出特性曲线,拧紧螺钉 10 可向上平移,即当车钟手柄设定在相同的速度挡时,其输出的压力信号,也即主机设定转速增加,反之亦然。调换不同刚度的弹簧 7,或改变它的有效工作圈数,可改变输出特性曲线的斜率。

在主机遥控系统中,利用上面介绍的气动阀件,可组成启动、换向、制动以及速度和负荷限制等各种逻辑回路和控制回路。因此,掌握这些阀件的工作原理,特别是掌握其逻辑符号图,对分析和理解一个复杂的遥控系统是很重要的。

三、主机遥控系统的逻辑与控制回路

主机遥控是指离开机旁在驾驶台(BR)或集中控制室(ECR)对主机进行远距离操纵的一种控制方式。我们把用于完成主机的这种遥控操作的控制系统称为主机遥控系统。它是由组合逻辑回路、时序逻辑回路、反馈控制回路和各种安全保护回路组成的复杂系统。

主机遥控系统不仅大大地减轻了机舱工作人员的劳动强度,而且可以减少误操作,改善船舶的操纵性能,提高主机运转的可靠性和经济性,乃至船舶航行的安全性。主机遥控系统是机舱自动化的重要组成部分,也是实现无人机舱的必备条件之一。

在设有主机遥控系统的船上,操纵主机的位置通常有三个,即机旁、集控室和驾驶台。其中,机旁操纵是最基本的操纵方式,它确保当遥控系统出现故障时仍可以在机旁进行临时的应急操作,以保证航行的安全。因此,在机旁总是设有"机旁(手动,应急)—遥控(自动)"转换阀。在正常情况下,该阀应处于"遥控(自动)"位置,这时就可在集控室或驾驶台对主机进行遥控操作了。主机的遥控操作分为集控室遥控和驾驶台遥控,其操作部位的切换由设在集控室操纵台上的"集控—驾控"转换装置实现。

船舶柴油主机的基本操纵,例如启动、换向、停油和制动等都是借助空气动力来进行的。要实现主机的这些基本操纵,就必须为主机配备各种气动伺服机构和相应的逻辑阀件及气路系统,称为气动操纵系统。对于目前常见的主机遥控系统,其机旁操纵和集控室遥控是通过气动操纵系统实现的。此时,驾驶员通过传令车钟将车令发到机舱,轮机员根据车令对主机进行手动操纵,逐渐使主机达到车令所要求的状态。因此,集控室遥控实际上只是手动遥控。驾驶台遥控一般是在气动操纵系统的基础上增加必要的组合逻辑和时序逻辑模块,使这些逻辑模块能直接接收驾驶台发出的车令,并按照主机的正确操纵规程发出各种控制命令,通过接口电磁阀与气路接口,进而对主机进行自动遥控。而这些逻辑模块的实现可以是气动的,也可以是电动的,而电动的又可以是有触电式、无触电式和微机控制的。因此主机遥控系统常分为气动遥控系统和气—电结合式遥控系统,而气—电结合式又分为有触电式、无触电式和微机控制的主机遥控系统。

1. 启动逻辑回路

在自动遥控系统中,启动逻辑回路是基本的逻辑与控制回路之一。其基本功能是,当有开车指令时,能自动检查是否满足启动的逻辑条件;当所有的启动逻辑条件均得到满足时,能自动输出一个启动信号去开启主启动阀,对主机进行启动;当主机达到发火转速时,能自动撤销启动信号,关闭主启动阀,结束启动,使主机在供油状态下运行。用于完成这一基本功能的逻辑回路称为主启动逻辑回路。根据遥控系统类型和功能的不同,通常还在主启动逻辑回路的基础上增加重复启动、重启动及慢转启动等功能,分别称为重复启动逻辑回路、重启动逻辑回路和慢转启动逻辑回路。

在手动遥控时,启动逻辑条件的判别和启动过程的控制都是由轮机员人工进行的,因此以下内容仅适用于自动遥控时的情况。当然,多数气动操纵系统也提供了诸如盘车机连锁和启动连锁等功能,在盘车机未脱开或换向未完时不允许对主机进行启动。

1)主启动逻辑回路

主启动逻辑回路是遥控系统完成启动的最基本的控制回路。它能检查启动条件是否得到满足,并对启动过程进行自动控制。而启动条件包括启动鉴别逻辑条件和启动准备逻辑条件,见图 3-1-12。

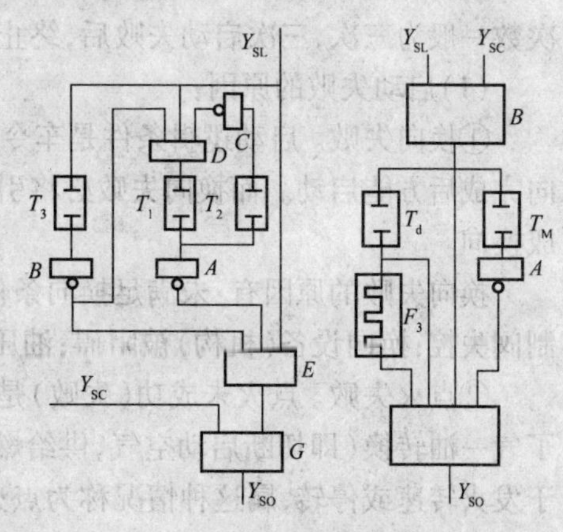

图 3-1-12 主启动逻辑回路逻辑图

(1)启动鉴别逻辑条件。启动鉴别逻辑是指能自动判定车令与凸轮轴位置是否一致。有开车指令时,只有车令与凸轮轴位置一致才允许启动,否则是不准发启动信号的。用 I_H 和 I_S 分别表示正车车令和倒车车令,用 C_H 和 C_S 分别表示凸轮轴在正车位置和在倒车位置。用 Y_{SL} 表示启动的鉴别逻辑,其逻辑表达

式为

$$Y_{SL}=I_H \cdot C_H+I_S \cdot C_S$$

$Y_{SL}=1$,表示车令与凸轮轴位置一致,满足启动鉴别逻辑;$Y_{SL}=0$,说明车令与凸轮轴位置不一致,不满足启动鉴别逻辑,不准发启动信号。

(2)启动准备逻辑条件。启动准备逻辑条件多数是在"备车"时完成的,为方便起见,可用字母和符号来表示各种准备逻辑条件,大致如下:

①盘车机必须脱开,用 TG 表示,TG="1"表示脱开;

②主启动阀处于"自动"位置,用 MV 表示,MV="1"表示"自动"位置;

③启动空气压力在正常范围内,用 P_A 表示,P_A="1"表示正常;

④遥控控制空气压力正常,用 P_o 表示,P_o="1"表示正常;

⑤遥控控制电源电压正常,用 ES 表示,ES="1"表示正常;

⑥主机滑油压力正常,用 P_L 表示,P_L="1"表示正常;

⑦操作部位切换到位,用 PS 表示,PS="1"表示切换完成;

⑧模拟试验开关位置处于"工作"位置,用 TS 表示,TS="1"表示"工作"位置。

⑨故障停车必须复位,用$\overline{ST}$表示,$\overline{ST}$="1"表示已复位;

⑩无三次启动失败,用 $\overline{F}_3$ 表示,$\overline{F}_3$="1"表示无三次启动失败;

⑪未到启动限时,用 $\overline{T}_M$ 表示,$\overline{T}_M$="1"表示未到启动限时;

⑫启动转速低于发火转速,用 N_s 表示,N_s="1"表示启动转速低于发火转速。

不同机型启动准备逻辑条件不完全相同,有的多一些,有的少一些。但是,启动准备逻辑条件必须全部满足,故它们之间应是与的关系,其逻辑表达式为

$$Y_{SC}=TG \cdot MV \cdot P_A \cdot P_o \cdot P_L \cdot ES \cdot PS \cdot TS \cdot \overline{ST} \cdot \overline{F}_3 \cdot \overline{T}_M \cdot N_s$$

Y_{SC}为1,表示满足启动准备逻辑条件,Y_{SC}为0,表示不满足启动准备逻辑条件,不能对主机进行启动。

(3)主启动逻辑回路。主启动逻辑回路发出启动信号,必须满足启动准备逻辑条件,还要满足启动鉴别逻辑,这两者是与的关系,其逻辑表达式为

$$\begin{aligned}Y_{SO}&=Y_{SC} \cdot Y_{SL}\\&=TG \cdot MV \cdot P_A \cdot P_0 \cdot P_L \cdot ES \cdot PS \cdot TS \cdot \overline{ST} \cdot \overline{F}_3 \cdot \overline{T}_M \cdot N_s \cdot (I_H \cdot C_H+I_S \cdot C_S)\end{aligned}$$

2)重复启动逻辑回路

重复启动是指主机第一次启动失败后,自动控制主机中断片刻后的再次启动,重复启动的次数一般为三次,三次启动失败后,终止启动,发出启动失败报警。

(1)启动失败的原因:

①换向失败。启动逻辑条件是车令和凸轮轴位置相一致。如果不一致必须进行换向,换向完成后方能启动。而换向失败必将引起启动操作失败。换向失败是指在规定时间内未能完成换向。

换向失败的原因有:未满足换向条件。满足换向条件但未能完成换向。可能由于换向控制阀失控;换向设备(机构)被阻碍;油压、油位过低;控制空气压力不足或电源故障等。

②点火失败。点火未成功(失败)是指在启动过程中,主机的转速已达到发火转速,并进行了气—油转换(即切断启动空气,供给燃油),但由于燃油未能正常燃烧,主机转速又下降到低于发火转速或停转,属这种情况称为点火失败。引起点火失败的原因是多方面的,但主要是燃油系统的故障和燃烧条件不良所致,可归纳如下:

A. 日用油柜无油或油中有水；

B. 输油泵有故障使供油困难，管路有空气或滤器、油管堵塞；

C. 燃油黏度过高，使喷射雾化困难或雾化不良；

D. 喷油泵压力不足或喷嘴工作不正常，引起雾化不良或供油定时不准确等；

E. 气缸内压缩温度过低；

F. 启动供油量太少。

以上因素均可引起点火失败。点火失败现象很容易判断。如果能判断是由于点火失败引起的启动失败，可进行几次再启动，以力求在有限次数内启动成功。所以一般所说的重复启动是指在这种情况下的再启动。

③不能启动。不能启动是指在启动操作中，主机转速一直达不到发火转速，这种现象称不能启动。其原因可能是主启动阀或空气分配器失控；主轴承与轴“咬死”；气缸与活塞。“咬死”；桨缠异物等。这种现象很容易与点火失败区别开。在这种情况下，一般不宜再自动进行重复启动。但有的遥控系统也可进行重复启动。

重复启动逻辑回路大致有两种实现方式，即时序逻辑控制方式和时序—转速控制方式。

(2)时序逻辑控制方式。按时序逻辑控制方式实现重复启动的基本思想是设立三个计时器，例如 T_1，T_2 和 T_3，分别对一次启动持续时间、两次启动间隔时间和三次启动总时间进行计时。其功能是对输入的 0 信号不延时，立即输出 0，对输入 1 的信号延时输出 1。当满足启动条件而打开主启动阀进行第一次启动时，T_1 和 T_3 同时开始计时，当 T_1 计时结束时，使主启动逻辑回路停止启动，同时 T_2 开始计时，当 T_2 计时结束时，重新使主启动逻辑回路发出启动信号进行第二次启动，同时 T_1 开始计时，如此重复循环。当 T_1 第三次计时结束时，T_3 也正好计时结束，循环终止。此时，只有进行停车复位后才可能进行启动操作。由此可见，在这种控制方式下，重复启动的进程完全是由 T_1，T_2 和 T_3 三个计时器的计时长短决定的。如果 T_1 设为 3 秒，T_2 设为 3 ~5 秒，则 T_3 就应设为 15 ~19 秒。

应指出的是，这种控制方式由于采用纯时序的方法，没有考虑转速因素，因此，不论启动成功与否，该时序回路总是重复工作三次为止。只不过在第一次或第二次启动成功的情况下，由于转速超过发火转速，启动条件已消失，主启动逻辑回路已将主启动阀关闭，重复启动逻辑回路的输出不起作用罢了。

(3)时序—转速逻辑控制方式。采用时序—转速逻辑控制方式的重复启动逻辑回路需要两个计时器 T_d 和 T_M 以及计数器 F_3。其中，T_d 控制两次启动的时间间隔，它由负脉冲触发，即对输入 0 信号延时输出 1，在延时时间之内，对输入的 1 信号不起作用，但当输入信号由 1 跳变为 0 时，T_d 立即复位输出 0，并对该 0 信号延时输出 1。T_M 控制一次启动总时间的延时环节，对输入的 0 信号不延时，立即输出 0，对输入 1 的信号延时输出 1。F_3 记录启动失败次数。其工作过程为：当满足启动条件进行启动时，如果转速达到发火转速，那么由于启动条件消失，主启动逻辑回路自然会停止启动；如果达到发火转速后，转速又下降到低于发火转速，即启动失败，那么 F_3 加 1，同时 T_d 开始计时，T_d 计满(如 5s，即启动间隔结束)后进行第二次启动，如此最多可进行三次，直到 F_3 计满 3 次，终止整个启动过程。另外，在每次启动时 T_M 总被启动，如果某次启动持续时间超过其规定时间(8 ~10 秒)后仍无法达到发火转速，则说明主机或系统存在无法启动故障，也将终止整个启动过程。

总之，采用这种控制方式的重复启动过程中，其启动持续时间由转速、启动间隔和一次启动总时间控制，重复启动次数由计数器控制。因此，随着启动的成功，重复启动逻辑回路也将停止工作。

3）重启动逻辑回路

所谓重启动是指在一些特殊条件下的启动过程，目的在于保证启动的成功率。重启动逻辑回路必须能区分正常启动和重启动的逻辑条件，在正常启动条件下，启动逻辑回路应送出正常启动油量或正常转速信号。在重启动条件下，启动逻辑回路要送出或者是增大启动油量的信号，或者是提高发火转速信号。

（1）重启动的逻辑条件：

①必须满足启动的逻辑条件，Y_{SO}为1，因为重启动也是启动，因此，Y_{SC}、Y_{SL}必须均为1；

②必须有应急启动指令 I_E（在发开车指令的同时，按应急操纵按钮），或者有重复启动信号 F（第一次启动为正常启动，第二、三次启动为重启动），或者有倒车车令 I_S（倒车动性能不如正车）；

③启动转速未达到重启动发火转速，$n_H = 1$。

重启动 Y_{SH}的逻辑表达式为

$$Y_{SH} = Y_{SO} \cdot n_H (I_E + I_S + F)$$

（2）重启动逻辑回路功能。遥控系统发出启动指令后，重启动逻辑回路要能判别是否满足重启动逻辑条件，如果不满足，启动逻辑回路发正常启动信号；若满足重启动逻辑条件，则发重启动信号 Y_{SH}；如果启动成功，要撤销重启动信号，以备下次启动时重新判别是否满足重启动逻辑条件。因此，在重启动逻辑回路中设有记忆单元，具体的实现方式可参见后续内容的遥控系统实例。

不同机型其重启动逻辑条件不完全相同，如有的遥控系统不是有倒车指令 I_s 就形成重启动信号，而是在运行中换向后进行倒车启动时才进行重启动。

实现重启动有两种方案：一是发火转速不变，增加启动供油量。在常规的主机遥控系统中，多数是采用这种方案。在这种方案中，由于启动供油量较多，有可能在启动过程中主机发生爆燃。二是启动供油量不变，提高启动的发火转速。在这种方案中，主机启动是平稳的，但要消耗较多的启动空气。

4）慢转启动逻辑回路

慢转启动是指，主机长时间停车后，再次启动时要求主机慢慢转动一转到两转，然后再转入正常启动。这样能保证主机在启动过程中的安全，同时对相对摩擦部件起到“布油”作用。

（1）慢转启动的逻辑条件：

①启动前主机停车时间超过规定的时间（30min～60min），用 S_{Td}表示；

②没有应急取消慢转指令，用$\overline{I_{SC}}$表示；

③主机没有达到规定的转数（1 转～2 转）或规定的慢转时间，用$\overline{R_1}$表示；

④没有重启动信号，$\overline{Y_{SH}}$为1；

⑤满足启动的逻辑条件，$Y_{SO}=1$，即 Y_{SC}、Y_{SL}均为1。

以上逻辑条件是与的关系，因此慢转启动逻辑表达式为

$$Y_{SLO} = S_{Td} \cdot \overline{I_{SC}} \cdot \overline{R_1} \cdot \overline{Y_{SH}} \cdot Y_{SO}$$

（2）慢转启动逻辑回路的功能。慢转启动逻辑回路应该能够检测慢转逻辑条件，若满足条件则形成慢转指令。遥控系统送出启动指令后，慢转启动逻辑回路要能判别是否已形成慢转指令，若已形成慢转指令，则要进行慢转启动，慢转启动成功后，自动转入正常启动，否则直接进行正常启动。在慢转过程结束，自动转入正常启动后，同时要撤销慢转信号。因此在慢转启

动逻辑回路中,也设有记忆单元,其具体实现方法参见遥控系统实例。

(3)实现慢转启动的控制方案。慢转启动的实现包括两个内容:一是慢转条件的检测和慢转指令的形成,二是慢转动作的实现。前者已经介绍,这里讨论的是慢转动作的实现。在实际应用中,慢转动作的控制方案基本上有两种:控制主启动阀开度的方案和采用主、辅启动阀的方案。

①控制主启动阀开度的方案。图 3-1-13 示出控制主启动阀开度实现慢转启动的工作原理图。当形成慢转指令时,Y_{SLO}为 1,电磁阀 V_{SL}通电右位通,当有启动指令 Y_{SO}为 1 时,阀 V_A 下位通,主启动阀上面的控制活塞被启动空气压下,限制主启动阀的开度,进入启动系统的启动空气压力较低,流量较少,主机只能慢慢转动,主机转过 1 转或 2 转后,撤销慢转信号 Y_{SLO}为 0,电磁阀 V_{SL}断电左位通,控制活塞上面的气压信号经阀 V_A 下位放大气,主启动阀全开进行正常启动。主机达到发火转速时,Y_{SO}为 0,阀 V_A 上位通,关闭主启动阀停止启动。

②采用主、辅启动阀的方案。图 3-1-14 示出采用主、辅启动阀控制慢转启动原理图。当形成慢转指令时,Y_{SLO}为 1,电磁阀 V_{SL}通电下位通,当有启动指令时 Y_{SO}为 1,阀 V_C 右位通输出气源压力信号 P。该信号使阀 V_A'右位通,打开辅启动阀 V_A。气源信号 P 被截止在阀 V_{SL}的下位,阀 V_B'控制端经阀 V_{SL}下位放大气右位通,关闭主启动阀 V_B。因流过辅启动阀 V_A 的启动空气量较少,主机只能慢慢转动进行慢转启动。在主机转过 1 转或 2 转后,撤销慢转指令,Y_{SLO}为 0,电磁阀 V_{SL}断电上位通。阀 V_B'左位通,主阀 V_B 打开,主、辅启动阀均打开进行正常启动。当主机达到发火转速时,Y_{SO}为 0,阀 V_C 左位通,阀 V_A'和 V_B'的控制端信号均从阀 V_C 左位放大气,阀 V_A'左位通,阀 V_B'右位通,主、辅启动阀全关闭,停止启动。

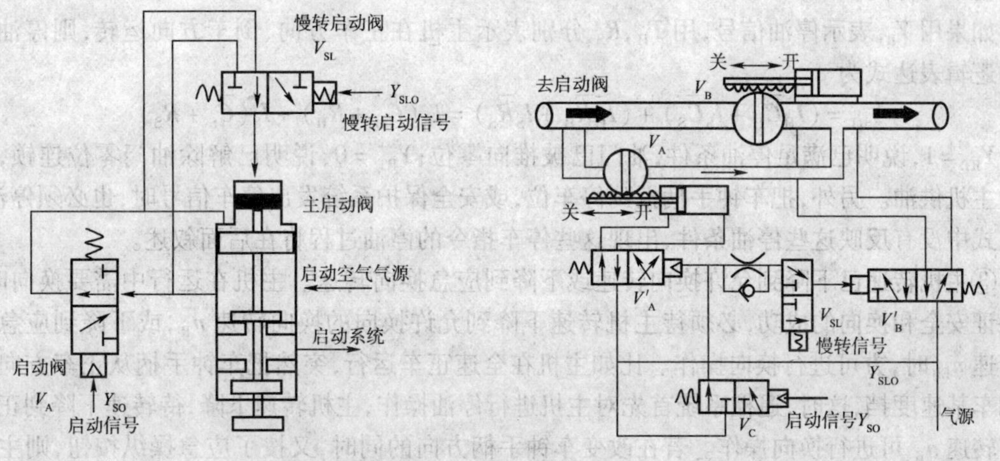

图 3-1-13 控制主启动阀开度的慢转启动方案图

图 3-1-14 采用主、辅启动阀控制的慢转实现方案图

注意,慢转是许多大型船用低速柴油机气动操纵系统的一个重要功能,即使未安装自动遥控系统,也能进行慢转操作。此时慢转条件要么由轮机员人工判断,要么由其他独立设备,如主机监控单元(ECU),进行检测(当满足慢转条件时指示灯亮)。需要慢转时,轮机员按下集控台上的慢转按钮,主机进行慢转,松开按钮时慢转结束。另一方面,根据实际需要的不同,并不是所有自动遥控系统都具备自动慢转的功能,此时,主机的慢转操作也是手动进行的。

2. 换向与制动逻辑回路

1)换向逻辑回路

在主机自动遥控系统中,换向逻辑回路用于判断是否需要换向,并在需要换向时发出换向指令。当有开车指令时,换向逻辑回路应能根据车令和凸轮轴实际位置,判断出是否需要换向操作，若需要，则自动输出一个换向信号，对主机进行换向。换向完成后，应自动取消换向信号，并为后续逻辑动作提供换向完成信号。

(1)换向的逻辑条件。根据主机结构的不同，有单凸轮换向和双凸轮换向。单凸轮换向装置是在启动过程中进行差动换向；双凸轮换向装置是在换向过程中移动凸轮轴。这两种换向装置进行换向的过程不完全相同，但其逻辑条件大体相同。

①车令与凸轮轴位置不符，这是换向逻辑回路必须具有的逻辑鉴别功能。对于可逆转柴油主机，凸轮轴位置决定着主机的运转方向。当有开车指令时，换向逻辑回路首先要鉴别车令与凸轮轴位置是否一致，只有车令与凸轮轴位置不一致，才需要换向，也即满足换向的鉴别逻辑，进而输出换向信号。若用 I_H、I_S 分别表示正车、倒车车令，用 C_H、C_S 分别表示凸轮轴在正车、倒车位置，Y_{RL}表示换向鉴别逻辑，并注意到：$C_H=\overline{C}_S$，$C_S=\overline{C}_H$，则换向鉴别逻辑表达式为

$$Y_{HL}=I_HC_S+I_SC_H=I_H\overline{C}_H+I_S\overline{C}_S$$

$Y_{RL}=1$，说明车令与凸轮轴位置不一致，满足换向鉴别逻辑，允许换向；$Y_{RL}=0$，说明车令与凸轮轴位置一致，不能进行换向操作。

②在鉴别换向逻辑条件成立后必须停油。主机在换向过程中，即车令与凸轮轴位置不一致时必须停油。另外，主机在运转中换向完成后，但车令与主机转向不一致，也必须停油。尽管这两种停油情况分别属于两个逻辑回路，即换向停油和制动停油，但在实际遥控系统中，它们往往通过同一逻辑元件输出停油信号到停油伺服器，把油门推向零位。因此，这两种停油情况是密不可分的。

如果用 Y_{RT}表示停油信号，用 T_H，R_S 分别表示主机在正车方向、倒车方向运转，则停油条件的逻辑表达式为

$$Y_{RT}=(I_H\overline{C}_H+I_S\overline{C}_S)+(I_H\overline{R}_H+I_S\overline{R}_S)=I_H(\overline{C}_H+\overline{R}_H)+I_S(\overline{C}_S+\overline{R}_S)$$

$Y_{RT}=1$，说明已满足停油条件，油门已被推向零位；$Y_{RT}=0$，说明已解除油门零位连锁，允许对主机供油。另外，把车钟手柄扳到停车位，或安全保护系统发出停车信号时，也必须停油，在上式中没有反映这些停油条件，出现这些停车指令的停油过程将在后面叙述。

③主机转速已下降到允许换向转速或下降到应急换向转速。主机在运行中需要换向时，为保证安全和换向的成功，必须待主机转速下降到允许换向的换向转速 n_R，或下降到应急换向转速 n_{ER}时，方可进行换向操作。比如主机在全速正车运行，突然把车钟手柄从正车方向扳到倒车某速度挡，这时，遥控系统首先对主机进行停油操作，主机转速下降，待转速下降到正常换向转速 n_R 可进行换向操作。若在改变车钟手柄方向的同时，又按了应急操纵按钮，则主机转速下降到比 n_R 稍高的应急换向转速 n_{ER}时即可进行换向操作。

④主机进排气阀顶升机构已被抬起。在双凸轮换向的主机中，特别是四冲程中速机，为便于移动凸轮轴，需要把进排气阀的顶杆抬起，使顶杆下面的滚轮离开凸轮轴，换向完成后，顶杆下落，使其滚轮落在另一组凸轮片上。用为 D_{UP}为1表示顶升机构已把顶杆抬起，而 D_{UP}为0则相反。对于单凸轮换向来说，不需要这一逻辑条件。

以上换向逻辑条件应是“与”的关系，其逻辑表达式为

$$Y_R=Y_{RL}\cdot Y_{RT}\cdot(n_R+n_{ER})\cdot D_{UP}=(I_H\overline{C}_H+I_S\overline{C}_S)\cdot Y_{RT}\cdot(n_R+n_{ER})\cdot D_{UP}$$

$Y_R=1$，表示满足换向逻辑条件，可对主机进行换向操作；$Y_R=0$，表示不满足换向逻辑条件，不能对主机进行换向。应注意的是，不同机型其换向逻辑条件不尽相同。比如，有些采用单凸轮液压差动换向装置的大型低速柴油机，在运行中换向时对其转速要求并不严格，D_{UP}也

不是必备条件，但换向的鉴别逻辑和停油条件则是所有机型主机进行换向的必备条件。

(2)双凸轮换向的逻辑图。根据换向的逻辑表达式可画出如图 3-1-15 所示的逻辑图。图中 DO 是停油装置，当满足停油条件且经停油装置已把油门推向零位时，停油装置自动向换向回路送出一个停油信号。当要求正车换向时，与门 G_H 输出 1 信号，打开换向控制阀 V_H，把凸轮轴从倒车位置推向正车位置；当需要倒车换向时，与门 G_H 输出 1 信号，打开换向控制阀 V_S，把凸轮轴从正车位置推向倒车位置。在换向过程中，Y_R 必定为 1 信号，若在规定的时间内(10～15 秒)换向控制阀 V_H 或 V_S 没有关闭，即凸轮轴换向没有到位，延时单元 T_d 输出 1 信号，发出换向失败报警。若在规定的时间内换向完成，或门输出换向完成信号 R_F，该信号送给启动回路作为允许启动信号。

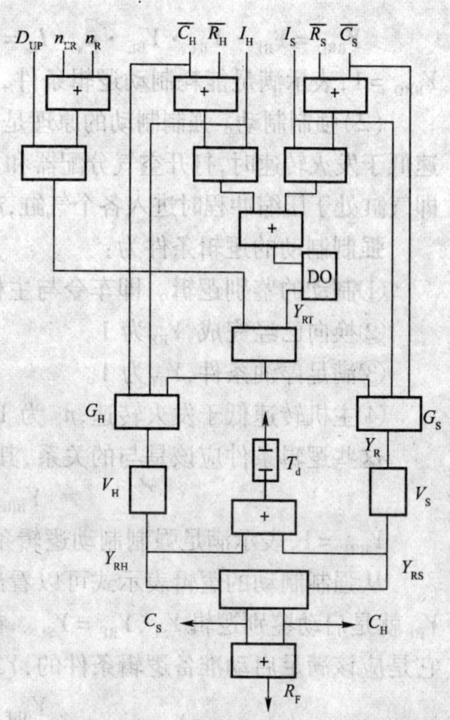

图 3-1-15 双凸轮换向的逻辑图

2)制动逻辑回路

制动是指主机在运行中换向完成后，为使主机更快地停下来，以便进行反向启动所采取的“刹车”措施。实践证明主机停油后，能从高转速较快地下降到较低的转速。但是，由于船舶的惯性造成螺旋桨的水涡轮作用，使转速的下降越来越慢，需要很长时间主机才能停下来，要进行反向启动就要等待更长的时间。以下是对一艘实船的操作实验数据：主机在 75r/min 上运转，船舶航速为 15kn 左右，若不采用制动措施，从主机停油到主机停下来需 12.5min，船舶滑行时间 17min，滑行距离 1.4 海里。若采用制动操作，则仅需 0.7min 主机就能停下来，船舶滑行时间为 3.1min，滑行距离仅为 0.4 海里。从这一组数据可以看出，主机采用制动操作，对提高船舶操纵的机动性和实时性都具有重要意义，因此，在遥控系统中一般都设有制动逻辑回路。主机的制动方式有两种：即能耗制动和强制制动。

(1)能耗制动。能耗制动是指主机在运行中完成应急换向后，在主机高于发火转速情况下所进行的一种制动。因此，能耗制动常常是在应急操纵的情况下进行。能耗制动的原理是，保持主启动阀处于关闭状态，让空气分配器投入工作，此时由于换向已经完成，空气分配器是按与主机运转方向相反的顺序打开气缸启动阀，当某个气缸的气缸启动阀打开时正好处在压缩冲程。这样，柴油机相当于一台压气机，快速消耗柴油机运动部件的惯性能，使主机转速能以较快的速度下降。能耗制动的逻辑条件是：

①满足制动的鉴别逻辑。显然，只有当车令与主机的转向不一致时才需要制动，因此，制动的鉴别逻辑是车令与主机转向不一致。用 Y_{BL} 表示制动的鉴别逻辑，其逻辑表达式为

$$Y_{BL}=I_H R_S+I_S R_H \text{ 或 } Y_{BL}=I_H\overline{R}_H+I_S\overline{R}_S$$

②换向已完成，即 Y_{RF} 为 1。

③已经停油，即 Y_{RT} 为 1。

④转速高于发火转速，即 $\overline{n}_s$ 为 1。

⑤有应急操纵指令，即 $\overline{I}_E$ 为 1。

这些条件应该是“与”的关系，其逻辑表达式为

$$Y_{BRO}=Y_{RF}\cdot Y_{RT}\cdot Y_{BL}\cdot \overline{n}_s\cdot I_E=(I_H C_H+I_S C_S)\cdot(I_H\cdot\overline{R}_H+I_S\cdot\overline{R}_S)\cdot Y_{RT}\cdot\overline{n}_s\cdot I_E$$

$Y_{BRO}=1$,表示满足能耗制动逻辑条件,可对主机进行能耗制动。

(2)强制制动。强制制动的原理是:在主机运行中将车令手柄扳至反方向,当换向完成,且转速低于发火转速时,打开空气分配器和主启动阀,使高压空气按照与主机运转方向相反的顺序,即气缸处于压缩冲程时进入各个气缸,起到强行阻止活塞向上运动的作用,进而迫使主机减速。

强制制动的逻辑条件为:

①制动的鉴别逻辑。即车令与主机转向不一致,Y_{BL}为1。

②换向已经完成,Y_{RF}为1。

③满足停油条件,Y_{RT}为1。

④主机转速低于发火转速,n_s为1。

这些逻辑条件应该是与的关系,其逻辑表达式为

$$Y_{BRF}=Y_{BL}\cdot Y_{RF}\cdot Y_{RT}\cdot n_s$$

$Y_{BRF}=1$,表示满足强制制动逻辑条件,可对主机进行强制制动。

从强制制动的逻辑表示式可以看出,它与启动逻辑回路的表达式相似,其中换向完成信号Y_{RF}就是启动鉴别逻辑Y_{SL},$Y_{RF}=Y_{SL}$。在强制制动逻辑条件中,我们强调了转速条件n_s,实际上它是应该满足启动准备逻辑条件的,Y_{SC}即为1。这样,强制制动逻辑表达式可改写为

$$Y_{BRF}=Y_{BL}\cdot Y_{RF}\cdot Y_{SL}\cdot Y_{SC}$$

(3)制动逻辑回路。制动逻辑回路是由能耗制动和强制制动两部分组成的,故制动逻辑回路的表达式为

$$Y_{BR}=Y_{BRD}\cdot Y_{BRF}=Y_{BL}\cdot Y_{RT}\cdot Y_{SL}\cdot \overline{n}I_E+Y_{BL}\cdot Y_{RT}\cdot Y_{SL}\cdot Y_{SC}$$

从强制制动的逻辑表达式可以看出,强制制动是在车令与转向不一致且已停油的情况下进行的启动;而能耗制动则只是在满足能耗制动条件时使空气分配器投入工作而已。因此,制动逻辑回路在遥控系统中不是独立存在的,而是附加在启动回路上,并且借用启动逻辑回路的功能来达到能耗或强制制动的目的。

应当指出的是,能耗制动是在较高转速上的一种制动方式,效果较为明显,此时如采用强制制动,不仅要消耗过多的启动空气,而且不易制动成功。而在较低的转速范围内采用强制制动,对克服螺旋桨水涡轮作用,使主机更快地停下来是很有效的。在中速机中,往往是采用能耗制动和强制制动相结合的制动方案;在大型低速柴油机中,主机从停油到换向完成,其转速已降到比较低的范围,可只设强制制动而不必设能耗制动逻辑回路。

另外,对于一个实际的遥控系统,理论上都是可以实现强制制动的,而能否实现能耗制动则要看其空气分配器能否单独控制。如果主启动阀和空气分配器均由一个启动控制阀控制,则无法实现能耗制动。

3.转速与负荷的控制和限制回路

转速与负荷控制的宗旨是以最佳的方式使主机实际转速达到车令所设定的转速值,或者使主机在所设定的负荷上运行。转速与负荷控制实际上是反馈控制。绝大多数柴油机均以主机转速为被控量,车令设定的转速值经过各种转速限制环节后作为转速给定值与实际转速值相比较,所得到的转速偏差值作为调速器的输入信号,经调速器的比例积分(PI)控制作用,输出一个油门开度控制信号,使主机转速达到给定值。在这个控制过程中,实际转速的变化本应满足动态过程品质的指标,即动态和稳态精度应尽量高、稳定性要尽量好、过渡过程时间t_s要尽量短,但是,柴油机这个控制对象的工作条件是比较恶劣的,在加速过程中,它既要承受较高

的热负荷，又要承受较大的机械负荷，特别是现代高增压柴油机承受的热负荷和机械负荷就更大。如果转速控制一味追求动态品质指标，如使 t_s 尽量小，则主机在加速时，可能导致超负荷，尤其是在大幅度改变转速的操作中，或在主机变工况较大的情况下，主机超负荷现象更为严重。因此，在转速控制系统中，必须增设一些转速限制和负荷限制环节，以保证主机工作的安全和可靠。但在应急操纵情况下，首先考虑的是船舶的安全，而主机是次要的，这时一些限制环节应自动撤销。

1）控制方式

(1)转速控制方式。控制参数是主机的转速，通过转速反馈构成闭环控制系统，在转速设值确定之后，控制系统自动维持转速恒定不变。这种控制方式能保证转速在给定值，但供油量随外界负荷而变化。在同一转速下，油量的多少不能确定，主机的热负荷是随机变动的。

(2)负荷(油量)控制方式。控制参数是负荷(油量)，通过执行器位置反馈形成闭环控制，在负荷设定之后就维持不变。这种控制方式能保证主机的热负荷基本不变，但在变工况时转速将发生变化。为防止低负荷(如螺旋桨露出水面)时转速过高，通常设有限速机构。它在正常工作转速范围内不起作用，当转速超过极限转速时，将油门关小，进行限速保护。

(3)转速-负荷控制方式。一个系统既可以进行转速控制，又可实现负荷控制。为了保证主机在外界负荷变化较大，特别是海况恶劣的情况下不致超负荷，有些船舶采用了限 制最高转速的方案，也有些船舶采用了转速与负荷联合控制的方案。图 3-1-16 所示的就是转速与负荷联合控制方案的逻辑框图。这类控制系统既可进行转速控制，又可实现负荷控制，两种控制方案可选择其一。图中 K 是选择开关，在正常情况下，开关 K 断开，车钟手柄设定的转速值经辅助环节处理后作为转速给定值与实际转速值(经反馈环节 8)相比较，所得到的偏差信号作为调速器 3 的输入信号，经 PI 控制作用后输出一个控制主机转速的电压信号。该信号经放大器放大，再经电压/电流(U/I)转换器 5 和电液伺服器 6，把控制信号转变成相应的液压信号去驱动油门，这就是转速的反馈控制。在变工况情况下，可将开关 K 闭合，使负荷控制环节 9 投入工作。该环节设定值可通过 V_L 来调整，预先给定。当车令设定转速值，或调速器输出值大于负荷控制环节 9 的输出值时，都将被负荷控制环节的输出所钳位，保持油门开度(主机负荷)不变，这就避免了在变工况下，主机超负荷的现象，但随着外界负荷的变化，主机转速是变化的。

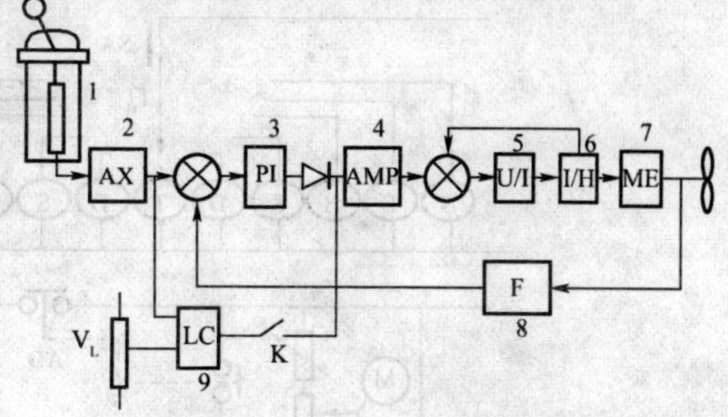

图 3-1-16　转速-负荷联合控制方案图

1-车钟；2-辅助环节；3-调速器；4-放大器；5-转换器；6-电液伺服器；7-主机；8-反馈环节；9-负荷控制环节

转速与负荷控制和限制回路是一个比较复杂的、综合的控制和逻辑回路，大体包括转速指令发讯、转速限制、负荷限制和信号转换等。下面分别加以介绍。

2）转速指令发讯回路

转速指令发讯器。在主机遥控系统中，转速指令发讯器大致有三种：气动转速指令发讯器，电位器式转速指令发讯器及继电器式转速指令发讯器。此外还有电动无触点转速指令发讯器，如自整角机、线性同步机等，但在海船中应用极少，这里不加介绍。

(1)气动转速指令发讯器。在气动遥控系统中，车钟手柄下面带有一个联动凸轮，扳动手柄时，凸轮随之转动，凸轮控制一个转速设定精密调压阀，手柄扳到不同的速度挡，通过凸轮使顶锥产生不同的位移，调压阀就会输出一个与之成比例的气压信号，作为转速设定值。气动转速指令发讯器的逻辑符号及输出特性如图 3-1-17 所示。从图中可见，控制调压阀凸轮的正车边和倒车边是对称的，调压阀正、倒车输出特性是一样的。调压阀输出的特性线可上下平移，其斜率也可调整。

(2)电位器式转速指令发讯器。在用电子器件或用微型计算机组成的遥控系统中，常用电位器作为转速指令发讯器，其工作原理及输出特性如图 3-1-18 所示。环形电位器两端接正电源，中间抽头接地，车钟手柄带动一个滑动触点，与环形电位器接触。把车钟手柄扳到中间，即停车位时，其输出电压信号 $U_O=0$。随着手柄设定在不速度挡上，就会输出一个相应的电压信号 U_O。

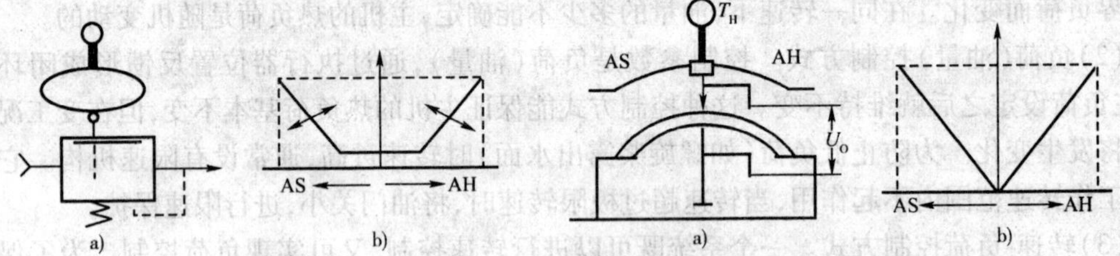

图 3-1-17　气动转速指令发讯器原理图　　图 3-1-18　电位器式转速指令发讯器原理及输出特性图

(3)继电器式转速指令发讯器。在电动有触点的遥控系统中，常用继电器式转速指令发讯器，其工作原理及输出特性如图 3-1-19 所示。

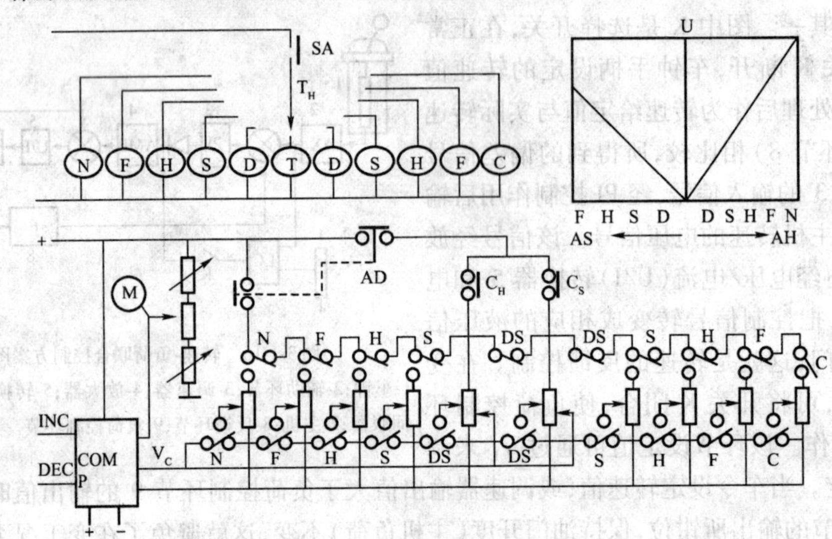

图 3-1-19　继电器式转速指令发讯器原理及输出特性

图中 T_H 是车钟手柄；AH、AS 分别为正、倒车指令；N、F、H、S、D 分别为海上定速、港内全速、半速、慢速、微速挡继电器及触头；C_H、C_S 分别为正、倒车凸轮轴位置检测开关；AD 为应急降速触头；M 是执行电机；COMP 是比较器，IN、DE 分别为比较器输出的增速、减速信号；SA 为解除油门 0 位连锁触点，解除时 SA 触头闭合；C 为应急操纵继电器及触点。

当把车钟手柄扳到某一速度挡时，相应车速继电器通电，送出该速度挡电位器预先设定好的电压信号，该信号送到比较器 COMP 与执行电机 M 所带动的反馈电位器输出的电压值相比较，输出一个增速 IN 或减速 DE 信号。例如，把车钟手柄从微速挡扳到半速挡，此时继电器 D 断电，继电器 H 通电，继电器 H 的触头均从水平位置断开合于垂直位置。其他继电器均断电，其相应触头均合于水平位置不变。电源正极经 N、F 水平触头，H 垂直触头，半速挡电位器，H 垂直触头及 F、N 水平触头送至比较器。这时 V_C 就是半速挡电位器所设定的电压值，它大于反馈电位器设定的电压值，于是比较器 COMP 输出一个增速信号，即 IN 为 1，执行电机朝增速方向转动。当执行电机 M 转动到半速挡时，反馈电压与 V_C 相等，比较器 COMP 的输出端 IN、DE 均为 0 信号。电机停转，主机在半速挡运行。减速时，反馈电压大于 V_C，比较器输出端 DE 为 1，电机朝减速方向转动，当转到新设定的速度挡时，反馈电压又等于 V_C，IN、DE 均为 0 信号，电机停在新设定的速度挡上不再转动。

在运行过程中，如果有应急降速信号，应急降速继电器 AD 通电，其常闭触头（垂直）断开，常开触头（水平）闭合，这时 V_C 立即等于微速挡电位器 D 所设定的电压值，主机降速到微速挡运行。N 为海上全速挡，一般只有在正车运行时才能设定。倒车运行一般只能设定到港内全速 F 上，在应急情况下，可把车钟手柄扳到应急速度挡 C，可进一步提高倒车转速。

3）启动油量

启动油量是指在主机启动时为保证启动成功而供给主机的初始油量。启动油量一般比微速，甚至比慢速的供油量还要多一些，但也不能过多，否则爆燃现象严重。显然在启动过程中，靠车钟手柄任意设定转速所对应的供油量是不行的，而应该是预先调好的一个定值。因此，在供油回路中要设有启动供油逻辑回路。

根据供油时刻的不同，主机的启动有两种类型："油-气并进"和"油-气分进"。"油-气并进"是指，在启动的同时就解除油门零位连锁，提供启动油量，启动成功后，再转换为车令所设定的油量。而"油-气分进"则指，启动过程中停油伺服器仍把油门推向零位，在达到发火转速，切断启动空气的同时提供启动油量，并维持启动油量数秒钟后，再切换为车令设定的转速值。

图 3-1-20 示出的是"油-气并进"的一种实现方案。图中 B 是调压阀，调整它使其输出一个对应启动油量的气压信号。在有停车指令或车令与主机转向不一致的情况下 S 为 0，阀 A 左位通，启动油量信号经阀 A 左位、转速限制环节 PL，向气容 C 充气。所以在满足启动逻辑条件前，就把启动油量稳定地送至调速器转速设定波纹管，因停油伺服器动作，强行把油门推向零位，启动油量是不能供到主机的。在启动过程中，油门零位连锁被解除，在调速器作用下，立即对主机供启动油量。虽然此时 S 为 1，阀 A 右位通进行启动油量和转速设定信号的切换，但因气容在充、放气过程中其压力变化有延时，故可基本保证在启动过程中供启动油量不变，以后随着气容内压力的逐渐变化，主机转速才会逐渐达到车令设定的转速值。

图 3-1-21 所示则为"油-气分进"的典型实现。当有启动信号时，一方面去开启主启动阀对主机进行启动，同时不经单向节流阀的节流直接向气容 C 充气，S 为 1，阀 A 上位通。由调

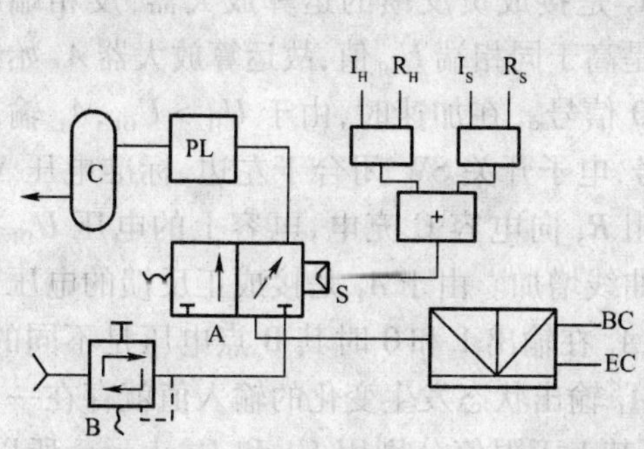

图 3-1-20 "油-气并进"启动油量发讯逻辑原理

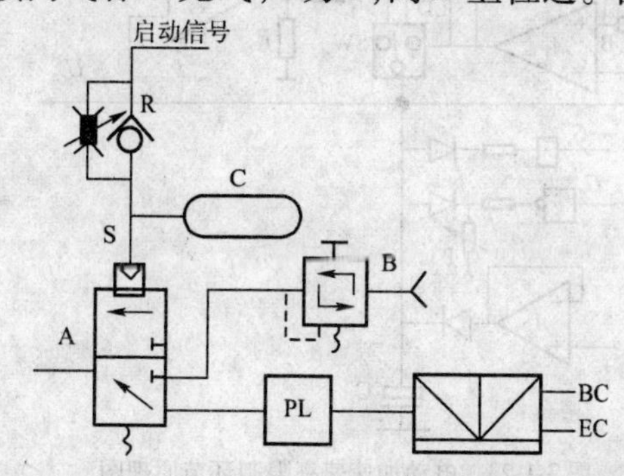

图 3-1-21 "油-气分进"启动油量发讯逻辑原理图

压阀 B 预先设定的启动油量所对应的气压信号，经阀 A 上位送至调速器转速设定波纹管，因在启动过程中停油伺服器仍把油门推向零位，该油量供不到主机，当达到发火转速时，在撤销启动信号的同时，解除油门零位连锁，对主机供启动油量。由于气容在放气时要经单向节流阀 R 的节流，阀 A 延时复位，保证主机在启动成功后，能在启动供油量下稳定运行数秒钟，在阀 A 复位后，才进行启动油量和车令设定转速值的切换。

在重启动情况下，如果是采用提高发火转速的方案，其启动油量设定回路与上述没有大的区别；如果是采用增加启动供油量的方案，可设置两个调压阀，一个设定正常启动油量，一个设定重启动油量，经电磁阀转换即可。

4）转速限制回路

主机在加速过程尤其是高负荷的加速过程中，如加速过快，将导致机械负荷和热负荷超载，直接影响主机的寿命和安全运行。为此，设置了加速速率限制环节。我们常把低负荷区加速时的转速限制称为“加速速率限制”。而在高负荷区，通常是在 70% 额定转速以上再加速时，转速的给定值要慢慢增加，我们常把这个加速过程称为“程序负荷”。在减速时，可取消某些限制实现“快减速”。

（1）加速速率限制。加速速率限制是指在低负荷区加速时，对主机转速增加速率所进行的限制。

在气动遥控系统中，加速速率限制一般是用分级延时阀实现的，如图 3-1-22 所示。当车令与转向一致时，S 为 1，阀 A 右位通，实现了启动油量和手柄设定油量的切换。车令设定的转速信号经阀 A 右位、分级延时间 B 向气容充气。当设定转速低于额定转速 30% 左右时，该信号不经阀 B 的节流直接向气容 C 充气，主机转速可迅速升高。当设定转速高于额定转速 30% 以上时，该信号要经阀 B 的节流再向气容 C 充气，这时，主机转速的增加要稍慢一些。减速时气容内气压信号不经阀 B 中节流孔的节流，而直接通减小了的设定信号，实现快减速。

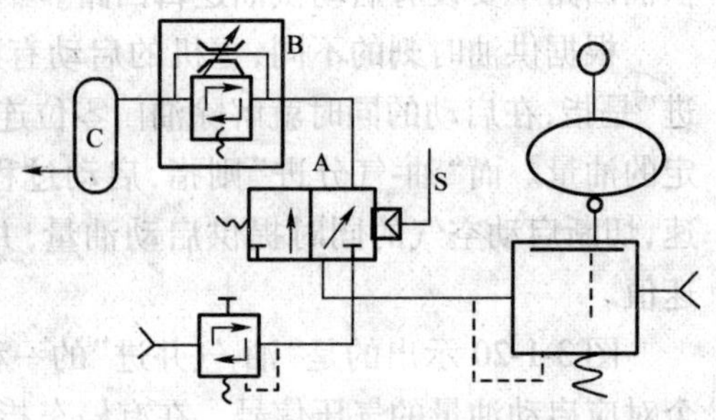

图 3-1-22　气动加速速率限制环节原理图

在电动遥控系统中，加速速率限制环节的形式是多种多样的，图 3-1-23 示出电动无触点遥控系统的一种加速速率限制方式。图中运算放大器 A_1 接成电压比较器，其同相端和反相端分别接转速设定值 U_{I1} 和该环节的输出值 U_{O1}。

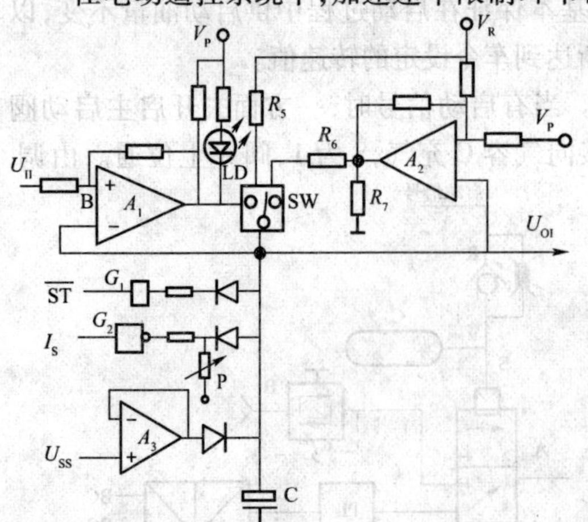

图 3-1-23　电动加速速率限制环节原理图

A_2 是接成负反馈的运算放大器，反相端电压总是高于同相端 U_{O1} 值，故运算放大器 A_2 始终输出 0 信号。在加速时，由于 $U_{I1} > U_{O1}$，A_1 输出 1 信号，电子开关 SW 闭合于左边，标准电压 V_R 经电阻 R_5 向电容 C 充电，电容上的电压 U_{O1} 按指数曲线增加。由于 A_1 是接成正反馈的电压比较器，A_1 在输出 1 和 0 时其 B 点电压是不同的，故使 A_1 输出状态发生变化的输入值就存在一个回差，其上下限值分别用 U_{IH} 和 U_{IL} 表示。所以，

当输出增加到 $U_{O1} > U_{IH}$时，A_1 输出 0 信号，电子开关 SW 由左边断开合于右边，切断了电容 C 的充电回路，接通其放电回路。随着放电的进行，U_{O1}不断减小，当 $U_{O1} < U_{IL}$时，A_1 再翻转输出 1 信号，V_R 再经 R_5 向电容 C 充电。由于 U_{IH}和 U_{IL}之间回差不大，故 U_{O1}可在 U_{RL}附近达到一个动态平衡。此时，A_1 周期性地输出 0 和 1 信号，发光二极管闪烁。减速过程与加速过程相似。调整电容 C 的充放电时间常数 T 可调整加、减速的速率，调整电阻 R_5 的值使之大于 R_6 和 R_7 可实现慢加速、快减速。

I_{ST}是停车指令。有停车指令时 $I_{ST}=1$，与门 G_1 输出 0 信号，U_{01}不经减速速率限制，直接输出接近 0V，这是停车限制。有倒车指令时 $I_S=1$，非门 G_2 输出 0 信号，由电位器 P 调定一个最大的倒车转速。在倒车运行时，U_{01}是不能超过最大倒车转速的，这就是倒车最大转速限制，U_{SS}是启动油量信号，当有开车指令时 $I_{ST}=0$ 且主机处于启动状态时，因 $U_{I1} > U_{01}$，开关 SW 合于(1－15)，U_{SS}经电压跟随器 A_3 直接向电容 C 充电，使 U_{01}能迅速达到启动油量所对应的电压信号。启动成功后撤销 U_{SS}信号，U_{01}将逐渐达到转速设定值 U_{I1}。

(2)程序负荷。当主机转速达到额定转速的 70% 以上时，它已进入高负荷区，主机已经承受很高的机械负荷和热负荷，此后的加速过程必须严格加以限制，防止超负荷。在该区内保持加速速率限制的加速速率尚嫌过快，故必须设置一个特殊的时间程序，使之慢慢加速，即为程序负荷。

在气动遥控系统中，一般是通过节流元件和气容组成的惯性环节实现的，如图 3-1-24 所示。图中调压阀 2 设定程序负荷的起始转速，即它的最大输出为程序负荷开始转速值所对应的气压信号。当输入信号小于这个调整值时，输出与输入相等。P_i 是车令设定转速值。当该信号小于程序负荷开始转速(如额定转速的 70%)时，只经分级延时阀 1 的节流，通过阀 2 向气容 6 充气。气容内的压力升高较快，再经比例阀 7 送至调速器转速设定波纹管，这就是加速速率限制，如图中 b 线所示。当车令设定转速大于程序负荷开始转速时，该信号不仅要经分级延时阀 1 的节流，还要经单向节流阀 3 的节流，再经节流选择阀 4 的上位向气容 6 充气。气容内压力升高较慢，如图中 c 线所示，从港内全速到海上全速大约需 25min，称为快程序。如果把节流选择阀转至下位通，则单向节流阀 3 的输出还要经节流阀 9 的节流，这时气容内压力升高很慢，如图中 c'线所示，其程序负荷时间大约需 55min，称为慢程序。选择何种程序取决于操作者的要求和主机的承受能力。在应急操纵情况下，电磁阀 8 通电右位通，分级延时阀输出信号直接向气容充气，取消程序负荷，按加速速率的限制可一直加速到海上全速。其加速过程如图中的斜线 e 所示。在减速时，气容内的气压信号经速放阀 5 就地泄放，因不经阀 3 和阀 1 节流，可实现快减速，如图中斜线 d 所示。

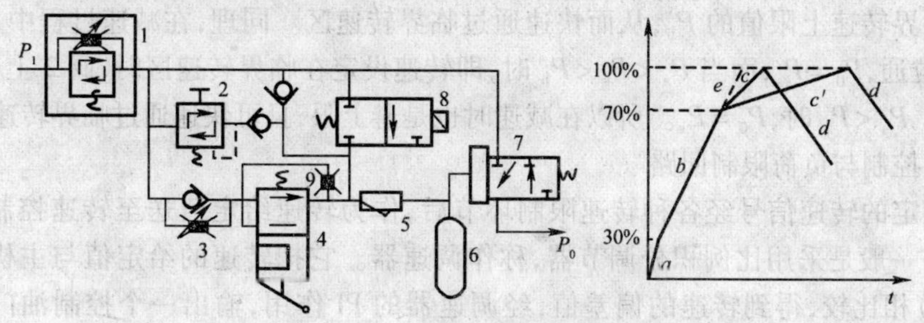

图 3-1-24　气动程序负荷回路原理图

在电动有触点的遥控系统中，常采用伺服电机来设定转速。伺服电机的带动一个凸轮，再由凸轮控制转速设定精密调压阀。伺服电机由电路控制，加速时，伺服电机向加速方向转动，使精密调压阀输出的转速设定信号以预定速率增加，这就是加速速率限制；在到达程序负荷区加速时，伺服电机变为断续转动，每转一次可增加额定转速的3%左右。减速时，伺服电机向减速方向快速转动，实现快减速。

在电动无触点遥控系统中，有的程序负荷是用程序计数器实现的，当主机转速增加到程序负荷开始转速时，启动程序计数器使之按预先调定的工作频率开始计数，每计一个数就增加一份油量，直到主机转速达到车令设定的转速为止；也有一些电动无触点遥控系统采用积分器来实现程序负荷。

对于微机控制的主机遥控系统，不论是加速速率限制还是程序负荷都是由软件编程实现的。

(3)临界转速的回避。柴油机轴系都有其固有的自振频率，当外界强制干扰频率(直接与主机转速有关)与其自振频率相同时，将引起共振。在柴油机全部工作转速内可能有两个或两个以上共振区，其中最大的共振区称为临界共振区，对应的主机转速叫临界转速。柴油机在临界转速区工作时，产生的扭转振动应力将超过材料的允许应力，造成曲轴的扭伤或折断，或者造成组合式曲柄组合件的相对滑移。因此，柴油机在运行期间必须避开临界转速区，其原则是，不在临界转速区内运行，快速通过临界转速区。回避临界转速的方式有三种：一是避上限，转速设定值落在临界转速区时，自动使主机在临界转速的下限值运行；二是避下限，转速设定值落在临界转速区时，自动使主机在临界转速的上限值运行；三是避上、下限，加速时避下限，减速时避上限。在实际应用中，为使该环节结构简单，多采用避上限。

在气动遥控系统中，临界转速的回避是用气动阀件组成的逻辑回路实现的，其工作原理如图3-1-25所示。图中1、3是调压阀，输入信号小于调定值时，输出等于输入；输入信号大于调定值时，输出保持调定值不变。阀1调定值是临界转速的下限值P_a；阀3调定值是临界转速的上限值P_b。2是双气路控制的两位三通阀，P_s是转速设定值。

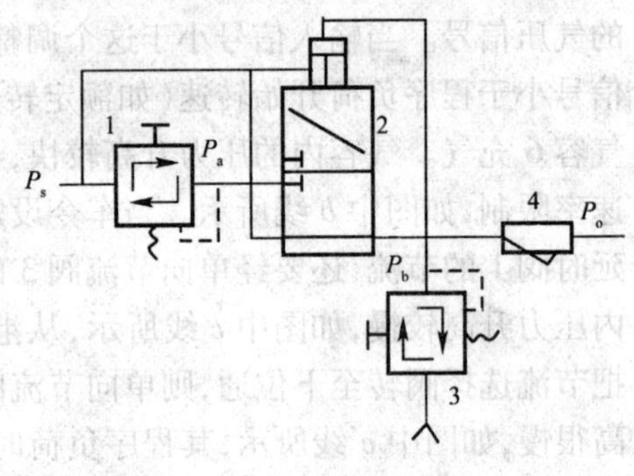

图3-1-25　气动临界转速回避原理图

该回路是按避上限方式工作的。转速设定值小于临界转速下限值时，$P_a = P_s$，阀2上位通，P_s经阀1、阀2上位和速放阀4输出，$P_0 = P_s$。转速设定在临界转速区时，$P_s > P_a$，阀1输出P_a不变，阀2上位通不变，$P_0 = P_a$，主机在临界转速下限值运行。设定转速P_s大于临界转速上限值时，阀2下位通，其输出P_0由临界转速的下限值立即跳变到大于临界转速上限值的P_b，从而快速通过临界转速区。同理，在减速过程中，当$P_s > P_b$时，阀2下位通，$P_0 = P_s$，而当$P_a < P_s < P_b$时，即转速设定在临界转速区时，阀2上位通，P_s截止，$P_0 = P_a$。$P_s < P_a$时，$P_0 = P_s$。所以在减速时也是避上限，且可快速通过临界转速区。

5)转速控制与负荷限制回路

车令设定的转速信号经各种转速限制环节后，作为转速给定值送至转速控制回路。转速控制回路一般是采用比例积分调节器，称作调速器。它把转速的给定值与主机实际转速值(反馈值)相比较，得到转速的偏差值，经调速器的PI作用，输出一个控制油门开度的信号。调速器一般有两种类型：全制式液压调速器和电子调速器。全制式液压调速器较为通用的是PG型和PGA型调速器，它们的工作原理基本相同，只是PGA型比PG型的功能更完善一些。

关于 PGA 型调速器的结构和工作原理,在有关课程中有详细论述,这里不再重复。值得注意的是,PGA 型调速器除了具有调速功能外,内部还设有各种转速限制和负荷限制环节,如最低稳定转速限制,最高转速限制,增压空气压力限制,转矩限制等。因此,在采用 PGA 型调速器的主机遥控系统中,转速控制和负荷限制都是由调速器完成的。其工作原理请参见有关技术资料。

(1)负荷限制回路。增压空气压力限制、最大转矩限制等负荷限制功能,这些限制环节输出的信号大小与调速器输出的转速控制信号大小相比较,最终输出其中最小值,并经伺服器和执行器去动作主机的油门。

①增压空气压力限制。增加空气压力限制的目的是避免主机加速过程中出现冒黑烟现象,防止主机排气温度过高,受热件过热。主机在加速时,若主机喷油量增加过快,则由于涡轮增压器的滞后效应,使增压空气压力不能及时增加,造成油多气少,燃烧过量空气系数过小,燃烧不完善,导致排黑烟严重,主机的排气温度升高,热负荷超过允许值,因此,为避免主机冒黑烟,防止热负荷超载,必须按增压空气压力的大小来限制主机的喷油量,使主机油量与增压空气压力同步增加,以保证燃烧过程中具有足够的燃烧过量空气系数。为此,主机遥控系统中均设置增压空气压力限制环节,使主机所允许的最大供油量随废气涡轮增压器的输出压力升高而按比例逐渐增大。

该环节的工作原理如图 3-1-26 所示。图中 U_K 是与扫气箱中空气压力按比例转换成的电压值,并经二极管 D_2 接在运算放大器 A_1 的同相端,A_1 的反相端接由电位器 P_1 调定的电压值 U_N,启动时 $U_K=0$,A_1 的反相端大于同相端。只要 $U_K<U_N$,A_1 就相当于电压比较器,输出 0 信号,电压跟随器 A_2 的输出是由电位器 P_2 调定的电压值 U_{km}。它就是对应启动供油量的电压值。启动成功后 U_K 会增大,但只要 $U_K<U_N$,A_2 仍输出 U_{km} 不变。当 $U_K>U_N$ 时,A_1 就是同相输入的比例运算放大器,随着 U_K 的增大,a 点电位升高,U_{km} 升高,A_2 的输出随之增大。但对应一个 U_K,就对应一个 U_{km} 值。调速回路输出的控制信号是 U_C,若 $U_C>U_{km}$,将被 U_{km} 所钳位,因而也就确定了在该增压空气压力下允许的最大供油量。调整 P_2 可调整启动供油量。调整 P_1 可调整 A_1 作为比例运算放大器时的放大倍数。下移抽头,比例系数增大,在同一增压空气压力下,允许的最大供油量会增加。

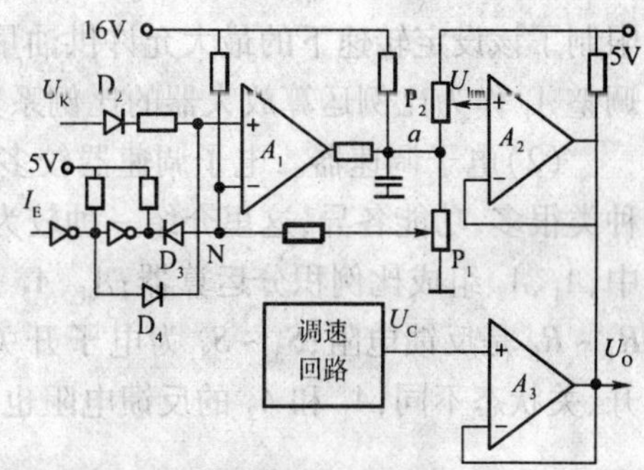

图 3-1-26　增压空气压力限制环节

在应急情况下,为加快主机的加速速度,常取消增压空气压力的限制作用。按下应急操纵按钮,I_E 为 0,二极管 D_4 导通,D_2 截止,A_1 同相端电压接近 5V。同时 D_3 导通,A_1 反相端电压接近 0V。于是 A_1 又成为电压比较器输出高电平,A_2 输出的 U_{km} 接近 5V,从而取消了增压空气压力的限制。

②转矩限制。转矩限制的目的在于限制主机的机械负荷,限定其热负荷,防止主机超负荷运行。由于主机在稳定运行时,它所发出的扭矩与螺旋桨所需的扭矩相等。螺旋桨的阻力矩越大,主机的喷油量越大。由此可见,主机转矩过大是由于主机在某一转速下的喷油量过多造成的,因此,主机遥控系统普遍采用转速限制油量的方法来实现转矩限制,故有时也将转矩限制称为转速限制。必须指出,这里提到的转速限制与最大、最小等转速限制的意义不同,最大、最小转速限制是通过限制调速器的设定转速来限制主机转速的。而负荷限制中的转速限制则

是按转速大小来限制主机的喷油量。

转矩限制有设定转速限制油量和主机实际转速限制油量两种方法。设定转速限制油量方法的最大允许供油量由设定转速大小确定，相对于某一设定转速就有一确定的最大允许供油量，这个最大允许供油量不随主机转速变化而变，所以是一种“极值”限制。它具有阶跃动态特性和终值限制作用。与此相反，实际转速限制油量方法的最大允许供油量由主机实际转速值来确定。因此，随着主机转速的升高，最大允许供油量也随着增大，可在整个加速过程中限制主机的“供油量”，所以是一种“过程”限制，“过程”限制具有动态限制特性，可使主机的加速过程变得缓慢，使主轴承免受高负荷冲击，也有利于热负荷限制，同时还可补偿增压空气压力限制的作用。综上所述，实际转速限制油量方法主要是限制主机供油量（转矩）的上升速率，而设定转速限制油量则是限制设定转速下的最大供油量（转矩）。

图 3-1-27 转矩限制环节就是按设定转速来限制最大转矩的。由电位器 P_1 调定的电压值 U_a 是转矩限制开始的转速值，一般为额定转速的 50% ~60%。设定转速 U_S 低于这个范围时，曲轴承受的扭矩不大，对转速的变化不限制。即 $U_S < U_a$ 时，A_1 是电压比较器输出 0 信号，二极管 D_1 截止，电压跟随器 A_2 输出 U_a 不变。当 $U_S > U_a$ 时，A_1 成为同相输入的比例运算放大器，随着 U_S 的增大，A_1 输出按比例增大，U_a 电位升高，A_2 输出也随之升高。对应一个转速设定值，就对应一个 U_a 值。当 $U_a < U_C$ 时，调速器输出的控制信号 U_C 将被 U_a 所钳位，因而也就限制了该设定转速下的最大允许供油量。调整 P_1 可调整转矩限制开始的转速值；调整 P_2 可调整 A_1 作为比例运算放大器的比例系数。

（2）电子调速器。电子调速器较多地用在电动无触点电路或微机控制的遥控系统中，其种类很多，功能各异，这里介绍一种较为典型的实例，其组成和工作原理如图 3-1-28 所示。图中，A_1、A_2 组成比例积分运算器；A_4、A_5 是电压比较器，调速器的输出 U_0 接在它们的反相端；R_1 ~ R_8 是反馈电阻；S_3 ~ S_8 为电子开关，输入高电平时闭合，输入低电平断开。电子开关的开、关状态不同，A_1 和 A_2 的反馈电阻也不同，即改变了 A_1 和 A_2 的放大倍数。

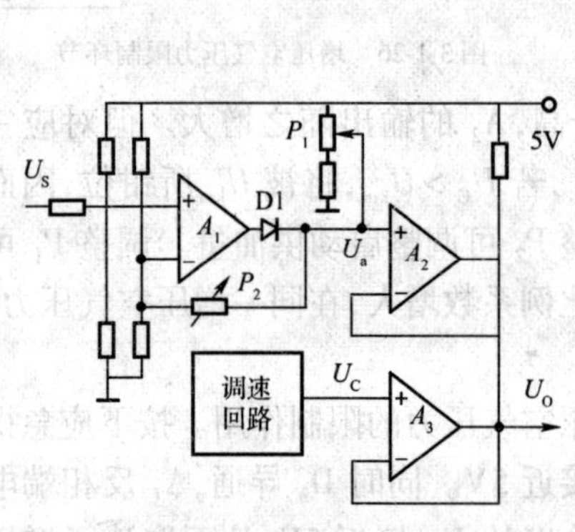

图 3-1-27 转矩限制环节

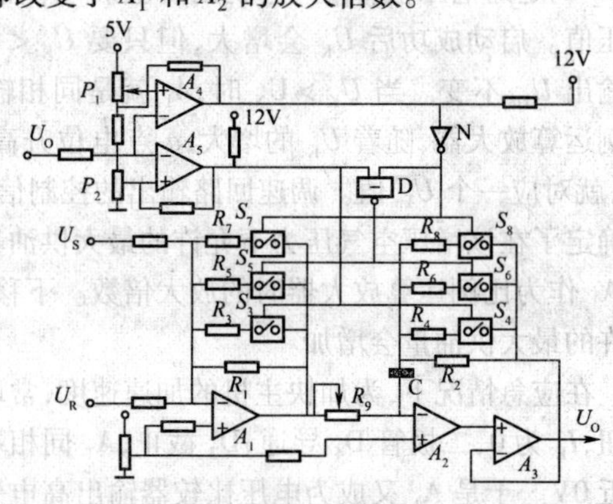

图 3-1-28 电子调速器的组成和工作原理图

比例积分控制可简化成如图 3-1-29 所示电路。转速给定值 U_S 和实际转速值 U_R 均加在 A_1 的反相端，实际上 A_1 反相端输入的信号就是转速的偏差值。若令 $r_3 = r_4$，则 A_1 的放大倍数 $K_1 = r_1/r_3$，$U_1 = -K_1(U_S - U_R)$；A_2 是比例积分运算放大器，其放大倍数 $K_2 = r_2/W_1$，积分时间 $T_i = C \cdot r_2$，所以 $U_0 = -K_2\left(U_1 + \frac{1}{T_i}\int U_1 \mathrm{d}t\right)$。把 U_1 代入 U_0 得

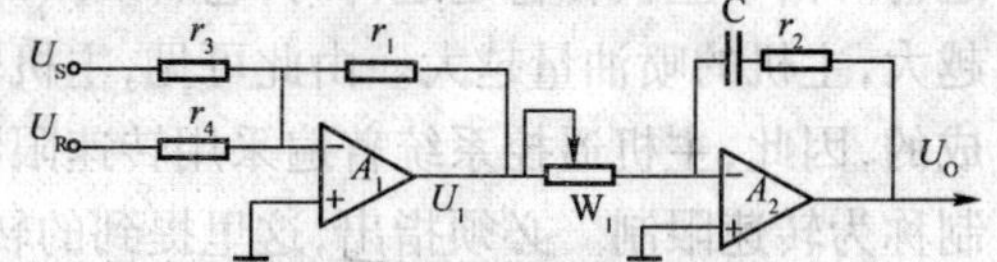

图 3-1-29 电子调速器 PI 控制工作原理图

$$U_0 = \mathrm{K}[(U_S - U_R)] + \frac{1}{T_i}\int(U_S - U_R)\mathrm{d}t$$

式中，$K = K_1 \cdot K_2$。可见，改变反馈电阻值 r_1 和 r_2 可改变 PI 控制电路的输出特性。

当转速给定值 U_S 较小时，PI 控制器输出的 U_0 也较小。这个值比 A_4、A_5 同相端由电位器 P_1 和 P_2 调定的参考电压均小时，A_4、A_5 均输出高电平，电子开关 S_3、S_4 闭合，$R_3 \sim R_8$ 中只有电阻值最小的 R_3 和 R_4 分别与 R_1 和 R_2 并联在反馈回路中，其反馈电阻值最小，放大倍数 K 也最小。调速器输出特性如图 3-1-30 中斜线 1 所示。随着转速给定值的增大，U_0 也增大。当该值增大到大于 A_5 同相端，小于 A_6 同相端参考电压时，或非门 D 输出高电平，电子开关只有 S_5 和 S_6 闭合，电阻值居中的 R_5 和 R_6 分别与 R_1 和 R_2 并联在反馈回路中，由于反馈电阻的增大，其放大倍数 K 也相应增大，调速器输出 U_0 特性线的斜率增大，如图 3-1-30 中斜线段 2 所示。当 U_S 增大到使 U_0 比 A_4、A_5 同相端的参考电压都高时，A_4、A_5 均输出低电平，非门 N 输出高电平，电子开关只有 S_7，和 S_8 闭合，电阻值最大的 R_7 和 R_8 分别与 R_1 和 R_2 并联在反馈回路中，此时放大倍数 K 最大，调速器输出 U_0 的特性如图 3-1-30 中斜线段 3 所示。可见，该调速器输出特性是用三根折线逼近螺旋桨推进特性。调整 P_1 和 P_2 可调整折线转折点的位置。常把电子开关 $S_3 \sim S_8$，电阻器 $R_3 \sim R_8$ 及电压比较器 A_4 和 A_5 组成的电路称为校正电路，用来校正调速器的输出特性。因此，该调速器是由起 *PI* 控制作用的基本电路和校正电路两部分组成的。

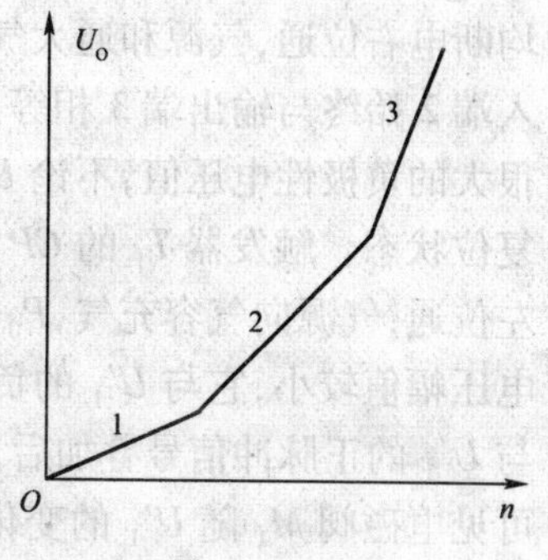

图 3-1-30

A_3 是电压跟随器，对输出电压进行阻抗变换。电位器 P_3 设定的电压值分别加在 A_1 和 A_2 的同相端，其作用是可上、下平移调速器输出的特性。

6）控制信号转换器和伺服器

在电动遥控和用微型计算机进行遥控的系统中，驾驶台发送的转速设定信号是电压信号。这个电压信号经转速限制回路（加速速率限制、程序负荷等）的处理后，作为转速给定值送至调速器。对于采用 PGA 型调速器的遥控系统，必须把转速给定值的电压信号转变成气压信号，才能送至调速器的转速设定波纹管以控制主机转速，这就要有一个电/气（E/P）转换器。对于采用电子调速器的遥控系统，调速器输出的控制信号是电压信号。该信号是不能直接控制主机供油量的，必须把它转换成液压信号才能动作主机油门杆，这就要有一个电/液（E/H）伺服器。

（1）电/气（E/P）转换器。电/气转换器的类型很多，下面介绍其中较为常用的一种，其组成和工作原理如图 3-1-31 所示。图中，U_S 是转速给定值接在差动输入运算放大器 A_1 的反相端；P_0 是该电/气转换器输出的气压信号，接在调速器转速设定波纹管，同时该信号经压力传

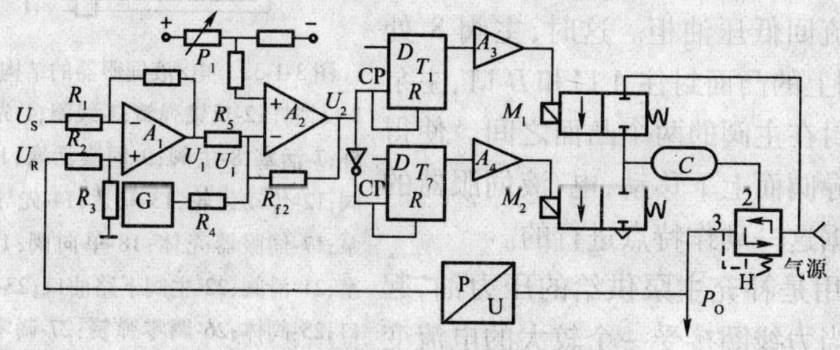

图 3-1-31　电/气转换器的组成和工作原理图

感器成比例地转变成电压信号 U_R 接在 A_1 的同相端；G 是脉冲信号发生器，它输出一系列幅值不大的正、负脉冲信号；A_2 是加法器，其输出 U_2 是 U_1 和 U'_1 两个电压值相加，U_2 接在触发器 T_1 和 T_2 的时钟脉冲端 CP 及复位端 R，T_1 和 T_2 是 D 触发器，它们的输入端 D 均接高电平，它们的输出经功率放大器 A_3 和 A_4 驱动电磁阀 M_1 和 M_2。

当输出的气压信号 P_0 相当于转速给定值时，$U_S = U_R$，$U_1 = 0$，U_2 随 U'_1 而变，输出脉冲信号，但幅值很小，达不到触发器动作电压，触发器 T_1 和 T_2 均复位输出低电平，电磁阀 M_1 和 M_2 均断电右位通，气源和通大气口都截止，气容 C 内的气压信号不变。H 是调压阀，其功能是输入端 2 始终与输出端 3 相等，故 P_0 保持不变。在快加速过程中，U_S 比 U_R 大得多，U_1 是幅值很大的负极性电压值，不论 U'_1 为正或负脉冲信号，U_2 均为幅值较大的正极性电压值，T_2 保持复位状态。触发器 T_1 的 CP 端由 0 跳变为 1，解除复位信号使 T_1 输出高电平，电磁阀 M_1 通电左位通，气源向气容充气，P_0 值不断增加，U_R 也不断增大，当 U_S 与 U_R 差值不大时，U_1 负极性电压幅值较小，它与 U'_1 的负脉冲信号叠加后，T_1 的 CP 端保持 1 信号，T_1 继续输出高电平，而与 U'_1 的正脉冲信号叠加后，T_1 的 CP 端由 1 跳变到 0 并复位，输出低电平，电磁阀 M_1 断电。可见电磁阀 M_1 随 U'_1 的变化而断续通电，气源断续向气容充气，直到 $U_S = U_R$ 为止。减速时 $U_R > U_S$，若其差值较大，则脉冲信号发生器 G 将不起作用。U_2 是幅值较大的负极性电压。T_1 复位并输出低电平，电磁阀 M_1 断电右位通，气源被截止，不再向气容充气。负极性电压 U_2 经反相器 N 输出 1 信号，触发器 T_2 输出高电平，电磁阀 M_2 通电左位通。气容 C 经大气口放气，压力不断降低，P_0 也不断减小。当 P_0 减小到 U_R 与 U_S 差值不大时，U_1 与 U'_1 的叠加开始起作用，使电磁阀 M_2 断续通电，气容 C 断续放气，一直到 $U_R = U_S$ 为止。

(2)电/液伺服器。采用电子调速器的遥控系统中，有少数的遥控系统采用气动执行机构，它需把调速器输出的电信号转变成气压信号，再送至气动伺服器，进而驱动油门拉杆，这种工作方式这里不予介绍。绝大多数遥控系统是采用液压执行机构，它需要把调速器输出的电信号转换成液压信号，经放大后去执行拉动油门拉杆，这就是电/液伺服器。其中较为常用的是 Hagenuk 电/液伺服器，其组成和工作原理如图 3-1-32所示。

在铸铁油箱盖上面装一台电机 13，它带动主阀 8 高速旋转，同时带动先导泵 14、主泵 15 和平衡泵 16 三个油泵工作。先导泵 14 排出的压力油经滤器 23 进入由先导阀 4 控制的主阀的上、下路油口 24 和 22。当先导阀 4 处于中间平衡位置时，先导阀上、下控制边缘刚好把油口 24 和 22 打开少许使压力油流回低压油柜。这时，主阀 8 处于中间位置，主阀上的凸面封住 A 口和 B 口，主泵打出的高压油被封在主阀的两个凸面之间。使得主阀始终跟踪先导阀而上下移动，电/液伺服器的工作过程就是依据这一动作特点进行的。

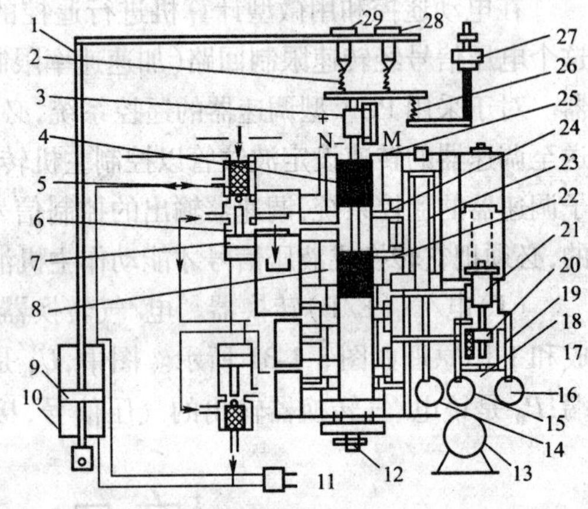

图 3-1-32　电/液伺服器的结构组成及工作原理图

1-反馈杆；2-反馈弹簧；3-线圈；4-先导阀；5-单向阀；6-顶杆；7-活塞；8-主阀；9-伺服活塞；10-伺服油缸；11-旁通阀；12-传动齿轮；13-马达；14-先导泵；15-主泵；16-平衡泵；17-伺服器壳体；18-单向阀；19-油压控制阀；20-活塞；21-滑阀；22-主阀下路油口；23-滤器；24-主阀下路油口；25-阀体；26-调零弹簧；27-调零螺钉；28、29-反馈弹簧调节螺钉

平衡泵的作用是补充主泵供给的压力油，起稳定压力作用。当力线圈接受一个较大的电流变化信号时，A 口和 B 口会有较大的开度，压力油会

大量进入活塞的上部或下部空间，油压会降低。这时，平衡泵打出的压力油顶开单向阀予以补充。在 A 口和 B 口开度很小或全被凸面封住的情况下，主泵打出的油压升高，这时高压油会顶开活塞阀，使一部分油流回低压油箱。

Hagenuk 伺服器在出厂时已经调好，运行时不要轻易拧动有关螺钉，经较长时间的使用，确实发现零点和量程不准时，方可进行调整。电/液伺服器的零点是指，当输入电流为 0mA（或 4mA）时，动力活塞所在位置应保证供给最低稳定转速的油量。若零点不准，可通过螺钉 27 加以调整；若量程不准，可通过螺钉 28 和 29 加以调整。增大预紧力，负反馈增强。当电流为 10 mA（或 20 mA）时，其供油量达不到最大转速值，即增大了量程。反之，量程减小。

Hagenuk 电/液伺服器的工作是可靠的，但要经常检查油质的变化情况。如果油中含有过量的水、杂质、氧化物等，或油温太高，都会引起运动部件的磨损，造成控制失常或转速波动等现象。最好每年对电/液伺服器清洗一次，并更换新油。换油时要注意油种是否正确，且把陈油除净，绝对不允许混用两种不同的油。

四、实训环节

实训　WMS2004 远洋船舶轮机模拟器认识

1. 主机遥控简介

所谓主机遥控，是指远离主机机旁操纵的自动控制系统。驾驶员常常需要对主机遥控系统发出如“前进一”“前进二”等各种命令，这种由人的意志或按照人的意志发出的命令称为“指令”。但这种指令一般来说不能直接作用于推进装置，因为指令是很简单的。这种简单的指令下达后能否立即执行，还须通过一系列的分析和判断。例如，原来是“前进三”，工况，驾驶员发出了一个“后退三”的指令，这就很难立即执行，因为全速前进立即转为全速后退将会使机械设备遭到损坏。一般来说，主机遥控系统必须具有分析判断的功能，判断指令是否能够立即执行，以及在什么条件下才能执行这个指令。因此，主机遥控系统是一种较复杂的控制系统，其中的各个环节既相互联系，又相互制约。主机遥控系统中有许多信号，这些信号之间的关系叫做逻辑关系，逻辑关系既可用文字描述，又可用表达式表示，这种表达式称逻辑表达式。

主机遥控系统从安全可靠的角度出发，均设有三种操作方式，即机旁操作，集控室操作，驾驶室操作。

主机遥控系统是机舱自动化的核心，是现代化船舶实现无人值班机舱必不可少的重要条件，采用主机遥控除能减轻劳动强度，改善工作条件，避免人为的操作差错外，还能提高船舶的操纵性和经济性。

1）组成和分类

（1）组成。从主机遥控系统的装置情况来看，整个主机遥控系统由遥控操纵台，遥控装置，测速装置，安全保护装置，以及包括遥控执行机构在内的主机操纵系统五大部分组成。

①遥控操纵台。遥控操纵台设置在驾驶室和集控室内，它的作用是实现人机对话。人通过操纵台上的操作件向系统下达命令，系统则通过操纵台上的显示屏向人提供系统执行命令的情况。图中，遥控车钟用于正、倒、停车的发令和主机转速的设定；紧急操纵按钮用于应急停车、应急运行及越控指令的发令；操纵部位切换开关用于驾驶室与集控室间的遥控部位选择，遥控监视屏用于各种参数和状态信号的显示、报警指示、车钟记录，以及辅车钟信号的联系。

②遥控装置。遥控装置是整个遥控系统的控制中心，它根据遥控操纵台给出的指令与测

速装置提供的主机状态参数,完成遥控系统中的停油、换向、制动、启动逻辑程序控制,以及转速与负荷控制功能。

③测速装置。测速装置用来检测主机的转速、转向、凸轮轴位置等状态参数,向遥控系统提供所需的各种工况参数。

④遥控执行机构与主机操纵系统。遥控执行机构与主机操纵系统用来执行遥控装置发出的停油、换向、制动、启动及供油控制命令。在遥控系统失灵时,可通过机旁操纵装置紧急操纵主机。

⑤安全保护装置。安全保护装置是一个相对独立的系统,用来监视主机运行中的一些重要参数,一旦主机发生严重故障,自动控制主机实行减速运行或迫使主机停车,以保障主机安全运行。

(2)分类。主要遥控系统按其所利用的控制能源可分为全气动式,电-气混合式及全电动式三种。下面介绍全气动式和电-气混合式的特点。

①全气动式遥控系统。主要由气动遥控装置与驱动机构组成。并配有少量电磁阀和测速电路。它的主要特点是驱动功率大,结构简单、可靠、直观,对于温度和电气干扰基本上不受影响,因而深受轮机管理人员欢迎,在初期建造的自动化船上获得广泛应用。全气功式主机遥控系统对于气源的防油、除水、防尘的净化处理要求较高,否则,在船舶处于强烈的冲击或振动的环境中,系统中的可动部件可能会产生误动作。此外,系统中气压信号在传递距离较远时,会出现控制信号的时间滞后现象,其响应时间约 Ωnms ~ Ωms。全气动式主机遥控系统,通常不能实复杂的逻辑控制。

②电-气混合式遥控系统。该系统的指令发送和逻辑控制采用电动元件,驱动机构采甩气动元件。这种系统的优点是信号的远距离传递迅速,体积小,若采用电子无触点逻辑元件,则能实现复杂的逻辑控制,结构紧凑,易于布置,且保养工作量小,动作可靠、维修方便。系统的控制部分若采用微型计算机则系统的各种功能可由计算机软件实现。使系统的功能更强,可靠性提高,因而微机主机遥控系统是现代化船舶的主要标志,是船舶事业的发展方向。

2)主机遥控系统的主要功能

主机遥控系统通常应具有如下功能。

(1)逻辑程序控制与自动控制:

①换向逻辑功能。当车令和主机凸轮轴的实际位置不相符时,必须能够进行逻辑判断,并自地进行换向;换向完成后应送出允许启动的信号。

②启动逻辑功能。当车钟从停车位置移至正车(倒车)位置时,能够进行逻辑判断,并能自动地进行启动操作;启动完成后自动地进行油-气转换,停止启动。

③重复启动逻辑功能。在启动过程中点火失败时,能够进行三次(或四次)试启动;当三次(四次)试启动失败时,能自动停止启动过程,并能进行报警。

④重启动逻辑功能。在应急启动、倒车启动或有重复启动的情况下,自动增加启动油量进行启动;或者自动地提高点火转速进行启动。正常启动称轻启动,它与正常启动不同增加油量或提高启动转速,故称重启动。

⑤慢转启动逻辑功能。主机停车时间超过规定时间(30 ~ 60min),或在停车期闻停过电,再次启动需慢转启动。

⑥加速速率限制功能。当进行加速操作时,应根据主机负荷的大小对加速过程的速度进行限制,以防加速过快,出现主机热负荷过载。

⑦转速控制。包括加速速率限制。临界转速的自动避让，最小转速限制和最大转速限制等。

⑧负荷控制。通常利用增压空气压力及设定转速(实际转速)限制油量的方法将主机的负荷限制在允许范围内。

(2)紧急操纵：

①应急运行在应急情况下，可以取消慢转启动，负荷程序，最大油量限制等，进行应急换向，应急启动和应急加速。

②应急停车在遥控系统正常停车失灵时，为了确保主机能立即断油停车，按下"应急停车"按钮，遥控系统就会通过应急停车回路迫使主机立即断油停车，同时发出报警。

③越控当主机因某种故障而出现自动停车，但从船舶的安全角度出发又不允许主机停车时，为了保障船舶安全，应采取"舍机保船"措施，实现强迫运行。遥控系统进入"越控"时将暂时取消主机故障自动停车控制，迫使主机带病运行，同时发出越控报警。

(3)安全保护。当发生危及主机运行安全的故障(如滑油低压、轴承高温、曲柄箱油雾浓度过高等)时安全保护装置将根据其危害程度自动控制主机进行减速运行或者停车，同时发出相应的报警显示安全保护系统动作的原因，确保主机安全运行。

(4)模拟测试。为了便于管理，主机遥控系统设置了模拟试验设备，操作人员可以通过模拟试验来检测遥控系统的功能及运行工况，也可对遥控系统中的设定参数进行油试及调整。在系统发生故障时，可通过模拟试验来查找故障的部位。

2. MS2004 远洋船舶轮机模拟器组成

MS2004 远洋船舶轮机模拟器由模拟机舱；集控室；驾驶台；教练员台组成。

1)模拟机舱内设

可操作的大型动态图解板；模拟主机操纵系统；四台发电机机旁启动控制箱；空压机启动控制箱；燃油、滑油分油机启动控制箱；油水分离装置启动控制箱；生活污水装置启动控制箱等，还有与之相配的音响系统。

2)集控室

主机遥控系统以 AUTOCHIEF—IV 为基础设计，驾驶台、集控室均通过电动逻辑回路操纵主机，还设有机旁主机应急操纵系统。在集中控制台上设有下列设备：三台监控计算机；主机遥控安全板；主机遥控系统板；调速器及执行器；运行状态指示灯；黏度控制调节器；主、副车钟；舵角指示；各种仪表及车令打印机等。

电站系统：包括四台柴油发电机屏、并车屏、220V 负载屏、440V 负载屏两台、组合控制屏两台；应急配电屏和岸电箱也布置在集控室内。

3)驾控台

主机遥控操纵台；主、副车钟；车钟打印机；主机主要警报装置；延伸报警装置；侧推器操作装置和应急切断等。

4)教员台

可设置各种模拟的初始工作状态，设置或删除故障，并可对仿真程序进行控制。

模拟器可仿真船舶主机系统、辅机系统和电站系统数百个故障，满足中华人民共和国海事局对轮机长关于"轮机模拟器"实操评估的要求。

为有效实施对轮机模拟器的实操训练，希望学员在每次实操训练之前，认真熟悉指导书中的有关内容，按要求操作，掌握在正常运行及各种紧急状况和复杂故障的应变能力，加强对自动化船舶的适应性。

3. 船舶主要参数

船舶参数

(1)吃水/载重量:

14.0m (满载)

4.95m (空载)

14.313m / 72017.6 t (热带)

14.021m / 69303.4 t (夏季)

13.729m / 66616.4 t (冬季)

每厘米吃水 92t

(2)长度:

总长:279.9m

两柱间长:265.8m

型宽:40.3m

型深:24.1m

(3)集装箱的载重量:5668 TEU

(4)航速:设计吃水时(14.0m),服务航速:25.91 节

(5)续航力: 21000 海里

(6)主机:

①型号:B & W 12K90MC - C

②功率: MCR:54720kW/104 RPM

41096kW/94 RPM (本船按照75%负荷进行匹配)

③燃油耗油率:CSR 时 172.6g/kWh

(7)螺旋桨:5 叶,76513Kg,直径 8.3m,镍铝青铜、无键

(8)轮机的船级:CCS AUT - 0

4. 轮机有关参数

(1)主机:B &W 12K90MC - C(12 缸、缸径:900mm;冲程:2300mm、可燃用 380Cst/50℃燃油)二冲程,单作用,十字头可反转、涡轮增压。

(2)各挡转速设定:

HARBOR:

	AHEAD	ASTERN
NAVIGATION FULL	:82	70
FULL	:65	65
HALF	:50	50
SLOW	:45	45
DEAD SLOW	:30	30

NORMAL:

	AHEAD	ASTERN
NAVIGATION FULL	: 94	
FULL	: 80	76

HALF　　　　：65　　65

SLOW　　　　：52　　52

DEAD SLOW　　：32　　32

(3)发电装置:

①原动机:3 台,型号:6R32LNE;2430kW、720RPM

②发电机:3 台,型号:AMG 630L10;2320kW

(4)应急发电机:

①原动机:型号:D2866LXE(6 缸,缸径:128 mm;冲程:155 mm;功率: 313kW;1800RPM)

②发电机:型号:HCM 434E 额定功率:250kW

额定电压:450V 频率:60Hz

相数:3 相 功率因素:0.8

相关参数如表 3-1-1 ~ 表 3-1-3 所示。

安保系统有关参数　　表 3-1-1

SLOW DOWN		SHUT DOWN	
滑油出口高温	60℃	主机超速	118 r/min
活塞冷却滑油出口高温	70℃	主轴承和推力轴承滑油低压	0.08MPa
活塞冷却滑油入口低压	0.10MPa		
推力轴承一级高温	75℃	推力轴承二级高温	85℃
缸套冷却水入口低压	0.14MPa	凸轮轴滑油进口低压	0.15MPa
缸套冷却水出口一级高温	93℃	缸套冷却水出口二级高温	98℃
扫气箱高温(着火)	80℃		
主机排气温度偏差过高	±60℃		
凸轮轴滑油出口高温	60℃		

主 机 各 挡 转 速　　表 3-1-2

名　称	转 速/时 间
额定转速(75%)	94 r/min
轮机长手动转速限制	94 r/min
启动到供油时间	6 ~ 8 S
发火转速	18 r/min
正常换向转速	35 r/min
应急换向转速	40 r/min
强制制动转速	30 r/min
主机最低稳定转速	25 r/min
速率限制——加速	12 ~ 40 RPM 时　7s
负荷程序的转速区域	80 ~ 94 r/min
负荷程序——加速的时间	30 min
取消负荷程序时间——加速	2min
SLOW DOWN 时的最低转速	45 r/min
SLOW DOWN 的延时	6 ~ 8s
SHUT DOWN 的延时	6 ~ 8s

主机运行参数 表3-1-3

主机负荷	75%	100%
主机功率	41096kW	54720kW
主机转速	94 r/min	104r/min
平均指示压力	15.90bar	18bar
燃油消耗率	172.6g/kW·h	174g/kW·h
增压器转速	9150 r/min	10600 r/min
压气机后的压力	0.22 MPa	0.26 MPa
扫气压力	0.188 MPa	0.263 MPa
扫气温度	36℃	47.7℃
空冷器前气温	187℃	200℃
空冷器后气温	30℃	32℃
排气总管压力	0.215 MPa	0.254 MPa
透平前温度	325℃	370℃
透平后温度	220℃	234℃
气缸排气温度℃	278℃	307℃
爆压 bar /压缩压力 bar	126.8/95.5	140.9/121.8
主轴承/活塞冷却油压力	0.24 MPa /0.29 MPa	0.24 MPa /0.29 MPa
凸轮轴滑油进口压力	0.22 MPa	0.22 MPa
缸套冷却水压力	0.29 MPa	0.29 MPa
空冷器冷却水进口压力	0.24 MPa	0.23 MPa
控制空气压力	0.7 MPa	0.7 MPa
燃油进机压力 / 温度	0.8 MPa/ 33℃(DO)	0.74 MPa / 32℃(DO)
凸轮轴滑油进/出温度	40℃/42~44℃	41℃/42~45℃
滑油进机温度/推力块温度	43℃/48℃	43℃/50℃
活塞冷却油进/出温度	43℃/51℃	43℃/53~54℃
空冷器冷却水进/出口温度	25℃/40℃	27℃/52℃
缸套冷却水进/出口水温	71℃/78.8℃	71℃/80.7℃
增压器进/出口油温	43℃/70℃	43℃/80℃

任务二　主机遥控系统实例

一、教学目标

(1)掌握 MAN B&W 气动操纵系统组成及停油、换向、启动和调速等逻辑操作的动作过程。

(2)掌握气动操纵系统的故障诊断和管理维护要点。

二、气动主机遥控系统

1. 主机遥控系统简介

根据发送遥控主机信号的不同性质，遥控系统大致分三类：第一类是气动遥控系统。驾驶台发送的遥控信号是气动的，并经全自动的气动逻辑回路输出控制信号来操纵主机，集中控制室发送的气动遥控信号，可以与驾驶台共用一套气动逻辑回路，对主机进行全自动遥控。而有些遥控系统，为简化集中控制室的遥控线路，取消了驾驶台遥控的某些功能，通过扳动操车手柄来实现，如重复启动、程序负荷等。第二类是电-气结合的主机遥控系统。其中，集中控制室均采用半自动气动遥控系统，而驾驶台是采用电动遥控系统，驾驶台发送的是电的遥控信号，经电动逻辑回路处理后，再经电/气转换器转换成气压信号并由集中控制室的气动逻辑回路来操纵主机。驾驶台电动遥控系统有两种形式：一种是电动逻辑回路由继电器组成，称为电动有触点遥控系统；另一种是电动逻辑回路由电子器件，如逻辑门电路和运算放大器组成，称为电动无触点遥控系统。它们与集中控制室气动逻辑回路合在一起，分别称为有触点电-气结合遥控系统和无触点电-气结合遥控系统。第三类是用微型计算机组成的遥控系统。集中控制室仍采用半自动气动遥控系统，驾驶台发送的也是电动遥控信号。其实它也属于电-气结合的遥控形式，所不同的是，其逻辑回路不是由硬件电路组成的，而是由计算机软件程序实现的。

在主机遥控系统中，驾驶台遥控主机必须是全自动的；集中控制室遥控主机可以是全自动的，也允许是半自动的。

近年来，采用变距桨作为推进装置的船舶有所增加，特别是对于负荷变化较大的工作船及某些滚装船较多采用变距桨。主机驱动定距桨和驱动变距桨的工作方式是完全不同的，因此，主机遥控系统的功能和组成差异较大。第三章所介绍的各种逻辑回路，主要是对驱动定距桨主机而言的，有些是不适合于变距桨的。限于篇幅，这里将不再介绍驱动变距桨的主机遥控系统。

在实际应用中，主机遥控系统的形式是多种多样的。尽管它们的基本逻辑功能是相同的，但各种逻辑回路的组成方式、回路之间的连接方式，以及某些逻辑回路的实现方法等都各不相同，不可能以一概全。本章的目的是，通过介绍一些典型主机遥控系统的实例，掌握分析一个复杂的实际遥控系统线路的思路和方法，为管理使用好遥控系统打下良好的基础。

2. MAN—V—40/54A 型气动主机遥控系统

1）概述

气动主机遥控系统的类型很多，但 20 世纪 70 年代中期，由德国“西门子”公司生产并装配在 MAN—V—40/54A 型柴油机上的气动遥控系统具有一定的典型性。MAN—V—40/54A 型柴油机主机是可逆转四冲程中速机，采用双凸轮换向。

（1）主要功能及组成。在驾驶室、集控室和机旁都能操纵主机。其自动遥控操作部位的切换由集控室内的“驾驶室操纵-集控室操纵”切换阀（L303）来完成。其“手动-自动”操作切换由机旁的转换阀 M369/1 完成。

主机的启动、换向、调速过程自动进行，并具有能耗制动和强制制动功能。调速环节设有车速发讯、加速速率限制、负荷程序及负荷限制环节等。采用 PG 型调速器进行转速调节。

在驾驶室和集控室设有“应急停车”和“应急操纵”按钮。在紧急情况下可进行应急停车、应急启动、应急换向、应急加速的操作。

在集控室设有主机遥控系统模拟检查装置。可在主机停车的情况下，检查遥控系统各元件的动作是否正常；对某些参数进行调整；出现故障时查出故障的部位。

该系统主要由驾驶室操纵台和集控室操纵台组成。在驾驶室操纵台上设有遥控手柄、应急操纵和应急停车按钮、试灯按钮、调整电位器、主机转速表、启动空气和控制空气压力表、发光显示板等。集控室操纵台除有上述装置外，还设有模拟开关、转速模拟装置、“驾驶室操纵-集控室操纵”转换阀、双针压力表、操作部位切换连锁装置等。

MAN—V—40/54 主机遥控系统根据不同逻辑功能将控制阀分装三个箱 M、A、H，其中 A 为启动控制箱；H 为调速控制箱；M 为综合控制箱。主机遥控系统中的控制气源为 0.7MPa 的低压空气。控制用的空气均经除尘、除水等净化处理，以保证系统工作的可靠性。动力气源为 3MPa 的高压空气。

(2)遥控气源。气源处理装置如图 3-2-1 所示，它提供两种气源，即高压气源 P_H 为 3.0MPa，用作执行机构如启动、换向操作的气源；另一种是控制空气气源 P_L 为0.7MPa，作为各种气动阀件的工作气源。选择阀 1 有四个位置，如选择Ⅰ位，则由主空气瓶来的压缩空气 H_P 经选择阀Ⅰ位，再经下面的滤器 3 滤清后，一路经或门阀 6 作为高压气源 P_H 送至执行机构，另一路经减压阀 5 减压，输出 0.7MPa 的控制空气 P_L；把选择阀 1 从Ⅰ位转至Ⅳ位，上下气源处理装置同时使用；转至Ⅲ位，用上面的气源处理装置；转至Ⅱ位，主空气瓶来的压缩空气被截止，上下气源处理装置均通大气。压缩空气必须除尘除水，要定期放掉滤器中的赃物和残水。保持气源清洁是保证遥控系统能正常工作，提高使用寿命的关键。

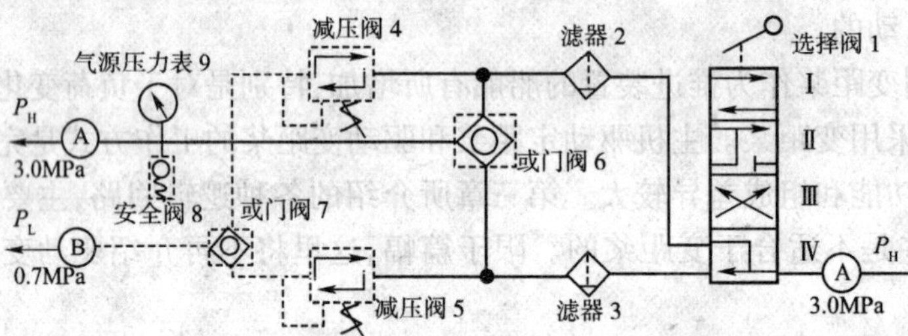

图 3-2-1　气源处理装置示意图

(3)操作部位切换连锁原理。在主机进行自动遥控时，若需进行驾驶室和集控室操作部位的切换，必须保证集控室手柄的位置(方向)和驾驶室手柄的位置一致，否则车向和车令的不一致将导致事故。为保证上述的“一致”，在切换回路中设置了连锁装置。

连锁装置由 L603 的两个气动二位三通阀、两个气动或门和连锁气缸 854 组成。只有当连锁气缸有气压信号作用，把连锁活塞推向上端时，才允许阀 L303 转换。由图可知，两个气动或门的输入信号分别来自集控室倒车控制阀、驾驶室正车控制阀、驾驶室倒车控制阀、集控室正车控制阀的输出端。根据逻辑分析可知，只有当驾驶台车钟手柄和集控室车钟手柄都在正车位置，或者都在倒车位置，或者都在停车位置时，控制气源才能通过 L603 的两个二位三通阀进入连锁气缸把与连锁活塞相连的定位销推出定位槽，进行操作部位切换，从而保证了切换时操作手柄位置的一致。双针压力表 7221 分别显示了驾驶室和集控室的调速气压，在切换前将集控室的调速设定气压调整到和驾驶室的调速设定气压信号相等，便可实现无扰动切换。

2)停油

主机在下列两种情况下必须停油：车钟手柄在停车位置；运转中进行换向时主机转向与车令不符。下面分析停油原理。

进行停车操作时，车钟被扳到停位，正车控制阀 1 复位，将阀 A370/2 控制端的空气泄放大气,A370/2 复位。A301/4 控制端的空气经 A407/1、A405/1、A351/2、A370/2 放大气,A301/4 复位,将控制空气通过管路 27 引入停油气缸 024 活塞的右方,将调油机构置于停油位置。

当主机处于正车运转状态时,把车钟手柄直接扳到倒车位,由于正车控制阀 1 复位,停油过程如上所述。当车钟手柄到达倒车位时,倒车控制阀 2 受控,将控制空气引入 A370/1 控制端,A370/1 受控,使 41 管路有控制空气。由于此时主机仍处于正车运转,转向与车令不符,电磁阀 A351/1 失电,41 管路的控制空气无法通过 A351/1 去解除停油,主机维持停油状态。直到主机转向与车令一致,A351/1 有电,控制空气经 A351/1 到达 A301/4 控制端,把停油气缸 024 中的空气从 A301/4 泄放后,方能允许供油。

3)换向

下面分析运转中的换向过程。

主机在正车运转时将车钟手柄扳到倒车某位置。由前面分析可知主机首先停油,停油逻辑条件由机控二位三通阀 M331/1 的受控而确认,M331/1 受控后将气动或门 A405/3 左端的空气经 35 管路和 M331/1 的上阀位泄放。

手柄置倒车位后,倒车控制阀 2 受控,使 A370/1 受控,41 管路有控制空气,而 42 管路的控制空气经 A370/2 泄放大气。由于主机原为正车运行,多路阀 M221 处在Ⅲ位,封住了 41 管路的倒车信号去启动环节的通路,同时在 41 管路空气压力的作用下把 M221 推向Ⅳ位,多路阀 M221 完成了换向的逻辑鉴别并提供了换向信号的通路。控制空气经 M221 的 1—2 到管路 7 并等待于换向阀 M215 的 Z 端,同时经 M405/1 到 M301/6。

主机停油后开始减速,当转速下降到低于换向转速,电磁阀 A373/1 带电,将气动或门 A405/3 右端泄放大气,使 M301/6 复位,管路 7 的控制空气经 M301/6 下位、管路 46 至 M357/4 控制端。高压空气 34 经减压阀减压后通过 M357/4 送到进排气阀顶升机构,使进排气阀抬起,同时使 M347 受控,撤销对换向阀的闭锁,在 Z 端控制空气作用下,M215 切换成上位,把高压气源通过管路 67 引入倒车换向油缸,推动凸轮轴从正车位置到倒车位置。凸轮轴移到倒车位后,经反馈杆件等机械传动使 M221 由Ⅳ位变为Ⅰ位。这时管路 6、7 均经 M221 的 2、3 泄放,M357/4、M347 均复位,使进排气阀顶升机构复位,M215 重新闭锁,换向完成。

倒车换向完成后,M221 处于Ⅰ位,由图可知,41 管路的倒车信号可通过 M221 的 4－6 进入 62 管路,主机便可以进入下一个程序动作-倒车启动。

4)启动

设车钟手柄从停车扳到正车,正车控制阀 1 送出控制信号,A370/2 受控。气源经A370/2、42 管路到 M221 的 5 端。若此时凸轮轴在正车位置,则 M221 在Ⅲ位,端口 5、6 相通,正车启动信号进入 62 管路。若此时凸轮轴在倒车位置,则 M221 在Ⅰ位,阻止启动信号进入 62 管路,并使主机进行正车换向。换向完成后 M221 转为Ⅲ位,进行正车启动,由此可知,主机的启动逻辑鉴别也是由 M221 完成的。

62 管路中的启动信号经 M301/5 下位(此时 M301/5 未受控)至 M301/2 控制端和 8 管路。8 管路的信号一路去 A407/1 的左端. 为解除停油作准备;另一路经重复启动控制阀 A301/1 的左位、12 管路、M301/2 上位、M301/1 下位到 M379/2 下位(自动位)。M379/2 输出的气压信号分两路,一路去气动与门 M407/2 的右端. 另一路经 M405/2、M379/1 下位(自动位)到气动与门 M407/3 的右端。因盘车机在启动前已脱开,M331/3 复位,控制空气经 M331/3 下位分别到达 M407/2 和 M407/3 的左端,使两个气动与门均有输出。M407/2 输出使 M301/7 受控,控制空气经 M301/7 上位、M074/2 上位(自动)最终使 M357/1 和 M357/3 受控,高压空气 C 经

M357/1 和 M357/3 去缸头启动阀；M407/3 输出经 M074/1 上位(自动)使 M357/2 受控，高压空气 D 经 M357/2 去空气分配器，主机在压缩空气推动下开始启动。

主机运转后，由于其转向与车令一致，转向判断电磁阀 A351/2 带电，42 管路控制空气经 A351/2 上位、A405/1 同时发出三个控制信号：使 A301/7 受控，将启动供油信号切换成手柄油量信号；使 M301/l 受控，切换启动信号通道，为启动结束作准备；使 A407/l 有输出，A301/4 受控，将 024 右端的压气放大气，解除停油。

主机在压缩空气和燃油的作用下，转速逐步提高，当转速达到压缩空气切断转速时，M351/1 失电，工作于下位，将启动回路的空气信号全部放泄，使 M357/l、M357/3、M357/2 复位，关闭进入主启动阀和空气分配器的高压空气，启动结束。

5)重复启动

该系统的重复启动回路在启动失败情况下，可进行三次重复启动。重复启动回路串接于主启动回路中，启动控制空气由 8 管路送入，经阀 A301/1 后由 12 管路输出进入启动环节。故主机的启动过程取决于 A301/1 的工作状态。下面分析重复启动原理。

重复启动回路由分级延时阀 A436/2、单向节流阀 A406/1、2、气容 A445/1、2、3、气动两位三通阀 A301/1、2、3 及报警压力开关 A721/1 组成。

分级延时阀 A436/2 与气容 A445/3 构成的充气回路用来控制每次启动的持续时间；单向节流阀 A406/1 与气容 A445/3 构成的放气回路用来控制两次启动间的间隔时间；单向节流阀 A406/2 与气容 A445/l 和 A445/2 构成的充气回路用来控制总的启动时间；气控二位三通阀 A301/2 用于中断启动，A301/2 受控后中断主机启动；气控二位三通阀 A301/3 用于三次重复启动失败的闭锁控制，A301/3 受控，终止启动，并使压力开关 A721/1 动作，发出启动失败报警。

由主启动逻辑控制回路可知，在遥控车钟从停车位置推到正车(或倒车)位置时，只要满足车令转向与凸轮轴位置一致的条件，8 管路上就会有 0.7MPa 压缩空气，这一气压信号，经 A406/2 向 A445/1 和 A445/2 充气，启动总启动时间计时，在总启动时间未到时，A301/3 的控制压力尚小于其动作压力，所以不受控，工作在右位。开始启动时 A445/3 内无压力，A301/2 不受控，工作在右位，A301/1 失控，工作于左位。于是 8 管路上的 0.7MPa 气压经 A301/1 左位，一路由 12 管路送到后继回路，在满足主启动控制逻辑其他各项条件下，使主启动阀开启，空气分配器投入工作，进行压缩空气启动；另一路经 A406/1、A436/2 向 A445/3 充气，启动启动计时。由于在充气过程中。A406/1 内的单向阀处于正向导通，无节流作用，所以充气速度的快慢主要取决于 A436/2 中的气阻大小，当 A445/3 充至阀 A301/2 的动作压力时，单次启动时间到达，A301/2 受控工作于左位。将 0.7MPa 的压气引到 A301/1 控制端，使 A301/1 受控工作于右位。切断 8 管路来的启动控制空气，并将 12 管路内压力释放大气，中断启动。与此同时，A445/3 内的压力经 A436/2，A406/1 放气，启动中断启动计时。由于放气时 A436/2 无节流作用，所以，放气速度主要取决于 A406/1 中的气阻大小。当 A445/3 内压力降到 A301/2 释放压力时，中断启动时间到，A301/2 重新失控，工作于右位，使 A301/1 失控，工作于左位，重新接通 8 管路的启动控制空气，进行第二次启动，第二次启动时间到达后，再次中断启动，依次循环直到第三次启动结束。这时，A445/1 和 A445/2 中的气压充到 A301/3 的动作压力，使 A301/3 受控工作于左位，接通 0.7MPa 的气压。它一方面使压力开关 A721/1 动作，发出三次重复启动失败报警，另一方面，无论 A301/2 是否受控，都使 A301/1 始终保持受控状态，使其工作于右位，而终止启动。此时，应把车钟手柄扳回到停车位置，将 8 管路内的启动控制空气泄放，使 A301/1、A301/3 失控，复位整个重复启动回路，然后关闭主启动阀，检查并排除故障。

应该指出，在启动成功后，上述重复启动回路，仍然在不断地工作，直至 A415/l 和 A445/2 充足气使 A301/3 受控。但是，因启动成功后，主启动控制回路中的启动转速鉴别电磁阀 M351/1 失控，已切断启动控制空气，所以不会影响主启动回路。另外，因主机转速大于发火切换转速，启动失败报警信号被封锁，所以不会发出启动失败报警。

6）制动

主机在某转向运行时，若将车钟手柄直接扳向相反转向，并同时按下应急操纵按钮，系统先进行能耗制动，接着进行强制制动。

若上述操作中不按应急操作按钮，系统只进行强制制动。下面介绍前一种操作的制动过程。

由于手柄经过停车位置，停油回路立即停油，因车令和转向不符，保持停油。又由于操作了应急按钮，当达到应急换向转速（比正常换向转速高很多）时 A373/1 有电。这时 M301/6 的控制空气被泄放，此时满足了换向条件便开始换向。当换向完成后，送出启动信号到 62 管路。这时由于转向仍为正车转向，与车令不符合，电磁阀 M351/2 有电，其输出信号一路作用 M301/5，使之工作于上位。又由于转速尚高于发火转速 M351/4 无电，所以 62 管空气信号不能经 M301/5 送入后面的启动回路中。M351/2 输出另有一路作用 M407/4，其输出信号到 M407/1 右端、由于已停油，M301/4 的控制端空气从 M331/1 泄放。又因为已换向完成，从气源来的气压信号经 M331/2，80 管路和 M301/4 到达 M407/1 左端，所以 M407/l 有信号输出。此信号经或门 M405/2、M379/1、M407/3、M074/1 和管 58 去分配器控制阀 M357/2，打开 M357/2，使空气分配器投入工作。但由于主机仍在正转，空气分配器打开气缸启动阀的时候，正是相应气缸的压缩冲程，这样就把其他冲程吸入气缸内的空气排出去，起着压缩机作用，消耗主机的惯性能量，从而起到能耗制动目的。

由于能耗制动作用，主机转速迅速下降。当低于发火转速时，M351/4 有电，从 62 管路来的启动信号经 M351/4 和 M301/5 上位，送出信号到启动回路。经过 8 管路、A301/1、12 管路、M301/2，绕过 M351/l，经 M301/1（转向与车令不符无控制信号，工作下位）、M379/2 到 M407/2。M407/2 的输出使 M357/1、M357/3 受控，从而使高压启动空气在每缸的压缩冲程进入气缸，进行强制制动。

当制动时间超过重复启动回路规定时间时，自动暂停制动。当中断时间到，又自动进行第二次制动. 一直可进行三次强制制动作。

如果，经过能耗制动又经过一、二次强制制动后，主机停转，则立即进行反向启动，如果成功，当启动转速大于发火转速时，自动停止启动过程。

该系统的强制制动转速为正常的发火转速（也可设定为换向转速），而能耗制动转速为应急换向转速。正常换向转速约 80 转/分，而应急换向转速约比正常换向转速高 50% ~100%。

7）转速控制

该系统采用 PG 型调速器，转速控制的大部分功能由调速器实现。下面仅介绍启动油量的设定、加速速率限制和负荷程序。

（1）启动油量的设定。启动油量的设定信号由 H128/2 调定。经 48 管路至 A301/7。停车时，A405/1 无输出信号，A301/7 控制端无信号，工作于左位。因此，由 H128/2 调定的启动油量信号经 A301/7 左位、A436/1 至转速控制回路，然后送至调速器。由于是停车车令，停油气缸 024 将主机停油，所以调速器的输出信号此时不起作用，只是将启动油量信号存贮起来。当主机启动后正车电磁阀 A351/2（或倒车电磁阀 A351/1）有电时，A405/1 有输出信号，停油气缸释放，可以供油。但 A301/7 也立即换位，工作于右位，将启动油量信号截止，把车钟转速设定信号送至调速器。因此，由 H128/2 设定的启动油量信号只是在供油开始的一瞬间起作用，然后立即由车钟转速设定信号所取代。实际上，此启动油量的设置主要是为了克服气动管路对信号传递的延时。若不设置启动油量，在停油气缸释放后，车钟转速信号不能立即送到调速器，使主机不能立即供油，造成主机启动困难。由于主机启动时转速很低，增压空气压力亦低，此压力限制了启动最大供油量。所以，即使车钟发出的转速设定信号较大，也可保证主机在启动阶段的供油量不致过大。

（2）加速速率限制和负荷程序。本系统的转速程序控制比较简单，主机的加速过程按三挡速度进行，主机设定转速小于 30% 额定转速时，转速控制回路没有设置限速环节。在 30% ~ 70% 额定转速范围内，主机按中等加速速率进行加速。当车令设定转速值高于 70% 额定转速时，主机按负荷程序进行慢加速。

车令转速设定信号由转速设定阀输出，经 30 管路、A301/7 右位、A436/1、15 管路、H453/2、15a 管路。M301/3 上位。（M369/1 处于自动位置时，M301/3 控制端有气）、64 管路至 PG 调速器。其中，比例阀 H453/2 输出的大小取决于控制端信号即气容 H438 内的压力大小。H128/1 是一个减压阀，它的输出值设定为 70% 额定转速所对应的气压信号。当输入信号低于该设定值时，其输出与输入相等；当输入信号高于该设定值时，其输出信号不变，保持在该设定值上。H406 是单向节流阀，主机加速过程进入负荷程序时，转速设定信号必须经过此阀。H455 是负荷程序速率选择阀。它有两个工作位置。H455 工作于右位时，H406 输出的信号直接经速放阀 H435 送至气容 H438。而 H455 工作于左位时，H406 输出的信号需经恒节流阀 58，再经 H435 送至 H438。因此负荷程序有快慢两挡，可供选择。快挡负荷程序一般设定为 25min 分钟完成，慢挡负荷程序一般设定为 55min 完成。

当主机设定转速信号小于 30% 额定转速所对应的信号时，分级延时阀 A436/1 不节流，减压阀 H128/1 不减压，H438 内的压力立即升高，H453/2 输出与控制端相等的信号立即送至调速器。主机设定转速在 30% ~70% 额定范围内。A436/1 节流、H128/1 不减压。调速器设定信号升高的速率完全取决于 A436/1 和 H438 这一阻容环节，可通过调节 A436/1 的气阻来改变。当主机设定转速超过 70% 额定转速时，A436/1 节流、H406 节流，H128/1 截止，调速器设定信号升高的速率取决于 A436/，H406 及 H438（负荷程序）。由于增加了单向节流阀 H406 使加速过程变得缓慢。当采用慢挡负荷程序时，还增加了恒节流孔 58，使加速过程变得更加缓慢。

当转速设定信号降低时，由于 A436/1 无节流作用，15 管路的气压信号迅速降低，通过比例阀 H453/2 作用于调速器，使主机转速很快下降，故本系统的减速无程序控制。

整个主机转速设定信号的加减速过程如图 3-2-2 所示。图中，a 为启动段，b 为加速段，c 或 c' 为负荷程序段，d 或 d' 为降速段，e 为应急加速段。

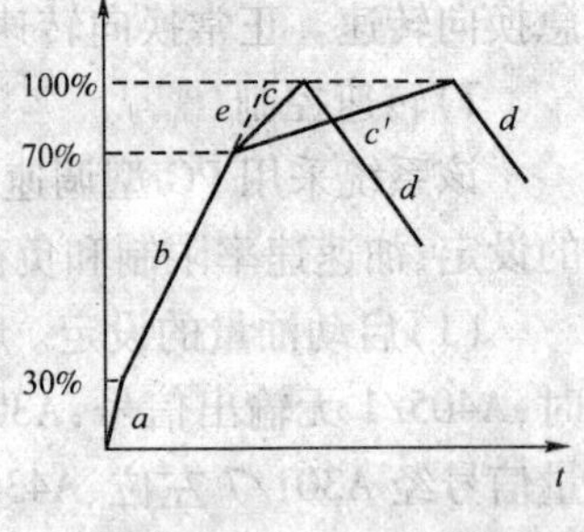

图 3-2-2

8）负荷限制

（1）增压空气压力限制。增压空气压力信号经 53 管路、H453/1、H335 下位、H301/2 上位、69 管路至 PG 调速器，由调速器中的增压空气压力限制环节来限制主机的供油量。

（2）最大转矩限制。该系统的最大转矩限制是采用间接限制方式，即通过限制增压空气压力的方式来限定最大转矩。最大转矩限制是由最大油量限制阀L105来设定。L105输出的气压信号经47管路、H301/3下位至比例阀H453/1控制端。当L105的设定值确定后，H453/1的最大输出信号就被限定了。当增压空气压力很高时，H453/1的输出只能等于L105的设定值。使调速器只能输出与L105设定值相应的最大油量，实现了最大转矩限制。

9）应急控制

为保证在紧急情况下对主机实施有效的操作，系统设置了"应急停车"和"应急操纵"按钮。

（1）应急停车。在紧急情况需立即停车或车钟操纵失灵时，按下"应急停车"按钮，此时不管车钟在什么位置，独立的应急停车电磁阀动作，导致主机喷油泵的开度立即回到零位，停止喷油。由于"应急停车"使主机在高转速下立即断油，主机转速迅速下降，而增压器却因其高速运转惯性转速下降较慢，于是增压器排出空气量多于主机需要量，使增压器背压增高，流量减少，引起增压器喘振。故"应急停车"只在非常必要时采用。复位"应急停车"前应将车钟手柄扳到"停车"位。

（2）应急启动。把车钟手柄由"停止"推向"正车"（或"倒车"）后，按下"应急操纵"按钮，主机将进行应急启动（重启动）。

应急启动时，H351有电，使H301/4工作于右位，而气电双控阀H335在低于发火切换转速且有应急操作指令时有电，工作于上位。这时，由H409/2事先调定好的气压信号经H301/4、H335、H301/2至PG调速器的增压空气信号接口。由于该气压信号较高，允许调速器向主机供给较多的启动油量，实现重启动。

（3）应急换向。把车钟手柄从全速正车（或倒车）立即扳到全速倒车（或正车）。同时按下"应急操纵"按钮，系统自动实现下列操作过程：

①调油杆027被推回零位，停止进油。主机惯性减速。

②待主机转速下降到应急换向转速时，A373/1带电，进行换向。

③换向完毕即进行能耗制动，使主机转速进一步下降。

④主机转速降至发火转速时进行强制制动。

⑤当转速下降到零时，开始反向启动。

以上过程的原理前面已有介绍，不再赘述。

（4）应急加速。把车钟手柄推向全速，按下"应急操纵"按钮，即可实现应急加速。

按下"应急操纵"按钮后，H351带电工作于左位，将控制气源引入，使H301/3和H301/1受控。H301/3受控工作于上位，把L105设定的信号切断，把由H409/1设定的较高信号送到H453/1的控制端，从而取消了轮机长的最大油量限制，H301/1受控工作于左位，把单向节流阀H406短路，取消了负荷程序，实现快加速。

（5）故障自动减速。主机在运行中，出现滑油低压、冷却水低压等异常工况时，向遥控系统发出信号，使减速电磁阀A373/2带电，将A301/6控制端接大气，使其复位。A301/6复位后，把41、42管路的启动信号放大气，使A351/1、A351/2无输出，导致A301/7复位，切除手柄调油信号。此时，虽A301/4也复位，但由于A301/6的切换，无法提供气源把停油气缸024的活塞推向停油位，故主机减速后维持最低稳定转速。

10）机旁操纵

当遥控系统发生故障时，可用手动机旁操作。在机旁操纵时，可通过机旁车钟或电话、声光等进行联系。在进行机旁操作前首先将机旁操纵部位选择阀 M369/1 扳到手动位置(工作于下位)。这时,M301/3 控制端和 37 管路信号放泄。M301/3 复位,将车钟调速信号 15a 切断,把手动设定阀 M105 信号接通,以准备用 M105 调速。37 管路泄放后,A301/5 控制端无信号而复位。这时由驾驶室车钟控制的正倒车控制阀送出的信号经 14 或 13 管路、"或门"阀 A405/2、A301/5、36 管路到 M369/1 将其锁在手动位置上。由于 37 管路无气压信号,A301/6 复位,则去遥控系统 A370/2、A370/1 和 A301/4 及三次启动环节的气源全部泄放,从而车钟不能进行控制主机,只能起着传车令的作用。

必须注意,在扳动转换阀 M369/1 之前,应利用 M105 调节手动设定信号,使双针指示表 086 的手动设定指针与车钟设定指针相一致,然后再转换 M369/1,这样在转换时不会引起车速的波动,实现无扰动切换。

在操纵部位转换后,利用调速阀 M105 调速,也可用手柄 027 调速。M105 调速是通过 M301/3 到调速器,由调速器控制车速,维持给定车速不变。手柄调速是直接控制油门,不调过调速器,是属于负荷调节,转速不能恒定而变动的。

换向是由机旁换向手柄操作,如扳到倒车位置时,M221 相当于 IV 位,换向完后自动到 I 位,这样就可进行启动操作。启动操作是利用 M379/2 的手柄,将该手柄打在启动位置(手动位置)时,工作在上位(由于换向完成后 M331/2 已复位,经它来的气压信号由管 80 到达 M379/2),此时 M379/2 就有输出。一路经 M405/2、M379/1 等到达空气分配器控制阀,一路到主启动阀,进行启动。启动成功后,立即放开 M379/2 手柄,它自动复位,切断空气,停止启动过程。

欲进行制动时,首先将手柄扳到零位(停油),当主机转速低于应急换向转速时进行换向操作(通过手动换向手柄),换向动作完成后,从气源来的信号经 M331/2 到 M379/2 和 M301/4。由于已停油,M301/4 的控制信号从 M331/1 放泄。所以达到 M301/4 的信号就经过它到 M379/1。如果需进行能耗制动操作,把 M379/1 手柄驳到手动制动位置(工作于上位)就开始能耗制动,其过程同前。当需强制制动时,把 M379/2 手柄驳在手动位置(工作于上位)就开始强制制动过程。制动的操作应是断续地进行。手操制动阀 M379/1 和手操启动阀 M379/2 是由气压信号锁在自动位置上,手动时打到手动位置,松手时,自动回复到自动位置。

机旁启动,也可以利用 M380 进行启动。在启动前先把 M074/1 和 M074/2 的手柄扳到手动位置,则它们就工作在下位,这时按下 M380 按钮,气源气压信号便从 M380 通过,经 M074/1 和 M074/2 去到主启动阀和空气分配器,进行启动,成功后松开按钮,自动复位切断空气,停止启动过程。

系统中还设有人工手动换向设备,它是利用长柄"扳手"扳动凸轮轴换向,此时必须把 M357/4 的手柄压下,让空气通过,去顶升机构将进排气阀等挺动机构抬起来,方能扳动凸轮轴换向。

11)模拟试验

遥控系统模拟试验的基本概念在前面已经讲过,下面介绍本遥控系统的模拟试验装置。

图 3-2-3a)为模拟指示板,其中,1 为模拟试验开关。它有两个位置,I 为模拟试验位置,II 为正常工作位置。2 为模拟转速旋钮,3 为转向转速表,4 和 5 分别是代表凸轮轴在正车位置和倒车位置的指示灯。6 表示启动状态指示灯,其检测开关装在 M301/1 的输出管路上。8 为停油指示灯,其检测开关装在燃油调节杆 027 上。9 为转向不符车令指示灯,其检测开关装在 M301/1 的控制端管路 43 上。图 3-2-3b)为模拟电路原理图。AH、AS、RV 和 IG 分别是正车、

倒车、换向转速和发火切换转速的检测器，并直接控制电磁阀 A351/2、A351/1、A373/1 和 M351/1 的通断电。B 为变压器，A 为整流稳压电路，T 为测速发电机，S_1 为启动空气截止阀位置开关。

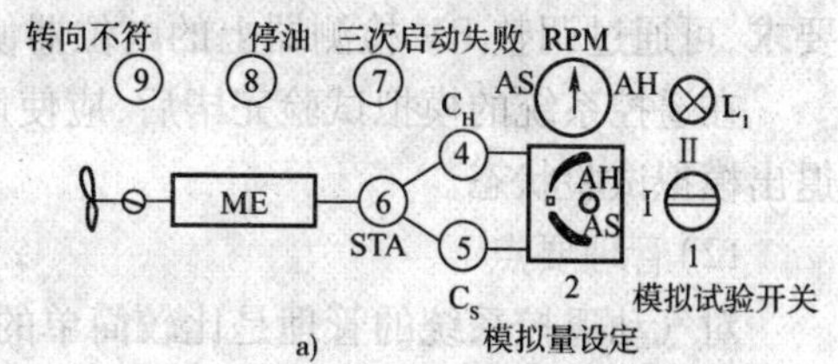

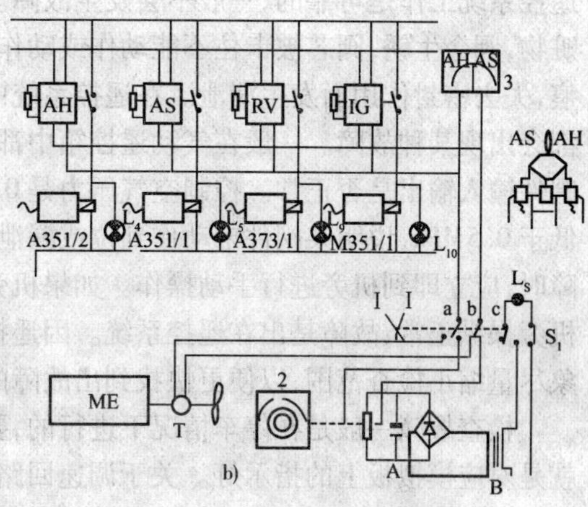

图 3-2-3 模拟试验板及模拟电路原理图

本系统的模拟试验只能在停车情况下进行。在进行模拟试验之前，首先要关闭主启动阀前空气管路上的截止阀，3MPa 的启动空气切断后。其检测开关 S_1 闭合。但 0.7MPa 的控制气源和换向用的 3MPa 气源必须接通。然后启动滑油泵，建立滑油压力，这样安全保护装置就不会动作，确保模拟试验能顺利进行。在完成上述准备工作之后，可用专用钥匙将模拟开关转到模拟试验位置。这样，模拟指示灯 L_S 亮，同时测速发电机的输出信号被切断，而把模拟电位器发出的电位信号送到遥控系统，转动模拟转速旋钮可产生正、倒车模拟转速信号。通过车钟手柄和模拟转速旋钮的配合动作，可使遥控系统产生一系列动作从而达到检查、调整等目的。下面具体说明几种功能模拟试验方法。

(1)换向与启动功能检查。当主机凸轮轴在倒车位置时，指示灯 5 亮，把车钟手柄扳到正车位置，模拟转速旋钮可保持在零位。由于车令与凸轮轴位置不符，主机要进行换向操作，指示灯 5 灭。若在规定的时间内指示灯 4 亮，表明主机凸轮轴已从倒车位置变换为正车位置；若在规定时间内指示灯 4 没有亮，说明换向控制回路有故障。换向完成后. 主机进入启动过程，启动指示灯 6 亮。因模拟转速设定为零，因此，持续启动 3s 后，指示灯 6 自动熄灭，表示第一次启动失败。在中断启动 3s 后，指示灯 6 再次亮，表示进入第二次启动。直到指示灯 6 第三次熄灭后，三次启动失败指示灯 7 亮，终止了启动过程，同时发出启动失败报警。将车钟手柄扳回到停车位置，指示灯 7 熄灭，表示三次启动失败信号被复位。若要模拟启动成功，可在指示灯 6 发亮的 3s 内，把模拟转速调到发火切换转速值以上，就会出现指示灯 6 立即熄灭，终止启动。

(2)发火切换转速的测试与调整。先把模拟转速旋钮转至零位，再把车钟手柄扳到正车或倒车位置，当启动指示灯 6 发亮时，立即将模拟转速旋钮逐渐向增速方向转动，当指示灯 6 熄灭时(电磁阀 M 351/1 断电，阀 M301/1 无输出信号)转速表上的读数即为发火切换转速。用模拟转速旋钮逐渐增加模拟转速的操作过程必须在 3s 内完成；否则，指示灯 6 会因启动失败自动熄灭，转速表上的转速值就不是发火切换转速值。

发火切换转速不符合要求时，需调整 IG 检测器上的电位器。调整后再对发火切换转速进行测试。需经过多次的调整、测试才能符合要求。

(3)换向转速的测试和调整。当主机凸轮轴处于正车位置时，先把模拟转速旋钮 2 转至较高的正车转速上，再把车钟手柄扳到倒车位置，则停油指示灯 8 及车令与转向不符指示灯 9 立即发亮。然后慢慢地旋转模拟转速旋钮，使模拟转速值逐渐降低。当凸轮轴正车位置指示灯 4 熄灭(相当于电磁阀 A373/1 通电)时，转速表上的读数就是换向转速。若换向转速不符合要求,可通过调整 RV 检测器上的电位器使换向转速符合要求。

在遥控系统的模拟试验完毕后,应使用专用钥匙,将模拟开关转到正常工作位置,使系统退出模拟试验状态。

12)管理要点

对气动遥控系统的管理是比较简单的,只要把气源管好,使控制空气无尘、无水、无赃物,遥控系统工作是可靠的,一般不会发生故障。但是,如果气源处理不当,使控制空气中有水和赃物,阀会生锈,阀芯被卡住不能动作或动作不到位、阀中密封圈会过早老化或产生严重的擦痕,失去密封作用而发生漏泄。在遥控系统中,只要有一个气动阀件出现这种情况,遥控系统都会出现某种故障。一般在气动遥控箱中都有一块配好管接头的压力表,用于检查各种气动阀件输入输出是否正常。控制空气压力是 0.7MPa,一般高于 0.55MPa 遥控系统能正常工作,低于 0.5MPa,说明某阀件未动作到位或漏泄严重,遥控系统可能出现故障。遥控系统出现故障时,应立即到机旁进行手动操作。如果机旁也不能操纵主机,则故障是出在执行机构上;若机旁操纵正常,故障是出在遥控系统。因遥控系统阀件很多,不可能一一检查,应根据故障现象尽量缩小检查范围,以便更快找到出故障的阀件。

检查故障一般是在停车情况下进行的,要充分利用遥控模拟板与之配合,图中指示灯号数就是对应模拟板上的指示灯。关于调速回路的故障诊断也可建立类似的流程图,请读者试画之,这里做一些简单的说明。

启动时不能供油。其故障现象是,主机能达到发火转速,撤销启动信号后,转速会下降至零,听不到主机发火声音,其故障原因可能有:一是,油门零位连锁未解除,管 27 保持 1 信号。要检测阀 A407/1 输出是否高于 0.55MPa,若高于 0.55MPa,则故障出在阀 A301/4,它卡在了右位;若低于 0.5MPa,则要检测阀 A407/1 两个输入端,哪一端压力太低,故障就出在哪一路。二是,调速器中增压空气压力限油环节的针阀预先调节的开度太小,或螺钉与反馈杆之间间隙调整太小。这种现象在调速器修复或重新调整后可能发生。三是,调速器上的停车电磁阀通电。这可能是因上次故障停车没有按停车复位按钮所致。

启动成功后不能进行启动油量和运行油量的切换。其故障现象是主机不能加速。其可能原因是阀 A301/7 卡在左位。

在运行期间加速较困难且主机转速有波动。可能原因是管 64 与调速器接头之间漏气,或者燃油系统有故樟,经检查,如果这些情况完好,故障就可能出在调速器本身,需拆到试验台进行修复和重新调试,并拖出调速器的特性曲线。

3. MAN—B&W—S—MC/MCE 型气动主机遥控系统

MAN—B&W—S—MC/MCE 型主机气动操纵系统的气路图如图 3-2-4 所示,其主要控制元部件分布在集控室操纵台、机旁和专门的气动控制箱内。系统提供了对主机进行机旁手动操纵和集控室手动遥控的功能,再配上自动遥控装置,则可以实现驾驶室自动遥控。还有喷油定时的自动调节和慢转启动等控制功能。

该系统要求提供 3.0 MPa(30bar)动力气源,还要求提供两个相互独立的 0.7 MPa(7bar)气源,分别用于主机操纵和安全保护。

图 3-2-4 所描述的当前工况为:主机处于停车状态;凸轮机构的滚轮处于正车位置;已具备电源和气源条件;调速器连接油门拉杆的供油离合器处于“遥控”位置;机旁操纵台的“遥控/机旁”转换阀 100 处于“遥控”位置,已具备集控室操纵工作条件;盘车机已脱开;至空气分配器的气路已打开。

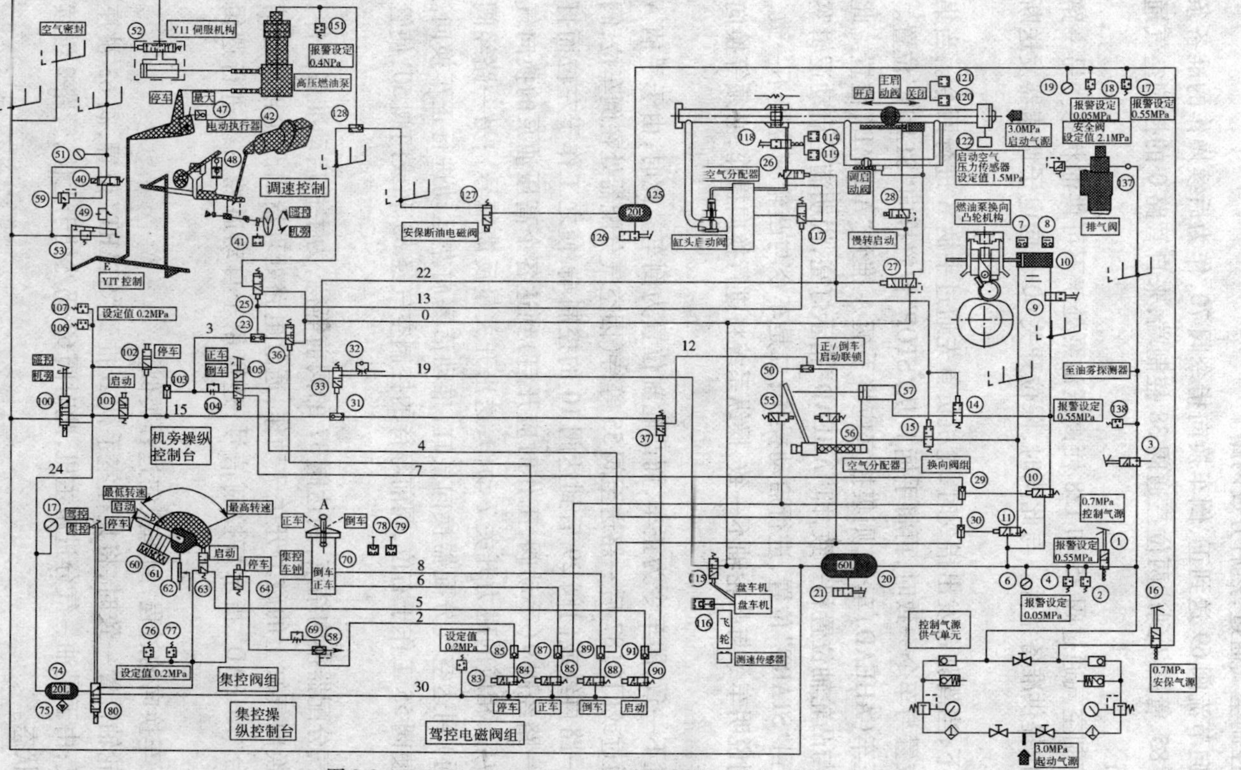

图 3-2-4　MAN-B&W-S-MC/MCE 主机操纵系统气路原理图

01-手控二位三通球阀;02-压力开关;03-手控二位三通球阀;04-压力开关;06-压力表;07-电磁开关;08-电磁开关;09-手控二位三通球阀;10-二位三通阀;11-二位三通阀;13-燃油泵换向气缸;14-二位三通阀;15-二位三通阀;16-手控二位三通球阀;17-压力开关;18-压力开关;19-压力表;20-储气瓶;21-手控二位二通球阀;23-双向止回阀(或门阀);25-二位三通阀;26-二位三通阀;27-二位五通阀;28-二位三通电磁阀;29-双向止回阀(或门阀);30-双向止回阀(或门阀);31-双向止回阀(或门阀);32-节流止回阀;33-二位三通阀;37-二位三通阀;38-二位三通阀;40-二位三通阀电磁阀;41-位置开关;42-调速器的电动执行机构;47-开关;48-开关;49-节流止回阀;50-双向止回阀;51-压力表;52-VIT 伺服机构;53-VIT 调节阀;55-二位三通阀;56-二位三通阀;57-空气分配器换向气缸;58-速放阀;59-精密减压阀;60-开关;61-开关;62-集控室转速设定电位器;63-集控室启动阀;64-集控室停车阀;69-节流止回阀;70-集控室车钟;73-压力表;74-储气瓶 20L;75-泄放阀;76-压力开关;77-压力开关;78-开关;79-开关;80-二位五通阀;83-压力开关;84-二位三通电磁阀;85-双向止回阀;86-二位三通电磁阀;87-双向止回阀;88-二位三通电磁阀;89-双向止回阀;90-二位三通电磁阀;91-双向止回阀;100-二位五通阀;101-手动二位三通阀;102-手动二位三通阀;103-双向止回阀;104-节流止回阀;105-手动二位五通阀;106-压力开关;107-压力开关;114-开关;115-二位三通阀;116-开关;117-二位三通阀;118-截止阀;119-开关;120-开关;121-开关;122-启动空气压力传感器;125-储气瓶 20L;126-球阀;127-二位三通电磁阀;128-双向止回阀;137-止回阀;148-三位四通阀;149-空气缸;251-试验阀;253-试验阀;257-压力开关;258-压力开关;265-二位三通电磁阀;266-双向止回阀;267-压力开关;270-开关;271-二位三通电磁阀;281-节流止回阀;288-开关;298-开关;301-节流板;727-二位三通电磁阀;728-球阀;729-带有滤器的控制阀

1)集控室操纵

下面以停车、换向、启动和运行中换向启动三种情况为例说明对主机进行集控室手动遥控的操作和气动操纵系统的动作原理。

(1)停车。驾驶室车钟给出“STOP”指令,集控室的操作手柄A和B都处于“STOP”位置,阀64被压下,工作于上位,控制空气通过,然后分成两路。

一路经速放阀58和单向节流阀69送到正、倒车换向指令阀70,作为后续操作的准备条件;另一路经管路2、或门阀85、管路7到达两位三通阀38控制端,来自管路0的控制空气通过阀38和23后再分成两路。

一路使阀25下位通,控制空气通过阀25和128使高压油泵处于不可供油状态。另一路使阀117下位通,为启动操作提供准备条件。与此同时,限位开关60也向电子调速器发送断油停车信号,确保可靠停油。

(2)换向。在停车状态下,当驾驶台发出指令时,轮机员首先通过手柄A进行回令。当集控台指示灯指示的凸轮轴位置与车令一致时,再将手柄B从“STOP”位置推向“START”位置。

假设驾驶台发出的是正车(AHEAD)车令,则集控室应将手柄A推到“AHEAD”位置。此时存在两种情况:一是车令与凸轮轴位置相一致,即“AHEAD”指示灯亮,说明满足启动逻辑鉴别条件,可直接将手柄B推到“START”位置,进行启动操作;二是车令与凸轮轴位置不一致,即“AHEAD”指示灯不亮,则说明车令与凸轮轴不一致,操纵系统将进行换向操作,必须等换向结束之后才能进行启动操作。

假设车令与凸轮轴位置不一致,即车令为正车,而凸轮轴位置为倒车。此时,由于手柄A在正车位置,管路6有气,通过或门阀87后一路送至阀55等待(因空气分配器处在倒车位,阀55工作于左位而截止),另一路再经或门阀29后到达阀10的控制端,使之工作于左位而打开。气源经过阀10左位后一路经阀9(手动阀,工作时应开启)到达各个高压油泵的换向气缸,进行正车换向(换向到位后,相应的磁力开关7动作,送出开关量反馈信号);另一路经阀14(此时控制端无气,下位通)到达空气分配器换向气缸,推动活塞向左运动进行正车换向。换向到位后,通过机械动作使阀55工作于右位,阀前等待的控制空气经55和或门阀50,使管路12有气。

管路12有气标志着空气分配器换向结束,到达阀37的阀前等待,为主机启动准备条件。高压油泵换向结束后,各个换向气缸上的磁力开关7动作,通过电路处理给出凸轮轴位置信号。这一信号可用于集控台“AHEAD”指示灯控制信号,还可用于自动遥控系统进行逻辑判断。

以上为操纵系统进行正车换向的过程,倒车换向过程类似。

(3)启动。当车令与凸轮轴位置一致时,将集控室手柄B推到“START”位置,阀63被压下,工作于上位,管路5有气;由于是油-气分进型主机,此时阀63仍然处于上位,管路2继续有气,系统仍处于停止供油状态。

管路5的控制空气,经或门阀91到达阀37的控制端,使其下位通,阀前等待的气源经过阀37、或门阀31使阀33下位通。只要盘车机是脱开的,阀115上位通,管路19有气,控制空气就将通过阀33下位使管路22有气。管路22的控制空气将产生以下逻辑动作:

①使阀14、15均工作在上位,空气分配器的位置被锁定;

②使阀26工作在右位,为空气分配器投入工作准备条件;

③使阀27工作在左位,阀前等待的气源经过阀27左位到达阀28和辅启动阀,使辅启动

阀打开。阀 28 为慢转电磁阀,没有慢转指令时工作于右位,控制空气得以通过,使主启动阀也打开。3.0 MPa 动力空气立即进入启动空气总管,一方面到达各缸气缸启动阀,另一方面经过手动阀 118 和阀 26 的右位,然后分成两路:一路进入空气分配器,另一路经阀 117 下位(停油时工作于下位)使空气分配器投入工作,指挥各个气缸启动阀按照正车的顺序开启,使主机进行正车启动。

若有慢转指令,则慢转电磁阀 28 得电,工作于左位,启动时只有辅启动阀打开,使主机慢转。当主机慢转 1 ~2 转后,取消慢转指令,电磁阀 28 失电,打开主启动阀,转入正常启动。

当主机转速已经达到启动转速时,将操纵手柄 B 从“START”推向“FUEL RANGE”区域,这时阀 63、64 都复位到下位通,电位器 62 输出转速设定电压信号。

阀 64 的复位使管路 2 的停车指令立即消失,阀 38 就复位到上位通,于是就有:

①阀 25 复位到上位通,各缸高压喷油泵停车气缸内的压缩空气通过阀 25 泄放,进入工作状态;

②阀 117 复位到上位通,空气分配器停止工作。

管路 6 要经单向节流阀 69 进行延时泄放,有利于各缸高压油泵换向成功。

阀 63 的复位使管路 5 立即失压,阀 37 和 33 先后都复位到上位通,管路 22 上的控制空气将通过阀 33 上位和单向节流阀 32 延时泄放。阀 32 的节流作用是使进气过程延时结束以获得约 1 秒钟的油一气重叠的时间,保障主机启动的成功率。

启动供油阶段结束以后,主机操纵手柄 B 下面的电位器 62 输出转速设定信号送至电子调速器,调速器通过电动执行器控制主机高压油泵齿条调节油量,进入正常运行阶段。

2)驾驶台遥控

主机气动操纵系统均设置有与驾驶台自动遥控系统进行接口的气路。只要在集控室操纵状态下,将操纵台上的“驾控/集控”转换阀 80 置于“驾控”位置,则阀 80 工作于下位,接通停车电磁阀 84、正车电磁阀 86、倒车电磁阀 88 和启动电磁阀 90 的工作气源;同时,切断集控室主机操纵台气源,手柄 A 和手柄 B 均失去对气路的控制功能。

或门阀 85、87、89 和 91 的两个输入端分别接收来自集控操纵台和各个电磁阀的输出信号。在驾控时,自动遥控系统根据车令和主机状况进行逻辑判断,通过电信号指挥各个电磁阀动作。电磁阀的输出代替来自集控室命令,实现对主机的各种操纵,其工作过程与集控室操纵相同。

根据需要,可以选配不同的自动遥控系统,自动功能因不同的产品有所不同,但一般都具有重复启动、重启动、一次性限时启动、正常换向操纵和应急换向操纵等逻辑功能,同时还可以对换向、启动失败等情况进行监视,发生故障时将给出声、光报警信号。此外,在转速和负荷控制方面,一般还有最低稳定转速限制、最高转速限制、临界转速自动回避、加速速率限制以及程序负荷等功能。

3)机旁应急操纵

任何主机的气动操纵系统都必须具备机旁应急操纵功能,以便在遥控系统发生故障或在某些必要情况下能够在机旁对主机进行操纵。

进行机旁操纵时,首先要进行操作部位的切换。一是把机旁操纵台上的切换阀 100 置于“机旁”(LOCAL)位置;二是把调速供油离合器转换到“机旁”(LOCAL)位置。

切换阀 100 置于“机旁”(LOCAL)位置后,机旁操纵台气源接通(压力开关 106 和 107 动作,送出相应的开关量信号),可通过机旁手动阀对主机进行应急操纵;管路 24 的气源被切断，不论是集控室还是驾驶台都无法对主机进行遥控。

机旁操作指令由停车手动阀(102)、正/倒车换向阀(105)和启动阀(101)发出，并分别通过或门阀 23、29、30 和 31 来自集控室或驾驶台的遥控指令操作。由于遥控气路不工作，以上或门阀的输出只能来自机旁。

(1)停车。按下阀 102，使其上位通，该指令控制空气在进入气动控制箱以后，经管路 3 到或门阀 23，其后动作与遥控操作相同。

(2)换向。正车换向时，将阀 105 置于正车位置，管路 7 有气，管路 4 放气，或门阀 29 的输出有气，进行正车换向；倒车时，管路 4 有气，管路 7 放气，或门阀 30 的输出有气，进行倒车换向。在机旁手操时，换向连锁应由操作员自行判定。

(3)启动。操作按下启动阀 101，使其上位通，输出有气并分成三路。其中，一路使阀 102 复位；一路管路 15 和或门 31 送至阀 33 的控制端，进行启动操作；一路经过管路 3 和或门 23，在启动过程中保持停油。启动成功后，松开启动阀，停止启动。

在机旁控制气路中，单向节流阀 104 的作用和单向节流阀 69 的作用相同。

(4)供油调速。机旁手动操纵的供油调速是通过操纵手轮经传动杠杆、离合器和调油轴等直接控制高压油泵实现的，因此，在机旁给出的不是转速设定信号，而是油量信号。此时调速器不起作用。

4)安保断油

在气动控制箱内设置了由安全保护系统控制的断油停车电磁阀 127，一旦出现主轴承滑油低压、推力轴承高温、凸轮轴滑油低压、废气锅炉气压太高、超速等紧急情况，或有应急停车指令时，电磁阀 127 得电，下位通。安保控制空气将通过阀 127 和或门阀 128 送至高压油泵停油气缸，实现安全保护断油停车操作。

5)喷油定时自动调节(VIT 机构)

VIT 机构的实质是在主机负荷变化时，能够自动调整高压油泵的喷油提前角，使主机在部分负荷时有较高的爆压，而在高负荷运行时最高燃烧压力不超过额定值，以达到节能和保障主机性能的双重效果。

在 MAN－B&W－S－MC/MCE 主机的气动遥控系统中，喷油定时自动调节是根据主机负荷变化有规律地使喷油提前或后移的一种设计，实验证明这种设计可以提高爆压，尤其是在高负荷区内可以使主机在最佳燃爆的状态下，降低油耗。

6)管理要点

在气动遥控系统中，信号的传递都是以压缩空气作为工作介质。遥控气源的压力必须正常，一般为 0.7 MPa；操作空气要求无尘、无水、无赃物；为了使某些运动部件得到润滑，操作空气最好经过滑油雾化处理。

为了使气动遥控元件发挥其应有的效能，轮机人员必须重视气动遥控元件的定期检查保养工作。建议按以下周期进行维护、检查和调校工作。

(1)1 至 7 天对滤器、气瓶定期排放污水，并注意查看有关的液位情况。

(2)半年至 1 年更新空气过滤器中的过滤元件，对遥控气路认真进行漏气检查。

(3)每 2 年对强度在 3 MPa 以下的气动元件，如气缸等执行机构，进行维护检查。

(4)每 4 年对强度在 1 MPa 以下的气动元件，即大多数气动阀件，进行维护检查。

(5)4～8 年对密封垫片之类的橡胶制品，即使没有表面破损等情况也必须予以更新。

(6)原则上经过 8 年长期使用之后的 1 MPa 以下的气动元件都要求更新，以确保工作的安全和可靠。

在进行维护检查的时候，对金属零件应用清洗油清洗，对橡胶制品则应用肥皂水清洗。发现破损、老化等情况必须予以更换。在安装时，要用低压压缩空气吹净并给予必要的润滑。

7）故障排除

如果遥控系统工作不正常，只要对遥控气路有充分的理解，一般不难查出故障并予以排除。若仍然感到有困难，则可根据具体故障现象按遥控系统的功能进行专项检查，从而进行排除。在进行专项检查之前，首先应着手以下项目的检查。

（1）核对遥控系统高、低压气源的压力是否正常。

（2）检查管路上是否有泄漏情况。

（3）检查应急停车等应急操纵是否已被撤销。

三、实训环节

实训一　主机备车与启动

掌握正常备车的步骤及要领；掌握驾、机联系制度，完成主、辅车钟联系，对时、对车钟和对舵等项目；

通过手动或自动操作和调节，使机器设备和系统处于安全运行状态；独立完成训练项目内的全部内容，操作顺序正确，动作准确无误；

通过训练达到在规定的时间内完成训练项目，不得出现任何警报或因操作引起的故障。

1.初始状态设置

本实训必须在轮机模拟器实训中心进行。

正常启动轮机模拟器，让模拟器处于以下状态：

（1）No1 发电机在供电，发电系统在“自动模式”工作，停港海、淡水泵在运行。

（2）为主机服务的燃油和滑油系统“常开的阀”均处在开启位置。

（3）膨胀水箱水位在正常状态。

（4）燃油辅锅炉在运行。

（5）主空气瓶压力为 2.0MPa，控制空气瓶压力为 0.7MPa。

2.实训内容及步骤

1）在集控室完成与驾驶台的联系

校对时钟（电话联系）；校对舵机（电话联系）；校对车钟：

校对“辅车钟”；然后在“机旁”与驾驶台校对“应急车钟”。

2）先在机旁完成下列操作

（1）在“CRT”上检查主、副气瓶和控制气瓶压力，启动主空压机补气，当压力大于 2.5MPa 时，开启“启动空气”和“控制空气”管路上的有关阀门，并观察各处压力表数值。

（2）检查辅锅炉运行状态，检查其油柜和水柜的情况。

（3）检查主、发电机燃油日用油柜油位，并对“FO”油柜加温，油温达 80～85℃。

（4）检查主机滑油循环柜和气缸油油位，开启有关油阀。

（5）开启主机暖机系统的蒸汽阀和预热泵进口阀。

（6）将主、发电机燃油油品均选择 DO。

（7）将发电机滑油预供油泵置“自动”位置。

3)在集控室完成下列操作

在配电板上完成泵的操作并置自动:

(1)启动No1主机滑油泵,检查滑油压力:0.24~0.28MPa。

(2)启动No1"凸轮轴滑油增压泵",检查压力0.33~0.35MPa。

(3)启动"主机缸套淡水预热泵",对主机进行暖机,当温度达70~75℃时自动停止加温,可以换泵。

(4)启动No1主机缸套冷却水泵:缸套冷却水压力为0.25~0.35 MPa温度为70~75℃;

(5)检查活塞冷却回油量(图解板上"TO M/E L.O. CIRC TANK"灯亮)。

(6)启动No1中央冷却水泵和No1主海水泵,关闭停港海、淡水泵。

(7)启动No1主机燃油供给泵和No1主机燃油循环泵。

主机燃油供给泵压力:0.45~0.5MPa

主机燃油循环泵压力:0.78~0.8MPa

(8)遥控启动No2发电机,手动并入电网,然后将发电机系统置"自动模式"运行。

在集控台。

(9)检查主机遥控系统状态是否正常。

(10)电话通知驾驶台:请求"主机盘车、冲车和试车"。

①轮机员在集控台按下副车钟上的"备车(STAND BY)"带灯按钮,带灯按钮闪光;

②驾驶员在驾驶室按下副车钟上的"备车(STAND BY)"带灯按钮应答,带灯按钮转为平光;

(11)在集控台上将"辅助鼓风机操作方式"置"自动"。

4)再到机旁完成盘车、冲车和试车(注意车钟联系)

(1)确认示功阀处于开启状态,合上盘车机,对主机进行盘车。(口述)

(2)盘车后脱开盘车机进行冲车,冲车后关闭示功阀(也可转到集控室,在集控台上通过冲车按钮进行冲车)。(口述)

(3)将换向旋钮转正车,正车启动达"DEAD SLOW":32RPM;将换向旋钮转到倒车,倒车启动"DEAD SLOW"32 RPM,进行试车,并观察辅助鼓风机运行指示灯的状态变化。

(4)试车完毕将车钟放在"停车"位置。

(5)将操纵地点由"机旁"转到"遥控"。

5)再回到集控室操作

(1)在集控室按下"BC(Bridge Control驾驶台控制)"带灯按钮。

(2)驾驶员在驾驶台按下"BC"带灯按钮进行应答,驾驶台和集控室两处的蜂鸣器停响、"BC"带灯按钮由闪光转为平光。

(3)然后将"集控台"上的"REMOTE CONTROL/C. R. CONTROL"转换开关转至"REMOTE CONTROL"位置。

(4)在驾驶台启动主机,按机动用车操作,正车:SLOW 52 RPM;在集控台上观察转速、车钟、负荷指示及主机遥控流程图等显示状态。

实训二 主推进装置的运行管理

掌握推进装置运行管理的基本原则;对"CRT"上显示的主机参数和示功图能进行判断和分析;

掌握冷却水系统的组成及各设备之间的关系，调整主推进动力装置的各种参数，使主机始终处于安全运行工况之中；

独立完成训练项目内的全部内容，操作顺序及动作准确无误；

对推进装置运行中的各种参数变化趋势判断要正确，调节要恰当，工况正常；

在规定的时间内完成训练项目，不得出现任何警报或因操作引起的故障。

1. 初始状态设置

本实训必须在轮机模拟器实训中心进行。

正常启动轮机模拟器，让模拟器处于以下状态：

(1) No. 1 发电机供电，发电机系统在"自动模式"下运行。

(2) 各油柜的油位均在正常状态；主机"HFO"日用油柜在加温。

(3) 辅锅炉在安全运行。

(4) 主机备车已结束，车钟在停车位置，操纵地点在集控室。

2. 实训内容及步骤

(1) 检查主、发电机膨胀水箱水位。

(2) 在集控室启动主机（教员在驾驶台配合车钟操作），按港内机动车速：

正车：HALF：50 RPM。

(3) 出港定速航行：加速到正车：NAVIGATION FULL：94 RPM。

①在加速过程中，先将车钟手柄推至 HALF，通过主机转速表观察主机转速的变化情况；

②再将车钟手柄推至海上全速，观察主机转速的变化。

(4) 在锅炉控制箱上将辅锅炉由燃油工作状态转换为废气工作状态，燃油系统停止供油，注意热水井和锅炉水位。

(5) 检查空压机机旁启动控制箱"控制方式"是否处于"AUTO"状态。

(6) 在集控台"黏度调节装置"上设置使用"HFO"的各参数：

调整"HFO"黏度为 12mm/s，温度为 130℃；

对主机日用重油柜加温，当油温达到 80℃～85℃时自动停止加温。在图解板上将主机日用油柜"HFO"和"MDO"选择开关置于"AUTO"，再到集控台"黏度调节装置"上通过选择"VISCO CONTROL"或"TEMP CONTROL"，主机自动完成换油操作，该用"HFO"，观察"CRT"上燃油系统各参数变化，在教练员机可调主机燃油温度曲线查看变化规律；

(7) 集控台"CRT"上调节中央冷却水温度为 26℃，并观察中央冷却水系统调节阀开度 V 变化及其他各参数的变化。

(8) 在"CRT"上观察主机运行参数；并对示功图进行分析，判断故障原因。

3. 注意事项

(1) 注意检查主机滑油进机压力、出机温度及主机排温等重要参数，出现异常后应及时处理。

(2) 应尽量避免主机长期超负荷运转，防止气缸和活塞过热。

(3) 在大风浪航行时，应注意主机各参数，不可盲目加车以追求航速。

(4) 辅锅炉在进行工作状态转换时，如不换用"MDO"是不得转换的。

实训三　主机遥控系统的运行及管理

掌握主机遥控系统的基本原理和操作要领；掌握主机遥控系统、安全系统及主机调速、执行部分的工作逻辑与顺序；通过手动或自动操作与调节，使主机遥控系统、安全系统及主机的调速、执行系统达到安全运行状态。独立完成训练项目内的全部内容，操作顺序正确，动作准确无误；在规定的时间内完成训练项目，不得出现任何警报或因操作引起的故障。

1. 初始状态设置

本实训必须在轮机模拟器实训中心进行。

正常启动轮机模拟器，让模拟器处于以下状态：

(1)一台柴油发电机供电，发电系统在“全自动模式”状态工作。

(2)主机已完成备车程序，车钟应在停车位置。

2. 实训内容及步骤

1)检查柴油发电机控制地点

确认柴油发电机机旁启动控制箱“Local/remote(工作模式选择)”是在“remote”位置；

2)观察集控台上主机遥控系统的状态并启动主机

检查主机操作地点并启动主机：

(1)将主机机旁操纵台上的操纵地点转到“REMOTE(遥控)”位置。

(2)在集控台按下“备车”按钮，驾驶台应答。

(3)在集控台上：遥控启动主机(教员在驾驶台配合车钟)，按机动航行状态将车速控制在正车：SLOW：52 RPM；

3)轮机长手动转速限制

(1)设定转速限制：通过集控台主机遥控面板上的“轮机长转速设定”按钮，将最高转速限制值设置在额定转速的 94 RPM。

(2)观察结果：将车钟手柄推至海上全速，通过主机转速表观察主机转速的变化情况，此时主机转速因其受设定值的限制，虽然全速油门，但实际只有额定转速的 90%。

(3)改变设定：将最大转速限制值改为额定转速，然后将车令手柄推至海上全速，通过主机转速表观察主机转速是否还受“90% 额定转速”的限制，可达 104 RPM。再将车速降到正车：SLOW 52 RPM。

(4)设置取消转速限制：将集控台上“NORMAL/CANCEL LIMITS”旋钮置于“CANCEL LIMITS”，然后将车钟手柄推至海上全速，通过主机转速表观察主机转速的变化，看其是否受轮机长手动转速设定 94 RPM 的限制，实际转速可达到 104 RPM。将车速再降到正车：SLOW 52 RPM。将“取消限制”按钮复位；

4)加速

按海上航行状态加速到正车：NAVIGATION FULL 94 RPM，在加速过程中观察主机遥控系统按“负荷程序”工作时指示灯的变化，同时也观察主机转速的变化。

5)无扰动切换(集控室切换到驾驶台)

(1)用副车钟与驾驶台联系：要求转换操纵地点。

(2)驾驶台应答后，观察集控台上的“主车钟车令双针指示”，显示驾驶台和集控室两处的车令、转速、方向和大小是否一致，一致后将集控台操纵地点选择开关“REMOTE CONTROL/C. R. CONTROL”转到“REMOTE CONTROL”位置；进行无扰动切换；观察主机转速表的指示有否变化。

(3)再按相反程序由驾驶台到集控室进行无扰动切换——将操纵地点转到“C. R. CONTROL”位置，然后停车。

6）主机遥控系统中的启动逻辑控制—集控室（根据驾驶台车钟指令操作）

（1）在主机遥控系统面板上选“15”，确定启动转速，然后观察主机转速。

（2）启动主机：由教员设置故障：制造启动失败、启动条件不满足等故障，然后启动主机——正车：SLOW 52 RPM，仔细观察集控台上主机遥控系统和安全报警系统面板：启动失败（三次启动指示灯）、启动条件不满足、系统报警、转速限制等指示灯显示的状态，掌握其功能。

7）主机遥控系统中的启动逻辑控制—驾驶台

由教员设置故障：制造启动失败、启动条件不满足等故障，然后启动主机，仔细观察驾控台上主机安全报警面板上各状态指示灯的变化：启动失败（三次启动指示灯）、启动条件不满足、转速限制等指示灯显示的状态，掌握驾驶台有关的功能。

8）安全系统

仔细观察集控台主机安全系统面板上显示的功能：

（1）故障停车、故障减速和报警等显示的状态及相互的关系；根据下面的操作掌握“越控”和“不能越控”的故障处理。

（2）教员设置故障使主机出现故障自动减速（“SLOW DOWN”）：

当“SLOW DOWN”声光报警

①按下应答按钮，先消声消闪；

②观察主机转速表；

③观察导致“SLOW DOWN”的原因，并按下其旁边的“CANCET”按钮进行“越控”处理，即暂不执行“SLOW DOWN”命令，观察转速表的变化；

④按下“CANCET”按钮，将其释放，再观察转速表的变化。

复位：待故障排除后，按下集控台上主机安全系统板“RESET”栏中的“SLOW DOWN”按钮。

（3）教员设置故障使主机出现故障自动停车（“SHUT DOWN”）：

当“SHUT DOWN”声光报警

①按下应答按钮，先消声消闪；

②观察主机转速表；

③观察导致“SHUT DOWN”的原因，判断该故障是否是可以“越控”；

④如果是可“越控”的：则按下其旁边的“CANCET”按钮进行“越控”处理，

即暂不执行“SHUT DOWN”命令，观察转速表的变化；

⑤按下“CANCET”按钮，将其释放，再观察转速表的变化：转速将继续下降；

⑥当转速降到发火转速前再按下“CANCET”按钮，观察主机转速变化看“越控”是否起作用；

⑦当转速降到发火转速后再按下“CANCEL”按钮，观察主机转速变化看“越控”是否起作用；

⑧待主机停车后，按下“CANCEL”按钮，再启动主机观察主机转速变化。

复位：待故障排除后，在集控台上将车钟板回到停车即可复位。

9）紧急停车

（1）启动主机，当达全速时，按下红色带盖应急停车按钮（EM STOP），观察转速表和报警指示，并应答。

（2）待故障排除后，将车钟手柄板回到停车（STOP）即复位。

10)电子调速器及执行系统

理解电子调速器及其执行部分的作用,以及与主机遥控系统之间的关系。

3.注意事项

(1)特别注意机旁手动操纵与遥控操纵的转换;

(2)特别注意集控室与驾控室操纵的无扰动切换时的操作地点。

实训四　CHQ—Ⅱ型船用主机气动遥控系统操作及维护

1.概述

本系统的主要功能—程序换向、程序调速全部由气动逻辑控制系统实现;用车显示、报警显示、联络及紧急停车通过电气控制系统实现。

本系统为全气控制形式的主机组遥控系统。具有齐全的越限报警和多种连锁及保护功能,可在驾驶室远距离控制主机启动、调速、紧急停车和齿轮箱换向;也可使用备用车钟(装置自带)传送用车指令信号,在机旁手控主机调速和齿轮箱换向;并可通过设在机舱的各种仪表、声光信号监视主机的运行工况。该装置适用于160、170、180、190、200、210、250、300、320、20/27、23/30、28/32、MWM、M&N、斯太尔、康明斯、大发、苏尔寿等主机与气控换向齿轮箱组成的船舶主推进系统。

2.技术特性

1)技术规格

(1)型号:CHQ—Ⅱ

(2)型式:全气控、单手柄控制式

(3)调速范围:从主机最低转速到最高转速

(4)调速精度:小于额定转速的4%(不含调节器精度)

(5)换向时间:4~15秒(含齿轮箱升压时间)

(6)主电源:AC220V±15%;备用电源:DC24V+30%及-25%

(7)气源工作压力:0.6MPa±20%

(8)电功耗:<100W(单机)i绝缘电阻:>1MΩ

2)基本功能

(1)程序调速:调速系统依靠操纵手柄控制,能够自动按程序实现慢增速—快降速,直至主机转速与遥控指令一致。

(2)程序换向:自动实现“快降速—定速脱排—空车延时—定速合排—慢增速”的换向程序,并与程序调速配合完成。

(3)错向连锁:螺旋桨的转向与遥控换向指令不相符时,系统自动切断增速气信号,换向到位后方可解锁增速。

(4)机旁手控操作:当遥控系统失灵时,可在机旁根据车钟指令手动操纵主机的换向与调速。

(5)报警:可对多种故障进行越限报警。报警回路各自独立,互不干扰,当每一路故障出现时,均能发出声光信号,并在驾驶室、机舱分别显示。

(6)试灯:操作试灯按钮,可检查所有指示灯的完好情况。

(7)调光:操作调光按钮,可调节常亮指示灯的亮度。

(8)消音:操作消音按钮,消除报警信号声响而光信号则保持到故障消除为止。

(9)紧急停车:操作“急停”按钮,主机立即停止运转,并有声光报警指示信号。

(10)应急供电:当主电源失压,DC24V 备用电源自动投入并报警。主电源恢复后,备用电源自动退出。

(11)失气自保:遥控状态中,当气源失压或低于整定值时,系统自动维持主机当前运转状态不变(不小于3min),并有“失气”声光报警指示信号。

3.结构与工作原理

1)结构

本系统由驾驶室操纵台、机舱电控箱、机舱气控箱、气源处理装置、液压信号反馈机构、仪表板、流量放大板、调速执行机构(视主机情况配置)和手-遥转换及机旁操纵机构九部分组成。

(1)驾驶室操纵台:操纵台装有操纵器、转换开关、气压表、报警联络指示面板、用车指示器、电源部分等。操纵时,扳动操纵手柄,控制正、倒车发讯阀,发出正、倒车气信号;同时与操纵手柄同轴转动的凸轮控制精密调压阀,输出调速信号。

(2)机舱电控箱:主要由车钟显示器、报警联络指示灯、转换开关及接线端子组成。电铃安装于电控箱旁。

(3)机舱气控箱:是实现气动逻辑功能的核心运算部分。由阀板和11只板接式气动元件组成。

(4)气源处理装置:该装置为本系统提供双回路稳定、清洁的气源。由截止阀、调压阀、分水过滤器、梭阀组成。

(5)液压信号反馈机构:由两个0~3MPa压力控制器、一个液压梭阀组成。对离合器的工作状态作出鉴别,然后反馈给装置控制系统。

(6)仪表板:装有三块0~1MPa压力表,分别指示遥控、手控和气源气压。

(7)流量放大板:由阀板和两只板接式气体流量放大元件组成。

(8)调速执行机构:膜片执行器是程序调速的执行元件,它是单作用式、弹簧复位的膜片气缸。能将调速气信号转变为机械位移,通过连接机构传送给主机调速器,达到控制主机转速的目的。

(9)手-遥转换及机旁操纵机构:由手控转动式三位五通阀及滚轮杠杆式二位三通阀(各一只)组成;机旁操纵由一只三位五通阀控制主机换向。

2)工作原理

(1)气动工作原理:

①气源。压缩空气从气压1MPa的气瓶输出,经过截止阀、分水过滤器、减压阀和梭阀,输出0.7MPa压缩空气作为装置气源。气源处理部分采用双回路,当一路发生故障时,仍能保证为装置控制系统提供稳定的气源。

②手控-遥控转换。三位五通阀有机旁手控、关闭、遥控三个位置,当扳到遥控位置时,气源送至操纵台和气动控制箱,遥控系统即进入运行状况,同时将机旁手控气源切断,机旁手控失去作用。此时,两位三通阀接通调速气路,调速信号输入膜片执行器;当三位五通阀扳到手控位置时,为机旁手动换向阀提供气源,同时切断遥控气源,装置进入手控操作状态,此时两位三通阀断开调速气路。

③遥控:

A.空车:操纵手柄置于“空车”位,两位三通阀和精密压力阀均无信号输出,气动控制箱输出中位信号，送入齿轮箱气控换向阀，复位到中位，此时无调速气信号。

B. 正车：手柄置于“正车”位，输出正车指令，经过控制系统后输出正车信号，送到齿轮箱换向阀，完成正车换向，同时，精密调压阀输出调速指令，调速气压随操作的角度跟踪改变，实现调速功能，在换向过程中，输出一固定的调速气压送去调速机构，实现定速合排、恒速换向，该换向转速可视主机情况调定。

C. 倒车：倒车操作时，系统工作情况与“正车”同理。

正车—倒车：从正车位直接拉到倒车位，截止到正车指令，输出倒车指令，调速气压迅速下降至零后，又根据手柄位置输出相应调速气压，气动控制箱接收三种变化的信号后，首先释放调速信号，控制主机迅速降速；延时适当的时间（根据具体情况调整）之后，截止到正车信号，输出中位信号，正、倒车换向阀复位，齿轮箱离合器脱排，主机空车；再经过适当的延时后，截止中位信号，输出倒车指令控制离合器倒车合排，同时输出固定的换向调速信号，换向成功后，输出的调速信号经过节流后实现慢升速。

D. 失气自保：遥控系统在正常工作状态下失去气源时，正车、倒车、中位信号截止，齿轮箱维持原运行状态；另外调速信号仍基本维持原输出气压，保持主机转速不变，直到转换到手控位置时，才释放调速信号。

④手控。转换到手控位置，遥控系统失去气源，手动换向阀得到气源；这时可以完成正车、倒车、空车三种换向动作；直接操纵油门调节杆或调节螺丝调定主机转速。

（2）电气工作原理：

①电源：接入 AC220V 和 DC24V 两路电源，AC220V 为主电源，经变压整流后供给装置，DC24V 为应急电源，主电源失电时，自动接入。

②手控-遥控联络：操纵台和机舱的“手控-遥控”转换联络开关错位时，发出切换声响信号，转换成一致状况后自动恢复。

③备车-运行-完车联络：操纵台和机舱的“备车-运行-完车”联络开关错位时，发出切换声光信号，一致时相应的指示灯亮、声响消除。

④离合器状态显示及错向报警：操纵台换向手柄推动正车或倒车换向阀，同时齿轮箱正、倒车工作油压控制的压力继电器动作，指示灯显示离合器工作状态。两者位置比较，如果错位，既发出“错向”声光报警，一致时自动消除，同时也可通过消音按钮消除声音，但在故障未解除以前，保持故障灯光显示。

⑤失气报警：控制系统气压低于要求值时（0.5MPa），失气压力控制器动作，接通失气报警声光，可跟踪消音，气压恢复到要求值时自动消除。

⑥紧急停车：操纵台设有急停按钮，操作时，可直接控制停机电磁阀停机，同时进行报警，机舱手动复位。

⑦超速报警（停车）及参数报警（停车）：主机超速时，接通超速报警系统，也可同时控制停机电磁阀停机；滑油压力过低和冷却水温度过高时系统报警，也可控制主机停车（若设有时）。两者均可设“越控”开关。

⑧试灯和调光：设有试灯按钮和电源调光电位器，可自检指示灯完好情况及调整常亮指示灯明暗度。

4. 使用与维护

（1）正确地使用和维护该装置，是船舶航运安全的根本保障。装置使用之前，应认真看懂使用说明书，了解装置的各项功能及工作原理，以便能正确地使用并充分利用装置各项功能。

在装置使用期间,要做到正确使用,细心维护,经常检查。

(2)装置必须在调试正常、试航成功后方可正式投入使用。

(3)装置每运行2~3个月,应进行一次全面检查,检查各接线头是否有接触不良现象,在气动各程序中检查各管路接头及元件是否有漏气、松动,整套系统有何故障或异常现象,发现问题应及时解决。

(4)长期停用后再使用,应按要求进行全面检查。

(5)膜片执行器连接机构转动摩擦处应加机油润滑,以保持调速的精确性。

(6)使用程序:

①驾驶员准备。将操纵手柄置于空车位置,打开电源,转动调光旋钮调节台面指示灯亮度,按试灯按钮检查各指示灯的完好情况。将“备车-运行-完车”开关置于“备车”,急停按钮置于非工作状态,待机舱“备车”完毕回令后,将“手控-遥控”转换开关置于“遥控”。

②轮机员准备:

A. 接驾驶台“备车”指令后,先将机舱“备车-运行-完车”开关置“备车”,检查各指示灯的完好情况,然后对主机进行检查。

B. 将离合器操作阀置“中位”,启动主机,再将“备车-运行-完车”开关拨回“运行”位。

C. 接驾驶台“遥控”指令后,检查主机参数是否正常,是否允许遥控,若同意执行,开启气源,将“手控-遥控”转换开关和手控-遥控转换机构手柄置于“遥控”位。

③以上准备工作完毕后,驾驶员即可遥控操作。

④正常操作主机换向时,应将操纵手柄放在空车位置适当停留几秒后再换向推到第一挡,待主机换向启动后再加速。

⑤急停机按钮一般不应操作,紧急情况下需操作时,应同时将操纵手柄扳到空车位。

⑥操纵主机加速时,应均匀缓慢地推动操作手柄,以保证主机完全。

⑦现各种故障时,均应马上采取相应措施,查明原因,酌情处理。

⑧控-遥控操作转换:如出现某种故障,需转机旁操纵时,驾驶员将“手控-遥控”转换开关拨到“手控”位,机舱接令后作相应转换,即可机旁操纵。

⑨“完车”联络程序与“备车”相同。最后,机舱将各开关置中位,关断气源、电源。

模拟练习

主机遥控系统模块的考证从44~75题，以下提供8套模拟试卷。

（一）

44. 主机遥控系统从结构上看应包括（　　）。

①工况检测单元；②安全保护装置；③程序控制箱；④遥控操纵台；⑤机旁操纵及执行机构；⑥参数调整单元。

A. ①②③⑤　　B. ①③④⑥　　C. ②③⑤⑥　　D. ②③④⑤

45. 气动遥控系统中，三位四通阀的主要作用（　　）。

A. 换向阀　　B. 调速器　　C. 换向控制阀　　D. 换向检测

46. 在双凸轮轴换向的气动遥控系统中，当多路阀处于Ⅲ位时，则是（　　）。

A. 进行倒车换向　　B. 倒车换向已完成

C. 进行正车换向　　D. 正车换向已完成

47. 分级延时阀起延时作用是由（　　）实现的，延时时间通过（　　）来实现。

A. 积分环节，调螺钉 A　　B. 微分环节，调螺钉 A

C. 比例环节，调螺钉 B　　D. 惯性环节，调螺钉 B

48. 在主机遥控系统中，若主机运行时发讯装置失灵，将会出现（　　）。

A. 主机自动停车　　B. 主机保持原转速运行无法降速

C. 主机转速自动升至最高额定转速　　D. 主机转速自动降至最低稳定转速

49. 在主机遥控系统中，驾驶台与集中控制室操纵部位转换时做到无扰动切换的条件是（　　）。

A. 两处手柄都在停车位置

B. 两处手柄在同一方向即可

C. 两处手柄在同一方向，且设定转速相等

D. 两处手柄非同一方向，且设定转速相等

50. 下列转速中（　　）最高。

A. 正常换向转速　　B. 启动空气切断转速

C. 应急换向转速　　D. 能耗制动后，停车前转速

51. 主机遥控系统中，发生停油的条件可能是（　　）。

①车钟扳到停车位置；②按应急停车按钮；③车令与转向不一致；④冷却水温度过高；⑤主机转速低于最低稳定转速；⑥曲柄箱油雾浓度过高。

A. ①③④⑤　　B. ①②③⑥　　C. ②③④⑤　　D. ②④⑤⑥

52. 在四冲程中速机的遥控系统中，其换向的逻辑条件包括（　　）。

①车令转向不一致；②车令与凸轮轴位置不一致；③低于换向转速；④满足启动鉴别逻辑；⑤停油；⑥顶升机构抬起。

A. ①②③④　　B. ①③④⑤　　C. ①②⑤⑥　　D. ②③⑤⑥

53. 柴油机重复启动时,启动的总次数一般为(　　)。

A. 2 次　　B. 3 次　　C. 4 次　　D. 6 次

54. 按时序方式实现的主机重复启动逻辑图中,其中 T_{M}、T_{1d}、T_{2d}的功能是(　　)。

A. 正脉冲触发,对输入 1 起延时作用　　B. 正脉冲触发,对输入 0 起延时作用

C. 负脉冲触发,对输入 1 起延时作用　　D. 负脉冲触发,对输入 0 起延时作用

55. 在主机遥控系统中,逻辑控制功能通常包括(　　)。

①停车时的换向控制;②正常启动控制;③重启动控制;④慢转启动控制;⑤转速与负荷控制;⑥机旁应急操纵。

A. ①③④⑤　　B. ①②③④　　C. ②③④⑥　　D. ②③⑤⑥

56. 能耗制动时,主机的状态应是(　　)。

①主机转速高于发火转速;②主启动阀关闭,空气分配器工作;③主启动阀打开,空气分配器工作;④主机仍按原方向转动;⑤主机开始反方向转动;⑥主机已经停油。

A. ①②③⑤　　B. ①③④⑤　　C. ①②⑤⑥　　D. ①②④⑥

57. 在主机遥控系统中把车钟手柄从全速正车扳到倒车某速度挡,制动开始时刻为(　　)。

A. 动车钟手柄瞬间　　B. 车钟手柄过停车位置时

C. 车钟手柄扳到位时　　D. 换向完成时

58. 强制制动区别于能耗制动的主要点是(　　)。

A. 车令与凸轮轴位置不一致　　B. 转速低于发火转速

C. 转速高于发火转速　　D. 车令与转向不一致

59. 在油—气分进的启动方案中,为保证启动成功常采用的方法是(　　)。

A. 启动油量与车令设定油量延时切换　　B. 提前开启主启动阀

C. 提前开启空气分配器　　D. 采用主、辅启动阀

60. 气动遥控系统的分级延时阀,欲将快加速负荷程序的起点由 30% 调到 40%,则调整方法(　　)。

A. 压紧弹簧　　B. 放松弹簧

C. 开大节流孔　　D. 关小节流孔

61. 电动加速速率限制回路中,主机在稳定运行时,电子开关 SW 的状态为(　　)。

A. (15 - 1)闭合,(15 - 2)断开

B. (15 - 1)断开,(15 - 2)闭合

C. (15 - 1)断开,(15 - 2)断开

D. (15 - 1)和(15 - 2)交替闭合和断开

62. 对具有负荷程序控制的主机遥控系统,车令设定转速较大时,应满足(　　)。

A. 加速过程较快　　B. 减速过程较慢

C. 加速过程较慢　　D. 加速过程与减速过程相同

63. 在气动主机遥控系统中,程序负荷回路是由(　　)部件组成的。

A. 分级延时阀加气容　　B. 单向节流阀、节流选择阀、气容

C. 分级延时阀、节流选择阀、气容　　D. 单向节流阀、速放阀、比例阀

64. 在气动主机遥控系统中,程序负荷是由(　　)环节实现的。

A. 比例环节　　B. 比例微分环节　　C. 惯性环节　　D. 积分环节

65. 对于设有稳燃控制装置的柴油机遥控系统,在稳燃阶段柴油机转速一般不低于(　　)。

A. 启动转速　　B. 换向转速　　C. 最低稳定转速　　D. 车令转速

66. 在主机遥控系统的轮机长最大转速限制回路中，令 U_S 为车令设定转速值，U_M 为轮机长最大允许转速值，U_0 为限制回路输出值，当 $U_S < U_M$时，则(　　)。

A. $U_0 = U_S$　　B. $U_0 = U_M$　　C. $U_0 < U_S$　　D. $U_0 > U_M$

67. 下列(　　)不是主机实际转速与车令设定转速不一致的情况。

A. 车令转速处于临界转速区内　　B. 车令设定转速刚被推至全速运行

C. 车令设定转速大于轮机长手动设定转速　　D. 按下应急按钮

68. 在电动转矩限制回路中，当设定转速 U_S 高于转矩限制开始转速所对应的电压值 Ua 时，运算放大器 A_1和 A_2的功能为(　　)。

A. 电压跟随器，电压跟随器　　B. 电压比较器，电压跟随器

C. 比例运算器，电压跟随器　　D. 比例运算器，电压比较器

69. 电动转矩限制回路中，此时的转矩限制采用的是(　　)。

A. 设定转速限制方法　　B. 实际转速限制方法

C. 根据主机扭矩限制方法　　D. 根据螺旋桨特性限制方法

70. 在主机遥控系统中有增压空气压力限油及最大转矩限制，它们主要起作用的转速区分别为(　　)。

A. 高转速区，高转速区　　B. 低转速区，高转速区

C. 高转速区，低转速区　　D. 低转速区，低转速区

71. 在 Hagenuk 电/液伺服器中，先导泵打出油压的作用是(　　)。

A. 推动动力活塞移动，进行加、减油　　B. 使主阀跟踪先导阀运动

C. 加速较快时维持动力油压恒定　　D. 保持主阀相对输出油口位置不变

72. Hagenuk 电/液伺服器中各元件的作用是(　　)。

①先导阀的作用使伺服器具有超前控制；②先导阀的作用是引导主阀使其跟随动作；③平衡泵的作用是促使先导阀平衡；④滑阀及其活塞的作用是保证动力油压恒定；⑤反馈弹簧的作用是将动力活塞的位移转换成反馈作用力；⑥旁通阀的作用是沟通动力活塞上下空间之油压。

A. ①②④⑥　　B. ①③④⑤　　C. ②③⑤⑥　　D. ②④⑤⑥

73. DGS8800e 数字调速系统所采用的电动执行机构组成包括(　　)。

A. 电子执行器　　B. 电动执行器

C. 数字执行器　　D. 模拟伺服器

74. MAN—B&W—S—MC/MCE 主机操纵系统中，喷油定时自动调节机构对主机在倒车运行时，喷油定时(　　)。

A. 随负荷而变　　B. 自动调节　　C. 保持不变　　D. 提前

75. MAN—B&W—S—MC/MCE 主机操纵系统中，喷油定时自动调节机构的喷油定时执行器 52 是按(　　)工作的。

A. 力矩平衡原理　　B. 位移平衡原理

C. 力平衡原理　　D. 自动平衡原理

(二)

44. 主机遥控系统的主要功能包括(　　)。

A. 人员舒适功能　　B. 节省人力

C. 滑油低压报警功能　　D. 启动逻辑控制

45. 在启动主机遥控系统中，完成换向逻辑鉴别的元件是（　　）。

A. 凸轮轴的位置　　B. 多路阀

C. 换向阀　　D. 三位四通阀

46. 多路阀的 2 端和 3 端的状态分别为 1，0，这说明（　　）。

A. 凸轮轴在倒车位，而发正车信号　　B. 凸轮轴在正车位，且发正车信号

C. 凸轮轴在正车位，而发倒车信号　　D. 凸轮轴在倒车位，且发倒车信号

47. 在双凸轮轴换向的气动遥控系统中，常采用多路阀进行换向操作，当阀芯处在Ⅱ位时，则（　　）。

A. 在正车换向过程中　　B. 在倒车换向过程中

C. 正车换向完成　　D. 倒车换向完成

48. 以下不属于主机遥控系统的气动逻辑元件是（　　）。

A. 二位三通阀　　B. 三位四通阀

C. 减压阀　　D. 多路阀

49. 在气动主机遥控系统中，分级延时阀常用于（　　）。

A. 使主机启动阀延时关闭　　B. 启动供油量延时切除

C. 加速速率限制　　D. 内外信号隔离

50. 气动比例阀的特点是（　　）。

①比例元件；②输入与输出信号为 1:1；③输入与输出信号放大为 1:2；④有反馈气口；⑤起信号隔离作用；⑥常用于启动回路。

A. ①②④⑤　　B. ①③⑤⑥　　C. ②③⑤⑥　　D. ②④⑤⑥

51. 在主机遥控系统中，制动过程是出现在（　　）。

A. 正常停车过程　　B. 故障停车过程

C. 应急停车过程　　D. 运行中完成换向后

52. 在主机遥控系统中，用 Y_{SC} 表示启动的准备逻辑条件，用 Y_{SL} 表示启动的鉴别逻辑，当把车钟手柄从正车半速挡扳到倒车微速挡时，则（　　）。

A. $Y_{SC}=0, Y_{SL}=0$　　B. $Y_{SC}=0, Y_{SL}=1$

C. $Y_{SC}=1, Y_{SL}=0$　　D. $Y_{SC}=1, Y_{SL}=1$

53. 在主机遥控系统中，启动的鉴别逻辑条件是（　　）。

A. 车令与转向一致　　B. 车令与凸轮轴位置一致

C. 转速低于发火转速　　D. 停油

54. 在启动的逻辑表达式中，表示满足启动准备条件的逻辑表达式是（　　）。

A. $Y_{SO}=Y_{SC}\cdot Y_{SL}$　　B. $Y_{SC}=1$　　C. $I_H=I_S$　　D. $Y_{SC}=0$

55. 主机遥控系统主启动回路的基本功能是（　　）。

①有检验启动条件的功能；②能判别启动逻辑条件；③能自动进行主机启动；④启动成功后自动停止启动；⑤能进行能耗制动；⑥能进行强制制动。

A. ①②③④　　B. ③④⑤⑥　　C. ②③④⑤　　D. ①③④⑥

56. 在用气动阀件组成的重复启动逻辑回路中，为了缩短两次启动的时间间隔，则应（　　）。

A. 调小 A406/1 的节流阀　　B. 调大 A406/1 的节流阀

C. 调小 A406/2 的节流阀　　D. 调大 A406/2 的节流阀

57. 电动有触点重复启动逻辑回路中，第一次启动达到发火转速时，继电器 SA、X_1、X_2、X_3、T_2 的状态为（　　）。

A. 0 1 0 0 0　　B. 1 0 0 0 0　　C. 0 1 1 0 1　　D. 1 0 1 0 1

58. 按时序－转速方式实现的主机重复启动逻辑图中，在两次启动间隔时间，非门 A 及 T_d、T_M 的输出状态为（　　）。

A. 1 1 0　　B. 1 0 0　　C. 0 1 1　　D. 0 1 0

59. 在采用主、辅启动阀的慢转启动方案中，已形成慢转指令时，主阀全开的时刻为（　　）。

A. 发启动指令　　B. 达到发火转速时

C. 主机转 1 ~ 2 转时　　D. 供启动油量时

60. 在采用主、辅启动阀的慢转启动方案中，若慢转启动电磁阀卡在上位（远离控制端），则有启动信号后（　　）。

A. 主、辅阀全开　　B. 主阀开，辅阀关

C. 主阀关，辅阀开　　D. 主、辅阀全关

61. 船舶柴油机在进行能耗制动时（　　）。

A. 车令与转向不符　　B. 车令与凸轮轴位置不符

C. 转速高于换向转速　　D. 燃油凸轮轴与空气分配器凸轮轴位置不符

62. 能耗制动与强制制动相异的逻辑条件是（　　）。

A. 换向已经完成　　B. 车令与转向不一致

C. 已经停油　　D. 主机转速高于发火转速

63. 设 A 表示车令与转向不符，B 表示换向已完成，C 表示已满足停油条件，D 表示已满足启动条件，则主机遥控系统强制制动的逻辑表达式 F 为（　　）。

A. $F = A \cdot B \cdot C \cdot D$　　B. $F = A + B + C + D$

C. $F = \overline{A} \cdot \overline{B} \cdot \overline{C} \cdot \overline{D}$　　D. $F = \overline{A} + \overline{B} + \overline{C} + \overline{D}$

64. 主机遥控的转速控制回路是（　　）。

A. 程序控制系统　　B. 反馈控制系统

C. 开环系统　　D. 逻辑控制系统

65. 在气动主机遥控系统中，组成加速速率限制功能的部件是（　　）。

A. 分级延时阀加气容　　B. 单向节流阀加气容

C. 分级延时阀加比例阀　　D. 调压阀加单向节流阀

66. 电动加速速率限制回路中，在加速过程中，发光二极管 LD 状态为（　　），电容 C 进行（　　）。

A. 亮，充电　　B. 灭，充电　　C. 亮，放电　　D. 灭，放电

67. 在气动主机遥控系统中，常采用分级延时阀加气容组成加速速率限制回路，为增长加速速率限制时间，应（　　）。

A. 扭紧开始节流气压的调整弹簧　　B. 扭松开始节流气压的调整弹簧

C. 开大节流阀　　D. 关小节流阀

68. 在气动主机遥控系统的程序负荷回路中，调压阀的功能是（　　）。

A. 输入低于程序负荷开始转速，输出为 0

B. 输入低于程序负荷开始转速，输出等于输入

C. 输入高于程序负荷开始转速，输出等于输入

D. 输入高于程序负荷开始转速，输出等于0

69. 在电动转矩限制回路中，为使在某个设定转速下提高所允许的最大供油量，其调整方法是(　　)。

A. 调电位器 P_2，使其对地电阻值减少　　B. 调电位器 P_2，使其对地电阻值增大

C. 调电位器 P_1，使其对地电阻值减小　　D. 调电位器 P_1，使其对地电阻值增大

70. 气动主机遥控系统中，临界转速回避的原则是(　　)。

①有三种避开临界转速的方式；②慢加速时不回避临界转速；③加速过程避上限；④减速过程不避下限；⑤使主机迅速通过临界转速区；⑥其设计原则是不在临界转速区内工作。

A. ①②③⑤　　B. ①③④⑥　　C. ①④⑤⑥　　D. ①③⑤⑥

71. 在电子主机遥控系统中，当主机在运行中按应急操纵按钮后，能取消的限制是(　　)。

A. 转矩限制　　B. 加速速率限制

C. 最大油量限制　　D. 最小转速限制

72. 在主机遥控系统中负荷限制包括(　　)。

①程序负荷；②轮机长最大转速限制；③手动最大供油量限制；④增压空气压力限制；⑤转矩限制；⑥自动回避临界转速。

A. ①③⑤　　B. ③④⑤　　C. ②④⑥　　D. ④⑤⑥

73. MAN—B&W—S—MC/MCE 主机操纵系统气路中，启动回路里单向止回节流阀 32 和管路结合在气路上可以起延时约 1s 的控制作用的另一说法是(　　)。

A. 加速主机启动过程　　B. 加速主机各气缸完成启动程序

C. 保证柴油机良好启动　　D. 检测主机各缸启动是否成功

74. MAN—B&W—S—MC/MCE 主机操纵系统中，集控室与机旁控制主机在气路上的逻辑关系是(　)。

A. 非　　B. 与　　C. 与非　　D. 或

75. MAN—B&W—S—MC/MCE 主机操纵系统中，安全保护系统控制的断油是通过停车电磁阀 127 得电实现的，该阀得电的条件是(　　)。

A. 燃油泵滚轮换向机构换向未成功　　B. 主机主轴承滑油低压

C. 主机气缸冷却水低压　　D. 主机主轴承滑油高温

(三)

44. 主机遥控系统中，信号传递与执行器动作所采用的能源或方法通常是(　　)。

A. 电→气→液　　B. 液→电→气　　C. 气→液→电　　D. 气→电→液

45. 以下不属于主机遥控系统的功能是(　　)。

A. 系统模拟功能　　B. 安全保护功能

C. 应急操作系统　　D. 人员舒适功能

46. 电动主机遥控系统的错误提法是(　　)。

A. 信号传递有延迟　　B. 容易组成各种逻辑控制回路

C. 执行机构输出力或力矩较小　　D. 管理要求较高

47. 主机遥控系统的主要功能包括(　　)。

A. 滑油低压报警功能　　B. 节省人力

C. 重复启动程序控制　　　　　　　　　　　　D. 人员舒适功能

48. 主机遥控系统的主要功能包括(　　)。

A. 主机滑油压力的监视与报警　　　　　　　B. 转速-负荷控制

C. 主机冷却水温度的自动调节　　　　　　　D. 燃油滤器的自动清洗

49. 主机遥控系统的主要功能包括(　　)。

A. 主机滑油压力的监视与报警　　　　　　　B. 主机冷却水温度的自动调节

C. 燃油滤器的自动清洗　　　　　　　　　　D. 安全保护及应急操纵

50. 在主机遥控系统中,三位四通阀的气源压力为(　　)。

A. 0.14MPa　　　B. 0.7MPa　　　C. 1.2MPa　　　D. 3.0MPa

51. 在主机遥控系统中,三位四通阀两个控制端直接与(　　)连接。

A. 凸轮轴在正、倒车位置信号　　　　　　　B. 主机正、倒车转向信号

C. 多路阀 2、3 端输出的信号　　　　　　　D. 车钟手柄控制的正、倒车信号

52. 各种二位三通阀的逻辑符号如下图所示,其中习图 3-1b)是(　　)。

A. 手动控制二位三通阀

B. 机械动作二位三通阀

C. 气动控制二位三通阀

D. 二位三通电磁阀

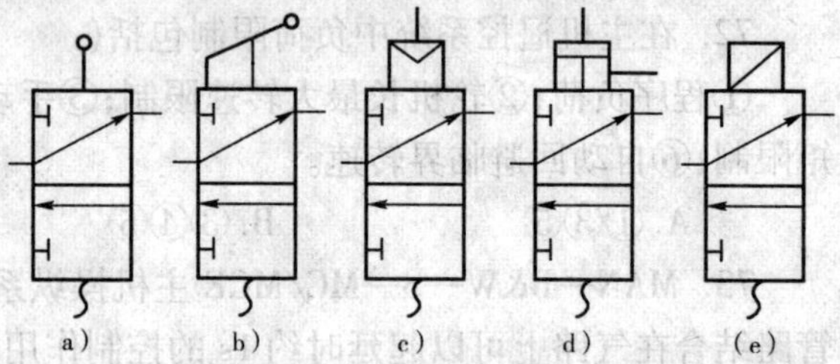

a)　b)　c)　d)　(e)

习图 3-1

53. 在主机遥控系统所采用的气动阀件中,属于时序阀件的有(　　)。

①联动阀;②比例阀;③单向节流阀;④分级延时阀;⑤电磁阀;⑥速放阀。

A. ①②⑤　　　B. ③④⑥　　　C. ②④⑤　　　D. ④⑤⑥

54. 在转速设定精密调压阀中,扳动车钟手柄,使上滑阀上移时,其输出气压信号和下滑阀移动方向分别为(　　)。

A. 输出气压减小,向上移动　　　　　　　　B. 输出气压减小,向下移动

C. 输出气压增大,向上移动　　　　　　　　D. 输出气压增大,向下移动

55. 在电气结合的主机遥控系统中,转速发讯装置可采用(　　),手柄在停车位置时,其输出为(　　)。

A. 比例阀,0　　　　　　　　　　　　　　　B. 转速设定精密调压阀,0.05MPa

C. 电位器式转速指令发讯器,0V　　　　　　D. 转速设定精密调压阀,0

56. 在主机遥控系统中,在下述操纵部位中,优先级是哪个操纵部位(　　)。

A. 集控室操纵　　　B. 驾驶室操纵　　　C. 机旁操纵　　　D. 自动操纵

57. 在用气动阀件组成的重复启动逻辑回路中,当分级延时阀 A436/2 节流孔堵塞时,则可能产生的故障现象为(　　)。

A. 主机不能启动　　　　　　　　　　　　　B. 只能进行一次启动

C. 一直启动到阀 A301/3 动作为止　　　　　D. 一直进行重复启动

58. 设 I_H 表示正车指令,I_S 表示倒车指令,C_H 表示凸轮轴在正车位置,C_S 表示凸轮轴在倒车位置,R_H 表示正车转向信号,R_S 表示倒车转向信号,那么主机遥控系统换向过程中停油逻辑条件 F 的表达式为(　　)。

A. $F = I_H \cdot C_S \cdot I_S \cdot C_H + I_H \cdot R_S \cdot I_S \cdot R_H$

B. $F=\overline{I_H}\cdot C_S+I_S\cdot\overline{C_H}+I_H\cdot R_S+I_S\cdot\overline{R_H}$

C. $F=I_H\cdot\overline{C_S}+\overline{I_S}\cdot C_H+I_H\cdot\overline{R_S}+\overline{I_S}\cdot R_H$

D. $F=I_H\cdot C_S+I_S\cdot C_H+I_H\cdot R_S+I_S\cdot R_H$

59. 重启动的应急启动指令，重复启动信号，倒车启动指令，三者的逻辑关系是(　　)。

A. 与　　B. 或　　C. 非　　D. 或非

60. 在采用主、辅启动阀的慢转启动方案中，若已形成慢转指令，但无启动指令，则主、辅阀开度为(　　)。

A. 主、辅阀全开　　B. 主阀开，辅阀关

C. 主阀关，辅阀开　　D. 主、辅阀全关

61. 在采用限制主启动阀开度的慢转启动回路中，已形成慢转指令，但无启动指令时，启动控制阀 V_a 和慢转启动电磁阀 V_{SL} 的输出状态为(　　)。

A. 0 0　　B. 0 1　　C. 1 0　　D. 1 1

62. 在主机遥控系统中，能耗制动与强制制动的主要区别是(　　)。

①必须是车令与此同时转向不一致；②要有应急操纵指令；③必须停油；④必定高于发火转速⑤车令与凸轮轴位置不一致；⑥只有空气分配器投入工作。

A. ①③④　　B. ②⑤⑥　　C. ②④⑥　　D. ③④⑤

63. 在主机遥控系统中，若主机运行时测速装置失灵，将出现(　　)。

A. 主机自行停车

B. 主机保持原设定转速或自动降至最低稳定转速

C. 主机转速自动降至发火转速

D. A 或 B

64. 在主机遥控系统中，采用负荷控制时，若设定转速不变，则随外界负荷变化，主机转速及油门开度的变化是(　　)。

A. 转速不变，油门开度改变　　B. 转速不变，油门开度不变

C. 转速改变，油门开度改变　　D. 转速改变，油门开度不变

65. 在油-气分进的启动方案中，启动油量与车令设定油量延时切换的作用是(　　)。

A. 保证启动成功　　B. 防止加速过快

C. 使主机稳定运行一段时间　　D. 防止发动机熄火

66. 在气动主机遥控系统中，为实现加速速率限制，常在调速回路中设置(　　)。

A. 单向节流阀　　B. 减压阀

C. 阻尼阀　　D. 分级延时阀

67. 在气动主机遥控系统中，加速速率限制是通过实现的(　　)。

A. 比例环节　　B. 惯性环节　　C. 积分环节　　D. 微分环节

68. 气动主机遥控的加速速率限制的原则不包括(　　)。

A. 额定转速 30% 以下加速不受限制

B. 额定转速 30% ~70% 实行快加速限制

C. 加速速率限制范围是可以调整的

D. 临界转速区内加速不受限制

69. 在气动主机遥控系统中，组成回避临界转速环节的阀件不包括(　　)。

A. 下限调压阀　　B. 双气路控制的二位三通阀

C. 二位三通阀　　D. 上限调压阀

70. 主机增压空气压力限制特性的斜率与主机不匹配会发生(　　)。

A. 斜率偏小时,主机启动粗暴

B. 斜率偏小时,主机加速过程加快

C. 斜率偏大时,主机加速过程中出现冒黑烟

D. 斜率偏大时,主机最大油量限制增大

71. 主机调速装置中增设负荷限制的主要目的是为了(　　)。

A. 限制主机转速不致过高

B. 增加主机运行的经济性

C. 防止船体振荡

D. 确保主机运行安全,放弃部分调速控制

72. 在 Hagenuk 电/液伺服器中,力线圈的工作电流是 4 ~ 20mA,若力线圈输入电流为 20mA,而主机转速为额定转速的 90%,这说明(　　)。

A. 伺服器量程小了　　B. 伺服器的量程大了

C. 伺服器零点高了　　D. 伺服器的零点低了

73. 在主机遥控系统中,最大油量限制范围一般为(　　)。

A. 额度油量的 20% ~70%　　B. 额度油量的 30% ~80%

C. 额度油量的 40% ~90%　　D. 额度油量的 50% ~100%

74. 在 GS8800e 数字调速系统中,调速器在某种原因损坏的情况下,主机仍能维持在原先的油门开度下运转。这些可能的损坏情况包括(　　)。

A. 应急供电装置故障　　B. 电动执行器反馈故障

C. 主机启动故障　　D. 全船总电源故障

75. MAN - B&W - S - MC/MCE 主机操纵系统气路中,当集控室的操作手柄 B 处于 “START”位置时,停车阀 64 受压目的之一是(　　)。

A. 为主机启动提供控制空气　　B. 使断油停车气路继续无控制空气

C. 使启动气路继续无控制空气　　D. 为主机换向提供控制空气

(四)

44. 主机遥控系统的主要功能包括(　　)。

A. 主机滑油压力的监视与报警　　B. 主机冷却水温度的自动调节

C. 转速限制　　D. 燃油滤器的自动清洗

45. 目前最常见的主机遥控有哪几种类型。

①机械遥控系统;②液压遥控系统;③气动遥控系统④电动遥控系统;⑤电-气式遥控系统;⑥微机遥控系统。

A. ①②③④　　B. ②③④⑤　　C. ③④⑤⑥　　D. ①③④⑤

46. 在主机遥控系统使用的气动阀件中,联动阀的两个输入信号与输出信号之间的逻辑关系为(　　)。

A. 逻辑或非　　B. 逻辑或　　C. 逻辑与非　　D. 逻辑与

47. 主机遥控系统依据所用元、部件类型,主要分为(　　)。

①转矩的限制主机遥控系统;②气动式主机遥控系统;③电-气混合式主机遥控系统;

④微机式主机遥控系统;⑤电动式主机遥控系统;⑥自动组合式主机遥控系统。

A. ①②④⑤　　B. ①③④⑤　　C. ②③⑤⑥　　D. ②③④⑤

48. 气动主机遥控系统,遥控车钟或手柄下面控制的阀有(　　)。

A. 正、倒车控制阀

B. 正、倒车控制阀和停车阀

C. 正、倒车控制阀和设定转速精密调压阀

D. 正、倒车控制阀、停车阀、设定转速精密调压阀

49. 在主机遥控系统中,把车钟手柄从正车全速扳到倒车某速度挡,换向鉴别逻辑 YRL 为1信号的时刻为(　　)。

A. 扳动车钟手柄的时刻　　B. 车钟手柄在停车位置时刻

C. 车钟手柄扳到倒车位置时刻　　D. 换向完成时刻

50. 在主机遥控系统中,应急换向条件与正常换向条件的主要区别是(　　)。

A. 有应急操纵指令,转速小于应急换向转速

B. 有应急操纵指令,转速小于正常换向转速

C. 有应急操纵指令,转速大于应急换向转速

D. 主启动阀提前打开

51. 在习图 3-2 中(　　)是速放阀逻辑符号。

a)　　b)　　c)　　d)

习图　3-2

52. 在用气动阀件组成的重复启动逻辑回路中,当阀 A301/1 输出 0 信号,气容经阀 A406/1 放气,使阀 A301/2 复位的延时时间为(　　)。

A. 3 ~ 5 s　　B. 3 s　　C. 8 ~ 11 s　　D. 15 ~ 19 s

53. 在电动有触点重复启动逻辑回路中,第三次启动,且达到发火转速,则 T_1、T_2、X_4、X_5、X_6 的状态为(　　)。

A. 0 0 1 1 0　　B. 1 0 1 1 0　　C. 0 1 0 1 1　　D. 0 0 1 0 0

54. 在电动有触点重复启动逻辑回路中,继电器 T_1、T_2、X_2、X_3 状态为 1 0 0 0 时,主机所处的状态为(　　)。

A. 在第一次启动期间　　B. 在第一次启动达到发火转速时

C. 在第一次启动失败期间　　D. 在第二次启动期间

55. 在电动有触点重复启动逻辑回路中,若检测发火转速继电器常闭触头烧蚀不能闭合,则可能出现的故障现象是(　　)。

A. 主机不能启动　　B. 只能进行一次启动

C. 连续进行启动直到总时间达到　　D. 会进行第四次启动

56. 在采用主、辅启动阀的慢转启动控制回路中,辅启动阀关闭的时刻为(　　)。

A. 慢转电磁阀受控　　B. 主机转过慢转规定转数

C. 主机转速低于发火转速　　D. 主机转速高于发火转速

57. 主机慢转启动指令的形成,主要原因在于主机(　　)。

A. 负荷过重　　　　　　　　　　B. 滑油压力过低
C. 启动空气压力过低　　　　　　D. 停车时间过长

58. 在采用主、辅启动阀的慢转启动方案中，没有形成慢转指令，也没有启动指令，则主、辅阀开度为(　　)。
A. 主、辅阀全开　　　　　　　　B. 主阀开，辅阀关
C. 主阀关，辅阀开　　　　　　　D. 主、辅阀全关

59. 在主机遥控系统中，进行制动的必备条件是(　　)。
A. 车令与凸轮轴位置不一致　　　B. 主机转速高于换向转速
C. 主机转速低于发火转速　　　　D. 停油

60. 在主机转速控制系统中的调速器的输入信号是(　　)。
A. 实际转速值　B. 供油量　C. 设定转速值　D. 都不是

61. 在电子调速器中，未经特性补偿的调速器输出特性应为(　　)。
A. 二次方曲线　B. 三次方曲线　C. 直线　D. 三段折线

62. 在主机遥控系统中，主机启动后，发生较长时间内车钟设定转速不起作用，其原因是(　　)。
A. 启动供油维持回路中的单向节流阀调的过小
B. 启动控制回路中的单向节流阀调的过小
C. 启动设定转速调的过小
D. 启动发火转速调的过小

63. 在电动加速速率限制回路中，若电阻 R5 断线，则当 $U_{i1} > U_{01}$ 时，发光二极管 LD 状态为(　　)，该回路的输出 U_{01}(　　)。
A. 亮，增大　B. 亮，减小　C. 灭，增大　D. 灭，不变

64. 在电动加速速率限制回路中，在减速过程中，发光二极管 LD 状态为(　　)，电容 C 进行(　　)。
A. 亮，充电　B. 灭，充电　C. 亮，放电　D. 灭，放电

65. 气动主机遥控的加速速率限制的原则不包括(　　)。
A. 额定转速 30% 以下加速不受限制
B. 额定转速 30% ~70% 实行快加速限制
C. 加速速率限制范围是可以调整的
D. 临界转速区内加速不受限制

66. 在气动避上限的自动回避临界转速回路中，若双气路控制的二位三通阀卡在上位(靠近控制端)，则可能产生的现象是(　　)。
A. 只能加速到临界转速上限值　　B. 只能加速到临界转速的下限值
C. 实际转速在临界转速区　　　　D. 输出始终等于设定转速值

67. 在电动临界转速自动回避回路图中，令 U_S 为车令转速设定值，U_{P2} 为临界转速下限值，U_{P1} 为临界转速上限值，回路输出为 U_0，当车令转速设定在临界转速区时，则(　　)。
A. $U_0 = U_S$　B. $U_0 = U_{P2}$　C. $U_0 = U_{P1}$　D. $U_0 > U_P$

68. 气动主机遥控系统中，回避临界转速环节至少要有以下阀件(　　)。
①下限调压阀；②上限调压阀；③双气控二位三通阀；④二位三通阀；⑤比例阀；⑥速放阀。
A. ①②④⑥　B. ①②④⑤　C. ①②③⑥　D. ①③⑤⑥

69. 主机增压空气压力限制特性的斜率与主机不匹配会发生(　　)。

A. 斜率偏小时,主机启动粗暴

B. 斜率偏小时,主机加速过程加快

C. 斜率偏大时,主机加速过程中出现冒黑烟

D. 斜率偏大时,主机最大油量限制增大

70. MAN—B&W—S—MC/MCE 主机操纵系统气路中,在启动和换向操作过程中,“换向-启动”连锁已解除的标志是(　　)。

A. 燃油泵滚轮换向机构换向成功　　B. 燃油泵滚轮换向机构换向未成功

C. 换向启动正在进行　　D. 管路 12 里如有控制空气

71. MAN—B&W—S—MC/MCE 主机操纵系统中,安全保护系统控制的断油是通过停车电磁阀 127 得电实现的,该阀得电的条件是(　　)。

A. 主机气缸冷却水低压　　B. 燃油泵滚轮换向机构换向未成功

C. 凸轮轴滑油低压　　D. 主机主轴承滑油高温

72. MAN—B&W—S—MC/MCE 主机操纵系统中,喷油定时自动调节机构对主机在80% ~85% 负荷区域运行时,喷油定时(　　)。

A. 得以提前,爆压增长要比原先为慢

B. 延后,爆压增长要比原先为慢

C. 延后,爆压增长要比原先为快

D. 出现喷油定时的转折,这时爆压应达到最大许用压力

73. 在电动转矩限制回路图中,固定 P_1,调整 P_2 使其电阻值增大,会使转矩限制特性(　　)。

①起始限油值不变;②起始限油值变小;③转矩限制作用减弱;④转矩限制作用增强;⑤特性曲线变变陡;⑥特性曲线平坦。

A. ①③⑤　　B. ①③⑥　　C. ②④⑥　　D. ②⑤⑥

74. 在气动操纵系统中,轮机人员必须重视气动控制元件的定期检查保养工作。建议按以下周期进行维护、检查和调校工作。更新空气过滤器中的过滤元件的周期是(　　)。

A. 每半月　　B. 每 2 年　　C. 半年 ~1 年　　D. 每 4 年

75. MAN—B&W—S—MC/MCE 主机操纵系统中,安保断油不包括的条件是(　　)。

A. 主轴承滑油低压　　B. 推力轴承高温

C. 凸轮轴滑油低压　　D. 气缸冷却水低压

(五)

44. 在下列项目中,不属于主机遥控系统应急操作功能的是(　　)。

A. 主机自动停车　　B. 取消负荷程序

C. 取消自动减速信号　　D. 取消增压空气压力限制

45. 用电动逻辑和控制回路组成的主机遥控系统的主要缺点是(　　)。

A. 信号传递滞后　　B. 对主机转速控制不易稳定

C. 管理复杂　　D. 对主机变工况适应能力差

46. 主机遥控系统的负荷限制功能包括(　　)。

①转矩的限制;②最低稳定转速油量的限制;③最大油量的限制;④启动油量的设置;⑤增

压空气压力限制;⑥临界转速自动回避油量的限制。

A. ①②③④　　B. ①③④⑤　　C. ②③④⑤　　D. ①③④⑥

47. 在主机遥控系统中,把车钟手柄从正车扳到倒车位,且换向完成后,三位四通阀两个输出端 A 和 B 的状态分别为(　　)。

A. $A=1, B=1$　　B. $A=0, B=0$

C. $A=0, B=1$　　D. $A=1, B=0$

48. 各种二位三通阀的逻辑符号如习图 3-3 所示,其中图 c)是(　　)。

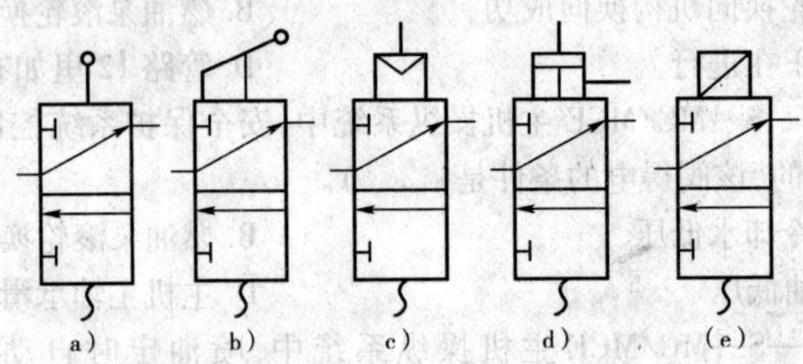

习图　3-3

A. 气动控制二位三通阀　　B. 双气路控制的二位三通阀

C. 二位三通电磁阀　　D. 机械动作二位三通阀

49. 在主机遥控系统中,在下述操纵部位中,哪个操纵部位(　　)优先级最低。

A. 集控室操纵　　B. 驾驶室操纵

C. 机旁操纵　　D. 自动操纵

50. 在主机遥控系统中,设集控室发出正车车令 I_{HE} ="1",倒车车令 I_{SE} ="1";驾驶室发出正车车令 I_{HB} ="1",倒车车令 I_{SB} ="1"。两者之间的操纵部位转换必须满足的条件是(　　)。

A. I_{HE} ="0", I_{SE} ="0", I_{HB} ="1", I_{SB} ="0"

B. I_{HE} ="0", I_{SE} ="0", I_{HB} ="0", I_{SB} ="1"

C. I_{HE} ="1", I_{SE} ="0", I_{HB} ="1", I_{SB} ="0"

D. I_{HE} ="0", I_{SE} ="1", I_{HB} ="1", I_{SB} ="0"

51. 在电动有触点重复启动逻辑回路中,若继电器 T_2 线圈断路,则可能出现的故障现象是(　　)。

A. 主机不能启动　　B. 只能进行一次启动

C. 达不到发火转速一直启动　　D. 一直进行重复启动

52. 按时序方式实现的主机重复启动逻辑图中,当车钟手柄在停车位置时,Y_{SC}、Y_{SO} 及非门 A、B、C 的状态为(　　)。

A. 1 0 1 1 1　　B. 0 0 1 1 1　　C. 1 0 0 1 1　　D. 0 1 0 0 0

53. 按时序 - 转速方式实现的主机重复启动逻辑图中,其中延时单元 T_d 的作用是(　　)。

A. 一次启动时间　　B. 两次启动间隔时间

C. 主启动阀延时关闭时间　　D. 三次启动总时间

54. 主机遥控系统重复启动回路的基本功能是(　　)。

①多次重复启动;②中断启动;③启动次数或计时记忆;④终止启动;⑤取消慢转启

动;⑥重启动。

A. ①③④⑥　　B. ②③⑤⑥　　C. ①②③④　　D. ②④⑤⑥

55. 柴油机重启动是指(　　)的启动。

A. 提高启动空气压力　　B. 加大供油量

C. 缸套润滑不良时　　D. 负荷过重时

56. 在主机遥控系统中,实现重启动的方法是(　　)。

A. 提高启动空气压力或延长启动时间

B. 增大启动供油量或提高发火转速

C. 提前开启主启动阀或延时关闭主启动阀

D. 取消增压空气压力限制或加速速率限制

57. 在采用主、辅启动阀的慢转启动方案中,若已形成慢转指令,且有启动指令,则主、辅阀开度力(　　)。

A. 主、辅阀全开　　B. 主阀开,辅阀关

C. 主阀关,辅阀开　　D. 主、辅阀全关

58. 在采用主、辅主启动阀的慢转启动回路中,若已形成慢转信号,但无启动信号,则启动控制阀 V_C 和慢转启动电磁阀 V_{SL} 的输出状态为(　　)。

A. 0 0　　B. 0 1　　C. 1 0　　D. 1 1

59. 在用气动阀件组成的重复启动逻辑回路中,在第一次启动失败的 3 ~5 s 内阀 A301/1, A301/2,A301/3 控制端的状态是(　　)。

A. 0 0 1　　B. 0 1 0　　C. 1 0 0　　D. 1 1 0

60. 主机遥控系统中,当把车钟手柄从全速正车扳到倒车某速度挡的短时间内,对于油-气并进的启动系统,PGA 调速器的转速设定波纹管中的信号为(　　)。

A. 0　　B. 最低稳定转速对应的气压信号

C. 港内全速对应的气压信号　　D. 启动油量所对应的气压信号

61. 在油-气并进的启动方案中,把车钟手柄从全速正车扳到倒车某速度挡,解除油门零位连锁的时刻为(　　)。

A. 转速下降的换向转速　　B. 转速下降到低于发火转速

C. 转速下降到零　　D. 转速高于发火转速

62. 在采用限制主启动阀开度的慢转启动方案中,在慢转启动过程中,主启动阀全开的时刻为(　　)。

A. 撤销启动信号时　　B. 启动达到发火转速时

C. 主机转 1 ~2 转后　　D. 供启动油量时

63. 在主机遥控系统中,设能耗制动的柴油机一般是(　　)。

A. 所有柴油主机　　B. 大型低速柴油主机

C. 中速柴油主机　　D. 用于变距桨的柴油主机

64. 在电动加速速率限制回路中,在主机稳定运行期间,电子开关 SW 和发光二极管的状态分别为(　　)。

A. (15 -1)闭合,常亮　　B. (15 -2)闭合,常灭

C. (15 -1)断续闭合,闪亮　　D. (15 -1)断续闭合,常亮

65. 在主机遥控系统中,取消程序负荷的条件是(　　)。

A. 有倒车车令　　B. 有重启动指令

C. 有应急操纵指令　　D. 增压空气压力限油环节失灵

66. 主机遥控系统中，若要取消慢加速负荷程序，需要(　　)。

A. 把车钟扳到全速挡　　B. 按应急运行按钮

C. 增加油门　　D. 按应急停车按钮

67. 在主机调速系统中，与电子调速器有关的正确认识是(　　)。

①主机是按螺旋桨特性工作的；②功率与转速成三次方关系；③油量与转速成三次方关系；④转矩与转速成平方关系；⑤未经特性补偿的调速器输出特性为二次方曲线；⑥电子调速器实际输出特性曲线为三段折线。

A. ①③⑤⑥　　B. ①②④⑥　　C. ②③④⑥　　D. ②④⑤⑥

68. 在 GS8800e 数字调速系统电动执行机构中，电动执行器位置反馈的作用是(　　)。

A. 控制伺服电机位置　　B. 控制伺服电机转速

C. 控制伺服驱动器角度　　D. 控制伺服电机角度

69. 在主机转速自动控制系统中，若出现主机转速无法调到车令设定转速，而稳定在某一转速值，其原因可能是(　　)。

①车令设定转速已大于轮机长设定的最大转速限制值；②车令设定转速已小于最低稳定转速；③车钟扳得快，加速速率限制起作用；④主机在高负荷下加速，程序负荷起作用；⑤车令转速设置在主机临界转速区域。

A. ①②④　　B. ①②⑤　　C. ①④⑤　　D. ①③⑤

70. 在 GS8800e 数字调速系统中，调速器在某种原因损坏的情况下，主机仍能维持在原先的油门开度下运转。这些可能的损坏情况包括(　　)。

A. 应急供电装置故障　　B. 全船总电源故障

C. 主机启动故障　　D. 用于电动执行器的伺服放大器故障

71. 在气动避上限的自动回避临界转速回路中，所采用的阀件有(　　)。

①调压阀；②比例阀；③电磁阀；④速放阀；⑤二位三通阀；⑥双座止回阀。

A. ①②③　　B. ①④⑤　　C. ②③④　　D. ②④⑥

72. 电/气转换器中，脉冲信号发生器 G 输出脉冲信号不起作用的条件是(　　)。

A. 在加速过程中　　B. 在转速给定值改变的短时间内

C. 在减速过程中　　D. 所转变成 P0 接近给定值时

73. GS8800e 数字调速系统电动执行机构的数字伺服装置包括(　　)。

A. 电子执行器　　B. 数字执行器

C. 执行器位置控制　　D. 模拟伺服器

74. AN—Bm&W—S—MC/MCE 主机遥控系统气路中，使用最多的阀件是(　　)。

A. 联动阀　　B. 双座止回阀

C. 二位三通阀　　D. 速放阀

75. MAN—B&W—S—MC/MCE 主机操纵系统中，安全保护系统控制的断油是通过停车电磁阀 127 得电实现的，该阀得电的条件是(　　)。

A. 推力轴承高温　　B. 燃油泵滚轮换向机构换向未成功

C. 主机气缸冷却水低压　　D. 主机主轴承滑油高温

（六）

44. 主机遥控系统的主要功能包括(　　)。

A. 滑油低压报警功能

B. 主机运行中的换向与制动逻辑程序控制

C. 节省人力

D. 人员舒适功能

45. 主机遥控系统的安全保护装置是一个(　　)。

A. 与遥控装置结合在一起的控制系统

B. 不依赖于遥控装置而相对独立的系统

C. 保护机舱所有设备安全的系统

D. 与遥控装置逻辑上结合在一起的控制系统

46. 在主机遥控系统中,主机在正车运行期间,多路阀处在(　　)位,2 端和 3 端分别接(　　)。

A. Ⅰ位,大气,气源　　B. Ⅲ位,大气,大气

C. Ⅲ位,大气,气源　　D. Ⅰ位,大气,大气

47. 在主机遥控系统中,主机进行换向必须具有若干个逻辑条件,这些逻辑条件之间是(　)关系。

A. 或　　B. 与　　C. 与非　　D. 或非

48. 在主机遥控系统中,用 Y_{RL} 表示换向的鉴别逻辑,用 $I_H, I_S, C_H, C_S, R_H, R_S$ 分别表示正、倒车车令,凸轮轴在正、倒车位置,主机在正、倒车方向运转,则 Y_{RL} 的表达式为(　)。

A. $Y_{RL} = I_H \cdot \overline{R_H} + I_S \cdot \overline{R_S}$　　B. $Y_{RL} = I_H \cdot \overline{C_H} + I_S \cdot \overline{C_S}$

C. $Y_{RL} = I_H \cdot R_H + I_s \cdot R_s$　　D. $Y_{RL} = I_H \cdot C_H + I_s \cdot C_s$

49. 在遥控主机正常运行期间,若控制气源突然中断,则主机运行状态是(　)。

A. 自动停车　　B. 自动降速　　C. 自动加速　　D. 状态不变

50. 在主机遥控系统中,用 Y_{SC} 表示启动的准备逻辑条件,用 Y_{SL} 表示启动的鉴别逻辑,当把车钟手柄从微速倒车挡扳到正车全速挡,且在换向过程中,则

A. $Y_{SC} = 0, Y_{SL} = 0$　　B. $Y_{SC} = 0, Y_{SL} = 1$

C. $Y_{SC} = 1, Y_{SL} = 1$　　D. $Y_{SC} = 1, Y_{SL} = 0$

51. 启动逻辑表达式中,满足启动准备条件的输入信号之间的逻辑关系是(　)。

A. 逻辑与　　B. 逻辑非　　C. 逻辑或　　D. 逻辑或非

52. 用气动阀件组成的重复启动逻辑回路中,当阀 A301/1 输出 0 信号,气容经阀 A406/1 放气,使阀 A301/2 复位的延时时间为(　)。

A. 3 ~5 s　　B. 3 s　　C. 8 ~11 s　　D. 15 ~19 s

53. 电动有触点重复启动逻辑回路中,若主机的测速装置有故障,使发火检测继电器不能通电,则可能出现的故障现象是(　　)。

A. 主机不能启动　　B. 只能进行一次启动

C. 只能进行一次重复启动　　D. 主机一直在启动

54. 按时序方式实现的主机重复启动逻辑图中,其重复启动过程是按(　　)安排的。

A. 纯时序原则　　B. 转速原则

C. 位移平衡原理　　　　　　　　　　　　D. 转速时序原则

55. 主机遥控系统重复启动回路不具备的功能是(　　)。

①多次重复启动;②中断启动;③启动次数或计时记忆;④终止启动;⑤取消慢转启动;⑥重启动。

A. ②④　　B. ④⑤　　C. ⑤⑥　　D. ③⑥

56. 柴油主机慢转启动指令形成的逻辑表达式(正逻辑)是(　　)。

A. $Y_{SLD}=\overline{S_{TD}}\cdot\overline{I_{SC}}\cdot\overline{R_1}\cdot\overline{Y_{SH}}\cdot Y_{SO}$　　B. $Y_{SLD}=S_{TD}\cdot I_{SC}\cdot R_1\cdot\overline{Y_{SH}}\cdot Y_{SO}$

C. $Y_{SLD}=S_{TD}\cdot\overline{I_{SC}}\cdot\overline{R_1}\cdot Y_{SH}\cdot Y_{SO}$　　D. $Y_{SLD}=S_{TD}\cdot\overline{I_{SC}}\cdot\overline{R_1}\cdot\overline{Y_{SH}}\cdot Y_{SO}$

57. 气动主机遥控系统当把手柄从正车全速扳到倒车位置时,并按下应急操作钮,当凸轮轴换向完成后,系统应首先进行(　　)。

A. 强制制动　　B. 能耗制动　　C. 重启动　　D. 倒车制动

58. 在主机遥控系统的启动逻辑回路中,按应急操纵按钮,能取消的功能是(　　)。

A. 慢转启动功能　　　　　　　　　　　B. 重复启动功能

C. 重启动逻辑功能　　　　　　　　　　D. B + C

59. 在主机遥控系统中,下列哪个不是能耗制动的逻辑条件?

A. 车令与凸轮轴位置不一致　　　　　　B. 换向完成

C. 主机转速高于发火转速　　　　　　　D. 停油

60. 在主机遥控系统中,运行中完成换向后,主启动逻辑回路输出控制信号使主启动阀打开的时刻是(　　)。

A. 车令转向不一致,且高于发火转速

B. 车令与转向不一致,且低于发火转速

C. 车令与转向一致,且低于发火转速

D. 车令与转向一致,且高于发火转速

61. 在主机遥控的转速控制系统中,把车钟手柄从港内全速扳到海上全速时,该转速控制是属于(　　)。

A. 定值控制　　B. 程序控制　　C. 逻辑控制　　D. 随动控制

62. 在电子调速器中,它是根据(　　)进行转速控制的。

A. 设定转速值　　　　　　　　　　　　B. 实际转速值

C. 最大允许转速值　　　　　　　　　　D. 设定值与实际转速值的差值

63. 在电动加速速率限制回路中,运放器 A_2 的功能是(　　)。

A. 电压比较器　　　　　　　　　　　　B. 电压跟随器

C. 同相输入比例运算器　　　　　　　　D. 差动输入比例运算器

64. 在采用时序控制方案实现的主机遥控系统重复启动逻辑图中,主启动阀开启 2 s 主机就达到发火转速,此时(　　)。

①$Y_{SL}=1$,$Y_{SC}=0$;②A、B、C 为 111;③T_M、T_{1d}、T_{2d}输出为 010;④A、B、C 为 101;⑤$Y_{SL}=0$,$Y_{SC}=1$;⑥T_M、T_{1d}、T_{2d}输出为 000。

A. ①③⑤　　B. ①②⑥　　C. ③④⑥　　D. ②③⑤

65. 在电动加速速率限制回路中,若加速速率限制回路的电子开关卡在右位闭合(SW 的 2 – 15 一直闭合),主机运行状态是(　　)。

A. 主机不能增、减速,保持原转速不变　　B. 主机一直增速到最高转速

C. 主机在给定转速上激烈振荡 D. 主机一直降速到最低稳定转速

66. 如自动遥控主机的额定转速为 120r/min，最低稳定转速 40r/min，临界转速范围是 80 ~ 85r/min，在正常启动加速时，下列说法中错误的是（ ）。

A. 程序负荷限制工作在 84 ~ 120r/min

B. 加速速率限制在 41 ~ 79r/min

C. 程序负荷限制可工作在 90 ~ 120r/min

D. 若气缸冷却水温度高且超标，则主机稳定在 40r/min

67. 在主机遥控系统中，把车钟手柄从倒车全速扳到正车某速度挡，当换向完成且降速到低于发火转速时，遥控系统自动进行（ ）。

A. 正车启动 B. 能耗制动 C. 重启动 D. 强制制动

68. 在电动转矩限制回路中，设定转速 U_S 低于转矩限制的开始转速 U_a 时，二极管 D 的状态及运算放大器 A_1 的功能是（ ）。

A. 截止，电压跟随器 B. 导通，电压跟随器

C. 电压比较器 D. 截止，电压比较器

69. GS8800e 数字调速系统电动执行机构的电动执行器包括（ ）。

A. 伺服驱动器 B. 减速装置 C. 直流电机 D. 数字执行器

70. 在 GS8800e 数字调速系统中，调速器在某种原因损坏的情况下，主机仍能维持在原先的油门开度下运转。这些可能的损坏情况包括（ ）。

A. 主机启动故障 B. 交流三相供应电压故障

C. 应急供电装置故障 D. 全船总电源故障

71. 在 GS8800e 数字调速系统中，调速器在某种原因损坏的情况下，主机仍能维持在原先的油门开度下运转。这些可能的损坏情况包括（ ）。

A. 主机启动故障

B. 全船总电源故障

C. 应急供电装置故障

D. 提供到数字调速系统的 24V 直流电断电

72. MAN—B&W—S—MC/MCE 主机操纵系统中，安全保护系统控制的断油是通过停车电磁阀 127 得电实现的，该阀得电的条件是（ ）。

A. 燃油泵滚轮换向机构换向未成功 B. 主机主轴承滑油低压

C. 主机气缸冷却水低压 D. 主机主轴承滑油高温

73. MAN—B&W—S—MC/MCE 主机操纵系统中，安全保护系统控制的断油是通过停车电磁阀 127 得电实现的，该阀得电的条件是（ ）。

A. 燃油泵滚轮换向机构换向未成功 B. 主机主轴承滑油低压

C. 主机气缸冷却水低压 D. 主机主轴承滑油高温

74. MAN—B&W—S—MC/MCE 主机操纵系统中，喷油定时自动调节气路中单向节流阀 49 可以在调油轴有不太大转角波动时，阻断对定时控制的干扰，设计要求；在油门开度有（ ）变化的情况下，应不影响喷油定时控制。

A. ±1 格 B. ±2 格 C. ±3 格 D. ±4 格

75. 在 MAN—B&W—S—MC/MCE 主机气动操纵系统中，符合哪些条件时气控阀 H203 受控使主机停油（ ）。

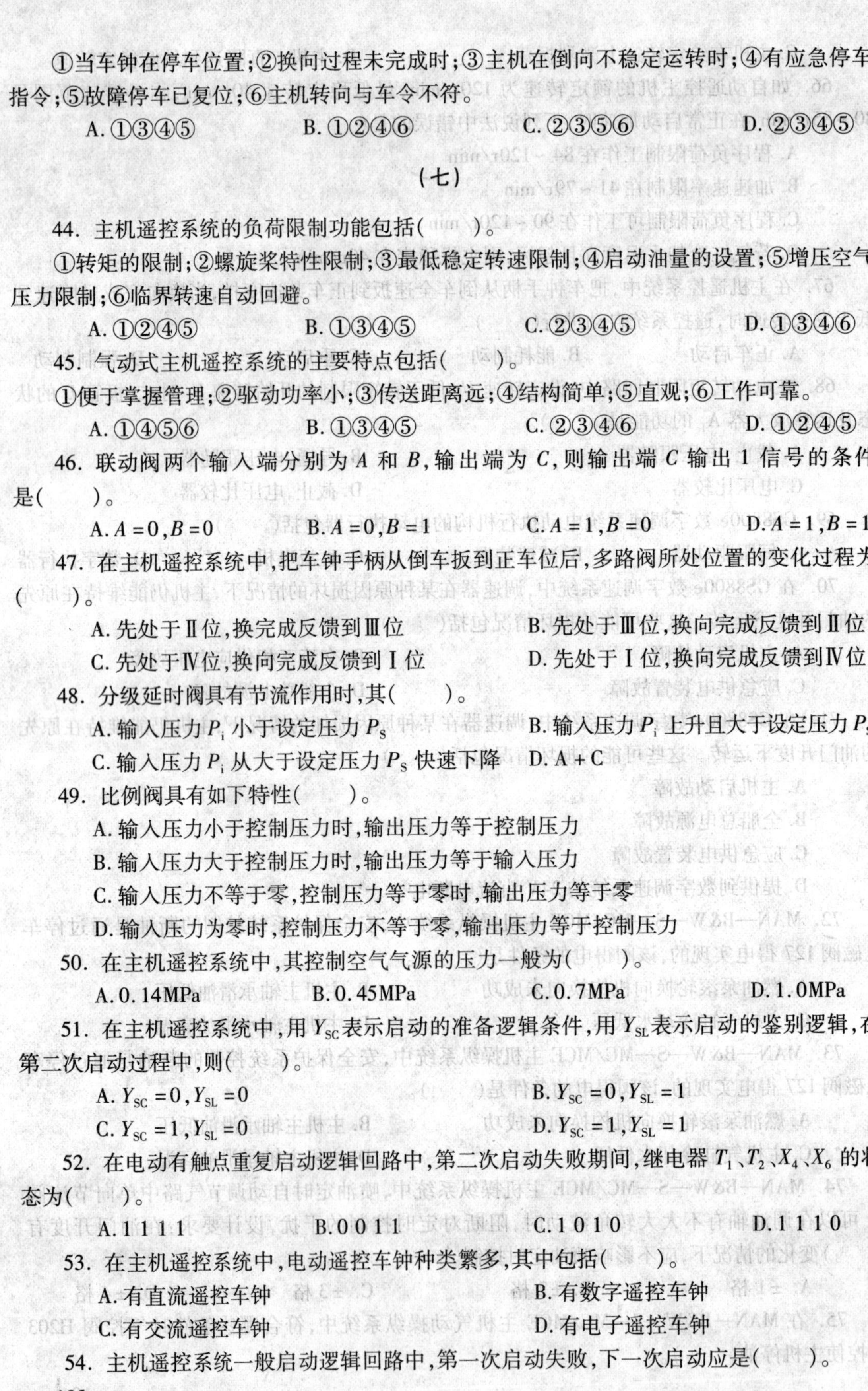

①当车钟在停车位置;②换向过程未完成时;③主机在倒向不稳定运转时;④有应急停车指令;⑤故障停车已复位;⑥主机转向与车令不符。

A. ①③④⑤　　B. ①②④⑥　　C. ②③⑤⑥　　D. ②③④⑤

(七)

44. 主机遥控系统的负荷限制功能包括(　　)。

①转矩的限制;②螺旋桨特性限制;③最低稳定转速限制;④启动油量的设置;⑤增压空气压力限制;⑥临界转速自动回避。

A. ①②④⑤　　B. ①③④⑤　　C. ②③④⑤　　D. ①③④⑥

45. 气动式主机遥控系统的主要特点包括(　　)。

①便于掌握管理;②驱动功率小;③传送距离远;④结构简单;⑤直观;⑥工作可靠。

A. ①④⑤⑥　　B. ①③④⑤　　C. ②③④⑥　　D. ①②④⑤

46. 联动阀两个输入端分别为 A 和 B,输出端为 C,则输出端 C 输出 1 信号的条件是(　　)。

A. $A=0,B=0$　　B. $A=0,B=1$　　C. $A=1,B=0$　　D. $A=1,B=1$

47. 在主机遥控系统中,把车钟手柄从倒车扳到正车位后,多路阀所处位置的变化过程为(　　)。

A. 先处于Ⅱ位,换完成反馈到Ⅲ位　　B. 先处于Ⅲ位,换向完成反馈到Ⅱ位

C. 先处于Ⅳ位,换向完成反馈到Ⅰ位　　D. 先处于Ⅰ位,换向完成反馈到Ⅳ位

48. 分级延时阀具有节流作用时,其(　　)。

A. 输入压力 P_i 小于设定压力 P_S　　B. 输入压力 P_i 上升且大于设定压力 P_S

C. 输入压力 P_i 从大于设定压力 P_S 快速下降　　D. A + C

49. 比例阀具有如下特性(　　)。

A. 输入压力小于控制压力时,输出压力等于控制压力

B. 输入压力大于控制压力时,输出压力等于输入压力

C. 输入压力不等于零,控制压力等于零时,输出压力等于零

D. 输入压力为零时,控制压力不等于零,输出压力等于控制压力

50. 在主机遥控系统中,其控制空气气源的压力一般为(　　)。

A. 0.14MPa　　B. 0.45MPa　　C. 0.7MPa　　D. 1.0MPa

51. 在主机遥控系统中,用 Y_{SC} 表示启动的准备逻辑条件,用 Y_{SL} 表示启动的鉴别逻辑,在第二次启动过程中,则(　　)。

A. $Y_{SC}=0,Y_{SL}=0$　　B. $Y_{SC}=0,Y_{SL}=1$

C. $Y_{SC}=1,Y_{SL}=0$　　D. $Y_{SC}=1,Y_{SL}=1$

52. 在电动有触点重复启动逻辑回路中,第二次启动失败期间,继电器 T_1、T_2、X_4、X_6 的状态为(　　)。

A. 1 1 1 1　　B. 0 0 1 1　　C. 1 0 1 0　　D. 1 1 1 0

53. 在主机遥控系统中,电动遥控车钟种类繁多,其中包括(　　)。

A. 有直流遥控车钟　　B. 有数字遥控车钟

C. 有交流遥控车钟　　D. 有电子遥控车钟

54. 主机遥控系统一般启动逻辑回路中,第一次启动失败,下一次启动应是(　　)。

A. 慢转启动　　B. 正常启动　　C. 重启动　　D. 时间启动

55. 在主机遥控系统的启动逻辑路中，满足启动逻辑条件时，其启动的准备条件与启动鉴别逻辑之间的逻辑关系应为(　　)。

A. 与的逻辑关系　　B. 或的逻辑关系

C. 与非逻辑关系　　D. 异或逻辑关系

56. 主机遥控系统的主启动逻辑回路中，其启动准备逻辑条件包括(　　)。

①启动的鉴别逻辑；②换向的鉴别逻辑；③制动的鉴别逻辑；④盘车机脱开；⑤低于发火转速；⑥滑油压力正常。

A. ①②⑥　　B. ③④⑥　　C. ②③⑤　　D. ④⑤⑥

57. 用气动阀件组成的重复启动逻辑回路中，若阀 A301/1 一直卡死在左位，将会导致(　　)。

A. 不能启动　　B. 重复启动逻辑回路功能失效

C. 一直进行重复启动　　D. 重复启动三次后中止

58. 电动有触点重复启动逻辑回路中，当三次启动均失败，故障修复后，为再次启动主机，首先应进行的操作是(　　)。

A. 切断电源　　B. 切断气源

C. 把车钟手柄扳到停车位　　D. 把操纵部位转换开关转至机旁

59. 在采用主、辅启动阀的慢转启动方案中，若启动控制阀 V_C 卡在左位(远离控制端)时，则该阀的输出及主、辅启动阀的状态为(　　)。

A. 0 信号，主、辅阀全开　　B. 0 信号，主、辅阀全关

C. 1 信号，主、辅阀全开　　D. 1 信号，主、辅阀全关

60. 在主机遥控系统中把车钟手柄从全速正车扳到倒车某速度挡，主启动阀打开时刻为(　　)。

A. 车钟手柄过停车位置时　　B. 主机转速下降到换向转速时

C. 换向完成时　　D. 换向完成且低于发火转速时

61. 船舶柴油机强制制动可以发生在(　　)时。

A. 高于启动转速　　B. 低于临界转速

C. 高于换向转速　　D. 低于换向转速

62. 在主机遥控系统中，用 $V_M=1$ 表示主启动阀打开，用 $V_B=1$ 表示空气分配器已投入工作，则在强制制动过程中，V_M 与 V_B 的状态为(　　)。

A. 00　　B. 01　　C. 10　　D. 11

63. 螺旋桨的功率与主机转速及主机供油量与转速的关系分别为(　　)。

A. 立方，立方　　B. 立方，平方　　C. 平方，平方　　D. 平方，立方

64. 在主机能耗制动过程中，主启动阀和空气分配器的状态为：

A. 主启动阀和空气分配器均关闭　　B. 主启动阀开启空气分配器关闭

C. 主启动阀关闭空气分配器开启　　D. 主启动阀和空气分配器均开启

65. 主机遥控的正常换向逻辑条件不包括(　　)。

A. 车令与凸轮轴位置不一致　　B. 必须有停油逻辑条件

C. 主机转速已下降到换向转速　　D. 有应急操作指令

66. 在电动加速速率限制回路中，若运算放大器的输出端断路，则可能出现的现象是(　　)。

A. 发光二极管 LD 常灭，主机不能加速

B. 发光二极管 LD 常灭，主机不能减速

C. 发光二极管 LD 常亮,主机不能加速

D. 发光二极管 LD 常亮,主机转速振荡

67. 启动回路的逻辑功能不包括( )。

A. 检测启动条件功能

B. 启动鉴别逻辑功能

C. 完成启动后的自动停止启动及气－油转换功能

D. 启动时增压空气压力不限制功能

68. 在增压空气限油环节中,增压空气限制不起作用的条件是( )。

A. 在启动期间 B. 在正常运行中

C. 在加速期间 D. 在程序负荷限制期间

69. 在主机遥控系统中,电动执行机构中的交流伺服系统的优越性能包括( )。

A. 动作性 B. 可调性 C. 可选性 D. 可控性

70. 在 GS8800e 数字调速系统电动执行机构中,伺服驱动器内正弦波发生器的任务是( )。

A. 产生以转子位置为相位的正弦波 B. 产生以转子位置为速度的正弦波

C. 控制伺服驱动器角度 D. 控制伺服电机角度

71. MAN—B&W—S—MC/MCE 主机操纵系统气路中,换向回路里单向止回节流阀 69 和管路结合在气路上可以起延时约 6s 的控制作用是( )。

A. 有利于主机各缸燃油泵换向凸轮机构换向成功

B. 加速主机各缸燃油泵换向凸轮机构换向过程

C. 检测主机各缸燃油泵换向凸轮机构换向过程

D. 检测主机各缸燃油泵换向凸轮机构换向是否成功

72. MAN—B&W—S—MC/MCE 主机操纵系统气路中,启动回路里单向止回节流阀 32 和管路结合在气路上可以起延时约 1s 的控制作用是( )。

A. 加速主机启动过程

B. 加速主机各气缸完成启动程序

C. 确保在开始给油时被启动的气缸继续完成启动程序

D. 检测主机各缸启动是否成功

73. MAN—B&W—S—MC/MCE 主机操纵系统中,集控室操纵台上的正(倒)车指示灯在换向操作过程结束后闪亮则标志着( )。

A. 至少有二缸燃油泵滚轮换向机构换向未成功

B. 至少有一缸燃油泵滚轮换向机构换向未成功

C. 至少有四缸燃油泵滚轮换向机构换向未成功

D. 至少有三缸燃油泵滚轮换向机构换向未成功

74. 在气动操纵系统中,轮机人员必须重视气动控制元件的定期检查保养工作。建议按以下周期进行维护、检查和调校工作。对滤器、气瓶定期排放残水的周期是( )。

A. 半年～1 年 B. 每 2 年 C. 每半月 D. 1～7 天

75. 在气动操纵系统中,轮机人员必须重视气动控制元件的定期检查保养工作。在进行维护检查的时候,对金属零件应用( )清洗。

A. 油 B. 柴油 C. 煤油 D. 肥皂水

(八)

44. 主机遥控系统的主要功能包括(　　)。

A. 转速程序控制　　B. 节省人力

C. 滑油低压报警功能　　D. 人员舒适功能

45. 主机遥控系统的主要功能包括(　　)。

A. 主机滑油压力的监视与报警　　B. 主机冷却水温度的自动调节

C. 燃油滤器的自动清洗　　D. 负荷限制

46. 主机遥控系统的主要功能包括(　　)。

A. 滑油低压报警功能　　B. 节省人力

C. 重复启动程序控制　　D. 人员舒适功能

47. 在主机遥控系统中,把车钟手柄从倒车扳到正车位,在换向过程中,三位四通阀两个输出端 A 和 B 的状态分别为(　　)。

A. $A=0,B=0$　　B. $A=1,B=0$　　C. $A=0,B=1$　　D. $A=1,B=1$

48. 在主机遥控系统中,主机在倒车运行时,多路阀处在(　　)位,其中6端输出状态为(　　)。

A. Ⅰ位,倒车1信号　　B. Ⅰ位,正车0信号

C. Ⅲ位,倒车1信号　　D. Ⅲ位,正车0信号

49. 在主机遥控系统中,若在海上全速运行时,其多路阀的工作位置为(　　)。

A. Ⅰ位　　B. Ⅱ位　　C. Ⅲ位　　D. Ⅳ位

50. 各种二位三通阀的逻辑符号如习图3-4所示,其中图a)是(　　)。

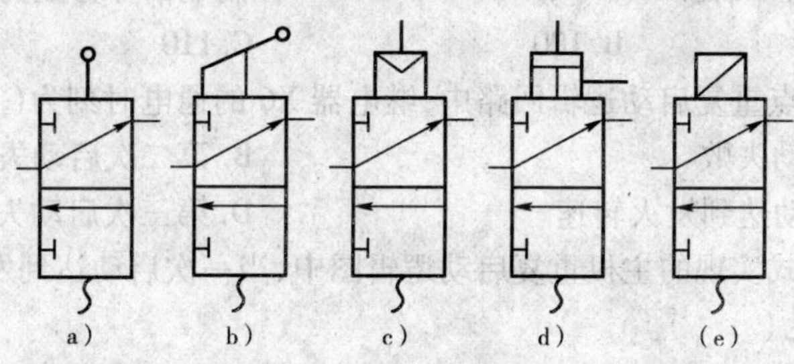

习图 3-4

A. 气控二位三通阀　　B. 三通电磁阀

C. 机械动作二位三通阀　　D. 手动控制二位三通阀

51. 各种二位三通阀的逻辑符号如上图所示,其中图(e)是(　　)。

A. 二位三通电磁阀　　B. 气控二位三通阀

C. 手动控制二位三通阀　　D. 机械动作二位三通阀

52. 在气动遥控系统中,多路阀主要用作(　　)。

A. 换向阀　　B. 调速器　　C. 换向控制阀　　D. 换向检测

53. 速放阀的工作特点是(　　)。

A. 输入大于输出,输出延时达到输入,输入小于输出,输出立即等于输入

B. 输入大于输出,输出延时达到输入,输入小于输出,输出延时等于输入

C. 输入大于输出,输出立即等于输入,输入小于输出,输出延时等于输入

D. 输入大于输出,输出立即等于输入,输入小于输出,输出立即等于输入

54. 主机运行多年后性能下降，现欲调整转速设定调压阀，提高最低稳定转速，但要求额定转速时供油量不变，其不正确的方法是(　　)。

A. 调节螺钉使弹簧压紧一点　　B. 接通气源

C. 调节弹簧座使弹簧圈数少一点　　D. 调节后锁紧螺母要上紧

55. 在主机遥控系统中，作为换向和启动的高压气源(动力气源)压力一般为(　　)。

A. 0.14MPa　　B. 3.0MPa　　C. 0.7MPa　　D. 1.0MPa

56. 在集控室遥控主机时，驾驶室与集控室的遥控主车钟作用是(　　)。

A. 驾驶室主车钟用作主机的操纵控制

B. 驾驶室主车钟即作为传令车钟又用作主机的操纵控制

C. 集控室主车钟仅用作传令车钟

D. 集控室主车钟不仅用于传令车钟，而且还用作正、倒车操纵控制

57. 在主机遥控系统中，应急操纵部位应该是(　　)。

A. 驾驶台　　B. 集中控制室

C. 机旁　　D. 应急运行状态

58. 对转速设定精密调压阀的正确理解是(　　)。

①是一个比例元件；②按力平衡原理工作；③按位移平衡原理工作；④有负反馈机构；⑤稳态时进排气口全关；⑥稳态时排气口稍开。

A. ①②③④　　B. ②④⑤⑥　　C. ②③④⑤　　D. ①②④⑤

59. 在用气动阀件组成的重复启动逻辑回路中，8 是换向完成后送来启动信号，12 去启动回路，在正常启动过程中，阀 A301/1，A301/2，A301/3 控制端信号分别为(　　)状态。

A. 001　　B. 100　　C. 110　　D. 000

60. 在电动有触点重复启动逻辑回路中，继电器 X6 的通电时刻为(　　)。

A. 第一次启动失败　　B. 第二次启动失败

C. 第三次启动达到发火转速　　D. 第三次启动失败

61. 在按时序方式实现的主机重复启动逻辑图中，当一次启动达到发火转速后，Y_{SC}、Y_{SO}及非门 A、B、C 的状态为(　　)。

A. 1 0 0 0 0　　B. 0 0 0 0 0　　C. 0 0 0 1 0　　D. 0 0 0 1 1

62. 在按转速一时序方式实现的主机重复启动逻辑图中，Y_{SC}是启动准备条件，Y_{SL}是启动逻辑判别条件，F_3 是(　　)。

A. 控制两次启动之间间隔的环节　　B. 启动总时间延时环节

C. 一次启动时间延时环节　　D. 启动失败计数单元

63. 主机遥控系统模拟试验装置的主要作用有(　　)。

①显示遥控系统的工况；②检查遥控系统的各种参数；③调试主机参数；④诊断和排除主故障；⑤检查遥控系统的各种功能；⑥对不正确的参数进行调整或修改。

A. ①②④⑥　　B. ①③④⑤　　C. ①②⑤⑥　　D. ②③④⑤

64. 在主机转速自动控制中，若出现主机转速无法调到车令设定转速，而稳定在某一转速值时，其原因不可能是(　　)。

A. 车令设定转速已大于轮机长设定的最大转速限制值

B. 车令设定转速已小于最低稳定转速

C. 车令转速设置在主机临界转速区域内

D. 车钟扳得太快，加速速率限制起作用

65. 三位四通逻辑符号如习图 3-5 所示，P 是气源，A 是正车换向输出口，B 是倒车换向输出口，其控制端 5 和 6 分别接多路阀的 2 端和 3 端。若阀芯卡在中位通的位置，其故障现象是（　　）。

A. 只能进行正车换向　B. 只能进行倒车换向

C. 能换向不能启动　D. 不能进行换向

习图 3-5

66. 在电动加速速率限制回路中，在减速过程中，发光二极管 LD 状态为（　　），电容 C 进行（　　）。

A. 亮，放电　B. 亮，充电　C. 灭，充电　D. 灭，放电

67. 在气动主机遥控系统中，常采用分级延时阀加气容组成加速速率限制回路，为增长加速速率限制时间，应（　　）。

A. 扭紧开始节流气压的调整弹簧　B. 扭松开始节流气压的调整弹簧

C. 关小节流阀　D. 开大节流阀

68. 船舶柴油机进行慢加速的负荷程序，其转速范围规定为额定转速的（　　）。

A. 0% ~30%　B. 30% ~70%　C. 70% ~100%　D. 100% 以上

69. 在主机遥控系统中，轮机长最大转速限制的电位器是设在（　　）。

A. 机旁操纵台上　B. 集中控制室的操纵台上

C. 驾驶室的操纵台上　D. 遥控装置上

70. 气动自动回避临界转速回路中，P_S 为设定转速值，P_a、P_B 分别为临界转速的下、上限值，P_0 为该回路的输出，若采用避下限，当 $P_a < P_S < P_B$ 时，P_0 为：

A. $P_0 = P_S$　B. $P_0 = P_a$　C. $P_0 = P_B$　D. $P_0 < P_B$

71. 在主机遥控系统中，转矩限制是指（　　）。

A. 限制主机的最大转速　B. 限制主机的最大喷油量

C. 实现慢加速程序负荷　D. 限制在设定转速下的最大允许供油量

72. Hagenuk 电/液伺服器在运行中，正确的说法是（　　）。

①先导阀始终跟踪主阀动；②主阀始终跟踪先导阀动；③滤器略有赃堵时，主机转速变化慢；④动力油缸由平衡泵打出的油供给；⑤加速时，力线圈下移，B 口通高压油；⑥稳定运行时，先导泵停转。

A. ①②⑥　B. ②④⑤　C. ③④⑥　D. ②③⑤

73. MAN—B&W—S—MC/MCE 主机操纵系统中，喷油定时自动调节是根据主机负荷变化有规律地使喷油提前或后移的一种设计，实验证明这种设计可以（　　）。

A. 降低爆压　B. 提高爆压

C. 爆压与喷油量成比例　D. 稳定爆压

74. 在 MAN—B&W—S—MC/MCE 主机气动操纵系统中，当驾驶室的车钟手柄从停车位置推到正车位置时，停车电磁阀 84、正车电磁阀 86、启动电磁阀 90 的状态分别为（　　）。

A. 断电、通电、通电　B. 通电、通电、通电

C. 通电、断电、通电　D. 断电、通电、断电

75. MAN—B&W—S—MC/MCE 主机操纵系统中，安保断油不包括的条件是（　　）。

A. 超速　B. 推力轴承高温

C. 气缸冷却水高温　D. 凸轮轴滑油低压

模块四　机舱监视与报警系统

任务一　认识机舱中常用的传感器

一、教学目标

(1)掌握船舶机舱常见温度传感器的测温原理、转换电路、补偿措施及使用方法。

(2)掌握船舶机舱常见压力传感器的结构、压力检测原理及使用方法。

(3)掌握船舶机舱常见液位传感器的结构、液位检测原理及使用方法。

(4)掌握船舶机舱常见流量传感器的结构、流量检测原理及使用方法。

(5)掌握船舶机舱常见转速传感器的结构、转速和转向检测原理及使用方法。

(6)掌握船舶机舱常见扭矩传感器的结构、扭矩检测原理及使用方法。

(7)掌握火警探测器:恒温式、温升式、感烟管式及离子感烟式等火警探测器的工作原理。

(8)适用场合及使用方法。

(9)掌握 Mark -5 型曲柄箱油雾浓度监视报警器的功能、组成及面板上指示灯和按钮的含义。

(10)掌握系统测试电路所能测试的内容、电路的组成及工作原理。

(11)掌握 Mark -5 型曲柄箱油雾浓度监视报警器报警设定值的调整方法。

二、传感器结构及原理

机舱内的各种传感器用来感受被监视的工况参数,并将其变换成电信号后,传送到报警控制单元,因此,传感器是监视和报警系统的信息获取装置,又称为发送器。传感器可分为模拟量传感器和开关量传感器两大类。模拟量传感器用来把被测参数变换成连续变化的模拟量信号,它适用于既要监视运行设备是否正常,又要随时显示其运行参数的监视通道。开关量传感器用来把被测参数是否越限变换成其触点的断开或闭合,即开关量信号,它仅适用于运行设备的故障鉴别,而不能用于参数的测量显示。

1. 温度传感器

常用的温度传感器有热电阻、热电偶和热敏电阻。在船上测量较低温度的场合通常采用热电阻或热敏电阻,如测量气缸冷却水温度、滑油温度、主轴承温度等。在测量高温的场合如主机排烟温度等一般采用热电偶。

1)热电阻式温度传感器

热电阻的基本原理是利用金属电阻丝的阻值随温度升高而增大的热电阻效应,把被测温度变换成相应的电阻值,然后由直流电桥将电阻值的变化转换成相应的电压信号。通常由铜丝或铂丝双线并绕在绝缘骨架上,然后插入护套内而制成。并把由铜丝绕制的热电阻称为铜热电阻,而把铂丝绕制的热电阻称为铂热电阻。

铜热电阻的测温范围是 -50 ~ +150℃,对于分度号为 G 的铜热电阻,其电阻与温度之间的关系式为 $R_t = R_{t0}(1+\alpha_t)$。其中,R_{t0}是温度为0℃时铜的电阻值,$R_{t0}=53\Omega$;α 为电阻系数,$\alpha = 4.25\times10^{-3}/℃$。而铂热电阻的测温范围是 -200 ~ +650℃,常用的国产铂热电阻按分度号主要有 Pt50、Pt100、Pt300。在更换热电阻时要注意温度测量范围。由于铂热电阻测量精度较高,故机舱报警系统中大多采用铂热电阻。

热电阻式温度传感器常采用图 4-1-1 所示的电桥电路将被测温度的变化转换成相应的电压输出信号 u_{ab}。图 4-1-1a)为热电阻测量回路图。

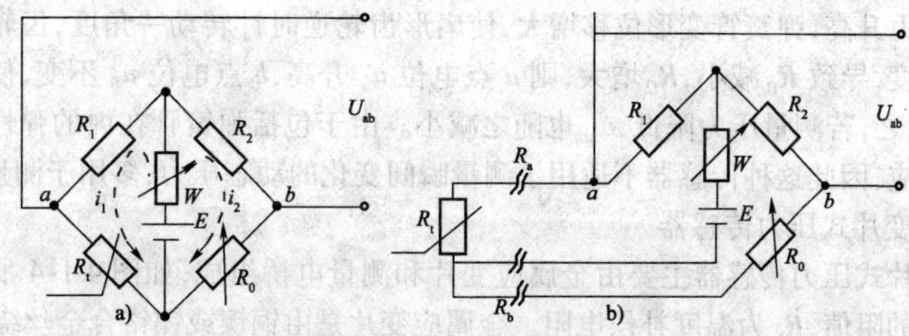

图 4-1-1　热电阻式三线制测温电桥原理图

热电阻安装在所要检测的管路或设备中,与测量电桥之间有一定的距离,需要用导线予以连接,但是,导线的电阻值将会随环境温度的变化而变化,这样会引起一定的测量误差,为此,热电阻通常采用"三线制"连接法来实现对环境温度变化的补偿,如图 4-1-1b)所示。采用两根材料、长度和截面积相同的导线分别接在测量桥臂和调零桥臂,以保证导线的电阻值相等,当环境温度变化时,两根导线阻值的变化量相等而抵消,使电桥输出 u_{ab} 保持不变。热电阻式传感器在船上常用于测量冷却水温度和轴承温度等。

2)热电耦式温度传感器

热电偶是由两种导电率不同的金属导体焊接并插入护套制成的。焊接端称为热端,与导线连接端称为冷端。热端插入需要测温的监视点,冷端置于室温中,若热、冷两端温度不同,则在热电偶回路中会产生热电势 e,e 的大小正比于两端的温度差。当冷端温度保持不变时,其热电势 e 随热端温度的升高而增大。由于冷端温度是随环境温度而变化的,因此当热端测量温度不变而环境温度升高时,则使热、冷端之间的温差减小,热电势 e 也减小,这就影响了测量精度。要使热电偶产生的热电势仅仅与测量温度有关,而与环境温度无关,除了需采用与热电偶相匹配的补偿导线连接外,还需对其冷端温度进行补偿。使用中常在热电偶回路中串接一个冷端温度补偿电桥,如图 4-1-2 所示。图中 R_0、R_1 和 R_2 是锰铜丝绕制的电阻,它们的电阻值基本不随温度变化。R_{cu} 是铜丝绕制的补偿电阻,其电阻值随温度升高而增大。温度补偿电桥的输出 u_{ab} 与热电偶输出电势 e 串联,只要补偿电阻和电路参数调整合适,补偿电桥的输出正好可以抵消由于冷端温度变化而引起的测量误差。

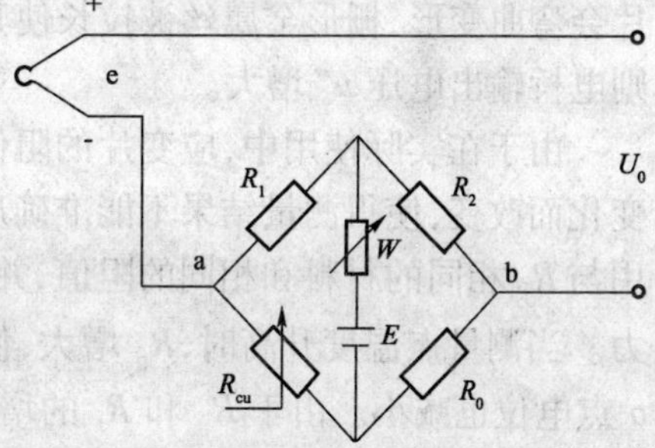

图 4-1-2　热电耦冷端温度补偿电路原理图

热电耦式传感器适用于检测高温的场合,例如主机排气温度的测量等。常用的热电耦有:铂铑$_{10}$—铂热电偶,分度号为 LB—3,测温范围 0 ~ 1600℃;铂铑$_{30}$—铂铑$_6$ 热电耦,分度号为 LL—2,测温范围 0 ~ 1800℃;镍铬—镍硅热电耦,分度号为 EU—2,测温范围 0 ~ 1300℃。

2. 压力传感器

压力传感器的种类很多,下面介绍电阻式和应变片等三种压力传感器。

1)电阻式压力传感器

电阻式压力传感器主要由弹簧管、传动机构、滑线电阻及测量电桥等组成,如图 4-1-3 所示。该压力传感器是利用弹簧管感受压力后变形所产生的位移与测量压力成正比的原理,先将测量压力变换成弹簧管的位移,再将位移经齿轮传动机构放大后使滑线电阻的滑针位置改变,致使滑线电阻的上部电阻 R_{f1} 和下部电阻 R_{f2} 发生变化,通过测量电桥检测后转换成相应的电压。

若测量压力升高,弹簧管变形位移增大,使扇形齿轮逆时针转动一角度,齿轮带动滑针顺时针转过一角度,导致 R_{f1} 减小,R_{f2} 增大,则 a 点电位 u_a 升高,b 点电位 u_b 不变,使电桥输出电压 u_{ab} 增大。反之,若测量压力降低,u_{ab} 也随之减小。由于包括弹簧管在内的弹性敏感元件存在弹性滞后效应,因此这种传感器不适用于测量瞬间变化的动态压力,多用于测量静态压力。

2)金属应变片式压力传感器

金属应变片式压力传感器主要由金属应变片和测量电桥组成,如图 4-1-4 所示,图中,R_p 为金属应变片的阻值,R_t 为温度补偿电阻。金属应变片是由铜镍或镍铬合金丝绕成栅状,然

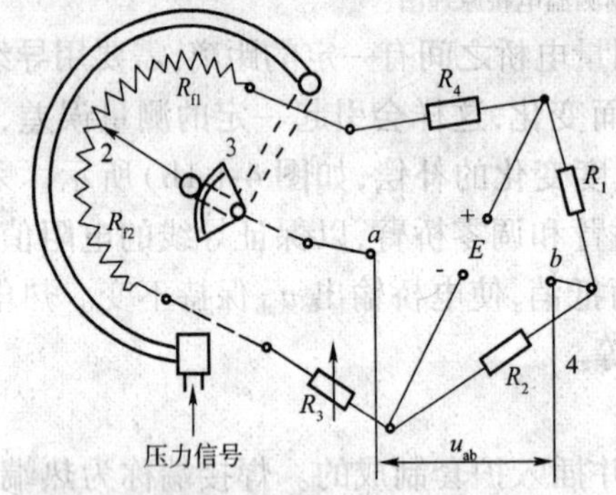

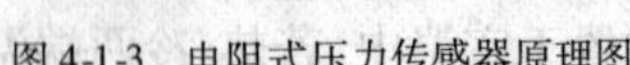
图 4-1-3　电阻式压力传感器原理图

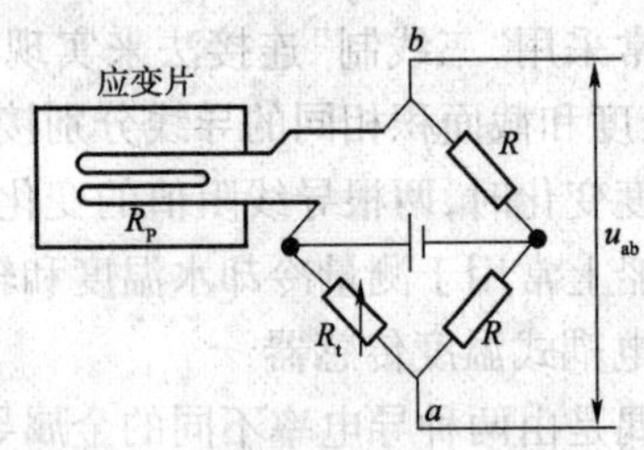

图 4-1-4　金属应变片压力传感器原理图

后粘贴在上、下两层绝缘基片之间而制成的。使用时,将应变片牢固粘贴于受压容器壁上。当测量压力为零时,可调整测量电桥,使电桥平衡,输出电压 u_{ab} 为零。当测量压力增加时,应变片会弯曲变形,栅形金属丝被拉长使其电阻值 R_p 增大,使 b 点电位 u_b 减小,a 点电位 u_a 不变,则电桥输出电压 u_{ab} 增大。

由于在实际使用中,应变片的阻值不仅会随测量压力的变化而改变,还会随测量点的温度变化而改变,使得测量结果不能准确反映测量压力。为此,常设置一个温度补偿电阻 R_t,R_t 选用与 R_P 相同的材料和相同的阻值,并且也安装在被测容器内,以感受同一个温度,但不承受压力。当测量点温度升高时,R_p 增大,使 b 点电位减小,同时 R_t 也增大,使 a 点电位也减小。由于 R_p 和 R_t 的增量相同,故 u_b 和 u_a 减小量相同,使电桥输出 u_{ab} 保持不变,从而实现温度补偿。应变片式压力传感器不仅可以用来测量静态压力,也可用来测量动态压力。

3)电磁感应式压力检测器

图 4-1-5 是电磁感应式压力检测器的原理图。它由弹性元件和差动变压器组成。常用的弹性元件有波纹管和弹簧管,其中,波纹管适用于测量范围在 0 ~ 0.3MPa,弹簧管检测压力适用范围在 0.6MPa 以上。

1 差动变压器　2 铁芯
U_E
U_{OUT}
连杆 3
波纹管 4
P

图 4-1-5　电磁感应式压力检测器原理图

3. 液位传感器

液位传感器有浮力式、静压式、电极式、电阻式、电容式和超声波式等等。其中,浮力式分为恒浮力式和变浮力式,静压式分为差压式和吹气式。电极式和电阻式液位传感器只能测量导电液体的液位,而电容式只

能测量非导电液体的液位,超声波式常用于测量精度要求较高的场合。下面介绍变浮力式和吹气式两种液位传感器。

1)变浮力式液位传感器

图4-1-6给出根据变浮力作用原理构成液位检测工作的原理图,其主体是由浮筒、平衡弹簧和差动变压器组成的。它依照浮筒被液体浸没的体积所产生的浮力会随着液位升高而增大的原理进行工作的。我们知道;液位的变化总是伴随有相应的浮力变化,可以理解浮力、平衡弹簧的作用力、浮筒自身重量通过浮筒结构进行力的比较,在新的力平衡关系建立以后,会得出一个确定的位移变化,并加到差动变压器的铁芯上去,以使差动变压器的输出电压 U_{OUT} 发生改变。最后经过整流,输出与液位变化成比例关系的直流电压信号。

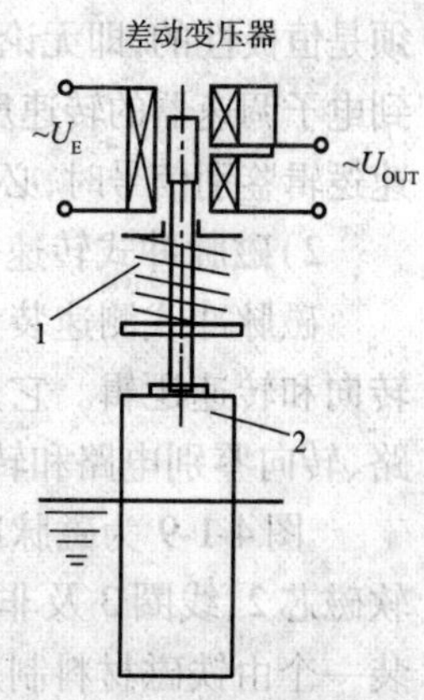

图4-1-6 变浮力液位传感器原理图

1-平衡弹簧;2-浮筒+推杆

调整平衡弹簧的圈数可改变液位测量灵敏度。

2)吹气式液位传感器

吹气式液位传感器是属于静压式液位传感器,其结构原理如图4-1-7所示。它是由过滤减压阀1、节流阀2、导管3、平衡气室4及差压变送器5等元件组成。调整节流阀2使液位在最高位置时,从平衡气室中有微量气泡逸出。这样导管3中压力始终与平衡气室压力相等。平衡气室的压力就是液位的静压力,即与液位高度成比例。因此,液位变化时,导管内的压力也随之变化,经变送器输出的气压信号就与液位高度成比例。

4. 转速传感器

常用的转速传感器有测速发电机和磁脉冲式测速装置。转速传感器可用来检测主机的转速和转向、发电机的原动机转速等。

1)测速发电机

测速发电机是利用导体切割磁力线所产生的感应电势与转速成比例的原理,把转速变换成相应的感应电势。测速发电机可分为直流和交流两种形式。

直流测速发电机输出的直流电压大小与转速成正比,即 $U=K\cdot n$,式中 K 为比例系数,n 为转速。直流电压 U 的大小反映了转速的高低,当转向不同时,直流测速发电机输出的电压极性也不同,正转时输出正电压,反转时输出负电压,因此 U 的极性反映了主机的转向。转速为零时,测速发电机的输出电压 U 为零。直流测速发电机的特性如图4-1-8a)所示。

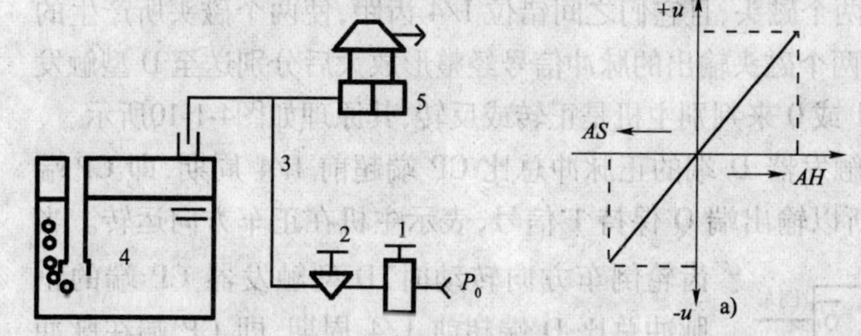

图4-1-7 吹气式液位传感器原理图

1-过滤减压阀;2-节流阀;3-导管;4-平衡气室;5-差送变压器

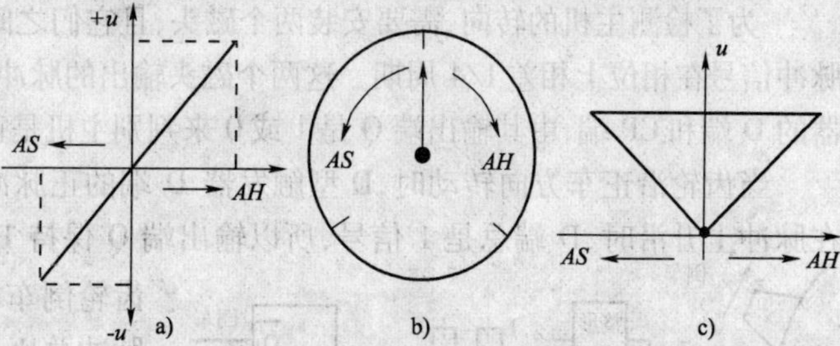

图4-1-8 整流后正、倒车转速对应的电压值

直流测速发电机输出的电压信号可送至转速表来指示主机的转速和转向,如图4-1-8b)所示。但是当测速信号作为电子调速器的转速反馈信号,或作为转速逻辑鉴别信号时,测速信号必

须是恒极性的，即无论主机是正转还是反转，测速电压信号的极性不能改变，否则无法保证馈送到电子调速器的转速反馈在正车或倒车时都是负反馈。为此，作为控制系统中的转速反馈和转速逻辑鉴别信号时，必须经过整流把倒车时的负电压信号转换成正电压信号，如图4-1-8c）所示。

2）磁脉冲式转速传感器

磁脉冲式测速装置属于非接触式转速传感器，在主机遥控系统中可用来检测主机的转速、转向和转速逻辑。它是由测速齿轮、磁脉冲探头、脉冲整形放大电路、频率/电压（f/v）转换电路、转向鉴别电路和转速逻辑鉴别电路所组成。

图4-1-9为磁脉冲转速传感器结构原理图，它由永久磁铁1、软磁芯2、线圈3及非导磁性外壳4等构成。在主机的主轴上安装一个由铁磁材料制成的测速齿轮，磁脉冲探头对准齿轮的齿顶固定，并与齿顶之间保持一个较小的间隙。当主机转动时，齿轮随之转动，当齿顶对准磁探头时，因间隙较小，所以磁阻较小，通过磁探头线圈中的磁通量较强；而当齿槽对准磁探头时，间隙增大，磁阻增大，则通过线圈中的磁通量较弱。因此，在齿轮随主机转动时，齿顶与齿槽相继对准磁探头，使其线圈中磁通量不断改变而感应出一系列脉动电势，每转过一个齿，磁探头就产生一个脉冲。磁脉冲探头所产生的脉冲频率可表示为

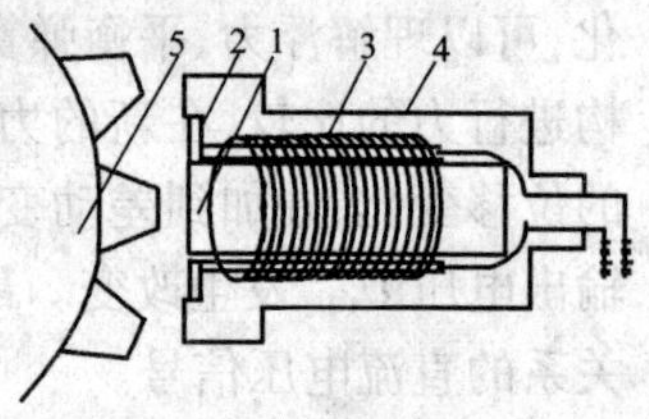

图4-1-9　磁脉冲转速传感器结构原理图

1-永久磁铁；2-软磁芯；3-线圈；4-非导磁性外壳；5-齿轮

$$f=\frac{Z\cdot n}{60}$$

式中，f为脉冲频率，z为齿轮的齿数，n为转速。当齿轮的齿数z等于60时，$f=n$，因此可用脉冲的频率来表示转速的高低，脉冲频率越高则反映转速越高。

由于磁探头线圈所感应的脉冲电势幅值与磁通量的变化速度有关，当转速降低时，线圈中磁通量的变化速度减小，则感应的脉冲电势不仅频率降低，而且幅值也减小。因此，必须对脉冲电势进行整形放大，变换成幅值不受转速快慢影响的方波脉冲信号，然后把方波脉冲经过频率/电压转换电路转换成电压信号，从而将转速按比例转换为相应的电压信号，该电压信号的大小反映了转速的高低。

在主机遥控系统中，常需要测速装置提供一些转速逻辑信号，如发火切换转速、换向转速等。这时，只需将转速电压信号送到基准电压设置在不同转速上的一系列比较器，即可得到相应转速下的各种转速逻辑信号。调整电位器，可调整相应比较器的基准电压，从而调整其逻辑转速值。

为了检测主机的转向，需要安装两个磁头，且它们之间错位1/4齿距，使两个磁头所产生的脉冲信号在相位上相差1/4周期。这两个磁头输出的脉冲信号经整形放大后分别送至D型触发器的D端和CP端，由其输出端Q是1或0来判别主机是正转或反转，其原理如图4-1-10所示。

当齿轮沿正车方向转动时，D型触发器D端的正脉冲总比CP端超前1/4周期，即CP端在脉冲上升沿时，D端总是1信号，所以输出端Q保持1信号，表示主机在正车方向运转。当齿轮倒车方向转动时，D型触发器CP端的正脉冲总比D端超前1/4周期，即CP端在脉冲上升沿时，D端总是0信号，所以输出端Q保持0信号，表示主机在倒车运转。

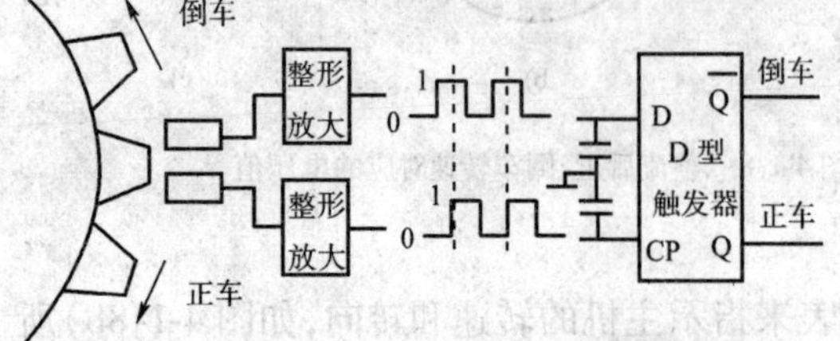

图4-1-10　磁脉冲传感器检测主机转向原理图

5. 流量传感器

常用的流量传感器有容积式、电磁式等。容

积式流量传感器可用来检测油和水的流量，电磁式流量传感器只能用来检测导电液体的流量。

1）容积式流量传感器

容积式流量传感器由检测齿轮1、转轴2、永久磁铁3和干簧继电器4组成，如图4-1-11所示。当流体自下向上流过时，由于有摩擦力存在，因此有压力损失，使进口流体压力 p_1 大于出口流体压力 P_2，检测齿轮在压力差的作用下，产生作用力矩而转动，通过的流量越大，齿轮转速越快。齿轮转动经轴2上端的永久磁铁3驱动干簧继电器4，使其触点闭合或断开，从而输出反映流量大小的电脉冲信号。

2）电磁式流量传感器

电磁式流量传感器是由一对磁极、一对电极和检测放大电路所组成，如图4-1-12所示。

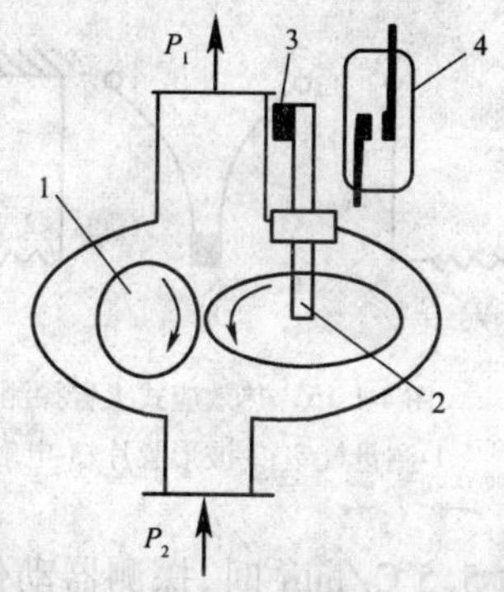

图4-1-11　容积式流量传感器原理图

1-检测齿轮；2-转轴；3-永久磁铁；4-干簧继电器

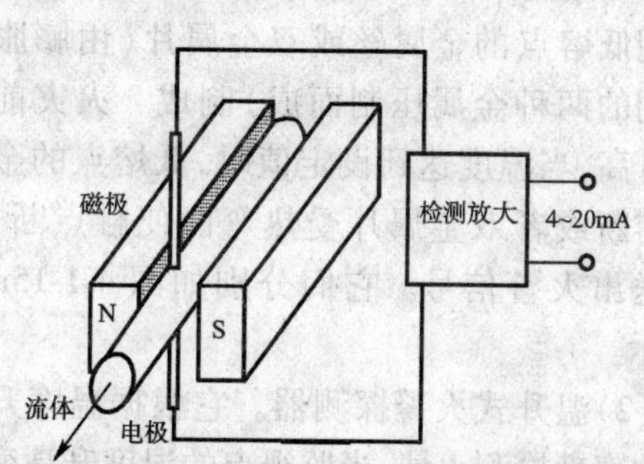

图4-1-12　电磁式流量传感器原理图

它是根据电磁感应原理来检测流量的。一对磁极置于测量管道两侧，以产生一个磁场，当导电液体在磁场中垂直于磁通方向流动时，因切割磁力线而在两个电极上产生感应电势。液体的体积流量越大，切割磁力线的速度越快，则感应电势就越大，从而把液体的体积流量按比例转换成感应电势的大小，感应电势经检测放大后输出4～20mA的电流信号。

3）差压式流量传感器

差压式流量传感器原理如图4-1-13所示。它是利用流体通过孔板等节流装置时产生压力差来反应流量变化。膜片两侧承受压力差信号 $\Delta P = P_1 - P_2$，通过膜片硬芯使差动变压器铁芯偏离中间位置向左移动，差动变压器输出的电信号就与流量成比例。

6. 扭矩传感器

扭矩传感器用来检测主机的有效功率（轴功率）。它的工作原理是轴的扭矩与轴的扭转角成比例，扭矩传感器有多种结构类型，这里仅介绍一种相位差式扭矩传感器，其原理如图4-1-14所示，在主轴上安装两个齿轮及两个磁脉冲传感器。在主轴扭矩为零时，两个齿轮的齿

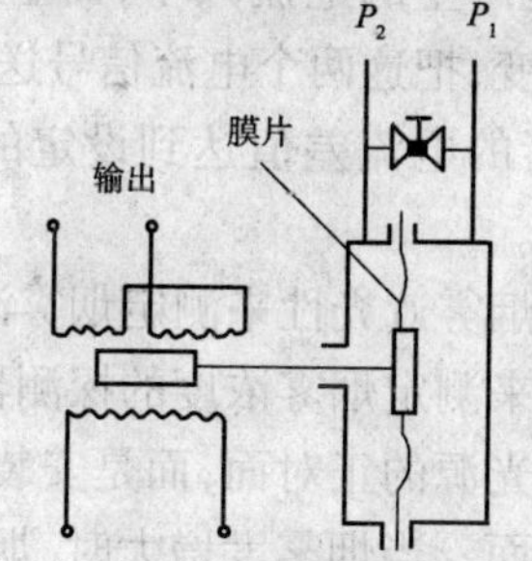

图4-1-13　差压式流量传感器原理图

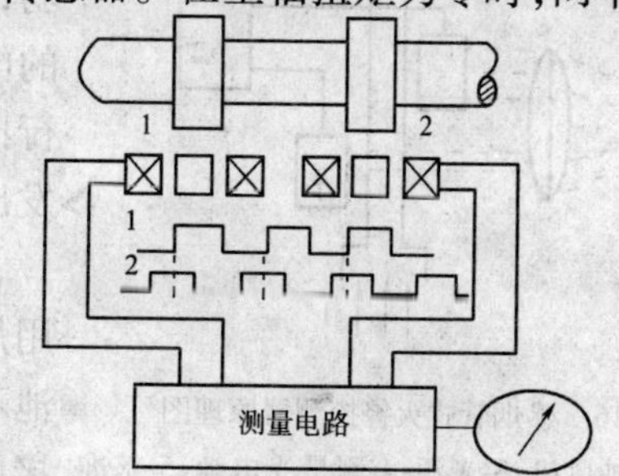

图4-1-14　相位差式扭矩传感器原理图

1、2-磁脉冲传感器

顶和齿槽由轴线方向看是重合的。当主轴受到扭矩作用时，两个齿轮牙齿要错开，两磁脉冲传感器输出的矩形波就存在相位差，通过检测这个相位差来反映主轴所受扭矩的大小，显然相位差越大，扭矩也就越大。

7. 火警探测器

火警探测器是火灾报警系统的检测单元。它是根据火灾前兆的物理现象（发热、冒烟等）制成不同类型的探测器。船上常用的有热效应式和感烟式两类。

1）热效应式火警探测器

热效应式也称感温式火警探测器，主要用于住室、走廊、控制室等舱室较小的场所。感温式探测器有定温式和温升式两种，如图 4-1-15 所示。

（1）定温式火警探测器。定温式火警探测器采用低熔点的金属丝或双金属片（由膨胀系数不同的两种金属压制而成）制成。火灾前温度会升高，当温度达到设定值时，低熔点的金属丝被熔断或者双金属片受热弯曲使触点断开，进而送出火警信号。它们分别如图 4-1-15a）、b）所示。

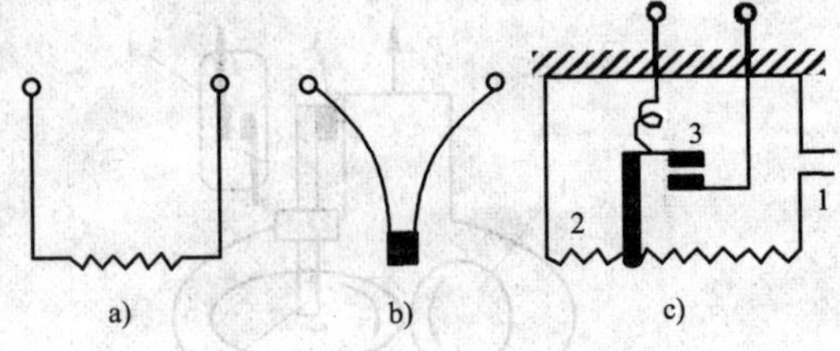

图 4-1-15　热效应式火警探测器
1-测量气室；2-波形膜片；3-电触点

（2）温升式火警探测器。它根据温度升高的变化率来检测火情，当监视点的温度升高变化率超过 5.5℃/min 时，探测器动作，发出火警信号。温升式火警探测器由测量气室 1、波纹膜片 2 及电触点 3 组成，见图 4-1-15c）。无火灾时，环境温度变化很慢，因此测量气室内温度缓慢上升使气体膨胀较馒，膨胀气体经小孔放出，使得气室内的压力基本保持为大气压力，膜片受力平衡，触点处于断开状态，不发出火警报警。当发生火灾时，监视点温度快速升高，使测量气室内膨胀的气体来不及从小孔泄放，其压力升高，波纹膜片下弯，使动触点与静触点闭合发出火警信号。

2）感烟式火警探测器

感烟式火警探测器常用的有感烟管式和离子式两种。感烟管式主要用于货舱等舱容较大场合的火警探测，离子式主要用于机舱等处的火警探测。

（1）感烟管式火警探测器。它由集烟管 1、抽风机 2、光源 3、测量光电池 4、基准光电池 5 和检测电路 6 组成，如图 4-1-16 所示。它是利用烟雾的遮光性质来测定集烟管内的烟雾密度的。检测时，由抽风机抽取大舱内的气体经集烟管排出，光源经透镜变成平行光分别照射在光电池 4 和 5 上。当气体中的烟雾密度增加时，烟雾的遮光作用加强，使测量光电池所接受到的光照度减弱，测量光电池产生的电流减小，而基准光电池产生的电流保持不变，把这两个电流信号送至检测电路进行比较，当两者的电流差值达到设定的警戒值时，便发出火警信号。

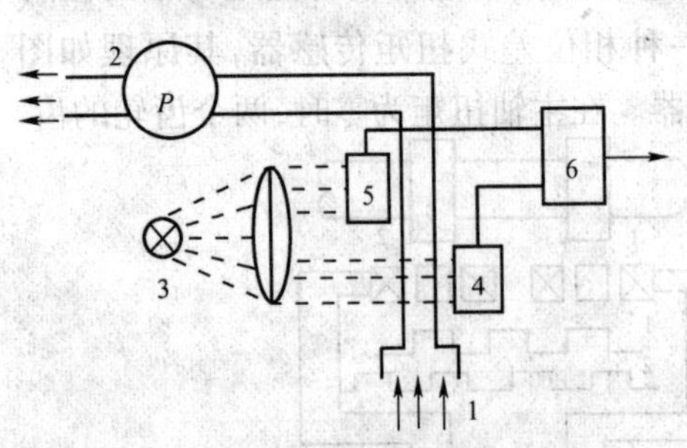

图 4-1-16　感烟管式火警探测器原理图
1-集烟管；2-抽风机；3-光源；4-测量光电池；5-基准光电池；6-检测电路

除了利用烟雾遮光性来测定烟雾浓度外，还有利用烟雾散射性来测定烟雾浓度的探测器，其测量光电池不是安装在光源的正对面，而是安装在光源不能直接照射到的侧面。当烟雾度增大时，烟雾粒子对光的散射作用增强，使测量光电池接受到的光照度增强，光电流增大，同样当其达到设定的报警值时，发出火警信号。

(2)离子感烟式火警探测器。它由内、外电离室及检测电路组成，如图 4-1-17 所示。该探测器是根据烟雾颗粒能吸附离子的原理，利用同位素镅 241 放射 α 射线所产生的离子流随烟雾密度增加而减小的特性来探测烟雾的。内、外电离室中各放有一块同位素镅 241 和一个电极。内电离室是个封闭气室，充有标准空气，作为基准室；外电离室开有小孔接受被监测的含烟气体。同位素镅不断地放射出 α 射线，使空气分子电离，并在电场作用下产生离子电流。当无烟气体进入外电离室时，内、外电离室中的离子流相等，其等效电阻相等，U_A 较小，检测电路中的电子开关不动作。当有火灾前兆时，含烟雾气体进入外电离室，吸附一部分离子，使离子电流减小，外电离室的等效电阻增大，而内电离室的等效电阻保持不变，所以 U_A 增大，当烟雾密度达到设定的警戒值时，U_A 达到设定值，使检测电路中的电子开关闭合，发出火警信号。

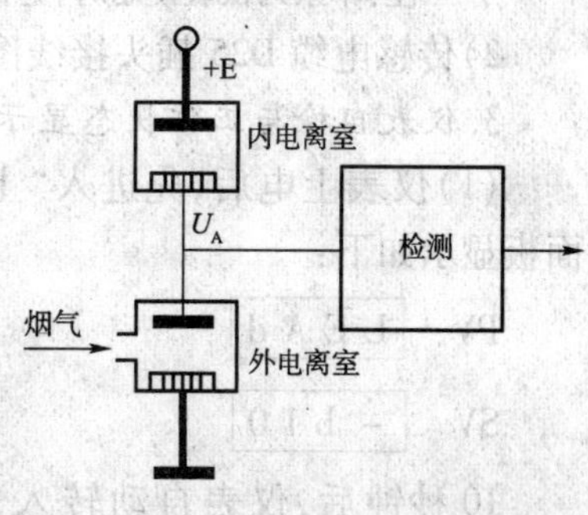

图 4-1-17　离子感烟式火警探测器原理图

三、实训环节

实训一　LD-B10-10F 型仪表使用操作

1. 仪表的面板布置(图 4-1-18)

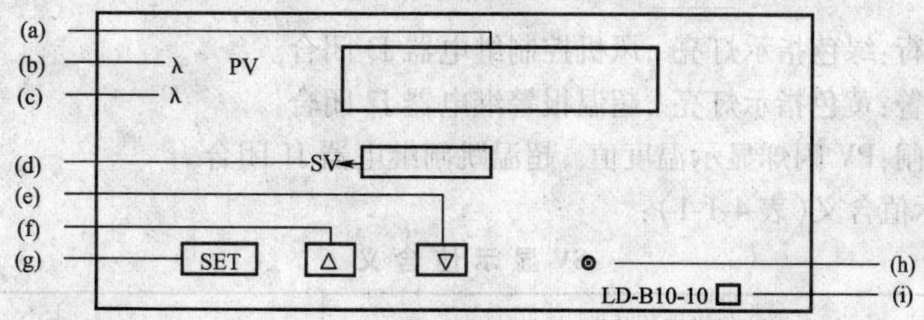

图 4-1-18　仪表的面板布置

(a)测量值显示器；(b)风机启停指示灯(绿色)；(c)超温报警指示灯(黄色)；(d)检测相序及提示符显示器；(e)减数键(及最大值显示/巡回显示切换键)；(f)增数键(及风机手动/自动控制切换键)；(g)参数设定功能键；(h)复位键(面板不标明)；(i)仪表型号

2. 仪表接线

1)仪表后盖接线图(图 4-1-19)

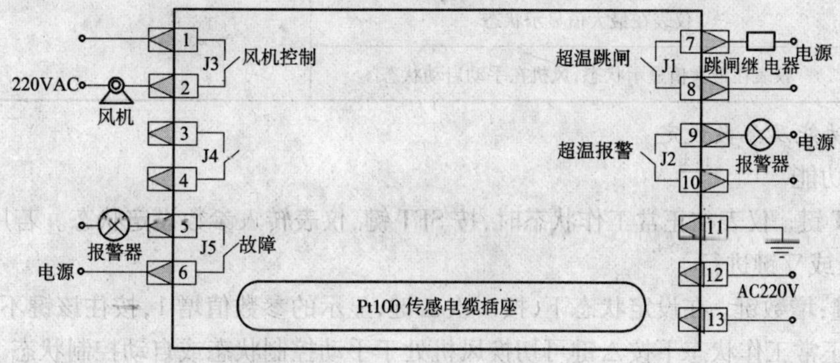

图 4-1-19　LD－B10－10F 仪表后盖接线图

注:本系列仪表使用时,为保证其性能稳定,必须将第11端(接地端)与大地可靠连接。

2)传感电缆D25插头接线图(三线制图4-1-20)

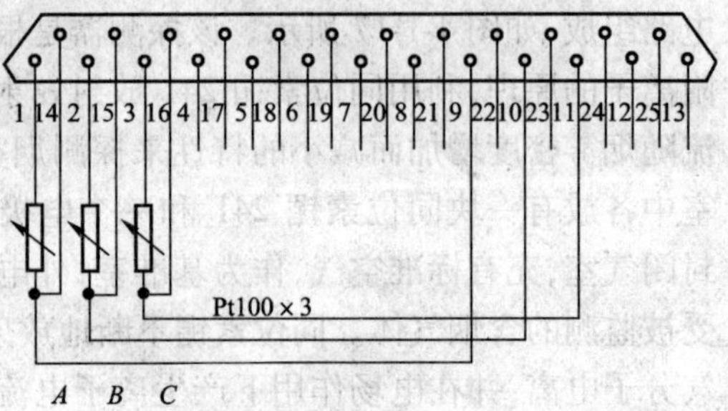

图4-1-20 传感电缆D25插头接线图

3. 仪表自检与工作状态显示

(1)仪表上电后,先进入"上电自检"状态,面板显示如下:

PV | L E A d |

SV | – b 1 0 |

10秒钟后,仪表自动转入正常工作状态。如输入接线正确,仪表测量回路本身无故障,PV与SV分别显示测量值和测量绕组相序。如果要求仪表自检,可按复位键。

(2)如果仪表测量回路接线有误,PV闪烁显示| – Er – |,故障继电器J5闭合。

(3)如果仪表测量回路开路,PV闪烁显示| – OP – |,故障继电器J5闭合。

(4)如果输入信号超出仪表测量范围:

超上限时,PV闪烁显示| – OH – |,故障继电器J5闭合。

超下限时,PV闪烁显示| – OL – |,故障继电器J5闭合。

(5)风机运行:绿色指示灯亮,风机控制继电器J3闭合。

(6)超温报警:黄色指示灯亮,超温报警继电器J2闭合。

(7)超温跳闸:PV闪烁显示温度值,超温跳闸继电器J1闭合。

(8)SV显示值含义(表4-1-1):

SV显示值含义 表4-1-1

SV	仪表工作状态	备　注
PH X	三相巡回显示状态,三相绕组温度均低于报警值	X、X'为A、b或C X:指正在测量显示的绕组相序 X':指超温绕组相序
X' X	三相绕组中X'相超温	
HH X	三相绕组温度正常,风机在手动启动状态	
HX' X	风机在手动启动状态,X'相超温	
UU X	仪表在最大值显示状态	
HU X	仪表在最大值显示状态,风机在手动启动状态	

4. 按键功能及参数设定

1)按键功能

(1) SET键。仪表在正常工作状态时,按SET键,仪表转入参数设定状态。若用户需要修改参数,按△或▽键进行。

(2)△键:增数键。在设定状态下,按一次△键,显示的参数值增1,按住该键不放,可进行快速增数。正常工作状态下按△键可切换风机处于手动控制状态或自动控制状态。

(3)▽键:减数键。在设定状态下,按一次▽键,显示的参数值减1,按住该键不放,可进行快速减数。正常工作状态下按▽键可切换仪表处于最大值显示或各相巡回显示状态。

(4)参数设定结束后,按 SET 键仪表返回正常工作状态。

2)参数设定

(1)参数设定步骤(表 4-1-2):

表 4-1-2

步骤	显示 按键	PV	SV	说　明	备　注	
1	SET	– cd –	1000	仪表进入参数设定状态		
2	△或▽	– cd –	1005	输入参数设定密码 1005	若密码不对,则无法进行设定	
3	SET	– Ob –	90.0	出厂时设定的风机启动温度目标值为 90.0℃	设定范围 0.0 ~ 200.0	所有△或▽键参数均可修改
4	SET	– dF –	10.0	出厂时设定的风机启动回差值为 10.0℃。即风机启动温度大于 90℃ + 10℃ = 100℃,风机关闭温度小于 90℃ –10℃ =80℃	设定范围 0.0 ~ 15.0	
5	SET	– AH –	150.0	出厂时设定的超温跳闸温度值为 150.0℃		
6	SET	– AL –	130.0	出厂时设定的超温报警温度值为 130.0℃	设定范围 0.0 ~200.0	
7	SET	确认修改后的参数值,同时仪表退出参数设定状态,返回正常工作状态。				

(2)数字补偿值设定步骤(表 4-1-3):

表 4-1-3

步骤	显示 按键	PV	SV	说　明	备　注
1	SET	– cd –	1000	仪表进入参数设定状态	
2	△或▽	– cd –	1008	输入参数设定密码 1008	若密码不对,仪表无法进行补偿值设定
3	SET	A 相温度值	A 0.0	进入 A 相补偿值设定状态,原来 A 相补偿值为 0.0℃	补偿值可设定为正补偿或负补偿,设定范围 0.0 ~ ±19.9
4	△ 或▽	A 相补偿后温度显示值	A 1.5	设定 A 相补偿值为 1.5℃	
5	按同样步骤设定 B、C 相补偿值	操作及显示与 A 相类同			
6	SET	确认设定后的补偿值,仪表退出补偿值设定状态,返回正常工作状态。			

注:(1)按 SET 键,切换到另一相时,需稍候,再作调整。

(2)在参数及补偿值设定过程中,若不按任何键,约 100s 后仪表自动返回正常工作状态,设定过程无效。

(3)黑匣子功能操作步骤(表4-1-4)。

用以查看断电时刻各相绕组的温度值。

表4-1-4

步骤	显示 按键	PV	SV	说　明
1	SET	－Cd－	1000	进入参数设定状态
2	△ 或 ▽	－Cd－	1002	输入黑匣子操作密码1002,若密码不对,仪表无法进入黑匣子功能操作
3	SET	断电时刻A相绕组的温度值	EE A	
4	按△键进入B、C相操作	显示内容与A相类同		按△键可使A、B、C三相巡回显示
5	SET	仪表退出黑匣子功能操作状态,返回正常工作状态。		

实训二　曲柄箱油雾浓度监视报警器

曲柄箱油雾浓度监视报警器是保证柴油机安全运行的重要装置之一。在高温时,滑油会产生油气,这些油气在曲柄箱中与70℃左右的较冷空气混合形成油雾,当油雾浓度超过正常标准时,可能会引起曲柄箱的爆炸事故。柴油机装有曲柄箱油雾浓度监视报警器后,一旦油雾浓度超过正常标准时,能及时发出声光报警,同时使主机自动降速或停车。

目前,在船上所采用的油雾浓度监视报警器种类繁多,但工作原理相近。Graviner Mark5型油雾浓度监视报警器是应用较多的一种,它以单片机作为监视报警器的核心部件,对曲柄箱油雾浓度进行检测、监视、显示、报警及对主机进行安全保护。与用常规电路组成的油雾浓度监视器相比较,它取消了许多机械旋转部件,大大提高了监视报警器工作的可靠性。同时,它采样准确、执行速度快,并有较强的自检功能,是现今较为先进的一种曲柄箱油雾浓度监视报警器。本节以Mark5型油雾浓度报警器为例说明其工作原理。该监视报警器主要是由采样切换电磁阀、油雾浓度测量单元、显示报警单元及控制电路等部分组成的,这些单元均装在一个控制箱中,该控制箱的面板如图4-1-21所示。

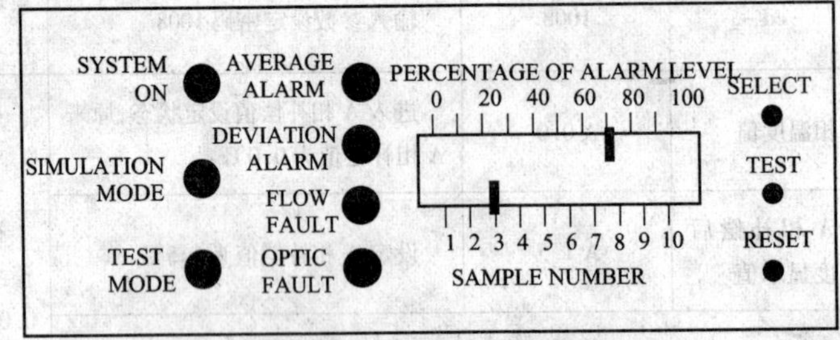

图4-1-21　Mark5型油雾浓度监视报警器面板图

在控制箱的下部有十个采集曲柄箱油雾气样的采样管接口(在使用中接几根采样管,视主机的缸数而定),一个清洗空气(压力为0.1MPa)管接口和一个排气管接口,还有两根3 m长的电缆,一根用于接电源,另一根用于监视报警器的输出。

在控制箱的显示板上有三个状态指示灯,即SYSTEM ON(系统接通电源时亮),SIMULATION MODE(系统模拟运行时亮),TEST(对系统进行测试时亮)。有四个报警及故障状态指示灯,即 AVERAGE ALARM(发生平均浓度报警时亮),DEVIATION ALARM(发生偏差浓度报警时亮),FLOW FAULT(系统不能正常采样时亮),OPTICAL FAUILT(光学系统有故障时亮)。此外,还有三个操作按钮,即 SELECT(选择采样显示点按钮),在正常运行时,若按下该按钮,则系统只检测现行采样点,并显示其油雾浓度;TEST(测试按钮),对系统进行测试时要按下此按钮;RESET(复位按钮),该按钮用于系统复位,当监视报警器某些预选参数需要重新调整时,参数调整后要按下此按钮,以确认所调整的参数并重新启动系统,使系统恢复到正常运行状态。在面板上还有一个液晶显示器,用来显示采样点和曲柄箱的油雾浓度。不过该显示器不是直接显示采样点油雾浓度的具体值,而是显示其浓度相当于报警浓度设定值的百分数。图示状态表明第三缸的油雾浓度为报警设定值的70%。

1. 气样的采集与测量

各曲柄箱油雾气样采集与测量单元的工作原理如图 4-1-22 所示。该单元共有 11 个两位三通电磁阀,其中有 10 个电磁阀分别采集各曲柄箱的气样,该系统最多可检测 10 个缸的气样,如果是 6 缸柴油机,只用其中的 6 个电磁阀,空 4 个不用。另一个是清洗空气电磁阀,压缩空气通过该电磁阀清洗测量装置。系统在正常运行期间,单片机轮流使各采样点电磁阀通电,通电的电磁阀(如图所示采样点 1 的电磁)左位通,该缸曲柄箱油雾气样在抽风机作用下流经测量室,其他点的采样电磁阀断电右位通,曲柄箱气样在抽风机作用下经旁通管路直接排出而不经测量室。

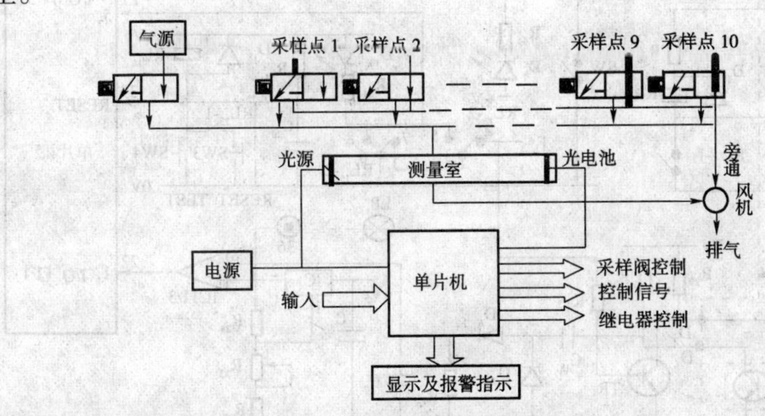

图 4-1-22　气样采集及测量原理图

测量部分由测量室、光源和光电池组成。光源接通电源以后将发射一束光强不变的平行光并照射在光电池上,当流经测量室的待测气样油雾浓度变化时,其气样的透光程度发生变化,即照射到光电池的光强也发生变化,光电池输出的电流大小与接收到的光强成一定的函数关系,该电流信号经电流/电压转换并经变增益放大后送至模数(A/D)转换器,把与油雾浓度相对应的电压信号转换成数字量送入单片机。单片机先把所测量到的各缸曲柄箱气样油雾浓度值加在一起除以缸数,得到一个平均浓度值并存入 RAM 中。以后每检测一个缸的曲柄箱气样油雾浓度值,就与平均浓度相比较得到一个偏差浓度值,并用新的浓度值取代原先所检测到的该缸气样的油雾浓度值,算出一个新的平均油雾浓度。这样每检测一个缸的曲柄箱气样,就能得到两个值,即偏差浓度值和平均浓度值,单片机再把这两个值与报警设定值相比较,不管平均浓度值达到平均浓度报警值,还是偏差浓度值达到偏差浓度报警值,都将在液晶显示器上显示(显示值为100%),并发出声光报警,同时向主机的安全保护系统送一个故障降速或故障停车信号。

在正常运行中,单片机定时使清洗空气电磁阀通一次电,电磁阀通电后左位通,来自气源的压缩空气经该阀左位进入测量室。该压缩空气一方面对光源、光电池及测量室进行清洗,防止光源和光电池被油雾污染而影响测量精度;另一方面,压缩空气对测量单元还能起到冷却作用,提高光源和光电池的使用寿命,也能防止光电池因温度升高而产生的特性漂移。除此之外,测量单元要检测一次空气的油雾浓度,该值此时应该为零,如果不是零,则看一下与原零点偏差有多大,若偏差不大,则以新得到的浓度值为相对零点并取代原零点,若偏差较大,系统则认为光源或光电池污染严重,清洗无效,OPTICAL FAULT 灯亮,发出报警并终止采样。

以单片机为核心所组成的 Mark5 型曲柄箱油雾浓度监视报警器的电路是比较复杂的,为了叙述方便,我们把这个电路分成测量电路、输出电路、显示报警电路和系统测试电路等,分别加以介绍。该电路采用 110V 或 220V 交流电源(任选),经内部变压、整流和稳压后得到 5V 电源 Ve,作为各集成电路电源。

2. 系统测试电路

系统测试电路的工作原理如图 4-1-23 所示。该电路的下半部分是用来检测抽风机工作是否正常的。IC_5 是光电耦合元件,抽风机的旋转轴处于光电耦合组件之间,因其转轴的特殊形状,当风机旋转时,使得发光管与接收管之间被周期性遮挡,当接收管能够受到发光管照射

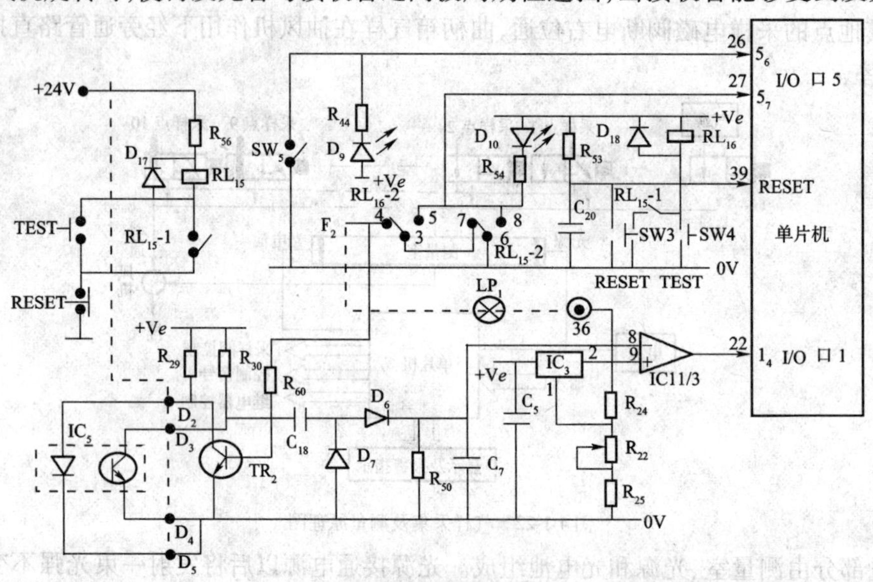

图 4-1-23　系统测试电路工作原理图

时处于导通状态。D_3 和 D_4 之间相当于短路,即 D_3 为低电平,当接收管受到遮挡,接收不到发光管照射时处于截止状态,D_3 和 D_4 之间相当于开路,D_3 为高电平,因此,抽风机在运转时,D_3 的电平就会发生高低变化,其变化速度与风机转速一致。该高低变化的电平信号,通过电容 C_{18} 耦合经二极管 D_6 向电容 C_7 充电,D_3 为高电平时是充电过程,D_3 为低电平时,C_7 经 R_{50} 放电,充电快、放电慢,风机转速越高,电容 C_7 两端电压越高,该电压信号送至电压比较器 $IC_{11}/3$ 的反相端,而同相端接稳压器 IC_3 输出的标准信号,当风机转速高到一定值时,$IC_{11}/3$ 输出为低电平信号,单片机由 1_4 端输入该低电平信号后,认为风机工作正常,若风机转速低于某一转速时,$IC_{11}/3$ 将翻转输出高电平,单片机输入该信号后,认为风机转速过低,不能进行正常采样,会发出 FLOW FAULT 报警。

系统测试的目的是检查该监视报警器的各种功能,如报警指示灯、声光报警等工作是否正

常，要对系统进行测试必须按测试（TEST）按钮。本系统可进行遥控测试，即按虚线框左边的TEST按钮，也可以在现场按控制箱面板上的TEST（SW_4）按钮进行测试。若是在现场对系统进行测试，则按下按钮SW_4后，继电器RL_{16}通电，其常开触头RL_{16}-1闭合，RL_{16}继电器通电自保，触头RL_{16}-2由（3-4）断开合于（3-5），这样测试指示灯TEST（D_{10}）亮，表示系统在测试中。同时，单片机I/O口的5_7端输入一个低电平信号，单片机接收这个低电平信号后，知道是对系统进行测试，可发出各种报警信号而不能发出对主机的自动降速或停车信号。RL_{16}-2触头（3-4）由闭合变为断开后，测量点36的电源经光源LP_1（见图4-1-23）对地F_2的通路被切断，光源灯熄灭，光电地接收不到光照，单片机I/O口1的1_0、1_2和1_3端（见图4-1-23）分别输出"0"信号，使报警指示灯OPTICAL FAULT、AVERAGE ALARM、DEVIATION ALARM亮。同时5_4输出"0"信号，停止采样；并且1_6输出"1"信号，使故障报警继电器RL_{12}和主报警继电器RL_{14}断电，发出声光报警。而l5端仍保持"1"信号，不会对主机发故障降速信号。由于触头RL_{16}-2（3-4）断开，晶体管TR_2基极对地F_2（接测量点36）断开，使TR_2导通，D_2、D_5端短接。光电耦合器IC_{15}中的发光管不再发光，接收管始终截止，D_3、D_4两端始终处于开路状态，D_3保持高电平不再是交变信号，由于电容C_{18}的隔直作用，电容C_7不再进行反复的充、放电，电容C_7电压接近0V。电压比较器$IC_{11}/3$输出高电平，单片机由1_4端输入该信号后使其1_1端（见图4-1-21）输出"0"信号，报警灯FLOW FAULT亮。在测试过程中如果产生上述动作（报警指示灯亮，发声光报警），说明该监视报警器功能正常，如果不是这样，要按说明书给出的步骤检查故障。

测试结束后，要使系统恢复正常的运行状态，必须按复位（RESET）按钮SW_3，一方面单片机片脚39（RESET）端输入一个负脉冲，撤销报警状态使单片机复位；另一方面继电器RL_{16}断电，触头RL_{16}- 1断开，撤销继电器RL_{16}的自保状态，同时触头RL_{16}-2恢复（3-4）闭合状态，单片机5_7端输入高电平信号，撤销测试程序，而转为执行系统的正常运行程序，F_2点接地使光源灯接通电源发出光束，抽风机检测电路恢复正常工作状态。如果要遥控测试系统时，只需按下虚线框左边的TEST按钮，继电器RL_{15}通电，触头RL_{15}-l闭合自保，触头$RL_1$5-2由（6-7）断开合于（6-8），其测试动作与前述完全相同，但复位略有不同，按虚线框左边的RESET（复位）按钮后，只能使继电器RL_{15}断电而不能直接使单片机复位，必须再按控制箱上的复位按钮SW_3才能使单片机复位。

在本监视报警器的测量室中，有一块滑板，当滑板被抬起时将遮挡一部分光源，用于模拟一个已知的油雾浓度。当把滑板抬起时，微动开关SW_5闭合，模拟方式灯（SIMULATION-MODE）D_9亮，同时单片机5_6端输入"0"信号，单片机将执行模拟程序，首先是让所有采样电磁阀断电，清洗空气电磁阀通电，切断各缸曲柄箱气样进测量室的通路，让清洗空气进入测量室对测量室进行一次清洗，然后测量一次空气的油雾浓度，此时由于光源被遮挡一部分，显示器上的读数应为35%～60%之间，模拟过程结束。若结果并非如此，说明系统有故障，应根据说明书给出的步骤查找故障。要恢复正常运行状态，只需将滑板落下，然后按一下控制箱面板上的复位按钮即可。

3 报警设定值的调整

该监视报警器对曲柄箱油雾浓度有两种报警形式，即平均浓度报警（AVERAGE ALARM）及偏差浓度报警（DEVIATION ALARM）。平均浓度报警是指当各采样点的平均浓度超过设定值时所发出的报警；偏差浓度报警是指当某个采样点的浓度高于平均浓度值并超过设定偏差时所发出的报警，显示器会显示报警点。平均浓度报警值的可调范围是0.3～1.3mg/L，其调整过程如图 4-1-24 所示，平均浓度报警值是通过灵敏度电位器 SENSITIVITY 来调整的，该电位器共有 7 个选择位置，若选择“5”挡位，则平均浓度超过 0.98mg/L 时，将发出平均浓度报警，但是在发报警信号之前，系统首先用清洗空气清洗一次测量单元，以确定该平均浓度值不是因光源或光电池污染所引起的。发平均浓度报警信号时将停止采样过程，显示器上显示油雾浓度值为 100%，AVERAGE ALARM 灯亮，主报警继电器通电，发出声光报警的主报警信号，故障降速继电器通电，发出主机降速的运行指令。假定 SENSITIVITY 设定在“5”挡位，若某采样点油雾浓度的显示值为 60%，说明其油雾浓度为 0.45mg/L。偏差报警是通过电位器 DEVIATION 来调整的，其可调范围是 0.05～0.5mg/L。若偏差报警设定值设定为 0.05mg/L，则某采样点油雾浓度在平均浓度的基础上加 0.05mg/L 以上就会发出偏差浓度报警。平均浓度报警与偏差浓度报警的关系示意图如图 4-1-25 所示。同样在发偏差浓度报警前，要用清洗空气清洗一次测量单元，以确定不是光源与光电池的污染而引起的，发偏差浓度报警时，停止采样，DEVIATION ALARM 灯亮，主报警继电器通电发主报警信号，并发出主机降速运行的指令。

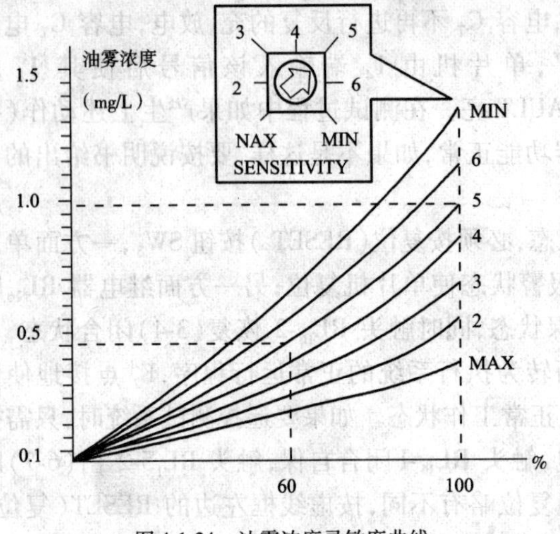

图 4-1-24　油雾浓度灵敏度曲线

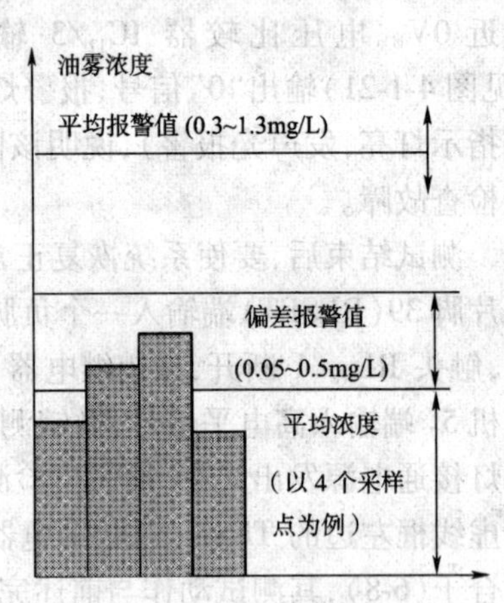

图 4-1-25　报警值示意图

任务二　熟悉机舱集中监视与报警系统

一、教学目标

（1）掌握集中监视与报警系统的基本概念、功能与分类。

（2）掌握单元组合式监视与报警系统的概念、特点、组成和使用方法。

（3）掌握开关量和模拟量报警控制单元的故障报警原理，掌握整定报警上、下限值的方法。

二、机舱集中监视与报警系统结构及原理

机舱集中监视与报警系统是轮机自动化的一个重要内容，其功能是准确可靠地监测机舱内各种动力设备的运行状态及其参数，运行设备一旦发生故障，自动发出声、光报警信号。根据自动化程度的不同，有些系统还具有报警记录打印，参数和状态的定时或召唤打印以及参数的分组

显示等功能。对于无人值班机舱，集中监视与报警系统还能把报警信号延伸到驾驶台、公共场所、轮机长房间和值班轮机员的住所。机舱集中监视与报警系统不仅可以改善轮机管理人员的工作条件，减轻劳动强度，及时发现设备的运行故障，而且也是实现无人机舱的基本条件。

1. 监视与报警系统的功能

一个完善的集中监视与报警系统，应包括如下主要功能。

1）故障报警

机舱内各种设备的运行是否正常，都是与其一些相关参数是否处于所允许的上、下限范围内有关。大多数设备一旦发生故障，其相关参数越限后将无法自行恢复正常，只有在轮机管理人员把设备修复后，才能使参数恢复正常，我们把这一类设备故障，称为通常故障（或长时故障）。有些重要设备是成双配置的并具有自动切换功能，例如，主机滑油泵在运行泵发生故障时，能自动切换到备用泵工作。这类设备一旦参数越限时，都能通过自动切换作用，使参数重新恢复正常。我们把参数越限后，在短时内使参数自行恢复正常的设备故障，称为短时故障。对上述两种形式的设备故障，监视与报警系统会产生不同的报警过程。

（1）通常故障报警。在被监视的设备运行正常时，与其相关的参数处于正常范围内，监视与报警系统不发出声响报警，相应的报警指示灯处于熄灭状态。当运行设备发生故障时，与其相关的参数越限，系统立即发出声响报警，同时相应的报警指示灯快速闪光。值班轮机员获悉后应马上进行应答（或确认）操作，于是声响报警消失，报警指示灯转换成常亮（或平光）状态，以记忆故障，直到轮机人员排除故障，使参数重新恢复正常时，报警指示灯才熄灭。

（2）短时故障报警。当运行设备发生故障时，与其相关的参数越限，系统立即发出声、光报警。在值班轮机员尚未作出应答操作前，由于运行设备已自动切换到备用设备，使参数在短时内自行恢复了正常，此时声响报警将继续保持，而报警指示灯从快闪转换为慢闪状态（对无快、慢闪之分的系统，报警指示灯则保持闪光状态），以记忆报警状态。值班轮机员获悉后，首先进行消声操作，使声响报警停止，然后根据闪光指示灯确认故障设备后再进行消闪操作，于是报警指示灯从慢闪转换成熄灭状态。

2）参数显示与报警指示

参数显示主要用来显示被监视参数的即时值和报警极限值。报警指示主要用来指示故障部位、内容及状态。参数显示仪表常用的有指针、数码显示和 CRT 终端显示三种类型。报警指示常用红色灯泡或发光二极管来指示，在微机型报警监视系统中，同时还采用 CRT 显示器来指示。

3）打印记录

参数记录有定时制表记录和召唤记录两种方式。定时制表记录是打印机以设定的间隔时间，自动地将机舱内需要记录的全部参数打印制表，轮机人员只要将打印纸整理成册，即可作为轮机日志。召唤记录也称随时记录，轮机人员可根据需要，随时打印即时工况参数，可进行全点或选点打印监视点的参数。

报警记录是由监视系统自动控制的，当被监视的运行设备发生故障时，自动地启动打印机把故障名称、内容和时间打印下来，而在故障排除时，自动打印故障排除的时间。

4）报警回差

一些运行设备，当它处于正常与故障的临界状态时，往往会出现时好时坏的现象，使被监视参数在报警值附近波动，从而导致报警监视系统频繁报警。见图 4-2-1 所示，当监视参数 Y 大于报警值 L 时，系统发出报警，而当应答后 Y 小于 L 时，撤销报警恢复正常，于是报警系统随 Y 在 L 值附近波动而频繁报警。为了避免这种情况，常在报警监视系统中设置报警回差。报

警回差是指报警值 L 与恢复正常值 R 之间的差值，在上限报警中使 $R<L$，在下限报警中使 $R>L$。见图 4-2-2，当 $Y>L$ 时，系统发出报警，以后当 Y 在 L 值附近波动，只要波动幅值小于报警回差，系统不撤销报警，在应答后保持故障记忆状态，直到故障排除，被监视参数恢复正常值 $Y \leqslant R$ 时，才撤销故障记忆状态，从而避免了频繁报警。

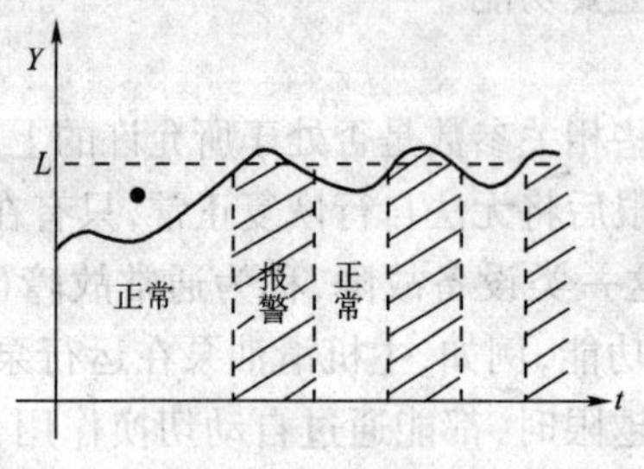

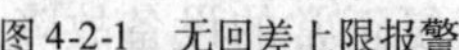
图 4-2-1　无回差上限报警

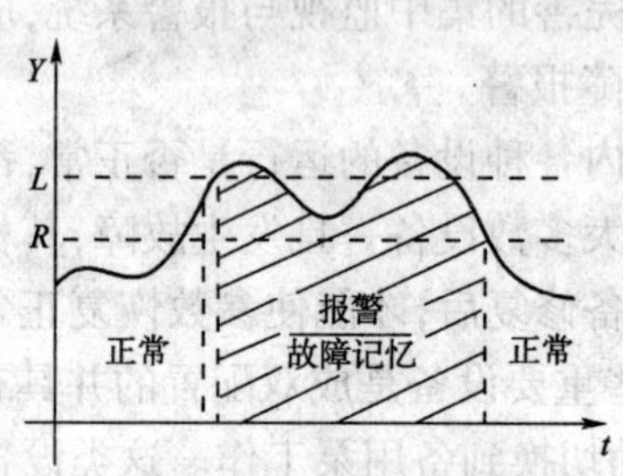

图 4-2-2　有回差上限报警

由于开关量报警是根据开关量传感器的触点是否断开来确定报警的，因此只能在开关量传感器中设置报警回差。而模拟量报警是根据模拟量传感器输出的测量参数是否超过其报警设定值来确定报警，因此模拟量报警回差是由故障鉴别比较器的回差来设定的。

5）延时报警

在监视液位时，由于船舶摇摆使容器内的液面来回倾斜，而出现短时虚假越限现象，导致误报警。在开关量报警监视中，当主机变速经过临界转速区时，船舶会出现剧烈振动，使开关量传感器的触点抖动而出现瞬间断开现象，致使产生误报警。为了避免系统误报警，常设置延时报警。在液位监视报警中，常采用延时 2～30s 的长延时报警，而在开关量报警中，常采用延时 0.5s 的短延时报警。在延时时间之内，参数越限或触点断开不发出报警，超过延时时间若参数仍越限或触点仍断开，系统就发出报警，这样可有效避免误报警。

6）闭锁报警

船舶在停港期间，主机处于停车状态，为此，主机的冷却水系统、燃油系统和滑油系统等均处于停止工作状态，与这些系统相关的参数都会出现异常，但这是正常规象不需要报警，因此有必要闭锁这些监视点的报警。闭锁报警就是根据机舱设备的运行情况，封锁一些不必要报警的监视点，禁止其报警。

7）延伸报警

延伸报警是专为无人值班机舱设置的，在机舱无人值班情况下，必须将机舱故障报警信号分组后传送到驾驶室、公共场所、轮机长和值班轮机员住室的延伸报警箱。延伸报警通常是按故障的严重程度来分组，可把全部监视点的报警信号分为 4 组：①主机故障自动停车报警；②主机故障自动减速报警；③重要故障报警；④一般故障报警。有时为了简化延伸报警，在值班轮机员住室仅设置重要故障报警和一般故障报警两个报警指示灯，有的干脆只设置单一的故障指示灯。

延伸报警声可在延伸报警箱上消声应答，也可在集控室消声应答，前者只能使延伸报警箱停止报警，机舱和集控室的报警仍在继续。而后者不仅可使所有的报警停止，而且还可复位三分钟失职报警的计时。

8）失职报警

在机舱无人值班的情况下，报警监视系统在发生故障报警的同时启动 3min 计时器，若值班轮机员未能在 3min 内及时到达集控室完成消声应答，即使已在延伸报警箱上作出应答操作，仍将被认为是一种失职行为，报警系统就向各延伸报警箱发出失职报警，以确保船舶运行安全。报警系统发出失职报警后，只能在集控室进行消声，复位3min计时器后才被撤销失职报警。

9）值班报警

值班报警主要用于轮机员交接班时的信号联络。如果大管轮与三管轮需要交接班，大管轮只要在集控室的控制台上将值班选择开关转到三管轮位置，此时报警监视系统就会撤销大管轮的值班信号，而向驾驶室、公共场所和三管轮住室的延伸报警箱发出三管轮值班报警，以通知三管轮来接班。三管轮获悉后立即进行应答操作，这时值班报警声消失，三管轮的值班指示灯从闪光转为常亮，从而完成交接班的信号联络。以后，监视系统就把故障报警信号传送到三管轮住室的延伸报警箱，而不再送到大管轮处。

10）试灯

试灯用于主动检查报警指示灯的好坏，按下试灯按钮，所有报警指示灯应点亮，否则表示该灯已损坏需要更换。因此它是轮机员交接班时必不可少的操作之一。

11）功能试验

功能试验用于主动检查监视系统工作是否正常，并在系统发生故障时，可寻找故障的部位。只要按下功能试验按钮，所有监视点全部进人报警状态，如哪个监视点不进入报警状态，则表示该监视通道有故障。对于单元组合式报警监视系统来说，故障可能在相应的报警控制电路、或者传感器、或者报警指示灯。如果所有指示灯均无闪光，则故障在闪光源。如果无声响报警，则故障在声响报警控制单元等，维修人员只要通过更换插板即可修复。

12）自检

为了确保报警监视系统工作的可靠性，除了试灯和功能试验两项手动检测之外，对一些重要环节，如传感器、闪光源、电源电压和电源保险丝等进行自动检测，只要其中之一发生故障，监视系统将自动发出系统故障的报警。

13）备用电源的自动投入

要使监视系统在全船失电情况下都能正常工作，就必须配备相应的备用电源。在主电源失压或欠压时，系统能自动启动备用电源，实现不间断供电。这是保证报警监视系统可靠工作的又一重要措施。

2. 监视与报警系统的种类及组成

1）种类

根据其监视方式不同，监视与报警系统大致可分为以下两类：

（1）连续监视式报警系统。连续监视式报警系统主要是指单元组合式集中监测系统。这种系统对机舱内的所有监视点实现同时连续监视，它将各监视点的状态参数经传感器检测后，并行送人系统中的报警控制单元。报警控制单元是系统的核心单元，它是由许许多多的报警控制电路组合而成。每一个监视点的参数经传感器分别进入相应的报警控制电路，以实现参数的检测与判断，从而控制故障报警。由于各监视点的报警控制电路是相对独立的，因此各监视点之间的相互影响较小，当某一监视点的通道发生故障时，不会影响其他通道的工作。监视点数目的增减，原则上不受限制，如欲增加监视点数目，只要增加相应的报警控制电路即可实现。在设计中，常把报警控制电路按输入信息类型和监视要求设计成几种形式，并把一个或几个同类型的报警控制电路做在一块线路板上，所以在整个报警控制单元中，许多监视点的报警控制电路是相同的。这种设计给管理人员保养与维修带来了许多方便，维修人员可方便地用交换插板的方法来判断故障部位。但是，由于每个监视点需要一个报警控制电路，所以电子元器件用得较多。

(2)巡回监视式报警系统。巡回监视式报警系统的特点是以一定的时间间隔依次对各个监视点的参数和状态进行巡回检测。由于监视点参数是逐一被采集到系统的核心单元,进行分时间段处理的,因此,无论监视点有多少,仅需要一个报警控制单元。根据报警控制单元是由常规电路组成还是由计算机系统组成,巡回监视式报警系统又分为常规型巡回检测系统和微机控制型监视系统两种。微机型监视系统采样速度快,检测精度高,具有体积小、功能强和显示技术先进等优点,因此常规型巡回检测系统在新造的船舶上已不再配置,而被微机型监视系统所取代。为了实现机舱的网络化管理,近年来,有关厂家和公司已生产出集散型微机监控系统,或称分布式微机监控系统,系统采用多微机网络结构形式。

2)组成

完善的集中监视与报警系统由三大部分组成:

(1)分布在机舱各监视点的传感器。

(2)安装在集中控制室内的控制柜和监视仪表或监视屏。

(3)安装在驾驶台、公共场所、轮机长和轮机员居室的延伸报警箱。

3. 报警控制单元及报警的延伸

报警控制单元是监视报警系统的核心部分,由它来控制参数和故障报警。本节介绍由常规电路组成的报警控制单元。主要内容包括开关量报警控制单元和模拟量报警控制单元的组成原理和功能,以及报警信号的延伸。

1)报警控制单元的组成原理及功能

(1)开关量报警控制单元。开关量报警控制单元是由输入回路、延时环节和逻辑判断环节所组成,原理框图如图 4-2-3 所示。输入回路较简单,用来把开关量传感器给出的触点断开信息转换成相应的故障电平("0"或"1");或者在接收到"功能试验"信号时输出故障电平,以模拟监视点的设备故障。

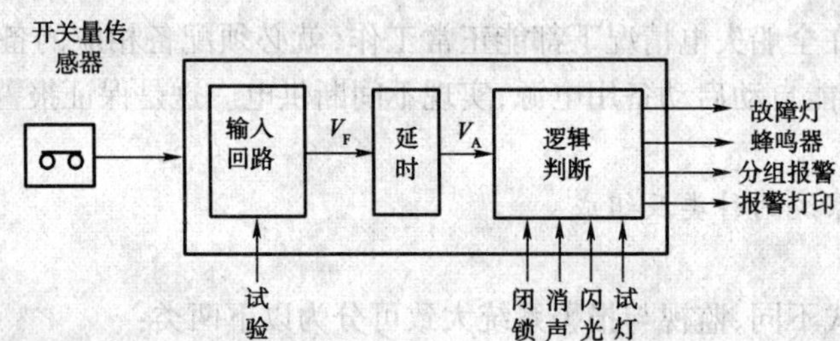

图 4-2-3　开关量报警控制单元的逻辑组成框图

延时环节用来延时输出故障电平,实现延时报警功能。逻辑判断环节用来完成逻辑运算和状态记忆。它根据延时后的故障电平、报警闭锁信息以及消闪指令信息,进行逻辑判断,以控制报警指示灯的状态、启动声响报警、输出分组延伸报警信号以及控制故障打印。

在监视点参数处于正常范围时,开关量传感器的触点闭合,输入回路不输出故障电平。因此,报警指示灯处于熄灭状态、不启动声响报警、不输出分组报警和故障打印的信号。这时若按下"试灯"按钮,报警指示灯点亮,若不亮表示损坏,需更换。当监视点的运行设备发生故障,其相关参数越限时,传感器的触点断开,经输入回路转换成相应的故障电平 V_F,经延时环节后输出故障报警电平 V_A 至逻辑判断环节。逻辑判断环节在无闭锁报警的情况下,控制报警指示灯发出快闪;将声响启动信号送至报警器控制单元,使集控室的蜂鸣器鸣叫,机舱内的电笛吼叫和旋转警灯闪烁;输出分组报警信号至延伸报警控制单元进行归类分组后,使驾驶室、公共场所、轮机长及值班轮机员住室的延伸报警箱发出声光报警;对重要监视点,输出故障打印触发信号至打印记录单元,自动打印故障日期、名称和内容。整个系统进入故障报警状态,同时启动3min失职报警计时器。值班轮机员在获悉故障报警时,首先在延伸报警箱按应答按钮,使延伸报警声消失。但在延伸报警箱上应答不能使机舱报警声消失,也不能复位3min失职报警计时器。因此值班轮机员必须在3min之内到达集控室,按下消声应答按钮,使声响报警停止,并复位3min失职报警计时器。然后,按下消闪按钮,逻辑判断环节在接收到消闪信号后,根据传感器的状态,在长时故障报警情况下,使报警指示灯从快闪切换成常亮状态,以记忆故障状态。直到故障排除,监视点参数恢复正常,传感器触点重新闭合,逻辑判断环节才使报警指示灯从常亮切换成熄灭,回到正常状态。若在值班轮机员消闪应答前,监视点参数因设备自动切换作用,已自行恢复正常,使传感器触点又闭合,逻辑判断环节将控制报警指示灯从快闪切换成慢闪,进入短时故障报警状态。此时,值班轮机员按下消闪按钮,报警指示灯从慢闪切换成熄灭,回到正常状态。

为了检查报警系统是否正常,可把试验开关拨至"试验"位置,输入回路接受到试验信号后立即输出故障电平 V_F,以模拟监视点参数越限,传感器触点断开状态。于是,逻辑判断环节进入报警状态。否则说明该报警通道有故障或该通道的报警被闭锁。利用试验开关可进行长时故障报警试验或者短时故障报警试验。

开关量报警通道的报警设定值是由传感器来设定的。调整时,报警回差应适量,不可太大或太小。报警回差调整过小,会出现被监视参数在报警设定值附近波动时发生频繁报警。若调整过大,则可能使被监视参数在恢复正常时仍无法撤销报警,致使被监视参数再次越限时不能发出报警。在上限报警时,因报警设定值为给定值与实际回差之和,所以回差值的调整还将影响其报警设定值。

(2)模拟量报警控制单元。模拟量报警控制单元主要是由测量回路、比较环节、延时环节和逻辑判断环节组成的,其原理框图如图4-2-4所示。图中,测量回路用于把传感器送来的模拟量信息转换成相应的电压信号,以作为监视点参数的测量值 U_i,并在模拟量传感器发生短路或开路时,向自检单元发出传感器故障信号。比较环节用于故障报警鉴别,它将测量值 U_i 与电位器整定的报警设定值 U_L 进行比较,若参数越限则输出报警信号至延时环节。在功能试验时,比较环节接收到"试验"信号,若能输出被监视点参数越限的报警信号,则说明控制单元工作正常;否则,说明单元有故障。延时环节和逻辑判断环节的作用与开关量报警控制单元中的环节完全相同,故不再介绍。其中延时环节不是所有的模拟量报警控制单元都设置,而只适用于需要延时报警的监视通道中。

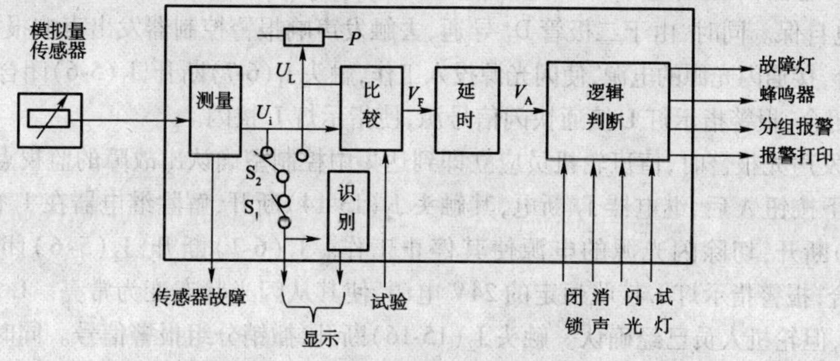

图4-2-4 模拟量报警控制单元的逻辑组成框图

2)继电器组成的报警控制单元

船用SMA－02型报警系统是属于有触点的报警系统，在船上应用较早。图4-2-5是SMA－02型报警监视单元。图中S是开关量传感器触点。运行参数在正常范围内没有越限时，触点S闭合，当参数越限出现故障时触点S断开。每块插件板可同时安装6个监视点的报警控制通道。图中仅画出其中的一组，其他5组电路完全相同。

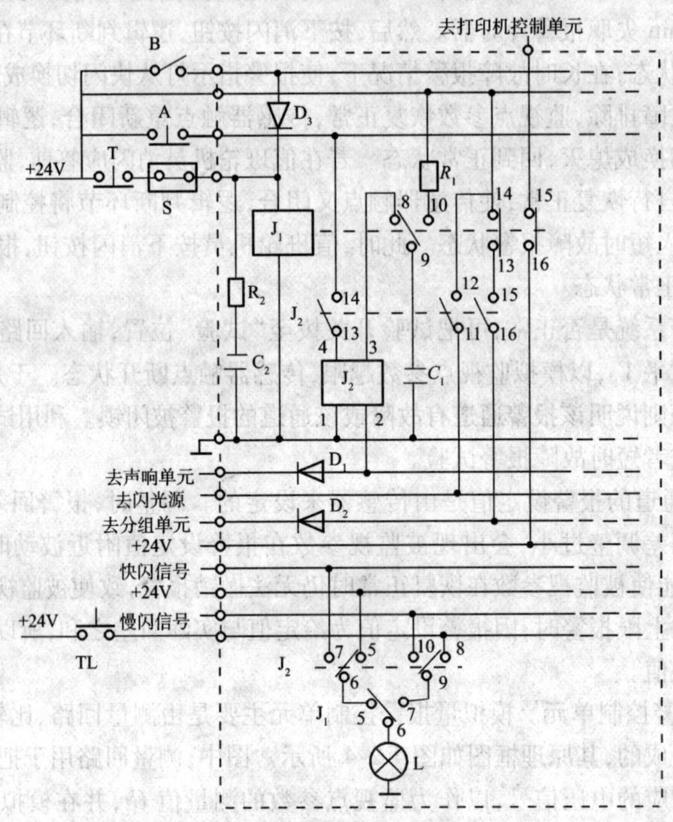

图4-2-5　SMA－02型报警控制单元原理图

(1)报警控制。在无故障情况下，触点S闭合，未按功能试验按钮时触点T闭合，继电器J_1通电，其触头J_1从(8-9)断开合于(9-10)。电源正极24V经电阻R_1向电容C_1充电，为报警做准备。

当监视点参数越限发生故障时，触点S断开，继电器J_1断电，其触头J_1(15-16)闭合，为故障打印控制电路送去一个正脉冲信号，启动打印机把故障打印记录下来，触头J_1(9-10)断开，J_1(8-9)闭合，电容C_1上的电压经具有双绕组的继电器J_2放电，使其通电动作，触头J_2(13-14)闭合，J_2通电自保。同时，由于二极管D_1导通，去触发声响报警控制器发出声响报警。触头J_2(11-12)闭合，接通闪光源的电源，使闪光源投入工作，触头J_1(6-7)断开，J_1(5-6)闭合，J_2(5-6)断开，J_2(6-7)闭合，报警指示灯L接通快闪信号源，使指示灯L快闪。

在系统发声光报警时，值班轮机员应立即到达集中控制室确认出故障的监视点，并按确认按钮A。按下按钮A后，继电器J_2断电，其触头J_2(13-14)断开，解除继电器在J_2的自保。触头J_2(11-12)断开，切除闪光源的电源使其停止工作。J_2(6-7)断开，J_2(5-6)闭合，触头J_1(5-6)仍闭合，报警指示灯L接收恒定的24V电源，使其从闪光状态变为常亮。L常亮表示故障仍然存在，但轮机人员已经确认。触头J_2(15-16)断开，撤销分组报警信号。同时，按确认按钮A后，也切断了声响报警器的电源，使其消声。

当故障排除参数恢复正常时，触点 S 重新闭合，继电器 J_1 通电，其触头 J_1(8-9)断开，J_1(9-10)闭合，电源经 R_1 向电容 C_1 充电。J_1(15-16)断开为打印控制回路送去一个负脉冲，启动打印机把故障排除的时间和内容打印下来。J_1(13-14)断开，撤销分组报警信号。J_1(5-6)断开，J_1(6-7)闭合，J_2(9-10)断开，J_2(8-9)闭合，报警指示灯 L 熄灭，撤销报警信号。

当出现短时故障报警时，即轮机员尚未按确认按钮 A，监视点参数又自行恢复正常，触点 S 断开又闭合。这时继电器 J_1 和 J_2 均通电，触头 J_1(9-10)闭合，电容 C1 充电，J_1(15-16)断开，向打印回路送一个负脉冲，记录这一故障情况。J_1(13-14)断开自动撤销分组报警。J_1(6-7)闭合，J_2(9-10)闭合，接通报警指示灯慢闪信号源，使报警的指示灯由快闪转为慢闪。轮机员到集中控制室确定监视点故障后，要按确认按钮 A，消除报警声响，同时使继电器 J_2 断电，触头 J_2(11-12)断开，切断闪光源的电源使其停止工作。J_2(9-10)断开，J_2(8-9)闭合，使报警指示灯 L 由慢闪直接切换成熄灭。而不经过常亮过程。

(2)功能试验和闭锁报警。为了检查报警系统是否正常，可进行功能试验。当按下“功能试验”按钮时，其触点 T 断开，使继电器 J_1 延时后断电，进入报警状态。这时，若报警指示灯不能快闪，则说明该报警控制电路有故障。利用功能试验开关与消闪按钮的配合操作，可进行长时故障报警或短时故障报警试验。

在被监视的设备停止工作时，可接通报警闭锁开关 B，使二极管 D_3 导通，保证继电器 J_1 在触点 S 断开时能继续保持通电，从而闭锁了该通道的报警。

3)用逻辑回路和运算放大器组成的报警控制单元

WE－2 型报警监视系统中有开关量、模拟量、马达运转和排气温度等四种形式的报警控制单元，图 4-2-6 示出了其开关量报警控制单元的电路图。下面介绍电路的工作原理：在监视点参数正常情况时，触点 S 闭合，端子 30 为低电平，这时 P 点为“1”信号，不发声光报警。当参数越限，触点 S 断开，A_1 反相端变换成高电平，则 A_1 输出“0”信号，经 Y1 反相为“l”信号，向延时环节的电容 C_2 充电使 A_2 同相端电位不断升高，当升高到略大于 A_2 反相端设定的电位时，A_2 翻转输出“l”信号，这段报警延时时间可通过 W_2 来调整，调整范围为 2s～30s。端子

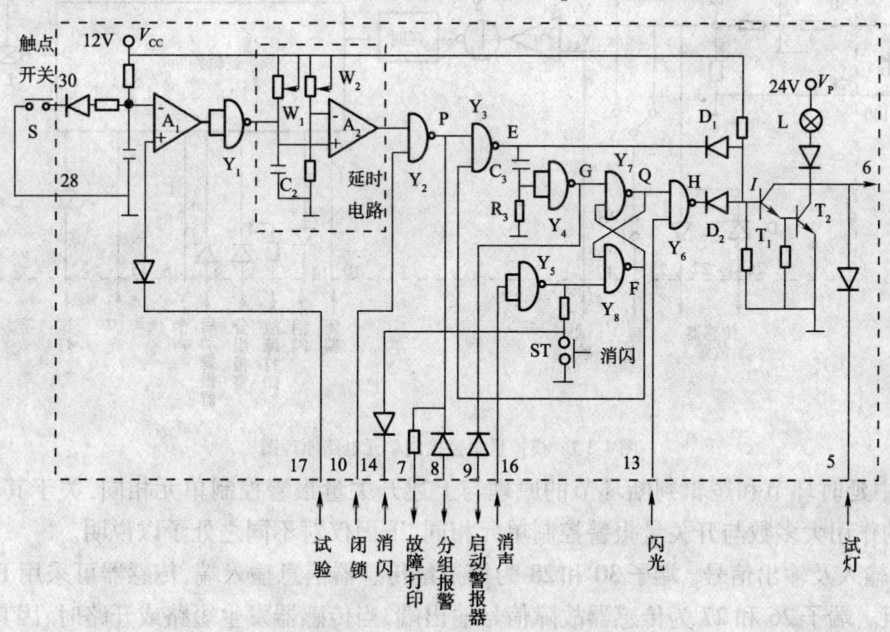

图 4-2-6　开关量报警控制单元电路原理图

10 在没有闭锁信号时为高电平，于是与非门 Y_2 输出“0”信号，即 P 点为“0”信号，经端子 8 输出分组报警信号至延伸报警单元，同时由端子 7 输出故障打印信号。与非门 Y_3 输出“1”信号，由 C_3 和 R_3 组成的微分电路产生一个正的尖峰脉冲，经非门 Y_4 输出一个负的尖峰脉冲，*G* 点出现的负尖脉冲，一方面经端子 9 输出声响启动信号至警报器控制单元；另一方面使 RS 触发器发生翻转 Q 为“1”，打开与非门 Y_6，由端子 13 送来的闪光信号经 Y_6 到达 H 点，使 I 点的电位高低交替变化，致使晶体管 T_1 和 T_2 间断导通，报警指示灯 L 闪光，并由端子 6 输出到外接的报警指示灯。

当值班轮机员按下“消声”按钮后，消除声响报警。按下“消闪”按钮后，从端子 14 送来低电平信号至触发器的 R 端，使触发器的 Q 端置“0”而封锁 Y_6，于是从端子 13 来的闪光信号不能通过 Y_6，H 点为“1”信号，使 I 点保持高电位，晶体管 T_1 和 T_2 始终导通，报警指示灯转为常亮。若用一个确认按钮，完成消声和消闪，按下确认按钮后，一方面消除声响报警；另一方面从端子 16 送来高电平信号可消闪。

当故障排除、参数恢复正常状态时，传感器触点又闭合，端子 30 为低电位，A_1 输出“1”信号，经 Y_1 反相为“0”信号，因 A_2 同相端电位低于反相端而输出“0”信号，经 Y_2 输出“1”信号，P 点的正阶跃电平通过端子 7 输出故障排除打印信号，同时 Y_3 的输出 E 点为“0”信号，使 I 点保持低电位，T_1 和 T_2 均截止，报警指示灯 L 熄灭。

若要进行功能试验，当按下“试验”按钮时，端子 17 出现低电平，A_1 输出“0”信号，它相当于参数越限，可试验报警功能和检查报警系统能否正常工作。

若需实现报警闭锁，只要接通闭锁开关，端子 10 就出现低电平，使 P 点始终为“1”信号，从而闭锁该通道的报警。

WE-2 型模拟量报警控制单元如图 4-2-7 所示。

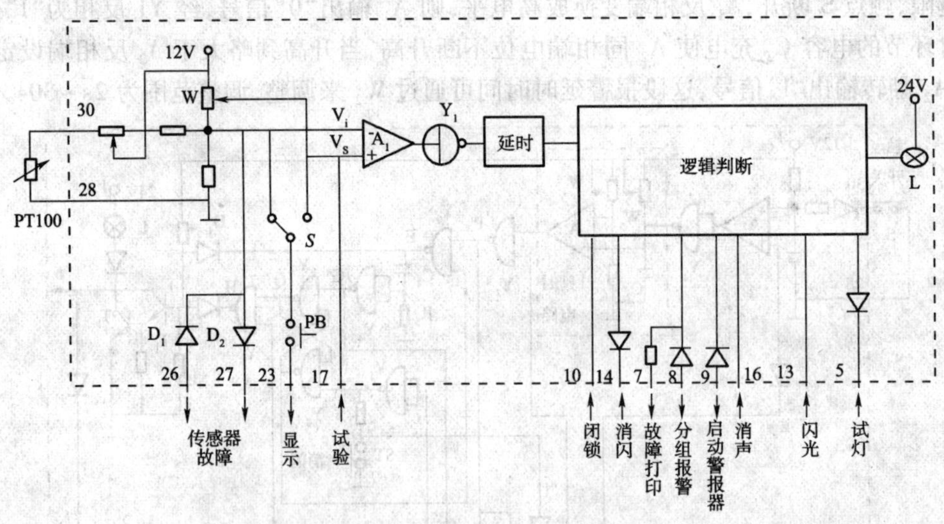

图 4-2-7　模拟量报警控制单元电路原理图

图中延时环节和逻辑判断环节的原理与上述开关量报警控制单元相同，关于其输入、输出信号的作用大多数与开关量报警控制单元相同，下面仅对不同之处予以说明。

（1）输入及输出信号。端子 30 和 28 为模拟量传感器信息输入端，传感器可采用 PT100 型铂热电阻。端子 26 和 27 为传感器故障信号输出端，当传感器发生短路或开路时，因其测量值超过正常测量范围，就向自检单元发送传感器故障信号。端子 23 是参数测量值或报警设定值

(极限值)输出端,送至显示单元。

(2)工作原理。模拟量传感器给出的信息经测量回路转换成电压信号 V_i 又送至比较器 A_1 的反相端,并从端子 23 送至显示单元。电位器 W 的中间抽头电压 V_S 为上限报警设定值,送至 A_1 的同相端。当监视点参数超限时,其测量值大于报警设定值,即 $V_i > V_S$,使比较器 A_1 翻转输出故障信号"0",经 Y_1 反相为"1"信号送至延时电路,经延时后送至报警逻辑电路。延时电路和报警逻辑电路的动作过程与开关量报警控制单元相同。功能试验时,端子 17 出现低电平,使比较器 A_1 输出故障信号"0",以模拟监视点参数越限。

4)报警的延伸

在机舱无人值班的情况下,监视与报警系统必须把机舱的故障报警信号通过分组后传送到驾驶室、公共场所、轮机长和值班轮机员处的延伸报警箱,以实现分组延伸报警,并且还必须实现失职报警和值班召唤报警。

在无人值班机舱的集控台上一般都设有一个值班选择装置,如图 4-2-8 所示。值班选择开关 K 可用于机舱有人或无人值班以及值班轮机员的选择。若把 K 转到 4 的位置,表示机舱有人值班,不需要报警的延伸。此时,24V 电源接通驾驶室延伸箱上点亮,而各处的延伸箱不工作。若把 K 转到 1 ~ 3 的任一位置表示机舱无人值班,驾驶室的"机舱有人值班指示灯"熄灭。当机舱无人值班时,若选择大管轮值班,此时可把选择开关 K 转到 1 的位置。于是 + 24V 电源被送至大管轮处延伸报警箱。此时,所有报警均送到大管轮房间,同时驾驶室、公共场所及轮机长处的延伸箱也将出现闪光信号。大管轮获悉后,可在延伸报警箱上或者集中控制室操纵台上进行确认操作。当大管轮与二管轮交接班时,可把选择开关 K 转到 2 的位置,此时,系统就会发出值班召唤报警,在驾驶室、公共场所、轮机长及二管轮处发出声光信号,待二管轮确认操作后,蜂鸣器停响,二管轮值班指示灯常亮,说明二管轮已进入值班状态,大管轮值班指示灯转为熄灭,交接班完毕。

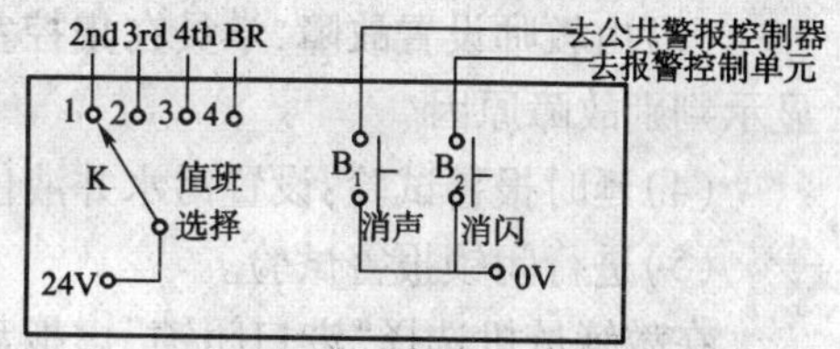

图 4-2-8 值班选择装置

在报警发生后,若值班轮机员未在 3min 内到达集中控制室进行应答操作,则延时电路当 3min 计时到达,各延伸报警箱均发出值班轮机员失职的声光报警信号。失职报警发出后,值班轮机员必须在集中控制室进行复位操作。鉴于课时和篇幅所限,有关延伸报警的具体内容在此不予介绍,请参见相关技术资料。

三、实训环节

实训一　机舱集中监视与报警系统的组成及使用

(1)熟悉机舱集中监视与报警系统的组成及特点。

(2)学会基本参数报警值修改的方法。

(3)独立完成训练项目内的全部内容,操作顺序正确,动作准确无误。

(4)在规定的时间内完成训练项目,不得出现任何警报或因操作引起的故障。

1. 初始状态设置

本实训必须在轮机模拟器实训中心进行。

正常启动轮机模拟器,让模拟器处于以下状态:

(1)一台发电机供电,发电系统在"自动"状态工作。

(2)主机操纵地点:集控室遥控。

(3)微机型机舱集中监视及报警系统工作正常。

2. 实训内容及步骤

1)微机型机舱集中监视与报警系统的组成

(1)开启报警系统电源,在教师指导下,熟悉进入及退出报警系统主程序的方法。

(2)由教师现场介绍系统的组成(主要的传感器、监视报警装置、监视显示屏、报警主菜单等)。

2)机舱集中监视与报警系统的常规操作

(1)启动程序,输入用户名(wms)和密码(wms),进入报警系统主页,通过菜单提示选择机舱有关系统,观察参数表格显示,观察参数当前的数值及报警设定值显示。

(2)观察主机排气温度,并分析说明主机运行工况。

(3)由教师设置故障,学员在集控室进行消声、消闪应答操作,然后根据"CRT"上的报警显示判别故障原因。

(4)延时报警试验:设置污水井液位过高,观察延时20s报警。

(5)进行闭锁报警试验。

在教练员机选择"港口闭锁"虚拟盘台图,进行"港口闭锁(HARBOUR BLOCK)"设定,观察故障发生后系统的状态,然后解除港口闭锁,进行状态恢复;

在主机转速为零的状态,观察对某些参数(如主机气缸注油器断流、增压器滑油进机压力低等)的自动闭锁。

3)报警值的修改

按照教师要求,修改参数(如主机气缸排气温度、主机冷却水温度等)的报警限值并进行报警检验,然后恢复原来的值。

实训二　分组延伸报警系统的组成及使用

(1)熟悉无人机舱延伸报警的分组方法及工作原理。

(2)熟悉无人机舱延伸报警单元的查询与应答操作。

(3)独立完成无人机舱延伸报警单元查询与应答操作,操作顺序正确,动作准确无误。

(4)在规定的时间内完成训练项目,不得出现因操作引起的故障。

1. 初始状态设置

本实训必须在轮机模拟器实训中心进行。

正常启动轮机模拟器,让模拟器处于以下状态:

(1)一台发电机供电,发电系统在"自动"状态工作。

(2)主机操纵地点:集控室遥控。

(3)微机集中监视及报警系统工作正常。

2. 实训内容及步骤

1)延伸报警板的认识

(1)熟悉驾驶台、集控台两个延伸报警面板上各指示灯和按钮的含义及作用。

(2)熟悉延伸报警信号分组的组别。

2)报警试验

(1)由教师设置报警工况,则除了机舱和集控室有声光报警外,驾驶台、公共场所、值班人员房间等处的蜂鸣器鸣响,报警分组指示灯闪光(注意报警等级)。在任何延伸报警场所进行应答操作,只能实现 就地的消声、消闪,其他各处的报警依旧。

(2)若在3min内赶往集控室,按下集控台上的消声、消闪按钮,则各处的声响警报停止,报警灯转为平光。

(3)若在3min内未能按下集控台上的消声按钮,则所有的延伸报警场所(包括已应答操作的轮机长房间)都有声光报警。

实训三　对SMA-02型报警系统的PLC改造

1.船用SMA-02型报警系统原理介绍

船用SMA-02型报警系统是属于有触点的报警系统,在船上应用较早。图4-2-5是SMA—02型报警监视单元。图中S是开关量传感器触点。运行参数在正常范围内没有越限时,触点S闭合,当参数越限出现故障时触点S断开。每块插件板可同时安装6个监视点的报警控制通道。图中仅画出其中的一组,其他5组电路完全相同。

2.PLC选型及程序设计

1)考虑到以下几方面,我们选用了FX2N PLC

(1)FX2N配置灵活,除主机单元外,还可以扩展I/O模块,A/D模块,D/A模块和其他特殊功能模块。本系统设计需I/O 52点(输入38点,输出14点)。主机采用基本单元FX2N—80MR。

(2)FX2N指令功能丰富,有各种指令性107条,且指令执行速度快。

(3)FX2N—PLC可用内部辅助继电器M,状态继电器S,定时器T,寄存器D,计数器C的功能和数量满足了系统控制要求的需要。

(4)FX2N—PLC的编程,可用编程器,也可以在PC机上使用三菱公司的专用编程软件包MELSE MEDOC进行。编程语言可用梯形图或指令表。尤其是可用PC机对系统实时进行监控。为调试和维护提供了极大的方便。

38个输入信号中主要含主机排气温度、主机冷却水温度和压力、主机排气平均量、进出主机活塞冷却水温度、主机滑油进口温度和压力、推力轴承滑油温度、主机燃油出口温度和压力、辅机滑油温度和压力、滑油压力过滤器的压力差、辅机的冷却水温度、柴油机遥控失灵、舵机失灵、锅炉供水短缺、锅炉风机失压、锅炉蒸汽超压、锅炉点火失败和火警等信号。其中各种模拟信号在现场与设定的门限值比较后作为开关信号送到PLC。14输出点包括报警指示灯、声音报警器、打印设备等。

由于受篇幅的限制,本文以某一检测点(X001)为例,对本系统进行说明。

2)输入、输出点的设置及程序设计

针对X001检测点,其输入、输出点的I/O口,如表4-2-1所示。

X001检测点输入、输出I/O口设置　　表4-2-1

X001	检　测　点
X002	应答
X003	试灯按钮
Y004	报警指示灯
Y005	声音报警器(组共用)

图4-2-9为X001检测点的PLC梯形图,在梯形图中,M7发出0.7s的脉冲信号作为快闪信号,M14发出2s的脉冲信号作为慢闪信号,M20作为恒压源,当监视点参数越限时,X001断

开,M10 断电,常闭触点 M10 闭合,M7 快闪,常开触点 M11 闭合,报警指示灯 Y004 发出快闪。如果按确认按钮,X002 断开,常开触点 M11 断开,常闭触点 M11 闭合,报警指示灯 Y004 从闪光状态变为常亮。当故障排除参数恢复正常时,X001 闭合,报警指示灯 Y004 熄灭;如果出现短时故障报警时,值班人员尚未按确认按钮,监视点参数又自行恢复正常(既 X001 断开,在 X002 还没有动作时,X001 又闭合),常开触点 M11 闭合,M14 慢闪,常开触点 M10 闭合,报警指示灯 Y004 由快闪转为慢闪。按确认按钮 X002,常开触点 M11 断开,报警指示灯 Y004 直接熄灭。

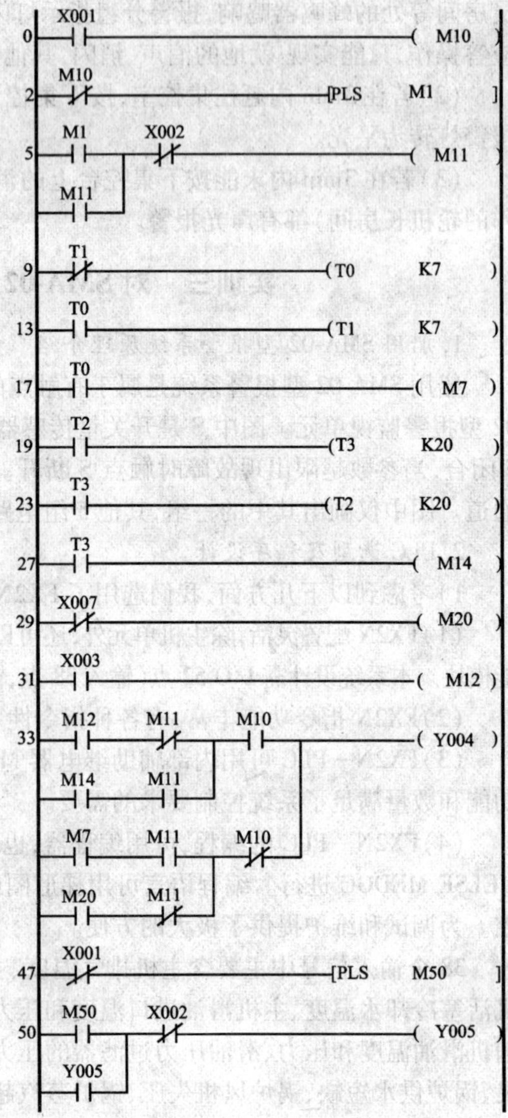

图 4-2-9 PLC 梯形图

图 4-2-9 梯形图是图 4-2-5 船用 SMA—02 型有触点的报警监视单元电路的等效控制图。

图 4-2-9 梯形图可以完成如下功能:

(1)当监视点参数越限发生故障时,发出声响报警。并且发出快闪脉冲信号。启动打印机工作。

(2)在系统发闪光报警时,值班人员应立即到达控制室确认故障点,并按确认按钮。报警指示灯从闪光状态变为常亮。常亮表示故障仍然存在,但值班人员已经确认。同时,按确认按钮后,使其消声。

(3)当故障排除参数恢复正常时,触点重新闭合,报警指示灯熄灭,撤销报警信号。打印机停止工作。

(4)当出现短时故障报警时,即值班人员尚未按确认按钮,监视点参数又自行恢复正常,触点断开又闭合。使报警的指示灯由快闪转为慢闪。

(5)轮机员到集中控制室确定监视点故障后,并按确认按钮,消除报警声响,使报警指示灯由慢闪直接切换成熄灭。而不经过常亮过程。

模拟练习

机舱监视与报警系统模块的考证从76~91题，以下提供8套模拟试卷。

（一）

76. 在集中监视与报警系统中，失职报警一直要维持到(　　)为止。
A. 接受到集控室消声应答指令　　B. 接受到集控室消闪应答指令
C. 接受到延伸报警箱的消声应答指令　　D. 接受到延伸报警箱的消闪应答指令

77. 能使主机自动停车的越限报警的参数是(　　)。
A. 气缸冷却水温度较高　　B. 滑油压力太低
C. 排烟温度过高　　D. 气缸冷却水压力太低

78. 故障报警系统中，如果已经发了3min失职报警，消除该报警的方法是(　　)。
A. 在住舱内按确认按钮　　B. 在驾驶台按确认按钮
C. 在集中控制室按确认按钮　　D. 故障修复后自动消除

79. 船舶在停港期间，下列参数中应该闭锁报警的参数是(　　)。
A. 辅锅炉危险低水位　　B. 辅锅炉安全保护高气压
C. 运行中发电机原动机低油压　　D. 主机滑油低油压

80. 在三线制测温电桥电路中，若热电阻连接电源“－”极性端断路，则表头指针应指在(　　)。
A. 最大值　　B. 最小值　　C. 中间值　　D. 任意值

81. 金属应变片式压力传感器中，当压力增加，应变片长度(　　)，电阻(　　)。
A. 缩短，变大　　B. 伸长，变小　　C. 缩短，变小　　D. 伸长，变大

82. 船员住室中的火警探测器一般形式为(　　)。
A. 热探测式　　B. 温升式　　C. 感烟管式　　D. 离子感烟式

83. 在巡回检测式集中监视与报警系统中，不具备的功能是(　　)。
A. 信号采样　　B. 故障报警　　C. 参数显示　　D. 打印制表

84. 在单元组合式集中监视与报警系统中，模拟量报警控制单元的比较环节用于(　　)。
A. 故障比较鉴别　　B. 故障报警鉴别
C. 比较传感器的模拟量信息　　D. 比较传感器送来的电流信息

85. 在SMA-02型报警控制单元中，当故障检测触点S闭合时，报警指示灯L及声响报警状态为(　　)。
A. 快闪，响报警　　B. 慢闪，消声　　C. 常亮，消声　　D. 灭，消声

86. 在SMA-02型报警控制单元中，当轮机员确认故障报警后，可按下(　　)，消除音响和闪光。
A. 按钮A　　B. 按钮B　　C. 按钮T　　D. 按钮TL

87. 在SMA-02型报警控制单元中，按钮TL的作用是(　　)。
A. 报警消声　　B. 报警测试　　C. 报警闭锁　　D. 试灯

88. 在 GravinerMark-5 型油雾浓度探测器测试电路中,若发生 FLOW 报警可能是下述情况(　　)。

A. 晶体管 TR_2 集电极开路　　B. 二极管 D_7 开路

C. 光耦元件 IC_5 损坏　　D. 二极管 D_{17} 开路

89. 在 GravinerMark-5 型油雾浓度探测器中,模拟运行时显示器的读数低于 20%,可能是因为(　　)。

A. 测量室中滑板太大　　B. 测量室沾污

C. 光电池电路零点不对　　D. 油雾浓度确实低

90. 在 GravinerMark-5 型曲柄箱油雾浓度监视报警器中,如果要对系统进行功能测试,则必须(　　)。

A. 主机在停车时　　B. 按面板上的 TEST 按钮

C. 按面板上 SELECT 按钮　　D. 按面板上 RESET 按钮

91. 在 GravinerMark-5 型油雾浓度监视报警器中,若平均浓度报警值设定为 1mg/L,偏差浓度报警值为 0.1mg/L。则当平均浓度为 0.5mg/L 而某采样点的油雾浓度(　　)时,系统才发出偏差报警。

A. 大于 0.1mg/L　B. 大于 0.5mg/L　C. 大于 1.1mg/L　D. 大于 0.6mg/L

(二)

76. 在故障报警系统中,给出 3min 延迟报警是一种(　　)报警。

A. 设备故障　B. 系统故障　C. 值班　D. 失职

77. 在集中监视与报警系统中,报警控制单元输出的信息可送至(　　)。

A. 报警器控制单元　　B. 故障打印记录单元

C. 延伸报警控制单元　　D. A + B + C

78. 报警系统集中监视与报警系统应具有的功能是(　　)。

①运行设备的相关参数越限报警;②故障时能自动切换设备,调整参数;③3min 失职报警;④可定时对运行参数打印制表;⑤有些报警点能实现封锁报警;⑥故障状态能自行恢复且自动复位报警状态。

A. ①②④⑥　B. ①②④⑤　C. ①③④⑤　D. ①②⑤⑥

79. 在测温电桥中,电桥的输出 U_{ab} 是随监视点的温度而变化的,当检测温度升高,热电阻值 RT 增大时,则(　　)。

A. U_a 增大,U_B 基本不变,U_{ab} 增大　　B. U_a 增大,U_B 减小,U_{ab} 增大

C. U_a 基本不变,U_B 减小,U_{ab} 增大　　D. U_a 增大,U_B 增大得较小,U_{ab} 增大

80. 在机舱中,可用在温度传感器上的元件有(　　)。

①光电池;②热电阻;③光敏电阻;④热敏电阻;⑤热电偶;⑥感温包。

A. ②④⑤⑥　B. ①②④⑤　C. ③④⑤⑥　D. ①②③④⑤⑥

81. 在容积式流量传感器中,进口流体压力为 P_1,出口流体压力为 P_2,则传感器输出量将与:

A. P_1 大小成正比　　B. $P_1 - P_2$ 压差成正比

C. P_1 大小成正比　　D. P_1 大小成反比

82. 采用磁脉冲传感器检测主机转速时,如果大齿轮共有 60 个齿,且在 60r/min 时,频率

电压转换器输出的电压为5V,那么在90r/min时,磁感应电势的频率是(　　),频率电压转换器输出的电压值是(　　)。

A. 90Hz,7.5V　　B. 60Hz,7.5V　　C. 60Hz,9V　　D. 90Hz,9V

83. 在单元组合式集中监视与报警系统中,开关量报警控制单元的组成环节包括(　　)。

A. 放大环节　　B. 输出回路　　C. 输入回路　　D. 逻辑延时环节

84. 在SMA—02型报警控制电路中,每个监视通道的报警控制单元由(　　)组成。

A. 2个继电器　　B. 2个传感器　　C. 5个继电器　　D. 5个传感器

85. 在SMA—02型报警控制单元中,按功能测试按钮后,报警灯和报警声响的状态为(　　)。

A. 报警灯快闪,消声　　B. 报警灯慢闪,声响报警

C. 报警灯快闪,声响报警　　D. 报警灯慢闪,消声

86. 在SMA—02S型报警控制单元中,按钮T的作用是(　　)。

A. 报警消音　　B. 报警测试　　C. 报警闭锁　　D. 试灯

87. 在SMA—02型报警控制单元中,其报警设定值的调整方法是(　　)。

A. 调整开关量传感器的幅差　　B. 调整开关量传感器的延时

C. 调整电容C_1　　D. 调整电容C_2

88. 在GravinerMark-5型油雾浓度探测器中,若系统正常,则模拟运行的结果应为(　　)。

A. AVERAGE灯亮　　B. SIMULATION灯亮

C. DEVIATION灯亮　　D. 显示器读数为35%~60%

89. 在GravinerMark-5型曲柄箱油雾浓度监视报警器中,单片机执行模拟程序时,正常情况所显示的浓度值应为(　　)。

A. 20%~40%　　B. 30%~50%　　C. 35%~60%　　D. 50%~70%

90. 在GravinerMark-5型油雾浓度监视报警器中,以下平均油雾浓度报警值中,(　　)的灵敏度高。

A. 0.5mg/L　　B. 0.6mg/L　　C. 0.7mg/L　　D. 0.8mg/L

91. 在GravinerMark-5型曲柄箱油雾浓度监视报警器的测量电路中,有一平均浓度报警值调整电位器,可在MIN与MAX之间调整,若调至MIN位时,则平均浓度报警值是(　　)。

A. 0.3mg/L　　B. 1.3mg/L　　C. 0.5mg/L　　D. 0.05mg/L

(三)

76. 采用连续监视方式的报警监视系统是指(　　)。

A. 微机型监视系统　　B. 计算机网络监控系统

C. 巡回检测系统　　D. 单元组合式监视系统

77. 对于机舱集中监视与报警系统,正确的说法是(　　)。

A. 在微机型报警系统中,对所有监视点参数实行连续监视

B. 在单元组合式报警系统中,对各个监视点参数实行分时处理

C. 在微机型报警系统中,所有的监视点只需要一个中央处理单元

D. 在单元组合式报警系统中,所有的监视点只需要一个报警控制电路

78. 在集中监视与报警系统中,延伸报警控制单元所接收的信息是来自于(　　)。

A. 传感器输出的参数状态　　B. 报警器控制单元输出的状态
C. 报警值的整定指令　　D. 报警控制单元的输出状态

79. 电磁感应式压力检测器,其中弹簧管适用于测量范围在(　　)。
A. 0 ~ 0.1MPa　　B. 0 ~ 0.3MPa　　C. 0 ~ 0.4MPa　　D. 0.6MPa 以上

80. 电磁式流量传感器可测量(　　)的流量。
A. 柴油　　B. 滑油　　C. 水　　D. F12

81. 用脉冲式转速传感器检测主机转速时,若将两个传感器位置颠倒,则(　　)。
A. 转速表指示转速偏低,转向与主机相反
B. 转速表指示转速偏低,转向与主机相同
C. 转速表指示与主机相同,转向与主机相同
D. 转速表指示与主机相同,转向与主机相反

82. 船舶机舱中,扭矩传感器一般用于检测(　　)。
A. 主机轴功率　　B. 发电柴油机轴功率
C. 主机转速　　D. 手持式扭矩测量仪

83. 感烟管式火警探测器是利用(　　)来测定烟雾浓度的。
A. 烟雾遮光性　　B. 烟雾吸附性　　C. 烟雾散射性　　D. 烟雾电离性

84. 所谓单元组合式故障报警系统是指每个监视点单独需要一个(　　)。
A. 故障报警控制电路　　B. 闪光源
C. 音响报警控制电路　　D. 分组延伸报警电路

85. 在单元组合式监视报警系统中,不正确的说法是(　　)。
A. 每块报警控制电路板都具有报警指示灯
B. 每块报警控制电路板都能进行独立的功能测试
C. 每块报警控制电路板都具有消闪按钮
D. 每块报警控制电路板都能进行报警值设定

86. 在 SMA-02 型报警控制单元中,一旦检测到故障时,继电器 J_1 断电、继电器 J_2 通电,只要 J_2 线圈通电就能:
A. 启动故障打印机　　B. 启动闪光源发快、慢闪脉冲信号
C. 启动声响报警单元,发声响报警　　D. 送分组报警信号

87. 在 GravinerMark—5 型油雾浓度监视报警器中,在进行 TEST 或 SIMULATIONMODE 操作后,要使系统恢复正常运行,则必须(　　)。
A. 按一下 RESET 按钮　　B. 按一下 SELECT 按钮
C. 按一下 TEST 按钮　　D. 切断电源

88. 在 SMA-02 型报警控制单元中,若要增加报警设定值,则调整方法是(　　)。
A. 增加传感器的动作延时　　B. 减小传感器的动作延时
C. 增加传感器的幅差　　D. 减小传感器的幅差

89. 在用集成电路组成的报警控制单元中,当监视点发生故障时,电路经电位器向电容 C_2 充电,其电压加到运算放大器 A_2 的同相端,其作用是(　　)。
A. 抗交流干扰　　B. 稳定电路防止振荡
C. 延时报警　　D. 3min 失职报答

90. 在 GravinerMark—5 型油雾浓度探测器中,当显示器件显示的浓度为 60% 时,灵敏度

电位器设置在 6 格和 4 格的实际油雾浓度之间关系是(　　)。

A. 前者大于后者　　B. 前者等于后者

C. 前者小于后者　　D. 无法确定

91. 在 GravinerMark—5 型油雾浓度探测器中,模拟运行是如何实现的?

A. 按下 SELECT 按钮　　B. 按下 TEST 按钮

C. 按下 RESET 按钮　　D. 将测量室中的滑板抬起

(四)

76. 在监视液位时,为避免因船舶摇摆而出现的误报警,通常采用(　　)。

A. 报警延时　　B. 报警封锁　　C. 报警切除　　D. 报警延伸

77. 在具有集中监视与报警系统的无人值班机舱中,轮机员应(　　)处值班。

A. 在船上的任何地方　　B. 在自己的住室

C. 在驾驶台　　D. 在机舱

78. 短时故障与通常故障的主要区别在于(　　)。

A. 故障报警延时时间短　　B. 不用按确认按钮,红灯灭,消声

C. 按确认按钮前故障已消失　　D. 只发灯光报警,不发声响报警

79. 集中监视与报警系统的核心单元是(　　)。

A. 各种传感器　　B. 警报器控制单元

C. 报警控制单元　　D. 电源

80. 热电偶输出的电势差正比于(　　)。

A. 热端温度　　B. 冷端温度

C. 热端与冷端温度之和　　D. 热端与冷端温度之差

81. 对于热电阻传感器,消除环境温度影响的方法是采用(　　)。

A. 二线制接法　　B. 三线制接法

C. 四线制接法　　D. 都不是

82. 在温度传感器中,热电阻温度传感器与热敏电阻传感器的特点分别为(　　)。

A. 正的温度系数,正的温度系数　　B. 正的温度系数,负的温度系数

C. 负的温度系数,正的温度系数　　D. 负的温度系数,负的温度系数

83. 相位差式扭矩传感器包括(　　)。

A. 一个齿轮和一个磁脉冲传感器　　B. 一个齿轮和两个磁脉冲传感器

C. 两个齿轮和一个磁脉冲传感器　　D. 两个齿轮和两个磁脉冲传感器

84. 机舱中检测排烟温度最常用的是镍铬 - 镍硅型热电偶,这种热电偶化学稳定性较高,其中优点还包括(　　)。

A. 复制性好　　B. 灵敏度高　　C. 稳升性好　　D. 测量精度高

85. 在磁脉冲传感器的转换电路中,微分电路的作用是(　　)。

A. 把三角形波转换成同频率矩形波　　B. 把矩形波转换成同频率的尖峰脉冲

C. 把矩形波转换成同频率的三角形波　　D. 把锯齿形波转换成同频率的尖峰脉冲

86. 在船上,用磁脉冲传感器可检测的参数有(　　)。

①流量;②转速;③液位;④活塞环工作状态;⑤扭矩;⑥二氧化碳含量。

A. ①③⑤　　B. ②④⑤　　C. ①④⑥　　D. ②④⑥

87. 在机舱内,光电池通常不能检测(　　)。

A. 火警　　B. 油雾浓度　　C. 转速　　D. 盐度

88. 在单元组合式开关量报警控制单元中不包含(　　)。

A. 输入电路　　B. 延时电路

C. 逻辑判断电路　　D. 报警值设定电路

89. 在采用集成电路组成的报警控制单元中,电位器 W 的作用是(　　)。

A. 调整报警值　　B. 调整报警延时

C. 报警测试　　D. 调整运放器 A_1 的工作参数

90. 在 GravinerMark—5 型曲柄箱油雾浓度监视报警器的报警器中,当检测到 5 号缸时,显示浓度值为 100%,则面板上报警灯(　　)。

A. AVERAGEALARM 灯亮　　B. DEVIATIONALARM 灯亮

C. A + B　　D. A 或 B

91. 在 GravinerMark-5 型曲柄箱油雾浓度监视报警器中,其报警值可通过选择不同的灵敏度进行调整,其平均浓度报警灵敏度共分(　　)挡,报警值可调范围为(　　)。

A. 7,0.3 ~ 1.3mg/L　　B. 5,0.3 ~ 1.3mg/L

C. 7,0.05 ~ 0.5mg/L　　D. 5,0.05 ~ 0.5mg/L

(五)

76. 在故障报警装置中,延时环节可以实现(　　)。

A. 报警时红灯先闪亮,蜂鸣器后响　　B. 延时接通报警线路,防止误报警

C. 延时断开报警线路,保持报警状态　　D. 按确认按钮后,延时消声

77. 在集中监视与报警系统中,为显示一个参数值,不能采用的显示器有(　　)。

A. 光谱显示器　　B. 液晶显示器

C. 等离子体显示器　　D. 数字显示器

78. 在集中监视与报警系统中,不包括的功能是(　　)。

A. 故障自动修复　　B. 3min 失职报警

C. 延时报警　　D. 闭锁报警

79. 船舶检测主机排烟温度的传感器一般是(　　)式。

A. 热电偶　　B. 热敏电阻　　C. 热电阻　　D. 光敏电阻

80. 热敏电阻的测温优势包括(　　)。

A. 灵敏度稳定　　B. 温度性能好

C. 灵敏度高　　D. 具有负温度系数

81. 热敏电阻具有灵敏度高和性能比较稳定等优点,常用于(　　)。

A. 排烟的温度检测　　B. 燃烧的温度检测

C. 轴承的温度检测　　D. 海水的温度检测

82. 在用继电器组成的的有触点报警系统中,时间继电器的延时时间(　　)。

A. 各检测点均调到一致　　B. 因各检测点参数性质不同而异

C. 与检测点没关系　　D. 与检测的参数性质没关系

83. 在巡回检测式集中监视与报警系统中,其模/数转换器的作用是将(　　)。

A. 电压信号转换为电流信号　　B. 电压信号进行放大

C. 电压信号转换为二进制数　　　　　D. 电流信号转换为二进制数

84. 监控系统中用于存放数据的任何一个存储单元故障都可能导致(　　)。

A. 自检报警,程序中断或停机　　　　B. 不报警,继续工作

C. 自检报警,控制或显示结果错误　　D. A 或 C

85. 在单元组合式集中监视与报警系统中,开关量报警控制单元的输入回路用于(　　)。

A. 接收开关量传感器送来的输入信息　　B. 接收模拟量传感器送来的输入信息

C. 接收开关量放大器送来的输入信息　　D. 接收模拟量放大器送来的输入信息

86. 在单元组合式集中监视与报警系统中,模拟量报警控制单元主要是由(　　)环节组成的。

A. 放大环节　　B. 延时环节　　C. 输出环节　　D. 逻辑延时环节

87. 在 GravinerMark-5 型油雾浓度探测器中,正常工作时每次进行油雾浓度检测的缸数是(　　)。

A. 10 个　　B. 6 个　　C. 4 个　　D. 1 个

88. 在 SMA—02 型报警控制单元中,故障检测触点 S 断开后,未按确认按钮又自动闭合,则报警灯和声响报警状态为(　　)。

A. 快闪,消声　　B. 慢闪,响报警　　C. 慢闪,消声　　D. 熄灭,消声

89. 在 GravinerMark—5 型油雾浓度探测器测试电路中,若发生 FLOW 报警可能是下述(　　)原因。

A. 二极管 D_7 开路　　　　B. 二极管 D_6 开路

C. 晶体管 TR_2 集电极开路　　D. 二极管 D_{10} 开路

90. 在 GravinerMark—5 型油雾浓度探测器中,模拟运行时显示器的读数低于 20%,可能是因为(　　)。

A. 测量室中滑板太大　　　　B. 测量室沾污

C. 光电池电路零点不对　　　D. 油雾浓度确实低

91. 在 GravinerMark—5 型曲柄箱油雾浓度监视报警器中,单片机执行模拟程序时,正常情况所显示的浓度值应为(　　)。

A. 20% ~40%　　B. 30% ~50%　　C. 35% ~60%　　D. 50% ~70%

(六)

76. 为了防止瞬间误报警,报警监视系统经常在输入电路上设置(　　)。

A. 振荡回路　　B. 寄存器　　C. TL 回路　　D. RC 回路

77. 在报警装置中,设置延时环节的目的在于(　　)。

A. 防止误报警　　　　B. 增强抗干扰能力

C. 实现封锁报警　　　D. 实现 3min 失职报警

78. 热电耦检测温度电路中设置补偿电路的作用是(　　)。

A. 提高线性范围　　　　B. 提高稳定性

C. 便于调零和调量程　　D. 提高测量精度

79. 测温电桥中,与热电阻相邻的一个桥臂通常有一可调电阻,其作用是(　　)。

A. 使电桥平衡输出 U_{ab} 稳定　　B. 调量程,当温度为 100℃时 U_{ab} 达最大值

C. 调零,当温度为 0℃时,$U_{ab}=0.02V$　　D. 调零,当温度为 0℃时,$U_{ab}=0$

80. 将被测的非电量参数转换成连续变化的电信号，这种传感器的输出信号通常为(　　)。

A. 开关量　B. 模拟量　C. 脉冲量　D. 数量

81. 热电耦热电动势的大小只与结点温度的高低有关，而与线材其他部分的温度无关。这一结论的实用意义是(　　)。

A. 可以在回路中接入各种电容

B. 允许用任意方法来获得热电偶的烧结点

C. 不可以在回路中接入各种仪表及连接线

D. 可以在回路中接入各种电阻

82. 在用脉冲传感器检测主机转速时，若主机在高速时测量准确，在低速时测量值不稳定，其原因可能是(　　)。

A. 磁头与齿顶之间间隙过小　B. 磁头与齿顶之间间隙过大

C. 由于船舶振荡引起　D. 外界干扰信号引起

83. 下列物理变化量中可以用于测量机械输出轴扭矩的是(　　)。

A. 频率　B. 频率差　C. 相位　D. 相位差

84. 在相位差式扭矩传感器中，扭矩为零时，若从轴线看两个脉冲传感器磁头的相对位置，则它们的角度差为(　　)。

A. 0°　B. 45°　C. 90°　D. 180°

85. 感烟管式火警探测器，通常用于(　　)火警。

A. 驾驶台　B. 机舱　C. 集控室　D. 货舱

86. 在单元组合式集中监视与报警系统中，开关量报警控制单元给出的报警内容通常包括(　　)。

A. 启动警报和做出相应的处理　B. 启动公共报警系统

C. 控制警报灯和启动备用设备　D. 输出单元报警信号至延伸报警中心

87. 在采用集成电路组成的报警控制单元中，运算放大器 A_1、A_2 的功能分别是(　　)。

A. 电压跟随器，电压跟随器　B. 电压比较器，电压跟随器

C. 电压跟随器，电压比较器　D. 电压比较器，电压比较器

88. 在离子感烟式火警探测器中，已发火灾报警时，是(　　)部件使火灾报答继电器 J 通电。

A. 电压比较器　B. 具有回差的斯密特电路

C. 稳压电路和可控硅管　D. 经与非门电路

89. 在下图所示的用集成电路组成的报警控制单元中，当监视点发生故障时，运算放大器 A_1、A_2 的输出及“P”点状态为(　　)。

A. 低电平、高电平、低电平　B. 低电平、低电平、高电平

C. 高电平、高电平、低电平　D. 高电平、高电平、高电平

90. 在 GravinerMark—5 型曲柄箱油雾浓度监视报警器的测量电路中，有一偏差浓度报警值调整电位器，可在 MIN 与 MAX 之间调整，若调至 MAX 位时，则偏差浓度报警值是(　　)。

A. 0.3mg/L　B. 1.3mg/L　C. 0.5mg/L　D. 0.05mg/L

91. 在 Mark—5 型油雾浓度探测器中，平均浓度报警值可调范围的最大和最小值分别为(　　)mg/L 和(　　)mg/L；偏差浓度报警值浓度报警值可调范围的最大和最小值分别为

(　　)mg/L 和(　　)mg/L。

A. 1.3、0.3、0.5、0.05　　B. 0.3、1.3、0.05、0.5

C. 0.05、0.5、0.3、1.3　　D. 0.03、0.05、0.3、3.1

(七)

76. 在集中监视与报警系统中,连续监视式报警系统的特点是(　　)。

A. 同一时间只能监视一个点,每个监视点都需有一个报警控制单元

B. 同一时间可监视所有的监视点,每个监视点都要有一个报警控制单元

C. 同一时间只能监视一个监视点,所有监视点共用一个报警控制单元

D. 同一时间可监视所有监视点,所有监视点共用一个报警控制单元

77. 在测温电桥中,电源正极端经一电位器 W 接在电桥上,其作用是(　　)。

A. 使电桥平衡,输出 U_{ab} 稳定

B. 调量程,使得当温度为 100℃时,电桥输出 U_{ab} 达到最大值

C. 调零,使得当温度为 0℃时,电桥输出 $U_{ab}=0.02V$

D. 调零,当温度为 0℃时,电桥输出 $U_{ab}=0$

78. 在采用冷端温度补偿电桥的热电偶测温电路中,其电桥有三个桥臂电阻不随环境温度变化,它们是用(　　)制成的,而另一桥臂电阻将随环境温度变化,它是用(　　)制成的。

A. 铜丝绕制,铝线绕制　　B. 镍丝绕制,铝线绕制

C. 铂姥丝绕制,铜丝绕制　　D. 锰铜丝绕制,铜丝绕制

79. 在集中监视与报警系统中,检测温度参数常用的传感器包括(　　)。

①光敏电阻;②光电池;③金属丝电阻;④热敏电阻⑤热电偶;⑥金属应变片。

A. ①③⑤　　B. ②④⑥　　C. ③④⑤　　D. ④⑤⑥

80. 热敏电阻的测温优势包括(　　)。

A. 具有负温度系数　　B. 体积小、结构简单

C. 灵敏度稳定　　D. 温度性能好

81. 金属应变片常用作(　　)传感器,它根据(　　)的原理工作。

A. 压力,压力不同输出电压不同　　B. 温度,温度不同输出电压不同

C. 温度,温度不同输出电阻不同　　D. 压力,压力不同输出电阻不同

82. 在机舱报警系统中(　　)。

①正常运行时绿灯亮,红灯灭;②故障时红灯亮,绿灯灭;③应答后红、绿灯常亮;④应答后红灯常亮、绿灯灭;⑤按试灯按钮红灯全亮。

A. ①②④⑤　　B. ①③④⑤　　C. ①②④⑥　　D. ②③④⑤

83. 电磁感应式压力检测器中差动变压器的初级与次级之间的互感系数(　　)。

A. 是一个常数　　B. 相等

C. 随铁芯的位置改变而变化　　D. 与检测的压力成积分关系

84. 在吹气式液位传感器中,如果节流阀中的节流孔堵塞,则平衡室逸出的气泡量、导管的压力,液位仪表的指示值分别为(　　)。

A. 没有,为零,最低液位以下　　B. 没有,最大,最高液位以上

C. 最多,为零,最低液位以下　　D. 最多,最大,最高液位以上

85. 相位差式扭矩测量传感器原理图如习图 4-1 所示,在主轴扭矩为零时,两个齿轮的齿

顶和齿槽在轴线方向上应该(　　)。

A. 错开半个轮齿

B. 完全重合

C. 错开1/4个轮齿

D. 没有要求

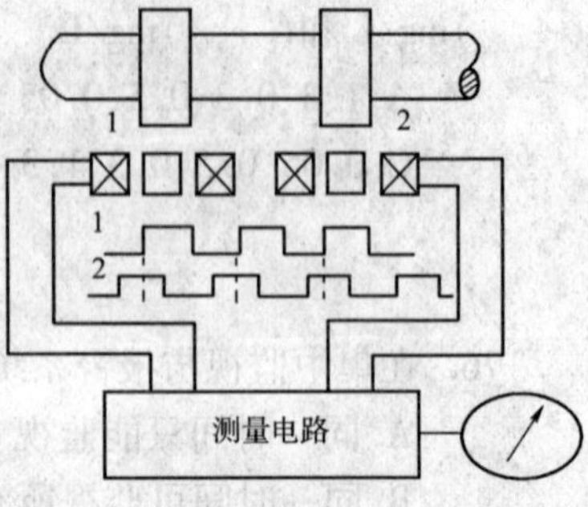

习图 4-1

86. 在单元组合式集中监视与报警系统中,模拟量报警控制单元的逻辑判断环节可用来完成(　　)。

A. 输出控制

B. 逻辑延时

C. 状态运算

D. 报警控制

87. 在SMA—02型报警控制单元中,在继电器 J_1 通电回路上并联一个电阻 R_2 和电容 C_2 的作用是(　　)。

A. 抗交流干扰　　B. 稳定电路的运行,防止振荡

C. 出现故障时立即发报警　　D. 出现故障时,延时发报警信号

88. 在采用集成电路组成的报警控制单元中,确认按钮能消除声响报警的原因是(　　)。

A. RS触发器Q端为0　　B. "P"点由0跳变为1

C. 晶体管 T_1、T_2 同时导通　　D. 切断声响报警的电源

89. 在GravinerMark—5型曲柄箱油雾浓度监视报警器的面板上,SIMULATIONMODE指示灯亮表明(　　),此灯亮的条件是(　　)。

A. 对系统测试时,按TEST按钮　　B. 偏差浓度报警时,偏差浓度超标

C. 模拟运行时,按TEST按钮　　D. 模拟运行时,把测量室中滑板抬起

90. 在GravinerMark—5型曲柄箱油雾浓度监视报警器中,单片机执行模拟程序时,正常情况所显示的浓度值应为(　　)。

A. 10%~20%　　B. 33%~45%　　C. 50%~70%　　D. 35%~60%

91. 在GravinerMark—5型曲柄箱油雾浓度监视报警器中,其报警值可通过选择不同的灵敏度进行调整,其平均浓度报警灵敏度共分(　　)挡,报警值可调范围为(　　)。

A. 5,0.1~1.0mg/L　　B. 7,0.3~1.3mg/L

C. 7,0.05~0.5mg/L　　D. 5,0.05~0.5mg/L

(八)

76. 污水井高位报警和缸套水温度报警分别属于(　　)报警和(　　)报警。

A. 开关量,模拟量　　B. 开关量,开关量

C. 模拟量,模拟量　　D. 模拟量,开关量

77. 主轴承温度检测常采用(　　)。

A. 热电偶　　B. 热电阻　　C. 水银温度计　　D. 金属应变片

78. 用微型计算机组成的集中监视与报警系统是属于(　　)形式,其特点是(　　)。

A. 连续监视式,速度快监视点多　　B. 连续监视式,速度快监视点少

C. 巡回监视式,速度慢,检测精度低　　D. 巡回监视式,速度快,检测精度高

79. 变浮力式液位传感器的测量原理是(　　)。

A. 被测液位越高，输出的脉冲频率越高

B. 被测液位越高，输出的电流越大

C. 被测液位越高，输出的电压越大

D. 被测液位越高，输出的电压越小

80. 检测流量的方法，可利用(　　)。

①电容式的；②容积式的；③电磁式的；④压差式的；⑤磁脉冲式的；⑥静压吹气式的。

A. ①②③　　B. ②③④　　C. ③④⑤　　D. ④⑤⑥

81. 在监控系统中，需要经常根据运行情况进行修改的极限值或参数等通常存储在(　　)中。

A. ROM　　B. EPROM　　C. EPRAM　　D. RAM

82. 在单元组合式集中监视与报警系统中，开关量报警控制单元的组成环节包括(　　)。

A. 放大环节　　B. 延时环节　　C. 输出环节　　D. 逻辑延时环节

83. 对机舱参数报警系统的正常要求是(　　)。

①有故障时，发出声、光报警信号；②按下确认按钮后，声光报警信号消失；③故障排除后，报警指示灯熄灭；④报警延时环节，是防止瞬间误动作；⑤报警功能检验，只能用故障点触头实现；⑥全部参数报警信号，必须送到驾驶台。

A. ①③⑥　　B. ①③④　　C. ②④⑥　　D. ②④⑤

84. 在用继电器组成的有触点报警系统中，对时间继电器的延时时间错误的提法是(　　)。

A. 各检测点均调到一致　　B. 因各检测点而异

C. 各检测点之间可以相同也可以相异　　D. 因各检测的参数而异

85. 在变浮力液位传感器中，如果推动铁芯移动的弹簧断裂，则液位指示仪表的指示值为(　　)。

A. 最高水位以上　　B. 最低水位以下

C. 中间水位不变　　D. 任意水位

86. 在GravinerMark—5型曲柄箱油雾浓度监视报警器的面板上有一个液晶显示器，显示内容分上、下两排，其中上排显示(　　)，下排显示(　　)。

A. 油雾浓度绝对值，采样点序号

B. 采样点序号，油雾浓度绝对值

C. 油雾浓度达到报警值的百分数，采样点序号

D. 采样点序号，油雾浓度达到报警值的百分数

87. 在SMA-02型报警控制单元中，其正确的说法是(　　)。

①模拟量报警控制单元；②可进行通常报警和短时报警；③能显示参数值，越限报警；④在报警时，能自动进行故障打印；⑤红灯慢闪时消声；⑥红灯慢闪时按确认按钮直接熄灭。

A. ①③⑤　　B. ①④⑥　　C. ②④⑥　　D. ②③⑤

88. 在GravinerMark—5型油雾浓度监视报警器中，在模拟运行时，是模拟一个已知的(　　)。

A. 电压值　　B. 电流值　　C. 报警值　　D. 油雾浓度值

89. 在GravinerMark—5型曲柄箱油雾浓度监视报警器的测试电路中，当抽风机转速太低时，单片机从14端输入的信号状态及面板上指示的状态分别为(　　)。

A. 1 信号,FLOWFAULT 灯亮　　B. 1 信号,OPTICALFAULT 灯亮

C. 0 信号,FLOWFAULT 灯亮　　D. 0 信号,OPTICALFAULT 灯亮

90. 在 GravinerMark—5 型曲柄箱油雾浓度监视报警器中,单片机执行模拟程序时,正常情况所显示的浓度值应为(　　)。

A. 35% ~60%　　B. 20% ~30%　　C. 30% ~55%　　D. 50% ~70%

91. 在 GravinerMark—5 型油雾浓度监视报警器中,若平均浓度报警值设定为 1mg/L,偏差浓度报警值为 0.1mg/L。以下错误的说法是(　　)。

A. 某采样点的浓度大于 1.1mg/L,系统才发出偏差报警

B. 各采样点的平均浓度大于 1mg/L,系统发出平均报警

C. 某采样点的浓度大于 1.1mg/L,系统不一定平均报警

D. 各采样点的浓度均大于 1mg/L,系统发出平均报警

模块五　船舶电站自动化

任务一　船舶发电机的自动启动、并车及停机

一、教学目标

(1)掌握船舶电站自动化包括的内容及其基本功能。

(2)掌握重载询问的功用及实现重载询问的基本原理。

(3)掌握发电机组自动启动的逻辑条件及自动顺序启动选择的基本原理和方法。

(4)掌握准同步并车条件,包括电压、频率和相位的要求。

(5)掌握自动并车必须的环节及由这些环节所组成的框图。

二、基本概念

1. 电站自动化等级

电站自动化从属于轮机自动化。我国《钢质海船入级与建造规范》对船舶的轮机自动化分为四个级别:

(1)BRC 标志级:它是指推进装置由驾驶室控制站遥控(通常叫主机遥控),机器处所(机舱)有人值班。

(2)MCC 标志级:它是指机舱集控站(室)有人值班,对机电设备进行监控。

(3)AUT-1 标志级:它是指推进装置由驾驶室控制站遥控,机舱集控站(室)至少有一人值班,对机电设备进行监控。

(4)AUT-0 标志级:它是指推进装置由驾驶室控制站遥控,机器处所包括机舱集控站(室)周期无人值班。周期通常有 16、24、36、48h 等几种。AUT-0 标志级是机舱自动化最高级别,通常也叫无人机舱。要求电站保证在无人值班的周期内连续正常运行,即要保证:

①若由一台发电机组运行供电,在该机组发生故障时,备用发电机组应能在 45s 内自动启动合闸,向重要负载供电。

②若由二台以上的发电机组并联供电,在其中一台机组出故障时,应有措施保证对重要负载的连续供电。

③因短路故障停电后,备用机组的自动合闸只允许进行一次,合闸失败后应报警。

④当运行发电机组超负荷时,应能自动卸除非重要负载,保证对重要负载供电;或自动启动备用的发电机组并网供电。

⑤自动电站应显示电压、频率及应急蓄电池组向临时应急照明供电的指示。

⑥自动电站应实现电压过高或过低报警、频率过低报警、自动卸载动作时报警、自动合闸失败报警、主开关脱扣报警、对地绝缘电阻低报警、应急蓄电池组向临时应急照明供电时报警等。

2. 自动电站基本功能

(1)对有关的电气参数和动作信号自动监测、报警、记录、显示,并有逻辑判断功能去控制发电机组。

(2)发电机组自动启动。多台发电机组应装有启动控制程序,在某机组启动失灵或不能合闸时,应能自动地将启动指令转移给另一台机组。船舶电站的备用发电机组应能随时(不超过45s)自动启动,并自动投入电网供电(有两台机并联工作时,应能自动同步投入)。

(3)在汇流排不带电的状态下,对发电机组自动接入电网,要限制在该状态下有二台机组或更多的机组同时接入及短路后多次接入的尝试。

(4)发电机组自动准同步并车。若电网上有机组供电,则机组自启动成功后,即由自动准同步装置与自动调频调载装置配合工作,将新启动机组自动投入电网并联运行。

(5)自动恒压及无功功率自动分配。无论单机还是并联运行,自动调整励磁装置能保持电网电压维持恒定,误差不大于额定电压的 ±2.5%。同时能调整并联运行发电机组的无功分配,使之合理分担。

(6)自动恒频及有功功率自动分配。当两台机组并联运行时,自动调频调载装置与原动机调速器配合工作,使电网维持恒定频率,偏差不大于 ±0.25Hz。并使各机组承担的有功功率按机组容量成比例分配。

(7)自动分级卸载。自动分级卸载是指电站超负荷时,自动卸除一些非重要负载,可以实现多次卸载,以适应不同程度的过载条件,保证对重要负载的连续供电。

(8)负载自动分级启动。负载自动分级启动有两种含义:一是指电网从断电状态恢复供电时,为限制过大的启动冲击电流,使负载自动分级启动,重要负载先启动;二是指自动分级卸载后,被卸去的负载在保证不引起发电机组重新过载的前提下再次投入运行。

(9)电气及机械故障时自动保护。

(10)发电机组自动解列。发电机组并联运行且轻载状态下,按确定顺序使运行机组逐台退出电网,直到其余运行机组脱离轻载状态为止。解列时应将其负载自动转移至运行发电机组后,才自动停止解列机组。

(11)发电机组自动停机。停机是指发电机组的原动机的停机,分正常停机控制和紧急停机控制。

(12)主电站与应急电站供电的自动转换。

(13)自动无功补偿。自动无功补偿是指通过控制投/切电容器组,使负载的功率因数保持在较高的状态。

(14)重载询问。重载询问是指在启动大容量用电设备(一般指大于发电机单机额定功率15%的负载)之前,自动检查电站中正在运行的发电机组是否能满足它的用电及启动要求。若能,则允许它立即启动,否则,应先启动一台备用发电机,使之并网,然后再允许它启动。

(15)具备模拟试验的功能,可以模拟方式检测自动电站的各项功能。

3. 船舶电站自动化的技术特征

(1)自动化装置采用计算机技术,包括可编程序控制器(PLC),使控制部分的体积重量大大减小,工作可靠性大大提高,控制方式也由硬件控制变为以软件控制为主,使功能的组合、扩展或修改变得很容易。维护方便,模块通用性好。

(2)计算机控制由大型机集中控制方式发展到多微机分散控制方式,使工作可靠性大大提高;进而出现由多级计算机构成的分布式控制系统,以及应用光纤通信和网络技术。

(3)信号处理由模拟量信号处理发展到尽可能多的数字量信号处理和通信。

(4)由人工分散控制发展到集中控制,特别是由驾驶室控制站对机舱的遥控,实现了无人值班机舱。

(5)机电一体化。自动电站属于自动机舱的一部分。自动机舱又属于自动船舶的一部分。全船自动化除了自动机舱以外,还有装卸和船舶状态的自动控制、航行自动化(包括自动驾驶系统、自动定位和导航系统及自动通讯系统)、舾装自动化(包括绞缆、防火和救生等)、船舶管理系统和专家系统。

(6)从提高运行的经济性和可靠性出发,目前更注重保障供电的连续性和使用电能的经济性。

三、船舶发电机组的自动启动与停机

发电机组启动一般设置三种操作方式:机旁手动操作,集中控制室遥控操作及自动操作,并满足"机旁"优先于"遥控","遥控"优先于"自动"的原则。

"自动"控制方式是指柴油发电机组,按既定的程序,自动启动、停止机组;"遥控"控制方式是指在驾驶台或集控室用按钮对柴油机实行起、停控制;"机旁"控制方式是指在柴油机旁进行手动起停机组。下面主要介绍自动操作的一些功能。

1. 副机启动前的准备工作

作为船舶的自动化电站,处于备用状态的机组,随时都可能启动。中国船级社的有关条文规定是:船舶电网失电应在45s(国外一些船级社规定为30s)内恢复供电。因此对电站来说,停机状态下的备用机组的准备工作应事先做好。准备工作主要是预润滑与预热。作为手动电站,副机启动前需先用手摇泵泵油,否则柴油机启动会因干摩擦而造成烧毁轴瓦等事故。作为自动化电站,备用机组是处在预润滑环境控制下,机组启动前的预润滑有电控制的,也有机(气动控制系统)控制的,电控制的又分成周期性的与非周期性的两种形式。

电控制的预润滑系统,大多是在每台机组外另配置一套电动预润滑油泵。现在某些柴油机生产厂家的产品本身就是自动化的副机,预润滑油泵在柴油机设计时已考虑进去,即在柴油机上带一个电动预润滑油泵,因此这样的副机结构相当紧凑。

1)非周期性预润滑

对于非周期性预润滑,只要副机一停,预润滑油泵就开始打油,直至副机启动成功油泵才停止运行。这种方式从润滑角度讲是非常好,但作为预润滑油泵本身累计工作时间太长,对大多数船舶而言往往是超过副机的运行时间,因此油泵的损耗较大,即增加了维护工作量及维修成本。

2)周期性预润滑

对于周期性预润滑,副机停止运行后,预润滑油泵是:工作—停机—工作—停机,周而复始,直至副机启动成功,才切除预润滑系统。油泵工作被调整在一个较短时间,一般以不超过5min为宜(实际有2~3min已足够,建议整定在2min);停机间隔可调整在较长时间,一般调整在30min较为合适。间隔时间的长短主要取决于:进行一次预润滑后,滑油的油膜在副机内能保持多长时间确定。

这种方式的好处是既能保证机组启动时有足够的滑油,又能降低预润滑油泵的损耗,大大减少了维护工作量及维修成本。按上述时间整定,每台预润滑油泵的累计工作时间(至船舶报废)对远洋船舶来说,大多在1年上下。

3）一次注入式预润滑

非电控制的预润滑有一次注入式的预润滑系统，这是一种气动控制装置，是副机启动系统的一部分。这种方式与手动启动相仿，仅在副机启动时，先泵油，后启动。这种预润滑方式的效果显然不如电动预润滑，故近来建造的船舶大多已不再采用这种方式。

4）预热

现代船舶电站，在停机状态下的副机的预热基本都是通过利用运行机组的冷却水（出口温度一般在70～800℃）的热量来进行预热的。因为副机冷却水管路上的有关阀门都处在常开状态，所以备用机组的预热是自然而然进行的，不需加任何控制。此外还有采用电加热方式进行预热的。有的船舶同时具备上述两种预热方式，平时通常采用运行机组的冷却水预热，当船舶处在坞修等场合下才采用电加热的方式进行预热。

2. 自动启动与停止指令的形成

自动启动与停止指令一般按两种原则发出的。一种是用电压继电器来检测电网是否断电，如果失电则发出启动指令；另一种是按电网的运行功率（或电流）原则发出启动或停机指令，也就是使运行在电网上的发电机总额定功率与电网实际消耗功率相适应。如果电站运行功率不足，将按预定程序自动启动备用机组并投入运行；当电站运行功率比较富余时，应按预定的顺序停止多余机组的工作；当有大负载投入电网时，首先要识别电站运行功率是否足够。如果允许可直接将大负载投入电网进行工作；如果大负载投入后，电网功率不足，则需要启动一台备用机组，待该机组并车成功且投入电网后，才允许投入大负载。第一种原则实现起来比较方便，但不够完善，第二种原则可分三种情况。

1）增机指令的形成

增加新机组的条件是

$$nP_{fe}-\sum_{i=1}^{n}P_{fi}<D$$

式中：n——在电网上运行发电机组的台数；

P_{fe}——发电机组单机额定功率；

$\sum_{i=1}^{n}P_{fi}$——所有发电机实际输出的总功率，也就是用电设备所消耗总的电功率；

D——最小功率余量。

上式表明，当运行发电机组可能发出的总功率与实际输出的总功率之差小于最小功率余量D时，就认为电站运行功率不足，应增加一台新机组，即自动启动一台备用机组，自动并车投入运行。船舶电站一般有三台发电机组，在正常运行情况下，通常使用一台发电机组或两台发电机组并联运行，这时可取$D=0.25P_{fe}$。

2）减机指令的形成

减少机组的条件是

$$nP_{fe}-\sum_{i=1}^{n}P_{fi}>B$$

式中：n——在电网上运行发电机组的台数；

P_{fe}——发电机组单机额定功率；

$\sum_{i=1}^{n}P_{fi}$——所有发电机实际输出的总功率；

B——最大功率余量。

该式表明，当运行发电机组可能发出的总功率与实际承担的总功率之差大于最大功率余

量 B 时，说明电站的功率过于富余，应减少机组。如果不减少机组，由于每台发电机组所承担的负荷太小，不仅运行机组处于不经济的运行状态，而且会造成并联运行的不稳定，所以功率余量要受到限制，对于运行机组台数不多的情况下，一般取 $B=1.5P_{fe}$。

3）重载询问

当一个大负载投入电网前，要事先询问一下电站运行功率是否允许启动大负载，若功率余量较大，大负载即可投入；若投入大负载后，其电网功率余量小于 D，则必须先自动启动备用机组，经并车调载后确认允许时，方可投入大负载。

重载询问是通过按钮把模拟负载接入功率鉴别电路，与发电机测功器的输出信号叠加再由鉴幅器来鉴别，所谓模拟负载就是用一个电位器取一个直流电压信号，按发电机测功器的电压功率变化（kW/V），使这个直流电压信号折算成相当于要投入的大负载的功率，根据上述原理，重载询问的表达式为

$$nP_{fe}-\sum_{i=1}^{n}P_{fi}-P_{am}<D$$

式中：P_{am}——投入大负载的模拟功率。

以上三种情况都是按功率原则来发出启动或停机指令的，可用功率鉴别电路来实现，如图 5-1-1 所示。从图中可以看出，投入电网大负载的模拟信号是从电位器 WE 通过按钮取得的。其电压值相当于大负载的功率（要考虑启动冲击）。运算放大器 A 的反相端是接发电机组可能发出的总功率、实际发出的总功率和重载询问功率的代数和，运算放大器输出信号经鉴幅器来判断是需要增机或减机。

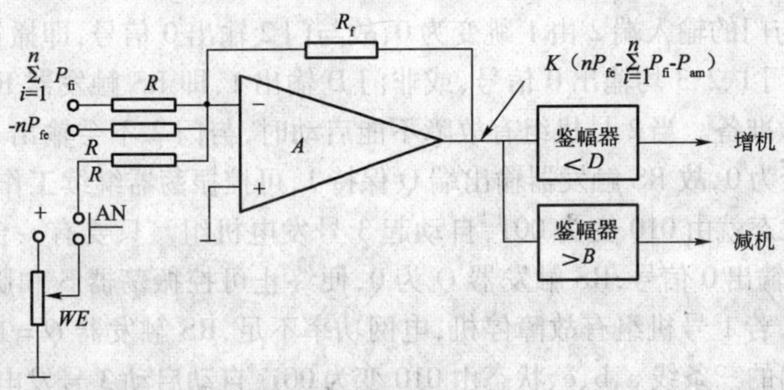

图 5-1-1　功率鉴别电路原理图

3. 发电机组自动启动顺序的选择

自动启动指令形成后，应启动哪台发电机组要按事先安排好的顺序进行，其原理如图 5-1-2所示。

图中 R、S 触发器是增机指令或失电指令的记忆单元；S 为可控振荡器；P 为脉冲分配器。与门1、2、3 分别控制 1 号、2 号、3 号发电机组的启动。每个与门要具备一些条件才能输出 1 信号启动相应的发电机组。图中每个与门有四个输入端：转速信号 n，停机时，发电机组转速为零，与门输入的 2 端为 1。运行机组 n 为额定转速，与门输入 2 端为 0，这是不允许对相应发电机组发启动信号的。3 端是启动阻塞端，有阻塞信号（如有故障）时为 0，无阻塞信号时为 1 信号。4 端为“自动—手动”转换开关，放在自动位置时为 1，放在手动位置时为 0 信号。1 端为选择信号端，它取决于脉冲分配器送来的脉冲信号。

设 1 号机组运行，2 号、3 号机组处于备用状态。当负荷功率增大，需要增加一台机组工作时。则发出增机指令负脉冲，使 RS 触发器的输出端 $Q=1$，可控振荡器 S 起振，脉冲分配器三

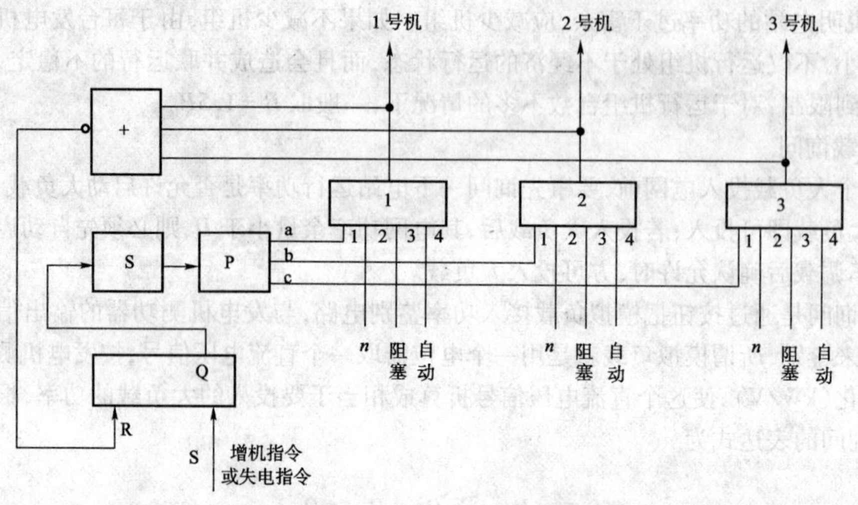

图 5-1-2　发电机组自动启动顺序选择逻辑图

个输出端 a、b、c 先后出现 100、010、001。脉冲分配器 P 输出的第一个正脉冲，a 线为 1 信号，b、c 线均为 0 信号。因为 1 号机组在运行，与门 1 的输入端 2 为 0，所以与门 1 输出 0 信号不能对 1 号机组发启动信号，当脉冲分配器发第二个正脉冲时，a、b、c 三条线的状态分别为 010，则与门 2 的四个输入端全为 1，其输出为 1 信号，启动 2 号发电机组。同时该 1 信号经或非门 D 输出 0 信号，PS 触发器的 R 端为 0 信号，使 RS 触发器复位 $Q=0$，停止可控振荡器的工作，脉冲分配器不再改变 a、b、c 三条输出线的状态，而保持其 010 状态不变。当 2 号发电机组启动成功后 $n=n_e$，与门的输入端 2 由 1 跳变为 0，故与门 2 输出 0 信号，即撤销对 2 号机组的启动信号。此时，与门 1、2、3 均输出 0 信号，或非门 D 输出 1，即 RS 触发器 R 端由 0 跳变为 1，为启动一台机组做准备。当 2 号机组有故障不能启动时，与门 2 不会输出 1 信号，RS 触发器 R 端不会由 1 跳变为 0，故 RS 触发器输出端 Q 保持 1，可控振荡器继续工作，脉冲分配器 P 输出三条线 a、b、c 状态就由 010 变为 001，自动起 3 号发电机组。只要有一台机组处于启动状态，或非门 D 就会输出 0 信号，RS 触发器 Q 为 0，便终止可控振荡器 S 和脉冲分配器 P 的工作，如果在运行中，若 1 号机组有故障停机，电网功率不足，RS 触发器 $Q=1$，启动可控振荡器 S，脉冲分配器输出的三条线 a、b、c、状态由 010 变为 001，自动启动 3 号发电机组。图中，三台发电机组选择顺序是 1—2—3—1，如果将脉冲分配器 P 输出线 a、b 调换一下，则选择顺序就为2—1—3—2，若 b、c 调换一下，其选择顺序就为 1—3—2—1，等等。

4. 交流发电机的自动并车

船舶主电站通常设有三台发电机组，根据船舶不同运行工况所需电量，可以单机运行，也可以两台或三台发电机并联运行。待并发电机投入电网参加并联运行的操作称为并车操作。对并车操作的基本要求是，其一并车过程中冲击电流不能超过允许值；其二发电机投入电网后能迅速拉入同步。

1)准同步并车条件

为了减小三相交流发电机并车时的冲击电流，准同步并车方法要求在合闸前调节待并发电机，必须同时满足以下三个条件才能进行并车操作：

(1)频率条件。通过调整待并机原动机的油门，使待并机的频率接近电网频率，其频差不能超过 1%，如在 0.5Hz 以内，一般要求待并机频率比电网频率略高一点。

(2)电压条件。应使待并机电压与电网电压接近相等，一般要求电压差不能超过 10%。

在有自激恒压装置中,这一要求基本会得到满足,不用手动调整。

(3)相位条件。待并机电压相位,在合闸前应与电网电压相位相等,其相位差不能超过15°。

若待并机在合闸前与电网的频率、电压及相位完全相等,则并车操作时所引起的冲击电流等于零。但在实际并车时,差别总是存在的,冲击电流是不可能等于零的。

在手动准同步并车中,进行检测的仪表有电压表、频率表和整步表。电压表是检测待并发电机和电网电压的。电压一般是由自动调压装置自动调节,不需要手动调节。频率表是检测待并发电机和电网频率的,若频差太大,可通过调整待并机原动机的油门,即调整原动机的转速加以调节。整步表是用来检测频差和相位差,它是手动准同步并车的关键性仪表。在并车操作时,先调待并机频率使之接近电网频率,然后把整步表转换开关接通,调整待并机频率使整步表指针向"快"方向缓慢转动,这说明待并机频率比电网频率略高一点。当整步表指针转至离中点前一个角度(合闸提前角)按合闸按钮,这样新接入的发电机会很快被拉入同步,并车完毕后要切除整步表的工作。

粗同步并车实际上也属于准同步,只是在合闸瞬间串入一个电抗器,电抗器的作用是限制合闸时冲击电流。这样可大大放宽准同步并车所要求的三个条件,操作简便,并车可靠。

自动准同步并车实际上是手动准同步并车的模拟。因此,在自动准同步并车过程中,要能自动检测和调整电压差、频率差的大小和方向,并能选择合适的合闸提前时间或提前角。

2)自动并车必须的环节及由这些环节所组成的框图

发电机电压与电网电压幅值差,通过自动电压调节装置一般能满足要求。但在动态和有故障的情况下,为防止错误合闸,自动准同步并车装置通常设有电压差闭锁环节。

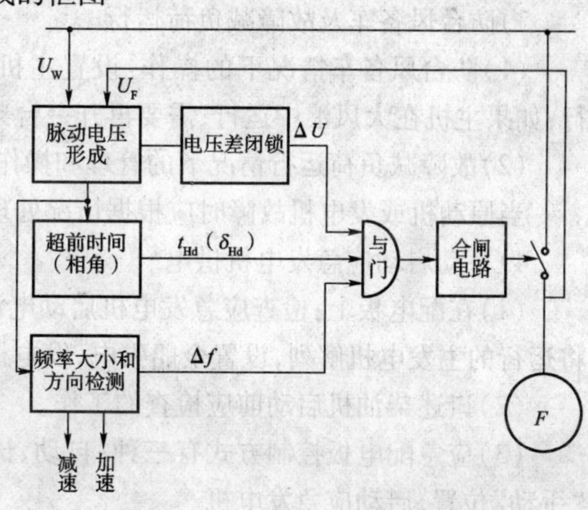

图5-1-3　自动准同步并车原理框图

自动准同步并车装置尽管类型较多,但它们组成的原理是基本相同的,其方框图如图5-1-3所示。任何自动准同步并车装置都包括四个基本环节:脉冲电压的形成;恒定超前时间或超前角的获得;频差大小和方向的检测及电压差闭锁环节。只有并车条件全部得到满足时,与门的三个输入端才均为1信号,允许合闸,否则,其中只要一个条件不满足,就不允许合闸。

四、实训环节

实训一　发电机应急操作

(1)掌握机舱突发险情时发电机的应急处理措施。

(2)掌握应急发电机启动及应急供电。

(3)准确把握操作时间和操作顺序。

(4)通过手动或自动操作能及时供电和维持电网正常运行。

(5)独立完成训练项目内的全部内容,操作顺序正确,动作准确无误;反应敏捷,动作迅速，措施得当，处理及时，无耽搁和错误操作。

(6)在规定的时间内完成训练项目，不得出现任何因操作不当引起的故障。

1. 初始状态设置

本实训必须在轮机模拟器实训中心进行。

正常启动轮机模拟器，让模拟器处于以下状态：

(1)一台发电机在运行，发电系统在“手动”方式下供电。

(2)在图解板上：副气瓶空气压力表显示为：2.5MPa 以上。

(3)由教员在教员台设置故障。

2. 实训内容及步骤

1)在手动状态下发电机突然跳闸的应急措施（由教员设置故障）

(1)紧急切除可能引起跳闸的部分负荷，手动试合闸。

(2)合闸不成功，继续再切除部分负荷，再合闸。

(3)若判断为发电机有故障，快速启动另一台发电机并合闸。

(4)将发电机工作方式设置为“自动”。

2)自动并车失败报警及手动应急并车

(1)教员设置故障导致自动并车失败，首先判断故障，解除故障后，手动调节电压、手动调频，必要时可切除部分次要负荷后再调频。

(2)捕捉合闸时机，手动合闸。

3)防台风备车及故障减负荷运行

(1)防台风备车情况下的操作：设置主机在大风浪中运行，启动一台柴油发电机投入运行；如果主机在大风浪中运行，需要再开一台柴油发电机并联运行。

(2)故障减负荷运行情况下的管理和操作。

当原动机或发电机故障时应根据情况处理并复位。

4)手动启动应急发电机供电

(1)在配电板上：检查应急发电机启动电源（直流 24V）供电情况；将主发电机置“手动”，将运行的主发电机解列，设置全船失电，发电机空转。

(2)口述柴油机启动前应检查的工作。

(3)应急配电板控制方式有三种：自动、试验、手动。先在应急配电板上将控制方式转到“手动”位置，启动应急发电机。

(4)当电压和频率达到规定值时，合上应急发电机主开关，应急配电板供电，再将控制方式转“自动”。

(5)将运转的主发电机合闸，三台机组的控制方式还是设在“手动”，由主配电板供电，观察应急发电机状态：是否解列。

(6)将应急配电板控制方式转“试验”，应急发电机自动启动、自动合闸并向应急负载供电，观察应急配电板功率表有无变化，再看主配电板状态。将控制方式转“自动”，应急发电机应自动解列、停机。

3. 注意事项

(1)电站报警后，应先消声消闪，再判断故障原因，并且果断采取正确措施。

(2)每项操作后必须撤销故障并复位，恢复到正常工作状态。

实训二　发电机手动准同步并车操作

1. 备用机组的启动操作

(1)把备用机组的选择开关置于"手动"位置。

(2)把两台发电机组的控制机模式选选择开关置于"手动"位置。

(3)观察备用机是否准备好,若准备好,允许启动指示灯亮。

(4)当允许启动指示灯亮时,按下机组启动按钮,若启动成功,发电机有输出压力,主开关"断开"指示灯亮。

(5)观察待并机的电压、频率是否在额定值,否则调节励磁电流、原动机油门,使其在额定值。

2. 同步表的正确使用

(1)当待并机的电压、频率在额定值或等于运行机的电压、频率时,把同步表的选择开关打在待并机号上。

(2)观察同步表的旋转方向,若沿"快"方向转,减小原动机油门;若沿"慢"方向转,增加原动机油门,使得同步表旋转一周大于4秒钟。

3. 并车条件的准确掌握

在同步表转到整步点前一个小角度,果断按下合闸按钮;若合闸成功,同步表就指在整步点;若不成功可重复上述操作,但不得超过三次。

4. 负荷的转移和分配

(1)为了防止待并机合闸后,发生逆功率而跳闸,应首先少量加大待并机的原动机油门。

(2)切断同步表。

(3)进行负荷转移和分配,即增加待并机的原动机油门,同时减小运行机的油门。在此过程中,应保持频率在额定值,最终调节到两台机组均分。

任务二　功率的自动调节

一、教学目标

(1)掌握频率与有功功率之间的关系。

(2)掌握复励的基本概念,相复励的基本概念。

(3)掌握采用均压线的目的和方法。

二、功率的自动调节

1. 频率与有功功率的自动调节

频率与有功功率之间的关系:

频率和电压是供电质量的两大重要指标。频率和转速又有直接关系,即

$$f = p \cdot n/60$$

式中:p——发电机的极对数;

n——发电机转速。

频率(转速)的变化主要原因是系统中有功功率不平衡,当原动机输出功率 P_T 与发电机功率 P_F 相等时,不引起原动机的加速或减速,发电机组处于稳定运行状态;当 $P_F > P_T$ 时,原动机会减速。当 $P_F < P_T$ 时,原动机会加速。以上是单机运行情况,如果几台发电机组并联运行,总有功负荷的变化,不仅要引起频率的变化,而且要引起发电机组之间有功功率的重新分配。需要强调说明,并联运行的各发电机组只能有一个共同的频率,而系统频率正是由系统中的全部发电机组与负荷的有功功率平衡所决定的。显然,频率的调节与有功功率的调节实际上是不可分割的,调节频率的过程还必须要和有功功率的自动调节与分配过程联系在一起,通常要求更合理地在各机组之间分配有功功率,以提高整个电力系统的经济性和运行的稳定性。

在《钢质海船入级与建造规范》中,对频率(转速)和有功功率的分配都有一定的要求,对转速调节规定为:传动发电机的柴油机需装有调速器。当突然卸去满负荷,或突然加上满载负荷的60%,稳定后再加上余下的40%时,调速器均符合下列规定。

(1)瞬时调速率不大于10%。

(2)稳定调速率不大于5%。

(3)稳定时间不大于7s。

对有功功率分配规定为:并联运行的交流发电机,当负载在总额定功率的20%~100%内变化时,能稳定运行,其功率分配的误差应符合下列要求。

各发电机实际承担的有功功率与按发电机额定功率分配比例的计算之差,在发电机功率相同时,应不超过发电机额定有功功率的±10%;当发电机功率不同时,应不超过:

(1)最大发电机额定有功功率的±10%。

(2)最小发电机额定有功功率的±20%。

不论是对频率的调节,还是对发电机组间的有功功率分配的调节,归根结底是由原动机调速器改变油门来实现的,所以调速器的特性对频率和有功功率的分配影响极大。

2. 电压与无功功率的自动调节

由于船舶电站容量较小,发电机与用电设备之间互相影响比较大。特别是船上主要是电感性负载,而电感性负载所引起的电枢反应是去磁作用。例如,直接启动一台大容量异步电动机,无功电流会大大增大,使其同步发电机电枢反应的去磁作用增强,导致电压下降。电源电压的下降又会影响在运行电动机转矩的下降,对于拖动恒转矩负载的电动机会导致过热,严重时会导致电力系统运行受到破坏。为此,要求电源电压在一定负载扰动下能稳定不变或有微小变化,这就需要有电压自动调节装置。

《钢质海船入级与建造规范》中对静态指定为:“交流发电机组当负载及其功率因数为额定值时,原动机的转速调整为额定转速,当发电机的负载在自满载到空载,再自空载到满载的范围内均匀或急剧变化,并使功率因数保持额定值,而原动机转速达到稳定进,发电机的稳态电压变化率(调整率)应不超过额定电压的±2.5%。应急发电机,可允许在±3.5%。”

对动态指标规定为:“交流发电机组当负载及其功率因数为额定值,原动机的转速调整为额定转速,卸去全部负载后,在突加和突卸50%额定电流及功率因数不超过0.4(滞后)的对称负载的情况下,其瞬态电压变化率不超过额定电压的±15%,而电压恢复到与最后稳定值相差3%以内所需时间不超过1s。”

自动电压调节装置类型很多,其中的一种是按扰动量(负载电流)来调节励磁电流的所谓不可控相复励系统。

1)复励和复励的基本概念

1）复励和复励的基本概念

同步交流发电机的复励同直流发电机的复励相似。直流发电机要实现自励就需要有一个并激绕组，并接在电枢两端，如图5-2-1所示。发电机在空载时，电枢两端电压直接对并激绕组供电，以实现自励。当发电机接上负载时，因为负载电流的出现，会引起电枢反应使发电机电压下降。所以只有一个并激绕组的直流发电机，虽然可以自励，但电压将会随着负载电流的增大而显著下降。其外特性如图5-2-1b）曲线1所示。

为了补偿电枢回路的压降和电枢反应的去磁作用，在电枢回路内设置一套串激绕组CQ，这就可以实现复励。当负载电流 I_f 增大时，串激绕组磁通也增大，因为串激绕组与并激绕组的磁场方向一致，所以总的合成磁场增大了，使发电机电压升到额定值附近，复励发电机的外特性如图5-2-1b）中曲线2所示。

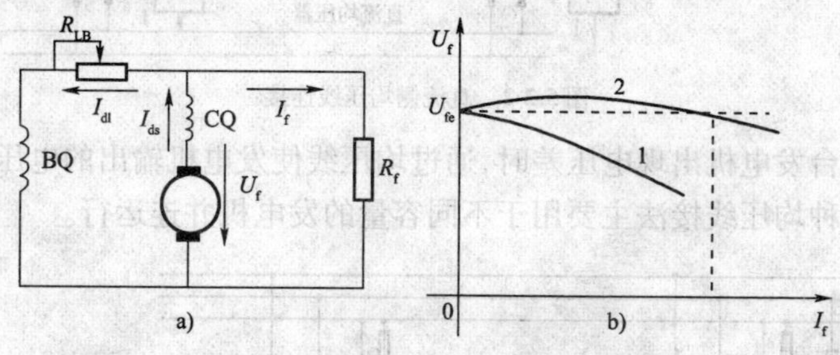

图5-2-1　直流复励发电机原理及特性

由此可见，直流发电机要实现复励，激磁必须反映两个分量：一个是反映端电压的自励分量，建立并激磁场；另一个是反映电枢电流的复励分量，建立串激磁场，它就是按扰动量（I_f）的变化来调压的。

交流发电机也可以用复励的概念来实现自激恒压，但同步交流发电机的输出量是交流电，而转子励磁则需要直流电。实现自励就不能像直流发电机那么简单，而需将定子绕组输出的交流电经整流装置变为直流电再供到转子激磁绕组内。同步交流发电机要实现复励，电枢回路也必须串入电流绕组，相当于直流发电机的串激绕组。由于电枢绕组回路是交流电，也需要整流后变为直流电供到转子的激磁绕组上。如果把反映端电压的并激分量和反映负载电流大小的串激分量分别经整流后在直流侧相加，再供到转子的励磁绕组，虽然可实现复励，负载电流的变化可以补偿电枢反应的去磁作用。但是，由于电枢反应的性质与负载的性质有关，当定子电流大小不变而功率因数变化时，还不能保证发电机电压恒定，因此对同步交流发电机必须采用相复励。

2）采用均压线的目的和方法

均压线连接基本有两种方法，一种是在直流侧（励磁绕组）均压线连接；另一种是在交流侧均压线连接。

直流侧均压线连接是将转子的激磁绕组并接起来，如图5-2-2所示。这种连接方法适用于相同容量的发电机并联运行，单机运行时，均压线通过均压线接触器 C 断开，并联运行时，均压接触器 C 动作其触头闭合，将均压线接上。其原理简单，因为无功功率的分配取决于发电机励磁电流的分配，而将激磁绕组并接，就是使励磁电流相等，这样其无功功率分配相等。

对不同容量的发电机并联运行，因为激磁电压不同，不能将两个激磁绕组并接，这时可在直流均压线中串接一个电位器进行调整，也可以进行无功功率的分配。

交流侧均压线连接方法如图5-2-3所示。这种方法是将不可控相复励系统中的移相电抗

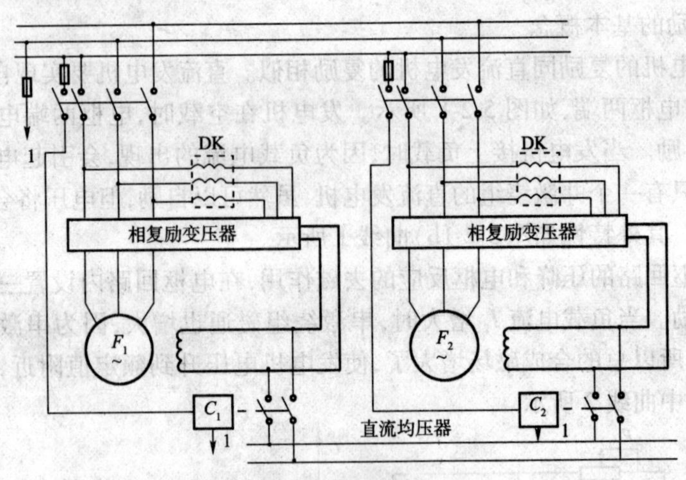

图 5-2-2　直流侧均压线连接

器并接起来。当两台发电机出现电压差时，通过均压线使发电机输出的电压均衡，以保持无功功率分配均匀。这种均压线接法主要用于不同容量的发电机并连运行。

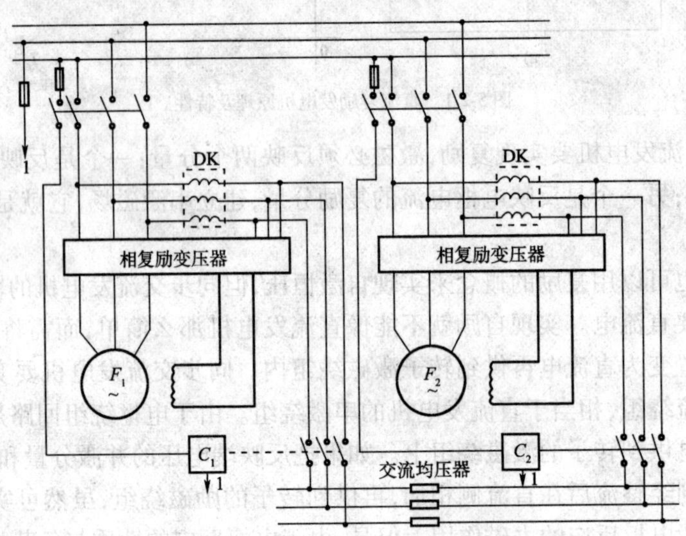

图 5-2-3　交流侧均压线连接

对不可控相复励自激恒压装置的发电机，均压线是不可缺少的部件，它可以保持并联运行的稳定，均压线电阻越小，效果越好。

三、实训环节

实训　发电机组操作

1. 发电机组的自动启动，自动并车及自动调频调载

(1)系统开关位置的设定：将系统设在自动状态，设定备用机组备用顺序。

(2)遥控启动第一台发电机组。

(3)机组启动，建立电压、单机合闸供电后，手动调节负载至单机处在重载状态。

(4)经延时确认后，系统应自动启动第一备用机组。并注意观察系统确认过程。

(5)备用机组启动成功,电压建立、系统即进入准同步并车合闸程序。打开同步表开关观察自动并车过程。

(6)并车成功,系统即进入频载的自动调节。关闭同步表开关,观察配电板上功率表、频率表指示。

(7)手动增减负载,观察系统自动调节频载。

2. 发电机组的自动系列和自动停机

(1)系统开关位置的设定:将系统开关设定于自动状态,设定备用机组顺序。

(2)手动减小负载至减机功率值:手动减小负载至($70\% p_{fe}$)。

(3)观察解列过程,注意跳闸功率;经延时确认后,系统自动解列备用机组,先是转移负荷,待解列机组 p 解至 $0.05p_{fe}$ 时,主开关跳闸。

(4)观察停机过程主开关跳闸后,机组应空载运行一段时间(由用户设定),空转运行时间到,即执行停机操作,并注意确认过程。

3. 无功功率分配装置(均压线)故障的判别及排除

1)无功功率分配装置故障的判别

机组并联运行,当出现两台功率表指示基本相同而电流表指示相差太大的情况发生时,或当两台功率表指示基本相同而功率因数指示相差较火时,均说明无功分配装置发生了故障。

2)无功功率分配装置故障的查找方法

检查均压接触器:

(1)检查接触器是否通电动作,检查线圈及相应发电机主开关常廾副触点,或修正或换新。

(2)检查接触器主触点是否可靠闭合,或修正或换新。

任务三　船舶电力系统的综合保护

一、教学目标

掌握对发电机、船舶电网、船舶负载保护的基本知识。

二、船舶电力系统的综合保护

1. 船舶电力系统保护的任务和作用

船舶电力系统供电的基本要求是:第一,要保证安全可靠地供电;第二,要保证电能质量;第三,要考虑经济运行。船舶电力系统中各种保护装置,主要是为了实现第一项基本任务而设置的。在运行中可能会出现各种不正常运行状态和故障,不正常运行状态主要有过载、欠压、过压、欠频、过频、逆功率以及中性点绝缘系统发生的单相接地等。这些不正常状态发展到一定程度就演变成故障,最常见的故障就是各种形式的短路,有三相短路、两相短路、两相接地短路、三相四线制系统单相接地短路。另外,还可能发生电机或变压器绕组匝间短路和线路的断线等故障。

上述不正常运行状态和故障发生后,往往会引起严重后果,因此在船舶电力系统的设计和运行中,都要采取切实有效的措施,尽量避免不正常运行状态和短路故障的发生。尽管如此,由于各种原因不正常运行状态和故障仍会出现。因此,还必须有相应的措施来防止不正常运行状态的发展和限制故障的破坏作用，其中最有效的办法之一，就是在船舶电力系统中装设保护装置。船舶电力系统保护的任务可归纳如下：

(1)当船舶电力系统发生故障或有必将导致故障趋势时，保护装置能准确、自动地检测出其信号，并迅速及时地将故障电路从系统中切除，以保证系统的正常电路和设备安全运行。

(2)当船舶电力系统出现不正常运行状态、且短时还不足以造成破坏时，保护装置应自动发出报警信号，警示值班人员及时进行处理，以防不正常运行状态继续发展和导致事故的发生。

(3)配合自动控制装置，自动消除或减少事故的发生。

可见，船舶电力系统保护的作用就是监视电力系统运行状态，提高电力系统运行的安全可靠性。同时它还是船舶电力系统自动化的重要组成部分。

2. 船舶电网的保护

对电网的保护，就是指系统出现过载或短路时对电缆的保护。在交流电网中，还有防止岸电供电时的单相运行保护和相序保护。

1)过载保护

其过载可分三段来讨论。

发电机至主配电板之间的电缆。这一段电缆的截面是按发电机额定容量来选择的，它的过载就是发电机的过载，因此完全可以由发电机的过载保护装置来完成。

各级配电板之间的电缆。例如从主配电板到分配电板的每段电缆。它们过载的可能性较少。因为它们的截面是根据分配电板上所有负荷电流并考虑同时工作系数计算得到的，个别用电设备负载的过载不致引起这段电缆的过载，而大部分负载在同一时间内一起过载的可能性也是极少的。因此这段也不必考虑过载保护。

用电设备到分配电板(有的直接到主配电板)之间的电缆。这一段电缆的截面通常按电动机的额定电流来选择。而电动机一般设有过载保护，因此同样也保护了这一段电缆。

综上所述，船舶电网若无特殊要求，不需要专门设置过载保护。

2)短路保护

当船舶电网发生短路时，能否有选择性地切除故障是保护最重要的问题。也就是说故障发生时，保护装置只切除故障部分，而不使前一级保护装置动作。这样就保证了其他没有故障的设备能继续正常运行。为了实现选择性保护，通常可以按时间整定原则和电流整定原则来达到。

(1)时间原则。由于要求故障的持续时间应尽可能地缩短，因此最靠近用电设备的开关应该具有尽可能小的动作时间。此外，在系统中使用熔断器保护时，因它具有反时限特性(即：熔断的时间与通过的电流成反比，电流越大，熔断时间就越短)也可获得选择性。但由于熔体熔断时间有较大的偏差，必须在前后级熔体的额定电流等级相差 3 ~4 级时，才能保证选择性的实现。

按时间原则整定的选择性保护，其保护性能较可靠，原则上可应用于任何电力系统。但需要采用较复杂的保护电器或在自动开关加上延时继电器来达到。

(2)电流原则。选择性保护的电流原则是以各级保护装置动作电流整定值的不同来实现的。动作电流应保证从用电设备至电源方向逐级递增，距离电源越远处短路时，短路电流越小。

采用按电流原则得到选择性保护的优点，是短路时动作迅速，其动作的时间仅决定于保护装置的固有动作时间,通常约为0.1s。而缺点是仅仅只保护了一部分电网。且保护的有效性还受到短路电流随网络按长度下降特性的影响,因为如果下降很平坦,就不易实现选择性的保护。按电流原则得到选择性保护故往往用于容量不大的舰船电力系统中。容量较大或比较重要的电网目前都采用选择动作比较可靠的时间原则作选择保护。

在实际船舶电网中,这两种选择性保护通常是混合使用的。现在的船舶电网中,在总配电板或应急配电板上,发电机的开关一般采用万能式自动空气断路器,设置短路保护,按短路电流延时0.2~0.6s动作。在总配电板及分配电板上的馈电开关,一般选用装置式自动开关,按电流原则进行整定。如有热脱扣器保护,亦可按时间原则进行整定作为补充。而最后一级则可采用熔断器进行保护。

采用熔断器保护时,对于一般回路,选择熔断器的额定电流应与负荷电流一致。

对于鼠笼式电动机回路,选择熔断器的额定电流时,应考虑到能承受电动机较大的启动电流。因此,选择熔断器的额定电流,要根据熔断器的特性曲线,找出在启动时间内和启动电流下不致熔断的额定电流值。

3)接用岸电的保护

用相序指示器检测和指示岸电的相序,用逆序继电器对岸电的相序和缺相进行保护。

为确保接用的岸电相序正确,通常用相序指示器(或叫相序测定器)来检测岸电的相序。若相序正确相序指示器的白灯(或绿灯)亮,若错误则红灯亮。当红灯亮时,应改接三相中任意两根线的接线次序。若岸电相序错误或缺相时,逆序(或称负序)继电器动作,使岸电开关合不上闸或断相时岸电跳闸。

为避免船舶电网供电时接入岸电而发生非同步并联事故,所有船舶发电机(包括应急发电机)的主开关与岸电开关之间有连锁保护。只要有船舶发电机供电,岸电开关自动跳闸或岸电开关合不上闸。

4)单相接地及绝缘监视

对于中性点绝缘的三相三线制船舶电网,用绝缘指示灯(俗称地气灯)监视单相接地,用专用配电盘式兆欧表或绝缘监视仪监视电网绝缘电阻。

三相绝缘系统如果发生单相接地,虽然不影响三相电压的对称也不影响用电设备的正常工作,但存在两种危险性隐患:一是增加了人体触电的危险性,当人体触及带电体时,使人体通过接地相直接与线电压构成导电回路。二是存在如果另外一相再发生接地便造成线间短路的危险性。因此对单相接地必须监视,及时发现并予以消除。

船舶电网和电气设备绝缘性能降低或损坏会造成漏电,是触电、火灾及电气设备损坏等事故的重要原因。对于油轮和运载可燃性气体或化学物品的船舶来说,电气绝缘更需要严格地监测。

由于船舶电网几乎总是带电的,因此不能采用普通的摇表来测量电网对地的绝缘程度。通常有以下几种方法:指示灯法、兆欧表法、电网绝缘监测仪。

《钢质海船入级与建造规范》第4篇2.1.4.1条规定:"用于电力、电热和照明的绝缘配电系统,不论是一次系统还是二次系统,均应设有连续监测绝缘电阻,且能在绝缘电阻异常低时发生听觉或视觉报警信号的绝缘电阻监测报警器。"可见,只有电网绝缘监测仪方法是符合规范要求的。

3. 船舶负载的保护

负载大体上可分单相照明负载和三相电动机负载两大类。负载通常要求设过载和短路保护。由于负载的多样性，具体的保护要求也不尽相同。本节只对船舶各类负载的保护作一般性介绍。

1）照明类负载的保护

照明类负载包括电热器负载等。为防止照明类负载及供电线路因短路和过载引起的过电流，而导致温升过高而导致电缆绝缘损坏或引起火灾，照明类负载都设有过电流保护。照明类负载基本上是电阻性负载，功率因数接近于1，其保护比较简单，可采用装置式断路器或熔断器实现过电流保护。

在船舶照明类负载保护中，通常16A以下的分支电路多采用熔断器。此外，对多级保护装置的动作整定值要注意选择性的配合。

对于船舶照明线路，按规定实际负载电流不应超过保护电器整定值的80%。

2）电动机类负载的保护

电动机负载是船舶电力系统中的主要负载，且很多属重要负载，因此，规范对其保护的要求较明确。

规范规定容量大于0.5kW电动机和所有重要设备电动机均应设有独立的过载保护、短路保护和欠电压保护。当采用熔断器作保护时，还应设防止单相运转的保护，即缺相保护。

(1)短路保护。当交流电动机正常运行、正常启动或自启动时，短路保护器件不应误动作。为此，应符合下列规定：

①正确选择保护电器的使用类别，熔断器、低压断路器和过电流继电器，宜采用保护电动机型。

②熔断体的额定电流应大于电动机的额定电流，且其安秒特性曲线计及偏差后略高于电动机启动电流和启动时间的交点。当电动机频繁启动和制动时，熔断体的额定电流应再加大1～2级。

③瞬动过电流脱扣器或过电流继电器瞬动元件的整定电流，应取电动机启动电流的2～2.5倍。即

$$I_{qb} = (2 \sim 2.5) I_{M \cdot st}$$

式中：I_{qb}——瞬动过电流整定值；

$I_{M \cdot st}$——电动机启动电流。

电动机与其专用的馈电电缆可以共用一个短路保护。

(2)过载保护。当交流电动机正常运行、正常启动或自启动时，过载保护器件不应误动作，并应符合下列规定：

①热继电器或过载脱扣器的整定电流，应接近但不小于电动机的额定电流

$$I_{op \cdot TR} \geqslant I_{MN}$$

式中：$I_{op \cdot TR}$——热继电器或过载脱扣器的整定电流；

I_{MN}——电动机的额定电流。

应该指出：在使用热继电器作过载保护的同时，它还兼顾有电动机的缺相保护功能。

②过载保护的动作时限应躲过电动机的正常启动或自启动时间。

③必要时可在启动过程的一定时限内短接或切除过载保护器件。

舵机电动机不设过载保护，但有过载报警。这是考虑在紧急情况下，以局部牺牲来换取全船的航行安全。

当电动机过载保护特性(时间-电流特性)与电动机启动周期不适应时,允许电动机启动过程期间过载保护暂时失效。

连续工作制的电动机的保护电器,应保证电动机在过载情况下,有可靠的热保护的延时特性,其最大持续电流应不超过被保护电动机额定电流的125%。

(3)欠电压保护。电动机的欠电压保护应届于下面两种情况中的一种:

①欠电压保护,即在电压降低或失电时分断电路并防止电动机自动重新启动。

②欠电压释放,即在电压降低或失电时分断电路,当电压恢复时,电动机可重新自行启动,但应避免过大的电压降落或过大的冲击电流。

当电压在额定电压的85%以上时,保护电器应允许电动机启动。当电压低于额定电压的20%左右,且在额定频率下,保护电器应分断电路,保护可有一定延时。

对于自动化程度较高的船舶,如无人机舱船舶,还要求重要辅机与其备用机之间能实现自动转换。

以上所述针对低压电动机的保护,对于高压大容量的电动机,应设专门的继电保护装置。通常保护装置设置在配套的电气控制柜中,由设备制造厂成套供给。

4.船舶发电机保护

根据《钢质海船入级与建造规范》规定,对船舶低压同步发电机,针对其可能出现的故障和不正常运行状态,主要设有如下继电保护:①外部短路的过电流保护;②过载保护;③欠压保护;④逆功率保护。

1)短路保护

短路是指在交流电网中,不同相的导体直接碰在一起,在三相四线制中,有单相短路,两相短路和三相短路。在三相四线制中,90%以上的短路故障是发生三相短路。产生短路的原因主要是绝缘老化,绝缘被机械损伤及误操作等,发电机内部可能产生短路故障,但机会很少,这里主要指发电机外部的短路保护。

短路时将产生巨大电流,对发电机和各种运行设备都具有很大的破坏作用。当发生短路故障时,由于从发电机到短路点会出现较大的过电流,其短路保护是通过自动开关中的过电流脱扣器来实现的。由于短路电流特别大,从保护发电机的目的出发,希望过电流脱扣器能瞬间动作,但又为了保证不中断供电,所以应使离短路点最近的自动开关中的过电流脱扣器动作,如图5-3-1所示。如图中K_1处短路,则自动开关6中的过电流脱扣器动作,使开关6断开,即把故障部分从系统中脱开,而对系统其他部分照常供电,即自动开关的断开是有选择性的。

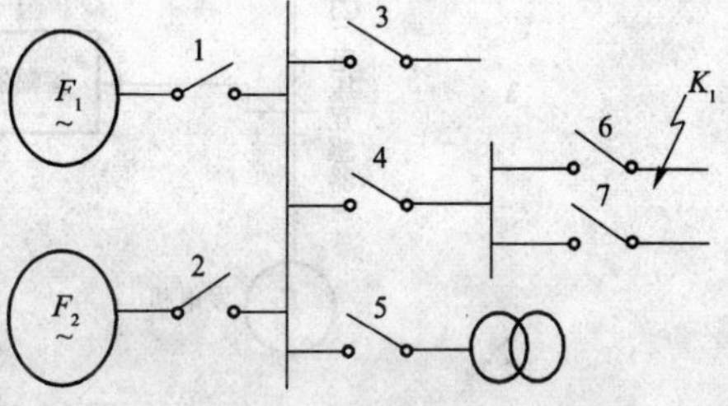

图5-3-1 短路故障选择性脱扣示意图

1-发电机主开关;2-发电机主开关;3、4、5-配电开关;6、7-自动开关

在《钢质海船入级与建造规范》中,对于船舶发电机外部短路有如下规定:短路延时保护的动作电流为2~2.5倍的发电机额定电流,动作时限整定为0.2~0.6s。这是定时限,整定时间一到,发电机跳闸,短路瞬时保护动作的电流整定为5~10倍发电机额定电流,瞬时动作使发电机跳闸。

2)过载保护

当船舶电站中运行机组的容量不能满足负载增大的需要时,或并联运行机组间的负荷分配不均匀等,都可能造成发电机过载,其具体表现是发电机输出的功率或电流超过额定值。发电机在过载情况下长时间运行，会导致机组过热，造成绝缘老化，以及原动机使用寿命缩短和零部件损坏等。

对发电机过载保护的要求，不仅保护发电机组不受损坏，而且还要考虑尽量不中断供电。发电机本身可承担一定的过载电流：电流在 1.1 倍额定电流时为 2h，1.25 倍额定电流时为 30min，在 1.35 倍额定电流时为 5min。对发电机本身可允许一定时限的过载而不要求立即跳闸，这恰恰满足了某些用电设备的要求，因此发电机过载保护应当有一定的适当延时时间，对无自动分级卸载装置的发电机，过载保护动作电流可整定为发电机额定电流的 125% ~ 135%，延时 15 ~30s。

过载时间太长，必然导致保护装置动作而中断供电。为使中断供电降到最低限度，一般采用两种办法：其一是根据过载信号启动一台新机组并入电网，这个方面的内容前面已介绍过，其二是增设分级卸载保护装置，分级卸载一般用一级或两级就足够了，所谓分级卸载是指把用电设备按其重要性分成级别组。当发电机过载时，应分级分时卸载，在采用二级卸载时，是从负载功率（或电流）的总和$\sum P_f$减去次要负载的总和$\sum P_i$。如果一级卸载后仍过载，那么只能再卸掉较为重要的负载，即二级卸载，以保证最重要的负载得到供电。分级卸载的时限应比过载保护延时短。对有分级卸载装置的发电机，过载保护动作电流可以整定在发电机额定电流的 150%，延时 10 ~20s，而一级卸载可按功率原则整定在 100% ~125% 额定功率，或按电流原则可整定在 100% ~110% 额定电流时，延时 7 ~12s 卸载。分级卸载原理框图如图 5-3-2 所示，它是由电源与电压检测、电流检测、鉴幅器和延时电路等四部分组成的。

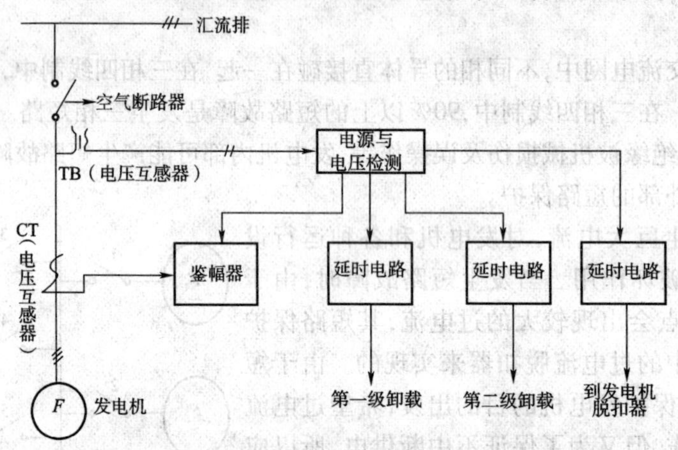

图 5-3-2　分级卸载保护装置原理方框图

3）欠压保护

由于发电机外部发生持续性短路故障，或自动电压调整装置失灵，都会导致电网的电压下降，发电机在欠压情况下运行会引起电流增大，电机过热，绝缘损坏。对电动机来说会造成转矩下降，从而转速下降，它不仅会过热，而且严重时还会堵转。这对发电机和电动机来说都是不利的。

发电机欠压保护的任务是，使发电机在低电压时合不上闸，或从电网上自动脱开，后者也称为电压脱扣。它也是通过发电机主开关中的欠压脱扣器实现的。发电机欠压保护还可以作为发电机外部短路的后备保护，因为当发电机外部短路时，也必定会出现欠压现象。

欠压保护一般要有一定延时，以躲过暂时性的电压降落，欠压保护的整定值为 70% ~ 35% 额定电压，延时 1.5 ~3s 跳闸，低于 35% 额定电压瞬时动作跳闸。对于不带延时的欠压保护装置，瞬时动作跳闸的整定值为40% ~75%的额定电压。

4)逆功率保护

同步发电机的逆功率运行，是指该同步发电机不是发出有功功率，而是从电网吸收有功功率。同步发电机出现逆功率运行的原因有，当几台同步发电机并联运行时，若其中一台发电机的原动机工作失常。例如：原动机燃油供给中断或发电机与原动机的联轴节损坏等，便使该发电机不但不能发出有功功率，反面要从系统吸收有功功率，即变为同步电动机运行。同步发电机在逆功率状态下运行，对系统是不利的，可能造成正在并联工作的另一台发电机过载，以致造成其过载跳闸，全船供电中断。因此，出现这种情况时，要求将处于电动机运行状态的发电机切除。

当同步发电机变为同步电动机运行时，要从系统吸收有功功率，即其输出有功功率的方向发生了改变。因此，可以利用出现有功功率方向改变的现象，采取保护措施，故称为逆功率保护。

对逆功率保护的要求：因为发电机过载保护是具有时限的，所以逆功率保护也并不要求立即跳闸，即也可以具有一定的时限。当同步发电机在非同步条件下并车时，也可能短时出现逆功率，这是允许的，此时逆功率保护不应动作。因此，从避开并车时可能出现的短时逆功率冲击考虑，则逆功率保护应具有一定的时限。发电机过载保护一般整定在额定值的125% ~135%，延时15 ~20s跳闸。非同步并车出现的功率冲击一般在1s之内。

逆功率保护船级社大多都规定：

(1)原动机为柴油机时，逆功率整定值在发电机额定功率的4% ~15%间某一区域(典型区间为4% ~10%)。

(2)延时时间在2 ~10s间整定(典型值为3s)。

逆功率保护是由逆功率继电器来完成的，整定值是靠调整逆功率继电器的动作值来达到的。

三、实训环节

实训一　查找和排除船舶电网绝缘能力降低的故障

1. 配电板上兆欧表的正确使用

打开配电板式兆欧表(或接地灯)，测量照明网络对地绝缘时兆欧表指示为0(接地灯中有一个灯熄灭)。兆欧表下有一转换开关，三挡中间为报警位，左右边分别为动力电网及照明电网的绝缘检测。

2. 电查找法的正确操作

设置照明网络接地可在主配电板前逐个拉掉照明配电开关，查看兆欧表指示是否恢复正常值，(接地灯三个灯是否同样亮)。拉开关的区域次序应为：船员居住区—甲板照明区—机舱照明区—驾驶室通导设施。找到发生接地故障分配电开关后，切断该路供电，关上兆欧表(接地灯)开关。对发生故障的电路系统进行检查。

3. 手摇式兆欧玫的正确使用

在分配电箱前，运用便携式兆欧表来查找二次配电网络，逐个测量分支电路对地绝缘情况。找到接地的分支电路后，拉掉这一部分配电开关，合上其余开关，在主配电板前合上这一路配电开关向其供电。在查找具体接地点时，应从中间接线盒断开，来测量判断是哪一小区域接地的。由于小区域中只有有限的几个供电点，一般不超过 5 个点，应逐一检查每个供电点。主要检查灯头、插头、开关部分引线，检查灯头、插头、开关内部状况，经过这些检查仍找不到接地点时，应检查接线盒至电器间电缆至电缆直至找到接地故障点。兆欧表额定电压应根据被测设备的额定电压来选择，测量 500V 或 100V 的兆欧表。测量时，首先将被测设备与电源断开，并进行短路放电和擦拭干净。接线时，将兆欧表的三个端钮："线"端钮与被测设备的导体相接；"地"端钮与良好的地线（或设备外壳）相接。测量电缆强绝缘导线对地电阻时，为了防止被测物表面泄电流的影响，被测物的中间绝缘层应接于"屏"端钮，一般测量时可空着不用。测试时，将仪表水平放置，以大约 120r/min 的速度转动发电机的摇把，要均匀，且不得触及摇表的端钮和连线带部分或拆除连线，以防触电。摇把转动时，其端钮间不允许短路，以免损坏仪表。测试后，应将被测设备对地放电。

实训二　常规电站运行时主要故障的判断和处理

1. 并车操作失误电网失电判别

在并车操作过程中，由于在准同步并车条件没有满足时合闸，造成待并机逆功率而跳闸，同时，运行机由于待并机逆功，使其过流而跳闸，造成电网失电，此时，应立即合上一台机组主开关，恢复电网供电。

2. 电机过载保护的判别

发电机过载主开关跳闸一般发生在发电机运行在较大负荷下，在不察看发电机实际功率时启动大负荷，如启动空压机、压载泵等导致发电机过载而跳闸：也可能发生在并联运行时，其中一台机组机电故障保护立即跳闸，而分级卸载装置失灵导致运行机组出现过载而发生保护跳闸等场合。此时，应卸掉次要负荷，合上主开关，若是机组的机电故障，应马上启动备用机组，去掉次要负荷，合上备用机组发电机主开关。

3. 电机逆功率保护的判别

发电机逆功率保护跳闸主要发生在并车操作合闸时刻掌握不当，或并联运行时负荷分配操作调节方向反了。或了并联时其中一台柴油机调速器损坏或燃油中断等场合会发生逆功率保护跳闸。此时，若是并车操作引起逆功率保护跳闸，应立即合上其中一台发电机的主开关，迅速恢复电网电，然后，根据负载需要进行并车操作，若是原动机故障而出现逆功跳闸，应启动备用机组后合闸，恢复电网供电。

4. 发电机欠压保护的判别

发电机欠压保护跳电主要发生在调整器及燃油系统或调速器出现故障时场合。调速器及燃油系统故障导致欠压保护的判别依次是先出现转速下降（这可从柴油机声音听到）后发生跳闸，调整器故障导致发电机欠压保护的可从先出现电压下降（这可从照明灯的亮度变化看出）后发生跳闸。此时，启动备用机组合闸，恢复电网供电。

5. 发电机外部短路故障的判别

当发生发电机主开关跳闸，这一跳闸不是出现在有关人员的操作失误上。（如并车操作等）不是发生在同时启动几台大负荷时，不是出现在利用船上起货机进行装卸载货作业时，不是出现在先出现转速下降后发生主开关跳闸，也不是出现在先发生电压下降后再跳闸（从照明灯的亮度可得到判别），这时一般可断定发生了发电机外部短路故障，但也不排除主开关本身故障引起跳闸，此时，应首先排除各路故障，然后，合闸，恢复电网供电。

模 拟 练 习

船舶电站自动化模块的考证从92～100题。以下提供8套模拟试卷。

(一)

92. 在船舶电站的发电机组启动顺序选择逻辑回路中,所包括的部件有(　　)。

A. 脉冲分配器　　B. 电压比较器　　C. 地址译码器　　D. JK 触发器

93. 要使并联运行中的交流发电机输出有功功率增加,需(　　)。

A. 开大油门　　B. 减小励磁　　C. 增加励磁　　D. 减小油门

94. 在交流发电机组的电枢反应中,具有增磁作用的负载性质是(　　)。

A. 电容性负载　　B. 电感性负载

C. 电阻性负载　　D. 电阻-电感性负载

95. 不同容量发电机组并联运行时,为保证无功功率分配均匀,在结构上应采取的措施为(　　)。

A 设电压调差系数调整器　　B. 设励磁电流分配器

C. 在直流侧加均压线　　D. 在交流侧加均压线

96. 发电机外部短路保护延时动作电流整定值和延时时间是(　　)。

A. 1～3 倍额定电流,延时 1～2s　　B. 3～5 倍电流,延时 1～2s

C. 1～3 倍额定电流,延时 0.2～0.6s　　D. 2～2.5 倍电流,延时 0.2～0.6s

97. 在自动化电站中继电保护的主要作用是(　　)。

A. 立即自动拉闸,停止系统工作　　B. 准确而迅速地把故障部分从系统中断开

C. 立即自动停止原动机的工作　　D. 延时停止系统工作

98. 逆功率保护设置延时的目的是(　　)。

A. 避开原动机的短时故障　　B. 避开并车时的短时逆功率

C. 避开发电机的短时过载　　D. 避开并车时的冲击电流

99. 发电机并联运行时,若出现逆功率,逆功的原动机转速将(　　)。

A. 波动　　B. 不变　　C. 升高　　D. 降低

100. 船舶电站的发电机组并联运行中,为防止同步交流发电机组变成同步电动机运行,应该设置(　　)。

A. 短路保护装置　　B. 过载保护装置

C. 欠压保护装置　　D. 逆功保护装置

(二)

92. 船舶电站自动化设备尽管种类繁多,根据它所达到的功能和程度,大致可分为三类,其中包括(　　)。

A. 单机运行,其余各台发电机组处于备用状态

B. 投入电网发电机数量按实际可用的发电机数量来决定

C. 全自动电站自动化系统

D. 投入电网发电机数量按实际运行的发电机数量来决定

93. 两台发电机组1号和2号并联运行，其中1号发电机组的原动柴油机燃油中断，将出现的故障现象是（　　）。

①1号机组成为发电机组；②2号机组成为发电机组；③1号机组会出现逆功率；④2号机组会出现逆功率；⑤1号机组将会过载；⑥2号机组将会过载。

A. ①③⑤　　B. ②④⑥　　C. ②③⑥　　D. ①④⑤

94. 发电机同步并车时，同步表指示要求在（　　）以上转一圈。

A. 1s　　B. 2s　　C. 4s　　D. 8s

95. 在自动准同步并车过程中，发合闸信号的条件是（　　）。

A. 脉动电压比周期足够大，且在 $U_S=0$ 点前

B. 脉动电压比频率足够高，且在 $U_S=0$ 点前

C. 脉动电压 $U_S=0$

D. 脉动电压 U_S 频率足够低，且在 $U_S=0$ 点后

96. 当并联运行的二台发电机负载分配不均匀，$P_1>P_2$，但电网频率是额定值时，应该（　　）。

A. 增加2号机油门　　B. 减少1号机油门

C. A和B　　D. 增加2号机油门和励磁

97. 在船舶电站中，其负载性质主要是感性负载，因此，电枢反应是去磁作用，随着负载电流的增大及功率因数的增加，其去磁作用分别（　　）。

A. 减小，减小　　B. 减小，增大　　C. 增大，减小　　D. 增大，增大

98. 在船舶电站中，采用相复励自激恒压装置的交流发电机组并联运行，其均压线应（　　）。

①同容量发电机组应在交流侧，把各台发电机组转子励磁绕组并接；②不同容量发电机组应在直流侧，把各台发电机移相电抗器并接起来；③均压线电阻越小越好；④同容量发电机组应在交流侧，把各台发电机移相电抗器并接起来；⑤不同容量发电机组应在直流侧，把各台发电机转子励磁绕组并接起来；⑥均压线电阻值大一些好。

A. ①②③　　B. ④⑤⑥　　C. ①③⑤　　D. ②④⑥

99. 在发电机组准同步并车过程中，合闸不成功（主开关合上就跳闸），其主要原因是（　　）。

A. 电压差太大　　B. 相位差太大

C. 频率差太大　　D. 电网负荷太小

100. 为提高船舶电力系统运行的安全可靠性，由（　　）装置来完成。

A. 自动卸载　　B. 过载保护　　C. 欠压保护　　D. 继电保护

（三）

92. 自动化电站的主要功能有（　　）。

①短路故障的自动修复；②欠压保护故障整定值自动调整；③自动启动备用发电机组；④自动解列发电机组；⑤自动调频调载；⑥电站的综合保护。

A. ①②③④　　B. ②③④⑤　　C. ③④⑤⑥　　D. ①②⑤⑥

93. 在重载询问时,输入到功率鉴别电路的模拟负载是(　　)。

A. 直流电流　　B. 直流电压　　C. 交流电流　　D. 交流电压

94. 在船舶电站的发电机组启动顺序选择的逻辑回路中,在 2 号机组启动过程中,或非门的三个输入端的状态为(　　),其输出状态为(　　)。

A. 000,1　　B. 000,0　　C. 010,1　　D. 010,0

95. 在船舶电站的发电机组启动顺序选择的逻辑回路中,在启动某台发电机组的过程中,或非门输出状态为(　　),其作用是(　　)。

A. 1,停止可控振荡器工作　　B. 0,停止可控振荡器工作

C. 1,脉冲分配器继续分配脉冲　　D. 0,脉冲分配器继续分配脉冲

96. 在船舶电站的发电机组启动顺序选择的逻辑回路中,若 1 号、2 号、3 号机组分别为运行机组、第 1 备用、第 2 备用机组,现 3 台机组都投入并联运行,则脉冲分配器 P 输出端 a、b、c 的状态为(　　)。

A. 001　　B. 010　　C. 011　　D. 111

97. 发电机并网运行时,当同步表指示不动时,说明(　　)。

A. 发电机的频率高于电网频率　　B. 发电机的频率低于电网频率

C. 发电机的频率等于电网频率　　D. 发电机的频率等于额定频率

98. 在船舶电站并车操作过程中,对待并发电机的电压要求是(　　)。

A. 与电网电压完全相等　　B. 接近电网电压,电压差不能超过 1%

C. 接近电网电压,电压差不能超过 5%　　D. 接近电网电压,电压差不能超过 10%

99. 准同步并车法要求合闸前待并机应满足的条件是(　　)。

①待并机的频率与电网频率差不超过 1%;②频差不超过 10%;③电压与电网电压不超过 1%;④电压差不超过 10%;⑤合闸瞬间断路器两侧电压相角小于 5°;⑥电压相角差小于 15°。

A. ①②⑤　　B. ①③⑥　　C. ②③⑤　　D. ①④⑥

100. 单台发电机组在网运行中,不可能发生(　　)。

A. 过电流保护　　B. 欠压保护　　C. 短路保护　　D. 逆功率保护

(四)

92. 某船舶有三台发电机和一台应急发电机。一台发电机在网运行,其他发电机都处于备车完成状态。当在网发电机跳闸时(　　)。

A. 应急发电机马上启动

B. 1 号备用机组马上启动

C. 2 号备用机组启动

D. 应急发电机马上启动,1 号备用机组延时启动

93. 在船舶电站的发电机组启动顺序选择的逻辑回路中,若把脉冲分配器的 b、c 端对调,其机组的选择顺序为(　　)。

A. 2—3—1—2　　B. 1—3—2—1　　C. 3—1—2—3　　D. 2—1—3—2

94. 在发电机向电网并车时,若同步表指针顺时针旋转时说明(　　)。

A. 待并发电机电压低,应增大励磁电流

B. 待并发动机电压高,应减少励磁电流

C. 待并发电机频率高，应减小发动机油门

D. 待并发动机频率低，应增大发动机油门

95. 在船舶电站中，备用发电机组为使其处于启动状态，应采取的措施是(　　)。

A. 预供滑油泵周期性运行　　B. 预供滑油泵连续运行

C. 柱塞泵周期性注油　　D. 柱塞泵连续注油

96. 在船舶电站中，各台发电机组用(　　)电路控制启动，该电路输出(　　)信号启动发电机组，启动成功后用(　　)信号封锁启动。

A. 与门，1，$n=0$　　B. 与非门，0，$n=1$

C. 与门，0，$n=1$　　D. 与非门，1，$n=0$

97. 在船舶电站中，自动启动备用发电机组的条件是(　　)。

①电网电压降低到欠压保护值时；②电网中最小功率余量小于单机额定功率的25%；③发电机组出现逆功现象时；④脉冲分配器输出1信号；⑤发电机组先启动阻塞信号；⑥发电机组转换开关应在“自动”位置。

A. ①③⑤⑥　　B. ②③④⑤　　C. ①②③④　　D. ②④⑤⑥

98. 船舶电站的短路保护是为了(　　)。

A. 保护用电设备　　B. 保护发电机

C. 保护发电机的原动机　　D. 保护空气断路器

99. 当用电设备的绝缘老化时，电网将产生(　　)。

A. 短路　　B. 失压　　C. 过载　　D. 逆功率

100. 自动化电站继电保护中的过载保护是在(　　)进行的。

A. 导电物品遗放在汇流排上时　　B. 导线受机械损伤时

C. 用电设备绝缘低时　　D. 发电机电流过大时

(五)

92. 在船舶电站中，投入一个大负载后稳定运行时要求电网(　　)。

A. 电压不变，频率不变　　B. 电压变化尽量小，频率变化尽量小

C. 电压可改变，频率不能变　　D. 电压不能变，频率可改变

93. 在船舶电站的电压自动调整装置中，当投入工作的负载为额定值的一半时，发电机输出电压为110V，当全部负载投入工作时，发电机的电压最小不应低于(　　)。

A. 108.9V　　B. 107.25V　　C. 104.5V　　D. 99V

94. 在船舶电站中，能够阻塞某台发电机组启动的信号是(　　)。

A. 脉冲分配器输出1信号　　B. 发电机组处于停止状态

C. 有启动故障信号　　D. 转换开关在自动位置

95. 船舶电站自动化的发电机组自动启动功能包括(　　)。

①原动机的预润滑；②柴油机的暖机；③柴油机的冷却；④发电机主开关的自动合闸；⑤故障报警；⑥自动停车。

A. ①②④⑥　　B. ②③⑤⑥　　C. ①③⑤⑥　　D. ②③④⑤

96. 在船舶电站中，要三台发电机组均参加并联运行，则脉冲分配器输出端a、b、c的状态可能是(　　)。

①000；②100；③010；④001；⑤110；⑥111。

A. ②③④　　B. ①②③　　C. ④⑤⑥　　D. ②④⑥

97. 1 发电机并网操作中，只有在(　　)条件都符合要求时，才能进行合闸操作。

A. 电压差、电流差和频率差　　B. 电压差、电流差和功率差

C. 电压差、频率差和相位差　　D. 电压差、相位差和电流差

98. 在进行准同步并车时，应调整待并发电机原动机的油门使整步表指针(　　)，在(　　)合闸。

A. 顺时针慢慢转动，中点后一个角度　　B. 顺时针慢慢转动，中点前一个角度

C. 逆时针慢慢转动，中点后一个角度　　D. 逆时针慢慢转动，中点前一个角度

99. 当用电设备的绝缘老化时，电网将产生(　　)。

A. 短路　　B. 失压　　C. 过载　　D. 逆功率

100. 发电机短路时，瞬时电流可达到发电机额定电流的(　　)以上。

A. 1 倍　　B. 3 倍　　C. 5 倍　　D. 10 倍

(六)

92. 在船舶电站的发电机组启动顺序选择的逻辑回路中，所包括的部件有(　　)。

A. 电压比较器　　B. 可控振荡器

C. 鉴幅器　　D. 状态鉴别器

93. 发电机同步并车时，同步表转一圈在 2S 以上，则说明发电机与电网的频率差小于(　　)。

A. 1Hz　　B. 0.5Hz　　C. 0.25Hz　　D. 0.1Hz

94. 手动准同步并车过程中，如果整步表指针指在下面的中点不动，这说明(　　)。

A. 待并机与电网频率相等，相位差 180°　　B. 待并机与电网频率相等，相位差为 0°

C. 待并机频率低于电网频率　　D. 待并机频率高于电网频率

95. 在发电机组自动准同步并车电路中，其合闸条件包括电压闭锁，合闸超前角，频率大小与方向检测的输出信号，这些信号应该是(　　)。

A. 与的逻辑关系　　B. 或的逻辑关系

C. 与非逻辑关系　　D. 或非逻辑关系

96. 当发电机组过载在额定负载的 110% 时，将发生(　　)保护动作。

A. 主开关过载延时跳闸　　B. 分级卸载延时

C. 短路　　D. 发电机产生失压

97. 在船舶电站中，对无分级卸载的发电机，过载保护动作电流可整定为额定电流的(　　)，延时(　　)。

A. 125% ~135%，15 ~30s　　B. 125% ~135%，0.2 ~0.6s

C. 110% ~125%，15 ~20s　　D. 110% ~125%，0.2 ~0.6s

98. 在船舶电站中，自动分级卸载一般分(　　)，一级卸载整定电流为额定电流的(　　)，延时(　　)卸载。

A. 2 级，100% ~110%，1 ~2s　　B. 2 级，100% ~110%，7 ~12s

C. 3 级，110% ~125%，7 ~12s　　D. 3 级，125% ~135%，7 ~12s

99. 对同容量发电机组的均压线的连接方法是(　　)。

A. 把各台发电机组的移相电抗器串接　　B. 把各台发电机组移相电抗器并接

C. 把各台发电机组转子的励磁绕组串接　D. 把各台发电机组转子励磁绕组并接

100. 船用发电机的综合保护包括(　　)。

①自动分级卸载;②逆功率保护;③自动并车;④欠压保护;⑤短路保护;⑥高温保护。

A. ①②③⑥　B. ①②④⑤　C. ①③④⑤　D. ①③⑤⑥

(七)

92. 船舶电站运行时,(　　)参数必须保持恒定,这是供电质量的重要指标。

A. 电压、频率　B. 电压、电流　C. 电压、功率　D. 频率、电流

93. 船舶电站在船上占有极重要地位,船舶电站与陆地电厂相比有三个主要特点,其中包括(　　)。

A. 船舶电站容量较小　B. 船舶电站的用电设备少

C. 船舶电站的外界干扰小　D. 船舶发电设备启动迅速

94. 在船舶电站的发电机组启动顺序选择的逻辑回路中,要把脉冲分配器 P 输出端 a、c 端对调,则(　　)。

A. 2 号为运行机组,3 号为第 1 备用,1 号为第 2 备用

B. 1 号为运行机组,3 号为第 1 备用,2 号为第 2 备用

C. 3 号为运行机组,2 号为第 1 备用,1 号为第 2 备用

D. 3 号为运行机组,1 号为第 1 备用,2 号为第 2 备用

95. 在发电机组准同步并车过程中,一旦合闸成功,首先进行的动作是(　　)。

A. 快速把待并发电机拉入同步　B. 负载自动向待并机转移

C. 自动调整待并机频率与电网一致　D. 自动调整待并机的端电压

96. 下列负载中,(　　)负载启动时必须启动发电机组。

A. 起货机　B. 主海水泵　C. 锚机　D. 侧推器

97. 在两台交流发电机组并联运行期间,现要提高 1 号机组的功率因数降低 2 号机组的功率因数,并保持电压不变,应该(　　)。

A. 减小 1 号机组原动机油门,增大 2 号机组原动机油门

B. 增大 1 号机组原动机油门,减小 2 号机组原动机油门

C. 减小 1 号机组励磁电流,增大 2 号机组的励磁电流

D. 增大 1 号机组励磁电流,减小 2 号机组的励磁电流

98. 同容量发电机组并联运行时,为保证无功功率分配均匀,结构上应采取的措施为(　　)。

A. 在直流侧加均压线　B. 在交流侧加均压线

C. 设励磁电流分配器　D. 设电压调差系数调整器

99. 自动化电站继电保护中的过载保护是在(　　)进行的。

A. 导电物品遗放在汇流排上时　B. 导线受机械损伤时

C. 发电机电流过大时　D. 用电设备绝缘低时

100. 发电机的欠压保护是为了(　　)。

A. 保护用电设备　B. 保护交流发电机

C. 保护发电机和原动机　D. 保证并车成功

(八)

92. 船舶电站交流发电机组调压装置的稳态电压调整率与动态电压调整率分别不超过(　　)。

A. $\pm 1\% U_e$, $\pm 5\% U_e$　　B. $\pm 2.5\% U_e$, $\pm 15\% U_e$

C. $\pm 5\% U_e$, $\pm 10\% U_e$　　D. $\pm 5\% U_e$, $\pm 15\% U_e$

93. 船舶电站在船上占有极重要地位,船舶电站与陆地电厂相比有三个主要特点,其中包括(　　)。

A. 船舶发电设备启动迅速　　B. 船舶电站的用电设备少

C. 船舶电站的外界干扰小　　D. 船舶电气设备工作条件比陆地恶劣

94. 在船舶电站的发电机组启动顺序选择的逻辑回路中,1 号机组为运行机组,2 号、3 号为第 1 备用和第 2 备用机组,现有增机指令,但在规定的时间内 2 号机组没有启动成功,则脉冲分配器输出端 a、b、c 的状态为(　　)。

A. 101　　B. 001　　C. 110　　D. 100

95. 当突然卸去满负荷,带动发电机的柴油机调速器稳定调速率应不大于(　　)。

A. 2%　　B. 5%　　C. 10%　　D. 15%

96. 船舶电站的电压自动调节装置,当负载突变 50% 时,发电机的瞬态电压变化率及过渡过程时间分别是(　　)。

A. ±10%,2s　　B. ±2.5%,1s　　C. ±15%,1s　　D. ±5%,1s

97. 准同步并车法要求待并发电机与电网的(　　)相等。

A. 频率、功率、相位　　B. 功率、电流、相位

C. 频率、相位、电压　　D. 电流、电压、频率

98. 发电机并网运行时,当同步表指示不动时,说明(　　)。

A. 发电机的频率等于电网频率　　B. 发电机的频率高于电网频率

C. 发电机的频率低于电网频率　　D. 发电机的频率等于额定频率

99. 在网发电机组的有功功率的调整,通过调整(　　)进行。

A. 发电机励磁电流　　B. 发电机的运行转速

C. 发电机的输出功率　　D. 发电机的输出电流

100. 在船舶电站中,逆功率是指(　　)。

A. 电压相位相反　　B. 发电机组向电网输出功率

C. 发电机组从电网吸收功率　　D. 励磁电流相位相反

模块六　可编程序控制器认识

任务一　认识可编程序控制器基本指令

一、教学目标

(1)掌握可编程序控制器基本原理。
(2)掌握可编程序控制器基本指令。

二、基本概念

1. 可编程序控制器的组成

继电器—接触器控制系统由输入输出电路、逻辑控制电路所组成,其中逻辑控制电路是由若干个继电器及其触点组成的,其逻辑关系已固定在硬接线中,不能灵活变更。相应的,可编程序控制器(简称 PLC)控制系统也是由这几部分组成,但实现控制功能的是由微处理器(CPU)和存储器组成的控制组件,它取代了继电器逻辑电路,从而实现"软接线"(因其控制程序可通过编程而灵活变更,相当于改变了继电器控制电路的接线)。

1)控制组件

PLC 是用作工业控制的专业电子计算机,因此它的硬件结构与微机类似,主要包括 CPU、RAM、ROM 和 I/O 接口电路等。其内部也是采用总线结构,进行数据和指令的传输。

PLC 控制系统由输入量—PLC—输出量组成,外部的各种开关信号、模拟信号、传感器检测的各种信号均作为 PLC 的输入量,它们经 PLC 外部输入端输入到内部存储器中,经 PLC 内部逻辑运算或其他各种运算,处理后送到输出端子,作为 PLC 的输出量对外部设备进行各种控制。由此可见,PLC 作为一个中间处理器或变换器,其核心就是取代继电器—接触器控制系统中逻辑控制电路的"控制组件"部分。

控制组件主要由 CPU 和存储器组成。

(1)CPU(Centre Processing Unit,中央处理器)。它是整个 PLC 的核心。与微机一样,CPU 在整个 PLC 控制系统中的作用就好像人的大脑一样,是一个控制指挥中心,它主要完成以下功能:

①将输入信号送入存储器中存储起来;
②按存放的先后取出用户指令,进行编译;
③完成用户指令规定的各种操作;
④将结果送到输出端;
⑤响应各种外围设备(如编程器、打印机等)的请求。

目前 PLC 中的 CPU 多为一完整的单板或单片机系统,可用 80286、80386 或其他专用芯片组成,其发展趋势是芯片的工作速度越来越快,位数越来越多(由 8 位、16 位、32 位至 48 位等),RAM 的容量越来越大,集成度越来越高,并采用多 CPU 系统来简化软件的设计和进一步提高其工作速度。CPU 的结构形式决定该 PLC 的基本性能。

(2)存储器。PLC 的存储器分为两大部分：

①系统程序存储器。由 ROM 或 EPROM 组成，用以固化系统管理和监控程序，对用户程序作编译处理。

②用户程序存储器。用户程序存储器又可分为两部分。一是用以存放用户编译的控制程序，通常采用低功耗的 CMOS-RAM，由备用电池供电，断开电源后仍能保存。用户可使用编译器等编程工具输入程序或修改程序。PLC 的产品说明书中给出的“内存容量”或“程序容量”即指这一部分的存储容量。第二部分是变量存储器，按输入、输出、计数器、计时器、寄存器等单元或元件的定义序号存储数据或状态，不同厂家出品的 PLC 有不同的定义序号。

2)输入、输出接口电路

PLC 通过 I/O 接口电路，实现与外围设备的连接。用户设备需输入 PLC 的各种控制信号，如各种主令电器，传感器输出的开关量或模拟量(要通过 A/D 转换)，通过输入接口电路将这些信号转换成控制组件能够接收和处理的数字信号；而控制组件的弱电控制信号又通过输出接口电路转换成现场需要的强电信号输出，以驱动接触器、电磁阀、电机等被控设备的执行元件。因此输入、输出接口电路在整个 PLC 的控制系统中也起着十分重要的作用。为提高 PLC 的工作可靠性，增强抗干扰能力，PLC 的接口电路有以下特点：

(1)输入、输出接口电路均采用光电耦合电路，这可以有效地防止现场的强电干扰，保证 PLC 能在恶劣的工作环境下可靠地工作。

(2)输出接口电路有继电器、晶体管、晶闸管输出三种方式，以适应不同负载的控制要求。一般来说，继电器输出适用于低速、大功率负载(交、直流负载)；晶闸管输出适用于高速、大功率负载(交流负载)；而晶体管输出适用于高速、小功率负载(直流负载)。

除上述一般的 I/O 接口之外，PLC 上还备有各种外围设备配接的接口，均用插座引出到外壳上，可配接编程器、PC 机、打印机、录音机及各种智能单元、链接单元等，可以十分方便地用电缆连接。

2. PLC 的基本工作原理及主要技术指标

1)PLC 的基本工作原理

PLC 具有微机的许多特点，但它的工作方式却与微机有很大不同。微机一般采用等待命令的工作方式，如常见的键盘扫描方式或 I/O 扫描方式，若有键按下或有 I/O 变化，则转入相应的子程序，若无则继续扫描。而 PLC 则是采用循环扫描的工作方式，它对用户程序的执行过程是通过 CPU 的周期循环扫描，并采用集中输出的方式来完成的。一个循环扫描周期主要可分为三个阶段。

(1)输入刷新阶段。CPU 扫描全部输入端口，读取其状态并写入输入状态寄存器。完成输入端刷新工作后，将转入程序执行阶段。在程序执行期间即使输入端状态发生变化，输入状态寄存器的内容也不会改变，而这些变化必须等到下一工作周期的输入刷新阶段才能被读入。

(2)程序执行阶段。根据用户输入的控制程序，从第一条开始逐条执行，并将相应的逻辑运算结果存入对应的内部寄存器和输出状态寄存器中。当最后一条控制程序执行完毕后，即转入输出刷新阶段。

(3)输出刷新阶段。将输出状态寄存器中的内容，依次送到输出锁存电路，从而驱动输出组件，这才形成 PLC 的实际输出。

由此可见，输入刷新、程序执行和输出刷新三个阶段构成 PLC 一个工作周期，由此循环往复,因此称为循环扫描工作方式。由于输入刷新阶段是紧接输出刷新阶段后马上进行的,所以亦将这两个阶段统称为 I/O 刷新阶段。

实际上,除了执行程序和 I/O 刷新外,PLC 还要进行各种错误检测(自诊断功能)并与编程工具通信,这些操作统称为“监视服务”一般在程序执行后进行。

PLC 的扫描周期 T 为:

T =(刷新一个输入点的时间 × 输入点数)+(扫描速度 × 程序步数)+

(刷新一个输出点的时间 × 输出点数)+ 故障诊断时间

显然扫描周期 T 的长短主要取决于程序的长短。

扫描周期越长,响应速度越慢。现在厂家生产的基本型 PLC 的一个扫描周期约几毫秒,这对于一般的开关量控制系统来说是完全允许的,不但不会造成影响,反而可以增强系统的抗干扰能力。这是因为输入采样仅在输入刷新阶段进行,PLC 在一个工作周期的大部分时间里实际上是与外设隔离的。而工业现场的干扰常常是脉冲的、短时间的,由于响应较慢,往往要几个扫描周期才响应一次,而多次扫描后,因瞬间干扰而引起的误动作将会大大减少,从而提高系统的抗干扰能力。但对于控制时间要求较严格、响应速度要求较快的系统,就需要精心编制程序,必要时采用一些特殊功能,以减少因扫描周期造成的响应滞后等不良影响。总之,采用循环扫描的工作方式,是 PLC 区别于微机和其他控制设备的最大特点,在学习时应充分注意。

2)PLC 的主要技术指标

(1)输入/输出点数(I/O 点数)。输入/输出点数指 PLC 外部的输入、输出端子数,这是一项很重要的技术指标,因为在选用 PLC 时要根据控制对象的 I/O 点数要求确定机型。PLC 的 I/O 点数包括主机的 I/O 点数和最大扩展点数,主机的 I/O 点数不够时可接扩展 I/O 模块,但因为扩展模块内一般只有接口电路和驱动电路,它通过总线电缆与主机相连,由主机的 CPU 进行寻址,故最大扩展点数受 CPU 的 I/O 寻址能力的限制。

(2)扫描速度。扫描速度一般指执行一步指令的时间,单位为 μs/步。另外扫描周期也和 PLC 品牌和机种有一定关系,比如三菱的 $FX2_N$ PLC 基本指令的扫描时间约为 0.08us,应用指令的扫描时间约为 1.52us,有时也以 1000 步指令的时间计,其单位 ms/k。

(3)内存容量。一般以 PLC 所能存放用户程序的多少来衡量内存容量。在 PLC 中程序指令是按“步”存放的(一条指令往往不止一“步”),一“步”占一个地址单元,一个地址单元一般占两个字节。例如,一个内存容量为 1000 步 PLC,可推知其内存为 2K 字节。

应注意到“内存容量”实际是指用户程序容量,它未包括系统程序存储器的容量。程序容量和最大 I/O 点数大体成正比。

(4)指令条数。PLC 具有的指令种类越多,说明它的软件功能越强,所以指令条数的多少是衡量 PLC 软件功能强弱的主要指标。

(5)内部寄存器。PLC 内部有许多寄存器,用以存放变量状态、中间结果和数据等,还有许多辅助寄存器给用户提供特殊功能,以简化整个系统设计。因此,寄存器的配置情况是 PLC 硬件功能的一个指标。

(6)功能模块。PLC 除了主控模块(又称为主机或主控单元)外,还可以配接各种功能模块。主控模块可实现基本控制功能,功能模块的配置则可实现一些特殊的专门功能。因此,功能模块的配置放大了 PLC 的功能强弱,是衡量 PLC 产品档次高低的一个重要标志。目前各生产厂家都在开发功能模块上下很大功夫,使其发展很快,种类日益增多,功能也越来越强。常用的功能模块主要有:A/D 和 D/A 转换模块、高速记数模块、位置控制模块、速度控制模块、轴定位模块、湿度控制模块、远程通信模块、高级语言编辑模块以及各种物理转换模块等。

这些功能模块使 PLC 不但能进行开关量顺序控制,而且能进行模拟量控制、定位控制和速度控制,还有网络功能,实现了 PLC 之间、PLC 与计算机的通信,直接用高级语言编程,给用户提供了强有力的工具。

3. PLC 的分类、特点、应用及其发展趋势

1)PLC 的分类

(1)根据 I/O 点数、容量和功能分。可大体上将 PLC 分为小型、中型、大型三个等级。

①小型机。小型 PLC 的 I/O 点数一般在 128 点以下,具有逻辑运算、定时、计数等功能,它适用于开关量控制,通常用作代替继电器—接触器控制系统实现条件控制、定时、计数控制、顺序控制等,配有与打印机、计算机的通信口以及各种智能模块,增加了模拟量处理、算术运算功能,使其应用面更广。小型 PLC 价格低廉、实用,是 PLC 中量大面广的产品。

②中型机。中型 PLC 的 I/O 点数在 128 ~ 512 点之间,除具有小型机的功能外,一般还具有算术运算、数据处理及 A/D、D/A 网络通信功能、远程 I/O、光纤通信等功能和接口,可完成较为复杂的控制。

③大型机。大型 PLC 的 I/O 点数在 512 点以上。它是具有高级功能的 PLC,具有数据运算、模拟调节、联网通信、监视、记录、打印等功能,能进行中断控制、智能控制、远程控制。在用于大规模的过程控制中,可构成分散式控制系统或整个工厂的自动化网络。它是集管理和控制于一体,实现工厂高度自动化的重要设备。

(2)根据结构形式分类。可将 PLC 分为整体式和机架模块式两种:

①整体式　整体结构的 PLC 是将控制组件、I/O 接口组件、电源组件等集中配置成一个整体,其特点是结构紧凑、体积小、重量轻、价格低。小型 PLC 一般采用这种结构。这类机较适用于工业生产中的单机控制。

②模块式　这种结构形式的 PLC 是将各部分以模块分开,形成独立单元,如 CPU 单元、电源单元、输入单元、输出单元等。使用时可将这些单元模块分别插入机架底板的插座上。它具有组装灵活、便于扩展、维修方便等优点,可根据控制要求配置不同的模块以构成不同的控制系统,一般大、中型 PLC 采用这种结构。

2)PLC 的特点

PLC 的主要特点为:

(1)软件简单易学。PLC 的最大特点之一,就是采用易学易懂的梯形图语言,它是以计算机软件技术构成人们用的继电器模型,形成一种独具风格的以继电器梯形图为基础的形象编程语言,梯形图符号和定义与常规继电器展开图完全一致,电气操作人员使用起来得心应手,不存在计算机技术和传统电气控制技术之间的专业"鸿沟"。在了解 PLC 简要工作原理和它的编程技术后,就可结合实际需要进行应用设计。

(2)使用和维护方便:

①硬件配置方便　PLC 硬件都是生产厂家按一定标准和规模生产的,硬件可按实际需要来配置,十分方便。

②安装方便　因 PLC 是用程序来实现控制功能的,与继电器—接触器控制系统相比较,大大减少了电器的安装和接线工作。

③使用方便　PLC 能提供许多内部软继电器供用户编程使用,而且其触点的数量和使用次数均不受限制,给用户带来很大方便,用户在选用 PLC 时主要考虑 I/O 点数,可选择不同型号和各种功能模块的配置来达到需求数。

④维护方便　PLC 能提供许多监控提示信号,能检查出自身的故障,并随时显示给操作者,并且能够动态地监视控制程序的执行情况,为现场的调试和维护提供了方便。

(3)抗干扰能力强,工作稳定可靠。因为 PLC 是专为工业控制而设计的,所以设计者采取了各种措施来提高抗干扰能力和工作可靠性,主要措施有:

①输入、输出均采用光电隔离,提高了抗干扰能力。

②主机的输入电源和输出电源可相互独立,减少了电源间干扰。

③采用循环扫描工作方式,提高了抗干扰能力。

④内部采用"监视器"电路,以保证 CPU 可靠地工作。

⑤采用密封防尘抗震的外壳封装及内部结构,可适应恶劣环境。

实验表明,一般产品可抗 1kV、1us 的窄脉冲干扰,其平均无故障时间一般可达 5 万～10 万 h。

(4)设计施工周期短。使用 PLC 完成一项控制工程,在系统设计完成以后,现场施工和 PLC 程序设计可以同时进行,周期短,可进行在线修改,柔性好。

正是由于具有这些优点,PLC 受到广泛欢迎,应用日益普及。

3)PLC 的应用场合

PLC 在国内外已广泛用于冶金、采矿、建材、石油、化工、电力、机械、制造、轻工、纺织等行业中。特别是在轻工行业中,因生产门类多,加工方式多变,产品更新换代快,所以 PLC 广泛应用在组合机床自动线、专用机床、塑料机械、包装机械、灌装机械、电镀自动线、电梯等电气设备中。

PLC 的应用大致可分为以下几种类型:

(1)用于开关逻辑控制。这是 PLC 最基本的应用场合,用 PLC 可取代传统的继电控制,如机床电气、电机控制中心,也可取代顺序控制,如高炉上料,电梯控制,货物存取、运输、检测等。总之,PLC 可用于单机、机群以及生产的自动控制。

(2)用于机械加工的数字控制。PLC 和计算机组合成一体,可实现数字控制,组成数控机床。

(3)用于机器人或机械手控制。

(4)用于闭环过程控制。中、大型 PLC 都配有 PID 模块和 A/D、D/A 模块,可实现单回路、多回路的调节控制。

(5)用于组成多级控制系统,实现工厂自动化网络。

4)PLC 的发展趋势及国内市场概况

(1)PLC 的发展趋势。PLC 从诞生至今,其发展大体经历了三个阶段:从 20 世纪 70 年代至 80 年代中期,以单机为主发展硬件技术,为取代传统的继电器—接触器控制系统而设计了各种 PLC 的基本型号。到 80 年代末期,为适应柔性制造系统(PMS)的发展,在提高单机功能的同时加强软件的开发,提高通信能力。20 世纪 90 年代以来,为适应计算机速度和数据处理能力,通信能力进一步提高,"网络就是计算机"这一观点又渗透到 PLC 领域,强大的网络通信功能更使 PLC 如虎添翼,随着各种功能模块、应用软件的开发,加速了 PLC 向连续控制、过程控制领域的发展。PLC 的发展过程表明,它事实上已改变了当初单纯作为继电器、接触器的替代物用作开关量控制的初衷,而发展成为一种新型的工业控制的基础控制设备。

(2)国内PLC市场概况。目前国内PLC市场主要以小型进口机为主,主要有Mitsubishi和Omron等产品,大型机则以Siemens等的产品为主。

国产PLC近年来发展十分迅速,随着国产机的性能价格比不断提高,可预见其市场占有率将随之逐步提高,不远的将来,国产机将占有大部分国内的PLC市场。

4. PLC的几种编程语言

PLC作为专为工业控制而开发的自控装置,其主要使用者为工厂的广大电气技术人员,考虑到他们的传统习惯和掌握能力以利于使用推广普及,通常PLC不采用微机的编程语言,而采用以梯形图为主的编程语言。

1)梯形图语言

PLC的梯形图是在原继电器—接触器控制系统的继电器梯形图基础上演变而来的,它不但形象和直观,为广大电气技术人员所熟悉,而且与传统的继电器梯形图相比,还简化了符号,将微机控制的特点结合进去,加进了许多功能强而又使用灵活的指令,使其实现的功能大大超过了传统的梯形图,并且容易掌握使用。

两种梯形图的基本表达思想是一致的,但具体表达方式及其内涵有一定的区别:

(1)在继电器梯形图中每个电气符号代表一个电器(如继电器、接触器)的触头或线圈,即一个实际的电器部件,其间的连线表示电器部件间的连接线(硬接线),因此继电器梯形图表示的只是一个具体的、实际的电路。而PLC梯形图表示的并不是一个实际的控制程序,图中的继电器并不是物理继电器,它实际上是PLC内部存储器中的触发器,其间的连线表示的是它们之间的逻辑关系,即所谓“软接线”。

(2)继电器梯形图中表示的每一个电器的触头是有限的,且存在触点磨损问题,使用寿命也是有限的。而PLC梯形图中每个符号对应的是内部一个存储单元,其状态(“1”或“0”)可在整个控制程序中反复多次读取,因此可认为PLC内部的“软继电器”有无数个常闭或常开触点提供给用户使用,而且无使用寿命的限制,这就给设计控制程序提供了极大的方便。

(3)在继电器梯形图中,若需要改变控制功能,增减电器控制触点,就必须改变电气接线和使用电器的数目。而对于PLC梯形图而言,改变控制功能实际上只是改变控制程序。

2)助记符语言(语句表)

用梯形图直观、方便、易懂,但PLC必须配有较大的显示器才能输入图形符号,而小型机特别是在生产现场编制、调试程序时,则经常使用手编程器,它的显示屏小,采用的是助记符语言。助记符语言类似微机的汇编语言,它采用助记符表示各种程序指令。

三、可编程序控制器基本指令

由于生产可编程序控制器的厂家众多,编程方法也有所不同,因此下面主要介绍日本三菱FX2N型可编程序控制器的基本指令。

1. 取指令与输出指令(LD/LDI/LDP/LDF/OUT)

(1)LD(取指令)。一个常开触点与左母线连接的指令,每一个以常开触点开始的逻辑行都用此指令。

(2)LDI(取反指令)。一个常闭触点与左母线连接指令,每一个以常闭触点开始的逻辑行都用此指令。

(3)LDP(取上升沿指令)。与左母线连接的常开触点的上升沿检测指令,仅在指定位元件的上升沿(由 OFF→ON)时接通一个扫描周期。

(4)LDF(取下降沿指令)。与左母线连接的常闭触点的下降沿检测指令。

(5)OUT(输出指令)。对线圈进行驱动的指令,也称为输出指令。

取指令与输出指令的使用如图 6-1-1 所示。

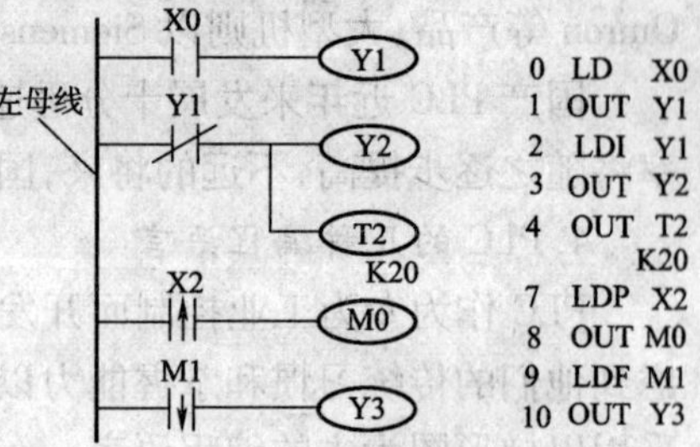

图 6-1-1 取指令与输出指令的使用

取指令与输出指令的使用说明:

(1)LD、LDI 指令既可用于输入左母线相连的触点,也可与 ANB、ORB 指令配合实现块逻辑运算。

(2)LDP、LDF 指令仅在对应元件有效时维持一个扫描周期的接通。图 6-1-1 中,当 M1 有一个下降沿时,则 Y3 只有一个扫描周期为 ON。

(3)LD、LDI、LDP、LDF 指令的目标元件为 X、Y、M、T、C、S。

(4)OUT 指令可以连续使用若干次(相当于线圈并联),对于定时器和计数器,在 OUT 指令之后应设置常数 K 或数据寄存器。

(5)OUT 指令目标元件为 Y、M、T、C 和 S,但不能用于 X。

2. 触点串联指令(AND/ANI/ANDP/ANDF)

(1)AND(与指令)。一个常开触点串联连接指令,完成逻辑"与"运算。

(2)ANI(与反指令)。一个常闭触点串联连接指令,完成逻辑"与非"运算。

(3)ANDP。上升沿检测串联连接指令。

(4)ANDF。下降沿检测串联连接指令。

触点串联指令的使用如图 6-1-2 所示。

触点串联指令的使用说明:

(1)AND、ANI、ANDP、ANDF 都是指单个触点串联连接的指令,串联次数没有限制,可反复使用。

(2)AND、ANI、ANDP、ANDF 的目标元件为 X、Y、M、T、C 和 S。

(3)图 6-1-2 中 OUTM101 指令之后通过 T1 的触点去驱动 Y4 称为连续输出。

3. 触点并联指令(OR/ORI/ORP/ORF)

(1)OR(或指令)。用于单个常开触点的并联,实现逻辑"或"运算。

(2)ORI(或非指令)。用于单个常闭触点的并联,实现逻辑"或非"运算。

(3)ORP。上升沿检测并联连接指令。

(4)ORF。下降沿检测并联连接指令。

触点并联指令的使用如图 6-1-3 所示。

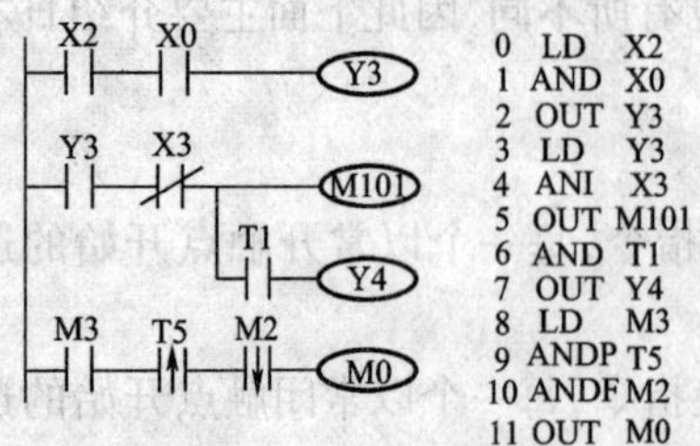

图 6-1-2 触点串联指令的使用

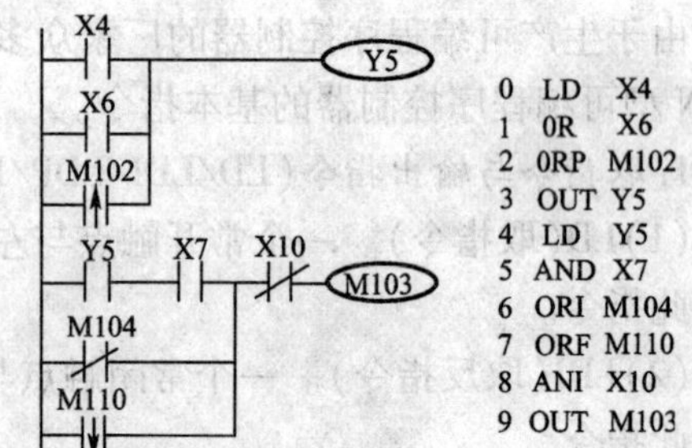

图 6-1-3 触点并联指令的使用

触点并联指令的使用说明：

(1)OR、ORI、ORP、ORF 指令都是指单个触点的并联，并联触点的左端接到 LD、LDI、LDP 或 LPF 处，右端与前一条指令对应触点的右端相连。触点并联指令连续使用的次数不限；

(2)OR、ORI、ORP、ORF 指令的目标元件为 X、Y、M、T、C、S。

4. 块操作指令(ORB/ANB)

(1)ORB(块或指令)。用于两个或两个以上的触点串联连接的电路之间的并联。ORB 指令的使用如图 6-1-4 所示。

ORB 指令的使用说明：

①几个串联电路块并联连接时，每个串联电路块开始时应该用 LD 或 LDI 指令；

②有多个电路块并联回路，如对每个电路块使用 ORB 指令，则并联的电路块数量没有限制；

③ORB 指令也可以连续使用，但这种程序写法不推荐使用，LD 或 LDI 指令的使用次数不得超过 8 次，也就是 ORB 只能连续使用 8 次以下。

(2)ANB(块与指令)。用于两个或两个以上触点并联连接的电路之间的串联。ANB 指令的使用如图 6-1-5 所示。

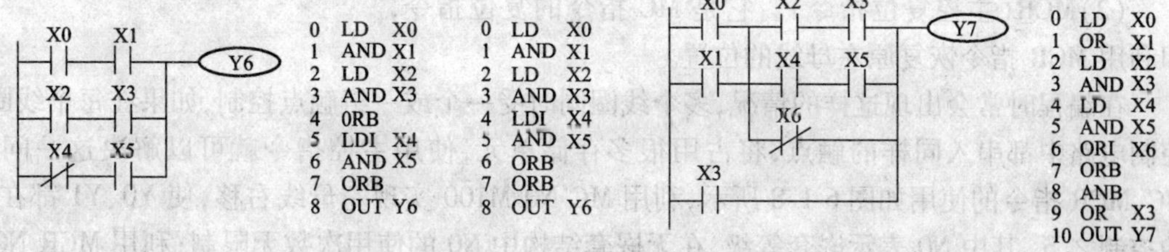

图 6-1-4　ORB 指令的使用　　图 6-1-5　ANB 指令的使用

ANB 指令的使用说明：

①并联电路块串联连接时，并联电路块的开始均用 LD 或 LDI 指令；

②多个并联回路块连接按顺序和前面的回路串联时，ANB 指令的使用次数没有限制。也可连续使用 ANB，但与 ORB 一样，使用次数在 8 次以下。

5. 置位与复位指令(SET/RST)

(1)SET(置位指令)。它的作用是使被操作的目标元件置位并保持。

(2)RST(复位指令)。使被操作的目标元件复位并保持清零状态。

SET、RST 指令的使用如图 6-1-6 所示。当 X0 常开接通时，Y0 变为 ON 状态并一直保持该状态，即使 X0 断开 Y0 的 ON 状态仍维持不变；只有当 X1 的常开闭合时，Y0 才变为 OFF 状态并保持，即使 X1 常开断开，Y0 也仍为 OFF 状态。

```
0  LD   X0
1  SET  Y0
2  LD   X1
3  RST  Y0
4  LD   X2
5  RST  D0
6  LD   X3
7  RST  T246
8  LD   X4
9  OUT  T246
        K15
12 LD   T246
13 OUT  Y1
```

图 6 1 6　置位与复位指令的使用

SET、RST 指令的使用说明：

(1)SET 指令的目标元件为 Y、M、S，RST 指令的目标元件为 Y、M、S、T、C、D、V、Z。RST 指令常被用来对 D、Z、V 的内容清零，还用来复位积分定时器和计数器。

(2)对于同一目标元件，SET、RST 可多次使用，顺序也可随意，但最后执行者有效。

6. 微分指令(PLS/PLF)

(1)PLS(上升沿微分指令)。在输入信号上升沿产生一个扫描周期的脉冲输出。

(2)PLF(下降沿微分指令)。在输入信号下降沿产生一个扫描周期的脉冲输出。

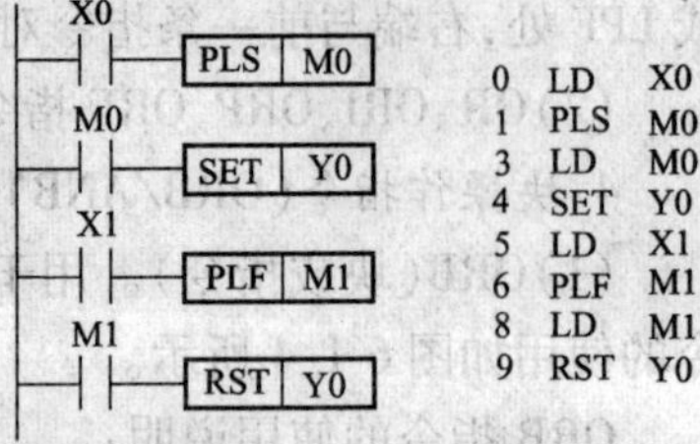

微分指令的使用如图 6-1-7 所示,利用微分指令检测到信号的边沿,通过置位和复位命令控制 Y0 的状态。

PLS、PLF 指令的使用说明:

(1)PLS、PLF 指令的目标元件为 Y 和 M。

(2)使用 PLS 时,仅在驱动输入为 ON 后的一个扫描周期内目标元件 ON,如图 6-1-7 所示,M0 仅在 X0 的常开触点由断到通时的一个扫描周期内为 ON;使用 PLF 指令时只是利用输入信号的下降沿驱动,其他与 PLS 相同。

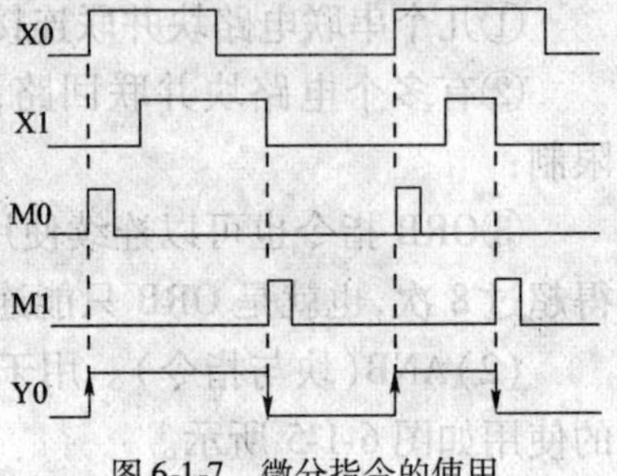

图 6-1-7　微分指令的使用

7. 主控指令(MC/MCR)

(1)MC(主控指令)。用于公共串联触点的连接。执行 MC 后,左母线移到 MC 触点的后面。

(2)MCR(主控复位指令)。它是 MC 指令的复位指令,即利用 MCR 指令恢复原左母线的位置。

在编程时常会出现这样的情况,多个线圈同时受一个或一组触点控制,如果在每个线圈的控制电路中都串入同样的触点,将占用很多存储单元,使用主控指令就可以解决这一问题。MC、MCR 指令的使用如图 6-1-8 所示,利用 MC N0 M100 实现左母线右移,使 Y0、Y1 都在 X0 的控制之下,其中 N0 表示嵌套等级,在无嵌套结构中 N0 的使用次数无限制;利用 MCR N0 恢复到原左母线状态。如果 X0 断开则会跳过 MC、MCR 之间的指令向下执行。

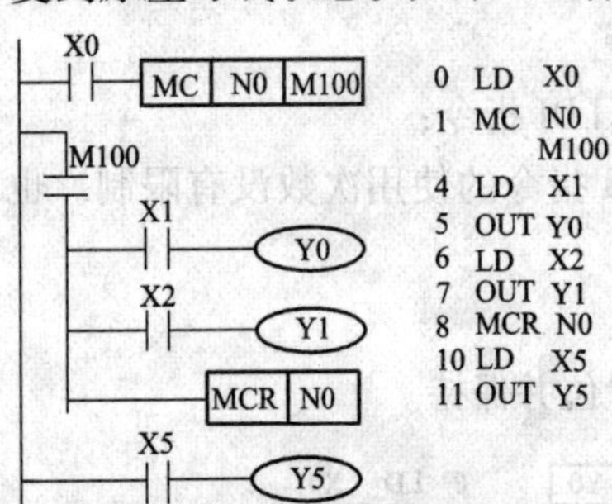

图 6-1-8　主控指令的使用

MC、MCR 指令的使用说明:

(1)MC、MCR 指令的目标元件为 Y 和 M,但不能用特殊辅助继电器。MC 占 3 个程序步,MCR 占 2 个程序步。

(2)主控触点在梯形图中与一般触点垂直(如图 6-1-8 中的 M100)。主控触点是与左母线相连的常开触点,是控制一组电路的总开关。与主控触点相连的触点必须用 LD 或 LDI 指令。

(3)MC 指令的输入触点断开时,在 MC 和 MCR 之内的积分定时器、计数器、用复位/置位指令驱动的元件保持其之前的状态不变。非积分定时器和计数器,用 OUT 指令驱动的元件将复位,如图 6-1-8 中当 X0 断开,Y0 和 Y1 即变为 OFF。

(4)在一个 MC 指令区内若再使用 MC 指令称为嵌套。嵌套级数最多为 8 级,编号按 N0→N1→N2→N3→N4→N5→N6→N7 顺序增大,每级的返回用对应的 MCR 指令,从编号大的嵌套级开始复位。

8. 堆栈指令(MPS/MRD/MPP)

堆栈指令是 FX 系列中新增的基本指令,用于多重输出电路,为编程带来便利。在 FX 系列 PLC 中有 11 个存储单元,它们专门用来存储程序运算的中间结果,被称为栈存储器。

(1)MPS(进栈指令)。将运算结果送入栈存储器的第一段,同时将先前送入的数据依次移到栈的下一段。

(2)MRD(读栈指令)。将栈存储器的第一段数据(最后进栈的数据)读出且该数据继续保存在栈存储器的第一段,栈内的数据不发生移动。

(3)MPP(出栈指令)。将栈存储器的第一段数据(最后进栈的数据)读出且该数据从栈中消失,同时将栈中其他数据依次上移。

堆栈指令的使用如图 6-1-9 所示,其中图 a)为一层栈,进栈后的信息可无限使用,最后一次使用 MPP 指令弹出信号;图 b)为二层栈,它用了两个栈单元。

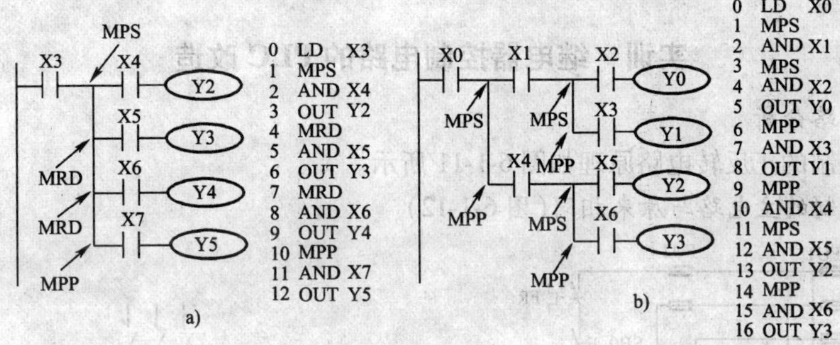

图 6-1-9 堆栈指令的使用

a)一层栈;b)二层栈

堆栈指令的使用说明:

(1)堆栈指令没有目标元件。

(2)MPS 和 MPP 必须配对使用。

(3)由于栈存储单元只有 11 个,所以栈的层次最多 11 层。

9. 逻辑反、空操作与结束指令(INV/NOP/END)

(1)INV(反指令)。执行该指令后将原来的运算结果取反。反指令的使用如图 6-1-10 所示,如果 X0 断开,则 Y0 为 ON,否则 Y0 为 OFF。使用时应注意 INV 不能像指令表的 LD、LDI、LDP、LDF 那样与母线连接,也不能像指令表中的 OR、ORI、ORP、ORF 指令那样单独使用。

(2)NOP(空操作指令)。不执行操作,但占一个程序步。执行 NOP 时并不做任何事,有时可用 NOP 指令短接某些触点或用 NOP 指令将不要的指令覆盖。当 PLC 执行了清除用户存储器操作后,用户存储器的内容全部变为空操作指令。

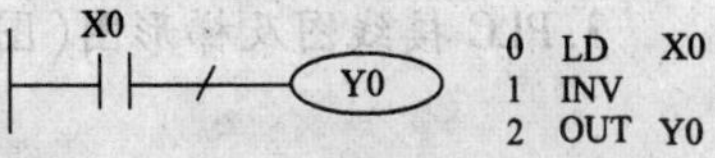

图 6-1-10 反指令的使用

(3)END(结束指令)。表示程序结束。若程序的最后不写 END 指令,则 PLC 不管实际用户程序多长,都从用户程序存储器的第一步执行到最后一步;若有 END 指令,当扫描到 END 时,则结束执行程序,这样可以缩短扫描周期。在程序调试时,可在程序中插入若干 END 指令,将程序划分若干段,在确定前面程序段无误后,依次删除 END 指令,直至调试结束。

10. PLC 梯形图编程的一些基本的规则

(1)梯形图中的开关只有两种,一种是常开,符号为"┤ ├";一种是常闭,符号为"┤/├"。它们既可以表示外部开关(硬开关),也可以表示内部的软开关或触点(PLC 内部"软继电器"的触点)。与继电器电路一样,每一个开关都有一个标号(如 X1、X2、X3),以示区别。同一标号的开关可以反复多次地使用。

(2)梯形图中的输出用"—[* *]—"表示,方括号中的" * * "是输出变量的标号(如 Y1、Y2)。作为输出变量,每一个标号只能使用一次。

(3)梯形图按由左至右、由上至下的顺序书写,因 CPU 也是按此顺序执行程序。最左边是起始母线,每逻辑行必须从起始母线开始画起,左侧先画输入开关并注意把并联接点多的支路靠近最左端。最右侧是输出变量,输出变量可以并联,但不能串联,在输出变量的右侧也不能有输入开关。最右边为结束母线,有时也可以省去不画。梯形式图的构成可遵循一个原则,即“左重右轻,上重下轻”。

(4)程序结束时应结束符,用“—(ED)—”表示。

四、实训环节

实训 继电器控制电路的 PLC 改造

1. 控制电路分析

继电器控制的正反转电路原理如图 6-1-11 所示。

2. PLC 控制的主电路与原来相同(图 6-1-12)

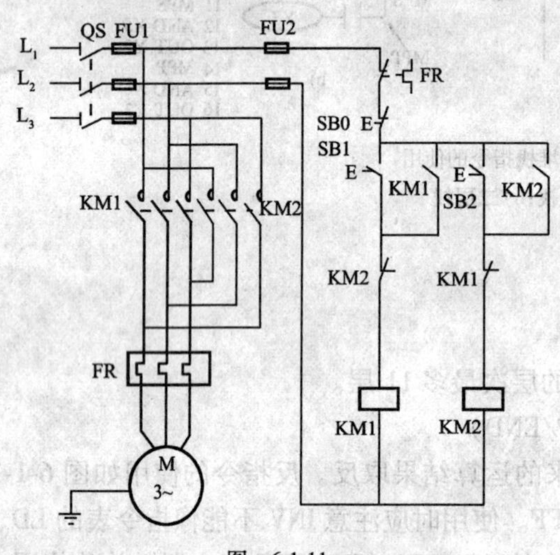

图 6-1-11

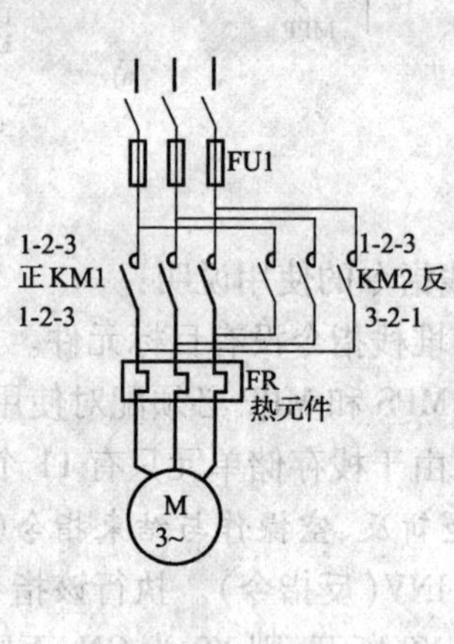

图 6-1-12

3. PLC 接线图及梯形图(图 6-1-13)

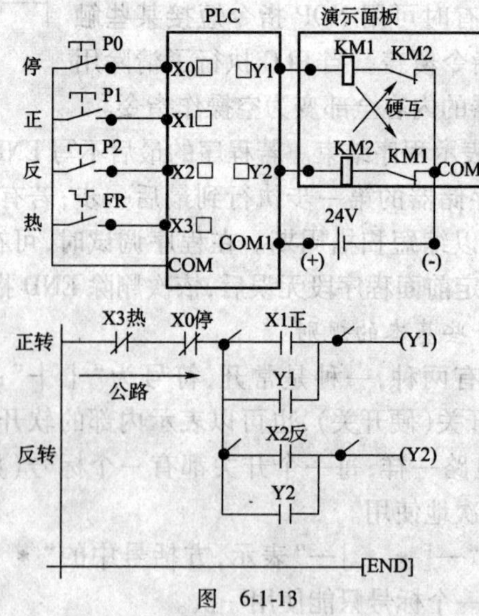

图 6-1-13

任务二　认识可编程序控制器功能指令

一、教学目标

(1)掌握可编程序控制器的常有功能指令。

(2)掌握可编程序控制器的实际应用技能。

二、功能指令的基本格式

现在,许多新的小型 PLC 和各种大型 PLC 中,功能指令采用了计算机通用的助记符形式。本节主要介绍 FX 系列 PLC 功能指令的格式。

1. 功能指令的格式

FX 系列 PLC 功能指令的格式采用梯形图和指令助记符相结合的形式,如图 6-2-1 所示。

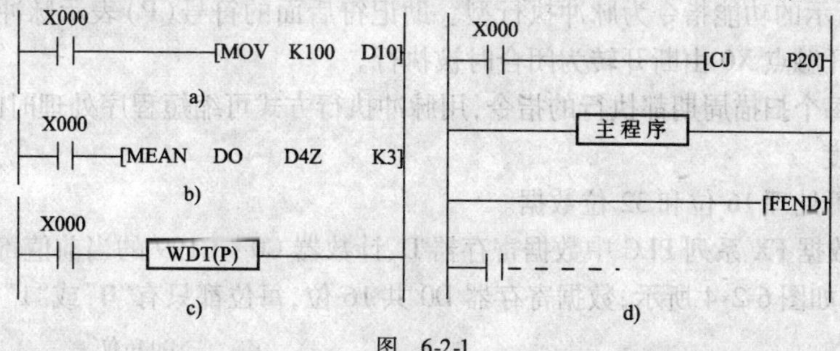

图　6-2-1

a)传送指令;b)平均值指令;c)警戒时钟指令;d)跳转指令和主程序结束指令

1)功能指令助记符

从图 6-2-1 中给出的几条功能指令可以看到,功能指令主要由功能指令助记符和操作元件两大部分组成,如图 6-2-2 所示。

[S]　[D]
功能指令助记符　操作元件

图　6-2-2

FX 系列 PLC 的功能指令按功能号 FNC00 ~ 编排,每条功能指令都有一个指令助记符。功能指令助记符在很大程度上反映该指令的功能特征。图 6-2-1所示的梯形图中,助记符为 MOV 的功能指令的功能号为 FNC12,这是一条传送指令。助记符为 MEAN 的功能指令的功能号为 FNC45,这是一条取平均值指令。

2)功能指令的操作元件

有的功能指令只需要指定功能编号。如图 6-2-1c)所示,这是一条警戒时钟功能指令,程序中只要标出功能号 FNC07 即可。但大部分功能指令在指定功能编号的同时,还需指定操作元件。

操作元件分为以下几种:

(1)源操作元件,用[S]表示。在图 6-2-1a)中,功能指令 MOV 的源操作元件是 K100。该功能指令将 100 这个常数传送到数据寄存器 D10 中。若用变址功能时,源操作元件表示为[S·]形式。有时源操作元件不止一个,可用[S1·]、[S2·]、[S3·]表示。

(2)目标操作元件,用[D]表示。在图 6-2-1a)中,功能指令 MOV 的目标操作元件是数据寄存器 D10。若使用变址功能时,目标操作元件表示为[D·]形式。目标操作元件不止一个时,用[D1·]、[D2·]、[D3·]表示。

(3)其他操作元件 n 或 m,用来表示常数。常数前冠以 K 表示是十进制数,常数前冠以 H 表示十六进制数。如图 6-2-1a)中源操作元件是 K100,表示是十进制数 100。

其他操作元件也可以作为源操作元件或目标操作元件的补充说明。如图 6-2-1b)所示,功能指令的作用是:将 D0、D1 和 D2 三个数据寄存器中数据取平均值后,存放到由地址 D4Z 指定的数据寄存器中。D0 是源操作元件的首地址,K3 是源操作的补充说明,指定取值个数,即取 D0、D1 和 D2 三个数据寄存器中的数值。

源操作元件和目标操作元件需要注释的项目较多时,可采用 n1、n2、n3 的形式。

2. 功能指令的规则

1)指令执行形式

FX 系列 PLC 的功能指令有连续执行型和脉冲执行型两种形式。

图 6-2-1a)所示的功能指令为连续执行型。当常开触点 X0 闭合时,该条传送指令在每个扫描周期都被重复执行。

图 6-2-3 所示的功能指令为脉冲执行型。助记符后面的符号(P)表示脉冲执行。该条传送指令仅在常开触点 X0 由断开转为闭合时被执行。

对不需要每个扫描周期都执行的指令,用脉冲执行方式可缩短程序处理时间。

2)数据长度

功能指令可处理 16 位和 32 位数据。

(1)16 位数据 FX 系列 PLC 中数据寄存器 D、计数器 C0 ~ C199 的当前值寄存器存储的都是 16 位数据。如图 6-2-4 所示,数据寄存器 D0 共 16 位,每位都只有“0”或“1”两个数值。

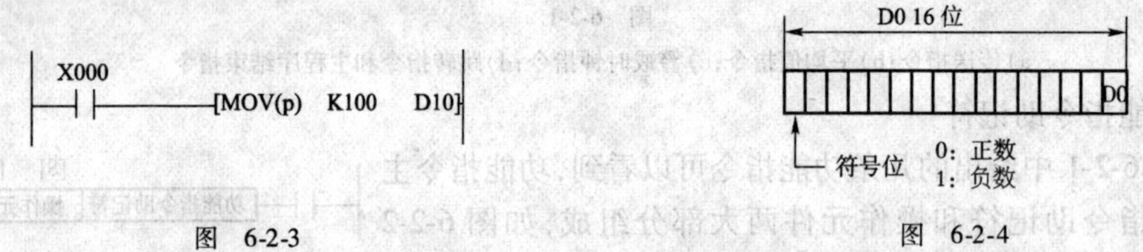

图 6-2-3　　图 6-2-4

如图 6-2-1a)和图 6-2-3 所示两个梯形图中,功能指令传送的数据都是 16 位数据。

(2)32 位数据 FX 系列 PLC 中,相邻两个数据寄存器可以组合起来,存储 32 位的数据,如图 6-2-5 所示。

FX 系列 PLC 中,C200 ~ C234 为 32 位双向计数器,其当前值寄存器为 32 位寄存器,可作为 32 位数据寄存器使用。

功能指令中符号(D)表示处理的是 32 位数据。如图6-2-6所示的梯形图中常开触点 X0 由断开变为闭合时,将 D0 和 D1 中的 32 位数据,传送到 D10 和 D11 中,其中,D1 是高 16 位,D0 是低 16 位。D1 中内容传送到 D11 中,D0 中内容传送到 D10 中。

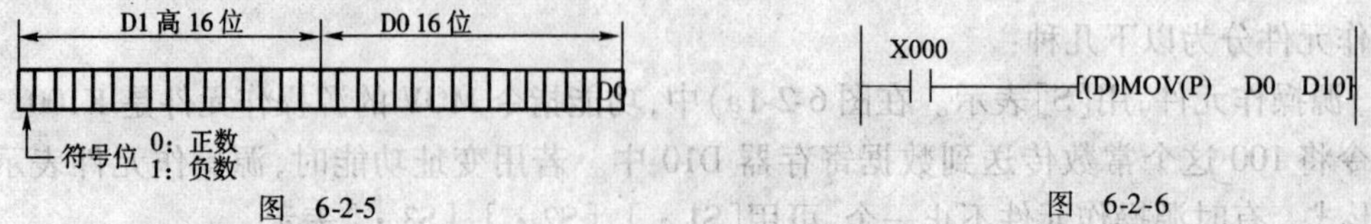

图 6-2-5　　图 6-2-6

处理 32 位数据时,用元件号相邻的两元件组成元件对。元件对的首元件建议统一用偶数编号,以避免错误。

脉冲执行符号(P)和32位数据符号(D)可以同时使用。

3)位元件

处理数据的元件称字元件,例如数据寄存器D、定时器T和计数器中当前值寄存器等。

处理闭合和断开状态的元件为位元件,例如输入继电器X、输出继电器Y、辅助继电器M和状态继电器S等。但由位元件组合起来,也可以构成字元件,进行数据处理。位元件的组合由Kn加首元件来表示。

每4个位元件为一组,组合成一个单元。如KnM0中,n为单元组数,M0为由位元件组合构成字元件的首元件编号。例如K4M0表示由M0~M15组成的16位字元件,最低位是M0,最高位是M15。K8M0表示由M0~M31组合成的32位字元件,最高位是M31,最低位是M0。

由位元件组合而成的字元件格式还有:K3X0,K2Y10,K1S10等。

在作16位数据操作时,参与操作的位元件由Kn中n指定,n在1~3之间。如果$n=1$时,则参与操作的位元件只有4位;如果$n=2$时,则参与操作的位元件只有8位;如果$n=3$时,则参与操作的位元件只有12位。这时不足部分的高位均作零处理。这意味着只能处理正数(符号位为"0"表示正数)。同样,在作32位数据操作时,Kn中n在1~7之间,不足部分的高位均作零处理。

被组合的位元件的首元件编号可以任选,但为避免混乱,建议采用0结尾的元件。例如M0、M10、M20等。

4)变址寄存器

FX系列PLC内部有两个变址寄存器V与Z,都是16位数据寄存器,可像其他的数据寄存器一样进行数据的读写。变址寄存器在传送、比较等功能指令中,用来修改操作对象的元件号。例如图6-2-7所示的梯形图中,如果V=20,Z=25,则D5V与D25是指同一个数据寄存器(5+20=25),D10Z与D35是指同一个数据寄存器(10+20=35)。该功能指令执行的操作是将D25中的数据传送到D35中。

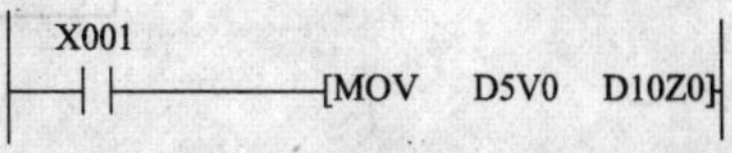

X001
[MOV D5V0 D10Z0]

图 6-2-7

可以用变址寄存器进行变址操作的元件有输入继电器X、输出继电器Y、辅助继电器M、状态继电器S、分支指令用指针P和由位元件组合而成的字元件首地址。例如KnM10Z,但应注意,n不能用变址寄存器改变其值,即不允许出现K1ZM10。

对32位指令,V、Z是自动组对使用的,V作为高16位,Z作为低16位。32位指令中用到变址寄存器中,只需指定Z,即Z就代表了V和Z的组合。

某些情况下使用变址寄存器V和Z,将使程序简化,编程灵活。

三、常有的功能指令简介

1. 算术运算指令

加法、减法指令:

指令编程与接线如图6-2-8所示,学习时把程序编入PLC演示后,再了解其含义。

2. 传送、比较指令

指令编程与接线如图6-2-9所示,学习时把程序编入PLC演示后,再了解其含义。

3. 数据变换指令

机(二进制)/人(十进制)BCD,人/机BIN:

指令含义如图6-2-10所示。

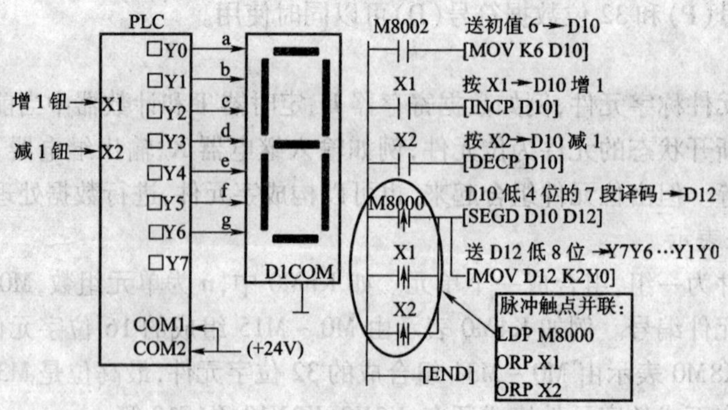

图 6-2-8

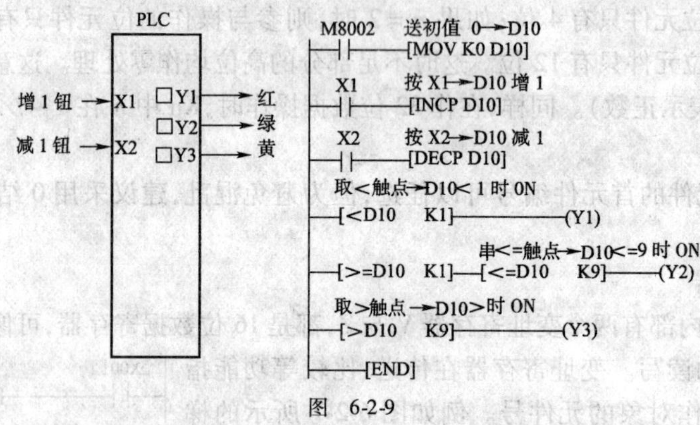

图 6-2-9

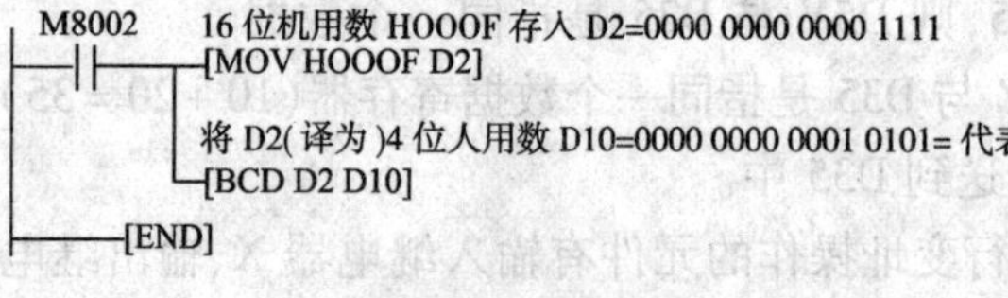

M8002　16 位机用数 HOOOF 存入 D2=0000 0000 0000 1111

[MOV HOOOF D2]

将 D2(译为)4 位人用数 D10=0000 0000 0001 0101=代表 0015

[BCD D2 D10]

[END]

图 6-2-10

指令编程与接线如图 6-2-11 所示，学习时把程序编入 PLC 演示后，再了解其含义。

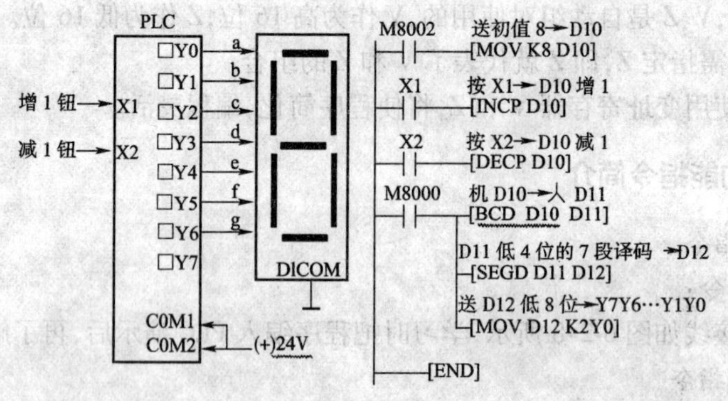

图 6-2-11

4. 循环与移位指令

循环右移 ROR，循环左移 ROL。

指令编程与接线如图 6-2-12 所示，学习时把程序编入 PLC 演示后，再了解其含义。

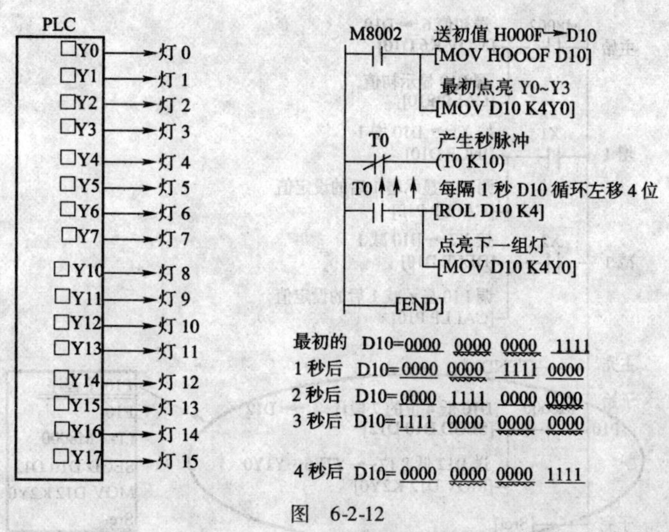

图 6-2-12

5. 与中断有关的指令

中断服务程序 I101 和 I200，如图 6-2-13 所示。

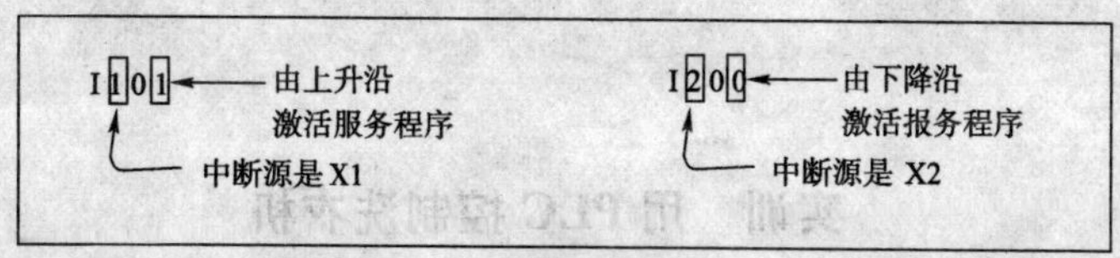

图 6-2-13

指令编程如图 6-2-14 所示，学习时把程序编入 PLC 演示后，再了解其含义。

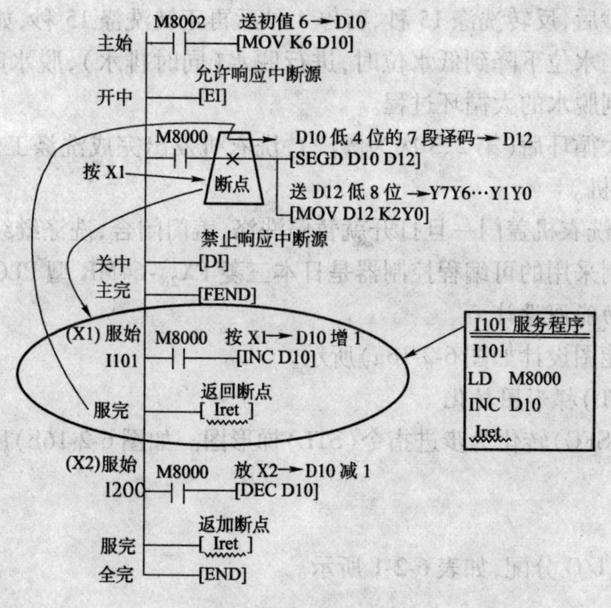

图 6-2-14

6. 子程序调用返回指令

将图 6-2-1 中的译码显示部分(改为)子程序 P10。

指令编程如图 6-2-15 所示，学习时把程序编入 PLC 演示后，再了解其含义。

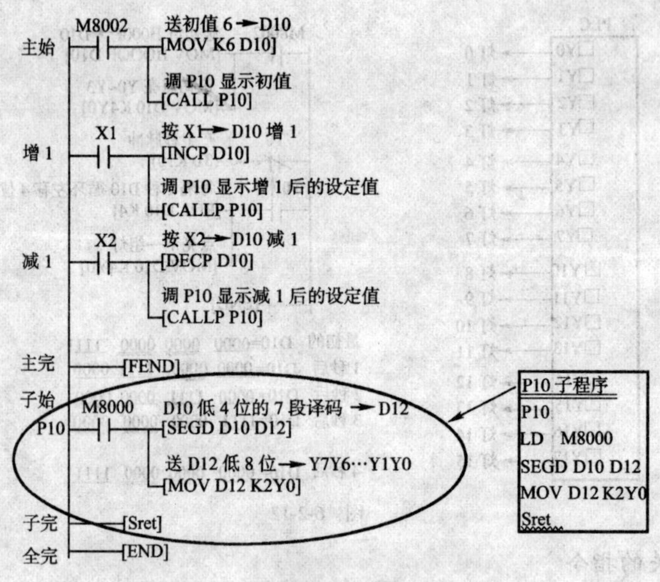

图 6-2-15

四、实训环节

实训 用 PLC 控制洗衣机

1. PLC 控制洗衣机方案设计

启动时，首先进水，到高水位（根据衣服的多少可以选择不同的水位）时，开始洗涤。正转洗涤 15 秒，暂停 4 秒后，反转洗涤 15 秒，暂停 4 秒后再正转洗涤 15 秒，如此反复 30 次。洗涤结束后，开始排水，当水位下降到低水位时，进行脱水（同时排水），脱水时间为 1.5 分钟。这样完成 1 次从进水到脱水的大循环过程。

经过 3 次上述大循环后（第 2、3 次为漂洗），洗衣机发出完成洗涤工作报警，报警 10 秒后结束全过程，自动停机。

在洗涤过程中，洗衣机盖门一旦打开就暂停洗涤，盖门闭合，洗涤继续。

智能洗衣机控制采用的可编程控制器是日本三菱 FX_{2N}-64MR 型 PLC。

2. 洗衣机顺序功能图设计

洗衣机顺序功能图设计如图 6-2-16a）所示。

3. 步进指令（STL）梯形图转化

把顺序功能图（SFC）转化为步进指令（STL）梯形图。如图 6-2-16b）所示。

4. 程序说明

1）I/O 分配

输入、输出点的 I/O 分配，如表 6-2-1 所示。

2）PLC 接线

PLC 接线如图 6-2-17 所示。

3）程序分析

在 PLC 由 STOP→RUN 状态时，用接通一个扫描周期的初始化脉冲 M8002 来将初始状态 S0 置为 ON。按下启动按钮，首先进水电磁阀 Y0 得电进水，到高水位（根据衣服的多少可以选

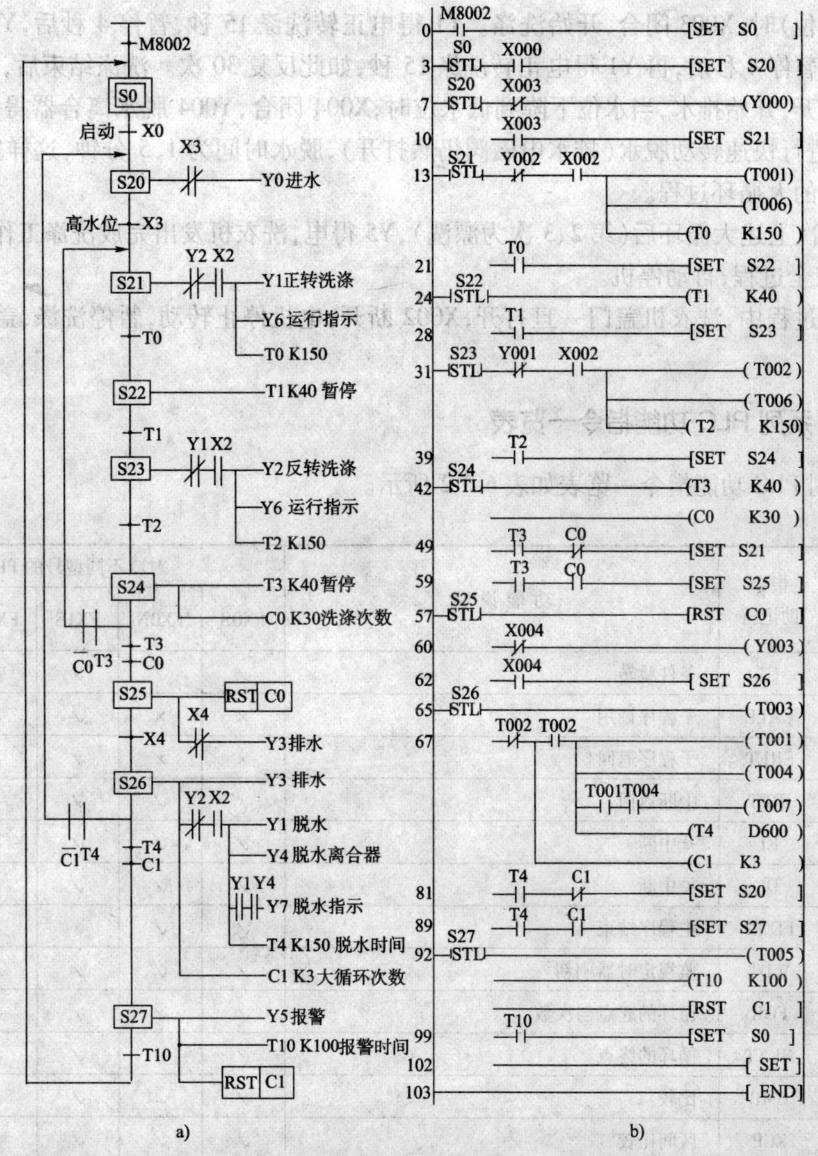

a)

b)

图 6-2-16

表 6-2-1

X000	启动按钮
X001	停止按钮（直接断电）
X002	安全开关（盖开关）
X003	高水位开关
X004	低水位开关
Y000	进水电磁阀
Y001	电机正转控制
Y002	电机反转控制
Y003	排水电磁阀
Y004	脱水离合器
Y005	报警蜂鸣器
Y006	运行指示灯
Y007	脱水指示灯

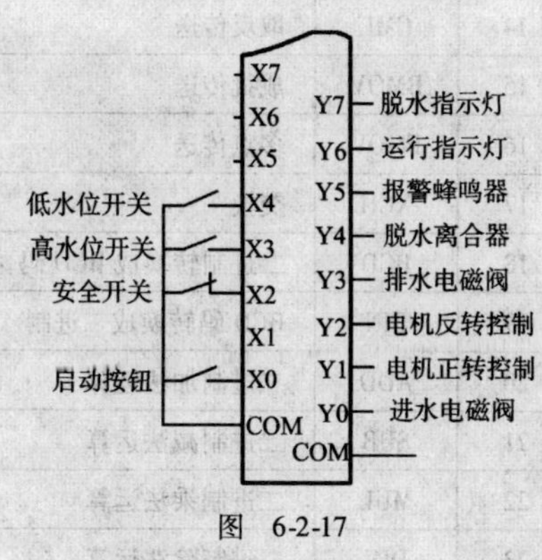

图 6-2-17

择不同的水位)时,X003 闭合,开始洗涤。Y1 得电正转洗涤 15 秒,暂停 4 秒后,Y2 得电反转洗涤 15 秒,暂停 4 秒后,再 Y1 得电正转洗涤 15 秒,如此反复 30 次。洗涤结束后,Y3 得电,排水电磁阀打开,开始排水,当水位下降到低水位时,X004 闭合,Y004 脱水离合器得电,同时 Y1 得电正转,进行快速转动脱水(排水电磁阀仍然打开),脱水时间为 1.5 分钟,这样完成 1 次从进水到脱水的大循环过程。

经过 3 次上述大循环后(第 2、3 次为漂洗),Y5 得电,洗衣机发出完成洗涤工作报警,报警 10 秒后结束全过程,自动停机。

在洗涤过程中,洗衣机盖门一旦打开,X002 断开,电机停止转动,暂停洗涤,盖门闭合,继续洗涤。

五、FX 系列 PLC 功能指令一览表

FX 系列 PLC 功能指令一览表如表 6-2-2 所示。

表 6-2-2

分类	FNC NO.	指令助记符	功 能 说 明	对应不同型号的 PLC				
				FX0S	FX0N	FX1S	FX1N	FX2N FX2NC
程序流程	00	CJ	条件跳转	✓	✓	✓	✓	✓
	01	CALL	子程序调用	×	×	✓	✓	✓
	02	SRET	子程序返回	×	×	✓	✓	✓
	03	IRET	中断返回	✓	✓	✓	✓	✓
	04	EI	开中断	✓	✓	✓	✓	✓
	05	DI	关中断	✓	✓	✓	✓	✓
	06	FEND	主程序结束	✓	✓	✓	✓	✓
	07	WDT	监视定时器刷新	✓	✓	✓	✓	✓
	08	FOR	循环的起点与次数	✓	✓	✓	✓	✓
	09	NEXT	循环的终点	✓	✓	✓	✓	✓
传送与比较	10	CMP	比较	✓	✓	✓	✓	✓
	11	ZCP	区间比较	✓	✓	✓	✓	✓
	12	MOV	传送	✓	✓	✓	✓	✓
	13	SMOV	位传送	×	×	×	×	✓
	14	CML	取反传送	×	×	×	×	✓
	15	BMOV	成批传送	×	✓	✓	✓	✓
	16	FMOV	多点传送	×	×	×	×	✓
	17	XCH	交换	×	×	×	×	✓
	18	BCD	二进制转换成 BCD 码	✓	✓	✓	✓	✓
	19	BIN	BCD 码转换成二进制	✓	✓	✓	✓	✓
算术与逻辑运算	20	ADD	二进制加法运算	✓	✓	✓	✓	✓
	21	SUB	二进制减法运算	✓	✓	✓	✓	✓
	22	MUL	二进制乘法运算	✓	✓	✓	✓	✓
	23	DIV	二进制除法运算	✓	✓	✓	✓	✓

续上表

分类	FNC NO.	指令助记符	功能说明	对应不同型号的PLC				
				FX0S	FX0N	FX1S	FX1N	FX2N FX2NC
算术与逻辑运算	24	INC	二进制加1运算	✓	✓	✓	✓	✓
	25	DEC	二进制减1运算	✓	✓	✓	✓	✓
	26	WAND	字逻辑与	✓	✓	✓	✓	✓
	27	WOR	字逻辑或	✓	✓	✓	✓	✓
	28	WXOR	字逻辑异或	✓	✓	✓	✓	✓
	29	NEG	求二进制补码	×	×	×	×	✓
循环与移位	30	ROR	循环右移	×	×	×	×	✓
	31	ROL	循环左移	×	×	×	×	✓
	32	RCR	带进位右移	×	×	×	×	✓
	33	RCL	带进位左移	×	×	×	×	✓
	34	SFTR	位右移	✓	✓	✓	✓	✓
	35	SFTL	位左移	✓	✓	✓	✓	✓
	36	WSFR	字右移	×	×	×	×	✓
	37	WSFL	字左移	×	×	×	×	✓
	38	SFWR	FIFO(先入先出)写入	×	×	✓	✓	✓
	39	SFRD	FIFO(先入先出)读出	×	×	✓	✓	✓
数据处理	40	ZRST	区间复位	✓	✓	✓	✓	✓
	41	DECO	解码	✓	✓	✓	✓	✓
	42	ENCO	编码	✓	✓	✓	✓	✓
	43	SUM	统计ON位数	×	×	×	×	✓
	44	BON	查询位某状态	×	×	×	×	✓
	45	MEAN	求平均值	×	×	×	×	✓
	46	ANS	报警器置位	×	×	×	×	✓
	47	ANR	报警器复位	×	×	×	×	✓
	48	SQR	求平方根	×	×	×	×	✓
	49	FLT	整数与浮点数转换	×	×	×	×	✓
高速处理	50	REF	输入输出刷新	✓	✓	✓	✓	✓
	51	REFF	输入滤波时间调整	×	×	×	×	✓
	52	MTR	矩阵输入	×	×	✓	✓	✓
	53	HSCS	比较置位(高速计数用)	×	✓	✓	✓	✓
	54	HSCR	比较复位(高速计数用)	×	✓	✓	✓	✓
	55	HSZ	区间比较(高速计数用)	×	×	×	×	✓
	56	SPD	脉冲密度	×	×	✓	✓	✓
	57	PLSY	指定频率脉冲输出	✓	✓	✓	✓	✓
	58	PWM	脉宽调制输出	✓	✓	✓	✓	✓
	59	PLSR	带加减速脉冲输出	×	×	✓	✓	✓

续上表

分类	FNC NO.	指令助记符	功能说明	对应不同型号的PLC				
				FX0S	FX0N	FX1S	FX1N	FX2N FX2NC
方便指令	60	IST	状态初始化	✓	✓	✓	✓	✓
	61	SER	数据查找	×	×	×	×	✓
	62	ABSD	凸轮控制(绝对式)	×	×	✓	✓	✓
	63	INCD	凸轮控制(增量式)	×	×	✓	✓	✓
	64	TTMR	示教定时器	×	×	×	×	✓
	65	STMR	特殊定时器	×	×	×	×	✓
	66	ALT	交替输出	✓	✓	✓	✓	✓
	67	RAMP	斜波信号	✓	✓	✓	✓	✓
	68	ROTC	旋转工作台控制	×	×	×	×	✓
	69	SORT	列表数据排序	×	×	×	×	✓
外部I/O设备	70	TKY	10 键输入	×	×	×	×	✓
	71	HKY	16 键输入	×	×	×	×	✓
	72	DSW	BCD 数字开关输入	×	×	✓	✓	✓
	73	SEGD	七段码译码	×	×	×	×	✓
	74	SEGL	七段码分时显示	×	×	✓	✓	✓
	75	ARWS	方向开关	×	×	×	×	✓
	76	ASC	ASCI 码转换	×	×	×	×	✓
	77	PR	ASCI 码打印输出	×	×	×	×	✓
	78	FROM	BFM 读出	×	✓	×	✓	✓
	79	TO	BFM 写入	×	✓	×	✓	✓
外围设备	80	RS	串行数据传送	×	✓	✓	✓	✓
	81	PRUN	八进制位传送(#)	×	×	✓	✓	✓
	82	ASCI	16 进制数转换成 ASCI 码	×	✓	✓	✓	✓
	83	HEX	ASCI 码转换成 16 进制数	×	✓	✓	✓	✓
	84	CCD	校验	×	✓	✓	✓	✓
	85	VRRD	电位器变量输入	×	×	✓	✓	✓
	86	VRSC	电位器变量区间	×	×	✓	✓	✓
	87	—	—					
	88	PID	PID 运算	×	×	✓	✓	✓
	89	—	—					
浮点数运算	110	ECMP	二进制浮点数比较	×	×	×	×	✓
	111	EZCP	二进制浮点数区间比较	×	×	×	×	✓
	118	EBCD	二进制浮点数→十进制浮点数	×	×	×	×	✓
	119	EBIN	十进制浮点数→二进制浮点数	×	×	×	×	✓
	120	EADD	二进制浮点数加法	×	×	×	×	✓

续上表

分类	FNC NO.	指令助记符	功能说明	对应不同型号的 PLC				
				FX0S	FX0N	FX1S	FX1N	FX2N FX2NC
浮点数运算	121	EUSB	二进制浮点数减法	×	×	×	×	✓
	122	EMUL	二进制浮点数乘法	×	×	×	×	✓
	123	EDIV	二进制浮点数除法	×	×	×	×	✓
	127	ESQR	二进制浮点数开平方	×	×	×	×	✓
	129	INT	二进制浮点数→二进制整数	×	×	×	×	✓
	130	SIN	二进制浮点数 Sin 运算	×	×	×	×	✓
	131	COS	二进制浮点数 Cos 运算	×	×	×	×	✓
	132	TAN	二进制浮点数 Tan 运算	×	×	×	×	✓
	147	SWAP	高低字节交换	×	×	×	×	✓
定位	155	ABS	ABS 当前值读取	×	×	✓	✓	×
	156	ZRN	原点回归	×	×	✓	✓	×
	157	PLSY	可变速的脉冲输出	×	×	✓	✓	×
	158	DRVI	相对位置控制	×	×	✓	✓	×
	159	DRVA	绝对位置控制	×	×	✓	✓	×
时钟运算	160	TCMP	时钟数据比较	×	×	✓	✓	✓
	161	TZCP	时钟数据区间比较	×	×	✓	✓	✓
	162	TADD	时钟数据加法	×	×	✓	✓	✓
	163	TSUB	时钟数据减法	×	×	✓	✓	✓
	166	TRD	时钟数据读出	×	×	✓	✓	✓
	167	TWR	时钟数据写入	×	×	✓	✓	✓
	169	HOUR	计时仪	×	×	✓	✓	✓
外围设备	170	GRY	二进制数→格雷码	×	×	×	×	✓
	171	GBIN	格雷码→二进制数	×	×	×	×	✓
	176	RD3A	模拟量模块(FX0N－3A)读出	×	✓	×	✓	×
	177	WR3A	模拟量模块(FX0N－3A)写入	×	✓	×	✓	×
触点比较	224	LD =	(S1) = (S2)时起始触点接通	×	×	✓	✓	✓
	225	LD >	(S1) > (S2)时起始触点接通	×	×	✓	✓	✓
	226	LD <	(S1) < (S2)时起始触点接通	×	×	✓	✓	✓
	228	LD < >	(S1) < > (S2)时起始触点接通	×	×	✓	✓	✓
	229	LD≤	(S1)≤(S2)时起始触点接通	×	×	✓	✓	✓
	230	LD≥	(S1)≥(S2)时起始触点接通	×	×	✓	✓	✓
	232	AND =	(S1) = (S2)时串联触点接通	×	×	✓	✓	✓
	233	AND >	(S1) > (S2)时串联触点接通	×	×	✓	✓	✓
	234	AND <	(S1) < (S2)时串联触点接通	×	×	✓	✓	✓
	236	AND < >	(S1) < > (S2)时串联触点接通	×	×	✓	✓	✓

续上表

分类	FNC NO.	指令助记符	功能说明	对应不同型号的PLC				
				FX0S	FX0N	FX1S	FX1N	FX2N FX2NC
触点比较	237	AND≤	(S1)≤(S2)时串联触点接通	×	×	✓	✓	✓
	238	AND≥	(S1)≥(S2)时串联触点接通	×	×	✓	✓	✓
	240	OR =	(S1)=(S2)时并联触点接通	×	×	✓	✓	✓
	241	OR >	(S1)>(S2)时并联触点接通	×	×	✓	✓	✓
	242	OR <	(S1)<(S2)时并联触点接通	×	×	✓	✓	✓
	244	OR < >	(S1)<>(S2)时并联触点接通	×	×	✓	✓	✓
	245	OR≤	(S1)≤(S2)时并联触点接通	×	×	✓	✓	✓
	246	OR≥	(S1)≥(S2)时并联触点接通	×	×	✓	✓	✓

附录一　MAN-V-40/54A主机气动遥控系统图

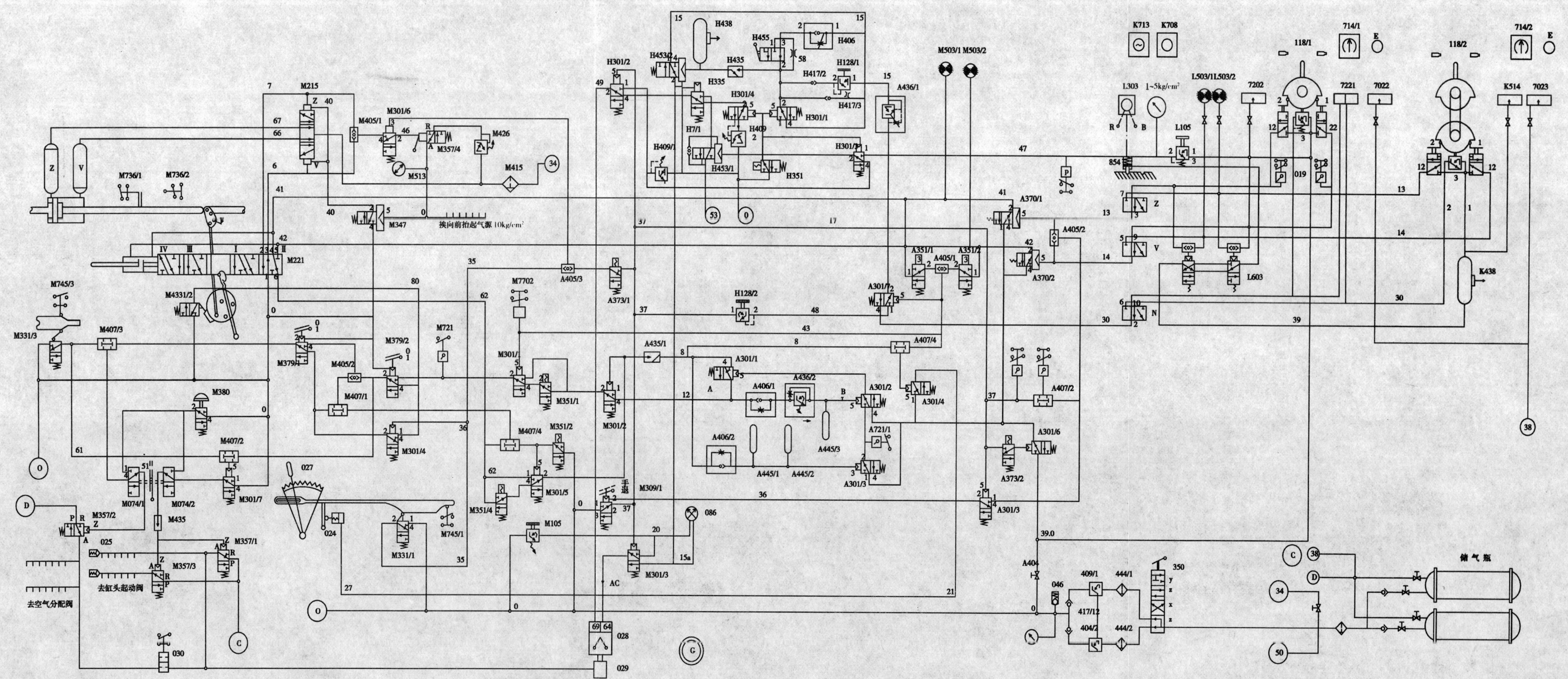

附录二　轮机模拟器中英文对照表

船舶电站配电屏

NO. 1 GROUP START PANEL	**第一组　启动面板**
SOURCE	电源
STAND BY	备车
START/STOP	启动/停车
MANU/AUTO	手动/自动
NO. 1 M/E CAM. L. O. BOOSTER PUMP	1 号主机凸轮滑油驳运泵
NO. 1 M/E FUEL CIRCU. PUMP	1 号主机燃油循环泵
NO. 1 M/E JACKET COOLING F. W. PUMP	1 号主机缸套淡水冷却泵
NO. 1 G/E F. O. CIRC. PUMP	1 号发电机燃油循环泵
NO. 1 COOLING S. W. PUMP	1 号海水冷却泵
FIRE &BILGE&G. S. PUMP	消防 & 压载 & 通用泵
M/E CYLINDER OIL PUMP	主机气缸油泵
NO. 1 M/E FUEL OIL SUPPLY PUMP	1 号主机燃油供给泵
HARBOUR COOLING S. W. PUMP	港口海水冷却泵
NO. 1 G/E SUPPLY OIL PUMP	1 号发电机供油泵
NO. 1 CENTER COOLING F. W. PUMP	1 号中央冷却器淡水泵
NO. 1 MAIN L. O. PUMP	1 号主滑油泵
AC 440V FEEDER PANEL (1)	**交流 440V 馈电面板(1)**
HEAVY LOAD ALLOW	允许重载
HEAVY LOAD REQUEST	重载询问
HEAVY LOAD REQUEST SELECT	重载询问选择
BOW THRUSTER	侧推器
ACB OPEN	空气短路器开启
ANCHOR WINCH	锚机
NO. 1 STEERING GEAR	NO. 1 舵机
NO. 1 MAIN AIR COMPRESSOR	NO. 1 主空压机
NO. 2 MAIN AIR COMPRESSOR	NO. 2 主空压机
DECK CRANE	起货机
BOW THRUSTER	侧推器
REFRIGERATING CONTAINER	制冷容器
ANCHOR MOORING WINCH	锚系缆绞缆机
AC 440V FEEDER PANEL (2)	**交流 440V 馈电面板(2)**
NO. 1 M/E AUX. BLOWER	1 号主机辅助鼓风机
NO. 2 M/E AUX. BLOWER	2 号主机辅助鼓风机
NO. 3 M/E AUX. BLOWER	3 号主机辅助鼓风机
AUX. BOIL SYSTEM	辅锅炉系统
NO. 1 H. F. O. &M. D. O. PURIFIER SYS	1 号重燃料油 & 轻油分离系统

NO. 1&NO. 2 L. O. PURIFIER SYSTEM	1 号 &2 号滑油分离系统
INCINERATOR SYSTEM	焚烧炉系统
NO. 2 H. F. O. PURIFER SYS	2 号重油分离系统
H. F. O. TRANSFER PUMP&M. D. O. TRANSFER PUMP	重油驳运泵 & 轻油驳运泵
L. O. TRANSFER PUMP	滑油驳运泵
OIL BILGE WATER&DAILY BILGE WATER SEPARATOR	舱底油污水 & 生活污水分离器
AIR CONDITION SYSTEM	空调系统
NO. 1 GENERATOR PANEL	**1 号发电机控制面板**
ACB CLOSE	机组合闸
ACB OPEN	机组分闸
GEN READY TO START	发电机准备启动
1st STANDBY	1st 备车
2nd STANDBY	2nd 备车
ACB FAIL TRIP(AIR CIRCUIT BREAK FAIL TRIP)	空气开关故障跳闸
REVE POWER TRIP	逆功率跳闸
PREF TRIP(PREFERENCE TRIP)	优先跳闸
GEN WINDING HIGH TEMP	发电机排温高
ACB NON CLOSE	空气开关未合闸
START	启动
TIMER	计时器
STOP	停车
GENERATOR PANEL	发电机控制面板
VOLT/FREQ MEASURE	电压/频率表
PRE EXCITATION	预励磁
CONTROL MODE	控制状态
MANU/AUTO	手动/自动
ACB TROUBLE RESET	ACB 故障复位
CURRENT MEASURE	电流表
SPACE HEATING	空间加热
SPACE PREHEAT	空间预热
SYNCHRONOUS PANEL	**同步控制面板**
BUS VOLTAGE METER	汇流排电压计
SYNCHRO LAMP	同步指示灯
BUS FREQ METER	汇流排频率计
NO. 1 GEN. POWER METER	1 号机组功率计
NO. 2 GEN. POWER METER	2 号机组功率计
NO. 3 GEN. POWER METER	3 号机组功率计
NO. 4 GEN. POWER METER	4 号机组功率计
DC24V CONTROL SOURCE	直流 24V 控制电源
CONTROL SOURCE FAIL	控制电源失效
SHORE POWER ON	岸电接入
LIGHT LAOD	轻载
HEAVY LOAD	重载

VOLT LOW	电压低
FREQ LOW	频率低
BUS SHORT CIR. TRIP	汇流排短路断路
EMER GEN VOL TEST	应急机组电压测试
ESB BUS BLACKOUT	应急配电板失电
SYN MEASURE	同步表
ACB CLOSE	机组合闸
ACB OPEN	机组分闸
NO. 1 GEN GOVERNOR	1 号发电机调速器
LOW/OFF/RAISE	降低/关/升高
SHORT CIR. TROUBLE RESET	断路故障失效复位
FLICKER STOP	停止闪烁
BUZZER STOP	停止蜂鸣
LAMP TEST	试灯
STAND BY GEN SELECTION	发电机备车选择
D/G CONTROL SELECTION	柴油发电机控制部位选择
LOCAL CONTROL/ECR PMCS (ENGINE CONTROL ROOM POWER MANAGEMENT CONTROL SYSTEM)	机旁控制/集控室电源操作控制系统
SHAFT GENERATOR PANEL	**轴带发电机控制面板**
S/G SYSTEM VOLT	轴带发电机系统电压
S/G SYSTEM FREQUENTCY	轴带发电机系统频率
S/G SYSTEM CURRENT	轴带发电机系统电流
ACB CLOSE	机组合闸
ACB OPEN	机组分闸
S/G SYS VOLT ABNORMAL	轴带发电机系统电压不正常
S/G SYS FREQ ABNORMAL	轴带发电机系统频率不正常
S/G VOLT ABNORMAL	轴带发电机电压不正常
RUN	运行
READY TO START	准备启动
START IN PROCESS	正在启动
TIMER	计时器
LIGHT FAULT	轻载故障
HEAVY FAULT	重载故障
M/E SLOW WAITING	主机慢转等待
CONTROL POWER	控制电源
LOCAL	机旁
REMOTE	遥控
START	启动
ACB TROUBLE RESET	机组合闸故障复位
STOP	停车
ACB MODE SELECT	机组合闸状态选择
MANU/OFF/AUTO	手动/关/自动
S/G SYSTEM VOLT	轴带发电机系统电压

S/G CONTROL&COND POWER	轴带发电机控制电源 & 补偿器电源
S/G SYSTEM CURRENT	轴带发电机系统电流
SPACE HEATING	加热
SPACE PREHEAT	预热
AC 220V FEEDER PANEL	**交流 220V 馈电板**
LIGHT FOR E/R	机舱照明
LIGHTING FOR CAP. &BOAT&MAIN DECK	驾驶台甲板照明(船长层甲板照明)& 艇甲板照明 & 主甲板照明
LIGHTING FOR OUTSIDE	外部照明
LIGHTING FOR CARGO HOLD	起货照明
NAVIGATION&SIGNAL LIGHT	航行 & 信号灯
SUEZ CANAL SEARCHLIGHT	SUEZ 运河探照灯
LIGHTING FOR FRT. DECK	前甲板照明
LIGHTING FOR AFT. DECK	后甲板照明
ELCECTRIC TEST BOARD	电力试验面板
BATTERY CHARGING UNIT	蓄电池充电单元
MAIN TRANSFORMER	主变压器
SHORE POWER SUPPLY	岸电供给
Battery PANEL	**蓄电池充放电板**
VOLTAGE MEASURE	电压测量
CURRENT MEASURE	电流测量
AIR – BREAK SWITCH	电源开关
NAV. /INNER COMM. DC 24V DIS. BOX	航行/船内通信 24V 分电单元
MAIN ENGINE REMOTE CONTROL SYSTEM	主机遥控
LOUD – SPEAKER	扩音机
FIRE ALARM	火警
E/R MONITOR RACKS	机舱监控台
ESB ALARM POWER SUPPLY	主配电板报警电源
ENGINEER CALL UNIT	轮机员呼叫装置
GENERAL ALARM	通用报警
NO. 2 GROUP START PANEL	**第 2 组　启动控制面板**
SOURCE	电源
STAND BY	备车
START/STOP	启动/停车
MANU/AUTO	手动/自动
M/E JACKET F. W. PREHEATING PUMP	主机缸套淡水预热泵
NO. 2 M/E FUEL OIL SUPPLY PUMP	2 号主机燃油供给泵
HARBOUR CENTER COOLING F. W. PUMP	港口中央冷却器淡水泵
NO. 2 G/E F. O. SUPPLY PUMP	2 号发电机燃油供给泵
NO. 2 CENTER COOLING F. W. PUMP	2 号中央冷却器淡水泵
NO. 2 MAIN L. O. PUMP	2 号主滑油泵
NO. 2 M/E CAM L. O. BOOSTER PUMP	2 号主机凸轮滑油增压泵
NO. 2 M/E FUEL CIRCU. PUMP	2 号主机燃油循环泵

NO. 2 M/E JACKET COOLING F. W. PUMP	2 号主机缸套冷却器淡水泵
NO. 2 G/E F. O. CIRC. PUMP	2 号发电机燃油循环泵
NO. 2 COOLING S. W. PUMP	2 号冷却器海水泵
FIRE &BILGE&BALLAST PUMP	消防 & 舱底 & 压载泵
EMERG. GEN. PANEL	**应急发电机控制面板**
TIMER	计时器
INS MEASURE	绝缘检测
VOLT MEASURE	电压表
CURRENT MEASURE	电流表
INS LOW	绝缘性能低
EMER. GEN TEST	应急电机测试
ACB CLOSE	机组合闸
ACB OPEN	机组分闸
PRE EXCITATION	预励磁
START/STOP	启动/停车
MODE SELECTION	状态选择
AUTO/TEST/MANU	自动/测试/手动
MAIN SWITCHBOARD FEED INDICATOR	主配电板馈电指示
AUX. AIR COMPRESSOR	辅助空气压缩机
EMERG. FIRE PUMP	应急消防泵
LIFE BOAT	救生艇
NO. 2 STEERING GEAR	2 号舵机
EMERG. TRANSFORMER	应急变压器
NAVIGATION EQUIPMENT	航行设备
RADIO EQUIPMENT	无线电设备
MAIN SWITCHBOARD FEED	主配电板

控制箱

BOILER SYSTEM	**锅炉系统**
STEAM PRESSURE	蒸气压力
FUEL OIL FLOW	燃油流量
COMBUSTION AIR FLOW	燃烧空气流量
O2 CONTENT IN EXHAUST GAS	废气中氧气含量
NO. 1 FEED WATER PUMP RUNNING	NO. 1 伺服水泵运行
NO. 1 FEED WATER PUMP TROUBLE	NO. 1 伺服水泵故障
NO. 1 FEED WATER PUMP START/OFF/STAND BY	NO. 1 伺服水泵起/停/备车
NO. 1 FUEL OIL PUMP RUNNING	NO. 1 燃油泵运行
NO. 1 FUEL OIL PUMP TROUBLE	NO. 1 燃油泵故障
NO. 1 FUEL OIL PUMP START/OFF/STAND BY	NO. 1 燃油泵起/停/备车
NO. 2 FEED WATER PUMP RUNNING	NO. 2 伺服水泵运行
NO. 2 FEED WATER PUMP TROUBLE	NO. 2 伺服水泵故障
NO. 2 FEED WATER PUMP START/OFF/STAND BY	NO. 2 伺服水泵起/停/备车
NO. 2 FUEL OIL PUMP RUNNING	NO. 2 燃油泵运行

NO. 2 FUEL OIL PUMP TROUBLE	NO. 2 燃油泵故障
NO. 2 FUEL OIL PUMP START/OFF/STAND BY	NO. 2 燃油泵起/停/备车
PARAMETER CONTROLLERS	参数控制器
WATER LEVEL	水位
FUEL OIL PRESSURE	燃油压力
FUEL OIL TEMPERATURE	燃油温度
ATOMIZING STEAM PRESSURE	雾化蒸气压力
MASTER STEAM PRESSURE	主蒸气压力
AIR/OIL COMBUSTION	空气/燃油燃烧比
PARAMETER MEASURE	参数测量
PARAMETER SETTING	参数设定
FEED WATER VALVE POSITION	供给水阀位置
INCREASE/DECREASE/ENTER/OFF/SETUP	增加/减少/确定/关/设定
SOURCE	通电
IGNITION	燃烧
SIREN	警报器
WATER LEVEL HIGH	水位高
WATER LEVEL LOW	水位低
STEAM PRESSURE LOW	蒸气压力低
STEAM PRESSURE HIGH	蒸气压力高
COMBUSTION AIR FAN	助燃空气送风机
FUEL OIL VALVE	燃油阀
ATOMIZING STEAM VALVE	雾化蒸汽阀
DRAIN STEAM VALVE	排气阀
STEAM PURGE VALVE	蒸汽放气阀
OIL TEMPERATURE HIGH	油温高
OIL TEMPERATURE LOW	油温低
HIGH SALINITY IN FEED WATER	供给水盐度高
FAN FAILURE	风机故障
BURNER ON/OFF	燃烧器开/关
HEAVEY OIL/DIESEL OIL	重油/柴油
FIRE BUTTON	点火按钮
BURNER NOZZLE	燃烧器喷嘴
EMER. STOP	应急停炉
HIGH FOG DENSITY	高雾气密度
LOW OIL PRESSURE	低油压
LOW COMBUSTION AIR PRESSURE	低燃烧空气压力
BLOW OUT	熄火
EXH. GAS BOILER/AUX. BOILER/PARALLEL OPERATION	辅锅炉/废气锅炉/并联操作
AUTO/MANU	自动/手动
RESET	复位
HORN STOP	消声
LAMP TEST	指示灯试验

FLAME FAILURE	点火失败
LOW ATOMIZING STEAM PRESSURE	雾化蒸气压力低
EXHAUST GAS TEMP. HIGH	废气温度高
FIRE IN THE WINDBOX	风箱着火
DOMESTIC SEWAGE TREATMENT	**生活污水处理系统**
SCRAPER	刮削器
AIR	空气
CLEAN WATER DISCHARGE TANK	清水排出箱
CHLORIC JET PUMP	氯气喷射泵
FLOCCULANTJET PUMP	凝聚剂喷射泵
PRES TANK	压力柜
CIRCULATING PUMP	循环泵
EXPANSION TANK	膨胀水箱
SEWAGE WATER INLET	生活污水入口
EXHAUST HOLE	排气口
GRINDING PUMP	粉碎泵
PRETREAMENT TANK	预处理箱
CLEAN WATER PUMP	清水泵
DRAIN WATER PUMP	排水泵
DISCHARGED WATER PUMP	出水口
PRESS TANK PRESSURE	压力柜压力
DRAIN WATER PUMP START	排出泵启动
CHLORIC JET PUMP START	氯气喷射泵启动
FLOCCULANT JET PUMP START	凝聚剂喷射泵启动
CIRCULATING PUMP START	循环泵启动
GRINDING PUMP START	粉碎泵启动
CLEAN WATER PUMP START	清水泵启动
SCRAPER START	刮淤泥器启动
PRETREAMENT TANK LEVEAL ALARM	预处理柜液位警报
DRAIN WATER PUMP STOP	排出泵停止
CHLORIC JET PUMP STOP	氯气喷射泵停止
FLOCCULANT JET PUMP STOP	凝聚剂喷射泵停止
CIRCULATING PUMP STOP	循环泵停止
GRINDING PUMP STOP	粉碎泵停止
CLEAN WATER PUMP STOP	清水泵停止
SCRAPER STOP	刮淤泥器停止
LAMP TEST	指示灯试验
OIL WATER SEPARATER	油水分离器
OIL CONTENT INDICATOR	油浓度监控报警器
VACUUM PRESS METER	真空压力计
TEMPERATURE CONIROL METER	温度控制表
TO BILGE WATER TANK	到舱底柜
SOURCE	电源指示灯

COMPLETE PUMP START/STOP 配套泵启动/停止
DISCHARGED OIL MODE CONTROL MANU/AUTO 排油控制模式 手动/自动
OIL CONTENT INDICATOR TEST 油分浓度监控器测试
LAMP TEST 指示灯试验
OIL LEVEL MONITOR 油位监视器
ELECTRIC – HEATER 电加热器
COMPRESSED AIR 压缩空气
SAFETY VALVE 安全阀
FROM BILGE WATER TANK 来自检测口
DISCHARGED WATER OUTLET 排水口
OIL OUTLET 出油口
SAMPLE COCK 取样阀
BILGE WATER TANK 舱底柜
SLUDGE TANK 渣油柜
INLET FILTER 内置滤器
TO OIL CONTENT INDICATOR 到油分浓度监控器
CLEAN WATER 清水
BILGE WATER TANK 舱底柜

AIR SUPPLY SYSTEM 压缩空气系统

NO. 1 AIR COMPRRESSOR CURRENT NO. 1 空压机电流
NO. 2 AIR COMPRRESSOR CURRENT NO. 2 空压机电流
RUNNING/STRAT 运行/启动
STOP 停止
DELOAD 卸载
GROUP ALARM UNIT 组合报警单元
SOURCE 电源
RUNNING 运行
AIR TEMP. HIGH 空气温度高
COOLING WATER TEMPERATURE HIGH 冷却水温度高
OIL LOW PRESS 油压低
OVERLOAD 过载
LOCAL/REMOTE 机旁/遥控
AUTO/STOP/MANU 自动/停/手动

LUBE. OIL SEPARATOR 滑油分油机

HEATER 加热器
START/STOP 启动/停止
SLUDGE DISCHARGE 排渣
SLUDGE DISCHARGE FAULT 排渣故障
RESET 复位
START/STOP HEATER 起/停加热器
START/STOP SEPERATOR 起/停分油机
SLUDGE DISCHARGE 排渣
TT1 LOW OIL TEMPERATURE TT1 低油温

TT2 HIGH OIL TEMPERATURE	TT2 高油温
XS1 VIBRATION/EMERGENCY STOP	XS1 震动/应急 停止
PS41 HIGH OIL PRESSURE	PS41 高油压
PS41 LOW OIL PRESSURE	PS41 低油压
MT4 WATER TRANSDUCER	MT4 水分传感器
MV1 OIL TO SEPERATOR	MV1 进油口
MV10 CONDITIONING WATER	MV10 置换水
MV10A DISPLACEMENT	MV10A 置换
MV15 BOWL OPENING WATER	MV15 补偿水
MV16 BOWL CLOSING WATER	MV16 操作水
SEPERATOR MOTOR CURRENT	分油机马达电流
SEPERATOR MOTOR RUNNING	分油机马达运行中
FEED OIL PUMP RUNNING	滑油供应泵运行中
MOTOR ON/OFF	马达开/关
FEED OIL PUMP ON/OFF	滑油供应泵开/关
RESET	复位
MAIN SWITCH	主开关
LAMP TEST	指示灯试验
H. F. O/M. D. O SEPARATOR	**燃油分油机**
HEATER	加热器
START/STOP	启动/停止
SLUDGE DISCHARGE	排渣
SLUDGE DISCHARGE FAULT	排渣故障
RESET	复位
START/STOP HEATER	起/停加热器
START/STOP SEPERATOR	起/停分油机
SLUDGE DISCHARGE	排渣
TT1 LOW OIL TEMPERATURE	TT1 低油温
TT2 HIGH OIL TEMPERATURE	TT2 高油温
XS1 VIBRATION/EMERGENCY STOP	XS1 震动/应急 停止
PS41 HIGH OIL PRESSURE	PS41 高油压
PS41 LOW OIL PRESSURE	PS41 低油压
MT4 WATER TRANSDUCER	MT4 水分传感器
MV1 OIL TO SEPERATOR	MV1 进油口
MV10 CONDITIONING WATER	MV10 置换水
MV10A DISPLACEMENT	MV10A 置换
MV15 BOWL OPENING WATER	MV15 补偿水
MV16 BOWL CLOSING WATER	MV16 操作水
SEPERATOR MOTOR CURRENT	分油机马达电流
SEPERATOR MOTOR RUNNING	分油机马达运行中
FEED OIL PUMP RUNNING	燃油供应泵运行中
MOTOR ON/OFF	马达开/关
FEED OIL PUMP ON/OFF	燃油供应泵开/关

RESET 复位
MAIN SWITCH 主开关
LAMP TEST 指示灯试验

START/STOP SYSTEM FOR NO.1 AUX. ENGINE NO.1 柴油发电机系统起/停控制箱

READY FOR START 准备启动
ENGINE RUNNING 运行中
COOLING WATER TEMP. HIGH 冷却水温度高
LUBE. OIL PRESS. LOW 滑油压力低
CHARGE AIR TEMP. HIGH 排气温度高
OVERSPEED 超速
OIL MIST HIGH 油雾温度高
STOP 停车
START 启动
LOCAL/REMOTE 机旁/遥控
EMERGENCY STOP 应急停车
RESET 复位
LAMP TEST 指示灯试验
PRELUBE. PUMP STARTER 预供油泵启动器
POWER ON 电源接通
PUMP RUNNING 泵运行中
PUMP TRIPPED 泵过载
MAIN SWITCH 主开关
OFF/ ON /AUTO 关/开/自动
RESET 复位

INCINERATOR 焚烧炉

FAN 送风机
DIESEL TANK 燃油柜
DIESEL PUMP 燃油泵
DISTRIBUTION PUMP 分流泵
CIRCULATING PUMP 循环泵
DISPERSE PUMP 粉碎泵
SLUDGE TANK 污油柜
SOURCE 加料
FAN START 风机启动
DISPERSE PUMP START 粉碎泵启动
CIRCULATING PUMP START 循环泵启动
DISTRIBUTION PUMP START 分流泵启动
DIESEL PUMP START 燃油泵启动
FIRE 燃烧
IGNITION 点火
FAN STOP 风机停止
DISPERSE PUMP STOP 粉碎泵停止
CIRCULATING PUMP STOP 循环泵停止

DISTRIBUTION PUMP STOP	分流泵停止
DIESEL PUMP STOP	燃油泵停止
LAMP TEST	指示灯试验
BRIDGE	**驾控台**
NO. 1 BILGE FIRE&G/S PUMP	NO. 1 舱底消防 & 通用海水泵
EM'cy FIRE PUMP	应急消防泵
EM'cy STOP	应急停止(停油,停风)
SPEED LOG	速度记录
START AIR PRESSURE	启动空气压力
RUDDER ANGLE INDICATOR	舵角指示器
M/E RPM	主机转速
EMERGENCY TELEGRAPH	应急电报机
CONTROL SYSTEM FAILURE	控制系统失效
LAOD SYSTEM FAILURE	负载控制失效
LOW HYDRAULIC OIL PRESSURE	低液压油油压
LOW HYDRAULIC OIL LEVEL	低液压油油位
HIGH OIL TEMPERATURE	高油温
HIGH DRIVE MOTOR TEMPERATURE	主驱动马达高温
HIGH DRIVE MOTOR TEMP TRIPPED	驱动马达高温保护停机
DRIVE MOTOR OVERLOAD	主驱动马达过载
HIGH STEP - UP TRANSFORMER TEMP	渐变变压器高温
HIGH AUTO TRANSFORMER TEMP	自动变压器高温
RESET/TEST/POWER/ALARM	复位/测试/通电/报警器
BOW THRUSTER UNIT	侧推器单元
PORT/STARB.	左舵/右舵
IN COMM.	等待指令
HYDR. RUN	液压运行
IN SERV.	运行
OVERLOAD	过载
LAMP TEST	指示灯试验
HYDR. START	液压启动
EMER. STOP	应急停止
START REQU.	启动询问
EMER. STOP	应急停车
ENGINE TELEGRAPH UNIT	主机联络单元
SUBTELEGRAPH MODE	车令模式
FEW/STAND BY/AT SEA	完车/备车/在海上
CONTROL LOCATION	控制权限
EMERGENCY/CONTROL ROOM/BRIDGE	应急/控制室/驾驶台
TELEGRAPH STATUS	电报机状态
NEW COMMAND/WRONG WAY/RCS NOT READY	新指令/错误/控制系统未准备好
SYSTEM	系统
LAMP TEST/SOUND OFF/INTERNAL FAILURE	指示灯试验/消声/内部故障

FAILURE HYDR. PUMP NO. 1	NO. 1 液压泵失效
FAILURE FEEDER EMER. CONTROL NO. 1	NO. 1 液压泵应急伺服器失效
OVERLOAD HYDR. PUMP NO. 1	NO. 1 液压泵过载
LOW OIL LEVEL	低油位
FAILURE HYDR. PUMP NO. 2	NO. 2 液压泵失效
FAILURE FEEDER EMER. CONTROL NO. 2	NO. 2 液压泵应急伺服器失效
OVERLOAD HYDR. PUMP NO. 2	NO. 2 液压泵过载
PHASE FAILURE NO. 1	NO. 1 液压泵相位错误
HYDRAULIC LOCKING NO. 1	NO. 1 液压泵液压锁定
OIL FILTER CLOGGED NO. 1	NO. 1 液压油滤器阻塞
GREASING PUMP FAILURE	注脂泵失效
PHASE FAILURE NO. 2	NO. 2 液压泵相位错误
HYDRAULIC LOCKING NO. 2	NO. 2 液压泵液压锁定
OIL FILTER CLOGGED NO. 2	NO. 2 液压油滤器阻塞
HYDR. PUMP ON NO. 1	NO. 1 液压泵开
LOW SERVO OIL PRESSURE NO. 1	NO. 1 液压泵工作油油压低
HIGH OIL TEMPERATURE	高油温
HYDR. PUMP ON NO. 2	NO. 2 液压泵开
LOW SERVO OIL PRESSURE NO. 2	NO. 2 液压泵工作油油压低
ALARM ACCEPTANCE	回复警报
FAILURE SAFEMATIC	
RUDDER TORQUE REDUCED	舵叶扭矩降低
LAMP TEST	指示灯试验
NO. 1 STEERING PUMP	NO. 1 操纵泵 开/关
STEERING PUMP SYSTEM PANEL	操纵泵系统控制板
START AIR PR.	启动空气压力
COMMAND RPM	指令转速
ENGINE RPM	主机转速
AHEAD/ASTERN	正车/倒车
DOWN/UP/TEST	低/高/测试
DOWN/UP	低/高
LOWER/RAISE/ENTER	降低/增加/确定
ALARM	报警器
SAFETY FUNCTIONS/OTHER ALARMS	安全功能/其他警报
SHD NONE CANCEL	故障停机未取消
M/E L. O. PRESS. LOW	主机滑油压力低
START FAILURE	启动失败
CONTROL ROOM PANEL FAILURE	集控室控制板失效
SHD CANCEL ABLE	故障停机可取消
SLD CANCEL ABLE	故障减速可取消
START BLOCK	启动受阻
SAFETY SYSTEM FAILURE	安全系统失败
SHD ACTIVE	故障停车激活

SLD ACTIVE	故障减速激活
ENGINE NOT READY	主机未准备好
TELEGRAPH FAILURE	车钟失灵
OVERSEED	超速
EMER. STOP	应急停止
SYSTEM FAILURE	系统失效
GOVERNOR FAILURE	控制器失效
INDICATION	指示盘
SETPOINT LIMITER/STATE	设定限制/状态
MANUAL RPM LIMIT	手动转速限制
ROUGH SEA LIMIT	恶劣气候航行限制
STARTING	启动中
SLOW TURNING	慢转启动
LAOD UP	重载
LOAD DOWN	轻载
REPEAT START	重复启动
START TOO LONG	启动时间太长
ACCELERACTION LIMIT	加速限制
START SETPOINT LIMIT	发火转速限制
CRASH ASTERN	紧急倒车
START AIR PRESSURE LOW	启动空气压力低
CRITICAL RPM LIMIT	严格转速限制
LOAD PROGRAM	加载
STOPPING	停车
HANDLE MATCH	手柄操作
CANCEL FUNCITIONS	取消功能
CANCEL SHD	取消故障停车
CANCEL SLD	取消故障减速
CANCEL LIMITATION	取消限制
CANCEL LAOD PROGRAM	取消程序负荷
CANCEL SLOW TURNING	取消慢转
OTHER FUNCTIONS	其他功能
EL. SHAFT WARNING RESET	轴带机故障
ROUGH SEA	恶劣天气航行
LAMP TEST	指示灯试验
COMMIS LOCK	通信故障
RESET/SOUND OFF/ALARM ACKN.	复位/消声/应答警报
STATUS/WARNING	状态/警告
SYST. OP.	系统操作码
I/O SIM.	输入/输出模拟
RECEIVE/TRANSMIT	接收/发送
POW. FAIL	电源故障
COMMUN.	通信故障

MEMORY 内存故障
IN./OUT. 输入/输出故障
FAIL SAFE 安保系统故障
COMMAND POSITION 指令位置
PORT BRIDGE WING 左侧桥楼
ENGINE ROOM 机舱
BRIDGE 驾驶台
STARB. BRIDGE WING 右侧桥楼
SIMULATOR REMOTE CONTROL SYSTEM 远程控制系统
BRIDGE UNIT 驾驶台单元

集控台

M. E. FUEL INDEX 主机燃油指数
M. E. TURBO CHARGER 1RPM 主机涡轮增压器 1RPM
M. E. TURBO CHARGER 2RPM 主机涡轮增压器 2RPM
M. E. TURBO CHARGER 3RPM 主机涡轮增压器 3RPM
BASIC ALRAM PANEL 常用警报面板
BRIDGE CONTROL 驾驶室控制
E. C. R. CONTROL 集控室控制
EMERG CONTROL 机旁控制/集控室操作
FUEL CAM AHEAD 燃油凸轮正车位
TURNING GEAR DISENGAGED 盘车机脱开
MAIN START VALVE IN SERVICE 主启动阀开启
GOVERNOR ENGAGED 调速器开启
FUEL CAM ASTERN 燃油凸轮倒车位
TURNING GEAR ENGAGED 盘车机合上
MAIN START VALVE BLOCKED 主启动阀关闭
START AIR DISTRIB. BLOCKED 空气分配器关闭
LIMITERSIN GOVERNOR CANCELLED 取消加速限制
AUX. BLOWER1 RUN 辅助鼓风机 1 工作
AUX. BLOWER2 RUN 辅助鼓风机 2 工作
AUX. BLOWER3 RUN 辅助鼓风机 3 工作
SLOW TURNING 慢转
AUX. BLOWER1 STOP 辅助鼓风机 1 停车
AUX. BLOWER2 STOP 辅助鼓风机 2 停车
AUX. BLOWER3 STOP 辅助鼓风机 3 停车
LAMP TEST 指示灯试验
AUX. BLOWER 辅助鼓风机
AUTO/STOP/MANU 自动/停车/手动
INDICATING PANEL 显示面板
MAIN ENGINE TORQUE METER 转矩计
SELECTION 选择
RPM/TORQUE/SHAFT POWER 转速/转矩/轴功率

POWER ON/OFF	电源 开/关
M/E REVOLUTION COUNTER	主机转数计
M/E RUNNING HOUR	主机运转时间
M/E RPM	主机转速
DOPPLER SPEED LOG INDICATION	航速表
RUDDER ANGLE INDICATION	舵角显示
LIGHT COLUMN PANEL	显示灯专栏面板
E/R GROUP ALARM INDICATION PANEL	机舱组报警显示面板
SHUT DOWN/LOOP FAIL/OP CODE/CANCEL	停车/循环失效/操作码/取消
OVERSEED	超速
LUB. OIL TO MAIN BEARING AND THRUST BEARING LP. NONF CANCELLABLE	主轴承的滑油/推力轴承的滑油 低压 取消
CAMSHAFT LUB. OIL INLET LOW PRESSURE CANCELLABLE	凸轮轴滑油内部压力低 取消
THRUST BEARING SEGMENT HIGH TEMPERATURE CANCELLABLE	推力轴承部件高温 取消
FRESH COOLING WATER INLET PRESSURE LOW CANCELLABLE	淡水冷却器内部压力低 取消
SLOW DOWN	降速
LUB. OIL (SYSTEM OIL) TEMPERATURE HIGH CANCELLABLE	系统内部滑油温度高 取消
PISTON COOL. OIL OUTLET TEMPERATURE HIGH CANCELLABLE	活塞冷却油外部高温 取消
PISTON COOL. OIL OUTLET NO FLOW CANCELLABLE	活塞冷却油断流 取消
PISTON COOL. OIL INLET PRESSURE LOW CANCELLABLE	活塞冷却油内部压力低 取消
LUB. OIL TO MAIN BEARING AND THRUST BEARING PRESS. LOW CANCELLABLE	流到主轴承的滑油与推力轴承的压力低 取消
THRUST BEARING SEGMENT TEMPERATURE HIGH CANCELLABLE	推力轴承部件部件高温 取消
LUB. OIL TO CAMSHAFT TEMPERATURE HIGH CANCELLABLE	到凸轮轴滑油内部高温 取消
SLOW DOWN	降速
CYLINDER LUBRICATORS NO FLOW CANCELLABLE	气缸润滑油断流 取消
FRESH COOLING WATER INLET PRESSURE LOW CANCELLABLE	淡水冷却器内部低压 取消
JACKET COOL. WATER OUTLET TEMPERATURE HIGH CANCELLABLE	缸套冷却水外部高温 取消
SCAVENGE AIR FIRE TEMPERATURE HIGH CANCELLABLE	扫气箱着火高温 取消
EXH. GAS AFTER CYLINDER TEMP. DEVIATION FROM AVERAGE CANCELLABLE	排气温度偏离平均值 取消
OIL MIST DENSITY HIGH CANCELLABLE	油雾密度高 取消

LUB. OIL INLET TO TURBOCHARGE PRESSURE LOW CANCELLABLE	到透平增压机滑油内部压力低 取消
ALARM	报警
EMERGENCY STOP SW.	应急停车开关
SHUT DOWN	停机
SLOW DOWN	降速
SHUT DOWN CANCELLED	取消停车
SLOW DOWN CANCELLED	取消降速
CRITICAL RPM	危险转速
WRONG ROTATION	转向错误
RPM DETECTOR FAIL	转速监测失效
LOOP FAIL EMERG. STOP SW.	应急停车开关失效
EMERGENCY STOP VALVE ACTIVATED	应急停车阀激活
RPM – DETECTOR SYSTEMS	转速监测系统
STATUS/WARNING	级别
SYST. OPERATION	系统操作
I/O SIMULATE	I/O 加强
RECEIVE/TRANSMIT	接收/发送
WARNING	警告
INT. POWER FAIL	内部失电
COMMUNICATION	对话
MEMORY	记忆
INPUT/OUTPUT	输入/输出
FAILSAFT	危险
OP. CODE/PARAMETER/VALUE	操作码/参数/数值
UP/DOWN LOWER/RAISE	上/下 降低/升高 输入/测试
CHANGE LOCK/OPEN	转变 锁住/开启
RESET	复位
SOUND OFF	消声/
ALARM ACKN.	警报应答
SLOW DOWN	降速
M. E. SAFETY SYSTEM UNIT	主机安全保护系统单元
BRIDGE/SIMULATION	驾控/仿真
STOP	停车
AHEAD CMD/ASTERN CMD	正车令/倒车令
START BLOCK	启动闭锁
ABOVE REVERSING LEVEL	反转转速点
START SETP.	发火转速
AHEAD S. V. /ASTERN S. V. /STOP GOV.	正车电磁阀/倒车电磁阀/停车电磁阀
CAN. GOV. LIMITER	取消调速器限制
ABOVE START LEVEL	高于启动转速
REPEATED START NO. 2	第二次重复启动
SLOW TURNING S. V. /START S. V. /STOP S. V.	慢转电磁阀/启动电磁阀/停车电磁阀

REPEATED START NO.1	第一次重复启动
SETPOINT LIMITER	设定限制
AHEAD ROTATION/ASTERN ROTATION	正转/倒转
STATE	状态
START INHIBITED	启动闭锁
READY FOR START	准备启动
SLOW TURNING	慢转
STARTING	启动
RUNNING	运行
CRASH ASTERN	紧急反转
STOPPING	停车
ENGINE TRIPPED	故障停机
SETPOINT LIMITER	设定限定
MANUAL RPM	手动转速
LOAD PROGRAM	负荷程序
ACCELERACTION	加速
CRITICAL RPM	临界转速
SLOW DOWN	故障减速
MINIMUM RPM	最低稳定转速
START SETPOINT	发火转速设定
START FAIL/BLOCK	启动失败/闭锁
3 FAIL STARTS	3 次启动失败
START TOO LONG	启动时间过长
SLOW TURNING FAIL	慢转启动失败
START AIR PRESS. LOW	启动空气压力低
RPM DETECTOR FAIL	转速传感器故障
ENGINE TRIPPED	主机故障停机
ENGINE NOT READY	主机备车未完成
ENGINE NOT READY	主机备车故障
GOVERNOR NOT CONN.	调速器未连接
ST. AIR VALVE BLOCKED	启动空气阀闭锁
ST. AIR DISTR. BLOCKED	启动空气分配器闭锁
TURNING GERA ENGAGED	盘车机闭锁
AUX. BLOWER FAILURE	辅助鼓风机故障
SYSTEM WARNING	系统报警
BRIDGE PANEL FAIL	驾控面板故障
TELEGRAPH FAIL	车钟故障
SAFETY SYSTEM FAIL	安保系统故障
GOVERNOR FAIL	调速器失灵
LIMITATION CANCELLED	限制取消
LOAD PROGR. CANCELLED	负荷程序取消
SLOW TURNING CANCELLED	慢转取消
SYSTEM FAIL	系统故障

RPM DET. SYSTEM 1 FAIL	转速检测系统 1 故障
RPM DET. SYSTEM 2 FAIL	转速检测系统 2 故障
SOLENOID VALVE LOOPFAIL	电磁阀故障
CONTROL POS. MISSING	控制位置错失
I/O COMMIS. OP. CODE	I/O 通信操作码
RESET	复位
SOUND OFF/ALARM ACKN./START BLOCK	消声/报警确认/启动闭锁
COMMAND POS.	控制位置
BRIDGE CONTR./ENGINE ROOM CONTR.	驾驶台控制/集控室控制
STATUS	状态
SYS. OPERATION	系统操作
I/O SIMULATE	I/O 仿真
RECEIVE/TRANSMIT	接收/发送
WARNING	报警
INT. POWER FAIL	电源故障
COMMUNICATION	通信
MEMORY	内存
INPUT/OUTPUT	输入/输出
FAILSAFT	安保故障
OP. CODE/PARAMETER/VALUE	操作码/参数/值
UP/DOWN LOWER/RAISE ENTER/TEST	加/减 确认/试验
SYSTEM OP. CODES	系统操作码
BRIDGE COMMAND	驾驶台车令
RPM SETPOING	转速设定
ENGINE RPM	转速
START AIR PRESSURE	启动空气压力
SYSTEM	系统
CHANGE LOCK/OPEN	转换 闭锁/打开
M. E. REMOTE CONTROL SYSTEM	主机遥控系统板
HARBOUR SPEED TABLE	港口速度表格
FULL AHEAD	全速正车/前进三
HALF AHEAD	半速正车/前进二
SLOW AHEAD	慢速正车/前进一
DEAD SLOW AHEAD	微速正车/微速前进
FULL ASTERN	全速倒车/后退三
HALF ASTERN	半速倒车/后退二
SLOW ASTERN	慢速倒车/后退一
DEAD SLOW ASTERN	微速倒车/微速后退
F/W/E(finished with engine)	完车
STAND BY	备车
FOR MANUAL CONTROL ONLY	仅供手动操作
SLOW TURNING/NORMAL/CANCEL. OF LIMITERS	慢转/正常/取消限制
REMOTE CONTROL/C/R CONTROL	遥控控制/机旁控制

EMER. STOP	应急停车
ENGINE TELEGRAPH UNIT	机器电报面板
SUBTELEGRAPH MODE	附属电报模式
FWE/STAND BY/AT SEA	完车/备车/在海上
FEW LOOP ABNORMAL	完车 重复 不正常
CONTROL AIR NOT VENTED	控制空气未被泄放
SAFETY AIR NOT VENTED	安全空气未被泄放
START VAL. NOT BLOCKED	启动阀没有阻塞
CONTROL LOCATION	操作面板
EMERGENCY/CONTROL ROOM/BRIDGE	应急/控制室/驾驶台
TELEGRAPH STATUS	电报级别
NEW COMMAND/WRONG WAY/RCS NOT READY	新命令/错误方式/遥控系统没有准备
SYSTEM	系统
LAMP TEST/SOUND OFF/INTERNAL FAILURE	试灯/消声/内部失效
M. E. F. O. VISCOSITY CONTROLLER	主机燃油黏度控制器
MODE	模式
NORMAL/IDLE/SETPOINT/TEST/CALIBRATE/SELF TEST	正常/空载/局点/测试/校准/自测
STATUS	状态
REGULATOR ON/START/STOP/RPM LIMIT ON/FUEL LIMIT ON/OTHER	调节器开/启动/停/转速限制开/燃油限制开/其他
ALARM	警报
LOW VOLTAGE/RPM DETECT. FAIL	低压/转速检测失效
IN - DATA ERROR/OUT - DATA ERROR	当前错误/以往错误
SYSTEM IN TEST/OTHER	测试系统中/其他
PARAMETER	参数
1. MODE SELECT	1. 模式选择
2. RPM COMMAND	2. 转速指令
3. RPM MEASURED	3. 所测转速
4. GENERAL INFORMATION	4. 大体情况
5. SCAV. AIR PRESSURE	5. 扫气空气压力
6. MAIN. RPM LIMIT	6. 手动转速限制
7. MAIN. FUEL LIMIT	7. 手动燃油限制
8. RPM DEADBAND	8. 极限转速
9. OTHER STATUS	9. 其他状态
10. OTHER ALARM	10. 其他警报
LAMP TEST/RESET/DOWN/UP	指示灯试验/复位/低/高
DIGITAL GOVERNOR UNIT	数字控制器单元
CONTROL MODES	控制模式
CONST FUEL/ROUGH SEA/FUEL SETPOINT	常油量/恶劣气候航行/燃油设定
DATA VALUE/REGULATOR	数值/调节器
SAVE/DOWN/UP	保存/低/高
TEST	测试

MODE	模式
NORMAL/IDLE/TEST/CALIBRATE/SELF TEST	正常/空载/测试/校准/自测
STATUS	状态
SERVO ON/MANUAL CONTR. /EXTERNAL STOP	伺服机构开/手动控制/外部停止
SERVO BLOCKED/OTHER	伺服机构卡住/其他
ALARM	警报
LOW VOLTAGE/FEEDBACK FAIL	低压/反馈失效
IN – DATA ERROR/SERVO AMPL FAIL	当前错误/伺服机构放大器失效
SYSTEM IN TEST/OTHER	测试系统中/其他
PARAMETER	参数
1. MODE SELECT	1. 模式选择
2. FUEL COMMAND	2. 燃油指令
3. FUEL OUTPUT	3. 燃油输出
4. SERVO DEVIATION OUTP.	4. 伺服机构输出偏差
5. SERVO DEADBAND	5. 伺服机构断带
6. GENERAL INFORMATION	6. 总体情况
7. FEEDBACK FAIL	7. 反馈失效
8. IN – DATA ERROR	8. 当前错误
9. OTHER STATUS	9. 其他状态
10. OTHER ALARM	10. 其他警报
LAMP TEST/RESET/DOWN/UP	指示灯试验/复位/低/高
TEST	测试
SERVO ON/DEACTIVATE SERVO	伺服机构开/伺服机构失效
DATA VALUE/ACTUATOR	数据值/执行器
CHANGE LOCK/OPEN	变化 锁定/开
SAVE/DOWN/UP	保存/低/高
TEST	测试
SET/FUEL/AUTO	设定/燃油/自动
SELECT/INLET/OUTLET	选择/入口/出口
MDO/HFO	轻柴油/重燃油
A/E FUEL OIL CHANGE OVER&INDICATION	辅机燃油转换和指示板
BOILER FUEL O. TEMP.	锅炉燃油温度
BOILER STEAM PRESS.	锅炉蒸气压力
BOILER WATER LEVEL	锅炉水位
BOILER RUNNING	锅炉运行中
BOILER EMER. STOP	锅炉应急停
M. E. L. O. INLET PRESS.	主机滑油进口压力
M. E. F. O. PRESS.	主机燃油压力
M. E. PISTON L. O. PRESS.	主机活塞滑油压力
M. E. CAM. L. O. PRESS.	主机凸轮轴滑油压力
NO. 1 MAIN AIR RESERVOIR PRESS.	NO. 1 主空气瓶气压
NO. 2 MAIN AIR RESERVOIR PRESS.	NO. 2 主空气瓶气压
M. E. SCAVENGE AIR PRESS.	主机扫气压力

M. E. F. C. W. INLET PRESS. 主机冷却水入口压力
M. E. STARTING AIR PRESS. 主机启动空气压力
M. E. CONTROL AIR PRESS. 主机控制空气压力
M. E. SAFETY AIR PRESS. 主机安全空气压力
M. E. L. O. INLET TEMP. 主机滑油入口油温
INCINERATOR RUNNING 焚烧炉运行中
AUX. BILGE PUMP RUNNING/START 辅舱底泵运行/启动
NO. 1 E/R FAN SUPPLY RUNNING/START 机舱 NO. 1 送气风机运行/启动
NO. 1 E/R FAN EXHAUST RUNNING/START 机舱 NO. 1 排气风机运行/启动
NO. 2 E/R FAN SUPPLY RUNNING/START 机舱 NO. 2 送气风机运行/启动
NO. 2 E/R FAN EXHAUST RUNNING/START 机舱 NO. 2 排气风机运行/启动
E/R PUMP EMER. STOP 机舱油泵应急停
BOW THRUSTER POWER ON 侧推器通电
MAIN AIR COMPR. NO. 1 RUNNING NO. 1 主空气压缩机运行
MAIN AIR COMPR. NO. 2 RUNNING NO. 2 主空气压缩机运行
STEERING GEAR NO. 1 RUNNING NO. 1 舵机运行
INCINERATOR EMER. STOP 焚烧炉应急停
AUX. BILGE PUMP STOP 辅舱底泵停
NO. 1 E/R FAN STOP 机舱 NO. 1 风机停
NO. 2 E/R FAN STOP 机舱 NO. 2 风机停
E/R FAN EMER. STOP 机舱风机应急停
LAMP TEST 指示灯试验
MAIN AIR COMPR. NO. 1 MANU. /AUTO. NO. 1 主空气压缩机 手动/自动
MAIN AIR COMPR. NO. 2 MANU. /AUTO. NO. 2 主空气压缩机 手动/自动
STEERING GEAR NO. 2 RUNNING NO. 2 舵机运行

模拟屏

FROM AIR RECEIV. 来自空气瓶
START AIR VALVE 启动空气阀
FROM L. O. 来自滑油
STORAGE TANK 贮存柜
L. O PRE – PUMP 预滑油泵
L. O COOLER 滑油冷却器
HT. FW. COOLER 高温淡水冷却器
FROM M/E 来自主机
TO M/E 到主机
L. O. PURIFIER 滑油分油机
L. O. SPILL. TANK 滑油溢油柜
L. O. CLEAN. TANK 滑油清洁柜
F. O. SPILL. TANK 燃油溢油柜
L. O. CIRC. TANK 滑油循环柜
F. O. TRANS. PUMP 燃油输驳运泵
FROM. D. O. TANK 来自柴油日用柜

L. O. CIRC. TANK	滑油循环柜
F. O. PURIFIER	燃油分油机
SLUDGE TANK	污油柜
L. O. TRANS. PUMP	滑油驳运泵
L. O. STORAGE TANK	滑油贮存柜
L. O. CIRC. TANK	滑油循环柜
F. O. SET. TANK	燃油沉淀柜
D. O. PURIFIER	柴油分油机
D. O. FEED. PUMP	柴油供油泵
F. O. FEED. PUMP	燃油供油泵
F. O. SERV. TAMK	燃油日用柜
D. O. SERV. TAMK	柴油日用柜
CYL. O. SERV. TAMK	气缸油日用柜
BOILER. D. O. SERV. TAMK	锅炉柴油日用柜
BOILER. F. O. SERV. TAMK	锅炉燃油日用柜
DONKEY. BOILER	辅锅炉
BLOWER	鼓风机
STEAM PRESS	蒸气压力
EXH. GAS BOILER	废气锅炉
BURNER	燃烧器
DRAIN V.	泄放阀
F. W. PUMP	淡水泵
CAM L. O BOOSTER PUMP	凸轮滑油增压泵
TURNING GEAR	盘车机
DISENGAGE/ENGAGE	脱开/合上
SHAFT GEN.	轴带发电机
FROM L. O. STORAGE TANK	来自滑油储存柜
M/E L. O. CIRC. TANK	主机滑油循环柜
TO L. O. TRANS. PUMP	到滑油驳运泵
M/E START. V	主机启动阀
TO PISTON	到活塞
TO BEARING	到轴承
HOT WELL	热水井
M/E R. P. M	主机转速
CONTROL AIR PRESS	控制空气压力
M/E START AIR PRESS	主机启动空气压力
JACKET W. INLET TEMP.	缸套水进口温度
L. O. AUTO FILTER	滑油自清滤器
TO SLUDGE TANK	到污油柜
FROM A/E	来自副发电机
L. O. FITER OUT PRESS	滑油滤器出口压力
MAIN L. O. PUMP	主滑油泵
M/E L. O. PRESS	主机滑油压力

M/E L. O. INLET TEMP.	主机滑油进口温度
M/E F. O. SERV. TANK	主机燃油日用柜
F. O. SET. TANK	燃油沉淀柜
BOILER F. O. SEV. TANK	锅炉燃油日用柜
M/E L. O. CIRC. TANK	主机滑油循环柜
L. O. STORAGE TNK	滑油储存柜
STEAM FOLLOW TUBE TANK	蒸汽伴随管柜
F. O. SPILL TANK	燃油溢油柜

参考文献

[1] 郑凤阁,李凯.轮机自动化[M].大连:大连海事大学出版社,1999.
[2] 方金和.轮机自动化[M].大连:大连海事大学出版社,1998.
[3] 李杰仁,崔庆渝.轮机自动化基础[M].大连:大连海事大学出版社,1999.
[4] 徐善林,黄学武,崔庆渝.轮机自动化[M].北京:人民交通出版社,2001.
[5] 廖常初.PLC 基础与应用[M].北京:机械工业出版社,2003.
[6] 赵晓玲,孙旭清.轮机员船电业务[M].大连:大连海事大学出版社,2006.
[7] 初忠.轮机自动化[M].大连:大连海事大学出版社,2006.
[8] 王文义.船舶电站[M].哈尔滨:哈尔滨工程大学出版社,2006.
[9] 李世臣,徐善林.轮机自动化[M].大连:大连海事大学出版社,2008.
[10] 李世臣.轮机自动化[M].大连:大连海事大学出版社,2008.
[11] 张均东.轮机自动化精品课程.http://jpkc.dlmu.edu.cn/html/ljzdh/,2004.